Ruth Kaufmann-Hayoz / Antonietta Di Giulio
(Herausgeberinnen)

Umweltproblem Mensch

Ruth Kaufmann-Hayoz / Antonietta Di Giulio
(Herausgeberinnen)

Umweltproblem Mensch

Humanwissenschaftliche Zugänge zu umweltverantwortlichem Handeln

Verlag Paul Haupt Bern · Stuttgart · Wien

Ruth Kaufmann-Hayoz: Studium der Psychologie, Zoologie und Psychopathologie, 1986 Habilitation für Psychologie. Von 1982 bis 1992 an der Universitäts-Kinderklinik in Bern tätig. Seit 1992 Direktorin der Interfakultären Koordinationsstelle für Allgemeine Ökologie (IKAÖ) und Leiterin des Schwerpunktzentrums «Umweltverantwortliches Handeln» an der Universität Bern.
Themenschwerpunkte: Bedingungen individueller und gesellschaftlicher Veränderungs- und Lernprozesse im Hinblick auf nachhaltige Entwicklung, Interdisziplinarität.

Antonietta Di Giulio: Studium der Philosophie und Germanistik an den Universitäten Freiburg i. Ue. und Bern. Seit 1991 an der Interfakultären Koordinationsstelle für Allgemeine Ökologie (IKAÖ) der Universität Bern tätig, heute als Assistentin. Diverse Projekte und Publikationen zum Thema Interdisziplinarität in Lehre und Forschung.

Die Deutsche Bibliothek – CIP-Einheitsaufnahme

Umweltproblem Mensch :
humanwissenschaftliche Zugänge zu umweltverantwortlichem Handeln /
Ruth Kaufmann-Hayoz / Antonietta di Giulio (Hrsg.).–
Bern ; Stuttgart ; Wien : Haupt, 1996
ISBN 3-258-05415-0
NE: Kaufmann-Hayoz, Ruth [Hrsg.]

Umschlaggestaltung: Atelier N. Mühlberg, Basel
Dieses Papier ist umweltverträglich, weil chlorfrei hergestellt
Printed in Switzerland

INHALTSVERZEICHNIS

Geleitwort

Umweltgerechtes Denken und Handeln wurde im ersten Ausführungsplan des Schwerpunktprogrammes "Umwelt" konzeptionell in den Mittelpunkt gestellt. Als eigenständiges Modul sollte es die humanwissenschaftlichen Disziplinen zu einem verstärkten Engagement herausfordern und zugleich den Natur- und Ingenieurwissenschaften zeigen, dass alle ihre Erkenntnisse letztlich nur durch das menschliche Denken und Handeln sinnvoll und sinnstiftend werden. Die Expertengruppe war sich damals wohl kaum bewusst, welch komplexe Aufgabe dies bedeutete und welche methodischen und fachlichen Probleme durch das Zusammenfügen verschiedenster humanwissenschaftlicher Einzelprojekte in kürzester Zeit gelöst werden mussten. Die vorliegende Publikation legt ein beeindruckendes Zeugnis ab, sowohl von der geleisteten Arbeit wie auch von der Bereitschaft aller beteiligten Disziplinen auf die Herausforderung der "Human Dimension of Global Change" einzutreten.

Die Naturwissenschaften haben die menschgeprägten Umweltprozesse von der nationalen bis zur globalen Ebene früh erkannt und erfolgreich angepackt, aber sehr oft abgehoben von politischen, gesellschaftlichen und wirtschaftlichen Rahmenbedingungen, vielfach unbekümmert um kulturelle, religiöse, rechtliche Grundwerte der agierenden Menschen und allzu sehr überzeugt, dass mit dem Verstehen der ablaufenden Prozesse die wesentlichste Aufgabe erledigt sei.

Umweltgerechtes Denken und Handeln geht aber von der Einsicht aus, dass Menschen die Umwelt beeinflussen und verändern und dass es jetzt gilt, Menschen zu beeinflussen und zu verändern. Was nützen natur- und ingenieurwissenschaftliche Kenntnisse und daraus abgeleitete abstrakte Forderungen, wenn sie in gesellschaftlichen und wirtschaftlichen Interessen, Sachzwängen und Werthaltungen stecken bleiben. In diesem Sinne werden die Humanwissenschaften in der nächsten Zukunft auf nationaler und - im Blick auf die rasch anwachsende Ressourcenproblematik - auch auf globaler Ebene eine ganz zentrale Bedeutung erlangen. Das vorliegende Buch ist ein erster und grosser Schritt in die richtige Richtung, auch wenn dem Leser klar wird, dass es keine einfachen Lösungen gibt. Genau so wie für die Naturwissenschaften die Erforschung des "Systems Natur" äusserst komplex ist, stehen auch die Humanwissenschaften mit der Erforschung des "Systems Mensch" vor einer äusserst komplexen Aufgabe. Wäre es nicht an der Zeit, dass man mit solchen Einsichten Fakultäts- und Disziplingrenzen überwindet, Vorurteile abbaut und mit der

Lektüre der hier präsentierten Ergebnisse gegenseitiges Verständnis schafft?

Wir danken allen Autoren und insbesondere Frau Prof. Ruth Kaufmann und ihren Mitarbeiterinnen und Mitarbeitern für ihr Engagement und ihren Beitrag zu dieser Publikation: "Was die Zukunft bringt, wissen wir nicht, aber dass wir handeln müssen, das wissen wir" (Friedrich Dürrenmatt).

Bern, im Januar 1996 Bruno Messerli

VORWORT

"Das grösste Umweltproblem ist der Mensch" - dies ist die schlagwortartig verkürzte Begründung für die Entstehung dieses Buches und der Forschungsarbeiten, auf denen es basiert. Umweltprobleme - die besorgniserregenden Veränderungen in der Luft, im Boden, im Wasser, in der Tier- und Pflanzenwelt, auf die die Naturwissenschaften seit mehreren Jahrzehnten immer eindringlicher hinweisen - sind eigentlich nicht Probleme der Natur oder der Umwelt. Sie sind entstanden aus der Art und Weise, wie Menschen die Natur für ihr Leben und ihre zivilisatorische Entwicklung nutzen und gestalten. Deshalb sind Umweltprobleme gesellschaftlich-kulturelle Probleme, auch wenn sie sich in der aussermenschlichen Natur manifestieren.

Trotzdem wurde Umweltforschung bis vor wenigen Jahren fast ausschliesslich in den Natur- und Ingenieurwissenschaften betrieben. Mit der Ausschreibung des Schwerpunktprogramms "Umwelt" zu Beginn des Jahres 1992 hat der Schweizerische Nationalfonds aber ein deutliches Zeichen gesetzt für die gezielte Förderung auch der humanwissenschaftlichen Umweltforschung. Insbesondere im Modul 4 ("Umweltgerechtes Denken und Handeln") und im Modul 5 ("Umweltwirtschaft") sollten psychologische, soziologische, ethische, kulturelle, wirtschaftliche und politische Aspekte der Umweltproblematik wissenschaftlich untersucht und Lösungswege aufgezeigt werden. Besonderes Gewicht wurde dabei auf die interdisziplinäre Zusammenarbeit zwischen den beteiligten Wissenschaftlerinnen und Wissenschaftlern gelegt. Für das Modul 4 erfolgt diese Zusammenarbeit im Rahmen des Schwerpunktzentrums "Umweltverantwortliches Handeln", mit dessen Aufbau die Interfakultäre Koordinationsstelle für Allgemeine Ökologie der Universität Bern betraut worden ist, und im Netzwerk "Ethische Grundlagen", das von der Universität Fribourg aus betreut wird. Zwischen den beiden Projektverbünden hat sich eine fruchtbare Zusammenarbeit entwickelt.

Die erste Beitragsperiode des Schwerpunktprogramms "Umwelt" wird Ende 1995 abgeschlossen. Die Ergebnisse der Forschungsarbeiten werden in verschiedener Form publiziert. Detaillierte Darstellungen von Ergebnissen aus den einzelnen Projekten erfolgen in der Regel im Rahmen wissenschaftlicher Fachpublikationen, während das vorliegende Buch auf eine Synthese aus allen im Modul 4 durchgeführten Projekten hinführt. Die Ergebnisse der Projekte werden deshalb in einem grösseren Zusammenhang dargestellt und die Beziehungen zwischen ihnen werden deutlich gemacht. Das Buch zeigt auch die grosse Vielfalt der beteiligten Disziplinen mit ihren ganz unterschiedlichen Forschungsansätzen, Sprachen und Methoden auf. Damit will es die Einsicht in die Möglichkeiten und Grenzen und in die Notwendigkeit der gegenseitigen Ergänzung verschiedener humanwissenschaftlicher Zugänge zur Umweltproblematik fördern.

Dass dieses Buch realisiert werden konnte, verdanken wir der Mitarbeit und Unterstützung zahlreicher Personen und Institutionen. Ruedi Häberli, Programmleiter des Schwerpunktprogramms "Umwelt", hat von allem Anfang an und unermüdlich die Wichtigkeit von Koordination und Zusammenarbeit für den Erfolg des Forschungsprogramms betont und Mittel für die Durchführung von Arbeitstagungen und für die Herstellung dieses Buches bereitgestellt. Die Universität Bern hat trotz schwieriger finanzieller Situation den Aufbau des Schwerpunktzentrums "Umweltverantwortliches Handeln" und damit die Arbeit an dieser Publikation unterstützt. Danken möchten wir aber auch allen Autorinnen und Autoren der Beiträge dieses Buches für ihre grosse Bereitschaft zur Zusammenarbeit. In besonderem Ausmass gilt dieser Dank Rico Defila, Heinz Gutscher, Gertrude Hirsch, Walter Lesch und Karin Werner, die an der Verfassung der Synthese-Kapitel mitgewirkt haben. Christine Künzli gebührt grosser Dank für die Sorgfalt und den beispielhaften Einsatz bei der Ausführung der redaktionellen Arbeiten. Katrin Wegmüller danken wir für die zuverlässige Erledigung der administrativen Arbeiten, die mit der Koordination verbunden waren, Herrn Men Haupt vom Verlag Paul Haupt AG für die angenehme Zusammenarbeit. Ebenfalls unseren Dank aussprechen möchten wir all jenen Personen, die sich im Rahmen der verschiedenen Forschungsprojekte als Interviewpartnerinnen und -partner, als Expertinnen und Experten oder als Beteiligte an Fallstudien und Pilotprojekten zur Verfügung gestellt haben. Schliesslich sind wir unseren Kolleginnen und Kollegen, unseren Freundinnen, Freunden und Familien für ihre stetige Unterstützung auch in den manchmal hektischen Zeiten der Entstehung dieser Arbeit zu grossem Dank verpflichtet.

Bern, im Dezember 1995

Ruth Kaufmann-Hayoz
Antonietta Di Giulio

1.

Thema

1.1. Der Mensch und die Umweltprobleme

Ruth Kaufmann-Hayoz

1.1.1. Was sind "Umweltprobleme"?

Als "Umweltprobleme" bezeichnen wir Veränderungen der natürlichen Umwelt des Menschen, die - oder deren Auswirkungen - als unerwünscht oder bedrohlich erscheinen, und die durch menschliches Handeln entstehen.

Am Beispiel der Vergiftung des Rheins infolge eines Brandes in der Firma Sandoz bei Schweizerhalle im Jahre 1986 sei diese Umschreibung verdeutlicht. Die *Veränderung der natürlichen Umwelt* bestand hier darin, dass plötzlich grosse Mengen von Chemikalien in den Rhein einflossen, die sonst in diesem Fluss nicht oder in viel geringeren Mengen vorhanden waren. Die *Auswirkungen* dieser primären Veränderung, beispielsweise auf Pflanzen und Tiere im Fluss, sind mannigfaltig. Sie bestehen aus einer Vielzahl von direkten und indirekten, komplex miteinander vernetzten Folgen. Die Veränderung ist eindeutig durch *menschliches Handeln* herbeigeführt worden. Die Veränderung selbst und ihre Auswirkungen erscheinen aus den verschiedensten Gründen *unerwünscht oder bedrohlich*, z.B. weil sehr viele Fische starben oder weil die Trinkwasserversorgung von Menschen, die weiter flussabwärts wohnen, gefährdet worden ist.

Gemäss dieser Umschreibung erfordert die Identifikation eines Umweltproblems also dreierlei:

- das Feststellen des gegenwärtigen Zustandes, vergangener Veränderungen und zukünftig erwartbarer Veränderungen der natürlichen Umwelt,
- das Bewerten solcher Veränderungen als unerwünscht oder bedrohlich und
- das - zumindest hypothetische - Zuschreiben der Ursachen dieser Veränderungen zu menschlichen Tätigkeiten.

In manchen Fällen, insbesondere bei lokal und akut auftretenden Ereignissen wie dem oben dargestellten, mögen alle drei Aspekte eindeutig feststellbar und wegen ihrer Deutlichkeit kaum bestreitbar sein. Die meisten globalen Umweltprobleme wie Klimaveränderung, Rückgang der Artenvielfalt, Ausdünnung der stratosphärischen Ozonschicht, aber auch lokale Veränderungen wie z.B. die "neuartigen Waldschäden" in Mitteleuropa sind jedoch anders geartet. Bei ihnen ist keiner der drei genannten Schritte einfach. Sowohl das Erkennen der Umweltveränderung an sich als auch die Zuschreibung ihrer Ursachen zu menschlichen Handlungen sind infolge der Komplexität der beteiligten Systeme extrem schwierig, und die Fragen der Bewertung sind oft nicht eindeutig zu beantworten. Viele "Umweltprobleme" sind deshalb keineswegs klar definierte Probleme, für die es einen überblickbaren Raum von Lösungen gäbe.

Eine spezifische Eigenart der Umweltprobleme besteht darin, dass sie meistens *unbeabsichtigte Neben-, Fern- und Spätfolgen* menschlichen Handelns sind. In der Regel liegen menschlichem Handeln Absichten zugrunde: Menschen handeln auf eine bestimmte Art und Weise, um bestimmte Ziele zu erreichen. Die Fluorchlorkohlenwasserstoffe (FCKW) beispielsweise wurden entwickelt, um für gewisse technische Anwendungen ein problemloses, nicht toxisches und nicht reaktives Gas zur Verfügung zu haben. Erdöl wird verbrannt, um Häuser zu heizen, Benzinmotoren anzutreiben oder elektrischen Strom zu produzieren. Dass die FCKW das stratosphärische Ozon zerstören und dass beim Verbrennen von Erdöl in grossen Mengen CO_2 und Luftschadstoffe produziert werden, ist nicht beabsichtigt. Die problematischen Folgen der Handlungen, die wir als Umweltprobleme wahrnehmen, sind also in bezug auf die Absichten *Nebenfolgen* des Handelns. Sie sind im Zeitpunkt der Handlungsentscheidungen nicht bekannt oder werden wegen der Dominanz der primären Handlungsabsichten in Kauf genommen. Oftmals treten sie zudem mit zeitlicher Verzögerung als *Spätfolgen* oder an entfernten Orten als *Fernfolgen* des Handelns auf.[1]

Über die negative Bewertung von Umweltveränderungen (unerwünscht oder bedrohlich) scheint man sich dann relativ einig zu sein, wenn eine grosse Zahl heute lebender Menschen eindeutig in negativer Weise von den Umweltveränderungen betroffen ist, z.B. durch verseuchtes Trinkwasser, durch erhöhtes Krankheitsrisiko, durch Verlust landwirtschaftlicher Erträge usw. Sobald dies nicht der Fall ist, fällt die Bewertung von Risiken keineswegs einhellig aus, es wird in der Gesellschaft teilweise sehr kontrovers darüber diskutiert. Spätfolgen, die erst zukünftige Generationen betreffen werden, und Fernfolgen, die andere Menschen betreffen als jene, die sie verursachen, machen die Bewertungsfragen besonders schwierig. Auch die Frage, ob beispielsweise das Aussterben von Pflanzen- und Tierarten auch dann negativ zu bewerten ist, wenn die betroffenen Arten für den Menschen keinerlei Nutzen haben, ob also in die Bewertung nur die Interessen der Menschen oder auch jene der ausser-

---

1 Für weitere Überlegungen zum Charakter von Umweltproblemen als nicht beabsichtigte Nebenfolgen von Handlungen vgl. Böhret 1990 und Hirsch 1993.

menschlichen Natur einbezogen werden sollen, ist keineswegs einfach zu beantworten.

Menschen sind jedoch nicht nur Verursacher und Betroffene von Umweltproblemen. Da Umweltprobleme Folgen der Art und Weise sind, wie menschliche Gesellschaften die natürlichen Ressourcen der Erde für die Befriedigung ihrer Bedürfnisse und für ihre zivilisatorische Entwicklung nutzen, sind auch Lösungen für die Probleme nicht in der Natur zu finden, sondern sie müssen durch ebendiese menschlichen Gesellschaften entwickelt werden. Das Erkennen der problematischen Folgen von Handlungen, d.h. das Identifizieren von Umweltproblemen, geht denn auch meistens einher mit der Einsicht, dass Handlungsgewohnheiten von Individuen wie auch von Organisationen und Institutionen und viele soziokulturell festgelegte Regeln angesichts der Umweltproblematik nicht oder nicht mehr angemessen sind und deshalb verändert werden sollten. Die anzustrebende Richtung der Veränderung hat seit der Konferenz der Vereinten Nationen für Umwelt und Entwicklung in Rio de Janeiro im Jahre 1992 einen Namen: *Nachhaltige Entwicklung*. Zur Lösung der Umweltprobleme sind *Handlungsalternativen* gesucht, die es erlauben, legitime Bedürfnisse heute lebender und zukünftiger Generationen auf eine Art und Weise zu befriedigen, die nicht zur weiteren Schädigung der Natur und der eigenen Lebensgrundlagen führt und die das Auftreten von neuen Umweltproblemen vermeidet. Auch die Versuche, bereits eingetretene Schäden zu *reparieren* (z.B. durch die Sanierung von Altlasten) oder Menschen, Tiere, Pflanzen und Kulturgüter vor den Auswirkungen solcher Schäden (z.B. vor der erhöhten UVB-Strahlung infolge des Ozonlochs) zu *schützen* erfordert in der Regel die Veränderung von gewohnten Handlungsabläufen.

1.1.2. Fragen an die Wissenschaft

Die Identifizierung von Umweltproblemen und der damit verbundene "Handlungsbedarf" löst vielfältige Fragen des Wissens, des Bewertens und des Handelns aus. Diese Fragen richten sich einerseits an die Politik, die Wirtschaft und weitere gesellschaftliche Institutionen, andererseits aber auch an alle wissenschaftlichen Disziplinen. Wenn wir uns etwas genauer überlegen, welche Fragen für die Identifikation und die Lösung von Umweltproblemen zu beantworten sind, wird dies unmittelbar deutlich. Es sind *sieben Fragen* zu stellen - allesamt leicht zu stellen, aber schwierig zu beantworten.

1. *Welche Veränderungen bei welchen natürlichen Faktoren und Prozessen sind feststellbar?*
2. *In welchem Zeitraum sind die Veränderungen entstanden? Welches ist die voraussichtliche weitere Entwicklung?*
3. *Wie sind die Veränderungen und deren Auswirkungen wahrnehmbar bzw. erkennbar?*
4. *Sind die Veränderungen und/oder deren Auswirkungen unerwünscht oder bedrohlich? Wie wird diese Bewertung begründet?*
5. *Wie trägt der Mensch zu den Veränderungen bei?*
6. *Welche Lösungswege sind denkbar? Welches sind Lösungen nachsorgender Art, welches Lösungen vorsorgender Art? Welche technologischen Entwicklungen sind anzustreben? Welche Veränderungen des Handelns von Individuen, Organisationen und Institutionen sind erforderlich? Welche Umsetzungen sind bereits erfolgt und welche Folgeprobleme haben sich daraus ergeben?*
7. *Welche Hindernisse für die Umsetzung der Lösungsvorschläge bestehen? Wie können diese überwunden werden?*

Es ist leicht zu erkennen, dass mit diesem Fragenkatalog sämtliche wissenschaftlichen Disziplinen angesprochen sind. Eine adäquate wissenschaftliche Behandlung der Umweltproblematik erfordert die Zusammenarbeit aller Wissenschaften, insbesondere auch den Einbezug der Humanwissenschaften.[2]

1.1.3. Umweltforschung in den Humanwissenschaften

Obwohl Umweltprobleme seit den späten 60er Jahren ein Thema der öffentlichen Auseinandersetzung darstellen (eine Signalwirkung hatte ohne Zweifel die Publikation des Club of Rome über "Die Grenzen des Wachstums", Meadows et al. 1972), sind entsprechende Fragen bis in die letzten Jahre fast ausschliesslich durch die Natur- und die Ingenieurwissenschaften bearbeitet worden. In den Humanwissenschaften haben entsprechende Forschungsarbeiten noch immer einen sehr punktuellen Charakter. Umweltthemen werden nach wie vor - auch von vielen Vertretern und Vertreterinnen der Humanwissenschaften selbst - hauptsächlich als Sache der Natur- und Ingenieurwissenschaften angesehen.

Erst seit wenigen Jahren wird versucht, den "Humandimensionen" der Umweltproblematik vermehrt Rechnung zu tragen. Dies findet seinen

2 Die Bezeichnung "Humanwissenschaften" wird in dieser Publikation für alle Disziplinen, die sich als Sozial-, Geistes- oder Kulturwissenschaften verstehen, verwendet.

Ausdruck beispielsweise in der Formulierung von internationalen und nationalen Umweltforschungsprogrammen. Das International Social Science Council der UNESCO hat 1986 mit der Planung eines Rahmenkonzepts für die weltweite Erforschung der ***"Human Dimensions of Global Environmental Change"*** begonnen und 1990 einen Entwurf für ein entsprechendes Forschungsprogramm vorgelegt (Jacobson, Price 1991). Seither ist das Konzept weiter differenziert und präzisiert worden. Das Programm formuliert *4 Leitfragen* für die Bestimmung von Forschungsthemen (Human Dimensions Programme, HDP 1994, 7[3]):

1. Welches sind die anthropogenen Antriebe (*driving forces*) der globalen Veränderungen?
2. Wie sind diese gesellschaftlichen Prozesse mit den physischen Prozessen der globalen Veränderungen verbunden?
3. Wie wirken sich die globalen physischen Veränderungsprozesse auf menschliche Systeme aus? Wie empfindlich sind verschiedene gesellschaftliche, politische und wirtschaftliche Strukturen für globale Veränderungsprozesse?
4. Welches ist das Anpassungspotential, und welche Strategien für die Milderung könnten verschiedene gesellschaftliche Systeme formulieren und übernehmen?

Ausgehend von diesen Leitfragen werden im HDP-Rahmenprogramm die folgenden konkreten Forschungsbereiche definiert (HDP 1994, 10f):

1. *Veränderung der Landnutzung* (*land use and land cover*): Veränderungen der Landoberfläche im Verlauf der letzten Jahrhunderte werden als einer der wichtigsten anthropogenen Antriebe der globalen Umweltveränderungen angesehen. Diese sollen beschrieben und ihre Ursachen identifiziert werden, unter Berücksichtigung von demographischen, sozialen, strukturellen und institutionellen Faktoren.
2. *Industrielle Transformation sowie Produktion und Verbrauch von Energie* werden ebenfalls als wichtige verursachende Faktoren für globale Umweltveränderungen angesehen. Es interessieren in diesem Zusammenhang institutionelle Strukturen wie Märkte und Formen des Handels, aber auch Energie- und Luftreinhaltepolitiken.
3. *Demographische und gesellschaftliche Aspekte der Ressourcennutzung:* Hier sollen Bevölkerungsentwicklung und Migrationserscheinungen in ihrem Zusammenhang mit der Nutzung von Wasser, Land und Energie und mit institutionellen und politischen Faktoren untersucht werden.

---

3 Übersetzung durch die Autorin.

4. *Einstellungen, Wahrnehmung, Verhalten und Wissen:* Daten über Umweltbewusstsein und Handeln bei Individuen in verschiedenen Gesellschaften sollen erhoben und ihre Veränderung in Abhängigkeit von Veränderungen der Umwelt, der Information und der Politik beobachtet werden. Ebenfalls untersucht werden sollen Prozesse der Meinungsbildung und die Beziehungen zwischen Information, Wahrnehmung und Verhalten.
5. *Institutionen* haben grundlegenden Einfluss auf Ressourcennutzung und Bevölkerungsentwicklung. Erb- und Eigentumsrechte, Märkte, Vorschriften, Gesetze und internationale Vereinbarungen als formelle und informelle Strukturen sollen in ihrer Bedeutung für die Wechselwirkungen des Menschen mit der Natur untersucht werden.
6. *Sicherheit der Umwelt und nachhaltige Entwicklung:* Es sollen Richtlinien für die Anpassung an globale Veränderungen und für die Milderung ihrer Auswirkungen ausgearbeitet werden durch Diskussion von Vorschlägen zur Eindämmung der Bodendegradation, zur Kontrolle von Energieproduktion und -verbrauch, zur Reduktion von Verschmutzungen und zur Beeinflussung von Bevölkerungswachstum und -bewegung.

Bei diesem Programm fällt auf, dass es sehr stark auf die beschreibende Analyse der Zusammenhänge zwischen Humansystemen und natürlichen Systemen und auf die Beschaffung von Daten aus dem Humanbereich als Ergänzung zu den Daten aus dem natürlichen Bereich ausgerichtet ist. Handlungsorientierte Themen und Fragestellungen, die sich auf die Entwicklung von Problemlösungen beziehen, stehen nicht im Zentrum. Sie werden lediglich im Forschungsbereich 6 in sehr allgemeiner Weise angesprochen.

Die Deutsche Forschungsgemeinschaft hat im Jahre 1994 ein ***Schwerpunktprogramm "Globale Umweltveränderungen: Sozial- und verhaltenswissenschaftliche Dimensionen"*** lanciert. Der Antrag dazu beruhte auf einer umfassenden Initiative von Wissenschaftlerinnen und Wissenschaftlern der Fächer Psychologie, Soziologie, Politikwissenschaft, Ökonomie, Geographie und Ethnologie. Das Programm verfolgt als grundlagenwissenschaftliche Zielsetzungen die *Bewältigung globaler Umweltveränderungen durch den Menschen* auf der Ebene des Individuums und sozialer Gruppen wie auch im gesamtstaatlichen und internationalen Kontext und die *Ergänzung und Relativierung der Industrieländerperspektive* durch Einbezug der Drittweltproblematik. In dem Forschungsprogramm sollen Arbeiten zu folgenden Themen durchgeführt werden:

- *Wahrnehmung und Bewertung von krisenhaften globalen Umweltveränderungen und darauf bezogenes Verhalten.* Dieses Thema entspricht weitgehend dem oben beschriebenen Forschungsbereich 4 des HDP-Programms.
- *Analyse politischer und ökonomischer Aspekte der Verursachung und Bewältigung globaler Umweltprobleme.* Diesem Thema liegt die Annahme zugrunde, dass langfristiges und globales Wirtschaftswachstum nur bei einer ständigen umweltentlastenden Weiterentwicklung von Technik und Industriestruktur möglich ist. Es soll untersucht werden, wodurch die relevanten Akteure und Konfliktpartner zu einer ökologisch orientierten Innovation motiviert und befähigt werden können.
- *Analyse und Vergleich von Strategien der Ressourcennutzung in gefährdeten Ökosystemen der Dritten Welt.* Dieses Thema entspricht weitgehend dem oben beschriebenen Forschungsbereich 3 des HDP-Programms.

Zusätzlich zu den auf wissenschaftlichen Erkenntnisgewinn ausgerichteten Zielsetzungen verfolgt das Schwerpunktprogramm die übergreifenden Ziele des *interdisziplinären Austauschs* innerhalb des Schwerpunktprogramms, der insbesondere der fächerübergreifenden Reflexion und Weiterentwicklung von Theorien und Methoden dienen soll, der *Kooperation* mit Vertreterinnen und Vertretern naturwissenschaftlicher und anderer humanwissenschaftlicher Umweltforschungsprogramme und des *Transfers* von erarbeiteten sozial- und verhaltenswissenschaftlich fundierten Problemlösungen zu globalen Umweltfragen über die Wissenschaft hinaus.

In der Schweiz ist mit der Ausschreibung des ***Schwerpunktprogramms "Umweltforschung und Umwelttechnologie" (SPPU)*** im Jahre 1992, insbesondere mit den Modulen 4 ("Umweltgerechtes Denken und Handeln") und 5 ("Umweltwirtschaft") ein deutliches Zeichen für die gezielte Förderung der humanwissenschaftlichen Umweltforschung gesetzt worden (Schweiz. Nationalfonds 1992). Gut ein Drittel der unterstützten Projekte stammen aus humanwissenschaftlichen Disziplinen, und dem Modul 4 wurde eine zentrale Rolle für das ganze Projekt zuerkannt. Allgemeines Ziel dieses Moduls war es, "Wege zu umweltgerechtem Denken und Handeln zu erschliessen" (Schweiz. Nationalfonds 1992, 17); als thematische Schwerpunkte wurden formuliert:

- "Umdenken: Analyse und Bewertung der bestehenden kulturellen Information; Entwurf neuer Elemente."

- "Umsetzen: Methoden der Vermittlung zielkonformer kultureller Information, unter besonderer Beachtung der Wechselbeziehungen zwischen Wahrnehmung und Verhalten."
- "Wissenschaftsforschung: Untersuchungen zur umweltbezogenen Wissenschaft, unter Einschluss methodologischer Fragen."

Auch im Ausführungsplan für die zweite Beitragsperiode dieses Schwerpunktprogramms spielen die Humanwissenschaften eine zentrale Rolle, wenn als allgemeines Ziel formuliert wird: "Alle Forschungsarbeiten leisten Beiträge zur Einführung und Unterstützung einer nachhaltigen Entwicklung in Wirtschaft und Gesellschaft (=nachhaltiges Handeln)" (Schweiz. Nationalfonds 1995, 5). Es werden Forschungsergebnisse erwartet, "die zu Problemlösungen und zur Entwicklung problemadäquater Handlungsweisen und Strukturen beitragen und nachhaltiges Handeln fördern" (Schweiz. Nationalfonds 1995, 8).[4] Der Beitrag von DEFILA[5] und DI GIULIO im Kapitel 2.2. dieses Bandes zeichnet die Entwicklung von der ersten zur zweiten Beitragsperiode des SPPU nach.

Mit dem Einbezug der Humanwissenschaften in die Umweltforschung sind offensichtlich hohe Erwartungen verbunden: "Methoden der Umsetzung ökologisch bedeutsamer Einsichten werden im Modul 4 nicht nur thematisiert, sondern schwergewichtig bearbeitet. Das verleiht diesem Modul eine für alle andern Programmbausteine zentrale Bedeutung: Es verschafft ihnen Mittel zur Verwirklichung ihres praktischen Sinns" (Schweiz. Nationalfonds 1992, 20). Die interdisziplinäre Untersuchung der Bedingungen menschlichen Handelns angesichts der Umweltproblematik soll also nicht nur wissenschaftlichen Erkenntnisgewinn bringen, sondern darüberhinaus aufzeigen, wie dieses Handeln "umweltverantwortlich" werden, d.h. im Sinne einer Lösung der Umweltproblematik verändert werden kann.

Diese hohen Erwartungen lassen sich auch mit einem Bild ausdrücken (s. Abb. 1): gesucht ist ein "Archimedes der Sozialtechnologie", der aufzeigt, an welchem entscheidenden Punkt welcher Hebel anzusetzen ist, um die Welt zu bewegen und auf einen neuen Pfad der nachhaltigen Entwicklung zu bringen.

---

4 Im Zeitpunkt der Verfassung dieses Textes sind die Entscheide über die in den Jahren 1996-1999 im Schwerpunktprogramm "Umwelt" zu unterstützenden Projekte noch nicht gefallen; es ist deshalb noch nicht abschätzbar, wie weit sich die Zielformulierung des Ausführungsplanes auch in der Bewilligung eines substantiellen Anteils humanwissenschaftlicher Projekte ausdrücken wird.

5 In Grossbuchstaben wird auf Beiträge in diesem Band verwiesen.

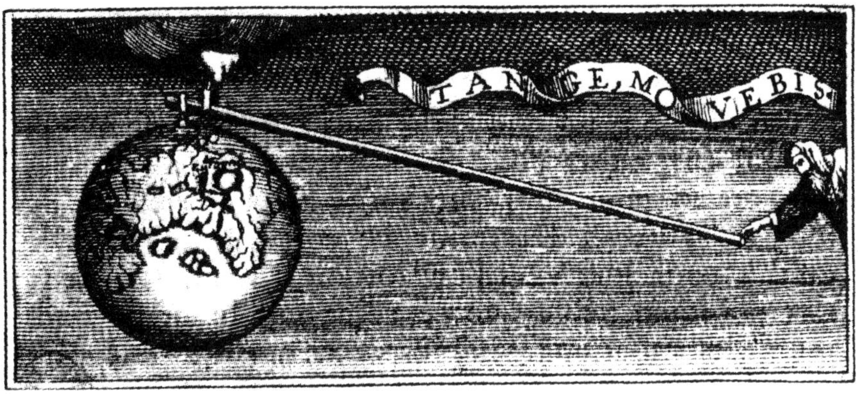

Abbildung 1: *Anonymer Stich, Frontispiz in P. Varignon, Projet d'une nouvelle mécanique, 1687; Bibliothèque nationale, Paris (nach Authier 1995, 194)*

Für die Koordination der Forschungsarbeiten innerhalb des Moduls 4 des SPPU wurden das Schwerpunktzentrum "Umweltverantwortliches Handeln" mit 13 Einzelprojekten und das Netzwerk "Ethische Grundlagen" mit 3 Einzelprojekten geschaffen. Erfreulicherweise hat sich eine enge und gute Zusammenarbeit zwischen den beiden Projektverbünden entwickelt. In diesem Buch sollen die Forschungsergebnisse dargestellt, die Vielfalt der humanwissenschaftlichen Forschungszugänge, die zur Anwendung gekommen sind, aufgezeigt und das Erreichte im Hinblick auf die oben umschriebenen Erwartungen gewürdigt werden.

1.1.4. Die Dimensionen menschlichen Handelns

Menschliches Handeln ist sehr vielschichtig organisiert. Wenn es als Ursache von Umweltproblemen und seine Veränderung als Lösungspotential für Umweltprobleme untersucht werden soll, dann müssen verschiedene Dimensionen dieses Handelns in den Blick genommen werden. Im Sinne einer Gliederung und Strukturierung der Diskussion sollten sie analytisch auseinandergehalten werden. Wird dies unterlassen, kommt es leicht zu Verständigungsschwierigkeiten.

- Eine erste Dimension ist das *Handeln von Einzelpersonen.* Jeder Mensch als Individuum handelt täglich, sein Handeln ist bestimmt durch seine Ziele und Absichten, seine Einstellungen und Werthaltungen, durch frühere Erfahrungen und durch Wissen. Auf dieser Ebene lässt sich also z.B. untersuchen, was Menschen tagtäglich tun, aus welchen

Gründen und mit welchen Absichten sie es tun, welche Werte und Ziele ihnen wichtig sind, welche Gefühle beteiligt sind, wie ihre Entscheidungsprozesse z.B. bei Zielkonflikten ablaufen, welche Rolle Gewohnheiten spielen, wie neue Handlungsweisen gelernt werden.

- Da Menschen immer in sozialen *Beziehungen zu anderen Menschen* leben, gibt es aber diese "Einzelpersonen" eigentlich gar nicht. Menschen sind in soziale Gruppen eingebunden, und ihr Handeln ist immer von diesen Beziehungen mitbestimmt. Auf dieser Ebene wird also z.B. untersucht, in welcher Weise Einzelpersonen sich an Exponenten, Meinungen, oder Handlungsweisen von bestimmten gesellschaftlichen Gruppierungen orientieren und welche Kommunikationsprozesse dabei ablaufen. Ebenfalls wichtig sind aber auch Fragen zum Verständnis kollektiven Handelns: wie ist z.B. das Phänomen der kollektiven Übernutzung von Ressourcen zu verstehen, zu der zwar alle Einzelakteure beitragen, die aber von keinem dieser Einzelakteure in dieser Weise gewollt ist?
- Eine weitere Dimension betrifft die materiellen und gesellschaftlichen Strukturen, die die Lebenswelt des Einzelnen als *Rahmenbedingungen seines Handelns* charakterisieren. Damit sind einerseits materielle Strukturen gemeint, beispielsweise die gebaute Umwelt mit ihren Siedlungen und Verkehrswegen oder die Verfügbarkeit von Gütern und technischen Installationen, andererseits gesellschaftliche Institutionen mit ihren Regeln z.B. der Machtverteilung und der politischen Entscheidungsprozesse. Es ist zu untersuchen, wie diese Randbedingungen das Handeln von Einzelpersonen, aber auch von Organisationen und Institutionen beeinflussen, welche Handlungsweisen durch die Strukturen ermöglicht und begünstigt werden, welche anderen Handlungsweisen durch sie gehemmt oder verunmöglicht werden.
- Die Veränderung dieser Rahmenbedingungen des Handelns liegt nicht im Handlungsspielraum des Einzelnen, vielmehr in jenem von Organisationen, z.B. Unternehmungen oder Verwaltungsabteilungen, und Institutionen, z.B. Regierungen oder Bildungsinstitutionen. Das *Handeln von Organisationen und Institutionen* muss deshalb als solches ebenfalls in den Blick genommen werden. Es kann z.B. gefragt werden, wie auf dieser Ebene Ziele definiert werden, wie Entscheidungen zustandekommen, wie Konflikte gelöst werden, wie Organisationen und Institutionen "lernen".
- Die letzte Dimension betrifft den *kulturellen Kontext*, in dem sowohl Individuen wie auch Organisationen und Institutionen handeln. Gemeint sind die Weltbilder und Wertorientierungen, die verschiedene Kulturen als überindividuelle, tradierte Deutungsmuster charakterisieren. In bezug auf die Umweltproblematik stellt sich z.B. die Frage,

wie verschiedene Kulturen das Verhältnis zwischen Mensch und Natur deuten und wie sich diese Deutung in kulturellen Produkten, Kommunikationsmitteln und Institutionen wie z.B. Sprachen, Bildern, Religionen, Moralvorstellungen oder Wissenschaften niederschlägt.

Wenn die oben aufgeführten Fragen zur wissenschaftlichen Untersuchung von Umweltproblemen in den Humanwissenschaften aufgegriffen werden, so müssen alle diese Dimensionen berücksichtigt werden. Eine einzelne Untersuchung kann dies aber niemals leisten. Auch haben die verschiedenen humanwissenschaftlichen Disziplinen jeweils nur einzelne Aspekte davon als ihren Gegenstand definiert und Methoden für seine Untersuchung entwickelt. In diesem Buch werden deshalb Ergebnisse aus sehr unterschiedlichen humanwissenschaftlichen Disziplinen berichtet (vgl. das Verzeichnis der Autorinnen und Autoren sowie das Verzeichnis der Projekte am Schluss des Bandes), die *in ihrer Gesamtheit* sämtliche der oben dargestellten Dimensionen menschlichen Handelns ansprechen. Damit jedoch diese Vielfalt nicht bloss wie ein unübersichtlicher Haufen von Puzzleteilchen erscheint, sondern sich zumindest zur Andeutung eines zusammenhängenden Bildes ordnet, sind den Projektberichten (Kapitel 3) mehrere Synthese-Beiträge vor- und nachgestellt worden (Kapitel 1, 2 und 4). Diese mögen es der Leserin und dem Leser erleichtern, nicht nur die Ergebnisse der Einzelprojekte, sondern auch deren Beitrag in einem übergeordneten Zusammenhang zu verstehen.

Im Kapitel 1.2. erläutert LESCH die verschiedenen Dimensionen des Konzepts der Verantwortung und seine Relevanz für die Umweltproblematik. Er zeigt auch auf, in welcher Weise "Verantwortung" in den einzelnen Projekten thematisiert ist und was die Projekte zum besseren Verständnis von Verantwortung für die Umwelt beitragen.

Der zweite Teil des Buches ist methodischen Fragen gewidmet. Der Beitrag von GUTSCHER et al. (Kapitel 2.1.) gibt einen Überblick über das breite Spektrum methodischer Zugänge, die in den Humanwissenschaften Anwendung finden, und erläutert deren jeweilige Möglichkeiten und Grenzen. Er situiert die einzelnen Projekte in diesem Methodenspektrum und weist auf, dass die Methodenvielfalt die Vielfalt möglicher Perspektiven und Zugänge zum Verständnis des Menschen und seines Handelns spiegelt und deshalb für eine adäquate humanwissenschaftliche Umweltforschung unerlässlich ist.

Methoden- und Perspektivenvielfalt allein garantieren aber nicht automatisch Zusammenarbeit und Synthese. DEFILA und DI GIULIO beschreiben deshalb im Kapitel 2.2. die Organisation des Forschungsprozesses, wie er im Modul 4 des SPPU stattgefunden hat und diskutieren organisatorische und strukturelle Fragen des inter- oder transdisziplinären wissenschaftlichen Arbeitens.

Der dritte Teil des Buches enthält die Beiträge der einzelnen Forschungsprojekte. Sie sind entsprechend den verschiedenen oben dargestellten Dimensionen menschlichen Handelns geordnet. Kapitel 3.1. enthält Beiträge, die auf das handelnde Individuum fokussieren (Beiträge von DIEKMANN, FRANZEN; BÜTSCHI et al.; JAEGGI et al. und ERNSTE). Die Beiträge von FUHRER und WÖLFING und von MOSLER et al. im Kapitel 3.2. thematisieren hauptsächlich die sozialen Bezüge von Menschen und die Dynamik von kollektivem Handeln in Gruppen. GESSNER (Kapitel 3.3.) analysiert die materiellen und sozialen Strukturen als Rahmenbedingungen für individuelles Handeln. Das Kapitel 3.4. enthält die Beiträge von FINGER et al., von ROUX und von KYBURZ-GRABER et al., welche die Gestaltung von umweltbezogenen Lernprozessen in Organisationen und Institutionen thematisieren. LESCH, SCHMID-HOLZ und SCHABER zeigen im Kapitel 3.5., wie die Diskussion über Werte und Normen im Rahmen der Umweltethik geführt werden kann, während es in den Beiträgen von JÄGGI, von BRECHBÜHL und REY sowie von THOMAS (Kapitel 3.6.) um den kulturellen Kontext der ökologischen Kommunikation geht. Im Kapitel 3.7. schliesslich behandeln DEFILA und DI GIULIO die Frage, was umweltverantwortliches Handeln der Wissenschaft bedeutet.

Der vierte Teil versucht aufgrund der Ergebnisse der Projekte eine Synthese zu formulieren (Kapitel 4.1.) und eine kurze, zusammenfassende Bilanz zu ziehen (Kapitel 4.2.).

Die Fokussierung auf das Handeln der Wirtschaft (Umweltmanagement und Umweltökonomie) und des Staates (Umweltpolitik) ist in den hier dargestellten Projekten kaum vertreten. Dies hängt damit zusammen, dass entsprechende Fragestellungen hauptsächlich im Modul 5 des SPPU bearbeitet worden sind. Die entsprechenden Resultate sind in anderen Publikationen dargestellt (z.B. Jochimsen et al. 1995; Schaltegger 1996; Schaltegger et al. 1996; Minsch et al. 1996).

LITERATUR

Authier, M. 1995: Archimedes: Das Idealbild des Gelehrten. In: Serres, M. (Hg.): Elemente einer Geschichte der Wissenschaften. Frankfurt a. M.: Suhrkamp. S. 177-228.

Böhret, C. 1990: Folgen. Entwurf für eine aktive Umweltpolitik gegen schleichende Katastrophen. Opladen: Leske & Budrich.

Hirsch, G. 1993: Wieso ist ökologisches Handeln mehr als eine Anwendung ökologischen Wissens? In: Gaia. Jg 2, Nr. 3. S. 141-151.

Human Dimensions of Global Environmental Change Programme (HDP) 1994: Work Plan 1994-1995. Geneva: HDP-Office.

Jacobson, H. K., Price, M. F. 1991: A Framework for Research on the Human Dimensions of Global Environmental Change. Report 1 of the Human Dimensions of Global Environmental Change Programme (HDP). International Social Science Council.

Jochimsen, M., Kirchgässner, G. (Hg.) 1995: Schweizerische Umweltpolitik im internationalen Kontext. Basel: Birkhäuser.

Meadows, D. L., Meadows, D., Zahn, E., Milling, P. 1972: Die Grenzen des Wachstums. Stuttgart: Deutsche Verlags-Anstalt. (Amerikanische Originalausgabe 1972).

Minsch, J., Eberle, A., Schneidewind, U., Meier, B. 1996: Nachhaltige Entwicklung durch ökologische Innovation. Basel: Birkhäuser.

Schaltegger, S. (Hg.) 1996: Life cycle assessment (LCA). Quo vadis? Basel: Birkhäuser.

Schaltegger, S., Kubat, R., Hilber, C., Flitsch, A., Sturm, A. 1996: Innovatives Management staatlicher Umweltpolitik. Basel: Birkhäuser.

Schweizerischer Nationalfonds zur Förderung der wissenschaftlichen Forschung 1992: Ausführungsplan zum Schwerpunktprogramm Umweltforschung und Umwelttechnologie, Beitragsperiode 1992-1995. Bern.

Schweizerischer Nationalfonds zur Förderung der wissenschaftlichen Forschung 1995: Ausführungsplan zum Schwerpunktprogramm Umwelt, Beitragsperiode 1996-1999. Bern.

1.2. Dimensionen der Verantwortung für die Umwelt

Ein synoptischer Blick auf Forschungskonzepte der Humanökologie[1]

Walter Lesch

Wir leben in der "Ära der Super-Fähren, die, fast unlenkbar vor Riesenhaftigkeit, durch ein Meer von Ertrinkenden hindurchziehen, mit tragischen Turbulenzen an den Schiffswänden und beklommenen Konferenzen an Bord über die Kunst des Möglichen" (Sloterdijk 1995, 13f.).

Am immer lauter werdenden Ruf nach Verantwortung lässt sich gegenwärtig eine Transformation der 'moralischen Kultur' ablesen, ganz besonders im Kontext der ökologischen Krise (Hösle 1991), aber auch in anderen, durchaus verwandten Bereichen: Wirtschaft, Technologie, Biomedizin (vgl. Kaufmann 1992; Irrgang 1995). In allen öffentlichen Diskursen über Verantwortung spricht man von dringenden Massnahmen gegen die drohende Selbstgefährdung der Menschheit, die angeblich zum ersten Mal in der Geschichte in der Lage ist, sich selbst zu ruinieren. Wer nicht bereit ist, über dieses extreme Szenario nachzudenken, wird immerhin einräumen müssen, dass die Notwendigkeit einer "ökologischen Zivilisierung" der Fortschrittsideologie nicht von der Hand zu weisen ist (vgl. Kösters 1993).

Im Angesicht der beschworenen Gefahr geht es also nicht mehr primär um eine Steigerung von Lebensqualität (im Sinne des neuzeitlichen Traums vom Immer-besser-Leben), sondern ganz grundlegend um die Sicherung des Überlebens, wobei die Notwendigkeit von spürbaren Einschränkungen und Änderungen im Lebensstil nicht auszuschliessen ist. Das Beharren auf Verantwortung und Verantwortlichkeit hat in der gegebenen kulturellen Konstellation den Charakter einer unausweichlichen, ja fast erpresserischen Forderung. Jedenfalls geht es einher mit einer ambivalenten Rückkehr moralischer Kategorien und massiver Werturteile in Bereichen, die sich von moralischen Imperativen emanzipiert hatten.

---

1 Unter 'Humanökologie' verstehe ich in diesem Beitrag jene Aspekte der Umweltwissenschaften, die sich auf die Wechselwirkungen zwischen menschlichem Handeln und natürlicher Umwelt beziehen. Es geht also in erster Linie um die Geistes- und Sozialwissenschaften. Für kritische Hinweise zu meinem Versuch einer Synthese danke ich den Herausgeberinnen sowie Gertrude Hirsch und Heinz Gutscher.

Wenn es, um ein Diktum von Niklas Luhmann aufzugreifen, zu den Aufgaben wissenschaftlicher Ethik gehört, vor Moral zu warnen, dann ist die pathetische Moralisierung der Ökologie zumindest mit Vorsicht zu geniessen. Denn immerhin muss die Möglichkeit erwogen werden, dass es sich bei der Forderung nach 'umweltverantwortlichem Handeln' um eine Problemanzeige handelt, der es an diagnostischer Schärfe mangelt und deren Problemlösungskompetenz ohnehin sehr begrenzt ist. Wir beobachten eine auffällige Ungleichzeitigkeit: während die Ethik (als philosophische Disziplin) mit dem Appell an verantwortliches Handeln eher sparsam umgeht (Höffe 1993), wird die Kurzformel vom "Prinzip Verantwortung" (Jonas 1984; vgl. dazu Wetz 1994, 107-167) im alltäglichen Sprachgebrauch und in Sonntagsreden inflationär verwendet.

Was bedeutet es, Verantwortung für die Umwelt zu tragen bzw. umweltverantwortlich zu handeln? Die Frage mag banal erscheinen. Aber es gehört nun einmal zum Geschäft der Philosophie, begriffliche Klärungen einzufordern und nicht mit allgemeinen Deklarationen und guten Absichten zufrieden zu sein. Die in diesem Buch vorgestellten Forschungen aus Geistes- und Sozialwissenschaften kreisen um das Problem einer deskriptiven und normativen Analyse der Diskrepanz zwischen der Notwendigkeit eines schonenden Umgangs mit natürlichen Ressourcen und dem trotz besseren Wissens umweltschädigenden Verhalten. 'Umweltverantwortliches Handeln' hiesse konkret: so leben, dass etwa durch unser Konsum- und Mobilitätsverhalten keine (oder immer weniger) für die Umwelt negativen Folgen verursacht werden. Ein relativ präzises Umweltwissen und Problembewusstsein scheint vorhanden zu sein; daraus ergeben sich aber offensichtlich nicht automatisch die richtigen Impulse für kohärente Handlungsstrategien.

Schon am Anfang der Arbeit des Schwerpunktzentrums 'Umweltverantwortliches Handeln' stand 1993 der Versuch, in einer Konzeptdebatte die begonnenen Forschungsprojekte zu einem Gespräch über das jeweilige Vorverständnis von Verantwortung einzuladen und auf der Basis grösserer begrifflicher Klarheit die weiteren Arbeiten zu koordinieren.[2] Dieses Anliegen soll nun in der Synthesephase noch einmal aufgegriffen werden, um im synoptischen Vergleich der Forschungsansätze und der bisher erzielten Ergebnisse die wissenschaftliche Konzeptualisierung, Bera-

2 Für den Workshop vom 24./25. Mai 1993 wurde von Wolfgang Gessner, Christian Häuselmann und Ruth Kaufmann-Hayoz ein vorzüglicher Reader erstellt, in dem die philosophische und sozialwissenschaftliche Standardliteratur aufgearbeitet ist. Meine Darstellung verdankt dieser reichen Fundgrube wertvolle Anregungen.

tung und Stimulierung von umweltverantwortlichem Handeln zu unterstützen.

Der eigene disziplinäre Standort ist in der Philosophie, die als Integrationswissenschaft mit der vergleichenden Betrachtung der Erkenntnisse anderer Disziplinen vertraut ist. Bezüglich der Kooperation und Koordination im Modul 4 betrachte ich die Aufgabe eines Syntheseartikels als eine willkommene Gelegenheit, in der Schlussphase die Arbeit der KollegInnen noch einmal genauer kennenzulernen und die Pluralität der Erkenntnisinteressen und Forschungsansätze zu reflektieren. Das Bemühen um eine Synthese unter dem Leitaspekt des 'umweltverantwortlichen Handelns' ist zu grossen Teilen als eine metaethische Reflexion angelegt.[3] D.h.: das Verständnis von Verantwortung für die Umwelt wird aus den moralsprachlichen Aussagen der Einzelprojekte rekonstruiert.[4] Damit sind selbstverständlich auch Normierungsvorschläge und Werturteile über eine wünschenswerte oder zu kritisierende Praxis verbunden. Metaethik im strengen Sinn konzentriert sich jedoch auf die Analyse der sprachlichen Vermittlung von Werturteilen. Dabei wird deutlich, dass die Verantwortung für die Umwelt als Ziel individuellen und kollektiven Handelns unumstritten ist. Methodische und inhaltliche Divergenzen ergeben sich bei der Fokussierung des Untersuchungsgegenstandes und der Bewertung von Erfolgsaussichten einer umweltverträglichen Praxis.

1.2.1. Begriffsgeschichtliche Hintergründe

Das breite Spektrum der wissenschaftlichen Ansätze eröffnet zunächst einmal ein Feld für rhetorische Analysen, die das Sprechen über Verantwortung auch aus einem geschichtlichen Blickwinkel betrachten. Blütezeiten eines 'Jargons der Verantwortung' waren in der deutschen Sprache vor allem in existenzphilosophischen Kontexten in den Zeiten nach den Weltkriegen zu beobachten, also in Zeiten der Krise und der moralischen Verunsicherung (Lienemann 1988; Müller 1992; Münk 1993; Schwartländer 1974; Schulz 1972). Aus dieser Sicht wirkt auch der neue Ruf nach Verantwortung wie eine (wirkungslose) Zauberformel, die moralische Abwehrkräfte gegen die Hoffnungslosigkeit mobilisieren soll. Verantwortung als moralisches Postulat ist wie ein nach den üblichen pharmakolo-

3 Zur inhaltlichen Konkretisierung aus der Sicht einer normativen Ethik verweise ich in diesem Band auf den Bericht über das eigene Projekt und auf die Beiträge von SCHABER und von SCHMID-HOLZ.

4 Moralsprachliche Aussagen gehen über die blosse Beschreibung von Sachverhalten hinaus; sie enthalten Wertungen (gut/böse, richtig/falsch usw.), alltagssprachlich verwendetes Vokabular aus der Tradition der Ethik (z.B. Gewissen, Verantwortung, Schuld) und geben Empfehlungen für die als angemessen betrachteten Handlungen.

gischen Tests sich als zweifelhaft erweisendes Heilmittel, dessen Dosis ständig erhöht werden muss, damit endlich eine Wirkung spürbar wird (vgl. zu diesem Bild Bayertz 1995, VII).

An diese Ausgangslage lassen sich zwei grundsätzliche Fragen mit gegensätzlicher Richtung anknüpfen. Auf der einen Seite können wir behaupten, dass die Forderung nach einer umweltverantwortlichen Praxis trivial ist. Verantwortung, was sonst? Allerdings ist zu bezweifeln, ob tatsächlich ein pragmatischer Wertekonsens in Fragen der Umweltmoral existiert. Theoretisch mag man dieser Forderung beipflichten. Aber in der konkreten Alltagspraxis gibt es dann doch wieder Ausreden zur Rechtfertigung einer Vielzahl kleiner und grosser Ausnahmen. Im Extremfall ergäbe sich die völlige Dispensierung von umweltrelevanten Imperativen. Wir könnten das Gedankenexperiment einer konsequenten Amoral anstellen: warum überhaupt moralisch handeln? Die Standardantwort "weil wir für die Umwelt verantwortlich sind" hat den Nachteil, tautologisch zu sein.[5]

Auf der anderen Seite hat das traditionelle Denkbild 'Verantwortung' gegenüber der abstrakten Vorstellung von 'Moral' (als praktischer Vernunft mit Prinzipien und Begründungen) den Vorteil, eine konkrete Kommunikationssituation zu evozieren. Damit meine ich das forensische Grundmodell von Verantwortung: wer sich oder andere als für etwas verantwortlich bezeichnet, impliziert die Möglichkeit, im Falle eines unverantwortlichen Handelns angeklagt bzw. zur Rechenschaft gezogen zu werden. Das trifft sogar für Schwarzfahrer zu; denn ihnen kommt es ja darauf an, nicht erwischt zu werden. Wo Verantwortung eingefordert wird, gibt es potentiell Kläger, Angeklagte und Richter. In einem religiösen Weltbild gilt es als selbstverständlich, dass Gott als oberste richtende Instanz angesehen wird. Wer diese Hypothese nicht teilt, muss beim Sprechen von Verantwortung einen Rest von 'metaphysischem Dunkel' (Schwartländer 1974) beklagen. Eine Philosophie der Verantwortung muss argumentieren *etsi Deus non daretur* (als ob es keinen Gott gäbe). Es kommt darauf an, eine Verantwortung für die Umwelt stringent zu begründen, auch wenn kein Richter über Regelverstösse befinden wird ... Dennoch bleibt die skeptische Grundsatzfrage nach der Moralfähigkeit des Menschen. Wie wahrscheinlich ist eine rationale ökologische Praxis angesichts von Irrationalität, Gewalt, Krieg, brutalen Interessenkalkülen, schreien-

5 Die Standardantwort, man solle moralisch handeln, weil sich dies letztlich in irgendeiner Weise "auszahle", trifft sicherlich aus einer langfristigen Perspektive gerade für Umweltprobleme zu. Trittbrettfahrer, d.h. Nutzniesser des moralischen Verhaltens anderer, haben sich aber nun einmal darauf spezialisiert, diesen grossen zeitlichen Rahmen für sich nicht zu akzeptieren.

dem Unrecht? Ich möchte kein apokalyptisches Horrorszenario zeichnen; ich möchte lediglich zu bedenken geben, dass das Projekt einer ökologischen Zivilisierung und Moralisierung auf dem dünnen Eis einer Zivilisation stattfindet, die vor dem Rückfall in Barbarei nicht geschützt ist.

Diese Sichtweise könnte als resignativ missverstanden werden. Aber eine Umweltmoral ist ja gerade so zu konzipieren, dass sie kein heroisches Menschenbild voraussetzt (vgl. zu den anthropologischen Konzepten: Meinberg 1995). Man kann den Appell an die individuell Verantwortlichen richten, ohne dabei auf flankierende Massnahmen zur tatsächlichen Durchsetzung von Normen zu verzichten. So funktioniert beispielsweise das mit Sanktionsmöglichkeiten ausgestattete Regelsystem Recht im Unterschied zum weicheren Regelsystem Moral. Trotzdem ist die moralische Dimension der Verantwortung für die Natur in ihrem Geltungsanspruch nicht widerlegt. Das zeigen all jene Initiativen, in denen Einzelne und Gruppen sich für das von ihnen als gut und richtig erkannte einsetzen und dafür eventuell sogar Nachteile in Kauf nehmen.

1.2.2. Konzepte

Es gehört zu den Aufgaben der Philosophie, Konzepte zu erarbeiten, zu kritisieren und zu vergleichen (vgl. Zimmerli 1993). Die forschungsleitende programmatische Formel 'umweltverantwortliches Handeln' ist zu vergleichen mit zwei anderen gängigen Konzepten: 'umweltgerechtes Handeln' und 'nachhaltiges Handeln'. Umweltgerechtigkeit wird in einigen Forschungsprojekten als Synonym für Umweltverantwortung verwendet. Die Vokabel 'Nachhaltigkeit' ist im Nachklang zur *UNO-Konferenz über Umwelt und Entwicklung* von Rio de Janeiro für die neue programmatische Ausrichtung der zweiten Beitragsperiode des Schwerpunktprogramms Umwelt (1996-1999) prägend geworden. Beide Kurzformeln enthalten insofern sympathische Akzente, als sie dem pathetischen Programm der 'Verantwortung' etwas präzisere Richtungen geben: durch die Verpflichtung auf Gerechtigkeit (obwohl Gerechtigkeit im Umgang mit der Natur vermutlich etwas anderes bedeutet als in menschlicher Interaktion) und auf Nachhaltigkeit (im Sinne einer langfristigen Nutzbarkeit von Ressourcen, was wiederum einen internationalen Gerechtigkeitsaspekt einschliessen kann).

Insgesamt sind die alternativen Formeln aber nicht überzeugender als die Redeweise von umweltverantwortlichem Handeln. Erläuterungen und Präzisierungen für den jeweiligen Kontext sind ohnehin unumgänglich, so dass die Festlegung auf die eine oder andere Bezeichnung eigentlich nur dann problematisch ist, wenn damit eine ideologische Bekenntnisformel erzwungen werden soll. Bleiben wir also bei dem Leitwort 'Verantwortung' und den von ihm implizierten begriffsgeschichtlichen und praktischen Zusammenhängen. Zu erinnern ist vor allem an die von Max Weber eingeführte Unterscheidung von Gesinnungsethik und Verantwortungsethik, ein Gegensatzpaar, das gerade auch in ökologischen Debatten immer wieder auftaucht (vgl. Apel 1988; Müller 1992) und oft polemisch eingesetzt wird. Selbstverständlich handeln die blinden Verfechter von Gesinnungen verantwortungslos, wenn sie zur Durchsetzung ihrer reinen Lehre über Leichen gehen, keine Handlungsfolgen kalkulieren, keine Güterabwägungen vornehmen und sich ausschliesslich auf ihr subjektives Wissen und Wollen beziehen. Aber muss Verantwortung automatisch gesinnungslos sein? Welches sind die Motivationsquellen für eine differenzierte verantwortliche Praxis? Gesinnung und Verantwortung müssen einander nicht diametral gegenüberstehen, sondern können sich wechselseitig kritisch stimulieren.

Wegen der breiten Palette von Forschungsinteressen in den SPZ-Projekten (von der Mikro- bis zur Makro-Ebene der Gesellschaft, von der Umweltethik der Weltreligionen bis zu Detailuntersuchungen an einem Individuum) wähle ich als pragmatischen Zugang die Standarddefinition von Verantwortung in einer übersichtlichen Formulierung von Hans Lenk:

> "Verantwortungsbegriffe sind zuschreibungsgebundene mehrstellige Relations- (Beziehungs-) bzw. Strukturbegriffe, interpretations- und analysebedürftige Schemata mit folgenden Elementen:
>
> - *jemand:* Verantwortungssubjekt, -träger (Personen, Korporationen) ist
> - *für:* etwas (Handlungen, Handlungsfolgen, Zustände, Aufgaben usw.)
> - *gegenüber:* einem Adressaten vor einer (Sanktions-, Urteils-) Instanz
> - *in bezug auf:* ein (präskriptives, normatives) Kriterium
> - *im Rahmen eines:* Verantwortungs-, Handlungsbereiches verantwortlich" (Lenk 1992, 81f.).

Folgende Aspekte werde ich ausführlicher behandeln und dabei spezifische Fragerichtungen der sechzehn in diesem Buch vorgestellten Projekte aufgreifen:[6]

- Urteilsinstanz und normative Kriterien (1.2.2.1.),

[6] Mir ist klar, dass dabei kein Projekt in seiner ganzen Komplexität gewürdigt werden kann. Hier geht es allein um den Versuch einer Perspektivierung im Brennpunkt des umweltverantwortlichen Handelns. Die Verweise auf die Artikel in diesem Buch erfolgen über die mit Grossbuchstaben angegebenen Namen der Autorinnen und Autoren.

- Verantwortungsträger, Handlungsfolgen, Handlungsbereich (1.2.2.2.),
- moralische Kompetenz, Fähigkeit zur Übernahme von Verantwortung (1.2.2.3.),
- Lernen (1.2.2.4.).

1.2.2.1. Verantwortung - gegenüber wem?

These 1: *Umweltverantwortliches Handeln kann je nach weltanschaulichem Standort vor verschiedenen Instanzen gerechtfertigt werden. Im Sinne eines globalen Minimalethos wäre es als Imperativ der praktischen Vernunft zu verstehen. In realen Alltagsdiskursen werden aber auch andere Sanktions- und Urteilsinstanzen angegeben.*

Wir stehen heute vor der Tatsache, dass die traditionellen Antworten der Religionen angesichts der Herausforderungen in komplexen Gesellschaften oft nicht mehr genügen. Das heisst nicht, dass nicht auch heute alte Antworten überzeugen können und neue Sinndimensionen erschliessen. Der Hinweis auf eine Verantwortung vor Gott (vgl. Saladin 1984; Simon 1993) wird allerdings nur für gläubige Menschen bindend und motivierend sein. Das gleiche gilt für die Idee einer (mythologisch interpretierten oder personifizierten) Natur (Gaia) als normativer Instanz. Eine immer häufiger benutzte Leitvorstellung ist die Verantwortung vor kommenden Generationen. Bilden die in Zukunft lebenden Menschen das Tribunal, das über unsere umweltzerstörerischen Verfehlungen urteilen wird? Oder schulden wir der ganzen aktuellen Weltgesellschaft unser Bemühen um verantwortliches Handeln?

Teilaspekte dieser Antworten werden für einzelne ökologisch engagierte Menschen oder für klar definierte Gruppen mit entsprechendem weltanschaulichen Hintergrund verbindlich sein. Als Teile umfassender Weltbildkonstruktionen dürften sie in pluralistischen Gesellschaften aber kaum auf allgemeine Zustimmung stossen und eventuell sogar eher Dissens als Konsens hervorrufen.

Einen religionswissenschaftlich und ethnologisch fundierten Beitrag zu dem beschriebenen Problemkomplex bietet in diesem Buch der Artikel von JÄGGI. Der Verfasser vertritt die These, dass eine weltanschauungsübergreifende Umweltethik die Durchsetzung von Umweltanliegen erleichtern könnte. Dabei ist er sich durchaus der ambivalenten Rolle von Religionen in ökologisch relevanten Fragen bewusst (vgl. das Reizthema 'Demographie und Sexualmoral'). Ist dann aber nicht die synkretistische öko-spirituelle Grundhaltung ein elitäres Phänomen? Zur Zeit ist kein

Weltethos in Sicht; im Gegenteil: wir erleben die Zersplitterung in eine Vielzahl von teilweise sehr intoleranten "communities". Zur Diskussion reizt auch die erarbeitete Typologie der Religionen mit der Beschreibung von fünf Grundmodellen des Gott-Mensch-Natur-Verhältnisses. Inwieweit lassen sich die aktuellen Entwicklungen in einzelnen Religionsgemeinschaften in dieses Schema eintragen? Inwiefern ist speziell das Christentum im säkularen Kontext mit dem "Gottesgehorsamkeitsmodell" zu identifizieren? Als Fazit langer moraltheologischer Debatten würde ich gerne für das Gespräch mit der vergleichenden Religionswissenschaft festhalten, dass im Prozess der gesellschaftlichen Modernisierung deutlich geworden sein sollte, dass wir nicht nur eine Gehorsamsverantwortung *vor* Normen haben, sondern ebenso eine Gestaltungsverantwortung *für* diese Normen.

Wenn Religion als Steuerungsinstanz in unserer Gesellschaft keine für alle Betroffenen zentrale Bedeutung mehr hat, werden wir für die Steuerung in Fragen der Umweltverantwortung primär auf die normativen Ressourcen des individualistisch-säkularen Denkmodells zurückgreifen müssen. Dieses hat offensichtlich den Nachteil, bei einer starken Fixierung auf die individuelle Lebensplanung Zeitdimensionen zu ignorieren, die gerade für ökologische Belange von Bedeutung sind. Aus der Perspektive der eigenen Lebensspanne wird das Leben - meist auch unabhängig von anders lautenden religiösen Bekenntnissen - als knapp bemessene Frist empfunden, innerhalb derer wir nichts versäumen dürfen. Damit verbunden ist die Schwierigkeit, die Rechte und legitimen Ansprüche zukünftiger Generationen (über die Sorge für eigene Kinder hinaus) ernsthaft zu erwägen. Aus mangelnder Erfahrbarkeit der Gattungsexistenz resultiert ein Individualisierungstrend und eine Entsolidarisierung von den Bedürfnissen anderer Mitglieder der Gattung, erst recht von den Bedürfnissen nicht-menschlicher Lebewesen.

Im Interesse einer ökologischen Zivilisierung wird es daher ratsam sein, die Sanktionsinstanzen unserer Verantwortlichkeit möglichst breit und einleuchtend abzustützen. Im Idealfall ginge es um *freiwillige*, auf optimaler Sachkenntnis basierende Handlungen, bei deren Durchführung wir durch das, was moralsprachlich Gewissen genannt wird, gebunden sind. Verpflichtet fühlen wir uns aber auch durch Sozialkontrolle, durch die Anerkennung oder Missbilligung ausgesprochen wird; durch eine medial verbreitete öffentliche Meinung, die ein trendgerechtes Verhalten nahelegt; durch Belohnung, finanzielle Anreize oder drohende Strafen.

1.2.2.2. *Wessen Verantwortung, wofür?*

These 2: *Die Zuschreibung von Verantwortung für die Umwelt erfolgt auf mehreren Ebenen. Die Zuständigkeit der jeweiligen Verantwortungsträger ist durch deren Aktionsradius eingeschränkt. Es wäre nicht sinnvoll, einem einzelnen Menschen die Last der ganzen Welt aufzubürden.*

Zu den methodologischen Schwierigkeiten des Moduls 4 gehört die extrem breite Palette thematischer Zugänge. Da es um umweltverantwortliches Handeln im Alltag geht, ist prinzipiell kein Lebensbereich ausgeschlossen. Damit verbunden ist aber auch das Problem mangelnder Vergleichbarkeit alltäglicher Handlungsspielräume und der Verantwortlichkeit kollektiver Akteure (bis hin zur Umweltpolitik eines Staates oder der internationalen Staatengemeinschaft).

In der Ethik und in den Sozialwissenschaften wird diese Herausforderung seit Jahrzehnten als die vermeintliche Alternative zwischen handlungs- und systemtheoretischen Ansätzen diskutiert. Wenn, so die eine Extremposition, nur klar identifizierbare Akteure moralisch handeln können, dann ist anonymen Grosssystemen ein analoger Status abzusprechen. Allerdings ist diese Annahme kontraintuitiv. Denn auch auch die grossen Strukturen sind ja, ausser in totalitären Systemen, kein gesichtsloses Räderwerk, sondern ein kompliziertes Netzwerk individueller Verantwortungsträger. Freilich gibt es für Menschen in einem solchen Gebilde je nach Status und Aufgabenbereich verschiedene Grade der Verantwortlichkeit. In unserem politischen System wird beispielsweise von einem Minister erwartet, dass er die Verantwortung für Unregelmässigkeiten und Skandale in seinem Geschäftsbereich übernimmt und gegebenenfalls seinen Rücktritt erklärt. Auch wenn er die beklagten Missstände nicht selbst verschuldet hat, so kann ihm doch vorgeworfen werden, seine Aufsichts- und Führungspflicht verletzt zu haben. Er könnte also auch dann zur Rechenschaft gezogen werden, wenn ihm persönlich gar kein moralisches Versagen vorzuwerfen ist. Denn er hätte nach bestem Wissen und Gewissen gehandelt, wenn er bewährten Mitarbeiterinnen und Mitarbeitern vertraute und auf übertriebene Kontrollmassnahmen verzichtete.

Das Beispiel zeigt, dass der Bereich, für den jemand Verantwortung zu übernehmen hat, unter Umständen so gross ist, dass ein herausgehobener Verantwortungsträger mit seiner ganzen Person für fehlerhafte und schädliche Abläufe stellvertretend einzustehen hat. In der Regel wird es natürlich nicht zu dieser extremen Konsequenz kommen, wenn auf niedrigeren Stufen der Hierarchie Sündenböcke dingfest gemacht werden können. Dies mag in vielen Fällen plausibel sein; es führt jedoch zu einer

Entwertung der Vokabel 'Verantwortung', wenn diese je nach Bedarf anders verwendet wird: negative Folgen werden auf Mitarbeiter abgewälzt (sie müssen plötzlich eine Verantwortung tragen, die ihnen sonst abgesprochen wird); Erfolge werden auf dem Konto des Vorgesetzten verbucht, der stolz ist auf die Arbeiten in seinem Verantwortungsbereich. Über beide Extreme, das Sündenbock-Syndrom und das Sich-mit-fremden-Federn-Schmücken, liessen sich mühelos Beispiele aus allen grösseren Institutionen, auch aus Hochschulen, anführen.

Damit ist das Problem einer adäquaten Bereichsbeschreibung immer noch nicht gelöst. Bei immer längeren und komplexeren Handlungsketten (selbst bei ganz alltäglichen Abläufen) fällt es sogar einer an Handlungsfolgen orientierten Ethik (Konsequentialismus) nicht leicht, das Ausmass und die Grenzen von verbindlichen Verantwortungszuschreibungen zu benennen. Verantwortung für die Umwelt wird intuitiv als gemeinsame Verantwortung im *lifeboat earth* empfunden (vgl. Sloterdijk 1995). Neben dieser spontanen Intuition einer (zwangsweisen) Solidarisierung gibt es aber auch gegenläufige Tendenzen zu einer maximalen Profitsteigerung auf Kosten anderer. Die im Öko-Jargon häufig evozierte Gemeinschaft von Menschen "im selben Boot" ist ideologisch zumindest nicht ungefährlich. Niemand wird sich für euphorische Aufrufe zum Kompostieren oder für die Umweltverträglichkeit irgendwelcher Produkte begeistern können, wenn er oder sie zunächst einmal existentiellere Probleme zu lösen hat. Dennoch wird auch diese Person nicht leugnen, dass es sich bei den angesprochenen Umweltfragen um von Menschen verursachte Probleme handelt. Auf dieser Ebene gibt es daher keine überzeugende Alternative zu einer anthropozentrischen Sichtweise, die ja nicht darauf zu reduzieren ist, dass der Mensch seine Bedürfnisse selbstherrlich in den Mittelpunkt stellt, sondern die unterstreicht, dass er wegen seiner zentralen Position auch Verantwortungsträger ist (vgl. zu den Debatten um die Anthropozentrik und ihre Alternativen: Schwarz, Pechmann 1995).

Ich möchte nun versuchsweise einige Kriterien für die Übernahme von Verantwortung vorschlagen und damit jeweils die Frage verbinden, auf welchen Bereich sich diese Verantwortung beziehen soll:

- *Grad der Bedrohung und Dringlichkeit des Handelns.* Sobald Katastrophen sichtbar werden, wächst der Handlungsdruck. Unmittelbar schädigende Folgen sind, falls dies dann noch möglich sein sollte, zu bekämpfen. Das Problem besteht aber darin, dass die Bedrohung meist nicht früh genug erkannt oder aber verdrängt wird. Wir leben mit vielen Zeitbomben, deren Ticken wir lieber nicht hören, und vertrauen mit grösster Naivität auf eine Wende zum Besseren: durch glückliche Zufälle oder durch das mutige Handeln anderer. Die eigene Zuständigkeit wird aber möglichst auf die lange Bank geschoben.

- *Gesinnung*. Gesinnungstäter sind, wie geschichtlich vielfach belegt ist, zum Terror der Tugend fähig und können ganze Staaten mit ihren edlen Überzeugungen und letzten Gewissheiten in Schrecken und Wahnsinn stürzen. Davon zu unterscheiden sind Tugenden als sittliche Grundhaltungen, die auf die Dauer eine Handlungssicherheit ergeben, die ohne angeeignete und selbstverständlich gewordene Überzeugungen nicht zu gewinnen ist. Eine Dauerreflexion und stets am Nullpunkt beginnende argumentative Anstrengung bei minimalsten Normierungsschritten wäre eine komplette Überforderung.
- *Solidarität*. Zu den genannten Grundhaltungen gehört das Gefühl der Verbundenheit mit Menschen, deren Wohlergehen ich in meine Entscheidungen einbeziehe. Normalerweise ist dieses Solidaritätsnetz in konzentrischen Kreisen organisiert, die zwar wechselseitig durchlässig sind, aber zunächst eine Rangfolge der Zuständigkeiten angeben. In der Regel werden wir familiäre Verpflichtungen höher gewichten als moralische Pflichten gegenüber uns unbekannten Notleidenden in einem fernen Land. Den Menschen in der unmittelbaren Nachbarschaft fühlen wir uns wahrscheinlich in einem Krisenfall stärker verbunden als jenen in uns völlig fremden Lebenssituationen. Aus einem unparteilichen moralischen Blickwinkel würden wir allerdings einräumen, dass uns auch das Leiden anderer nicht gleichgültig sein kann. Gibt es so etwas wie Solidarität mit der menschlichen Gattung? Oder Solidarität mit der leidenden Kreatur, also auch mit Tieren? Oder sogar ein Gefühl der Verbundenheit mit der gesamten Natur? Denkbar sind diese Ausweitungen nur dann, wenn sie kognitiv und affektiv verarbeitet werden und auch in Dilemmasituationen bestehen können.
- *Folgeneinschätzung*. Globale Verantwortung ist, das dürfte inzwischen deutlich geworden sein, eine Leerformel, wenn nicht die konkreten Umstände und Folgen einer Handlung einkalkuliert werden. Dazu ist neben einer moralischen Urteilskompetenz vor allem Sachwissen erforderlich. Anders gesagt: es gibt so etwas wie eine moralische Pflicht zur Kenntnis der Sachverhalte, eine Verwiesenheit der Ethik auf Empirie. Denn die meisten praktisch relevanten Urteile über Verantwortungsbereiche sind gemischte Urteile, d.h. sie bestehen aus deskriptiven (empirischen) Komponenten und präskriptiven Sätzen, die den eigentlichen Verpflichtungsgrund angeben.

Der Blick auf diese provisorischen Kriterien zeigt, dass die Zuordnung von Verantwortungsträgern und Verantwortungsbereichen nur schwer in eine schematische Darstellung zu pressen ist. Denn komplexe Formen der Vergesellschaftung sind mehr als nur ein anderer Aggregatzustand von Individualität (vgl. zur kollektiven Verantwortung: Wolf 1993). Menschen sind Täter und Opfer zugleich, identifizierbare Subjekte, die aber manchmal auch in den Maschen von Strukturen verschwinden. Menschen sind überdies Träger von Rechten und Pflichten, allerdings in asymmetrischen Verhältnissen, in denen Rechte und Pflichten nicht immer korrespondieren. Um wieviel schwieriger ist dann eine Ausweitung des Kreises der Träger von Rechten, z.B. bei der Redeweise von Rechten der Natur?

Es besteht ein Zusammenhang zwischen dem Status und Organisationsgrad eines Verantwortungsträgers und dem Zuständigkeitsbereich, für den er zur Verantwortung gezogen werden kann; ferner gibt es Übergänge zwischen lokalen Zuständigkeiten und globalen Vernetzungen. Allerdings wird die Verantwortlichkeit einzelner Akteure durch die Eingliederung in grössere Gruppen nicht aufgehoben. Umgekehrt sind die in der Regel individualethisch geprägten Standardvorstellungen von Moral durch Einsichten der Institutionentheorie, Organisations- und Sozialpsychologie zu erweitern. Staatliche oder überstaatliche Rahmenbedingungen können sich bei entsprechenden Sanktionsmöglichkeiten unmittelbar auf kleinräumige Lebenswelten auswirken. Die starre Gegenüberstellung von System und Lebenswelt ist insofern irreführend.

Die in diesem Buch vorgestellten Forschungsergebnisse geben auf die aufgeworfenen Fragen aus den Sichtweisen unterschiedlicher Disziplinen hilfreiche Antworten. Der psychologische Beitrag von JAEGGI et al. arbeitet überzeugend den subjektiven Aspekt bei der oft beklagten Kluft zwischen Umweltwissen und Umweltverhalten heraus. Objektive Möglichkeitsräume müssen, so die These, in subjektive (ipsative) transformiert werden. Denn umweltverträgliche Handlungsoptionen werden nur dann ernsthaft erwogen, wenn sie *in* den Akteuren verankert sind. Nur bei individuell angeeigneten Bewertungskriterien ist mit einem Wandel des Lebensstils zu rechnen. Folglich müssen Interventionsmodelle zugunsten einer grösseren Umweltverträglichkeit bei der persönlichen Handlungsbereitschaft ansetzen; allgemeine Appelle und objektives Expertenwissen werden zwar gehört, gehen aber ins Leere, solange die situativ-strukturellen Faktoren nicht mit den personalen Faktoren einer Verhaltensänderung vermittelt werden. Indem erforscht wird, aus welchen Gründen sich Personen nicht umweltgerecht verhalten, kann die Konzeption realistischer Verhaltensmodifikationen in aussichtsreichere Richtungen gelenkt werden.

Aus soziologischer und politologischer Sicht und auf der Basis umfangreicher Befragungen analysieren der Beitrag von DIEKMANN und FRANZEN sowie der Beitrag von BÜTSCHI et al. die Kluft zwischen Wissen und Verhalten und kommen zu dem Ergebnis, dass eine Akzeptanzsteigerung für die Durchsetzung umweltverträglicher Massnahmen am ehesten über ein System von Anreizen und Sanktionen zu erwarten ist. Der "Lohn der guten Tat" muss nachweisbar sein, damit eine Änderung alter Gewohnheiten erwogen wird. BÜTSCHI et al. haben vor allem für den Bereich des Mobilitätsverhaltens die Spannung zwischen durchaus vorhandenen moralischen Überzeugungen und ökonomischen Zwängen nachgewiesen.

Einen weiteren Akzent zur Umschreibung von Verantwortungsbereichen setzen FUHRER und WÖLFING in ihren Untersuchungen zum Umweltbewusstsein als Funktion sozialer Repräsentationen. Diese Repräsentationen sind kollektive Deutungs-, Beurteilungs- und Handlungsmuster, die von Individuen übernommen werden können, da diese sich ja nicht bei jeder neuen Problemwahrnehmung ein neues, massgeschneidertes Handlungskonzept erarbeiten können. Mögliche Lösungsansätze hängen deshalb ganz entscheidend von der Art der Kommunikation über die Probleme ab: über Medien oder in direktem Kontakt mit Gesprächspartnern. Dabei werden jeweils auch moralische Imperative mittransportiert. Selbst wenn ein Individuum zu bestimmten Handlungsoptionen neigt (z.B. Verzicht auf das Auto), wird die definitive Entscheidung, die Verantwortungsfestlegung, wesentlich davon abhängen, in welchem gesellschaftlichen Umfeld sich die betreffende Person bewegt. In gewissen Kreisen wird die soziale Repräsentation alternativer Mobilitätsformen stärker ins Gewicht fallen als in einem Umfeld, das kaum zu einer Verhaltensänderung drängen wird. So könnte im gegebenen Fall der Druck der Freunde wichtiger sein als ein dickes Informationspaket oder eine Medienkampagne.

Alle bisher angesprochenen Faktoren kommen in der Studie von MOSLER et al. zusammen, die in einer Computersimulation individuelle Verhaltensstrukturen und deren Diffusion untersucht haben. In dieser für den Nicht-Fachmann besonders eindrucksvollen sozialpsychologischen Forschungsanlage wird ermittelt, wie der Kippmoment von individuellen Umorientierungen zu einer grossflächigen, kollektiven Eigendynamik erreicht wird und beispielsweise zu Änderungen in Energie-, Abfall- oder Verkehrspolitik führt. Dabei werden u.a. Arbeiten aus der Lerntheorie, aus den Forschungen zum Gemeingutdilemma und aus den Untersuchungen zum sozialen Einfluss auf persönliche Problemverarbeitungen in das imponierende Simulationsmodell integriert. Es liegt auf der Hand, dass die Übertragung der Simulationsstudie auf ein konkretes Gemeinwesen von grossem forschungs- und umweltpolitischem Reiz wäre. Die Frage, wofür Individuen und Kollektive Verantwortung zu übernehmen bereit sind, kann in einer neuen, kreativen Weise beantwortet und aus dem ewigen Lamentieren über die Ohnmacht des Einzelnen und die Unveränderbarkeit der Strukturen herausgeführt werden.

1.2.2.3. *Komponenten und Kontexte moralischer Kompetenz*

These 3: *Moralische Kompetenz in Umweltfragen setzt Sachkenntnisse, Gelegenheiten zu angemessenem Handeln, Überzeugungs- und Durchsetzungskraft, Kooperationsbereitschaft sowie die Berücksichtigung kultureller Kontexte voraus.*

Zur Übernahme von Verantwortung sind Bedingungen zu schaffen, die für eine moralische Urteils- und Handlungskompetenz Voraussetzung sind. Nach einem alten Leitsatz der Ethik setzt Sollen Können voraus (vgl. zur aktuellen moralpädagogischen Diskussion: Eid et al. 1995).

Im Beitrag von GESSNER geht es um die im Umweltbereich zu beobachtenden Handlungsrestriktionen. Wir können nicht tun, was wir tun wollen oder sollen, weil die Handlungsspielräume strukturell eingeschränkt sind. Nur die Kenntnis der Restriktionsmechanismen erlaubt die Entwicklung realistischer Interventionsmodelle, die kontextsensibel anzuwenden sind. Die Kompetenzbildung wäre dann nur eine von vielen Massnahmen zur Förderung einer umweltverträglicheren Praxis. GESSNER erwähnt als weitere Lösungswege u.a. Aufklärung, soziale Verankerung und Anreizbildung. Dem Autor gelingt eine dichte Beschreibung von Strukturen einer Lebenswelt, deren nüchterne Wahrnehmung die Wahrscheinlichkeit einer umweltgerechten Praxis erhöht.

Während FUHRER und WÖLFING den Kompetenzerwerb über mediale Kommunikation weniger hoch veranschlagen als die Beeinflussung durch das Gespräch von Angesicht zu Angesicht, befassen sich zwei kulturwissenschaftliche Projekte mit den Strukturen öffentlicher Massenkommunikation in Bild- und Printmedien. In der Untersuchung von THOMAS geht es um die visuellen Stimuli zur Verbesserung des ökologischen Orientierungswissens und zur Senkung der Schwelle zwischen Wissen und Handeln. Dazu werden vor allem Beispiele aus Werbung, Informationskampagnen und Design herangezogen. Der modernen bildenden Kunst scheint der Verfasser keine handlungsrelevanten Impulse für die Ökologie zuzutrauen, da sich avantgardistische Kunst jedem Verwertungsinteresse verweigert. Die uns alltäglich umgebende Bilderwelt ist mehr als nur ein dekoratives Element; sie prägt Denk- und Wahrnehmungsmuster und ist insofern nicht ohne Einfluss auf die Herausbildung ökologischer Kompetenz in den jeweiligen kulturellen Kontexten.

Der Artikel von BRECHBÜHL und REY ist ein schönes Beispiel für die Vielfältigkeit der kulturellen Einflussfaktoren. Ausgehend von den oft summarisch beklagten Unterschieden im Umweltverhalten in den Sprachregionen der Schweiz haben die Autorinnen einen Korpus von 3500 deutsch-, französisch- und italienischsprachigen Zeitungsartikeln aus der Zeit von der Jahrhundertwende bis heute ausgewertet und signifikante Unterschiede im Interesse an 'Natur' und in der sprachlichen Vermittlung relevanter Themen und Ereignisse festgestellt. Die Zurkenntnisnahme dieser Mentalitätsunterschiede bewahrt vor imperialistischen und missionarischen Bemühungen um ein einheitliches Welt- und Naturbild und fügt der in anderen Projekten erarbeiteten Komplexität von Umweltproblemen eine weitere, oft zu wenig gesehene Facette hinzu.

1.2.2.4. Verantwortung für die Umwelt lernen

These 4: Umweltverantwortung ist keine Eigenschaft oder Zustandsbeschreibung, sondern ein dynamischer Prozess, der immer wieder gestützt und stimuliert werden muss. Dazu sind Kenntnisse von Hindernissen und Blockierungen mehr als bisher für die Bildung und Beratung nutzbar zu machen.

Für die Zusammenarbeit im SPZ war die Einbeziehung umweltpädagogischer Projekte von Anfang an von grossem Vorteil, da es zur Forschungslogik dieser Arbeitsgebiete gehört, stärker als in anderen Disziplinen an Integrations- und Syntheseleistungen interessiert zu sein (vgl. Bölts 1995).

In ihrer Arbeit vertreten KYBURZ-GRABER et al. ein emanzipatorisches Bildungsverständnis, das von einer autoritären Wertevermittlung "von oben" abzugrenzen ist. Sie plädieren für ein sozio-ökologisches Umweltbildungskonzept, das sie mit einem partizipativen Forschungsansatz in Schulen umgesetzt haben. Schule wird verstanden als ein gesellschaftlicher Lernort, an dem innovative Entwicklungen von morgen vorbereitet werden, indem sich die Sichtweisen von Lehrkräften, Schülerinnen und Schülern ändern.

Die Arbeit von ROUX ist in der Beratung und Weiterbildung in der Landwirtschaft angesiedelt, einem vielen Menschen fremden Tätigkeitsfeld und einem von der urbanen Wirtschafts- und Umweltethik sträflich vernachlässigten Handlungsbereich. Dabei kann die gesellschaftliche Verantwortung des einzelnen Landwirts bei der umweltgerechten Nutzung des Landes und bei seiner Schlüsselfunktion im Bedürfnisfeld Ernährung gar nicht hoch genug eingeschätzt werden. Daher kommt einer orientierten und auch orientierenden Forschungspraxis in diesem Sektor grosses Gewicht zu. Entsprechendes gilt für die Arbeiten von FINGER et al. zur Umweltberatung in Organisationen.

Wie werden die Konzepte vom Erlernen umweltverantwortlichen Handelns in einer grösseren Öffentlichkeit transportiert und rezipiert? Wir haben bereits gesehen, dass die Einflussmöglichkeiten der Medien skeptisch beurteilt werden. Um so bedrängender wird die Frage, wie Menschen in durch Medien geprägten "Zuschauergesellschaften" aktiviert werden können.

1.2.3. "Strategien" für eine neue Umweltmoral?

Der Rückblick auf die bisher skizzierten Beiträge aus den Sozial- und Geisteswissenschaften zeigt deutlich deren Offenheit für Dimensionen der Verantwortung. Es scheint Konsens darüber zu bestehen, dass die Verständigung über eine Umweltmoral der Preis für die Komplexität der Moderne ist (Höffe 1993). Dabei geht es keineswegs um eine Hypermoral oder um Heroismus (vgl. Wolf 1993), sondern um die Kommunikationsbedingungen in funktional differenzierten Gesellschaften. Als Frucht der wissenschaftlichen Kooperation im SPZ wird ein multidimensionales Verantwortungsverständnis sichtbar, das nach dem Ende grosser, doktrinärer Entwürfe Angebote für systemische Sichtweisen machen kann. Diese nüchterne und besonnene Anwaltschaft für die Natur verträgt sich sehr wohl mit Visionen und engagierten Konzepten für die praktische Umsetzung. Nicht die *eine* neue Umweltmoral zeichnet sich ab, sondern eine Fülle pragmatischer Schritte in die Richtung von umweltverantwortlichem und nachhaltigem Handeln.

In der Retrospektive fällt auf, dass die in expliziten Ethik-Projekten erarbeiteten Aspekte ethischer Rationalität mit dem Stil sozialwissenschaftlicher Forschung kompatibel sind. Die Texte von SCHABER und von SCHMID-HOLZ porträtieren kritisch die Kosten-Nutzen-Analyse als Entscheidungsverfahren in der Umweltpolitik und plädieren für einen durch ökologische Information und moralische Werte strukturierten Diskurs, in dem Entscheidungen durch den Mehrheitswillen der Betroffenen gefällt werden. Ähnlich spricht sich auch ERNSTE für eine Erweiterung klassischer Ökonomie durch handlungstheoretische Rationalitätskriterien aus.

Damit sind zugleich auch einige blinde Flecken der bisherigen Arbeit im SPZ angesprochen. Es gab über die erwähnten Berührungspunkte hinaus Bemühungen um ein intensiveres Gespräch mit der Ökonomie, das dann aber aus Zeitgründen nicht geführt werden konnte. Ebenso fehlte die in Fragen der Verantwortung wichtige Dimension des Rechts, dessen Einbeziehung ein Desiderat künftiger Forschung ist. Und schliesslich gab es meines Wissens keinen Ort, an dem über feministische Aspekte der Umweltforschung ausführlicher diskutiert wurde.

Zum Glück gibt es im SPZ ein Team, das sich den auf dem Gebiet der Ökologie in ihrer Dringlichkeit besonders einleuchtenden Grundsatzfragen der Wissenschaftsforschung (vgl. Felt et al. 1995) widmet und als Drehscheibe für die nicht immer ganz leichten Vermittlungsaufgaben in transdisziplinären Prozessen fungieren kann. Im Beitrag von DEFILA und DI GIULIO (Kap. 3.7.) kommt die spezifische Umweltverantwortung der Wissenschaften nicht nur klar zum Ausdruck; ihre Umsetzung wird durch die Entwicklung, Begleitung und Auswertung interdisziplinärer Prozesse belegt (vgl. zum komplexen Verhältnis von Ethik und Wissenschaft: Sitter 1988).

1.2.4. Ausblick

Der synoptische Blick auf die Beiträge aus den Geistes- und Sozialwissenschaften zur Förderung umweltverträglichen Handelns lässt trotz erreichter Teilergebnisse auch Grenzen der positiven Einflussnahme erkennen. Es gibt Grenzen sozialtechnologischer Steuerung: Umweltverantwortung bedeutet im günstigsten Fall eben doch ein Handeln aus Freiheit und Einsicht (bzw., um noch einmal auf JAEGGI et al. zurückzugreifen, eine Abbildung von Handlungsoptionen im ipsativen Möglichkeitsraum).

Die minimale Interventionsmöglichkeit liesse sich, wie Luhman vorschlägt, mit einer therapeutischen Intervention vergleichen: "Man geht davon aus, dass man die Wirklichkeit nicht kennt. Sie ist intransparent. Auch die Funktionssysteme sind für sich selber intransparent. Man konstruiert ein Problem aus irgendwelchen Anlässen und man versucht, etwas zu tun. Die Therapeuten sagen, man formuliert eine Weisung: Dies soll jetzt geschehen. Man definiert die Weisung und sie ist zugleich ein diagnostisches Instrument. Es ist so gut wie sicher, dass die Weisung nicht funktioniert, dass überraschende Folgen kommen, dass die Kosten höher sind als veranschlagt, dass die Nebenwirkungen schlimmer sind als das, was man eigentlich kurieren wollte. Und die Weisung hat dann den Doppelsinn, einerseits eine Situation zu ändern und andererseits zu beobachten, was geschieht, wenn man sie ändert. Prognosen in diesem Sinne sind sehr häufig, wenn nicht fast immer falsch, aber sie haben den Vorteil, dass man spezifiziert, weshalb sie falsch sind, und dann eine Art von Beobachtungsinstrument hat, das gleichsam historisch fixiert ist in der Prognose oder in der Weisung und von dort aus revisionsbereit gehalten wird" (Luhmann 1995, 44).

Die hier versammelten Forschungsbeiträge geben Anlass zu der Hoffnung, dass die diagnostischen Instrumente der noch relativ jungen geistes- und sozialwissenschaftlichen Umweltforschung schon ziemlich aussagekräftige Ergebnisse bieten. Wer von der Zukunftsverantwortung mehr erwartet als wissenschaftlich bis ins letzte Detail abgesicherte Empfehlungen, wird es zumindest für den eigenen Lebensbereich mit einer Heuristik der Vermeidung von Umweltschäden versuchen. Und zwar nicht im Stil des lustlosen Verzichts und der verbissenen Abwehr von Risiken, sondern mit positiven Strategien kreativer Gestaltung (Beispiele: Solarenergie, umweltfreundliche Mobilität, gesunde Ernährung ...). Das wäre keineswegs ein billiges Zugeständnis an die "Erlebnisgesellschaft", sondern ein Ernstnehmen der anthropologischen Einsicht, dass Verbote und griesgrämige Öko-Appelle wenig bewirken.

Es könnte dann so etwas geben wie eine Wiederentdeckung von Dimensionen der Zweckfreiheit, eine "Eroberung des Nutzlosen" (Kodalle 1994) im Interesse einer umwelt- und sozialverträglichen Praxis. Für Wissenschaften, die ja selbst unter dem Diktat der Nutzenmaximierung stehen, wohl eine eher ketzerische Idee. Aber durchaus auch eine Dimension von Verantwortung und Leidenschaft für eine wenn schon nicht unversehrte Natur, so doch wenigstens für die Bewahrung künftiger Lebensgrundlagen.

LITERATUR

Apel, K.-O. 1988: Diskurs und Verantwortung. Das Problem des Übergangs zur postkonventionellen Moral. Frankfurt a. M.: Suhrkamp.

Bayertz, K. (Hg.) 1995: Verantwortung: Prinzip oder Problem? Darmstadt: Wissenschaftliche Buchgesellschaft.

Bölts, H. 1995: Umwelterziehung. Grundlagen, Kritik und Modelle für die Praxis. Darmstadt: Wissenschaftliche Buchgesellschaft.

Eid, V., Elsässer, A., Hunold, G. W. (Hg.) 1995: Moralische Kompetenz. Chancen der Moralpädagogik in einer pluralen Welt. Mainz: Grünewald.

Felt, U., Nowotny, H., Taschwer, K. 1995: Wissenschaftsforschung. Eine Einführung. Frankfurt a. M., New York: Campus.

Höffe, O. 1993: Moral als Preis der Moderne. Ein Versuch über Wissenschaft, Technik und Umwelt. Frankfurt a. M.: Suhrkamp.

Hösle, V. 1991: Philosophie der ökologischen Krise. Moskauer Vorträge. München: Beck.

Irrgang, B. 1995: Verantwortungsethik in der technischen Zivilisation. In: Heimbach-Steins, M., Lienkamp, A., Wiemeyer, J. (Hg.): Brennpunkt Sozialethik. Theorien, Aufgaben, Methoden. Freiburg i. Br., Basel, Wien: Herder. S. 403-417.

Jonas, H. 1984: Das Prinzip Verantwortung. Versuch einer Ethik für die technologische Zivilisation. Frankfurt a. M.: Suhrkamp. (Erstausgabe 1979. Frankfurt a. M.: Insel).

Kaufmann, F.-X. 1992: Der Ruf nach Verantwortung. Risiko und Ethik in einer unüberschaubaren Welt. Freiburg i. Br., Basel, Wien: Herder.

Kodalle, K.-M. 1994: Verantwortung. In: Hastedt, H., Martens, E. (Hg.): Ethik. Ein Grundkurs. Reinbek: Rowohlt. S. 180-197.

Kösters, W. 1993: Ökologische Zivilisierung. Verhalten in der Umweltkrise. Darmstadt: Wissenschaftliche Buchgesellschaft.

Lenk, H. 1992: Zwischen Wissenschaft und Ethik. Frankfurt a. M.: Suhrkamp.

Lienemann, W. 1988: Das Prinzip Verantwortung in der ökumenischen Sozialethik. In: Pfürtner, S. H. et al.: Ethik in der europäischen Geschichte. Bd 2: Reformation und Neuzeit. Stuttgart, Berlin, Köln, Mainz: Kohlhammer. S. 166-177.

Luhmann, N. 1995: Interventionen in die Umwelt? Die Gesellschaft kann nur kommunizieren. In: Haan, G. de (Hg.): Umweltbewusstsein und Massenmedien. Perspektiven ökologischer Kommunikation. Berlin: Akademie Verlag. S. 37-45.

Meinberg, E. 1995: Homo oecologicus. Das neue Menschenbild im Zeichen der ökologischen Krise. Darmstadt: Wissenschaftliche Buchgesellschaft.

Müller, Ch. 1992: Verantwortungsethik. In: Pieper, A. (Hg.): Geschichte der neueren Ethik. Bd 2: Gegenwart. Tübingen, Basel: Francke. S. 103-131.

Münk, H. J. 1993: Verantwortung in Wissenschaft und Forschung. In: Römelt, J. (Hg.): Verantwortung für das Leben. Ethik, Technik, Lebensschutz und Krisenintervention. Innsbruck: Resch. S. 1-35.

Saladin, P. 1984: Verantwortung als Staatsprinzip. Ein neuer Schlüssel zur Lehre vom modernen Rechtsstaat. Bern, Stuttgart: Haupt.

Schulz, W. 1972: Philosophie in der veränderten Welt. Pfullingen: Neske.

Schwartländer, J. 1974: Verantwortung. In: Krings, H., Baumgartner, H. M., Wild, Ch. (Hg.): Handbuch philosophischer Grundbegriffe. Studienausgabe Bd 6. München: Kösel. S. 1577-1588.

Schwarz, O., Pechmann, A. von 1995: Der global verstrickte Mensch. Neues Handeln aus anthropozentrischer Sicht. Darmstadt: Wissenschaftliche Buchgesellschaft.

Simon, R. 1993: Ethique de la responsabilité. Paris: Les Editions du Cerf.

Sitter, B. 1988: Konstruktive und destruktive Wechselwirkungen zwischen Wissenschaft und Ethik. In: Freiburger Zeitschrift für Philosophie und Theologie. Jg 35, Heft 3. S. 379-413.

Sloterdijk, P. 1995: Im selben Boot. Versuch über die Hyperpolitik. Frankfurt a. M.: Suhrkamp. (Erstausgabe 1993).

Wetz, F. J. 1994: Hans Jonas zur Einführung. Hamburg: Junius.

Wolf, J.-C. 1993: Utilitarismus, Pragmatismus und kollektive Verantwortung. Freiburg i. Ue., Freiburg i. Br.: Universitätsverlag, Herder.

Zimmerli, W. Ch. 1993: Einmischungen. Die sanfte Macht der Philosophie. Darmstadt: Wissenschaftliche Buchgesellschaft.

2.

Vorgehen

2.1. Vom Sinn der Methodenvielfalt in den Sozial- und Geisteswissenschaften

Heinz Gutscher, Gertrude Hirsch, Karin Werner

2.1.1. Einleitung

Die sozial- bzw. geisteswissenschaftliche Forschung weist eine ausserordentliche Vielfalt an Methoden auf. Diese Vielfalt ist im Zuge der Auseinandersetzung mit dem besonderen "Forschungsgegenstand" Mensch entstanden.

Einerseits zeigen Menschen beobachtbares Verhalten, welches registriert, aufgezeichnet, gezählt und gemessen werden kann - beispielsweise Häufigkeit und Dauer der Benützung öffentlicher Verkehrsmittel. Andererseits zeichnet sich Menschsein durch Subjektivität aus. Menschen erleben sich selbst sowie die Umwelt in den Kategorien der einzelnen Sinnesmodalitäten sowie in rationalen und emotionalen Kategorien. Sie können Wissen über sich und ihre Umwelt erwerben (Funktionen und Auswirkungen des Autofahrens), und sie sind in der Lage, über Ziele und Mittel sowie über moralische Aspekte ihres Handelns nachzudenken; sie stellen sich Sinnfragen (Wozu fahre ich sonntags ins Grüne? Ist dazu das Auto nötig? Kann ich das moralisch vertreten?). Das Erleben und Wollen, Denken und Handeln lässt sich vor allem über den Weg der kommunikativen Vermittlung untersuchen.

Menschen produzieren Werke - z.B. Strassen, Gebäude, Flugzeuge, Bilder, Musik. Diese Dimension des Menschseins hat ebenfalls beobachtbare Aspekte und kommunikativ zugängliche Aspekte wie beispielsweise die symbolische Bedeutung der Kleidung oder des Privatautos.

Menschen leben in Gesellschaften, sie sind als soziale Wesen aufeinander angewiesen. Menschliches Handeln folgt kollektiven Regeln. So tendieren beispielsweise die Menschen in einer marktwirtschaftlich organisierten Gesellschaft zu Verhaltensweisen, die sich wirtschaftlich für sie lohnen. Erleben und Wollen, Denken und Handeln von Menschen stehen in soziokulturellen Kontexten und sind durch diese gestaltet. Zum menschlichen Selbstverständnis gehört aber auch die Möglichkeit, von soziokulturellen Regeln abzuweichen bzw. zwischen Handlungsalternativen zu wählen. Handlungsfreiheit ist Voraussetzung für Verantwortung. So ist der Begriff "umweltverantwortliches Handeln" nur in Situationen sinnvoll anwendbar, in denen Menschen frei sind, unter verschiedenen Handlungsoptionen zu wählen - was auch darin bestehen kann, bestimmte

Handlungen zu unterlassen (s. Beitrag LESCH, Kap. 1.2.)[1]. Entwicklungen in einer Gesellschaft sind mit Veränderungen von Regeln in der Gesellschaft verbunden. Für den Prozess einer nachhaltigen Entwicklung in einer Gesellschaft ist entscheidend, inwiefern Regeln in dieser Gesellschaft unter dem Gesichtspunkt der Nachhaltigkeit verändert werden können. Auch kollektive Strukturen des Menschseins können über Beobachtung und über Kommunikation untersucht werden.

Die Vielfalt an empirischen Methoden der sozial- und geisteswissenschaftlichen Forschung ergibt sich direkt aus dem Variantenreichtum möglicher kommunikativer Zugänge zum Menschen. Dieser Variantenreichtum beruht wesentlich auf Variationen und Kombinationen hinsichtlich Modalität, Form und Intensität der Kommunikation mit dem "Forschungsgegenstand" Mensch. Menschen produzieren sprachliche, nichtverbale sowie gegenständliche Zeichen; der wissenschaftliche Zugang zur Subjektivität menschlichen Erlebens und Wollens, Denkens und Handelns beruht weitgehend auf den sehr unterschiedlichen Formen des Austauschs, der Beschreibung, Analyse und Interpretation von *sprachlichen Zeichen*.

Der Beitrag behandelt die folgenden Zugänge:

- ***Methoden der empirischen Beschreibung und Analyse***

Empirische Untersuchungsansätze zur Beschreibung und Analyse in der sozial- und geisteswissenschaftlichen Forschung lassen sich aufgrund der Form des *kommunikativen Zugangs* einerseits (offen vs. standardisiert) und der Art der *analytischen Zielsetzung* andererseits (qualitativ vs. quantitativ) vereinfachend in zwei grössere Gruppen einteilen: So gibt es Vorgehensweisen, welche in einem Problemfeld eine meist eher kleine Zahl von Personen mit flexiblen, offenen, "alltagsverträglichen" Methoden sehr intensiv untersuchen, im Hinblick auf eine detaillierte Beschreibung und Strukturierung des Forschungsgegenstandes, ohne gesicherten Anspruch auf Repräsentativität und Quantifizierbarkeit; auf der anderen Seite werden bei einer meist grösseren Zahl von Personen mit standardisierten Methoden quantifizierbare Informationen mit dem Anspruch auf eine gewisse Generalisierbarkeit erhoben. Der erste Ansatz wird als *offen* oder *qualitativ*, der zweite als *standardisiert* oder *quantitativ* bezeichnet.

Die Koppelung der Begriffe offen und qualitativ ist jedoch nicht absolut zwingend. Prinzipiell kann offenes Vorgehen mit quantitativen Analysestrategien verbunden werden. Dass in der Regel offene Ansätze mit qualitativen Methoden verfolgt werden und standardisierte Ansätze mit

[1] In Grossbuchstaben wird jeweils auf Beiträge in diesem Band verwiesen.

quantitativen, hängt mit den üblicherweise zur Verfügung stehenden Ressourcen zusammen: Bei kleinen Stichproben kann man es sich mit den vorhandenen Mitteln leisten, offen zu fragen und qualitativ auszuwerten. Werden repräsentative Aussagen angestrebt, erlauben die dazu meist notwendigen umfangreicheren Stichproben nur noch standardisiertes Fragen und quantitatives Auswerten. Die laufenden Entwicklungen auf dem Gebiet der Computerlinguistik könnten dereinst - auch bei grösseren Stichproben - neue Möglichkeiten zur Kombination von qualitativen und quantitativen Aspekten bei der Analyse eröffnen.

- ***Methoden des Verstehens und Argumentierens***

Verstehen und Argumentieren sind Methoden, um Sinnsysteme unter spezifischen Gesichtspunkten zu untersuchen. Das Verstehen beinhaltet das Erfassen und Interpretieren von Sinnsystemen, beispielsweise des Naturverständnisses in einer Kultur. Das Argumentieren betrifft die rationale Einlösung oder Analyse des Geltungsanspruches von Sinnsystemen. Es kann sich dabei um Wahrheitsansprüche oder um normative Geltungsansprüche handeln, wie im Falle von ethischen und rechtlichen Fragen der Umweltproblematik.

- ***Partizipative Forschungsansätze***

Eine weitere Klassifizierungsmöglichkeit verschiedener Forschungsstrategien liegt im besonderen Verhältnis einer auf Beschreibung und Analyse angelegten Forschung zu den Problemen der Umsetzung und Anwendung begründet. Danach lassen sich *deskriptiv-analytische* Ansätze von *partizipativen* Vorgehensweisen unterscheiden.

Erstere sind primär auf Erkenntnis und Einsicht ausgerichtet, letztere auf Umsetzung, auf Anwendung von Erkenntnissen, auf Veränderungen. Partizipative Vorgehensweisen tragen in besonderer Weise dem Umstand Rechnung, dass im Falle der sozial- und geisteswissenschaftlichen Forschung eine erfolgreiche Beschreibung und Erklärung bestimmter Aspekte eines Problemfelds nicht ohne weiteres auch eine wissenschaftlich gesicherte Veränderung dieses Problemfelds erlaubt: Im Rahmen partizipativer Forschungsansätze wird die Auffassung vertreten, dass Problemlösungen gemeinsam mit Verantwortlichen und Betroffenen erarbeitet werden müssen.

Wir sind der Auffassung, dass die Pluralität methodischer Ansätze für gegenstandsangemessene Forschung erforderlich ist. Verschiedene Methoden eröffnen unterschiedliche Sichtweisen auf den Untersuchungsgegenstand; sie klären daher auch unterschiedliche Arten von Fragen an ein Untersuchungsfeld. Diese Pluralität gilt es im Interesse einer Reichhaltigkeit der Erkenntnisse zu bewahren. Ein gangbarer Weg dazu besteht darin, die unterschiedlichen Ansätze geeignet zu koordinieren. Die sozial- und geisteswissenschaftliche Umweltforschung ist zur Beantwortung der sehr unterschiedlich gestellten Fragen auf den Einsatz dieses breiten Spektrums an Methoden angewiesen.

Auch die im Schwerpunktzentrum "Umweltverantwortliches Handeln" organisierten Projekte arbeiteten mit unterschiedlichen Methoden. Für Aussenstehende stellt die methodische Vielfalt allerdings eine Schwierigkeit bei der Rezeption der Projektergebnisse dar. Sie kann nicht einfach umgangen werden, da die Aussagekraft von Forschungsergebnissen von den Vorgehensweisen, mit denen sie erarbeitet wurden, abhängig ist. Die folgenden Ausführungen über die Grundzüge verschiedener Methoden sind deshalb primär als eine Hilfestellung für das Verständnis der Ergebnisse in diesem Band gedacht; sie eignen sich nicht als systematische Einführung in die verschiedenen Methoden.

Ziel ist es, deutlich zu machen, für welche Arten von Fragestellungen welche Forschungsansätze und -formen, unter welchen Voraussetzungen, mit welchen Geltungsansprüchen und welchen Grenzen geeignet sind.

In Abbildung 1 werden einige der Bestimmungsfaktoren aufgeführt, welche in die Entscheidung für die Wahl eines *Forschungsansatzes* einfliessen. Zunächst wird durch die oft politische (d.h. wissenschaftsexterne) Festlegung von Forschungsfeldern eine grobe thematische Vorgabe für Beteiligungsmöglichkeiten geschaffen (Auf welchen Forschungsfeldern hat ein Forschungsteam bereits gearbeitet? Lassen sich inhaltlich-theoretische sowie methodische Erfahrungen aus früher bearbeiteten Forschungsfeldern auf das vorliegende Feld übertragen?). Danach muss aufgrund der gleichzeitigen Beachtung der weiteren Bestimmungsfaktoren eine Entscheidung für das methodische Vorgehen getroffen werden. Einen Einfluss haben dabei

- die Forschungslage (Wieviel an Wissen ist bereits vorhanden?),
- die Erwartungen von Auftraggebern und Adressaten (Welche [Arten von] Fragen sollen beantwortet werden?) sowie
- die Ressourcen an Geld, Zeit und eigenem Know-how (Wann werden erste bzw. abschliessende Ergebnisse erwartet? Welcher Zeit- und Personalaufwand ist mit dem Entscheid für eine Methode, für einen Forschungsansatz verbunden? Wieviele Personenjahre können bzw. sollen eingesetzt werden? Welches forschungsmethodische Know-how steht dem Forschungsteam überhaupt zur Verfügung? Gibt es forschungsfeldunabhängige methodologische Präferenzen des Forschungsteams?).

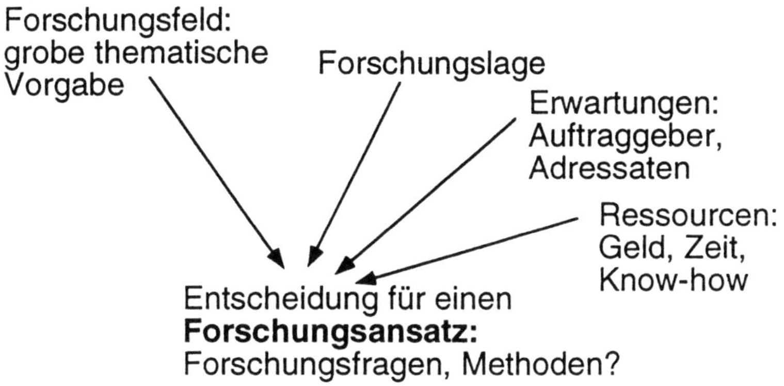

In den untenstehend erwähnten Abschnitten werden verschiedene Forschungsansätze erläuternd dargestellt; die Zuordnung der Beiträge in diesem Band zu den Abschnitten dieses Beitrags erfolgt nach dem methodischen Schwergewicht, verschiedene Beiträge verwenden mehrere Ansätze.

2.1.2 Methoden der empirischen Beschreibung und Analyse

Offen qualitative Forschungsansätze
Beispiele: FINGER ET AL.; JAEGGI ET AL.; ROUX

Standardisiert quantitative Forschungsansätze
Beispiele: BÜTSCHI ET AL.; DIEKMANN, FRANZEN; ERNSTE; FUHRER, WÖLFING; JAEGGI ET AL.; MOSLER ET AL.

2.1.3 Methoden des Verstehens und Argumentierens
Beispiele: BRECHBÜHL, REY; GESSNER; JÄGGI; LESCH; SCHABER; SCHMID-HOLZ; THOMAS

2.1.4 Partizipative Forschungsansätze
Beispiele: DEFILA, DI GIULIO; KYBURZ-GRABER ET AL.; ROUX

Abbildung 1: *Wahl eines Forschungsansatzes: Wichtige Bestimmungsfaktoren*

Die Beantwortung der gestellten Fragen führt zu einem der Forschungsansätze, die im unteren Teil von Abbildung 1 als Hinweise auf die folgenden Abschnitte dieses Beitrags enthalten sind.

2.1.2. Methoden der empirischen Beschreibung und Analyse

Im folgenden werden zwei Hauptgruppen des Vorgehens zur empirischen Beschreibung und Analyse dargestellt: Es geht um den *offenen* oder *qualitativen* bzw. den *standardisierten* oder *quantitativen* Ansatz.

Da Art und Ausgestaltung der *Erhebungstechniken* zum Verständnis der beiden grossen Gruppen methodischen Vorgehens zentral sind, folgt in Abbildung 2 eine knappe Darstellung der grundlegenden Techniken der Datengewinnung. Es ist wichtig zu sehen, dass diese Techniken in verschiedenen *Forschungsformen* Verwendung finden, oft auch in Kombination miteinander. An wesentlichen Forschungsformen werden im folgenden die Beobachtungsstudie, das (Labor-)Experiment, das Feldexperiment, die standardisierte mündliche oder schriftliche Befragung, die qualitative Interviewstudie sowie die Simulation unterschieden.

- Als *Beobachtungsstudien* bezeichnen wir Forschungsformen, in denen die Erhebungstechnik der Beobachtung mit ihren verschiedenen Varianten die primäre Art der Datengewinnung darstellt.
- Das *(Labor-)Experiment* mit der Möglichkeit, die Einflussfaktoren eines Problemfelds in einer künstlichen Situation zu kontrollieren und gegebenenfalls systematisch zu variieren, dient der Aufdeckung und dem Nachweis von kausalen Wirkbeziehungen.
- Beim *Feldexperiment* wird in natürlichen Situationen experimentiert, was mit einer geringeren Kontrollierbarkeit von Störeinflüssen, aber mit einer grösseren Realitätsnähe verbunden ist.

In beiden Varianten der Forschungsform des Experiments werden verschiedene Techniken der Beobachtung und der Befragung zur Datengewinnung eingesetzt.

Qualitative Experimente als explorative, heuristische Varianten beruhen einerseits auf offenen, alltagsnahen Formen des Experimentierens, welche sich dem Prozess des fortschreitenden Erkenntnisgewinns flexibel anzupassen vermögen. Als qualitative Experimente können andererseits auch Forschungsformen gelten, bei welchen wichtige Konstrukte über offen qualitative Methoden der Datengewinnung erhoben werden (vgl. Kleining 1991).

- Der *standardisierten mündlichen oder schriftlichen Befragung* als Forschungsform werden Untersuchungstypen zugeordnet, welche vorwiegend auf Varianten der Fragebogentechniken beruhen. Die mit Fragebogentechniken erhobenen Daten sind Antworten auf bestimmte Fragen, wobei die Antwortmöglichkciten vorgegeben sind.

- Als *Qualitative Interviewstudien* werden Forschungsformen bezeichnet, welche sich zur Datengewinnung der verschiedenen Techniken des qualitativen Interviews bedienen. Im Falle offener Interviewtechniken sind Fragen und Antwortmöglichkeiten nicht standardisiert.
- Die *Simulation* nimmt insofern eine Sonderstellung ein, indem hier Daten im eigentlichen Sinne zunächst nicht systematisch empirisch erhoben, sondern "konstruiert" werden (z.T. auch auf der Grundlage von empirischen Daten aus dem nachzubildenden Problemfeld). Das Ziel besteht darin, die relevanten Wirkbeziehungen eines Problemfelds in Form eines Modells zu rekonstruieren und es anhand von empirischen Daten aus dem Problemfeld zu validieren. Simulationen ermöglichen Einsichten in die Struktur und Dynamik der Wirkbeziehungen eines Problemfelds, sie erlauben Prognosen und ermöglichen Experimente, welche in der Realität nicht durchführbar wären (s. Beitrag MOSLER et al.). Empirische Daten, welche durch Beobachtung, Befragung oder durch andere Techniken gewonnen wurden, spielen vor allem in der Validierungsphase eine zentrale Rolle. Qualitative Verfahren der Simulation unterscheiden sich von den quantitativen Techniken durch eine Beschränkung auf kategoriale oder ordinale Aspekte der Wirklichkeitsbeschreibung und durch entsprechende Anpassungen bei der Umsetzung in eine Computersprache (z.B. listenverarbeitende Computersprachen, vgl. Harbordt 1974, 39ff.).

Die Darstellungen in Abbildung 2 und der folgenden Abbildung 3 haben den Nachteil, dass die vorhandenen gegenseitigen Ergänzungsmöglichkeiten nicht richtig zum Tragen kommen: Fruchtbare Mischformen und Kombinationen der Vorgehensweisen werden nicht herausgestellt: Durch geschickte Kombination lassen sich die Stärken und Schwächen der beiden kontrastierend dargestellten Forschungsstrategien idealerweise kompensatorisch nutzen (s. auch Ziff. 2.1.5.). Dabei soll allerdings auch nicht verschwiegen werden, dass diese Art multimethodischen Vorgehens noch einigermassen selten ist. Eine erfolgreiche Integration der unterschiedlichen Ansätze stellt insbesondere erhebliche Anforderungen an die Konzipierung der Auswertung (Erzberger 1995).

Gewinnung von Daten

offen qualitativ	standardisiert quantitativ
teilnehmende / nicht-teilnehmende, nicht-standardisierte Beobachtung in Beobachtungsstudien oder im qualitativen Experiment (offene Beobachtung oder B. anhand eines Beobachtungsleitfadens)	**nicht-teilnehmende, standardisierte Beobachtung** in Beobachtungsstudien, im Experiment (Beobachtung anhand eines standardisierten Beobachtungsschemas); einfache B. auch im Rahmen von Befragungen
qualitative mündliche Interviewtechniken: Leitfadeninterview (fokussiertes I., halbstandardisiertes I., problemzentriertes I.), narratives Interview, auch im qualitativen Experiment	**standardisierte mündliche oder schriftliche Fragebogentechniken** im Rahmen einer Befragung oder im Experiment
offene Protokoll- und Tagebuchtechniken (Aufzeichnungen anhand eines wenig strukturierten Aufzeichnungsschemas)	**standardisierte Protokoll- und Tagebuchtechniken** im Experiment oder im Rahmen von Befragungen (Aufzeichnungen anhand eines standardisierten Aufzeichnungsschemas)
Gruppendiskussion / Fokusgruppen (Verfahren der Diskussion bzw. des Interviews in / mit Gruppen)	**Soziometrische Techniken** (Verfahren der quantitativen Rekonstruktion von Beziehungsnetzen in Familien, Gruppen, Organisationen auf der Basis mündlicher oder schriftlicher Befragung)
qualitative Erfassung und Aufbereitung von bestehendem Material: Text-, Ton-, Bilddokumente sowie beliebige weitere (auch gegenständliche) Zeugnisse menschlichen Handelns	**standardisierte Erfassung und quantitative Aufbereitung von bestehendem Material**: Text-, Ton-, Bilddokumente sowie beliebige weitere (auch gegenständliche) Zeugnisse menschlichen Handelns
qualitative Simulation (qualitative Rekonstruktion der relevanten Aspekte eines Problemfelds anhand eines Modells mit der anschliessenden Möglichkeit zur Durchführung von Modellexperimenten)	**Simulation** (quantitative Rekonstruktion der relevanten Aspekte eines Problemfelds anhand eines Modells mit der anschliessenden Möglichkeit zur Durchführung von Modellexperimenten)

Abbildung 2: *Techniken zur Gewinnung von Daten*

Ansatz	offen qualitativ	standardisiert quantitativ
Ziel	**Qualitative** Rekonstruktion des Problemfelds anhand von Deutungsmustern als "dichte Beschreibung" oder als Typenbildung.	**Quantitative** Rekonstruktion des Problemfelds zur Beschreibung oder zur Prüfung von Hypothesen über (kausale) Beziehungen zwischen Variablen.
Forschungslage	Problemfeld ist wenig beschrieben, theoretische Konzepte sind schwach entwickelt, spezifische Kontextbedingungen sind wichtig.	Einiges an Wissen über Problemfeld ist vorhanden, wichtige Bestimmungsfaktoren sind identifiziert, rivalisierende theoretische Erklärungen und Modelle können formuliert werden.
Gegenstandsauffassung	**Fallorientierte Sichtweise:** Qualitativ-inhaltliche Konfiguration der Merkmale auf der Einzelfallebene ist wichtig, Strukturierung der Einzelfälle zu Typen.	**Variablenorientierte Sichtweise:** Quantitative Aspekte von Verteilungen sowie die Beziehungsstruktur von Variablen auf der Aggregatsebene sind wichtig, nicht der Einzelfall.

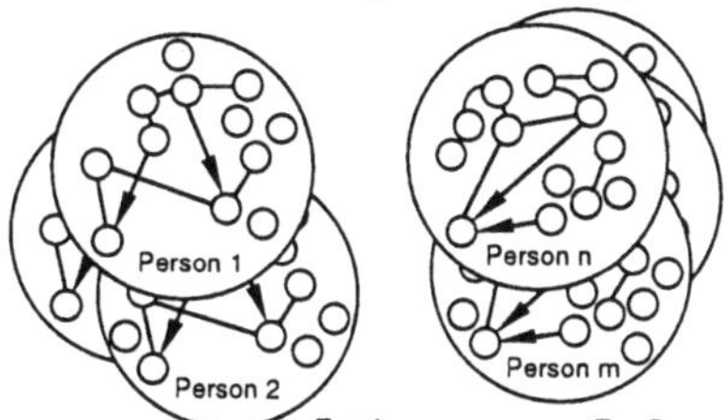

Typ A Typ B

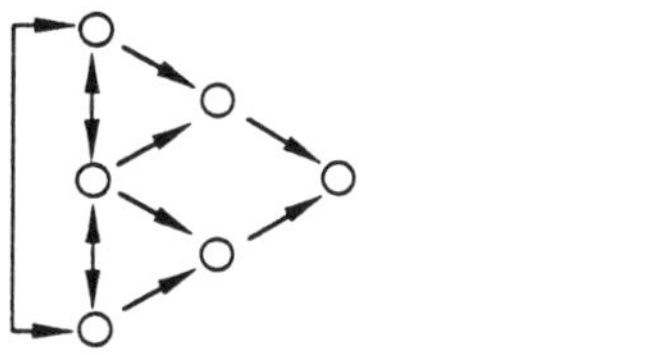
Modell der Beziehungen zwischen den Variablen

Forschungsprozess

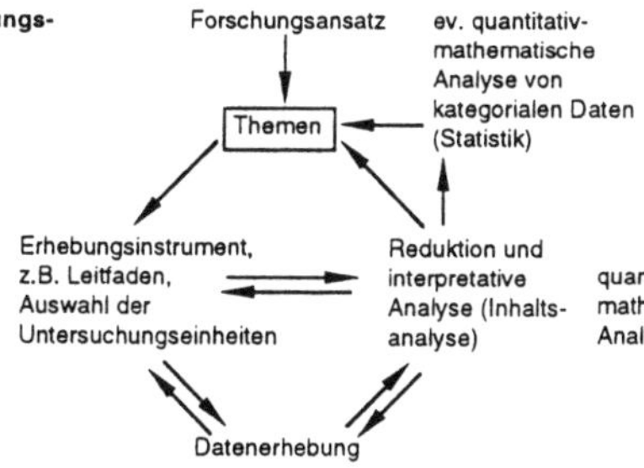

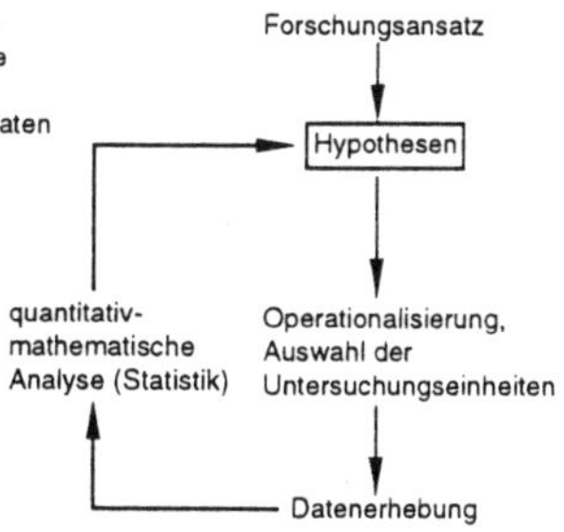

Datenerhebungstechniken	**Offen**, Anzahl und Art der erhobenen Merkmale sind nicht vollständig vorher bestimmbar, sie sind nicht bei allen Untersuchungseinheiten identisch, das Reaktionsspektrum untersuchter Personen wird kaum eingeschränkt. -> siehe Abb. 2.	**Standardisiert**, bei allen Untersuchungseinheiten wird eine feste Anzahl identischer Merkmale erhoben, das Reaktionsspektrum untersuchter Personen wird stark eingeschränkt (z.B. Auswahl aus vorgegebenen Antwortalternativen bei Befragungen). -> siehe Abb. 2.
Auswertungstechniken	Beschreibende, strukturentdeckende sowie interpretative inhaltsanalytische Techniken.	Beschreibende, strukturentdeckende sowie schliessende Statistikverfahren.
Datenmatrix	Kategorisierung: liefert sehr viele, z.T. uneinheitliche Daten zu wenigen Untersuchungseinheiten; Sequenzanalyse: keine Datenmatrix.	Liefert wenige, einheitliche Daten zu vielen Untersuchungseinheiten.

Abbildung 3: *Eine Gegenüberstellung offen qualitativer und standardisiert quantitativer Forschungsansätze*

In Abbildung 3 werden die beiden Ansätze in einer Gegenüberstellung knapp charakterisiert. In den anschliessenden Ausführungen werden die Kurzbeschreibungen differenzierter erläutert.

Offen qualitative Forschungsansätze

Ziel: Erkenntnisziel des qualitativen offenen Forschungsansatzes ist die qualitative Rekonstruktion eines Problemfeldes - zum Beispiel das Konsumverhalten in Familien oder das Funktionieren von Institutionen - anhand von Sichtweisen (Deutungsmustern) des Problemfeldes, die Menschen in diesem Problemfeld haben. Eine qualitative Rekonstruktion kann unter verschiedenen Perspektiven erfolgen.

Die Rekonstruktion kann erstens den subjektiv gemeinten Sinn betreffen, d.h. die detaillierte Beschreibung individueller Sichtweisen von Menschen in diesem Problemfeld. Eine solche Beschreibung umfasst das Handeln der Menschen im Problemfeld und den Sinn, den sie damit verbinden. Diese Rekonstruktionsperspektive steht in der Tradition des symbolischen Interaktionismus (Blumer 1969) und der Chicagoer Schule in der Soziologie, die für die Entwicklung der qualitativen Sozialforschung in den USA (Strauss; Glaser; Denzin; Becker u.a.) eine zentrale Rolle gespielt hat. In der Psychologie wird diese Rekonstruktionsperspektive gegenwärtig mit der Forschungsrichtung "subjektive Theorien" (Groeben et al. 1988) verfolgt.

Die Rekonstruktion kann zweitens nicht auf die individuellen Sichtweisen selbst zielen, sondern anhand von ihnen untersuchen, wie Menschen interaktiv Routinen des Alltagshandelns ausbilden und damit soziale Wirklichkeit herstellen. Denn auch subjektiver Sinn ist durch die geschriebenen und ungeschriebenen Regeln des Milieus, in dem sich Menschen bewegen, strukturiert, und er wird im Handeln zwischen den Menschen kommuniziert. Geertz (1983, 9ff.) hat für diese Art der Sinnrekonstruktion die Bezeichnung "dichte Beschreibung" eingeführt. Wenn jemand sein Augenlid rasch bewegt, kann das als Zucken ("dünne Beschreibung") oder als Zwinkern ("dichte Beschreibung") beschrieben werden. Zwinkern ist eine bestimmte Mitteilung, die es zu rekonstruieren gilt, während Zucken eine blosse Bewegung ist. Dichte Beschreibung erfasst die Bedeutung von Ereignissen, Verhaltensweisen, Institutionen und Prozessen, d.h. was mit ihnen und durch sie gesagt wird, und zwar bezogen auf die Strukturierung von Interaktionen. Diese zweite Rekonstruktionsperspektive steht in der Tradition der Ethnomethodologie (Garfinkel 1967).

Eine dritte Rekonstruktionsperspektive verfolgt die objektive Hermeneutik (Oevermann 1989). Sie erschliesst aus der in Textform dokumentierten Selbstbeschreibung des Erlebens und Verhaltens in Interaktionssituationen einen objektiven Sinn. Damit sind kulturelle Sinnstrukturen gemeint, die als Tiefenstrukturen des Erlebens und Handelns den Betreffenden selbst unbewusst sind. Die theoretischen Grundlagen dieser Rekonstruktionsperspektive sind innerhalb der qualitativen Sozialforschung umstritten, insbesondere die Kombination psychoanalytischer Theoreme mit einer strukturalistischen Kulturauffassung.

Eine Orientierung über das breite Feld offen qualitativer Forschungsansätze bietet beispielsweise das "Handbuch Qualitative Sozialforschung" (Flick et al. 1991) oder Flick (1995). Detaillierte Beschreibungen von Methoden finden sich eher im Zusammenhang mit Untersuchungen.

Forschungslage: Qualitative Forschungsansätze sind erstens immer dann gefragt, wenn ein Problemfeld wissenschaftlich noch wenig erforscht ist wie beispielsweise gewisse Randgruppen. Qualitative Forschungsansätze dienen in solchen Fällen dazu, durch eine detaillierte Beschreibung des Problemfeldes dieses allererst kennenzulernen und damit die Voraussetzungen für die Beschreibung mit standardisierten Methoden zu schaffen. Ein zweiter Bereich für qualitative Forschungsansätze sind Fragestellungen, für die noch keine aussagekräftigen theoretischen Konzepte vorliegen. In diesem Fall besteht die Funktion darin, Hypothesen oder theoretische Konzepte zu generieren oder zu spezifizieren. Qualitative Ansätze haben in beiden Fällen die Funktion, die Phänomene für die Wissenschaft zu erschliessen. In dieser Funktion kann qualitative Forschung eine Vorstufe sein, in der Voraussetzungen für standardisierte Forschung erarbeitet werden. Ein dritter Bereich für qualitative Forschungsansätze sind Untersuchungen, die ein Problemfeld aufgrund der Sichtweisen von Beteiligten und Betroffenen rekonstruieren und dabei insbesondere auch den Einfluss von spezifischen Kontextbedingungen verfolgen.

In der sozial- und geisteswissenschaftlichen Untersuchung von Umweltfragen sind alle drei Bereiche qualitativer Sozialforschung gefragt. Da die sozial- bzw. geisteswissenschaftliche Umweltforschung noch jung ist, weist die Forschungslandschaft noch viele unbekannte Flecken auf. Es besteht ein Bedarf sowohl an detaillierten Beschreibungen der Problemfelder - beispielsweise wie Betriebe ökologische Aspekte integrieren - als auch an der Exploration und Entwicklung von theoretischen Konzepten und methodischen Instrumenten. Dazu gehört auch die Frage, ob neue Konzepte entwickelt werden müssen, oder ob die in den Fachdisziplinen entwickelten auch in der Umweltforschung geeignet sind. Der dritte Bereich qualitativer Forschungsansätze - die Rekonstruktion der Sichtweisen von Beteiligten und Betroffenen in einem Problemfeld unter Berücksichtigung situativer Faktoren - ist in der Umweltforschung ebenfalls gefragt. Umweltforschung ist aufgrund der gesellschaftlichen Bedeutung, die Umweltprobleme erlangt haben, entstanden. Weil Umweltprobleme gesellschaftlich verursacht und gesellschaftlich zu lösen sind, ist der Einbezug von Sichtweisen, die in der Gesellschaft zu Umweltproblemen bestehen, für Umweltforschung wichtig.

Gegenstandsauffassung: Das generelle Erkenntnisziel der qualitativen Rekonstruktion von Deutungsmustern ist mit einer bestimmten Auffassung des Untersuchungsgegenstandes verknüpft. Im qualitativen Forschungsansatz bezieht sich das Gegenstandsmodell auf die qualitativ inhaltliche Konfiguration von Merkmalen auf der Einzelfallebene. Es geht dabei um diejenigen Merkmale, die eine Person in bezug auf ein Problemfeld wie z.B. Fremdenhass, Stress, Autofahren für relevant erachtet, und um den Sinnzusammenhang, in dem diese Merkmale stehen. Je nach Rekonstruktionsperspektive stehen subjektiv-individuelle, intersubjektive oder objektive Sinnstrukturen im Vordergrund (s. Abs. "Erkenntnisziel"). Diese Sinnstrukturen werden sprachlich strukturiert und kommuniziert - als "dichte Beschreibung" (Geertz 1983). Sie sind für die wissenschaftliche Untersuchung zumeist als Texte, aber auch als Bilder oder Gesten zugänglich. Rekonstruktionen von Sinnstrukturen beruhen auf Interpretationen dieser Dokumente. Der qualitative Forschungsansatz wird deshalb auch als "interpretatives Paradigma" (Soeffner 1979) bezeichnet.

Qualitative Sozialforschung geht oft über die Einzelfallbeschreibung hinaus und zielt auf allgemeine Strukturen. Dies kann als Konstruktion von Typologien geschehen oder mit Methoden der induktiven Theoriebildung wie im Falle der "grounded theory" (Glaser, Strauss 1967) oder der analytischen Induktion (Bühler-Niederberger 1985). Während im Falle der grounded theory theoretische Konzepte aufgrund der vorliegenden Daten allererst formuliert und in der weiteren Datensammlung entwikkelt werden, geht die analytische Induktion von theoretischen Konzepten aus, die sie anhand der Untersuchung von Einzelfällen, die dieser Theorie widersprechen, verändert. Empirische Daten dienen in der qualitativen Sozialforschung dazu, theoretische Konzepte materialgestützt zu entwickeln und zu spezifizieren. Sie berechtigen nicht zur empirischen Generalisierung über den Kreis der Untersuchten hinaus. Dies ist an standardisierte Methoden gebunden.

Forschungsprozess: Die beiden Grundprinzipien des qualitativen Forschungsprozesses sind Offenheit und Kommunikation. Das Prinzip der

Kommunikation ergibt sich deshalb, weil Bedeutungen im Gespräch erschlossen werden müssen. Offenheit gegenüber Theorien und Begriffen, Methoden, Untersuchungssituationen und Untersuchungspersonen wird gefordert, weil die Bedeutungen (Sinnstrukturen), die Gegenstand der Untersuchung sind, in der qualitativen Forschung von den Untersuchungspersonen bestimmt werden sollen. Sie werden nicht zu Beginn des Forschungsprozesses exakt definiert, ihre Festlegung bzw. Präzisierung ist vielmehr Resultat des Forschungsprozesses. Der Forschungsprozess ist kein sukzessiver Ablauf, sondern ein iterativer Prozess (s. Abb. 3), in dessen Verlauf die verschiedenen Komponenten mehrmals präzisiert und ggf. verändert werden. Qualitative Sozialforschung untersucht nicht spezifische Hypothesen zu einem Forschungsproblem, sondern strukturiert das Forschungsproblem in verschiedene Themen, über die dann mit den Untersuchungspersonen kommuniziert wird. Offenheitsgrade bestehen darin, ob die Untersuchungspersonen zusätzliche Themen einbringen können, und inwiefern die verschiedenen Themen selbst unter theoretischen Gesichtspunkten bereits vorstrukturiert sind.

Der spezifische Erkenntnisgewinn des qualitativen Forschungsansatzes ist davon abhängig, dass Fragen, Fragetechniken und auch Auswertungsstrukturen dem Datenmaterial angepasst werden. Es sind jedoch bei jeder Komponente des Forschungsprozesses verschiedene Grade an Offenheit möglich. Der maximal offene und der maximal standardisierte Ansatz sind die beiden Extreme, zwischen denen partiell offene bzw. partiell standardisierte Ansätze liegen. Gemischt qualitativ-quantitative Untersuchungsdesigns enthalten partiell standardisierte Komponenten.

Datenerhebungstechniken: Die Auswahl der Untersuchungseinheiten kann sukzessive im Verlauf des Forschungsprozesses als "theoretisches Sampling" (Glaser, Strauss 1967) erfolgen. Aufgrund von Fragen, die sich aus der begleitenden Datenauswertung ergeben, werden hier gezielt weitere Untersuchungspersonen einbezogen. Im partiell standardisierten Vorgehen wird hingegen die Stichprobe vor dem Untersuchungsbeginn bestimmt, eventuell sogar als Zufallsstichprobe aus der zu untersuchenden Gruppe.

In Abbildung 2 sind die verschiedenen Datenerhebungstechniken aufgeführt. Häufig werden qualitative mündliche Interviewtechniken verwendet. Die Offenheit der Datenerhebungstechniken bedeutet, dass die untersuchten Personen in ihrem Antwortverhalten möglichst wenig eingeschränkt werden. So werden beispielsweise im Falle qualitativer Interviews keine Antwortvorgaben gemacht, sondern die befragte Person wird dazu angeregt, sich frei zu äussern. Selbst der Gesprächsverlauf entwickelt sich bei bestimmten Interviewtechniken erst in der Situation. Als Folge davon variiert die Art und Anzahl der Merkmale, über die bei den verschiedenen untersuchten Personen Informationen gewonnen werden. Es gibt ein breites Spektrum an Erhebungstechniken, die unterschiedliche Grade von Offenheit aufweisen. Halbstrukturierte Interviews beispielsweise legen gewisse allgemeine Merkmale für die Datenerhebung fest und führen nur spezifische Fragen situativ ein, während im narrativen Interview (Beitrag FINGER et al.; Beitrag ROUX) alle Nachfragen situativ an die Erzählung der befragten Person anschliessen. Die einzelnen Techniken sind in den entsprechenden Projektbeiträgen beschrieben.

Auswertungstechniken: Die Analyse der Daten setzt oftmals bereits begleitend zur Datenerhebung ein, um im Sinne des iterativen Vorgehens Informationen zu liefern, die für die weitere Auswahl der Untersuchungspersonen, für die Modifikation und Präzisierung der thematischen Schwerpunkte der Datenerhebung und für die Verbesserung der Erhebungstechnik von Bedeutung sein können. Es gibt eine Vielzahl von Auswertungstechniken, was mit den unterschiedlichen Erkenntniszielen und Unterschieden in der Gegenstandsauffassung zu tun hat. Sie können insgesamt als Methoden der Text- bzw. Bildinterpretation bezeichnet werden, d.h. als Methoden wissenschaftlichen Textverstehens. Das Verstehen, das traditionell als spezifische Methode der Geistes- und Geschichtswissenschaften gegolten hat (s. Ziff. 2.1.3.), hat damit auch in die empirische Sozialforschung Eingang gefunden. Für die Erkenntnisziele der qualitativen Forschung sind besondere Methoden des Verstehens entwickelt worden. Die sog. sequentiellen Analysemethoden setzen an der Struktur und Sprache der Texte an und erstellen umfangreiche Detailinterpretationen von ausgewählten Textsequenzen. Die objektive Hermeneutik geht in diesem Sinne vor. Auch ethnomethodologische Untersuchungen von Diskurs- und Interaktionsformen sowie die narrative Biographieforschung arbeiten im wesentlichen mit sequentiellen Analysen. Im Unterschied dazu wird bei den verschiedenen Techniken der qualitativen Inhaltsanalyse (Mayring 1993) die Einheit der Texte aufgebrochen. Die Texte werden unter spezifischen Gesichtspunkten ausgewertet und unter diesen Gesichtspunkten neu strukturiert. Diese Gesichtspunkte können wie im Falle der "grounded theory" (Glaser, Strauss 1967) aus dem Textmaterial abgeleitet sein und zu einem theoretischen Konzept des Untersuchungsproblems ausformuliert werden, das anhand von weiterem Datenmaterial überprüft und modifiziert wird. Das konkrete Vorgehen wird als Kodieren bezeichnet. Dabei werden die für das theoretische Konzept relevanten Textstellen bezeichnet und begrifflich zugeordnet. Etwas anders ist das Vorgehen im Fall der strukturierenden Inhaltsanalyse. Diese wird häufig eingesetzt, wenn sehr umfangreiches Datenmaterial vorliegt, das reduziert werden soll. In diesem Fall wird ein Kategoriensystem entwickelt, und im Textmaterial werden die Fundstellen der Kategorien bezeichnet. Die Kategoriensysteme sind oft hierarchisch aufgebaut, um die Materialvielfalt in spezifischen Unterkategorien abzubilden, und diese dann in Oberkategorien zusammenzufassen, die einen Überblick erlauben. Auch bei der Entwicklung von Kategoriensystemen gibt es eher offene Vorgehen, welche die Kategorien aus dem Textmaterial ableiten oder in mehreren iterativen Schritten an das Textmaterial anpassen, und eher standardisierte, die ein vordefiniertes Kategoriensystem auf das Material abbilden. Die strukturierende Inhaltsanalyse eignet sich, wenn eine Transformation von Textdaten in eine statistisch analysierbare Datenmatrix vorgesehen ist. Wichtige Methodenentwicklungen finden zur Zeit im Bereich der Computerunterstützung für Textanalysen in der qualitativen Forschung statt (Kelle 1995).

Datenmatrix: Die Auffassung des Gegenstandes als sprachlich kommunizierte Sinnstrukturen bedeutet, dass qualitative Daten zumeist textförmig dokumentiert sind. Die Auswertung dieser Texte mit sequentiellen Methoden interpretiert die Textstruktur und führt daher nicht zu einer Datenmatrix. Nach einer qualitativen Inhaltsanalyse können hingegen die untersuchten Fälle und die inhaltsanalytischen Kategorien als Matrix angeordnet werden. Es ist dann weiter möglich, den Textcharakter qualitativer Daten zu verändern, indem die Kategorien als binäre Variablen mit den Ausprägungen "erwähnt" und "nicht erwähnt" aufgefasst werden. Auf diese Weise kann eine statistisch analysierbare numerische Datenmatrix erstellt werden. Wenn jedoch nur wenige Fälle untersucht sind und zugleich sehr uneinheitliche Daten zu vielen Kategorien vorliegen, dann ist eine solche Datenmatrix nur beschränkt analysierbar. Die Transformation in eine Datenmatrix ist daher nur sinnvoll, wenn die Stichprobe nach geeigneten Kriterien zusammengestellt ist, und wenn bei der Datenerhebung und bei der inhaltsanalytischen Auswertung gemeinsame Dimensionen erfasst werden. Dies kann so erreicht werden, dass bei der Datenerhebung ein Mix von offenen und standardisierten Instrumenten eingesetzt wird. Es können aber auch umgekehrt z.B. offene Fragen in ein standardisiertes Instrument eingebaut werden (s. Beiträge BÜTSCHI et al.; JAEGGI et al.). Das Interesse an gemischten Forschungsansätzen, die offene und standardisierte Methoden kombinieren, nimmt zu (Miles, Huberman 1994; Creswell 1994).

Gütekriterien: Weil die selektiven und strukturierenden Entscheidungen von seiten der Forschenden nicht vor der Datenerhebung, sondern im Verlauf der Datenerhebung und der Auswertung getroffen und oftmals noch modifiziert werden, ist die Nachprüfung der Ergebnisse qualitativer

Sozialforschung schwierig. Wichtig ist deshalb, dass die im Verlauf des Forschungsprozesses eingeführten konzeptionellen und methodischen Entscheidungen und Vorgaben transparent gemacht werden. Für die Reliabilität (Zuverlässigkeit) der Datenerhebungsmethoden gilt es, die Einflüsse der Erhebungssituation und das Verhalten der Forscherinnen und Forscher zu dokumentieren und wo möglich zu regeln und abzustimmen. Die Reliabilität der Auswertung (Inhaltsanalyse) kann dadurch abgesichert werden, dass verschiedene Personen das Material auswerten und ihre Auswertungen im Diskurs zur Übereinstimmung bringen. Um die Validität der Ergebnisse zu prüfen - dass die Ergebnisse tatsächlich das Forschungsthema betreffen -, gibt es die Konsensvalidierung und die Triangulation. Im Falle der Konsensvalidierung wird das Interviewprotokoll und eventuell auch die Auswertung mit den Befragten diskutiert und ein Konsens darüber erzielt, was sie mitgeteilt haben. Die Konsensvalidierung betrifft das Problem, ob die Forschenden die Befragten richtig verstanden haben. Ein zweites Problem besteht darin, wie abhängig die Antworten von den Vorgaben der Datenerhebung sind. Um diese Abhängigkeit zu kontrollieren, wurde das Konzept der Triangulation eingeführt (Denzin 1989). Damit ist gemeint, dass verschiedene Datenquellen, Forscherinnen und Forscher, Methoden der Datenerhebung sowie Theorien zur Interpretation der Daten gegeneinander ausgespielt werden, um die Abhängigkeit der Ergebnisse von den Methoden zu prüfen.

Standardisiert quantitative Forschungsansätze

Im folgenden werden die Charakterisierungen des standardisiert quantitativen Ansatzes in Abbildung 3 eingehend erläutert.

Ziel: Erkenntnisziel des standardisiert quantitativen Forschungsansatzes ist die Rekonstruktion des Problemfelds anhand einer quantifizierenden Beschreibung (Beispiel: 40% der Schweizer Bevölkerung erleben die Bedrohung der Biodiversität nicht als ein ernsthaftes Problem) oder anhand einer Prüfung von Hypothesen über (kausale) Beziehungen zwischen Variablen (Beispiel: Die kombinierte Wirkung von regelmässigen Verbrauchsrückmeldungen [Variable x_1] und von finanziellen Anreizen [Variable x_2] bewirkte im Untersuchungszeitraum eine durchschnittliche Haushaltsenergieeinsparung [Variable y] von 50%). Im offen qualitativen Ansatz wird der Sinn von kommunikativen Akten vor allem auf der Grundlage des individuellen Kontexts erschlossen. Standardisiert quantitative Forschungsansätze gehen davon aus, dass zur quantifizierenden Rekonstruktion der wesentlichen Strukturen von Problemfeldern die Kontextabhängigkeit von subjektiv wahrgenommenen bzw. vorgestellten Problemaspekten vernachlässigbar ist (vgl. Wilson 1982, 492f.) bzw. die resultierende Unschärfe in Abwägung der Vorteile der Quantifizierung in Kauf genommen werden kann. Die Stärke quantifizierenden Forschens liegt in den Möglichkeiten der quantitativen Beurteilung der Grössenordnungen von Phänomenen (Häufigkeitsverteilungen) sowie der Entdeckung regelhafter Strukturen und (kausaler) Beziehungen zwischen Bedingungsfaktoren eines Problemfelds. So kann es im Anschluss an offen qualitative Vorgehensweisen darum gehen, die Frage nach der zahlenmässigen Grössenordnung der Verbreitung bestimmter Typen von Sinnstrukturen oder Deutungsmustern in der Bevölkerung zu beantworten.

Für eine detailliertere Orientierung über das breite Feld standardisiert quantitativer Forschungsansätze sei hier auf die Texte "Sozialwissenschaftliche Methoden" von Roth (1984) oder "Methoden empirischer Sozialforschung" von Friedrichs (1990) verwiesen (s. auch Beiträge BÜTSCHI et al.; DIEKMANN, FRANZEN; ERNSTE; FUHRER, WÖLFING ; JAEGGI et al.).

Forschungslage: Der Einsatz standardisiert quantitativer Verfahren setzt einiges an empirischem Wissen bzw. theoretischem Vorverständnis voraus: Das Problemfeld und seine Bedingungsfaktoren sind - mindestens in groben Zügen - bekannt. In die Formulierung von prüfbaren Hypothesen fliessen ausserdem ein: theoretische Ideen aus anderen, gut untersuchten Problemfeldern, "naives" Alltagsverständnis, introspektiv gewonnene Annahmen über menschliches "Funktionieren" und schliesslich auch Intuition oder kühne Spekulation.

Gegenstandsauffassung: Im quantitativen Ansatz steht nicht die Einzelfallebene - der einzelne Mensch und seine individuellen Deutungs- und Begründungsmuster - im Zentrum. Vielmehr sollen durch die Erhebung von verschiedenen, vergleichbaren Angaben zu einem Problemfeld bei einer begrenzten Zahl von Personen (Stichprobe) auf die Verhältnisse bei sehr vielen Personen (Grundgesamtheit) geschlossen werden. Typisch für den standardisiert quantitativen Ansatz ist ausserdem die Bemühung um Datenreduktion. Von Interesse sind einerseits die quantitativ charakterisierbaren Beziehungs- bzw. Einflussstrukturen (oft in Form eines Modells) auf der Ebene der Variablen. Diese variablen-orientierte Sichtweise ergibt sich aufgrund der Aggregation vieler vergleichbarer (weil standardisierter) "Messungen" bei vielen Einzelfällen. Andererseits sind aber auch Zusammenfassungen und Strukturen auf der Ebene der Personen von Interesse. Diese personen-orientierte Sichtweise erschliesst sich durch die Zusammenfassung von Einzelpersonen zu Clustern oder Typen auf der Grundlage ähnlicher "Variablenwerte" bzw. "Variablenprofile" (s. auch unten, "Datenmatrix").

Forschungsprozess: Charakteristisch für die standardisiert quantitative Vorgehensweise ist der vergleichsweise lineare Ablauf des Forschungsprozesses. Nach Abschluss der Phase der Konzipierung und Planung einer Untersuchung werden bei einer festgelegten Anzahl von Personen in einem standardisierten Verfahren, meist über einen besonders gestalteten Kommunikationsprozess (Beispiel: standardisierte mündliche Befragung anhand eines Fragebogens) eine festgelegte Anzahl von vergleichbaren Daten erhoben. Das Merkmal der Standardisierung und die durch sie bedingte Vergleichbarkeit der Daten über die Personen ist wesentliche Grundvoraussetzung für die quantifizierenden Analysestrategien.

Der Forschungsprozess lässt sich - vereinfachend - in folgende voneinander abhängige und einander gegenseitig bedingende Teilschritte untergliedern:

- Problemdefinition und Festlegung des Untersuchungsziels (Deskription, Hypothesenprüfung), Festlegung des Forschungsansatzes (Wahl der Erhebungstechnik und Vorgehensweise bei der Auswertung), Festlegung der Grundgesamtheit, auf welche die Ergebnisse verallgemeinert werden sollen (Beispiele: Ganze Schweiz, Kanton Zürich).
- Umsetzung der in den Hypothesen enthaltenen Konstrukte in Forschungsoperationen; z.B. "Umweltbewusstsein": Festhalten des Ausmasses an - beispielsweise in einem mündlichen Interview geäusserter - Zustimmung auf Fragen wie: "Fast alles, was wir in unserer modernen Welt tun, schadet der Umwelt".
- Auswahl der Untersuchungseinheiten. Bei der Untersuchung der meisten Problemfelder sozial- und geisteswissenschaftlicher Forschung ist es aus zeitlichen und/oder aus finanziellen Gründen unmöglich, sämtliche daran beteiligten Untersuchungseinheiten (z.B. alle VerkehrsteilnehmerInnen, alle KonsumentInnen usw. einer definierten Grundgesamtheit) zu untersuchen. Somit stellt sich das Problem der Auswahl. Um effizient und kostengünstig von verhältnismässig wenigen untersuchten Einheiten auf die Gesamtheit aller schliessen zu können, werden verschiedene Auswahl- oder Stichprobenverfahren eingesetzt. Verbreitet sind sog. Wahrscheinlichkeitsauswahlen, bei denen alle Untersuchungseinheiten einer Grundgesamtheit dieselbe Chance haben müssen, untersucht zu werden. Eine optimale, d.h. unverzerrte Stichprobe ist ein in jeder Hinsicht die Gesamtheit repräsentierendes (aber verkleinertes) Abbild. Nicht in allen Fällen steht das Ziel, repräsentative Aussagen über eine Gesamtheit zu machen im Vordergrund; deshalb werden auch unterschiedliche Formen bewusster, theoriegeleiteter Auswahlen eingesetzt, welche eingeschränkte Ansprüche erheben hinsichtlich ihrer Verallgemeinerbarkeit.

- Durchführung der Datenerhebung. In dieser Phase werden die entsprechenden Datenerhebungstechniken angewendet; der Anspruch der Standardisierung des Erhebungsverfahrens zwingt dazu, durch Beschränkung der Zahl sowie durch Einheitlichkeit der Instruktion der Personen, welche Daten erheben, möglichst vergleichbare, wiederholbare Erhebungssituationen zu schaffen. Während die Standardisierung des Erhebungsinstruments etwa in Form eines Fragebogens keine besondere Mühe macht, bleibt die Standardisierung der Erhebungssituation ein Ideal: In der Praxis der grossen, landesweiten repräsentativen Befragungen, die den Einsatz einer grossen Anzahl von Personen bei der Datenerhebung erfordern, erfolgt durch bewusste Heterogenität der Merkmale der Erhebungssituationen (Alter, Geschlecht der Befragenden, Befragungszeit usw.) ein gewisser statistischer Fehlerausgleich.
- Quantitativ-mathematische Auswertung, Anwendung statistischer Verfahren und Berichterstattung. Am Ende dieser Schritte stehen quantitative Angaben, statistische Kennwerte. Sie erlauben aufgrund von wahrscheinlichkeitstheoretischen Berechnungen Rückschlüsse auf die Verhältnisse in der vorgängig definierten Grundgesamtheit: Dabei geht es um Häufigkeitsverteilungen von Wissenselementen, Wahrnehmungen, Ansichten, Meinungen, Einstellungen, Befürchtungen, Hoffnungen, Bereitschaften, Verhaltensabsichten usw. Anhand solcher Daten lassen sich ausserdem Hypothesen über die Beziehungsstruktur der Variablen (Modelle) überprüfen. Der Ausgang dieser Prüfung von Ideen an der Wirklichkeit (Hypothesenprüfung anhand empirischer Daten) führt in der Praxis meist zu weiterführenden neuen Hypothesen: der Forschungszyklus kann von neuem beginnen.

Datenerhebungstechniken: Kennzeichnend für die Datenerhebungstechniken im standardisiert quantitativen Ansatz sind ihre Geschlossenheit und Standardisierung. Die Quantifizierbarkeit beruht wesentlich auf der Standardisierung der Erhebungssituation sowie der Standardisierung der Auswertungskategorien. Sie bilden die Grundlagen des zählenden Vergleichens. Als Folge der Standardisierung der Erhebungssituation werden die Freiheitsgrade des kommunikativen Prozesses, welcher zur Erfassung der interessierenden Merkmale führt, wesentlich reduziert. Dies wird insbesondere bei der Methode der standardisierten mündlichen Befragung deutlich, wo dieser Freiheitsspielraum durch schriftliche, möglichst buchstabengetreu einzuhaltende Frageformulierung auf der Seite der Befragenden sowie (oft) durch eine Auswahl weniger, ebenfalls vorgegebener Antwortalternativen auf der Seite der Befragten eingeschränkt wird. Der Stand der Methodenentwicklung auf diesem Gebiet kann als sehr weit entwickelt gelten; sehr viele mögliche Fehlerquellen wie Frageformulierung, Reihenfolge, Beziehung zwischen Befragenden/Befragten, besondere Erwartungshaltungen, soziale Erwünschtheit, geschönte Selbstdarstellung usw. sind heute gut untersucht. Ein professionell entwickeltes und von gut ausgebildeten InterviewerInnen durchgeführtes standardisiertes Interview wird von den Befragten als eine besondere, aber mögliche, einem bestimmten Zweck dienende, zumutbare und effiziente Form der Interaktion und Kommunikation akzeptiert. Das optimale Ergebnis sind unverzerrte Antworten zu gestellten Fragen. Bei Beobachtungs-, Protokoll- sowie Tagebuchtechniken äussert sich die Standardisierung in Form vorgegebener Merkmalskategorien, welche den Themenbereich möglicher Aufzeichnungen auf die genau vordefinierten Kategorien einschränken. Selbstverständlich kommen in der Praxis sehr oft unterschiedliche Grade der Standardisierung sowie Mischformen offener und geschlossener Vorgehensweisen zum Einsatz, sofern sie mit den zur Verfügung stehenden Ressourcen bewältigbar erscheinen.

Auswertungstechniken: Ist das Ziel der Untersuchung die Deskription eines Problemfelds, kommen sowohl einfache statistische Zählungen und Hochrechnungen zum Einsatz wie auch strukturentdeckende, graphisch darstellende mathematisch-statistische Verfahren. Letztere helfen, die Komplexität einer Datenstruktur zu reduzieren, indem Merkmale von Personen oder Variablen zu Gruppen, Typen oder Clustern zusammengefasst werden. Wenn Daten auf einer Wahrscheinlichkeitsstichprobe beruhen und auf die entsprechende Grundgesamtheit verallgemeinert werden sollen, gelangen Verfahren der schliessenden Statistik zum Einsatz. Mit ihrer Hilfe ist es möglich, Wahrscheinlichkeitsaussagen zu den Schwankungsbreiten von Kennwerten in der angezielten Grundgesamtheit zu formulieren (Beispiel: Mit 95% Wahrscheinlichkeit beträgt der Anteil an Personen in der Bevölkerung, welche einer möglichen Klimaänderung gelassen entgegensehen X %, ± Y %). Verfahren der schliessenden Statistik ermöglichen es ausserdem, Modelle des Wirkungsgefüges in einem Problemfeld zu überprüfen. Werden offen qualitative neben standardisierten Techniken eingesetzt, kann die Auswertung der "differenzierteren", im offenen Diskurs gewonnenen, qualitativen Konstrukte die Interpretation der eher "punktuell" operationalisierten quantitativen Konstrukte erleichtern, stützen und bereichern. Die quantitative Auswertung der Daten erfolgt in der Regel erst nach Abschluss der gesamten Datenerhebungsphase im Feld. Neuere Techniken der computerunterstützten Telephonbefragung erlauben allerdings eine laufende Aggregierung der Daten, so dass zu jeder Zeit der Feldphase zumindest deskriptive Kennwerte der bisher untersuchten Personenstichprobe zur Verfügung stehen:

Dies ermöglicht es, die Datenerhebung bei Erreichen bestimmter Qualitätskriterien abzubrechen.

Datenmatrix: Quantifizieren heisst Zahlen zu Merkmalen zuordnen. Während bei der standardisierten Befragung dieser Prozess durch die Konstruktion des Fragebogens und durch die anschliessende Selbstzuordnung der Befragten zu konkreten Antwortkategorien abgeschlossen wird, erfordert die Quantifizierung unstandardisierten Materials zunächst eine standardisierte Kategorisierung. Ergebnis ist in der Regel eine rechteckige, zahlengefüllte Matrix, bei welcher die Zeilen einzelne Personen und die Spalten die Variablen repräsentieren. Diese Datenmatrix stellt die Grundlage dar für die mathematisch-statistischen Operationen, welche bei der Auswertung zur Anwendung kommen.

Gütekriterien: Die Erhebungsinstrumente werden üblicherweise mindestens an drei Gütekriterien gemessen: Objektivität, Reliabilität und Validität.

- Objektivität meint das Mass an intersubjektiver Überprüfbarkeit eines Sachverhalts. Bezogen auf Erhebungsinstrumente heisst objektiv unabhängig von der untersuchenden Person (BefragerIn, BeobachterIn usw.). Objektivität wird durch Massnahmen der Standardisierung der Instrumente und der einheitlichen Instruktion der befragenden Personen angestrebt.
- Reliabilität (Zuverlässigkeit) meint das Mass an Messgenauigkeit bzw. Messzuverlässigkeit. Zur Überprüfung der Reliabilität existieren verschiedene empirische Verfahren. Es ist üblich, die Reliabilität der Messung der operationalisierten Konstrukte in Form eines Koeffizienten anzugeben. Da jede Messung mit Messfehlern behaftet ist, besteht eine Strategie zur Anhebung der Reliabilität darin, auf den Fehlerausgleich durch mehrere Messungen (z.B. mehrere Einzelfragen im Fragebogen) abzustellen. Die Reliabilität eines durch mehrere Einzelfragen erfassten Konstrukts wie beispielsweise "Umweltbewusstsein" lässt sich durch Eliminieren von besonders "unzuverlässigen", "fehlerhaften" Einzelfragen z.T. weiter steigern.
- Validität (Gültigkeit) meint das Mass an Genauigkeit, mit der ein Erhebungsinstrument das erfasst, was es zu messen vorgibt. Da es in der sozial- und geisteswissenschaftlichen Forschung keine absoluten, sondern bestenfalls relative Gültigkeitskriterien gibt, werden die theoretisch zu erwartenden und empirisch überprüfbaren Beziehungen des erhobenen Konstrukts zu anderen empirisch erfassbaren Konstrukten ausgewiesen. Die Gültigkeit einer Operationalisierung wird so in ei-

nem theoretisch begründbaren, plausiblen Netz von Beziehungen abgestützt.

Gütekriterien stehen in einer hierarchischen Beziehung zueinander: Reliabilität beruht auf Objektivität; Validität setzt sowohl Objektivität wie auch Reliabilität voraus.

2.1.3. Methoden des Verstehens und Argumentierens

Die Bedeutung, die Umweltproblemen heute für die Zukunft der Menschheit und der Erde zugeschrieben wird, bringt es mit sich, dass grundlegende Orientierungen der modernen Zivilisation in Diskussion geraten, so zum Beispiel Sinn und Berechtigung des Fortschrittes in den Industrieländern angesichts der Tatsache, dass der Lebensstil der Industrieländer nicht universalisierbar ist. Verstehen und Argumentieren sind Methoden, um Sinnsysteme unter spezifischen Gesichtspunkten zu untersuchen. Das Verstehen beinhaltet das Erfassen und Interpretieren von Sinnsystemen. Das Argumentieren betrifft die rationale Einlösung oder Analyse der Geltungsansprüche von Sinnsystemen. Verstehen und Argumentieren ist nicht nur in ethischen und rechtlichen Fragen der Umweltproblematik gefordert, sondern auch in naturphilosophischen und kulturphilosophischen Fragen u.a. So wird beispielsweise das Naturverständnis in der Umweltforschung mit Methoden des Verstehens und Argumentierens untersucht.

Verstehen

Bereits in der Antike entsteht die Hermeneutik als Kunst (Fähigkeit) sowie auch als Kunstlehre des Verstehens von kanonischen Schriften wie auch von Kunstwerken (Literatur, bildende Kunst und Architektur, Musik) auf ihren Sinn hin. Das griechische Verb, von dem sich der Ausdruck "Hermeneutik" herleitet, bedeutet so viel wie "aussagen", "darstellen", "auslegen", "übersetzen". Mit "Sinn" kann die Bedeutung von Texten etc. gemeint sein, die es im theoretischen Verstehen über die Auslegung von Sprache zu erfassen gilt. "Verstehen" kann aber auch eine Dienlichkeit betreffen, z.B. Interessen oder Zwecke, die mit einem bestimmten Verhalten verknüpft sind, oder das Zusammenspiel einer Reihe von Mitteln zu einer gemeinsamen Funktion, beispielsweise in einer Organisation. Moralisches Verstehen sodann betrifft die Frage, ob bestimmte Handlungen gut zu heissen sind. Die dogmatische Hermeneutik, deren Auslegung Verbindlichkeitscharakter hat, beginnt mit der theologischen Bibelauslegung und mit der juristischen Auslegung des justinianischen Gesetzeswerkes.

Im 19. Jh. führt Schleiermacher die historische Hermeneutik als Lehre vom Verstehen geisteswissenschaftlicher Gegenstände ein (Schleiermacher 1959). Sein Schüler Dilthey (1900/1990) erklärt Verstehen zur spezifischen Methode der Geistes- und Geschichtswissenschaften, um diese von den Naturwissenschaften, die empirische Ereignisse mittels Gesetzen erklären, zu unterscheiden. Der Gegenstand des Verstehens umfasst in der historischen Hermeneutik alle schriftlich fixierten Lebensäusserungen. Schleiermacher und dann auch Dilthey beziehen das Verstehen vor allem auf den historischen Zusammenhang, in dem ein Text entstanden ist. Sie unterscheiden im Verstehen eine sprachgeschichtliche (grammatische) Dimension und eine psychologische Dimension, das einfühlende Nacherleben der Erlebnisse des Autors oder der Autorin. In der rückschauenden Textinterpretation ist es möglich, die grammatische und die psychologische Dimension zusammen zu sehen. Das führt zur These, eine gute Interpretatorin habe einen Autor besser zu verstehen als er sich selbst verstanden hat.

Bereits die romantische Hermeneutik Schleiermachers, insbesondere aber die historische Hermeneutik Diltheys, haben auch eine philosophische Dimension, denn sie zielen auf eine Begründung der Geisteswissenschaften aus dem menschlichen Grundphänomen des Verstehens. Als philosophische Hermeneutik wird jedoch erst eine im 20. Jh. von Heidegger eingeführte Auffassung von der menschlichen Existenz bezeichnet. Die philosophische Hermeneutik deutet den menschlichen Lebensvollzug als ein Verstehen, ein Auslegen sprachlich strukturierter Erfahrung auf Sinnmöglichkeiten hin (Heidegger 1927/1979; Gadamer 1960; Grondin 1991).

Aber auch innerhalb der empirischen sozial- und geisteswissenschaftlichen Forschung wird eine Kontroverse um "Verstehen und Erklären" geführt (von Wright 1971/1974). Diese Kontroverse betrifft die Frage, ob Handeln intentional zu verstehen oder kausal zu erklären ist. Dabei geht es um das Problem, ob subjektive Handlungsabsichten menschliches Verhalten im Sinne von Kausalursachen bestimmen. Im Kontext dieser Debatte entstehen hermeneutische Ansätze innerhalb der empirischen Sozial- und Geisteswissenschaften (s. Abschnitt "offen qualitative Forschungsansätze"). Ausgelöst durch die Umweltprobleme wird heute auch über eine hermeneutische Naturwissenschaft diskutiert, und zwar in Zusammenhang mit der Diskussion um den Naturbegriff der neuzeitlichen Naturwissenschaft (Böhme 1989).

Die Grundzüge des Verstehens als Methode der Sinnauslegung lassen sich am besten am Verstehen von Texten zeigen. Ein Text ist eine Beziehung zwischen Ausdruck (Zeichen) und Inhalt (Bedeutung, Sinn). Um einen Text zu verstehen, müssen wir die Zeichen interpretieren (deuten, auslegen). Dies gilt auch für den Alltag, wenn wir z.B. miteinander sprechen, fernsehen oder die Zeitung lesen. Dass wir Texte wie auch gesprochene Sprache und Bilder immer auslegen, wird uns oft erst bewusst, wenn wir etwas nicht verstehen oder damit konfrontiert werden, dass andere eine Mitteilung ganz anders verstehen. Die Bedeutung von sprachlichen Zeichen ist durch die Zeichen selbst noch nicht festgelegt, sondern erst zusammen mit dem jeweiligen Kontext, in dem die sprachlichen Zeichen verwendet werden. Die Bedeutung muss also aus dem Verwendungskontext der sprachlichen Zeichen erschlossen werden. Die Verwendung von Ausdrücken kann mehrdeutig und inkonsistent sein. Dies gilt nicht nur für die Verwendung von Ausdrücken in verschiedenen Kontexten, sondern auch innerhalb eines Kontextes. Zudem kann sich die Bedeutung wandeln. Dies erschwert das Verständnis von Texten, zu denen wir heute eine grosse historische Distanz haben. Aus diesen Gründen kann es mehrere Interpretationen eines Textes geben. Als wissenschaftliche bzw. philosophische Textinterpretationen sind sie methodisch zu begründen.

Verstehen als regelgeleitete Methode hat eine zirkuläre Struktur (hermeneutischer Zirkel), denn es setzt bereits ein gewisses Verstehen voraus. Etwas uns gänzlich Fremdes können wir nicht verstehen. Das vorausgesetzte Verstehen - das sog. Vorverständnis - kann das alltägliche Verstehen sein oder ein in anderen Kontexten methodisch gewonnenes Verstehen. Im hermeneutischen Verstehen wird ein Vorverständnis an einen Text herangetragen, es wird dann an einzelnen Textstellen (Teilen) sowie in Bezug auf den ganzen Text daraufhin überprüft, ob es den im Text angelegten Auslegungsmöglichkeiten entspricht, und schliesslich gegebenenfalls im Sinne der durch den Text angezeigten Bedeutung korrigiert. Hermeneutisches Verstehen beinhaltet eine zirkuläre, wiederholte Bewegung zwischen Vorverständnis und Auslegung (Überprüfung). Verstehen ist nicht ein blosses Erfassen oder Nachvollziehen eines festgelegten Sinnes, sondern hat auch eine schöpferische Komponente, indem ein Vorverständnis an den Text herangetragen und mit Auslegungsmöglichkeiten konfrontiert wird. Da sich diese auch durch den Kontext ergeben, in dem ein Text rezipiert wird, kann es zu neuen Interpretationsperspektiven und damit zu Kritik an etablierten Auslegungen kommen. Verstehen ist deshalb ein im Prinzip offener Prozess und bleibt ein vorläufiges Verstehen. Dazu kommt, dass Textinterpretationen, die sich auf das blosse Textverstehen beschränken, Dogmatismus, Ideologie und Traditionalismus vorgeworfen werden kann. In einer Textinterpretation gilt es, den Text im Hinblick auf die Behandlung der systematischen Probleme, die im Text Thema sind, auch zu beurteilen, und die Interpretation der Problematik fortzuführen. Hierfür sind auch Methoden des Argumentierens bzw. der Argumentationsanalyse gefordert, die Voraussetzungen, Konsistenz und Konsequenzen einer Problembehandlung betreffen (s. Abschnitt "Argumentieren").

Das Resultat des zirkulären hermeneutischen Verstehens - die Auslegung - ist wiederum ein Text, den es seinerseits zu verstehen gilt. Die Auslegung ist dann leichter zu verstehen als der auszulegende Text, wenn die Auslegung es schafft, die Bedeutungen mit bekannteren und klareren Ausdrücken zu beschreiben. Dies beinhaltet, den auszulegenden Inhalt zu Sinnsystemen in Beziehung zu setzen, die die Personen, für die der Text ausgelegt wird, bereits verstehen.

Weil Wissenschaften und Philosophie an Sprache gebunden sind, ist nicht nur das intuitive Verstehen, sondern auch das methodische Verstehen in den verschiedenen Wissenschaften gefordert (Gadamer, Boehm 1978). Dies gilt auch für die im Schwerpunktzentrum "Umweltverantwortliches Handeln" organisierten Projekte. Der Stellenwert der Methoden des Verstehens ist in den Projekten jedoch sehr unterschiedlich. Zudem ist das konkrete Vorgehen von der Art der Fragestellung abhängig. Verstehen als Explikation von Begriffen und theoretischen Konzepten steht im Beitrag GESSNER im Vordergrund. Um sprachwissenschaftliches Verstehen geht es im Beitrag von BRECHBÜHL und REY. Kulturphilosophische Verstehensprobleme behandelt der Beitrag JÄGGI. Verstehen als Bildauslegung findet sich im Beitrag von THOMAS. Der Übergang zu Methoden des Verstehens in der empirischen sozial- und geisteswissenschaftlichen Forschung ist dabei z.T. fliessend (s. Abschnitt "offen qualitative Forschungsansätze").

Argumentieren

Auch das Argumentieren geht auf die Antike zurück, und zwar auf die Figur des Sokrates in den platonischen Dialogen. Im Dialog als Rede und Gegenrede sollen strittige oder unklare Angelegenheiten begründet entschieden werden. Bei Sokrates betrifft das Argumentieren letztlich die Frage, was das Gute ist. Aristoteles löst das Argumentieren aus der dialogischen Situation heraus und entwickelt es als eine Beweislehre weiter (Aristoteles, 2. Analytik sowie Topik). Ein Beweis führt strittige Aussagen oder Normen auf unbestrittene Aussagen bzw. Normen zurück. Strittig ist dabei der Geltungsanspruch der Aussagen oder Normen, dieser ist zu beweisen. Im Falle von korrekten deduktiven Argumenten folgen die zu beweisenden Sätze (Konklusionen) logisch aus den als Beweis angeführten unbestrittenen Sätzen (Prämissen). Auf diese Weise beweisen unbestrittene Prämissen den Geltungsanspruch der Konklusion. Die Syllogistik ist eine Theorie der korrekten deduktiven Beweisformen.

Argumentieren bleibt eine wichtige Methode in der Philosophie, insbesondere in der Scholastik, in der neuzeitlichen Philosophie und in der analytischen Philosophie des 20. Jahrhunderts. Zum einen ist die Methode der Philosophie selbst argumentierend, zum andern untersucht sie Argumentationen im Hinblick auf die damit erhobenen Begründungsansprüche (als Einführung s. Rosenberg 1986). Formal betrifft eine solche Untersuchung die Korrektheit der Argumentation, die mit logischen Mitteln geklärt werden kann. Inhaltlich geht es um die Bedeutung der Sätze, die in eine Argumentation eingehen. Hierfür sind nicht nur logisch-semantische Mittel erforderlich, sondern auch hermeneutisches Verstehen (s. Abschnitt "Verstehen"). Für diese Bedeutungsanalysen können Fachwissenschaften sowie auch das gesellschaftliche Problemverständnis wichtig sein, beispielsweise im Falle umweltethischer Argumentationen (Beiträge SCHABER; SCHMID-HOLZ; LESCH).

Auch in den Wissenschaften ist Argumentieren wichtig. Beispiele dafür sind das Beweisen in der Mathematik, das juristische Argumentieren (Hassemer et al. 1980) oder die Erklärungen in den empirischen Wissenschaften (Stegmüller 1983). Es sind verschiedene Formen des Argumentierens entstanden, insbesondere auch Formen des induktiven Argumentierens. Die induktive Stützung von Argumenten in den empirischen Wissenschaften ist mit philosophischen Problemen verknüpft, weil der Gehalt der zu beweisenden Sätze hier nicht vollständig in den als Beweis angeführten Sätzen enthalten ist, doch kann auf induktive Argumente nicht verzichtet werden.

Argumentieren kann zudem in gesellschaftlichen und zwischenmenschlichen Angelegenheiten wichtig sein, für die ein Entscheidungsbedarf besteht, und die nicht unbestritten aufgrund von Traditionen oder durch Autoritäten entschieden werden können. Viele Umweltfragen sind in diesem Sinne strittige Angelegenheiten - und zwar sowohl bezüglich der Erklärung von anthropogenen Umweltschäden wie auch bezüglich normativer Fragen, beispielsweise welche Massnahmen geboten sind. Soll Argumentieren in gesellschaftlichen Angelegenheiten sinnvoll sein, dann ist dies allerdings an Voraussetzungen gebunden. Zunächst einmal müssen die Beteiligten zur Argumentation fähig sein. Sie müssen ferner die Bereitschaft zeigen, eine strittige Angelegenheit auch argumentativ zu bewältigen, und darauf verzichten, Machtvorteile zu benützen, um partikuläre Interessen durchzusetzen. Ob diese Bereitschaft in umweltpolitischen Angelegenheiten bei allen Beteiligten besteht, muss bezweifelt werden.

Argumentieren ist jedoch nicht nur an ein moralisch-rationales Postulat gebunden, sondern auch an ein logisch-rationales Postulat. Es muss sich nämlich einsichtig machen lassen, welches Argument das bessere ist. Auch dies ist in Umweltfragen nicht immer gegeben. Zum einen sind Erklärungen von Umweltschäden und die Abschätzung ihrer Konsequenzen mit Unsicherheiten behaftet, zum andern bestehen kontroverse moralische Standpunkte in der ethischen Beurteilung. Schliesslich ist die argumentative Problembewältigung in der Gesellschaft auch daran gebunden, dass ein gewisser Problemdruck besteht, in der strittigen Angelegenheit einen Konsens zu finden (Kopperschmidt 1989).

Eine demokratische Gesellschaft ist ihrem Anspruch nach an einer argumentativen Bewältigung von strittigen Angelegenheiten, zu denen Umweltfragen gehören, interessiert. Es entstehen zur Zeit entsprechende soziale Organisationsformen zur argumentativen Lösung von Situationen mit hohem Problemdruck wie z.B. Standortfragen von stark umweltbelastenden Anlagen (Knoepfel 1995; s. auch Abschnitt "Partizipative Forschungsansätze"). Was diese de facto mittelfristig zu einer argumentativen Bewältigung von Umweltfragen in der Gesellschaft beitragen, kann noch nicht abgeschätzt werden.

2.1.4. Partizipative Forschungsansätze

Umweltforschung ist dem zunehmenden Bewusstsein zu verdanken, dass die durch die menschliche Zivilisation verursachten Umweltprobleme den Fortbestand der Natur und der menschlichen Zivilisation gefährden. Umweltforschung hat deshalb nicht nur wissenschaftliche Ziele wie die Entwicklung von Methoden und Theorien, sondern sie will mit der Beschreibung und Analyse von Umweltproblemen auch zu deren Lösung beitragen. Die der Umweltforschung zu verdankende Zunahme an Wissen über Umweltprobleme steht jedoch in einem Missverhältnis zu den in der Gesellschaft noch wenig vorangeschrittenen Problemlösungen, die in die Richtung einer nachhaltigen Entwicklung weisen.

Partizipative Umweltforschung will die Diskrepanz zwischen den Fortschritten in der Umweltforschung und den bislang ungenügenden Schritten zur Lösung von Umweltproblemen in der Gesellschaft abbauen. Sie bezieht zu diesem Zweck die Akteure, die für den Prozess der nachhaltigen Entwicklung in der Gesellschaft relevant sind, in den Forschungsprozess ein. Dahinter steht erstens die These, dass die Faktoren, die für die Lösung von Umweltproblemen entscheidend sind, nicht allein im Laborexperiment identifiziert und überprüft werden können, sondern dass dafür auch die Analyse der realen Problemsituation erforderlich ist. Sollen

Problemlösungen akzeptiert und in der Praxis tatsächlich angegangen werden, ist es zweitens wichtig, Ziele und Wege mit den Verantwortlichen und Betroffenen zusammen zu erarbeiten. Partizipative Umweltforschung ist der Auffassung, dass der blosse Informationsweg hierfür nicht genügt. Umweltforschung und daran anschliessende Empfehlungen - beispielsweise zum Energiesparen - führen oftmals nicht von selbst zu den gewünschten Veränderungen, weil dabei nicht berücksichtigt ist, wie Betriebe oder Haushalte davon betroffen sind: wirtschaftlich, in der Organisation von Tätigkeiten, in der technologischen Infrastruktur, in der Kooperation mit anderen, in den Wert- und Zielvorstellungen etc. Ein weiterer Schritt ist deshalb erforderlich, in welchem Leitvorstellungen und Lösungswege für eine integrierte Problemsicht erarbeitet werden, die den verschiedenen Aspekten der konkreten Situation sowie den Möglichkeiten, diese zu verändern, Rechnung tragen.

Partizipative Forschungsansätze sind seit den 70er Jahren vor allem in der Bildungsforschung (z.B. Heinze 1995, 49-63; Robinson 1993), in der Organisationssoziologie und -psychologie (z.B. Sievers 1977; Ulich 1985; Cunningham 1993), sowie in der Entwicklungszusammenarbeit (z.B. Compton 1989) als "Aktionsforschung" (action research) oder "Handlungsforschung" etabliert. Wir verwenden im folgenden die Bezeichnung "partizipative Forschung", weil sie das Spezifikum dieses Forschungsansatzes - die Beteiligung der Akteure am Forschungsprozess -, klarer zum Ausdruck bringt als "Aktionsforschung". Der Ausdruck "partizipative Forschung" beginnt sich auch in der Umweltforschung zu etablieren (Roux 1995). Zudem wird heute im Bildungsbereich "Aktionsforschung" in einem neuen Sinn verwendet, nämlich für die wissenschaftliche Qualifizierung von Lehrkräften, um Problemsituationen in ihrem Unterricht im Hinblick auf Verbesserung selbst untersuchen zu können (Altrichter, Posch 1990).

Grundzüge des partizipativen Forschungsansatzes

Entstanden ist der partizipative Forschungsansatz aus der Kleingruppenforschung von Moreno und Lewin, und zwar als eine Alternative bzw. Erweiterung der standardisierten empirischen Forschung (Petzold 1980). Möglichkeiten und Grenzen partizipativer Umweltforschung sind durch die Anfänge in der Kleingruppenforschung bedingt. Deshalb gehen wir darauf kurz ein. Moreno charakterisiert den Forschungsansatz - bei ihm "Aktionsforschung" genannt - wie folgt:

- Die natürliche Situation: Es werden Personen in ihren tatsächlichen Beziehungen und ihren realen Gruppensituationen analysiert. Ort des Geschehens können z.B. Heime, Schulen, Betriebe oder Gemeinden sein.

- Die Partizipation: Die Methoden und Verfahren werden zusammen mit den Involvierten angewandt. Das hat u.a. zur Folge, dass die spezifischen Forschungsziele und die Methoden (z.B. Psychodrama, Soziodrama und Rollenspiel) nicht im voraus festgelegt werden können, sondern sich aus der Situation ergeben.
- "Universal participation in action" (Moreno 1951, 38): Die Rolle der Forschenden ist in der Aktionsforschung Morenos sehr komplex. Sie sind Forschende im traditionellen Sinn, sie nehmen an den Situationen teil und greifen aufgrund ihrer Kompetenzen helfend und verändernd ein, sie sind teilnehmende BeobachterInnen und auch einfache Gruppenmitglieder. Um als Gruppenmitglied gleichberechtigt zu sein, müssen sie ihre Rolle als Forschende mit allen anderen Mitgliedern teilen: alle forschen und beforschen zugleich. Die Trennung zwischen den Rollen soll dadurch aufgehoben werden.
- Veränderung der Situation: Ziel der Aktionsforschung ist die Veränderung der bestehenden Verhältnisse zum Besseren.
- Interdisziplinarität: Um die Verhältnisse zum Besseren verändern zu können, müssen in der Aktionsforschung alle möglichen Aspekte, die mit der Problemsituation zu tun haben berücksichtigt werden (z.B. ökonomische, soziale, religiöse, biologische und psychologische Aspekte).

Was das Erkenntnisziel betrifft, umfasst die Aktionsforschung bei Lewin zwei Aufgabenbereiche: die Aufdeckung von Wenn-Dann Beziehungen und die Diagnose der vorliegenden Situation, bzw. die Analyse ihres besonderen Charakters. Aufgrund der Diagnose wird dann beurteilt, ob die bewirkten Veränderungen den Erwartungen entsprechen. Ausserdem können die Forschenden aus der Diagnose lernen und neue Einsichten gewinnen. Diese tragen, so Lewin, der Theoriebildung bei und dienen der Planung weiterer Untersuchungsschritte (Moser 1977). Insofern wird hier Aktionsforschung nicht als ein eigenständiger Forschungsansatz, sondern nur als spezielle Variante der empirischen Methodologie verstanden, die sich nur durch die Erweiterung auf das natürliche soziale Umfeld unterscheidet.

Die Trennung zwischen Forschenden und Untersuchten will Moreno mit dem Prinzip der "universal participation in action" (s. oben) aufheben, während sie Lewin aufrecht erhält. Forschende haben bei Lewin die Aufgabe, im natürlichen Umfeld geeignete Gruppensituationen zu planen, um das soziale Verhalten zu messen und durch Teilnahme an der Situation zu beobachten.

Auch in der neueren Aktionsforschung gibt es unterschiedliche Auffassungen über die Rolle der Forschenden und Beforschten. Der partizipative Forschungsansatz steht seit seinen Anfängen bei Moreno und bei

Lewin in einer oftmals auch polemisch geführten Auseinandersetzung mit standardisierten Forschungsansätzen. Die methodologischen Beiträge haben oft den Charakter von Reflexionen, Thesen oder Anleitungen, die eng auf ein konkretes Forschungsprojekt bezogen sind. Partizipative Forschung weist daher ein breites Spektrum von Ansätzen auf. Der minimale gemeinsame Nenner besteht im partizipativen Charakter und dem Ziel einer gemeinsamen Handlungsorientierung in der Problemsituation, die Gegenstand der Forschung ist.

Partizipative Forschung ist ein zyklischer Prozess, der im Prinzip beliebig oft wiederholbar ist. Ein Zyklus besteht aus den drei Hauptphasen:

- Informationen sammeln: die Phase der Informationssammlung.
- Erarbeiten von Handlungsorientierungen unter Einbezug der Ergebnisse der ersten Phase: die Diskursphase.
- Handeln im Problemfeld auf der Grundlage der Ergebnisse der zweiten Phase: die Praxisphase.

Die *Phase der Informationssammlung* dient dazu, eine möglichst umfangreiche Sachkenntnis über die vielfältigen Aspekte der komplexen konkreten Problemsituation zu gewinnen. Die Sachkenntnis soll empirisches Faktenwissen, bedeutsame singuläre Ereignisse und Prozesse sowie auch relevante Normen und Regeln umfassen. Es wird allgemein dafür votiert, möglichst verschiedene Datenquellen und Untersuchungsmethoden dabei einzusetzen, also sowohl standardisiert quantitative als auch offen qualitative Methoden (s. Abschnitt "Methoden der empirischen Beschreibung und Analyse"). Die Forderung nach Methodenvielfalt kann jedoch auch zur Methodenüberfrachtung (Hopf 1984, 354f.) führen. Dies ist der Fall, wenn Methoden unzulässig vereinfacht werden, oder wenn keine begründeten Konzepte vorhanden sind, wie die vielfältigen Daten aufeinander zu beziehen und zu interpretieren sind. Die Phase der Informationssammlung wird oft nicht partizipativ durchgeführt, da die Beteiligten aus der Praxis dafür eigens qualifiziert werden müssen. Die Forscherinnen und Forscher sind deshalb dazu verpflichtet, transparent zu machen, welches Sachwissen in den Diskurs eingeht.

Das Spezifikum partizipativer Forschung ist die *Diskursphase*, in der es darum geht, eine gemeinsame Handlungsorientierung in der Problemsituation zu finden. Der Diskurs soll Kommunikationsregeln folgen, damit das Resultat nicht durch zufällige gruppendynamische Prozesse beeinflusst wird (s. dazu Moser 1977, 72ff.). Auf die umfangreiche Literatur zu Diskursverfahren und -kriterien kann hier nicht eingegangen werden. Für partizipative Umweltforschung sind die Diskursmodelle der verschiedenen

Mediationsverfahren von besonderem Interesse (Knoepfel 1995). Die Korrektheit des Diskursprozesses garantiert aber nicht die Sachgerechtheit des Diskursresultates. Die Beurteilung der Argumente ist einerseits an die zuvor gewonnene Sachkenntnis sowie das Erfahrungswissen der Beteiligten und andererseits an die anschliessende *Praxisphase* gebunden. In der Praxisphase versuchen die Beteiligten, die Problemsituation im Sinne der gemeinsam erarbeiteten Handlungsorientierung zu lösen.

Im zweiten Zyklus im Anschluss an die Praxisphase ist die Informationssammlung auf die Evaluation des Handelns in der Praxisphase bezogen. Diese Informationen gehen dann in die erneute Diskussion der Handlungsorientierungen ein usw. (Moser 1977, 12; Sievers 1977, 27; Robinson 1993, 24ff.). Einmal im Diskurs begründete Handlungsorientierungen (Ziele und Vorgehensweisen) können also aufgrund der Evaluation der daran anschliessenden Praxis erneut zur Diskussion gestellt werden. Das macht den Diskurs zu einem im Prinzip offenen Prozess.

Im Diskurs sollen nicht einfach praktische Folgerungen aus der in der Phase der Informationssammlung gewonnenen Sachkenntnis für die konkrete Problemsituation gezogen werden. Daher versteht sich partizipative Forschung auch nicht als angewandte Sozialforschung bzw. wissenschaftsgestützte Praxisberatung. Mit dem Diskurs ist vielmehr ein eigenständiger Erkenntnisanspruch verknüpft. Dieser Erkenntnisanspruch betrifft jedoch nicht die Generalisierbarkeit empirischer Ergebnisse wie im Falle der empirisch-analytischen Forschung. Es sollen vielmehr Erkenntnisse über die Legitimität der Ziele als auch über die Adäquatheit der Vorgehensweise bei ihrer Konkretisierung gewonnen werden. Es handelt sich also um einen hermeneutischen Erkenntnisanspruch, der die Bedeutung von Handlungen betrifft (s. dazu Abschnitt "Verstehen"). Die praktische Konkretisierung von zunächst nur begrifflich abstrakt gefassten Handlungsorientierungen kann wiederum theoretisch relevant werden. Sozial- bzw. geisteswissenschaftliche Theorie und ihre gesellschaftliche Anwendung stehen in einem Wechselverhältnis, das keine scharfe Trennung erlaubt, wie dies auch für die Interdependenz von naturwissenschaftlicher Grundlagenforschung und anwendungsbezogener Technikentwicklung gilt.

Möglichkeiten und Grenzen der partizipativen Forschung

Kann partizipative Forschung ihren Anspruch auf Erkenntnis und Lösung von Praxisproblemen einlösen? Wie gross ist hier die Diskrepanz zwischen Ideal und Wirklichkeit? Es gilt hier mehreres zu bedenken. Erstens limitieren die vorhandenen Ressourcen den Diskurs. Diskurse, die eine gemeinsame tragfähige Handlungsorientierung der Beteiligten anstreben, brauchen sehr viel Zeit - mehr als meist zur Verfügung steht, insbesondere wenn erneute Diskursphasen im Sinne eines zyklischen Prozesses erforderlich sind. Zweitens ist partizipative Forschung ein Prozess, der im Prinzip kein Ende hat, weil die soziale Wirklichkeit, in der die konkrete Problemsituation verankert ist, stetem Wandel unterworfen ist. Aufgrund des sozialen Wandels stellt sich die Aufgabe, Handlungsorientierungen immer wieder zu erarbeiten. Eine dritte Beschränkung ergibt sich aus dem Ansatzpunkt partizipativer Forschung, das Problem aus der Perspektive der Akteure aufzurollen. Dieser Ansatzpunkt hat mit der Entwicklung der partizipativen Forschung aus der Gruppendynamik zu tun. Robinson weist auf das Problem hin, dass Akteure lieber Handlungsorientierungen zustimmen, die in ihre schon bestehenden Orientierungen passen, als letztere zu verändern. Wenn dies passiert, verliert der Diskurs seine Funktion in der Problemlösung (Robinson 1993, 18f.). Hopf spricht in diesem Zusammenhang von der Gefahr eines "Ethnozentrismus" (Hopf 1984, 353), der darin besteht, dass Informationen, die nicht in den Rahmen passen, ausgeblendet werden. Moser macht ausserdem darauf aufmerksam, dass die Lösung von Problemen in der Praxis nicht allein von den direkt im Problemfeld Tätigen abhängt, deren Handlungsorientierungen Thema des Diskurses bilden, sondern auch gesellschaftliche Veränderungen erfordert bzw. durch gesellschaftliche Strukturen begrenzt ist (Moser 1977, 72f.).

Partizipative Forschung hat bei der wissenschaftsgestützten Lösung von Problemen in der Gesellschaft, gerade auch was Umweltprobleme angeht, eine wichtige Funktion, jedoch keine Monopolstellung. Erstens bleibt sie auf empirisch-analytische Forschung angewiesen, was die Sachkenntnis über die Problemsituation betrifft. Denn diese darf sich nicht auf die Perspektiven der Beteiligten beschränken und z.B. sozioökonomische oder ökologische Fragen ausblenden. Zweitens ist partizipative Forschung auch kein Ersatz für Politik, sondern ermöglicht eine sachgerechte Politik. Dies gilt auch für die Projekte im Schwerpunktprogramm Umwelt, die mit partizipativen Ansätzen gearbeitet haben (s. Beiträge DEFILA, DI GIULIO (Kap. 3.7.); KYBURZ-GRABER et al.; ROUX).

Der partizipative Forschungsansatz ist also kein Königsweg, auch wenn aus heutiger Sicht die Partizipation der an Umweltproblemen Beteiligten notwendig ist. Partizipative Forschung geht auf die Kleingruppenforschung zurück. Gute Möglichkeiten für den Einsatz der partizipativen Forschungsansätze finden sich daher dort, wo durch gewisse Rahmenbedingungen - wie z.B. ein gemeinsamer institutioneller Zusammenhang - die Bildung einer Gruppe aus den an einem Problem beteiligten Parteien und Gruppierungen gegeben sind. Zu diesen Voraussetzungen gehört neben der Bereitschaft aller, eine tragfähige Lösung für das vorliegende

Problem zu erarbeiten, auch Handlungsspielräume, um die problematische Situation verändern zu können.

2.1.5. Vom Sinn des methodischen Pluralismus

Wichtige Aspekte des methodischen Pluralismus lassen sich am Begriff der Triangulation erläutern. Triangulation ist eine Vorgehensweise, welche beim Problem der Standortbestimmung in der Landvermessung den möglichen Raum eines zu bestimmenden Punkts auf eine stetig kleiner werdende Fläche einzuschränken erlaubt. Dieser Vorgang der Eingrenzung beruht auf dem Prinzip des Fehlerausgleichs, welcher sich durch die Anwendung verschiedener Verfahren und durch den Einbezug verschiedener bereits vermessener Punkte ergibt. Übertragen auf die Praxis sozial- und geisteswissenschaftlicher Forschung bedeutet Triangulation die Anwendung verschiedenster methodischer Vorgehensweisen auf ein Problemfeld: Verzerrungen, Nachteile des einen Forschungsansatzes werden durch andere Strategien wettgemacht. Triangulation bedeutet, verschiedene Methoden, verschiedene Forschungsteams zu kombinieren und verschiedene Untersuchungsgruppen, an verschiedenen Orten, zu verschiedenen Zeiten, unter verschiedenen theoretischen Perspektiven zu untersuchen (Denzin 1989; Flick 1995, 249f.). Die mit dem Bild der Triangulation vermittelte Vorstellung einer beliebig zu steigernden Konvergenz ist allerdings irreführend. In der Praxis der multimethodischen Forschung wie auch in diesem Band ergeben sich sowohl kongruente wie auch divergente oder komplementäre Sichtweisen auf die Aspekte eines Problemfelds (vgl. auch Erzberger 1995).

Die sozial- und geisteswissenschaftliche Forschung hat sich - wie jede Wissenschaft - den Eigenheiten ihres Gegenstands anzupassen. Die hier skizzierte Methodenvielfalt spiegelt die Vielfalt an möglichen Perspektiven und Zugängen zum Verständnis des Menschen und seines Handelns wider. Dieses umfassende Verständnis ist notwendig, wenn wir im Sinne eines vielschichtigen, globalen Selbstorganisationsprozesses die Probleme angehen und lösen wollen, welche durch die Umwelteinwirkungen unseres Alltagshandelns entstanden sind und weiterhin rasch zunehmen.

Der Komplexität der Problementstehung haben sich sowohl die Forschungs- als auch die entsprechenden Lösungsansätze anzupassen. Die Erwartung an die Gemeinschaft der sozial- und geisteswissenschaftlichen ForscherInnen, mit der *einen* "richtigen" Methode den *einen* archimedischen Punkt zu finden, ist zurückzuweisen: Die Lösung der globalen Probleme der Umweltzerstörung erfordert gleichzeitige (aber nie "perfekt" koordinierbare) Interventionen auf allen Ebenen menschlicher Organisation.

Literatur

Aristoteles 1990: Lehre vom Beweis oder Zweite Analytik. (Organon IV). Hamburg: Meiner.

Aristoteles 1992: Topik (Organon V). Hamburg: Meiner.

Altrichter, H., Posch, P. 1990: Lehrer erforschen ihren Unterricht. Eine Einführung in die Methoden der Aktionsforschung. Bad Heilbrunn: Klinkhardt.

Blumer, H. 1969/1973: Der methodologische Standort des Symbolischen Interaktionismus. In: Arbeitsgruppe Bielefelder Soziologen (Hg.): Alltagswissen, Interaktionen und gesellschaftliche Wirklichkeit. Reinbek b. Hamburg: Rowohlt. S. 180-146.

Böhme, G. 1989: Für eine ökologische Naturaesthetik. Frankfurt a. M.: Suhrkamp.

Bühler-Niederberger, D. 1985: Analytische Induktion als Verfahren qualitativer Methodologie. In: Zeitschrift für Soziologie. Jg 14, Heft 6. S. 475-485.

Compton, J. L. 1989: The transformation of international agricultural research and development. Boulder, London: Lynne Rienner Publishers.

Creswell, J. W. 1994: Research design. Qualitative and quantitative approaches. Thousand Oakes: Sage.

Cunningham, B. J. 1993: Action research an organizational development. Westport: Praeger.

Denzin, N. K. 1989: The research act. Englewood Cliffs: Prentice Hall. (3. Aufl.).

Dilthey, W. 1900/1990: Die Entstehung der Hermeneutik. In: Dilthey, W. Gesammelte Schriften. Bd 5. Stuttgart: Teubner.

Erzberger, Ch. 1995: Die Kombination von qualitativen und quantitativen Daten. Methodologie und Forschungspraxis von Verknüpfungsstrategien. In: ZUMA-Nachrichten. Jg 19, Nr. 36. S. 35-60.

Flick, U. 1995: Qualitative Forschung. Theorie, Methoden, Anwendung in Psychologie und Sozialwissenschaften. Reinbek b. Hamburg: Rowohlt.

Flick, U., Kardorff, E. von, Keupp, H., Rosenstiel, L. von, Wolff, St. (Hg.) 1991: Handbuch Qualitative Sozialforschung. München: Psychologie Verlags Union.

Friedrichs, J. 1990: Methoden empirischer Sozialforschung. Opladen: Westdeutscher Verlag. (14. Aufl.).

Gadamer, H.-G., Boehm, G. (Hg.) 1978: Seminar: Die Hermeneutik und die Wissenschaften. Frankfurt a. M.: Suhrkamp.

Gadamer, H.-G. 1960: Wahrheit und Methode. Grundzüge einer philosophischen Hermeneutik. Tübingen: Mohr.

Garfinkel, H. 1967: Studies in Ethnomethodology. Englewood Cliffs: Prentice Hall.

Geertz, C. 1983: Dichte Beschreibung. Beiträge zum Verstehen kultureller Systeme. Frankfurt a. M.: Suhrkamp.

Glaser, B. G., Strauss, A. L. 1967: The discovery of grounded theory. Strategies for qualitative research. Chicago: Aldine.

Groeben, N., Wahl, D., Schlee, J., Scheele, B. 1988: Das Forschungsprogramm Subjektive Theorien. Tübingen: Francke.

Grondin, J. 1991: Einführung in die philosophische Hermeneutik. Darmstadt: Wissenschaftliche Buchgesellschaft.

Harbordt, S. 1974: Computersimulation in den Sozialwissenschaften. Reinbek b. Hamburg: Rowohlt.

Hassemer, W., Kaufmann, A., Neumann, U. (Hg.) 1980: Argumentation und Recht. Wiesbaden: Steiner.

Heidegger, M. 1927/1979: Sein und Zeit. Tübingen: Niemeyer.

Heinze, T. 1995: Qualitative Sozialforschung. Erfahrungen, Probleme und Perspektiven. Opladen: Westdeutscher Verlag.

Hopf, W. 1984: Handlungsforschung und "natürliche Sozialsysteme". Anmerkungen zur Methodik und zum Erkenntnisertrag von Handlungsforschungsprojekten. In: Soziale Welt. Jg 35, Heft 3. S. 350-371.

Kelle, U. (Hg.) 1995: Computeraided qualitative data analysis. Theory, methods and practice. London: Sage.

Kleining, G. 1991: Das qualitative Experiment. In: Flick, U., Kardorff, E. von, Keupp, H., Rosenstiel, L. von, Wolff, S. (Hg.): Handbuch Qualitative Sozialforschung. München: Psychologie Verlags Union. S. 263-266.

Knoepfel, P. (Hg.) 1995: Lösung von Umweltkonflikten durch Verhandlung. Beispiele aus dem In- und Ausland. Basel: Helbling & Lichtenhahn.

Kopperschmidt, J. 1989: Methodik der Argumentationsanalyse. Stuttgart: frommann-holzboog.

Mayring, P. 1993: Qualitative Inhaltsanalyse. Grundlagen und Techniken. München: Deutscher Studien Verlag.

Miles, M. B., Huberman, A. M. 1994: Qualitative data analysis. Thousand Oakes: Sage. (2. Aufl.).

Moreno, J. L. 1951: Sociometry, experimental method and the science of society. New York: Beacon House.

Moser, H. 1977: Methoden der Aktionsforschung. Eine Einführung. München: Kösel.

Oevermann, U. 1989: Objektive Hermeneutik - eine Methodologie soziologischer Strukturanalyse. Frankfurt a. M.: Suhrkamp.

Petzold, H. 1980: Moreno - nicht Lewin - der Begründer der Aktionsforschung. In: Gruppendynamik. Jg 11, Heft 2. S. 142-166.

Robinson, V. 1993: Problem-based methodology. Research for the improvement of practice. Oxford: Pergamon Press.

Rosenberg, J. F. 1986: Philosophieren. Ein Handbuch für Anfänger. Frankfurt: Klostermann.

Roth, E. (Hg.) 1984: Sozialwissenschaftliche Methoden. München: R. Oldenbourg.

Roux, M. 1995: Praxisbegleitende Umweltforschung. In: Panorama. Nr. 5. S. 33-39.

Schleiermacher, F. E. D. 1959: Hermeneutik. nach Handschriften neu herausgegeben und eingeleitet von H. Kimmerle. Heidelberg: Winter.

Sievers, B. 1977: Organisationsentwicklung als Problem. In: Sievers, B. (Hg.): Organisationsentwicklung als Problem. Stuttgart: Klett-Cotta. S. 10-31.

Soeffner, H.-G. (Hg.) 1979: Interpretative Verfahren in den Sozialwissenschaften. Stuttgart: Metzler.

Stegmüller, W. 1983: Probleme und Resultate der Wissenschaftstheorie und Analytischen Philosophie. Bd 1: Erklärung, Begründung, Kausalität. Berlin: Springer.

Ulich, E. 1985: Aktionsforschung und Organisationsentwicklung. An interview with E. Ulich about action research and organizational development. In: Zeitschrift für Sozialpsychologie und Gruppendynamik. Jg 10, Nr. 2. S. 5-10.

Wilson, T. P. 1982: Qualitative "oder" quantitative Methoden in der Sozialforschung. In: Kölner Zeitschrift für Soziologie und Sozialpsychologie. Jg 34. S. 487-508.

Wright, G. H. von 1971/1974: Erklären und Verstehen. Frankfurt: Athenäum.

2.2. INTERDISZIPLINÄRE FORSCHUNGSPROZESSE:

Erwartungen und Realisierungsmöglichkeiten in einem Forschungsprogramm - das Schwerpunktzentrum "Umweltverantwortliches Handeln" in seinem Umfeld[1]

Rico Defila, Antonietta Di Giulio

Von der Wissenschaft wird erwartet, dass sie zur Lösung von gesellschaftlichen Problemen beiträgt. Die Frage des verantwortlichen Umgangs mit der Umwelt steht dabei ganz oben auf der Liste der Probleme, die an die Wissenschaft herangetragen werden. Eine adäquate Beschäftigung mit der Umweltproblematik verlangt ein wissenschaftliches Handeln, das an Fachgrenzen nicht haltmacht (vgl. hierzu DEFILA, DI GIULIO, Kap. 3.7.[2]).

Die Forderung nach interdisziplinären Vorgehensweisen hat aber nicht nur die Forschungsarbeit auf der Ebene von Einzelprojekten zu leiten; ebenso hat sie Richtschnur für die Konzeption und Durchführung eines Forschungsprogramms zu sein: Welche Massnahmen müssen getroffen, welche Strukturen bereitgestellt werden, damit interdisziplinäre Forschungsprozessse erfolgreich verlaufen? In diesem Beitrag soll beleuchtet werden, inwiefern die Forderung nach Interdisziplinarität die Erwartungen und Ansprüche mitbestimmt hat, die mit der 1. Phase des Schwerpunktprogramms "Umwelt" (SPPU) verbunden wurden. Diesen gegenübergestellt wird die realisierte Organisationsform und Zusammenarbeit in einem Teil des SPPU, dem "Modul 4: Umweltgerechtes Denken und Handeln".

---

1 Die Motivation der Autorin und des Autors, diesen Bericht zu verfassen, basiert auf dem wissenschaftlichen Interesse an der Frage, wie interdisziplinäre Kooperation auch auf der Ebene der Konzeption und Organisation von Forschungsprogrammen verbessert werden kann. Diese Frage gehört in den Bereich einer interdisziplinären Wissenschaftsforschung in einem weit verstandenen Sinn (vgl. hierzu bspw. auch Balsiger, Defila, Di Giulio 1995; Balsiger 1995; Krott 1994). Gleichzeitig sind sie zum einen an Projekten beteiligt, die zum Schwerpunktzentrum "Umweltverantwortliches Handeln" (SPZ) zusammengefasst wurden. Zum andern wirken sie als Mitarbeitende der IKAÖ an den Koordinationsarbeiten im Rahmen des SPZ mit. Die Beurteilung des SPPU und des SPZ erfolgt damit aus der Sicht von Insidern, die nicht eine distanzierte Beobachterrolle für sich beanspruchen können. Die Überlegungen in Ziff. 2.2.1. basieren u.a. auf der Zusammenarbeit mit Dr. Bettina Heintz, der an dieser Stelle für ihre Unterstützung herzlich gedankt sei. Auf sie kann auch verwiesen werden für einen Überblick über die Wissenschaftsforschung und ihre Methoden, speziell betreffend die Situation in der Schweiz (Heintz, Kiener 1995; s. auch Felt et al. 1995).

2 In Grossbuchstaben wird jeweils auf Beiträge in diesem Band verwiesen.

Im Ausführungsplan des SPPU für die 1. Phase (1993-1995) wurde diesem Modul eine besondere Rolle zugewiesen: Das Modul bzw. seine Projekte sollten auch synthetisierende und umsetzungsbezogene Funktionen für das gesamte Forschungsprogramm übernehmen (Ziff. 2.2.2.). Es bietet sich deshalb an, das Schwerpunktzentrum "Umweltverantwortliches Handeln" (SPZ), das die Plattform für die Zusammenarbeit im Modul 4 bereitgestellt hat, vor dem Hintergrund der verschiedenen Erwartungen und den im SPPU gegebenen Möglichkeiten darzustellen (Ziff. 2.2.3.). In die Betrachtung einbezogen werden auch die Würdigungen der betreffenden Aktivitäten durch die Verantwortlichen des SPZ und des SPPU (Ziff. 2.2.4.).

Die vorliegende Untersuchung erfolgt anhand grundsätzlicher Überlegungen zur Konzeption und Organisation interdisziplinärer Forschung mit gesellschaftlicher Relevanz, die in Ziffer 2.2.1. dargelegt werden.

2.2.1. Grundsätzliche Überlegungen zur Konzeption und Organisation inter- bzw. transdisziplinärer Forschung

2.2.1.1. Voraussetzungen für problemorientierte Forschungsprozesse

Ein wichtiges Ziel der Wissenschaftspolitik besteht darin, Forschung auf gesellschaftlich relevante Probleme hin zu orientieren. Solche Probleme sind komplex, d.h. sie verlaufen nicht entlang der disziplinären Grenzen, sondern erfordern eine fachübergreifende Bearbeitung. Problemorientierte Forschung muss damit notwendigerweise *interdisziplinär*[3] organisiert sein. Gesellschaftlich relevante Probleme werden in entsprechende Forschungsfragen transformiert und im Rahmen von problemorientierten Forschungsprogrammen interdisziplinär bearbeitet (van den Daele et al. 1979).

Problemorientierte Forschung ist oft auch anwendungsorientierte Forschung, d.h. Adressat der Forschung ist nicht, wie etwa in der Grundla-

3 Die Autorin und der Autor verstehen unter "Interdisziplinarität" "eine Form wissenschaftlicher Kooperation in Bezug auf gemeinsam zu erarbeitende Inhalte und Methoden, welche darauf ausgerichtet ist, durch Zusammenwirken geeigneter Wissenschaftler/innen unterschiedlicher fachlicher Herkunft das jeweils angemessenste Problemlösungspotential für gemeinsam bestimmte Zielsetzungen bereitzustellen. Eine Vielzahl unterschiedlicher Faktoren und deren Verhältnis zueinander legt eine solche Zusammenarbeit von Fall zu Fall fest" (Balsiger 1991). Weitergehende begriffliche Untergliederungen sind allenfalls in Abhängigkeit von Kontext und Zweck der jeweiligen Aktivitäten und Zusammenarbeitsformen vorzunehmen (s. Fn. 4). Eine Übersicht über den neueren Stand der Forschung über Interdisziplinarität ist beispielsweise in Klein 1990 enthalten (vgl. auch Arber 1993; Mittelstrass 1989a; 1989b; 1995).

genforschung, vor allem die Wissenschaft, sondern ebenso oder sogar noch mehr das wissenschaftsexterne Umfeld (Unternehmen, Schulen, politische Instanzen etc.). Problemorientierte Forschung ist deshalb oft fachübergreifende Forschung, die in Zusammenarbeit mit den Anwenderinnen und Anwendern entwickelt und durchgeführt wird. Sie überschreitet in diesem Fall auch die Grenzen des Wissenschaftssystems und kann dann *transdisziplinär*[4] genannt werden.

Problemorientierte Forschung wird in der Wissenschaftsforschung als eigener Modus der Wissensproduktion durch folgende Charakteristiken beschrieben:

- Seine Inter- bzw. Transdisziplinarität,
- seine Heterogenität,
- das Infragestellen der traditionellen Orte der Wissensproduktion,
- die Zusammenarbeit zwischen ausser- und inneruniversitären Forschungsinstitutionen und
- seine Problemorientierung (Gibbons et al. 1994).

Dieser Modus der Wissensproduktion leistet also nicht nur einen Beitrag zur Problemlösung und zur Umsetzung wissenschaftlicher Erkenntnisse, er führt auch zu neuem und neuartigem Wissen. Transdisziplinäres Wissen geht zwar aus einem spezifischen Anwendungskontext hervor, aber "[it] develops its own distinct theoretical structures, research methods and modes of practice, though they may not be located on the prevailing disciplinary map" (Gibbons et al. 1994, 5). Dieses neue Wissen und Können entsteht in Kommunikations-Netzwerken, in die die Forschenden eingebunden sind. Dementsprechend ist die Kommunikation ein sowohl für die wissenschaftsimmanente interdisziplinäre als auch für die trans-

4 Diese begriffliche Spezifizierung von Interdisziplinarität basiert in erster Linie auf angelsächsischer Literatur zur Wissenschaftssoziologie. Als akteurbezogene Unterscheidung eignet sie sich zur Thematisierung der Grenzen zwischen Wissenschaft und Gesellschaft. Sie bietet sich insbesondere für angewandte und damit für einen Teil der orientierten Forschung an (vgl. Fn. 10) und wird deshalb auch im vorliegenden Beitrag zugrundegelegt. Für die Ausschreibung der 2. Phase SPPU stellen auch die Expertengruppe und die Programmleitung SPPU, in Anlehnung an Mittelstrass 1989b und 1995, auf diese Terminologie ab (Ausführungsplan 1996-1999, 8; Häberli 1995; Häberli 1994d). Mittelstrass unterscheidet zwischen einer Interdisziplinarität, die nicht problemorientiert ist, weil disziplinären Grenzen und Optiken verhaftet (faktischer Multidisziplinarität), und einer "wirklichen Interdisziplinarität" (Mittelstrass 1995, 52): Letztere ist problem- und integrationsorientiert und wird von ihm "Transdisziplinarität" genannt (vgl. auch Hirsch 1995). Im Sinne von Mittelstrass ist damit die im vorliegenden Beitrag behandelte "inter- bzw. transdisziplinäre Forschung" in beiden Fällen transdisziplinär, weil problem- und integrationsorientiert.

disziplinäre Wissensproduktion konstitutives Element, ebenso wie die Bereitstellung von formellen und informellen Netzwerken, in denen dieses inter- bzw. transdisziplinäre Wissen entstehen kann (Gibbons et al. 1994).

Damit problemorientierte Forschung tatsächlich zur Lösung gesellschaftlich relevanter Probleme beitragen kann, müssen drei Voraussetzungen erfüllt sein (vgl. Gibbons et al. 1994):

(1) *"Konsens"*: Interdisziplinäre Forschung bedeutet, dass sich Angehörige verschiedener Disziplinen über eine gemeinsame Fragestellung und ihre Bearbeitung verständigen. Transdisziplinäre Forschung bedeutet, dass Forschende unterschiedlicher Disziplinen darüber hinaus auch mit Vertreterinnen und Vertretern wissenschaftsexterner Instanzen zu einer gemeinsamen Problemsicht und einer gemeinsamen Sprache gelangen müssen. Dies setzt einen komplexen Konsensbildungsprozess voraus, der angesichts der Heterogenität der wissenschaftsinternen und wissenschaftsexternen Optiken schwierig zu realisieren ist. Eine entscheidende Frage ist deshalb die nach den organisatorischen und personalen Voraussetzungen, die die Konsensbildung in solchen heterogenen Arbeitszusammenhängen erleichtern (vgl. u.a. Fujimura 1988; Malsch et al. 1994; Star, Griesemer 1989).

(2) *"Integration"*: Die Problemorientiertheit inter- bzw. transdisziplinärer Forschung erfordert, dass nicht bloss Ergebnisse der einzelnen Disziplinen additiv aneinandergereiht, sondern dass sie von Beginn an im Zuge ihrer Erarbeitung zu einem Ganzen zusammengefügt werden. Wissensintegration ist somit eine zentrale Voraussetzung inter- bzw. transdisziplinärer Forschung und Problemlösung. Die Forderung nach Integration stösst allerdings auf das harte Faktum der disziplinären Differenzierung und zunehmenden Spezialisierung der Wissenschaft. Disziplinen verstehen sich in der Regel nicht als Teil eines arbeitsteiligen Ganzen, sondern erheben je den Anspruch, eine umfassende Problemsicht zu besitzen (Stichweh 1979; Luhmann 1990). Inter- bzw. Transdisziplinarität setzt folglich voraus, dass sich die Disziplinen der Beschränktheit ihrer Optik bewusst werden und dass ein Instrumentarium - z.B. ein gemeinsamer Begriffsapparat - entwickelt wird, das eine Vernetzung der Resultate überhaupt erst möglich macht. Entsprechend stellt sich die Frage, welche organisatorischen und kognitiven Voraussetzungen erfüllt sein müssen, damit das Wissen der einzelnen Gebiete in einem fortlaufenden Prozess zu einem Ganzen integriert werden kann.

Dass die Integration nicht leicht zustande kommt, liegt oftmals daran, dass in den einzelnen Disziplinen Teilprobleme eines Problems unabhängig voneinander bearbeitet werden und dass erst gegen Ende des Forschungsprozesses versucht wird, vorliegende Resultate zueinander in Beziehung zu bringen. Integration hat jedoch bereits zu Beginn der Forschungsarbeiten, bei der Konsensfindung, einzusetzen. Allerdings ist der während des Forschungsprozesses immer wieder zu erbringende Aufwand zur Überwindung der Kommunikationsbarrieren zwischen den einzelnen Disziplinen und zu allfälligen Anwenderinnen und Anwendern hoch und kann mangels entsprechender Fähigkeiten und Mittel nicht immer in genügendem Masse geleistet werden.

Erst eine Organisationsform, die sich von Beginn weg an Problemen orientiert, ein Kommunikations-Netzwerk anbieten kann und die Kommunikation zwischen den Akteuren unterstützt, kann zugunsten einer Wissensintegration blosse Wissensakkumulation vermeiden helfen (s. bereits van den Daele et al. 1979).

(3) *"Diffusion"*: Problembezogene Forschung ist handlungsorientiert. Es geht um die Erarbeitung eines Wissens, das von den direkten Adressatinnen und Adressaten wie auch von weiteren Betroffenen für ihr Handeln nutzbar gemacht werden kann. Da dieses Wissen individuell erarbeitet wird, kommt den Ver- und Übermittlungsprozessen entscheidende Bedeutung zu. Es ist deshalb zu fragen, wie problemorientiertes Wissen formuliert und diffundiert werden muss, damit es die Zielgruppen erreicht und dort auch handlungswirksam wird, welche (Informations)Träger und Ver- resp. Übermittlungsformen für diesen Zweck am geeignetsten sind und welche Art von Kontakt und Kommunikation erfolgreiche Wissensvermittlung voraussetzt (vgl. Collins 1985, 51ff.). Im Falle interdisziplinärer Forschungsprozesse ist zu gewährleisten, dass in erster Linie disziplinenübergreifend die "Scientific Community", in zweiter Linie aber auch wissenschaftsexterne Kreise das erarbeitete Wissen nutzen können. Dabei ist dem Umstand Rechnung zu tragen, dass oft Kommunikationsmöglichkeiten für die Ver- und Übermittlung interdisziplinärer Erkenntnisse bereits wissenschaftsintern fehlen, da die vorhandenen Kanäle in aller Regel nach disziplinären Kriterien aufgebaut sind. Bei transdisziplinären Prozessen gehört die Diffusion auch zu Anwenderinnen und Anwendern, die nicht in die Forschungsarbeiten einbezogen wurden, sogar zu den primären Ver- und Übermittlungsaufgaben. Hier ist besonders wichtig, auf den heterogenen Hintergrund und die unterschiedlichen Interessen der angesprochenen Kreise adäquat einzugehen.

Das spezifische inter- bzw. transdisziplinäre Wissen und Können umfasst wesentlich auch Kenntnisse betreffend Voraussetzungen und Bedingungen inter- bzw. transdisziplinärer Forschungsprozesse sowie Kompetenzen, sich über die Disziplinen- und Wissenschaftsgrenzen hinweg zu verständigen. Die in den Netzwerken erworbenen Kenntnisse und Fähigkeiten umfassen damit mehr als reines Faktenwissen. Auch solches Wissen und Können - so es denn zustande kommt - ist aber individualisiert. Es wird zwar durch die Individuen in andere Netzwerke und Problem-Kontexte transferiert, ist aber infolge seiner fehlenden Institutionalisierung nicht allgemein nutzbar (Gibbons et al. 1994). Im Hinblick auf eine möglichst effektive und effiziente Problemlösung wäre aber solches Wissen und Können losgelöst von den Individuen, die es erarbeitet haben, auch für andere nutzbar zu machen im Hinblick auf die Optimierung inter- bzw. transdisziplinärer Forschungsprozesse.

Wirksame Inter- bzw. Transdisziplinarität ist nur dann möglich, wenn alle drei genannten Bedingungen - Konsens, Integration und Diffusion - hinreichend erfüllt sind.[5] Eine intensive Kommunikation und Kooperation wiederum bilden die Grundlage jeder dieser Bedingungen.

2.2.1.2. *Konsequenzen für die Gestaltung problemorientierter Projekte*

Inter- bzw. transdisziplinäre Projekte und Programme bedürfen für eine erfolgreiche Realisierung - d.h. für die Erfüllung von Konsens, Integration und Diffusion - der besonderen Unterstützung der Konsensbildungs-, Diffusions- und Integrationsprozesse. Die inter- bzw. transdisziplinäre Wissensproduktion, die Kommunikation und die Kooperation zwischen den Beteiligten sind zu gewährleisten und aktiv zu unterstützen. Die Integration der Ergebnisse wiederum muss von Beginn an durch ein Integrationsinstrumentarium sichergestellt werden.

Die Formulierung entsprechender Anforderungen an inter- bzw. transdisziplinäre Projekte reicht jedoch nicht aus: Trotz der vermehrten Forderung nach inter- bzw. transdisziplinärer Forschung ist wenig bekannt über die stattfindenden Prozesse und über Massnahmen zu deren Opti-

5 Die Voraussetzungen zur Erfüllung dieser Bedingungen sind allerdings je nach wissenschaftlicher *Fachkultur* verschieden. Die Wissenschaft bildet kein homogenes Ganzes, sondern ist in verschiedene Fachkulturen gegliedert, die sich in bezug auf Forschungspraktiken, Kommunikationsformen, Wertorientierungen, paradigmatische Kohärenz etc. unterscheiden (Becher 1989; Huber 1990; Snow 1959; Whitley 1984). In der Regel wird heute zwischen fünf Fachkulturen unterschieden: Geisteswissenschaften, Sozialwissenschaften, Naturwissenschaften, Ingenieurwissenschaften und formale Wissenschaften, wobei es auch Disziplinen (bspw. Informatik) gibt, die sich nicht nur einer Fachkultur zuordnen lassen. Angesichts der 'Disunity of Science' (Galison, Stump 1995) wäre deshalb die Frage nach den Voraussetzungen inter- bzw. transdisziplinärer Forschung für die einzelnen Fachkulturen gesondert zu behandeln. Zu diesen Voraussetzungen und wie sie in der Lehre vermittelt werden können s. DEFILA, DI GIULIO in Kap. 3.7., insbesondere Ziff. 5.

mierung. Über die auftretenden Schwierigkeiten und insbesondere deren Lösung und Vermeidung liegen nur wenige Arbeiten vor.[6] Solches Wissen wäre jedoch nötig, um problemorientierte Forschung auf allen Ebenen möglichst effektiv planen, durchführen und unterstützen zu können.[7] Inter- bzw. transdisziplinäre Forschungsprojekte wären daraufhin zu untersuchen:

- Ob und mit welchen Kooperations-Formen neues problemorientiertes Wissen produziert werden kann;
- welche Strukturen und Massnahmen zur Unterstützung der Kommunikation und Kooperation dienlich sein können;
- wie ein adäquates Integrationsinstrumentarium entwickelt werden kann;
- durch welche Merkmale sich die stattfindenden Konsensbildungs-, Integrations- und Diffusionsprozesse auszeichnen und wie sie optimiert werden können;
- wie das erarbeitete individuelle Wissen und Können für einen grösseren Kreis als die direkt Beteiligten nutzbar gemacht werden kann.

Damit beurteilt werden kann, ob Konsens, Integration und Diffusion gewährleistet sind, sind entsprechende Kriterien zu entwickeln, welche über die konkrete Evaluation hinaus von generellem Nutzen für die Be-

---

6 Die Fallstudie von Krott ist ein Beispiel neueren Datums für eine solche Arbeit im Bereich inter- bzw. transdisziplinärer Forschung ("Waldsterben"). Er weist auf die im Programm aufgetretenen Schwierigkeiten hin und zeigt auch gewisse vor allem strukturelle Massnahmen auf, mit denen sie vermieden werden könnten (Krott 1994, bspw. 289ff.), hat aber die stattfindenden Konsensbildungs-, Integrations- und Diffusionsprozesse nicht im Sinne einer Begleitforschung untersucht. Die von ihm vorgeschlagenen Massnahmen sind notgedrungen aus der spezifischen Situation der von ihm analysierten Waldschadensforschung abgeleitet und können nicht ohne weiteres auf andere Forschungskontexte und Fachkulturen übertragen werden. Weitaus die meisten vorhandenen Arbeiten sind - auch in anderen Forschungszusammenhängen (z.B. Blaschke, Lukatis 1976) - Fallstudien ähnlicher Art; erst ein Vergleich solcher Studien aus unterschiedlichen Forschungskontexten und Fachkulturen könnte aber - ergänzt durch eine Begleitforschung im erwähnten Sinne - zu verallgemeinerbaren Resultaten führen.

7 Vorschläge für Forschungsprojekte, in denen eine "analysierende Begleitung von Forschungsprojekten (...) im Hinblick vor allem auf die Weiterentwicklung der Umweltwissenschaft und ihrer Methodologie" vorgenommen worden wäre, wurden bereits in der 1. Phase des SPPU 1993-1995 unterbreitet, jedoch nicht aus Mitteln des SPPU finanziert (Panorama 1993, 28; vgl. auch Balsiger 1995; Balsiger, Defila, Di Giulio 1995). Dies obwohl das Parlament in Abänderung des Vorschlags des Bundesrates beschlossen hatte, "1,5% der zugesprochenen Mittel jedes Schwerpunktprogramms (...) für Vorhaben im Bereich der Technologiefolgenabschätzung und der Wissenschaftsforschung" einzusetzen (Protokoll des Ständerats vom 04.06.91, 372ff.).

gutachtung und Beurteilung entsprechender inter- bzw. transdisziplinärer Projekte wären.[8]

Inter- bzw. transdisziplinäre, problemorientierte Forschungsprojekte bedürfen demnach sowohl der direkten Unterstützung bei ihrer Realisierung, d.h. eines Managements, wie auch einer Begleitung, die den inter- bzw. transdisziplinären Forschungsprozess auswertend unterstützt und im Sinne einer nachhaltigen Wissens-Nutzung Empfehlungen zu seiner Optimierung und Beurteilung ausarbeitet, d.h. einer Wissenschaftsforschung.

Die dargelegten Fragen würden eingehende theoretische und empirische (begleitende) Untersuchungen verlangen. Umso mehr bietet sich an, wie dies vorliegend versucht wird, eine zumindest retrospektive Analyse des SPPU bzw. eines seiner Teile anhand der hier entwickelten Gesichtspunkte vorzunehmen. Diese bleibt aber in ihrer Aussagekraft auf jeden Fall hinter einer Begleitforschung zurück. Trotzdem können gestützt auf die ausgeführten grundsätzlichen Überlegungen und aufgrund der innerhalb und ausserhalb des SPPU gemachten Erfahrungen Konsequenzen hinsichtlich der Rahmenbedingungen gezogen werden, die für inter- bzw. transdisziplinäre Projekte gegeben sein sollten.

Ein Forschungsprogramm wie das SPPU sollte den hier dargelegten Überlegungen auf allen Stufen der Forschungsorganisation - Gesamtprogramm, Teilbereiche ("Module"), Projektpakete ("Koordinierte Projekte"), Einzelprojekte - adäquat Rechnung tragen und spezifische Massnahmen vorsehen. Entsprechen die strukturellen, organisatorischen und finanziellen Möglichkeiten des Programms diesen Anforderungen nicht oder nur ungenügend, können Erwartungen hinsichtlich der Konsens-, Integrations- und Diffusionsleistung des Gesamtprogramms und seiner Teile nicht oder bloss teilweise eingelöst werden. Nachstehend sollen in einem ersten Schritt anhand der Vorgeschichte und der Ausschreibung des Programms die Erwartungen, die an das SPPU geknüpft wurden, aufgezeigt werden.

---

8 Vgl. in diesem Zusammenhang auch die Forderung der Schweizerischen Akademischen Gesellschaft für Umweltforschung und Ökologie (SAGUF), dass für eine "transdisziplinäre und partizipative Umweltforschung" angemessene "Qualitätsmerkmale" zu entwickeln sind, auch wenn diese "wissenschaftstheoretisch noch wenig verankert [sind]" (Roux 1995, 33).

2.2.2. Das Schwerpunktprogramm "Umwelt" (SPPU) 1992-1995

2.2.2.1. *Die Vorgeschichte*

Das SPPU gehört in eine Gruppe von insgesamt sechs Forschungsprogrammen, die in der Forschungsbotschaft des Bundesrates[9] für die Beitragsperiode 1992-1995 als "neue forschungspolitische Initiative" eingeführt wurden (Botschaft 1991, 53). Ihre Dauer wurde auf sechs bis zehn Jahre festgelegt, um eine "langfristige Tiefenwirkung" in ausgewählten Schlüsselbereichen zu erreichen. Durch die mindestens doppelt so lange Dauer und die thematisch breitere Ausrichtung im Vergleich zu anderen Programmen - bspw. den Nationalen Forschungsprogrammen - soll mit den Schwerpunktprogrammen (SPP) ermöglicht werden, "strukturelle Forschungslücken" zu schliessen (Botschaft 1991, 10). Die Schwerpunktprogramme werden der sogenannten "orientierten Forschung" zugerechnet (Botschaft 1991, 54), d.h. in ihnen findet unter einer übergreifenden

9 In der Schweiz sind wesentliche Kompetenzen im Wissenschaftsbereich in der Hoheit der Kantone. Die Hochschul-Kantone sind in der "Schweizerischen Hochschulkonferenz" (SHK) zusammengeschlossen. Die Eidgenossenschaft ("der Bund") unterhält selber Technische Hochschulen (in Zürich und Lausanne), die von einem "ETH-Rat" (früher "Schulrat") geführt werden. Der Bund unterstützt die kantonalen Hochschulen über die SHK sowie weitere Forschungsstätten und stellt den Institutionen der Forschungsförderung Mittel zur Verfügung: Zu letzteren gehören die vier schweizerischen wissenschaftlichen Akademien. Wichtigstes Instrument des Bundes zur Unterstützung der Forschung ist der 1952 von den Akademien gegründete "Schweizerische Nationalfonds zur Förderung der wissenschaftlichen Forschung" (SNF), eine Stiftung, deren Hauptaufgabe die Unterstützung von Forschungsprojekten ohne kommerzielle Zielsetzung ist. Nebst "freier Forschung" finanziert der SNF in Gebieten, die als prioritär eingestuft werden, auch "orientierte Forschung": Bei dieser stehen die "Nationalen Forschungsprogramme" (NFP) im Vordergrund, ebenfalls in diesen Bereich gehören die "Schwerpunktprogramme" (SPP), die stärker grundlagenorientiert sein können als die NFP (vgl. Fn. 10). Die SPP werden vom Bund entweder dem SNF oder dem ETH-Rat zur Ausführung übertragen. Das Bundesparlament beschliesst auf Antrag der Exekutive ("des Bundesrates") über die Kredite für die hier skizzierte Hochschul- und Forschungsförderung. Es besteht aus zwei gleichberechtigten Kammern, dem "Nationalrat" (Volksvertretung) und dem "Ständerat" (Delegierte der Kantone). Vgl. zum Ganzen die Botschaften 1991 und 1994. Für einen umfassenden Überblick über die schweizerische Umweltforschung (Themen, forschungs(-politische) Strukturen, Finanzflüsse) s. BUWAL 1995a; 1995b.

Zielsetzung und Thematik sowohl Grundlagen- wie angewandte Forschung statt.[10]

Als umweltbezogenes Schwerpunktprogramm wurde von Forschenden aus dem Schulratsbereich (d.h. aus den Eidgenössisch-technischen Hochschulen und ihren Annexanstalten) ein "Schweizerisches Zentrum für Umweltforschung" (ZEFU) mit sieben Teilbereichen ("Modulen") vorgeschlagen. Das ZEFU sollte einerseits "das Verständnis der Vorgänge in der Natur und der ökologischen Zusammenhänge umfassend fördern, die Umweltverträglichkeit der menschlichen Aktivitäten systematisch verbessern und neue negative Entwicklungen vorsorglich vermeiden", andererseits "die Zusammenarbeit von Gruppierungen des Schulratsbereichs, der kantonalen Universitäten, der Verwaltungen und der Privatwirtschaft ermöglichen. (...) Alle umweltrelevanten Belange der Natur-, Ingenieur- und Geisteswissenschaften sollen zum Tragen kommen" (Botschaft 1991, 56f.).

---

10 Dieses Charakteristikum der *orientierten Forschung* wurde von Bundesrat F. Cotti in der Diskussion im Ständerat bekräftigt: "(...) la 'recherche orientée' (...) comprend aussi bien la recherche fondamentale que la recherche appliquée, les sciences humaines et les sciences naturelles. Seulement, le champ des rechercheurs et les buts fixés y sont plus clairement déterminés. Preuve en sont les points forts des programmes prioritaires" (Protokoll des Ständerats vom 04.06.91, 370; s. auch Protokoll des Nationalrats vom 30.09.91, 1753). Im Nationalrat wurde das umweltbezogene Programm von den übrigen SPP aber unterschieden: Beim Umweltprogramm handle "es sich eigentlich um ein grosses und längerdauerndes Nationales Forschungsprogramm (...) das weitgehend der Grundlagenforschung zuzurechnen" sei (Protokoll des Nationalrats vom 30.09.91, 1743). In der Botschaft 1994 wurde rückblickend festgehalten: "Durch die Einführung der Schwerpunktprogramme nahm der Anteil der orientierten Forschung zu, innerhalb dieses Förderungsinstruments wird aber auch die Grundlagenforschung zusätzlich gefördert (Botschaft 1994, 20). Und der erste Präsident der Expertengruppe des SNF für das SPPU, Prof. B. Messerli, hielt im Zusammenhang mit dem Vorwurf eines ungenügenden Praxisbezugs des Programms fest: "Ich vertrete (...) die Idee der orientierten Forschung; wir müssen Visionen entwickeln, den Mut haben, im SPPU etwas Grundlegendes zu machen. Es ist kurzsichtig, zu einfach und zeugt meiner Meinung nach von einem Mangel an Vorstellungskraft, wenn von der wissenschaftlichen Forschung lediglich sofort anwendbare Resultate erwartet werden. (...) unter den *'innovativen Lösungen'*, die der Ausführungsplan fordert [vgl. Ziff. 2.2.2.2.], verstehe ich aber etwas anderes als unmittelbare und kurzfristige Praxisbezogenheit: Wir müssen längerfristig denken, es geht um Durchbrüche, Neuschöpfungen in der Umweltforschung. Sicher, Ziel der Forschung sollte es letztlich sein, dass ihre Resultate zur Anwendung gelangen, aber den Weg dazu muss man uns lassen, diesen Freiraum müssen wir haben" (Panorama 1993a, 27). Orientierte Forschung ist also insbesondere dann notwendig und sinnvoll, wenn es um Fragen und Probleme geht, die aus der Sicht der Gesellschaft drängend sind, für deren Beantwortung bzw. Lösung die Wissenschaft die erforderlichen Grundlagen in Teilen jedoch erst noch erarbeiten muss.

Das ZEFU stiess auf Kritik vor allem aus den kantonalen Hochschulen. Bemängelt wurde eine einseitige Ausrichtung der Modulthemen auf die Forschungsinteressen des Schulratsbereichs und der mangelnde Einbezug der Universitäten, aber auch eine allzu geringe Gewichtung der Interdisziplinarität - insgesamt also eine wissenschaftsintern ungenügende Konsensbildung: "Die Schweizerische Hochschulkonferenz (SHK) wie auch der Schweizerische Wissenschaftsrat (SWR) begrüssten grundsätzlich die Initiative zur Förderung und finanziellen Unterstützung der Umweltwissenschaften in der Schweiz. Beide Institutionen wiesen jedoch darauf hin, dass das vorgeschlagene ZEFU in dreifacher Hinsicht zu öffnen und zu erweitern sei: Einbezug aller zehn Hochschulen und weiterer Institutionen des Hochschulbereichs in die Entscheidungsprozesse, vermehrte Ausrichtung auf disziplinübergreifende Fragestellungen und Schaffung eines konsistenten Forschungsprogramms mit Einbezug aller Bereiche der Ökologie/ Umweltwissenschaften" (Ökologie-Kommission der SHK 1991, 2).

Als Reaktion auf die bundesrätliche Botschaft legte die Ökologie-Kommission der SHK ein "Konzept einer gesamtschweizerischen Umweltforschung" vor, das den genannten Gesichtspunkten Rechnung trägt und so die Voraussetzungen für eine gemeinsame innerwissenschaftliche Problemsicht schaffte (Ökologie-Kommission der SHK 1991, 2).[11] Rechtzeitig vor der parlamentarischen Beratung der Botschaft im Juni 1991 unterbreitete sie ihr Konzept und skizzierte als Gegenvorschlag zum ZEFU ein "Schwerpunktprogramm 'Umwelt'" mit acht Modulen, für dessen Erarbeitung folgende Leitlinien massgebend waren:

- "Das System 'Mensch-Umwelt' ist als Ganzes zu betrachten.
- Interdisziplinarität spielt dementsprechend eine wichtige Rolle.
- Die bestehenden in- und ausländischen Forschungsprogramme sowie die heute dringenden forschungspolitischen Zielvorstellungen sind zu berücksichtigen.
- Der wissenschaftliche Gehalt ist ausschlaggebend.
- Die Module sind offen zu halten, um jungen Forschern und neuen originellen Ideen Chancen zu geben.
- Die Forschung muss langfristig ausgerichtet sein, eine nachhaltige Wirkung erzielen und umsetzungsorientierte Antworten auf drän-

11 Die Ökologie-Kommission führte hierzu eine Umfrage bei allen Schweizer Hochschulen durch: In knapp zwei Monaten gingen ca. 450 Ideen, Konzepte, Skizzen und Projekte ein. Angesichts dieser Vielfalt gelangte die Kommission "zur Überzeugung, dass die gesamtschweizerische Umweltforschung unter Berücksichtigung des ZEFU-Schwerpunktprogramms neu zu gestalten sei" (Ökologie-Kommission der SHK 1991, 3).

gende Fragen der Gesellschaft und der Politik geben" (Ökologie-Kommission der SHK 1991, 3).

Die Ökologie-Kommission kam zum Schluss, dass innerhalb der verschiedenen Module eine breite Ausschreibung erfolgen solle und erst anschliessend über die lang- und kurzfristigen Prioritäten entschieden werden könne. Als Aufgabe der durchführenden Institution (also des Nationalfonds) wurde formuliert, gestützt auf die Ergebnisse der Ausschreibung die Umweltforschung Schweiz zu gesamtheitlichen Ansätzen zu vernetzen und so ein möglichst konsistentes Forschungsprogramm zu gewährleisten. Die konkreten Forschungsarbeiten schliesslich sollten in einem koordinierten Forschungsverbund erfolgen (Ökologie-Kommission der SHK 1991, 4).

Der Ständerat, diejenige Kammer des eidgenössischen Parlaments, die die Botschaft als Erstrat behandelte, folgte in den wesentlichen Zügen den Überlegungen der SHK.[12] Im Zusammenhang mit der Forderung einer stärkeren interdisziplinären Ausrichtung wurde insbesondere die Notwendigkeit betont, "den Graben zwischen den Natur- und Geisteswissenschaften zu überbrücken", wobei die Botschaft als "stark technologie- und naturwissenschaftslastig" bezeichnet wurde (Protokoll des Ständerats vom 04.06.91, 365f.).[13] Die Debatte endete mit der Gutheissung des Antrags, statt des ZEFU ein Schwerpunktprogramm "Umwelttechnologie

12 So Ständerat A. Iten: "Man darf sehr froh sein, dass das Schwerpunktprogramm Umwelt als interdisziplinäres Unternehmen aufgezogen wird. Die Schweizerische Hochschulkonferenz hat mit aussergewöhnlichem Aufwand dieses Schwerpunktprogramm verbessert. Nun geht es darum, es konsequent in die Tat umzusetzen" (Protokoll des Ständerats vom 04.06.91, 366). Und besonders pointiert Ständerat Th. Onken: "(...) die Hochschulkonferenz ist teilweise zu spät einbezogen worden und konnte nicht die Rolle spielen, die ihr durch ihr Gewicht eigentlich zukommen müsste. Die Art und Weise, wie das Zentrum für Umweltforschung auf die Beine gestellt worden ist, ist der beste Beleg dafür. Man hat da die Hochschulen weitgehend ausgelassen, auch ihre Ökologiekommission. Das ist bezeichnend. Wie es auch möglich gewesen wäre, zeigt die heftige Reaktion der kantonalen Universitäten, zeigt die Alternative, die sie erarbeitet haben: eine ungleich gehaltvollere, substantiellere Alternative, die in acht überzeugenden Modulen vorliegt und die unbedingt berücksichtigt werden sollte" (Protokoll des Ständerats vom 04.06.91, 367).

13 Die Ständerats-Debatte war geprägt von den Themen "Interdisziplinarität", "Verhältnis der Grundlagen- und der angewandten Forschung", "Verhältnis der Humanwissenschaften und der Natur-/Technikwissenschaften". Ein parlamentarischer Vorstoss auf eine zusätzliche Förderung der Geistes- und Sozialwissenschaften durch ein eigenes SPP wurde mit dem Argument abgelehnt, diese Förderung habe im Rahmen der vorhandenen Gefässe zu erfolgen, wobei ausdrücklich auf die Vorschläge der Ökologie-Kommission der SHK Bezug genommen wurde (Protokoll des Ständerats vom 04.06.91, 376).

und Umweltforschung" (SPPU) durchzuführen.[14] Der Nationalrat schloss sich dem Ständerat ohne Detaildiskussion zum SPPU an, führte aber ebenfalls eine eingehende allgemeine Debatte zum Stellenwert und zur Rolle der Humanwissenschaften.[15]

2.2.2.2. *Die Ausschreibung für 1993-1995*

Der Schweizerische Nationalfonds setzte für die Durchführung des SPPU eine Gruppe von Expertinnen und Experten ein, in der auch Befürworterinnen und Befürworter des ZEFU vertreten waren (Panorama 1993a,

14 Der Ständerat dotierte das Programm mit 57 Mio., also mit 15 Mio. mehr als der Bundesrat vorgeschlagen hatte (Botschaft 1991, 119); die Erhöhung dieses Finanzrahmens ist aber technischer bzw. systematischer Natur, wurde doch das SPP Biotechnologie um diesen Betrag gekürzt und die entsprechenden Themen neu dem um Umwelttechnologie erweiterten SPPU zugeordnet (Protokoll des Ständerats vom 04.06.91, 373). Aufgrund der Sparmassnahmen standen schliesslich für das SPPU aber nur SFr. 38,7 Mio. zur Verfügung (inkl. SFr. 5 Mio. Sondermittel für das Modul 7: "Entwicklung und Umwelt") (Schweizerischer Nationalfonds, ETH-Rat 1995, 6). Für eine Übersicht über die gesamthafte Förderung der schweizerischen Umweltforschung s. BUWAL 1995a, insbesondere 44ff.

15 Bspw. der Berichterstatter der zuständigen Nationalratskommission, Nationalrat L. Fierz: "Um den Stellenwert der Geisteswissenschaften entspann sich eine längere Diskussion in unserer Kommission. Unwidersprochen blieb die Feststellung, dass die abendländische Gesellschaft gewisse Krisensymptome aufweist wie auch die ganze Menschheit. Es wurde vermutet, dass diese Krise eine Krise der Wissenschaften sei, und zwar nicht so sehr der Naturwissenschaften, sondern eine Krise der Geisteswissenschaften, die zu einem Orientierungsverlust geführt habe. Daraus wurde abgeleitet, dass die Kredite für die Geisteswissenschaften massiv aufgestockt werden müssten. (...) Zur Krise der Wissenschaften bemerkte Frau Professor Verena Meyer, die Präsidentin des Schweizerischen Wissenschaftsrates, dass man im Zuge der Verwissenschaftlichung der Welt Gefahr laufe, von der Forschung zuviel zu verlangen. Das gelte auch für die Geistes- und Sozialwissenschaften. Man könne nämlich nicht jedes ungelöste Problem der Forschung zuschieben. Von anderer Seite wurde bemerkt, dass unsere Krise vielleicht nicht eine Wissens- oder Wissenschaftskrise sei. Wir wüssten ja eigentlich genau, was wir zu tun hätten, z.B. wegen des Treibhauseffekts weniger fossile Brennstoffe zu verbrennen. Aber es fehlt uns an der Kraft und an der Entschlusskraft zum Handeln in diesen Fragen. Gegen diese Handlungsunfähigkeit von Souverän, Parlament und Behörden ist der Wissenschafter natürlich genauso machtlos wie der Arzt, der seinem herzkranken Patienten rät, das Rauchen aufzugeben. Wenn der Patient das doch nicht tut, liegt es auch nicht am Wissen, sondern an der Entschlusskraft" (Protokoll des Nationalrats vom 30.09.91, 1742f.).

6).[16] Dieses Fachgremium erarbeitete bis März 1992 den Ausführungsplan zum SPPU, in dem nebst den Teilnahme-Bedingungen die Grundsätze und Ziele des Programms festgelegt wurden (Ausführungsplan 1993-1995; Panorama 1993a, 5ff.):

- "Der anthropogene Einfluss auf die belebte und unbelebte Umwelt gefährdet zunehmend die kurzfristige Stabilität und die längerfristige Evolution der Biosphäre und damit der menschlichen Zivilisation. Das Erkennen der Probleme und Ursachen ('Problemerkennung'), aber auch das Anbieten von Lösungen ('Problemlösung'), vermochten dieser dynamischen Entwicklung nicht zu folgen. Die Grenzen des technischen Umweltschutzes sowie Vollzugsprobleme sind verschiedentlich zutage getreten. Es geht auch vermehrt darum, *das Verständnis für ökologische Zusammenhänge umfassend zu fördern, die Umweltverträglichkeit der menschlichen Aktivitäten systematisch zu verbessern und neue negative Entwicklungen vorsorglich zu vermeiden. Dazu müssen fundierte wissenschaftliche Unterlagen erarbeitet und innovative Lösungen angeboten* werden.
- Das Schwerpunktprogramm Umwelttechnologie und Umweltforschung (SPP Umwelt) ist in erster Linie auf nationale Interessen, Bedürfnisse und Möglichkeiten ausgerichtet. Die Schweiz als hoch entwickelter Industrie- und Dienstleistungsstaat trägt aber auch eine Mitverantwortung für europäische und globale Umweltprobleme, insbesondere für die Probleme der Dritten Welt. Das SPP Umwelt leistet einen Beitrag dazu und hat dementsprechend eine enge *Zusammenarbeit mit den internationalen Umweltprogrammen* anzustreben.
- Umweltforschung ist äusserst breit und komplex. Das SPP Umwelt fördert deshalb die *Zusammenarbeit von Arbeitsgruppen verschiedener Disziplinen.* Es soll Partnerschaften nach Bedarf und auf Zeit ermöglichen und in diesem Sinne einen Freiraum bieten für neue disziplin-

[16] Die Expertengruppe ist zuständig für die inhaltliche Gestaltung des Programms und seiner Module, der von ihr erarbeitete Ausführungsplan wird vom SNF verabschiedet und durch den Bund genehmigt. Sie entscheidet über die finanzielle Zuweisung der Mittel an die einzelnen Module und stellt deren Vernetzung sicher. Ebenfalls zu ihren Aufgaben gehört die laufende Evaluation des Programms, allenfalls unter Beizug externer Expertinnen und Experten (vgl. Ziff. 2.2.4.). Die operative Durchführung des Programms obliegt einer Programmdirektion ("Programmleitung SPPU"), die u.a. zuständig ist für die "Sicherstellung von Querverbindungen unter den Forschergruppen, sowie die Koordination mit anderen thematisch verwandten Programmen und Projekten. Die Programmdirektion übernimmt einen wesentlichen Teil der Synthesefunktion des Programms" (Ausführungsplan 1993-1995, 31). Auch sorgt sie für Umsetzung, Informationsaustausch, Organisation von Tagungen, internationale Kontakte sowie Öffentlichkeitsarbeit.

übergreifende Ansätze in Forschung und Lehre. Umweltrelevante Belange der Natur-, Ingenieur-, Geistes- und Sozialwissenschaften, hier insbesondere der Wirtschaftswissenschaften, sollen zum Tragen kommen. (...)

- Umweltforschung muss wegen der Komplexität ihres Gegenstandes möglichst *ganzheitlich* angegangen werden. Das SPP Umwelt ist klar als *wissenschaftlicher Verbund* konzipiert und *grundsätzlich interdisziplinär* angelegt. Die Bildung von *Schwerpunktzentren* an einzelnen Hochschulen oder anderen Forschungsinstitutionen wird angestrebt. In diesem Sinne soll die Entstehung neuer Gruppierungen sowie die *Ausbildung eines hochqualifizierten Nachwuchses* gefördert werden [Hervorhebungen und Gliederung durch die Autorin/den Autor]" (Ausführungsplan 1993-1995, 1; s. auch Panorama 1993a, 5ff.).
- "Kurzfristige Teilziele stehen nicht im Widerspruch zur allgemeinen und langfristigen Zielsetzung des Programms. Es gilt deshalb auch, *besonders drängende Probleme rasch aufzugreifen und problemlösungsorientiert zu bearbeiten. Ergebnisse sollen der Öffentlichkeit vermittelt und praktisch umgesetzt werden* in individuelles und gesellschaftliches Handeln, in Politik, Wirtschaft und Technik [Hervorhebungen und Gliederung durch die Autorin/den Autor]" (Panorama 1993a, 7; s. auch Ausführungsplan 1993-1995, 3f.).

Betreffend der Rolle des SPPU in der Umweltforschungsförderung der Schweiz wurde darauf hingewiesen, dass "im Rahmen des SPP Umwelt nicht alle Aspekte der Umweltproblematik gleichzeitig bearbeitet werden" (Ausführungsplan 1993-1995, 2):[17]

- "Für die Initialphase (...) wird deshalb eine Auswahl an besonders aktuellen Themenbereichen ('Module') vorgesehen. Die Probleme und Ziele in den einzelnen Modulen werden aber unter längerfristigen Perspektiven formuliert.
- Im Sinne einer Konzentration der Forschungsanstrengungen müssen innerhalb der Module für die 1. Beitragsperiode je nach fachlicher Kompetenz und finanzieller Situation Schwerpunkte gesetzt werden.
- Trotz der aus organisatorischen Gründen nötigen Aufgliederung des Programms in Module soll der Vernetzung der einzelnen Themenbe-

[17] Vgl. in diesem Zusammenhang Prof. B. Messerli: "Ich hoffe jedoch sehr, dass nun nicht anderen Umweltforschungsprojekten kein Geld mehr zur Verfügung gestellt wird mit dem Argument, es gebe ja das SPPU. Mit diesem können zwar Pflöcke eingeschlagen, aber es können keineswegs alle Umweltfragen abgedeckt werden" (Panorama 1993a, 31). Vgl. zum Spektrum der schweizerischen Umweltforschung BUWAL 1995a; 1995b.

> reiche grosses Gewicht zukommen (...). Die Module bilden gleichsam 'kommunizierende' Gefässe für die Einzelprojekte und koordinierten Projekte [Hervorhebungen und Gliederung durch die Autorin/den Autor]" (Ausführungsplan 1993-1995, 2).

Gleichzeitig mit der Bescheidung auf eine nur ausschnittweise Bearbeitung der Umweltproblematik wurde also seitens der Programmleitung und der Expertengruppe SPPU betont, dass am interdisziplinären und ganzheitlichen Anspruch festgehalten werde:[18] "Die Unterteilung des Schwerpunktprogramms Umwelt in verschiedene Module ist primär organisatorischer Natur; inhaltlich gilt das Prinzip der *Ganzheitlichkeit*. Durch den Ausführungsplan, der die konkreten Forschungsziele festlegt, sind die einzelnen Forschungsprojekte in ein grösseres Ganzes eingebunden. Garantin für die Ganzheitlichkeit ist primär die konsequente Interdisziplinarität des Programmes, die verschiedenste Wissenschaftsbereiche integriert. Bereits in der Projektphase [recte: in der Eingabephase] wurde durch die Zusammenfassung der Einzelprojekte zu koordinierten Projekten (Projektpaketen) die Forschung innerhalb der Module interdisziplinär und interinstitutionell angelegt" (Panorama 1993a, 24).[19]

---

18 In diesem Sinn Prof. B. Messerli: "Die ganz grosse Anforderung an das SPPU, die dieses gegenüber den anderen Schwerpunktprogrammen auszeichnet und in ihm auch von besonderer Notwendigkeit ist, stellt die angestrebte interdisziplinäre Zusammenarbeit dar. Ich bin sehr gespannt darauf, in welchen Modulen diese gelingen wird. Ich wünsche mir, dass ein Teamgeist geschaffen werden kann, dass es gelingt, ein Beziehungsnetz zwischen den Modulen aufzubauen und dass die verschiedenen Spezialisten bereit sind, ihren Teil in ein Ganzes einzubauen" (Panorama 1993a, 31).

19 Als Mittel für die Gewährleistung der Ganzheitlichkeit und Interdisziplinarität empfahl die Programmleitung SPPU den ständigen *Informationsaustausch*: "Dieser soll nicht nur innerhalb des Schwerpunktprogrammes (Zusammenarbeit in Form von Workshops und nachmaliger Synthesebildung, elektronische Infobank), sondern auch gegen aussen spielen: mittels Publikationen und Aktivitäten unterschiedlicher Art werden Interessierte über die Forschungsarbeiten und Ergebnisse im Schwerpunktprogramm in Kenntnis gesetzt werden - auch im Hinblick auf eine potentielle Umsetzung der Forschungsresultate. Das vorliegende Informationsbulletin [Panorama] ist einer dieser Informationskanäle; des weiteren sind Forschungs- und Syntheseberichte sowie Medienkonferenzen und eine Schlussynthese vorgesehen" (Panorama 1993a, 24f.).

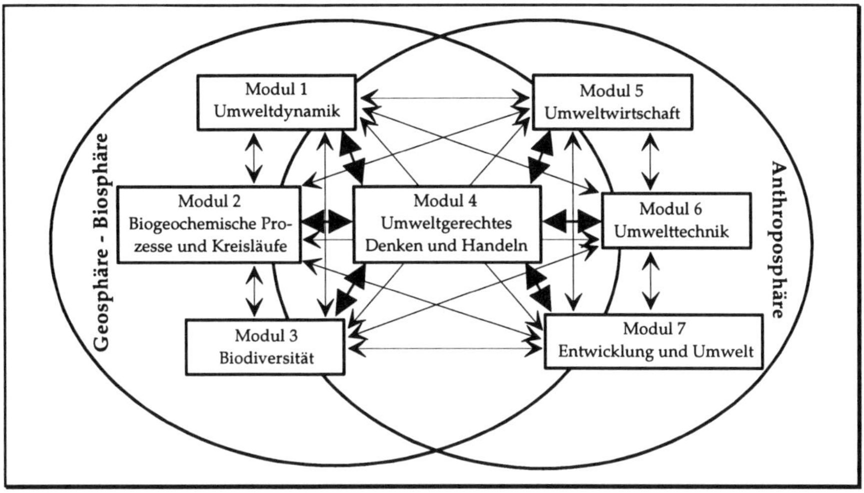

Abbildung 1: *Die Erwartungen an das Modul 4: "Die Forschungsbereiche des SPPU, die sog. Module, bilden ein vernetztes, interdisziplinäres Ganzes" (Panorama 1993a, 25).*

Das Modul 4 wird "zum Schnittpunkt der Bausteine des Schwerpunktprogramms Umwelt" (Ausführungsplan 1993-1995, 16). Graphik aus: Ausführungsplan 1993-1995, 2.

Im Ausführungsplan 1993-1995 wurden folgende sieben Module[20] vorgesehen:[21]

Modul 1: Umweltdynamik
Modul 2: Biogeochemische Prozesse und Kreisläufe
Modul 3: Biodiversität
Modul 4: Umweltgerechtes Denken und Handeln
Modul 5: Umweltwirtschaft
Modul 6: Umwelttechnik
Modul 7: Entwicklung und Umwelt

20 Ausgeschrieben wurden allerdings nur fünf: Die Module 2 und 7 wurden infolge der Budgetkürzungen von ca. 35 Prozent vorerst zurückgestellt. Das Modul 7 konnte dank der Bereitstellung zusätzlicher Gelder aus der Entwicklungszusammenarbeit des Bundes im Frühjahr 1993 doch noch ausgeschrieben werden, wobei dafür das Forschungskonzept - auf der Grundlage von Forschungspartnerschaften zwischen der Schweiz und Entwicklungsländern - neu gestaltet wurde, um dem Vorwurf des "Helvetozentrismus" zu begegnen (s. Panorama 1993a, 23, 29; Panorama 1993b, 45ff.; Ausführungsplan Modul 7 1993). Im Frühjahr 1994 konnte schliesslich auch noch eine kleine Anzahl von Projekten für das Modul 2 bewilligt werden (Schweizerischer Nationalfonds 1995, 22).

21 Auf das Echo auf die Ausschreibung 1993-1995 soll hier nicht im Detail eingegangen werden (s. div. Beiträge im Panorama): Im Rahmen des zweistufigen Eingabeverfahrens wurden 811 Projektskizzen eingereicht. Gestützt auf deren Beurteilung lud die Expertengruppe SPPU zur Eingabe von Gesuchen ein. Von den 133 eingereichten Gesuchen wurden 120 Projekte bewilligt (Schweizerischer Nationalfonds 1995, 23).

Abbildung 1 zeigt, dass dem Modul 4 eine zentrale Rolle für das Zusammenwirken der Module und damit der Synthese auf der Ebene des Gesamtprogramms zugewiesen wurde. Das allgemeine Ziel des Moduls, nämlich "Wege zu umweltgerechtem Denken und Handeln zu erschliessen", wurde in einen Bezug zu den Themen der anderen Module gebracht: "[Das Modul 4] klärt die Voraussetzungen dafür, die in den anderen Modulen gewonnenen Einsichten praktisch wirksam werden zu lassen. Zugleich zielt es auf Lösungen für methodische und wissenschaftstheoretische Probleme, welche die Umweltforschung kennzeichnen. So liefert es für alle Module relevante handlungsbezogene Grundlagen. Damit wird es zum Schnittpunkt der Bausteine des Schwerpunktprogramms Umwelt" (Ausführungsplan 1993-1995, 16).

Dieses allgemeine Ziel wurde konkretisiert in zwei Teilzielen: (1) Die in unserem Kulturkreis massgebende "kulturelle Information" sollte analysiert und bewertet werden im Hinblick auf die Verträglichkeit mit lebensfördernden Umweltbedingungen. (2) Mittel und Wege, zielkonforme kulturelle Information in individuelle und kollektive Lebenspraxis zu überführen, sollten entworfen und geprüft werden. Hinzu sollten als dritter Bereich Untersuchungen zur umweltbezogenen Wissenschaft hinzukommen im Hinblick auf Interdisziplinarität (vgl. Fn. 6, 7). Als Besonderheiten wurden betont, (a) dass Vorhaben des Moduls 4 den "Einbezug von geistes- oder kulturwissenschaftlichen Inhalten in ökologische Lehre und Forschung" verbessern helfen sollen. Ebenso aber (b) die Umsetzung für das SPPU insgesamt: "Methoden der Umsetzung ökologisch bedeutsamer Einsichten werden im Modul 4 nicht nur thematisiert, sondern schwergewichtig bearbeitet. Das verleiht diesem Modul eine für alle anderen Programmbausteine zentrale Bedeutung: Es verschafft ihnen Mittel zur Verwirklichung ihres praktischen Sinns" (Ausführungsplan 1993-1995, 20). Und im weiteren (c) die Interdisziplinarität: "Schliesslich eröffnet das Modul Chancen, den in vielen, wenn nicht den meisten Forschungsinstitutionen noch harzigen Prozess interdisziplinärer Zusammenarbeit zu fördern, indem es die Rahmenbedingungen dieses Prozesses reflektiert und damit die Voraussetzungen für deren Verbesserung schafft" (Ausführungsplan 1993-1995, 20).

2.2.2.3. *Ansprüche und Erwartungen*

Was ergibt sich aus dieser Entstehungsgeschichte des SPPU? Es sind verschiedenartige, aber miteinander zusammenhängende Ansprüche und Erwartungen mit diesem Programm und insbesondere mit dem Modul 4 verbunden worden:

Den wissenschaftlichen Akteuren (kantonale Hochschulen, Ökologie-Kommission der SHK) war es ein Anliegen, zu einer möglichst *umfassenden und ganzheitlichen Problemsicht* im Umweltbereich zu gelangen, was zur Forderung nach einer *stärkeren Berücksichtigung der Humanwissenschaften* führte. Auf Seiten der politischen Akteure (Parlament) verband sich diese Forderung mit der generellen Kritik an der bundesrätlichen Botschaft, die als stark naturwissenschafts- und techniklastig eingestuft wurde.

Als inhaltliche Anforderungen fallen im weiteren auf, dass im selben Atemzug (1) das Schliessen von grundlegenden Wissenslücken - insbesondere im humanwissenschaftlichen Bereich - gefordert wurde (ausdrücklich also entsprechende disziplinäre und interdisziplinäre Grundlagenforschung), (2) konkrete Beiträge zur Lösung drängender Umweltprobleme möglichst rasch gewünscht wurden (also transdisziplinäre angewandte Forschung)[22] und (3) auch Untersuchungen mit dem Ziel einer Optimierung der Forschungsprozesse im Umweltbereich als wünschenswert bezeichnet wurden.

Die in Ziffer 2.2.1. mit Konsens, Integration und Diffusion bezeichneten Voraussetzungen inter- bzw. transdisziplinärer Forschungsprozesse finden sich - als Aufträge an die Forschenden formuliert - im Ausführungsplan wieder, wobei der humanwissenschaftliche Bereich des Programms hier eine besondere Rolle wahrnehmen sollte.

Die Anforderungen insbesondere an die Humanwissenschaften spiegeln sich im Ausführungsplan bspw. darin, dass die sozial- und geisteswissenschaftlichen Themen ins Zentrum gerückt werden. Ihre Bedeutung wurde unter anderem damit begründet, dass nur gestützt auf humanwissenschaftliche Erkenntnisse die übrigen (natur- und ingenieurwissenschaftlichen) Forschungsresultate fruchtbar gemacht werden können. Damit wurde aber gleichzeitig einer Art "instrumentalisierter Betrach-

22 Hierzu Prof. B. Böhlen, Mitglied der Expertengruppe SPPU und Verfasser einer Schweizer Umweltforschungsstrategie im Auftrag des Bundes: "Im Bereich umweltgerechten Handelns, der als Wissenschaftsthema relativ jung ist, steht die Forschung eher noch auf der Grundlagenstufe. Die Wissenslücken sind gross. Andere Bereiche sind weiter entwickelt, zum Beispiel schon auf der Stufe der gesetzlichen Umsetzung. Ich denke, dass der Hauptzweck von Umweltforschung ganz klar ist: Umweltprobleme sollten nicht nur studiert, sondern gelöst werden! Das heisst: Eine verstärkte Ausrichtung der Wissenschaft auf die *handlungsorientierte* Umweltforschung ist nötig. (...) Handlungsorientierte Forschung verlangt eine intensive Kommunikation zwischen den verschiedenen Wissensträgern. Wissenschaft, Verwaltung und Wirtschaft legen gemeinsam prioritäre Forschungsbereiche fest" (Panorama 1993b, 34f.).

tungsweise" der humanwissenschaftlichen Zugänge zur Umweltproblematik Vorschub geleistet.

Diese Instrumentalisierung im Hinblick auf das Gesamtprogramm umfasst mehrere hier thesenartig zusammengefasste Dimensionen:

- Inhaltlich: Die humanwissenschaftliche Bearbeitung ermöglicht erst eine umfassende Bearbeitung der Umweltproblematik ("Ganzheitlichkeit").
- Methodisch: Aus dem Bereich der Humanwissenschaften kommen die Impulse für eine Verbindung der Erkenntnisse und für die Vermittlung und Umsetzung in die Öffentlichkeit.[23]
- Management: Die Humanwissenschaften sind auch für die "Animation" der für eine Gesamtsynthese und für eine Umsetzung notwendigen Kommunikations- und Kooperationsprozesse kompetent und zuständig.

In der Organisation des Programms führte dies dazu, dass die betreffenden Aufgaben, die an sich auf der Ebene des Gesamtprogramms angesiedelt wären (also bei der Expertengruppe und der Programmleitung SPPU; vgl. Fn. 16), vor allem in inhaltlicher und methodischer Hinsicht bereits im Ausführungsplan schwergewichtig beim Modul 4 angesiedelt wurden.

Bezogen auf die Voraussetzungen inter- bzw. transdisziplinärer Forschung - Konsens, Integration und Diffusion - ist damit festzustellen, dass das Modul 4 grundsätzlich zuständig sein sollte sowohl

- für die Formulierung der gemeinsamen Problemsicht innerhalb des SPPU (Konsens) als auch
- für die Synthesebildung und Wissensintegration des gesamten SPPU (Integration) und ebenso
- für die Vermittlung und Umsetzung der Erkenntnisse auch der anderen Module in die Gesellschaft (Diffusion) sowie schliesslich
- für eine begleitende Forschung im Hinblick auf die Optimierung der Kommunikation und Kooperation inter- bzw. transdisziplinärer Forschungsprojekte und damit auch für die Diffusion der diesbezüglichen Erkenntnisse.

---

23 Auch für eine Begleitforschung liegt die Zuständigkeit bei den Humanwissenschaften (vgl. die vorstehenden Auszüge zur Interdisziplinarität und Wissenschaftsforschung aus dem Ausführungsplan 1993-1995 sowie Fn. 6, 7).

Gleichzeitig ging es aber im Modul 4 ebenso wie in den übrigen Bereichen des SPPU in erster Linie darum, eigenständige geistes- und sozialwissenschaftliche Umweltforschung zu betreiben, die ebenfalls inter- bzw. transdisziplinär angelegt werden sollte und die damit für sich selbst die Voraussetzungen Konsens, Integration und Diffusion auch schaffen musste.

Werden die Überlegungen aus Ziffer 2.2.1. beigezogen, so ergeben sich damit für Forschende im Modul 4 insbesondere folgende implizite Anforderungen:[24]

- Kommunikations- und Kooperationsprozesse sowohl für das Modul 4 als auch für das gesamte SPPU animieren und ein entsprechendes Netzwerk aufbauen.
- Eine gemeinsame Fragestellung entwickeln sowohl innerhalb des Moduls 4 als auch für das gesamte SPPU (Konsens).
- Für das Modul 4, aber auch für das SPPU Massnahmen entwickeln und umsetzen, die eine laufende Auseinandersetzung mit der eigenen und mit fremden Fachkulturen und disziplinären Sozialisationen (Interdisziplinarität) sowie mit wissenschaftsexternen Sichtweisen (Transdisziplinarität) ermöglichen (Konsens und Integration).[25]
- Einen gemeinsamen Begriffsapparat und eine gemeinsame Sprache entwickeln und bereitstellen sowohl für das Modul 4 als auch für das SPPU insgesamt (Konsens und Integration).
- Ein Integrationsinstrumentarium entwickeln und einsetzen, das auf die spezifischen Bedingungen der jeweiligen Forschungsfragen und der Beteiligten abgestimmt ist, nicht nur bezogen auf das Modul 4, sondern auch für das gesamte SPPU (Integration).
- Die Resultate aller beteiligten Projekte sowohl des Moduls 4 als auch des gesamten SPPU laufend aufbereiten und integrieren (Integration).
- Massnahmen entwickeln und treffen, die den Einbezug der Anwenderinnen und Anwender in den gesamten Forschungsprozess innerhalb des Moduls 4 und für das SPPU insgesamt gewährleisten (Diffusion).

---

24 Vorauszuschicken ist, dass einerseits diese Anforderungen, soweit sie das Modul 4 betreffen, auch von den übrigen Forschenden für ihre jeweiligen Module einzulösen sind, dass andererseits die Forschenden der weiteren Module an der Erfüllung der Anforderungen auch auf der Ebene des SPPU mitwirken sollten.

25 D.h. die dazu führen, dass die jeweils eigene fachliche Problemsicht, Methode und Sprache zu derjenigen Anderer in Relation gesetzt und in einen ständigen Austausch gebracht wird.

- Massnahmen entwickeln und treffen, die gewährleisten, dass die Resultate aller Projekte und Projektpakete sowohl des Moduls 4 als auch des SPPU in adäquater Weise an die jeweils angesprochenen Adressatinnen und Adressaten vermittelt werden (Diffusion).
- Untersuchen, wie alle am Modul 4 bzw. am SPPU Beteiligten ihr inter- bzw. transdisziplinäres Wissen und Können, insbesondere ihre Kommunikations- und Kooperationsfähigkeit erwerben sowie die diesbezüglichen Erkenntnisse operationalisieren und vermitteln (Diffusion).

Hinzuzufügen ist, dass derartige Aufgaben im Hinblick auf Konsens, Integration und Diffusion nicht nur punktuell und nebenher wahrgenommen werden können, sondern kontinuierlich während des ganzen Forschungsprozesses zu erfolgen haben (Planung, Durchführung und Auswertung).

Interessant ist in diesem Zusammenhang der Vergleich mit dem ursprünglichen Vorschlag der Ökologie-Kommission der SHK: Dort wurde - nebst einem "Modul 4: Mensch und Umwelt" - ein zusätzliches Modul speziell dafür vorgesehen, "durch die Erarbeitung von theoretischen und praktischen Grundlagen und Hilfsmitteln" zur "Verbesserung der Information, Dokumentation, Kommunikation, Kooperation, Organisation und Planung in den Umweltwissenschaften" beizutragen ("Modul 8: Information, Kommunikation und Methodik in den Umweltwissenschaften") (Ökologie-Kommission der SHK 1991, 18). Bei der Erarbeitung des Ausführungsplanes wurden die Aufgaben dieses Moduls in das Modul 4 integriert. Obwohl auch im vorgeschlagenen Modul 8 primär die wissenschaftliche Bearbeitung der betreffenden Fragen im Vordergrund gestanden hätte, hätte sich doch ein anderer Akzent ergeben:[26]

- Inhaltlich: Die Gewährleistung einer umfassenden und ganzheitlichen Bearbeitung wäre Aufgabe eines eigens im Hinblick darauf konzipierten Moduls gewesen.
- Methodisch: Die Gewährleistung und Optimierung der Interdisziplinarität sowie der Vermittlung und Umsetzung in die Öffentlichkeit

[26] "Das Modul fasst verschiedenste Teilbereiche der anderen vorgeschlagenen Module zusammen und bearbeitet diese in grundsätzlicher und vertiefender Weise. Die intensive Zusammenarbeit innerhalb des Moduls und mit ausgewählten Teilbereichen anderer Module ist deshalb Bedingung für eine erfolgreiche Forschungstätigkeit. Das Modul soll aufgrund dieser notwendigen Zusammenarbeit mit den anderen Modulen eine eigentliche *Synthesefunktion* in inhaltlicher wie methodischer Hinsicht wahrnehmen" (Ökologie-Kommission der SHK 1991, 20f.).

wären als selbständige Forschungsbereiche formuliert worden, an denen alle Wissenschaftsbereiche des SPPU beteiligt gewesen wären.

- Management/Animation: Die Gewährleistung und Unterstützung der erforderlichen Kommunikations- und Kooperationsprozesse hätte an diejenigen Personen und Projekte übertragen werden können, die sich mit diesen Fragen auf wissenschaftlicher Basis auseinandersetzen.[27]

Damit wären Integration, Konsens und Diffusion auf der Ebene des Gesamtprogramms als Aufgabe einer spezifisch dafür vorgesehenen Struktur formuliert gewesen und nicht einem thematisch anderweitig definierten Modul zusätzlich zugeordnet worden. Zugleich hätte sich so die Möglichkeit geboten, diese Prozesse begleitend zu erforschen, durch entsprechende theoretische Arbeiten zu fundieren und mittels einer daraus entwickelten Evaluation zu optimieren. Schliesslich wäre es so auch eher möglich gewesen, dem Problem der notwendigerweise selektiven Themenbearbeitung bei gleichbleibendem Anspruch auf "Ganzheitlichkeit" zu begegnen.

Durch das SPPU wurde demgegenüber jedoch kein eigenständiger, personell und finanziell hinreichender Rahmen bereitgestellt, der der Unterstützung der notwendigen Konsensbildungs-, Integrations- und Diffusionsprozesse auf der Ebene der Module oder des gesamten Programms hätte dienen können:[28] Die betreffenden Aufgaben - nota bene nicht nur auf ein Modul, sondern auch auf das Programm als ganzes bezogen - hätten von denjenigen Personen und im Rahmen derjenigen Projekte erbracht werden sollen, die sich mit dem inhaltlich definierten Forschungsbereich "Umweltgerechtes Denken und Handeln" zu beschäftigen hatten.

Was waren aber nun die Gesichtspunkte, die die Formulierung, Auswahl und finanzielle Ausstattung der Einzelprojekte für das Modul 4 mitbestimmten?[29] Die obengenannten Anforderungen spielten keine oder

27 Insgesamt wäre so der Stellenwert dieser Aspekte grösser gewesen; es darf auch vermutet werden, dass die erfolgte Reduktion von zwei Modulen auf ein Modul den finanziellen Rahmen für die entsprechenden Gesichtspunkte eingeschränkt hat.

28 Die in Fn. 19 erwähnten zusätzlichen Instrumente, die dem Informationsaustausch dienen sollen, genügen für die Erfüllung der hier dargelegten Ansprüche nicht.

29 Nicht eingegangen wird hier auf die generellen Kriterien, die für die Beurteilung der Projekte im SPPU zur Anwendung gekommen sind und den üblichen Standards entsprechen. Die Skizzen und Gesuche wurden "nach ihrer wissenschaftlichen Qualität und nach der Relevanz für die mit dem Schwerpunktprogramm und den einzelnen Modulen verfolgten Ziele" beurteilt (Ausführungsplan 1993-1995, 33). Die allgemeinen Grundsätze und Ziele des Programms, wie sie in Ziff. 2.2.2.2. dargelegt worden sind, sollten also mitberücksichtigt werden.

höchstens eine marginale Rolle: Die Bereitschaft und die Kompetenzen der Projektverantwortlichen, Konsens-, Integrations- und Diffusionsleistungen für das gesamte SPPU zu erbringen, waren keine Auflagen für die Projekte und konnten damit auch nicht ausschlaggebende Kriterien für den Entscheid über jedes einzelne Projekt sein. Die Formulierung der Projekte, ihre Auswahl und ihr Zusammenschluss zu Projektpaketen erfolgten dementsprechend aufgrund inhaltlicher Fragestellungen aus den Humanwissenschaften (vgl. Ziff. 2.2.3.2.). Vorausgesetzt und gefordert wurde einzig die Bereitschaft zur Zusammenarbeit mit thematisch ähnlich gelagerten Projekten im Rahmen der Projektpakete, also innerhalb des Moduls 4. Auch die Ausrichtung auf eine gemeinsame Fragestellung, zu der die Projekte ihre Beiträge hätten liefern müssen, war nicht Bedingung für die Zusprache.

Entsprechende Bemühungen konnten damit erst nach Beginn der Forschungsarbeiten richtig einsetzen, als feststand, wer nun zum Zuge gekommen war (vgl. Ziff. 2.2.3.). Aktivitäten im Hinblick auf Konsens, Integration und Diffusion schon für das Modul 4 allein bedeuteten aber einen zusätzlichen Aufwand, für den in den Forschungsprojekten keine besonderen Mittel vorgesehen werden konnten. Die Aktivitäten gingen zulasten der Projektarbeit, an deren Resultaten die Projektverantwortlichen letztlich gemessen werden. Auch den Verantwortlichen der Projektpakete (und des SPZ) wurden seitens des Programms keine spezifischen Instrumente und besonderen Mittel an die Hand gegeben, die ihnen die Realisierung und Durchsetzung entsprechender Auflagen erleichtert hätten.[30]

Die Forschenden hatten dementsprechend (jedenfalls zu Beginn des Programms) grösstenteils auch nicht die Erwartung, im Rahmen ihrer Projektarbeit zu Konsensbildungs-, Integrations- und Diffusionsprozessen beitragen zu müssen - weder für das Modul 4, geschweige denn für das SPPU insgesamt. Ihr Anliegen war es vielmehr, ihre inter- bzw. transdisziplinären Projekte allein oder im Verbund mit thematisch ähnlich gelagerten Projekten voranzutreiben. Diese - angesichts des durch das SPPU bereitgestellten Rahmens berechtigte - Erwartung kontrastiert jedoch offensichtlich mit den Anforderungen, die aus der Sicht des Gesamtprogramms an die Forschenden im Modul 4 gestellt wurden.

30 Bei den Projektvorschlägen für das Modul 4, deren koordinierte Eingabe an der Universität Bern vorbereitet wurde (vgl. Ziff. 2.2.3.1.), wurde einzig ein Betrag von 1,5% der Summe der einzelnen Projekte für Koordinationsmassnahmen auf der Ebene der Projektpakete vorgesehen. Diese Beträge wurden jedoch bei der Projektzusprache vom SNF gestrichen, entsprechende Massnahmen sollten über die Programmleitung SPPU finanziert werden. Den Sprechern der Projektpakete standen somit auch diese Mittel nicht zur direkten Verfügung.

Zusammenfassend kann also festgehalten werden, dass bei einer eher geringen finanziellen Ausstattung erstens grosse Erwartungen an das SPPU überhaupt geknüpft wurden, dass diese Erwartungen zweitens teilweise miteinander kollidierten und dass drittens die Erwartungen bezüglich Konsens, Integration und Diffusion für das gesamte SPPU auf das Modul 4 übertragen wurden, in welchem aber ebenso wie in den anderen Modulen die konkrete thematische Arbeit, basierend auf Einzelprojekten und koordinierten Projektpaketen, im Vordergrund stand und aufgrund der Auflagen und Zusprache der Projekte auch stehen musste.

2.2.3. Das Schwerpunktzentrum "Umweltverantwortliches Handeln" (SPZ)

Für das Modul 4 konzentrierten sich die Koordinationsbemühungen im SPZ "Umweltverantwortliches Handeln", das an der Interfakultären Koordinationsstelle für Allgemeine Ökologie der Universität Bern (IKAÖ) aufgebaut wurde. Nachstehend werden dessen Entstehung im Rahmen der Universität Bern und die damit ermöglichte Zusammenarbeit in der Zeitspanne 1993-1995 vor dem Hintergrund der obigen Ausführungen dargelegt.

2.2.3.1. Das Vorfeld

Auf die Anfrage der Ökologie-Kommission der SHK vom Januar 1991 im Zusammenhang mit ihren Bemühungen um eine Alternative zum ZEFU (vgl. Fn. 11) antwortete die Universität Bern durch die Unterbreitung von mehr als 80 Projekten. Diese waren universitätsintern zu fünf sogenannten "Forschungsprogrammen" vereint worden: (1) Biodiversität, (2) Global Change, (3) Gesundheit und Umwelt, (4) Umwelt-Handeln-Verantwortung, (5) Interdisziplinär-ökologische Ansätze und deren Voraussetzungen. Im Schreiben der Universität Bern vom März 1991 an die Ökologie-Kommission wurde ausgeführt, dass diese "Forschungsprogramme" eine sinnvolle und zweckdienliche Grundlage für die gesamten bernischen Koordinationsbemühungen im Bereich Ökologie/Umweltwissenschaften darstellen würden. Betont wurde, dass alle Disziplinen und Fakultäten gleichermassen angesprochen und fachübergreifende Anstrengungen verlangt würden. Die Programme bzw. die darin enthaltenen Projekte bauten auf bisherigen Anstrengungen an der Universität Bern auf, die längerfristig fortgeführt werden sollten (Universität Bern 1991).

Bereits ein Jahr vor der Ausschreibung des SPPU wurden also an der Universität Bern sowohl der interdisziplinäre Zugang zur Umweltproblematik als auch der dafür erforderliche Stellenwert der Geistes- und

Sozialwissenschaften betont ("Forschungsprogramme" 4 und 5) und dementsprechend Massnahmen insbesondere zur Konsensbildung und Integration ergriffen. Nach der Ausschreibung des SPPU im März 1992 konnte für die gegenseitigen Absprachen im Hinblick auf die Einreichung koordinierter Projektpakete auf diese auch für Forschende anderer Institutionen offengehaltenen Strukturen zurückgegriffen werden.

Aufgrund dieser Koordinationsbemühungen wurden im Mai 1992 unter der Federführung von Bern Skizzen für Projektpakete in den Modulen 1, 3 und 4 eingereicht.[31] Die Universität Bern meldete gleichzeitig ihre Bereitschaft und ihr Interesse an der Übernahme der Verantwortung für die Bildung von Schwerpunktzentren an (Universität Bern 1992). Die zwei für das Modul 4 vorgeschlagenen Projektpakete ("koordinierte Projekte") "Umweltwahrnehmung - Handlungsorientierung - Verantwortung" und "Handlungsspielräume für ökologisches Lehren und Lernen in Bildungsinstitutionen und Alltag" umfassten 14 bzw. 17 Projektskizzen.

Die Expertengruppe SPPU entschied gestützt auf die Eingabe der Projektskizzen, im Modul 4 drei koordinierte Projekte vorzusehen und lud Ende Juli 1992 die Projektverantwortlichen zur Eingabe von Gesuchen per Ende September ein. Die Zusprache erfolgte im Dezember, die Arbeiten in den einzelnen Projekten begannen zu Beginn des Jahres 1993. Eines der Projektpakete (das Netzwerk "Ethische Grundlagen"[32]) wurde an der Universität Fribourg angesiedelt, die zwei anderen wurden unter dem Dach eines Schwerpunktzentrums an der Universität Bern vereint.

Mit dem Aufbau dieses Schwerpunktzentrums wurde Prof. R. Kaufmann-Hayoz, Direktorin der IKAÖ, betraut. Gleichzeitig war sie Sprecherin des koordinierten Projekts "Förderung umweltverantwortlichen Handelns", dem 6 Einzelprojekte[33] mit einem Kreditrahmen von SFr. 1,9 Mio. angehörten. Für das zweite koordinierte Projekt "Umweltbewusstsein und umweltverantwortliches Handeln" wurde PD U. Fuhrer als Sprecher

---

31 Explizit zurückgestellt wurde der Bereich "Umwelt und Gesundheit" (Ausführungsplan 1992, 19). Aufgrund der Vorarbeiten an der Universität Bern entstand in der Folge eine gleichnamige interuniversitäre Arbeitsgruppe, die in Zusammenarbeit mit der Verwaltung auf eine Berücksichtigung entsprechender Projekte in der 2. Phase des SPPU 1996-1999 hinwirkte. Auf die Projektpakete in den Modulen 1 und 3 wird an dieser Stelle nicht näher eingegangen.

32 Diesem gehören Projekte an, die in folgenden Beiträgen vorgestellt werden: JÄGGI; LESCH (Kap. 3.5.); SCHABER; SCHMID-HOLZ. Assoziiert wurden die durch BRECHBÜHL, REY; THOMAS dargestellten Projekte.

33 Diesem gehören Projekte an, die in folgenden Beiträgen vorgestellt werden: DEFILA, DI GIULIO (Kap. 3.7.); FINGER et al.; GESSNER (resp. KAUFMANN-HAYOZ in Kap. 4.1.); KYBURZ-GRABER et al.; ROUX; THOMAS.

vorgesehen (7 Einzelprojekte[34], Kreditrahmen SFr. 2,5 Mio.) (Rahmenpapier SPZ 1992, 1; Programmleitung SPPU 1993, 16ff.). Nachdem dieser im Sommer 1994 einen Ruf auf eine Professur im Ausland annahm, kam die SPPU-Leitung im Einvernehmen mit den Beteiligten zum Schluss, "dass Frau Prof. Ruth Kaufmann in Zukunft die Aufgaben als Sprecherin beider koordinierter Projekte des Schwerpunktzentrums 'Umweltverantwortliches Handeln' wahrnehmen wird. Das Netzwerk 'Ethische Grundlagen' mit seinem Sprecher Prof. Adrian Holderegger bleibt bestehen. Frau Kaufmann und ihr Team werden sich wie bereits bisher in Zusammenarbeit mit den Verantwortlichen des Netzwerkes 'Ethische Grundlagen' um die Animation und Koordination im ganzen Modul 4 kümmern" (Häberli 1994a).[35] In der Folge hat auch Prof. A. Holderegger sein Amt als Sprecher aufgegeben, so dass Prof. R. Kaufmann-Hayoz faktisch Sprecherin des gesamten Moduls 4 wurde (Schweizerischer Nationalfonds 1995, 30f.).

Die Expertengruppe SPPU berücksichtigte also für das SPZ von den 31 Projekten, die von Bern vorgeschlagen worden waren, deren 11, 2 weitere kamen neu dazu. Die insgesamt 13 Einzelprojekte des SPZ wurden von der Expertengruppe aber umgruppiert: Einzelne Projekte, die sich im selben Projektpaket befunden hätten, wurden auf die beiden neu zusammengestellten koordinierten Projekte aufgeteilt (s. Skizzen für koordinierte Projekte SPPU 1992 im Vergleich mit Panorama 1993a, 16f.), wobei sich diese Umgruppierung von oben nach Einschätzung von Betroffenen nicht sehr bewährt hat (vgl. auch Ziff. 2.2.3.2.).[36] Andere Einzelprojekte wurden gleich zwei koordinierten Projekten zugeordnet. Die bereits während mehr als einem Jahr laufenden Bemühungen um Konsens und Integration im Hinblick auf vernetzte Eingaben im SPPU wurden so teilweise ignoriert, ohne dass eine vergleichbare Zeitspanne für eine neue Konsens- und Integrationsbildung eingeräumt wurde: Die Zeit zwischen der Bekanntgabe der veränderten Struktur und dem Eingabetermin für die de-

---

34 Diesem gehören Projekte an, die in folgenden Beiträgen vorgestellt werden: BRECHBÜHL, REY; BÜTSCHI et al.; DIEKMANN, FRANZEN; FUHRER, WÖLFING; JAEGGI et al.; MOSLER et al. Dazu gehört auch ein Projekt (D. Walker, später: Prof. W. M. Fues), das sich an diesem Band nicht beteiligt hat.

35 In diesem Punkt nicht nachgeführt sind die Angaben in Prisma 1995, in welchem fälschlicherweise Prof. U. Fuhrer immer noch als Sprecher aufgeführt wird.

36 Das Projekt von Prof. R. Kaufmann-Hayoz wurde in das Projektpaket "Förderung von umweltverantwortlichem Handeln" transferiert, und das Projekt von D. Walker (später von Prof. W. M. Fues) wurde dem Projektpaket "Umweltbewusstsein und umweltverantwortliches Handeln" zugeteilt. Zu letzterer Umteilung wird im Tätigkeits- und Programmbericht Nr. 3 der Programmleitung vom November 1993 festgehalten: "Am schwierigsten einzubinden scheint dem Sprecher [PD U. Fuhrer] das Projekt Walker, das thematisch eher in das [koordinierte Projekt] Kaufmann-Hayoz gehöre" (Programmleitung SPPU 1993, 18).

finitiven Gesuche - 2 Monate - war zu kurz, so dass sich die von den Verantwortlichen der koordinierten Projekte wieder neu auszurichtende Kommunikation und Kooperation nur noch teilweise in der inhaltlichen Ausformulierung der Projekte und ihrer Vernetzung niederschlagen konnte. Wesentliche Konsensbildungs- und Integrationsprozesse im Modul 4 konnten damit erst parallel zur Aufnahme der Forschungsarbeiten einsetzen.

2.2.3.2. *Die realisierte Zusammenarbeit*

Eine umfassende gemeinsame Fragestellung, die alle Projekte im SPZ vereint hätte, und eine Problemsicht, zu der alle Projekte im SPZ ihren Beitrag hätten leisten können und sollen, waren nicht von vorneherein gegeben:[37] Solche wurden (wie ausgeführt) für die Eingabe auch nie verlangt, konnten aufgrund der zeitlichen Rahmenbedingungen nicht entwickelt werden und wurden durch die Entscheide der Expertengruppe auch nicht unterstützt (s. Ziff. 2.2.3.1.)[38]. Damit war aber auch eine wichtige Voraussetzung inter- bzw. transdisziplinärer Forschung - die bereits bei der Planung der Projekte einsetzende Konsensbildung - nicht gegeben. Ebensowenig waren, als Vorbereitung der Integration, eine gemeinsame Optik und Sprache in genügendem Masse vorhanden. Primäre Aufgabe des SPZ war es deshalb, die Kommunikations- und Kooperationsprozesse - zuerst zwischen den Projektpaketen und dann innerhalb des ganzen Moduls 4 - im Hinblick auf Konsens und Integration des Moduls zu unterstützen.

Zu der Ausrichtung auf unterschiedliche Fragestellungen kam hinzu, dass sich im Modul 4 sowohl interdisziplinäre wie auch transdisziplinäre Einzelprojekte fanden.[39] Dementsprechend wurden auch unterschiedliche Adressatinnen und Adressaten angesprochen. Eine gemeinsame Diffusion der Ergebnisse aller Projekte wäre dadurch nicht nur erschwert worden, sie wäre angesichts der Heterogenität der angesprochenen Krei-

---

37 Immerhin wurde aber bereits in der Eingabephase darauf hingewiesen, dass im Rahmen des SPZ auch eine inhaltlich bestimmte Zusammenarbeit gewünscht und angestrebt werde, die zu neuem, nicht an die Forschungsfragen der Einzelprojekte oder der koordinierten Projekte gebundenem, Wissen führen sollte. Ein rein administrativer Zusammenschluss wurde von Anfang an abgelehnt (s. dazu das Rahmenpapier SPZ 1992).

38 Vgl. auch Schweizerischer Wissenschaftsrat 1994, insbes. 37.

39 "Der Forschungsschwerpunkt des [koordinierten Projekts] 'Umweltbewusstsein und umweltverantwortliches Handeln' liegt in der Erarbeitung grundlegender Aspekte der SPZ-Thematik, derjenige des [koordinierten Projekts] 'Förderung umweltverantwortlichen Handelns' eher in der Erarbeitung umsetzungs- bzw. anwendungsrelevanter Aspekte" (Rahmenpapier SPZ 1992, 1).

se auch nicht sinnvoll gewesen. Eine solche wurde denn von Beginn an auch nur in Teilen angestrebt: Zu nennen ist hier einerseits die Zusammenarbeit einzelner Projekte im Hinblick auf eine gemeinsame Diffusion und andererseits die Diffusion ausgewählter Teilaspekte aller Projekte im vorliegenden Buch.[40] Eine Begleitforschung, mit deren Hilfe die inter- bzw. transdisziplinären Forschungsprozesse im Modul 4 hätten untersucht werden können und deren Ergebnisse im Hinblick auf die Optimierung solcher Forschungen hätten nutzbar gemacht werden können, war nicht Bestandteil des Moduls 4.[41]

Ausgangspunkt für den Aufbau der Zusammenarbeit im SPZ waren also die beiden koordinierten Projekte:

- Im Projekt "Umweltbewusstsein und umweltverantwortliches Handeln" standen folgende Forschungsinteressen im Vordergrund: "Sozial- und verhaltenswissenschaftliche Ansätze machen deutlich, dass das menschliche Erkennen ökologischer Risiken wie auch entsprechendes Handeln sowohl von einem kulturell und sozial überlieferten Wissens- und Erfahrungsfundus (soziale Repräsentationen) als auch von individuellen Faktoren (Umweltbewusstsein, Betroffenheit, Handlungsabsichten etc.) und äusseren Lebensbedingungen (ökonomische Anreize, Handlungsangebote, rechtliche und politische Rahmenbedingungen etc.) bestimmt sind. Die hier zusammengefassten Projekte setzen sich unter verschiedenen Perspektiven alle mit der Frage nach den Faktoren auseinander, welche die kollektive und individuelle Generierung von Umweltwissen und Umwelt(problem)bewusstsein beeinflussen" (Panorama 1993a, 17; vgl. Fn. 34).
- Im zweiten koordinierten Projekt "Förderung von umweltverantwortlichem Handeln" war "Ausgangspunkt (...) die Erkenntnis, dass das blosse Vermitteln und Verbreiten naturwissenschaftlicher Forschungsergebnisse über den sich verschlechternden Zustand unserer natürlichen Lebensgrundlagen nicht zwingend entsprechende Veränderungen der Einstellungen und Handlungsgewohnheiten von menschlichen Individuen und Kollektiven zur Folge hat. Das koordinierte Projekt studiert praxis- und anwendungsbezogen verschiedene Möglich-

---

40 Dazu gehören aber auch die Arbeitstagungen des SPZ, auf die im folgenden näher eingegangen wird, eine für 1996 geplante internationale Tagung des SPZ, Publikationen des SPZ bspw. im Panorama sowie wesentlich auch die durch die Zusammenarbeit einzelner Projekte entstandenen Publikationen, auf die in verschiedenen Beiträgen in diesem Band verwiesen wird (die sog. "Themenhefte").

41 Das Projekt von D. Walker (später von Prof. W. M. Fues) hat sich mit Modul 3 beschäftigt: "[Es] soll eine aktuell forschende interdisziplinäre Gruppe des Moduls 3/SPP Umwelt begleitet werden (...)" (Programmleitung SPPU 1993, 19).

keiten, die Voraussetzungen für umweltverantwortliches Handeln gezielt aufzubauen und entsprechende Handlungsbereitschaften zu fördern und zu stärken" (Panorama 1993a, 16; vgl. Fn. 33).

Diese Fragestellungen der beiden koordinierten Projekte waren trotz der kurzen zur Verfügung stehenden Zeit (s. Ziff. 2.2.3.1.) in gegenseitiger Absprache konzipiert worden; sie sind aufeinander bezogen und beeinflussen sich wechselseitig (s. auch Rahmenpapier SPZ 1992, 1).

Zur Förderung der Kommunikation und Kooperation zwischen den koordinierten Projekten einerseits und allen Einzelprojekten andererseits wurden zum einen *mehrtägige Arbeitstagungen* durchgeführt. Zum anderen wurde eine *Informationsdrehscheibe* eingerichtet; in regelmässigen Abständen wurden - soweit vorliegend - Zwischenergebnisse, Papers und Publikationen der Projekte an alle verschickt, um auch zwischen den Arbeitstagungen die gegenseitige Information gewährleisten zu können. Insgesamt sollte damit die Bildung eines Kommunikations- und Kooperationsnetzwerkes der Projekte insbesondere im Hinblick auf Konsensbildung und Integration gefördert werden.

Bereits im Mai 1993 trafen sich rund 50 Personen zu einer *ersten Arbeitstagung* in Bern. An der Arbeitstagung wurden die Ziele und die vom SPZ erwarteten Leistungen diskutiert.[42] Im Zentrum des ersten Tages stand bereits die Entwicklung projektübergreifender Fragestellungen, was im Plenum und in kleineren Gruppen an die Hand genommen wurde. Der zweite Tag war "ganz einer inhaltlichen Konzeptdebatte über den Begriff 'Umweltverantwortung' gewidmet" (Panorama 1993b, 50; s. Kaufmann-Hayoz 1994a), wozu auch die Diskussion von Begriffen wie "Umweltbewusstsein", "Umweltgerechtigkeit" etc. gehörte.[43] Ziel war eine gemeinsame Begriffsklärung (wozu eine von der IKAÖ zusammengestellte Auswahl von Texten vorgelegt wurde), und die Auseinandersetzung mit diesen Begriffen im Kontext der Projekte. Diese Debatte sollte dazu beitragen, die Relativität der jeweiligen disziplinären Sichtweisen zu reflektieren, disziplinäre Grenzen zu überwinden und so eine gemeinsame Sprache und Optik im Hinblick auf Konsens und Integration zu entwickeln.

Zur Förderung der Zusammenarbeit im gesamten Modul 4 wurden die Forschenden des Netzwerks "Ethische Grundlagen" gleichberechtigt in

42 Das SPZ war wesentlich auch als Dienstleistungsangebot für die in ihm zusammengeschlossenen Projekte konzipiert, die ihre diesbezüglichen Wünsche gleich zu Beginn des Forschungsprozesses formulieren sollten.

43 Auf die Ergebnisse dieser Debatte kann hier nicht im einzelnen eingegangen werden; eine Zusammenfassung und Würdigung der Diskussionen findet sich in Kaufmann-Hayoz 1994a.

alle Kommunikations- und Kooperationsprozesse des SPZ einbezogen. Um eine Vernetzung über das Modul 4[44] und auch über das SPPU hinaus zu ermöglichen, war diese Tagung - wie auch alle weiteren - zudem für ein weiteres interessiertes Publikum und thematisch verwandte Projekte ausserhalb des SPPU geöffnet: Nebst einzelnen Forschenden aus den Modulen 3 und 5 des SPPU nahmen denn auch Forschende an den Tagungen teil, die keine Projekte im SPPU hatten.[45] Damit erwiesen sich diese Treffen auch als wirksames Mittel, eine Diffusion in weitere interessierte wissenschaftliche Kreise zu ermöglichen.

Die *zweite Arbeitstagung* ging noch im selben Jahr - im November 1993 - in Schönbühl über die Bühne und dauerte wiederum zwei Tage: "Anhand eines Postersession-Workshops mit bestimmten Vorgaben versuchten die WissenschafterInnen, Zusammenhänge zwischen den einzelnen Forschungsprojekten sichtbar zu machen und konkrete Notwendigkeiten und Wege der Forschungszusammenarbeit abzuklären. Ausserdem suchten sie nach Schnittstellen zwischen den sozialwissenschaftlich-empirischen und den normativ-umweltethischen Projekten innerhalb des Moduls 4" (Panorama 1994, 40). Alle Einzelprojekte stellten mittels eines vorgegebenen Fragerasters ihre ersten Zwischenergebnisse vor.[46] Dessen Vorgabe sollte dazu dienen, gemeinsame Problemsichten der Einzelprojekte aufzuzeigen (Konsens), und damit zu einer weiteren Vernetzung der Projekte führen. Es ging darum, vor dem Hintergrund der an der ersten Tagung geführten Debatte konkrete Schritte im Hinblick auf die Wissensintegration einzuleiten. Auch sollte die Diskussion möglicher gemeinsamer Diffusionen angeregt werden.

Eine das gesamte Modul 4 umfassende Integration und Diffusion war aus inhaltlichen Gründen - wie bereits ausgeführt - nicht möglich, ebensowenig ein umfassender Konsens. Immerhin wurde aber beschlossen, in Form einer gemeinsamen Publikation soweit möglich eine Wissensinte-

---

44 "Ein weiterer Problemkomplex wird möglicherweise in Zusammenarbeit mit Beteiligten anderer Module an zukünftigen Tagungen aufzugreifen sein. Wenn man die in den verschiedenen Projekten verwendeten Operationalisierungsweisen von umweltverantwortlichem oder umweltgerechtem Handeln - d.h. die effektiv beobachteten oder erfragten Verhaltensweisen und Handlungsbereitschaften - kritisch betrachtet und miteinander vergleicht, muss man sich früher oder später die Frage nach der Relevanz der untersuchten Handlungs- oder Verhaltensweisen für die ökologische Problematik stellen" (Kaufmann-Hayoz 1994a, 26).

45 Damit ist es sogar gelungen, zumindest einige Kontakte auch über die Modulgrenzen hinweg zu knüpfen.

46 Die Fragen lauteten: Wie soll umweltverantwortliches Handeln gefördert werden? Von welchen Annahmen wird ausgegangen? Welche Zusammenhangsannahmen sollen empirisch geprüft werden? Welches konkrete umweltverantwortliche Handeln soll gefördert werden?

gration über das gesamte Modul 4 vorzunehmen. Zusätzlich wurden Möglichkeiten für eine in Teilen gemeinsame Integration und Diffusion sichtbar; in der Folge schlossen sich deshalb verschiedene Projekte zu sogenannten "Projektteams" zusammen: "Umweltberatung/Umweltbildung (Organisationen)"[47], "Kulturwandel"[48], "Wissenschaftsforschung"[49] und "Umweltsurvey"[50] (Protokoll 2. Arbeitstagung SPZ 1993, 2f.; Programmleitung SPPU 1994, 12).[51] In diesen Projektteams sollten gemeinsame Fragestellungen bearbeitet und Teilsynthesen entwickelt werden. Auch eine gemeinsame Umsetzung wurde angestrebt (bspw. mittels Publikationen). Zudem sollten Fragen und Themen behandelt werden können, die mit den beteiligten Projekten in Zusammenhang standen, aber über die Fragestellung der einzelnen Projekte hinausgingen - die Projektteams ermöglichten so die Bildung von neuem, projektübergreifendem Wissen.[52]

In der Folge fanden verschiedene Treffen und Workshops der Projektteams statt. Es wurde deshalb - zugunsten der in den Projektteams stattfindenden Kooperations- und Integrationsprozesse - darauf verzichtet, die für Mai 1994 vorgesehene Tagung des SPZ durchzuführen. Die vorgesehenen Arbeiten wurden auf dem schriftlichen Weg oder gemeinsam mit den Sprecherinnen und Sprechern der Projektteams erledigt. Dazu gehörte einerseits die Vorbereitung einer Tagung, die durch die Programmleitung SPPU organisiert wurde und an der im Herbst 1994 alle Forschenden des SPPU ihre Projekte mit einem Poster vorstellten[53]. Andererseits gehörte dazu auch die Vorbereitung der Integration für das gesamte Modul 4; diese geschah, auf dem Hintergrund der erfolgten Diskussionen, in Form eines Entwurfs für die Disposition einer Publikation.

Die *dritte Arbeitstagung* fand im November/Dezember 1994 auf dem Appenberg bei Zäziwil statt. Diese dreitägige Tagung war wesentlich der

---

47 S. die Beiträge von FINGER et al.; KYBURZ-GRABER et al.; ROUX.

48 S. die Beiträge von BRECHBÜHL, REY; JÄGGI; LESCH (Kap. 3.5.); THOMAS.

49 S. die Beiträge von DEFILA, DI GIULIO. Dem Projektteam gehören auch Projekte an, die hier nicht vorgestellt werden (D. Walker, später: Prof. W. M. Fues, sowie zwei nicht aus dem SPPU finanzierte Projekte: Balsiger et al. (COST) und Cesana et al. (MGU)).

50 S. die Beiträge von BÜTSCHI et al.; DIEKMANN, FRANZEN; JAEGGI et al.; MOSLER et al.

51 Zwischen den Projekten des "Umweltsurvey" bestand von Anfang an eine Zusammenarbeit, da alle am gesamtschweizerischen Umweltsurvey, der von Prof. A. Diekmann (Bern) koordiniert wurde, beteiligt waren (Kaufmann-Hayoz 1994b, 2). Dem Projektteam "Wissenschaftsforschung" gehören zwei Projekte an, die nicht aus Mitteln des SPPU finanziert werden und die auf ihren Wunsch hin auch in das SPZ aufgenommen wurden.

52 Einen wesentlichen Anreiz für diese teilweise intensiven Kooperationen über die Projekte hinaus stellten sicher auch die von Seiten der Programmleitung SPPU in Aussicht gestellten Zusatzkredite dar.

53 Für diese Tagung wurden auch Abstracts zu den einzelnen Projekten erstellt (Programmleitung SPPU 1994).

Entwicklung der Wissensintegration und damit der Konkretisierung der geplanten gemeinsamen Publikation gewidmet. Dazu stellten alle Einzelprojekte erste Ergebnisse ihrer Forschungen vor, und auch die Projektteams berichteten formal und inhaltlich über den Stand ihrer Aktivitäten. Auch dies geschah anhand eines vorgegebenen Fragerasters, das sich am Entwurf der Disposition für die Publikation orientierte.[54] So konnten zum einen die Ergebnisse im Hinblick auf die gemeinsame Publikation diskutiert werden, zum anderen die Disposition gemeinsam überarbeitet werden. Im Plenum und in kleineren Gruppen wurde über den konkreten Inhalt der Publikation und über das Vorgehen diskutiert. Von Bedeutung war die Frage, in welchen Teilen eine Integration über das gesamte Modul 4 möglich ist,[55] an wen sich die Diffusion in Form der Publikation richten sollte und wie sie aussehen müsste. Das Ergebnis ist das hier vorliegende Buch.

Ebenfalls breiten Raum nahm an dieser Tagung die Frage ein, wie die humanwissenschaftliche Forschung im Rahmen der 2. Phase des SPPU aussehen sollte und welche Beteiligungsmöglichkeiten sich für die im SPZ aktiven Forschenden ergeben könnten. Diese Diskussionen mündeten in die "Erklärung von Zäziwil", mit der die anwesenden Wissenschaftlerinnen und Wissenschaftler "Vorschläge und Bemerkungen des Moduls 4 zur Ausrichtung der zweiten Beitragsperiode des SPP Umwelt"

---

54 Beispiele für diese Fragen sind: In welcher Form wird Interdisziplinarität im Projekt realisiert? Welches sind die theoretischen und methodischen Grundlagen des Projekts (vgl. dazu GUTSCHER et al.)? Auf welches Handlungsfeld bezieht sich das Projekt? Wie wird im Projekt "Verantwortung", wie "umweltverantwortliches Handeln" verstanden (vgl. dazu LESCH in Kap. 1.2.)? Welche Resultate sind zu erwarten? Kann das Projekt auf einen oder mehrere der von Kaufmann-Hayoz/Gessner formulierten Problemtypen bezogen werden (vgl. dazu KAUFMANN-HAYOZ in Kap. 4.1.)? Wo setzen die entwickelten Lösungsansätze an, an wen richten sie sich? Wird durch das Projekt eine Handlungsveränderung anvisiert? Welcher Art ist sie? Wie wird sie angestrebt? Welches ist die Zeitperspektive erwarteter Veränderungen? Wo werden weitere als die im Projekt direkt anvisierten Umsetzungsmöglichkeiten gesehen?

55 Thomas stellt im Nachgang zur dritten Tagung des SPZ einen Vergleich an zwischen den Modulen 3 und 4 hinsichtlich Konsens und Integration (Thomas 1995, 14ff.): Er würdigt positiv, dass im Modul 3 (schon seit der Planungsphase) ein gemeinsames Objekt - die Nenzlinger Weide - vorliege, und bewertet negativ, dass dies beim Modul 4 nicht der Fall sei und die Gemeinsamkeit stattdessen auf einer mehr theoretischen Ebene gesucht worden sei. Dieser Erfahrungsbericht ist zu relativieren: Der Umweltsurvey im Modul 4 stellt eine gemeinsame Erhebung mehrerer Projekte dar (s. auch Expertengruppe SPPU, Programmleitung SPPU 1994, 7). Im weiteren weist Thomas selber darauf hin, dass der objektbezogene Konsens im Modul 3 nur ein beschränkter ist, da dieser die humanwissenschaftlichen Projekte des Moduls 3 nicht einschliesst. Schliesslich greift auch die pauschale Abwertung theorie- und diskursgeleiteter Konsensbildungs- und Integrationsprozesse zu kurz (vgl. Ziff. 2.2.1.).

zuhanden der Expertengruppe SPPU formulierten (vgl. Ziff. 2.2.4.).[56] Darin wurde - auf dem Hintergrund der Erfahrungen in der 1. Phase des SPPU - auch betont, welche Bedeutung einer intensiven Kommunikation bereits bei der Projektplanung zukommt, und auf die Notwendigkeit hingewiesen, dafür geeignete Strukturen, Gefässe und Mittel bereitzustellen sowie ein entsprechendes Zeitbudget dafür vorzusehen (Erklärung von Zäziwil 1994). Schliesslich wurde beschlossen, 1996 eine internationale inter- bzw. transdisziplinäre Tagung des SPZ zum Thema "Umweltverantwortliches Handeln" durchzuführen.

Im Jahr 1995 fand keine Arbeitstagung des Moduls 4 statt. Die für dieses Jahr zentrale Arbeit bestand in der Vorbereitung von Publikation und Tagung. Diese Arbeiten wurden - auf der Basis der geführten Diskussionen und Debatten - vor allem auf schriftlichem Weg und bilateral durchgeführt. Zudem fanden verschiedene Tagungen unter Einbezug weiterer Forschender im Hinblick auf die Vorbereitung der 2. Phase SPPU 1996-1999 statt.[57]

Es ist gelungen, den im SPZ vereinten Einzelprojekten ein "Forum des Austauschs" (Rahmenpapier SPZ 1992, 1) anzubieten. In den zur Verfügung stehenden drei Jahren wurde ein funktionierendes Netzwerk von Forschenden aufgebaut, in dem eine fruchtbare Kommunikation und Kooperation stattgefunden hat. Insbesondere die mehrtägigen Tagungen haben dazu geführt, dass eine auch informelle Annäherung der Forschenden stattfinden konnte, die die Kommunikation und die Kooperation unterstützte. Die Umgruppierung der Projekte zu Beginn (s. oben) wie die gegenseitige Ausrichtung der koordinierten Projekte begünstigten trotz der damit verbundenen Erschwernis zweifelsohne, dass sich im Laufe der Zusammenarbeit die Grenzen der beiden koordinierten Projekte zunehmend verwischten: Bezugspunkt wurde das SPZ als ganzes, das sich als Diskussionsforum für übergreifende Fragen etablierte und gleichzeitig den Rahmen für spezifischere Kooperationen im kleineren Kreis - in den Projektteams - abgab. Insgesamt konnte sich zwischen den beteiligten

56 Die "Erklärung von Zäziwil" wurde allerdings nicht in die Liste der Dokumente aufgenommen, die der Expertengruppe SPPU "bei der Planung der 2. Beitragsperiode (...) zur Verfügung [standen]" (Ausführungsplan 1996-1999, 26).

57 Dabei wurde im Hinblick auf die Formulierung der Projektgesuche versucht, aufgrund der Erfahrungen in der 1. Phase SPPU und basierend auf der "Erklärung von Zäziwil", unter Einbezug von Anwenderinnen und Anwendern eine gemeinsame Problemsicht, Sprache und Fragestellung zu entwickeln, um, ausgehend von einem solchen Konsens, die Wissensintegration und eine Diffusion zu gewährleisten. Vorgesehen wurde auch ein in genügendem Masse dotiertes Management sowie eine die Kommunikations- und Kooperationsprozesse unterstützende Begleitforschung. Vgl. in diesem Zusammenhang auch Roux 1995, insbes. 39.

Forschenden ein interdisziplinärer Diskurs entwickeln, konnte in Ansätzen neues und über die Projekte hinausgehendes Wissen erarbeitet werden. Die Arbeitstagungen und die Informationsdrehscheibe haben dazu geführt, dass trotz der erschwerten Rahmenbedingungen (s. oben) zumindest in Teilen eine gemeinsame Sprache und Optik entwickelt werden konnten.[58]

Bezogen auf die drei Voraussetzungen inter- bzw. transdisziplinärer Forschung - Konsens, Integration und Diffusion - heisst dies nun folgendes:

- Konsens: Da die Einzelprojekte nicht auf eine gemeinsame Fragestellung ausgerichtet waren, war die Entwicklung einer gemeinsamen Problemsicht nicht möglich; dies wäre einer Umorientierung und Neuformulierung der Projekte gleichgekommen: Eine umfassende Konsensbildung hätte früher, bei der Projektplanung, geschehen müssen. Somit konnten nur die bereits vorhandenen Problemsichten der Projekte auf ihre Gemeinsamkeiten hin überprüft werden. Dass dies möglich war, liegt daran, dass verschiedene der Projekte bereits an den vorbereitenden Arbeiten beteiligt waren, die von der Universität Bern an die Hand genommen worden waren, und daran, dass trotz der kurzen zur Verfügung stehenden Zeit die Fragestellungen der koordinierten Projekte aufeinander ausgerichtet wurden.[59]
- Integration: Aufgrund des fehlenden umfassenden Konsenses war auch eine Wissensintegration nur in Teilen möglich, ebenso wie die Entwicklung einer gemeinsamen Sprache, eines gemeinsamen Begriffsapparates. Dass eine solche Integration in Teilen gleichwohl gelang, liegt insbesondere daran, dass, wenn auch recht spät, doch noch ein funktionierendes Kommunikations- und Kooperationsnetzwerk entstehen konnte, das die kontinuierliche Auseinandersetzung zwischen den Projekten und Disziplinen ermöglichte. Ein eigentliches Integrationsinstrumentarium, wie es für eine umfassende Integration notwendig gewesen wäre, konnte jedoch nicht entwickelt werden - möglich war allein die Ausarbeitung von Fragerastern für die Arbeitstagungen, die demselben Zweck dienten.
- Diffusion: Aufgrund der Heterogenität der mit den Ergebnissen der Projekte angesprochenen Adressatenkreise war eine gemeinsame Diffusion nur sehr beschränkt möglich (s. oben). Eine gemeinsame Diffusion musste weitgehend den Projektteams überlassen werden, und es blieb letztlich bedauerlicherweise Aufgabe allein der einzelnen Projek-

58 Betreffend die Fortführung des SPZ ab 1996 s. Fn. 65.

59 Bereits im Rahmenpapier SPZ 1992 wird darauf hingewiesen, dass die koordinierten Projekte nur in Teilen über gemeinsame Zielsetzungen verfügen.

te, zu gewährleisten, dass ihre Ergebnisse an die von ihnen angesprochenen Adressatinnen und Adressaten vermittelt werden.

2.2.4. Würdigungen

Wie wurden die im SPZ realisierte Kommunikation und Kooperation beurteilt? Welche Auswirkungen für die 2. Phase des SPPU hatte diese Beurteilung?

Bereits neun Monate nach Beginn der Arbeiten, also zu einem Zeitpunkt, als noch praktisch keine Resultate der Projekte vorliegen konnten, waren erste Zwischenberichte über den Verlauf der Forschung einzureichen. Die Programmleitung SPPU würdigte gestützt darauf die Aktivitäten des SPZ wie folgt: "Im Modul 4 hat sich eine klare Struktur herausgebildet: Die beiden koordinierten Projekte (...) bilden in Bern ein deutliches Schwerpunktzentrum 'Umweltverantwortliches Handeln' (...). Auch der inhaltliche wissenschaftliche Dialog ist schon recht weit vorangeschritten" (Programmleitung SPPU 1993, 15). Verwiesen wurde insbesondere auf die Debatte an der ersten Arbeitstagung des SPZ, die das Ziel hatte, den Projekten eine gemeinsame Basis zu geben. "Dass das vom Ausführungsplan explizit geforderte Ziel des Aufbaus von Schwerpunktzentren für bestimmte Forschungsbereiche im Modul 4 bereits in diesem frühen Stadium der Forschungsarbeiten erreicht wurde, ist primär als Verdienst der Interfakultären Koordinationsstelle für Allgemeine Ökologie der Universität Bern anzusehen - ein Verdienst allerdings, der, wie den Zwischenberichten zu entnehmen ist, zu sehr auf Kosten der projektinternen Ressourcen geht" (Programmleitung SPPU 1993, 16).[60] Ein Teil der Projekte plante auch bereits, "nach Abschluss der ersten Datenerhebungsphase ein Themenheft (...) zu publizieren.[61] Nach Ansicht des Sprechers [des einen koordinierten Projekts - PD U. Fuhrer] kann damit der Stand der Zusammenarbeit als befriedigend, jedoch noch nicht als gut bezeichnet werden. Zu sehr seien die WissenschaftlerInnen noch auf ihr Einzelprojekt fixiert, zu wenig seien sie bereit, sich über das von allen gemeinsam zu bearbeitende Problem zu definieren" (Programmleitung SPPU 1993, 18).

Diese grundsätzlich positive Einschätzung des SPZ wurde (rund ein Jahr später) - auch seitens der Verantwortlichen - im wesentlichen beibehalten: "Insgesamt darf der Stand der Zusammenarbeit und Koordination als erfreulich bezeichnet werden. Das SPZ dient als Drehscheibe für Kontakte und Informationsaustausch zwischen den Projekten" (Kaufmann-Hayoz

---

60 Dadurch betroffen waren vor allem die an der IKAÖ angesiedelten Projekte, deren Verantwortliche gleichzeitig Aufgaben für das SPZ übernahmen.

61 Vgl. dazu auch Fn. 40. Das hier erwähnte Buch erschien 1995 als erstes Themenheft des SPPU (Fuhrer 1995).

1994b, 3). In bezug auf die Projektteams wurde ausgeführt, dass deren Bildung "zu einer inhaltlich sinnvollen Organisation im Modul 4 geführt [hat], welche zu Recht die teilweise etwas willkürlich wirkende Zuordnung von Einzelprojekten zu den ursprünglichen beiden 'Flügeln' des SPZ abgelöst hat" (Kaufmann-Hayoz 1994b, 3). Die Fixierung auf die Einzelprojekte wurde damit einerseits "etwas entschärft", andererseits "besteht dann wiederum die Gefahr, dass sich neue Gruppen mit ebenso starken inhaltlichen Fixiertheiten bilden" (Beilage 1 zu Kaufmann-Hayoz 1994b, 1).

Als Probleme bezüglich Zusammenarbeit und Koordination wurden von den Verantwortlichen des SPZ genannt:

- Die mangelnde Bereitschaft der Beteiligten (jedenfalls zu Beginn der Arbeit), sich mit Fragen zu beschäftigen, die über den direkten Inhalt der jeweiligen Projekte hinausgingen.[62]
- Die sehr verschiedenen vertretenen Disziplinen.[63]
- Die geringen zur Verfügung stehenden zeitlichen Ressourcen.[64]

Die positive Würdigung des SPZ seitens der Expertengruppe und der Programmleitung SPPU zeigte sich in ihren Vorschlägen für eine Fortsetzung des SPPU 1996-1999: In drei Modulen, u.a. dem Modul 4, konnten "aktive Forschungszentren auf Initiative von Forscherinnen und Forschern errichtet werden. In Bern und Basel wurden die vom SPP Umwelt eingesetzten Förderungsbeiträge durch die aus kantonalen Mitteln eingerichteten neuen Professuren verstärkt" (Expertengruppe SPPU, Programmleitung SPPU 1994, 4). "An der Universität Bern wurde (...) der Grundstein für ein Zentrum für umweltgerechtes Denken und Handeln

---

62 Dafür wurde angesichts der Gesamtsituation Verständnis gezeigt: "Die geistes- und sozialwissenschaftliche Umweltforschung hat noch keine lange Tradition, und in vielen Fällen ist (...) Neuland betreten worden. Der in einem sehr frühen Zeitpunkt (...) spürbare Druck auf intensivierte Zusammenarbeit und Synthese wurde deshalb nicht nur als positiv empfunden, es bestand die teilweise berechtigte Befürchtung, dass Resultate gefordert werden, bevor sie überhaupt erarbeitet werden können" (Kaufmann-Hayoz 1994b, 3).

63 In anderem Zusammenhang wurde hierzu ausgeführt, dass eine "Zusammenarbeit mit naturwissenschaftlichen Disziplinen (...) erwünscht, bei umsetzungsorientierten Projekten sogar notwendig sein [kann]. Allerdings darf nicht übersehen werden, dass interdisziplinäre Zusammenarbeit auch innerhalb der Sozial- und Geisteswissenschaften (noch) ungewohnt ist und aufgrund unterschiedlicher Forschungstraditionen eine beträchtliche Herausforderung darstellen kann. Die Disziplinen der Sozial- und Geisteswissenschaften unterscheiden sich untereinander nicht weniger als die verschiedenen Disziplinen der Naturwissenschaften untereinander" (Kaufmann-Hayoz 1994b, 4).

64 "Die gegenseitige Verständigung und ein echter Austausch (...) brauchen in der Regel viel Zeit, und diese Zeit muss weitgehend aus den Ressourcen der Einzelprojekte aufgewendet werden (wurde dort jedoch nicht bewusst eingeplant)" (Kaufmann-Hayoz 1994b, 3).

gelegt. Soziologische, psychologische, erziehungs- und politikwissenschaftliche Gruppen erforschen gemeinsam die Ursachen für das unterschiedliche Erkennen und Bewerten ökologischer Risiken und die sich daraus ergebende unterschiedliche Handlungsbereitschaft. (...) Das Berner Zentrum wird von einem Forschungs-Netzwerk ergänzt, an dem Gruppen der Universitäten Genf, Zürich und Basel beteiligt sind. Die Einrichtung des Zentrums durch das SPP Umwelt war mit ein Grund, dass die Universität Bern 'Umweltverantwortliches Handeln' zu einem Schwerpunktthema für die kommende Planungsperiode erklärte. Die Bestrebungen des SPP Umwelt haben somit (...) lokalen Widerhall gefunden und Synergieeffekte ausgelöst" (Expertengruppe SPPU, Programmleitung SPPU 1994, 6f.; übereinstimmend auch Häberli 1994b).[65]

Entsprechend dieser Einschätzung fiel auch die Botschaft des Bundesrates vom November 1994 für die Phase 1996-1999 aus:[66] "Im Zentrum [des SPPU] steht der Mensch und die Art, wie er mit der Umwelt umgeht. Wie nimmt der Mensch Einfluss auf die Umwelt? Welche Umweltprobleme werden erkannt, und was sind die Ursachen? Wie kann die Problematik des menschlichen Umgangs mit der Umwelt bewusst gemacht, wie können Lösungsansätze aufgezeigt und als richtig erkannte Lösungen durchgesetzt werden?" (Botschaft 1994, 85). An den Modulen sollte festgehalten

65 "Initiiert durch das SPPU, konnte das Thema 'Umweltverantwortliches Handeln' an der Universität Bern verankert werden. Der weitere Aufbau des SPZ über die laufende Beitragsperiode [1992-1995] hinaus erscheint damit grundsätzlich gesichert (...) Zielsetzung ist, dass die Universität auch in 20 Jahren und noch mehr als heute (inter-)national Ansprechpartnerin für den Bereich 'Umweltverantwortliches Handeln' ist" (IKAÖ 1995, 15; vgl. auch BUWAL 1995a, 23; UNIPRESS Nr. 85 1995; Kaufmann, Defila 1994, 356; Schweizerische Hochschulkonferenz 1994, 54ff.). Eindrücklich ist in diesem Zusammenhang die Zusammenstellung der Umweltforschungsprojekte der Schweiz nach Personenjahren (BUWAL 1995a, 31): 104 der insgesamt 276 Personenjahre im Bereich "Individuum/Gesellschaft" sind in der Erhebungsperiode 1992-1994 an der Universität Bern situiert (also über 35%). Über alle Bereiche hinweg betrachtet nimmt die Universität Bern mit 13% nach der ETH Zürich mit 22% der insgesamt 4'241 für die Umweltforschung aufgewendeten Personenjahre den zweiten Platz ein. Die Angaben basieren auf der Erhebung des BUWAL 1995b.

66 Der Bundesrat hielt zu den SPP einleitend fest, dass er die bisherige Organisation für deren Durchführung im wesentlichen beibehalten wolle. Insbesondere sollten die SPP nach wie vor Projekte enthalten, die von der Grundlagenforschung bis zur angewandten Forschung reichen können (orientierte Forschung: vgl. Fn. 10). "Wo Kompetenzzentren aufgebaut werden, sollen diese innerhalb bestehender Institutionen eingerichtet werden, damit die Rückkoppelung mit der Lehre gesichert ist. Diese Institutionen verpflichten sich zu eigenen Beiträgen. Es ist davon auszugehen, dass die Kompetenzzentren, deren Forschungsthemen nach Abschluss eines SPP aktuell bleiben, in die Strukturen der jeweiligen Hochschule integriert und dort über die üblichen Kanäle finanziert werden" (Botschaft 1994, 85). Die Kontinuität der Arbeit des SPZ wird durch die Integration in die Universität Bern gewährleistet (s. Fn. 65).

werden, die "Durchführung des Programmes war so angelegt, dass an den verschiedenen Hochschulen (...) Schwerpunktzentren eingerichtet wurden (...) der Universität Bern [wurde] jenes über 'Umweltgerechtes Denken und Handeln' [anvertraut] (...) Die bisher gemachten Erfahrungen zeigen, dass neben den örtlichen Zentren auch dezentral organisierte Netzwerke zu guten Resultaten führen. Bedingung für das Funktionieren ist jedoch eine ständige Betreuung der Netzwerke und die konsequente Förderung der Zusammenarbeit unter den am Netzwerk beteiligten Forschern und Forscherinnen" (Botschaft 1994, 85f.).

Angesichts dieser einhellig positiven Würdigung des SPZ (und damit des Moduls 4) ist dann jedoch der Ausführungsplan 1996-1999 des SPPU vom April 1995 nicht nachvollziehbar:

Auf die bisherigen sieben Module wird verzichtet, stattdessen wurden "Integrierte Projekte" ausgeschrieben: "In der zweiten Periode werden nur noch integrierte Projekte sowie - für die Forschung in Entwicklungsländern - Projekte in Projektgruppen gefördert. (...) Die Forschungsfragen der integrierten Projekte umfassen die für die Lösung der drängenden Umweltfragen wichtigen Aspekte beider Sphären [Bio-Geosphäre und Anthroposphäre]. Die Forschungsarbeiten gehen von umschriebenen, für die Gesellschaft relevanten, wichtigen und konkreten Problemen aus und visieren genau umschriebene Ziele an. Alle Forschungsarbeiten leisten Beiträge zur Einführung und Unterstützung einer nachhaltigen Entwicklung in Wirtschaft und Gesellschaft (=nachhaltiges Handeln)" (Ausführungsplan 1996-1999, 5).

An der neuen Struktur fällt auf, dass sich die bisherigen Module (bzw. die darin enthaltenen koordinierten Projekte) als jeweils ein oder zwei Integrierte Projekte wiederfinden - mit drei Ausnahmen:

- Auf das Modul 2 wird ganz verzichtet.[67]
- Im Bereich Entwicklung und Umwelt werden weiterhin Projektgruppen zugelassen, die in etwa den bisherigen koordinierten Projekten des Moduls 7 entsprechen.
- Gravierendste Änderung aber ist, dass "neu (...) die Thematik 'Nachhaltige Entwicklung in Wirtschaft und Gesellschaft' [hinzu kommt], welche die Arbeiten in den bisherigen Modulen 4 und 5 ersetzen oder neu ausrichten soll" (Ausführungsplan 1996-1999, 5).[68]

---

67 Dieses war ja auch in der 1. Phase SPPU nur sehr beschränkt ausgeschrieben worden.

68 Bereits im Dezember 1994 wurden denn auch in einem Artikel der Programmleitung SPPU in der Neuen Zürcher Zeitung als "strukturelle Akzente", die in der 1. Phase des SPPU gesetzt werden konnten, nurmehr die beiden Zentren aus den Modulen 1 und 3 aufgeführt (Häberli 1994d).

Zu diesem "IP Gesellschaft" wurde ausgeführt, dass sich die Expertengruppe "angesichts der einschränkenden finanziellen Rahmenbedingungen und der drängenden Bedürfnisse für eine Entwicklung in zweierlei Hinsicht entschieden [hat]:

- Aus den dafür geeigneten Gruppen und Projekten aus den Modulen 4 und 5 soll der Kern eines neuen IP Gesellschaft entstehen.
- Die Verantwortlichen anderer Projekte aus den Modulen 4 und 5 sind eingeladen, nach Möglichkeiten zu suchen, sich den IP Klima im Alpenraum, Biodiversität, Boden und Abfall anzuschliessen und in diesem Rahmen Beiträge aus sozial- und geisteswissenschaftlicher Sicht zu erbringen" (Ausführungsplan 1996-1999, 14).[69]

Als "Ziel und Inhalt" wurden angegeben: "Entwicklung von Zielvorstellungen, Strategien, Massnahmen und Instrumenten, die eine nachhaltige Entwicklung in Wirtschaft, Staat und Gesellschaft ermöglichen und fördern. Erkennen von Faktoren, die eine nachhaltige Entwicklung (einschliesslich der nachhaltigen Nutzung natürlicher Ressourcen) fördern bzw. be- oder verhindern. Erarbeiten von Instrumenten und Strategien zur Stärkung unterstützender Faktoren und zur Überwindung von hemmenden und entgegengerichteten Faktoren. Erkennen von Konfliktpotentialen und Erarbeiten von Konfliktlösungsstrategien. Es interessieren alle Bereiche: Wirtschaft, Staat, Gesellschaft. Angesetzt werden kann bei Individuen, bei sozialen Gruppen und privaten sowie staatlichen Institutionen. Besonders interessieren Konfliktlösungsstrategien und Integrationsmechanismen, die zu umweltrelevantem Handeln führen" (Ausführungsplan 1996-1999, 14f.).[70]

Hervorgehoben wurde hinsichtlich des Verhältnisses dieses IP zu den anderen IP des SPPU und seiner Organisation:[71]

---

69 Auffallend ist hier ein gewisses Ungleichgewicht: Weder sind IP so formuliert, dass sie in gleicher Weise menschliche *und* natürliche Systeme umfassen (vgl. dazu auch "Erklärung von Zäziwil" 1994, 1f.), noch besteht ein ausgeglichenes Verhältnis zwischen eher naturwissenschafts- und eher humanwissenschaftslastigen IP (den umgekehrten Fall könnte man sich - wie dies Forschende an der dritten Arbeitstagung des SPZ äusserten - so vorstellen, dass vier auf (menschliche) Handlungssysteme bezogene IP formuliert würden gegenüber bspw. einem "IP Biosphäre" ...). Vgl. zum Postulat der Gleichgewichtigkeit Panorama 1993b, 20, "Erklärung von Zäziwil" 1994 und BUWAL 1995a, 19.

70 Vgl. auch Häberli 1995, 6ff. Es kann hier nicht im Detail auf Ziel und Inhalt der Ausschreibung sowie das Eingabeverfahren für die 2. Phase des SPPU eingegangen werden.

71 Das IP Gesellschaft wurde als "weitgehend neues Projekt" ausgeschrieben, im Unterschied zu den übrigen IP wurden hier keine ProjektkoordinatorInnen als Bezugspersonen angegeben (Ausführungsplan 1996-1999, 15, vgl. 11, 13).

- "Die Aufgabe ist als eigenständiger Auftrag des IP Gesellschaft zu verstehen. Es handelt sich weder um eine blosse Synthesearbeit (z.B. der Ergebnisse aus den anderen integrierten Projekten) noch um eine Servicearbeit zuhanden der anderen integrierten Projekte. (...)
- Im Hinblick auf die Neuausrichtung der Zielsetzung sind neue Projektteams zusammenzustellen und die disziplinären Kompetenzen zu erweitern" (Ausführungsplan 1996-1999, 15).[72]

Auffallende Änderungen für die 2. Phase des SPPU insgesamt sind:

- Die strengeren Vorgaben für die Integrierten Projekte (z.B. hinsichtlich Problemorientierung, Konsens und Integration).[73]
- Ein gegenüber der ersten Phase reformuliertes Verhältnis der Humanwissenschaften zum gesamten SPPU: Im Gegensatz zur 1. Phase SPPU (vgl. Ziff. 2.2.2.3.) wird vom IP Gesellschaft explizit keine Integrationsleistung für das gesamte SPPU verlangt.

Die Neuorientierung im Bereich des ehemaligen Moduls 4 bedeutet insbesondere einen Verzicht auf die Nutzung der im Modul 4 entwickelten Kommunikations- und Kooperationsstrukturen und damit auf die (allseits intendierte) Forschungskontinuität durch das SPPU[74]. Dies lässt sich nur mit einer - nunmehr negativen - Bewertung der in der 1. Phase SPPU erfolgten Bemühungen und erzielten Ergebnisse erklären. Worauf stützt sich eine solche Bewertung angesichts der früheren positiven Würdigungen (s. oben)? Als Vermutung bietet sich an, dass es die im Herbst 1994 von einer internationalen Expertengruppe vorgelegte Evaluation (Schwei-

---

72 Für "ergänzende Angaben zu den in der Periode 1992-1995 geförderten Projekten" wurde für das Modul 4 allein auf die Projektteams abgestellt (Ausführungsplan 1996-1999, 15). Das SPZ (nicht etwa die koordinierten Projekte) erscheint als "'von oben' veranlasste[s] Kooperationssystem", das "sich indessen nicht durchgesetzt [hat]. Es haben sich vielmehr 'von unten' mehrere neue Projektteams geformt" (Ausführungsplan 1996-1999, 14). Diese Darstellung steht im Widerspruch zu den vorstehenden Darlegungen (s. oben und Ziff. 2.2.3.2.).

73 Aus dem Ausführungsplan 1996-1999 geht des weiteren als Vorgabe die Diffusion hervor: "Ein IP (...) orientiert sich (...) an der realen Komplexität der Lebenswelt, ortet (...) relevante und für die Gesellschaft wichtige Probleme und zeigt auf, wie dazu wissenschaftlich fundierte Lösungsbeiträge erarbeitet werden sollen. (...) Die Forschung in einem integrierten Projekt wird in einer problem- und zieladäquaten organisatorischen Form transdisziplinär betrieben, wobei die Verbindung zwischen Forschenden und Anwendergruppen (...) besonders gepflegt wird (...)" (Ausführungsplan 1996-1999, 8f., vgl. auch 6). Es wird also eine klare Präferenz für praxisorientierte Projekte formuliert, d.h. für transdisziplinäre Projekte im Sinne des vorliegenden Beitrags.

74 Auf die Wahrung der Forschungskontinuität weist insbesondere Prof. B. Böhlen hin (Panorama 1993b, 36) (vgl. dazu auch die "Erklärung von Zäziwil" 1994, 3 sowie Fn. 65).

zerischer Wissenschaftsrat 1994) gewesen ist, die den Meinungsumschwung bewirkte oder jedenfalls unterstützte.

Diese Evaluation[75] hatte zum Ziel, die SPP auf ihre Tauglichkeit als Forschungsförderungsinstrumente zu überprüfen, "wobei die wissenschaftliche Qualität, die Zweckmässigkeit der Programmdurchführung sowie die Erreichung der Programmziele in der Beurteilung berücksichtigt wurden (Schweizerischer Wissenschaftsrat 1994, Vorwort). Die Evaluation orientiert sich für das SPPU an den Prinzipien Interdisziplinarität, Koordination, Synthese und Umsetzung (Schweizerischer Wissenschaftsrat 1994, 37-40, 44).[76] Es kann davon ausgegangen werden, dass damit auch die hohen Erwartungen, die an das SPPU und insbesondere an das Modul 4 herangetragen wurden (Ziff. 2.2.2.3.), wieder stärker in den Vordergrund rückten.

Die Beurteilung der generellen Zielerreichung in den Modulen lautet: Die "Ziele [des SPPU] werden voraussichtlich in den Modulen 1, 3 und 6 weitgehend bis überhaupt (Modul 6), in den Modulen 4, 5, und 7 jedenfalls teilweise bis überwiegend *erreicht* werden" (S. 44). Diese Beurteilung wird bedauerlicherweise weder konkreter formuliert oder erläutert noch begründet. Die Äusserungen zum Modul 4 sind

- im Hinblick auf Umsetzung, dass am Ende der 1. Phase SPPU umsetzbare Resultate zu erwarten seien (S. 43).
- im Hinblick auf Koordination, dass das Modul 4 eines der Beispiele für ein Modul "ohne Koordinationsinstitutionen" sei (S. 40). Bei der Beurteilung des Moduls 4 wird zu diesem Thema gesagt, dass ein Schwerpunktzentrum an der Universität Bern in der nächsten Beitragsperiode entstehen *soll* (S. 45) und dass ein Netzwerk entstand

75 Eingegangen wird hier nur auf die Bereiche der Evaluation, die im Zusammenhang mit dem SPPU und insbesondere mit dem Modul 4 von Interesse sind. Die Evaluation wurde im Sommer 1994 durchgeführt. Dieser frühe Zeitpunkt war notwendig: Nur so konnten ihre Ergebnisse in die Vorbereitung der 2. Phase SPPU einfliessen; dies brachte es aber mit sich, "dass sie stattzufinden hatte, als für einige der Programme noch kaum Erfahrungen oder gar Ergebnisse vorlagen" (Schweizerischer Wissenschaftsrat 1994, Vorwort).

76 Für das SPPU insgesamt werden im Ergebnis insbesondere folgende Empfehlungen gemacht: Ein transparenter Kriterienkatalog für das Auswahlverfahren mit klaren Vorgaben (S. 38), der Verzicht auf Selbstkoordination und Subsidiarität (S. 40f.), eine stärkere Koordination (S. 40 und S. 47), eine klare Definition der Rolle der Module und ihrer Infrastruktur (S. 40) sowie eine genaue Umschreibung der Interdisziplinarität (S. 40).

(S. 45)[77], während vorher darauf hingewiesen wird, "dass die Schwerpunktzentren der Module 1, 3 und 4 bezüglich gemeinsamer Aktivitäten und Publikationen zu der erwarteten höheren Effizienz geführt haben" (S. 44).[78]

Zusammenfassend lässt sich sagen, dass die Evaluationsbeurteilung zum Modul 4 (a) hinsichtlich der Zielerreichung eher negativ ist,[79] (b) hinsichtlich der Kooperation innerhalb des Moduls 4 fehlt,[80] und (c) hinsichtlich der Koordinationsform im Modul 4 widersprüchlich, aber eher negativ ist.

Die eingangs dargelegten positiven Würdigungen des Moduls 4 und des SPZ beziehen sich allesamt auf die Kommunikations- und Kooperationsprozesse innerhalb des Moduls. Die Evaluation wiederum äussert sich zu diesen modulinternen Prozessen nicht negativ. Damit ist anzunehmen, dass sich die negative Bewertung des Moduls 4 (und damit des SPZ) nicht auf die modulinternen Prozesse und Aufgaben bezieht, sondern auf die, die das Modul 4 für das gesamte SPPU hinsichtlich Konsens, Integration und Diffusion hätte wahrnehmen sollen (s. Ziff. 2.2.2.3.). Damit ist auch anzunehmen, dass das Modul 4 letztlich deswegen aus der Sicht des Gesamtprogramms als gescheitert beurteilt wurde, weil es, wie aufgezeigt, den überzogenen Ansprüchen, die an die Humanwissenschaften - und damit an dieses Modul - herangetragen wurden, nicht gerecht werden konnte. Die Arbeit im Modul 4 ist als erfolgreich einzustufen, wenn die Anforderungen zugrundegelegt werden, die, angesichts der Rahmenbedingungen (s. Ziff. 2.2.3.), im Hinblick auf Konsens, Integration und Diffusion im Modul 4 selbst gerechtfertigt sind.[81]

---

77 Die Organisationsform des Moduls 4 wird negativ bewertet (zur Beurteilung von Netzwerken s. S. 39 sowie S. 91). Diese Bewertung wird im Text jedoch nicht näher begründet und basiert mindestens teilweise auf falschen Grundlagen: Das SPZ wird als geplant statt als existierend bezeichnet (vgl. hingegen Expertengruppe SPPU, Programmleitung SPPU 1994, 6f.).

78 Von Interesse ist auch der nicht näher erläuterte Hinweis, dass "Duplizitäten" innerhalb des SPPU bestünden zwischen den Modulen 1 und 4 sowie teilweise zwischen den Modulen 1 und 5 (S. 47).

79 Diese Beurteilung kann sich nicht auf die einzelnen Projekte beziehen (vgl. Fn. 75).

80 Aus dem Modul 4 herausgegriffen werden für dessen Beschreibung die Kooperation in einem der Projektteams und ein transdisziplinäres Einzelprojekt; eine Beurteilung erfolgt nicht. Eine Berichtigung ist anzubringen zu Seite 42 der Evaluation, auf der die geplanten Publikationen aus den verschiedenen Modulen aufgelistet sind: 1994 waren für das Modul 4 bereits mehrere Themenhefte und das vorliegende Buch in Planung.

81 Dies zeigt sich an den heute vorliegenden Resultaten der Projekte, an den verschiedenen Themenheften und am vorliegenden Band sowie an den weiteren erfolgten und geplanten Aktivitäten im Modul 4 (s. Ziff. 2.2.3.2.).

Was kann damit für die 2. Phase SPPU 1996-1999 im Hinblick auf Konsens, Integration und Diffusion gesagt werden?

- Konsens und Integration: Es ist positiv zu würdigen, dass für die 2. Phase SPPU 1996-1999 die Aspekte Konsens und Integration stärker in den Vordergrund gerückt wurden und als Anforderungen an alle beteiligten Projekte (und damit als Beurteilungskriterien) explizit formuliert wurden. Offen bleibt, welche Strukturen und Massnahmen bereitgestellt werden, um die Konsensbildungs- und Integrationsprozesse von Beginn weg zu unterstützen,[82] ebenso, welche Kriterien hinsichtlich Konsens und Integration bei der Auswahl und Zusammenstellung der Einzelprojekte zur Anwendung gelangen.[83]
- Diffusion: Der Diffusion kommt in der 2. Phase SPPU der ihr zustehende hohe Stellenwert zu; auch hier bleibt abzuwarten, welche Strukturen und Massnahmen zur Verfügung gestellt werden, um die Diffusion während des gesamten Forschungsprozesses zu gewährleisten.

Zu begrüssen ist, dass für die 2. Phase SPPU ein anderes Verhältnis der Humanwissenschaften zum Gesamtprogramm formuliert wurde: Ihnen gegenüber nicht weiter aufrechterhalten wird die - wie sich gezeigt hat - nicht einlösbare Anforderung der Konsensbildung, Integration und Diffusion für das gesamte SPPU. Inwiefern damit zugleich auch auf den "ganzheitlichen" Anspruch für das SPPU verzichtet wird oder ob stattdessen eine Struktur vorgesehen wird, die für eine Konsensbildung, Integration und Diffusion des Gesamtprogramms zuständig und geeignet ist, wird sich erst zu einem späteren Zeitpunkt beurteilen lassen.

Durch die Präferenz transdisziplinärer Projekte (s. Fn. 73) wird sicherlich ein wesentlicher Beitrag im Hinblick auf die Vereinfachung der komplexen Konsensbildungs-, Integrations- und insbesondere Diffusionsprozesse geleistet; eine direkte Praxisrelevanz der Forschung kann gewähr-

82 Welche Rolle hier die sogenannten "Diskussionsforen" (Ausführungsplan 1996-1999, 10) übernehmen werden, kann heute noch nicht abgeschätzt werden: Diese stehen den Forschenden im SPPU für die Diskussion von Fragen zur Verfügung, "die für Beteiligte aus allen oder mehreren integrierten Projekten/Projektgruppen wichtig sind. Zudem können (...) Forschende zusammengeführt werden, die sonst (...) vor allem mit Forschenden anderer Fachrichtungen zusammenarbeiten. Ihnen soll ein Forum zur Erörterung von Fachfragen, insbesondere von Grundlagen- und Methodenfragen, geboten werden" (Ausführungsplan 1996-1999, 10).

83 Auf eine entsprechende Untersuchung muss hier aus Platzgründen verzichtet werden, wie auch deswegen, weil die entsprechenden Prozesse zum jetzigen Zeitpunkt nicht abschliessend beurteilt werden können.

leistet werden. Mit der stärkeren Praxisorientierung wird im SPPU das Gewicht jedoch in Richtung angewandter Forschung verschoben. Dies birgt die Gefahr, dass die Grundlagenforschung nicht mehr in die Lösung von Umweltproblemen einbezogen bzw. aus ihrer Verantwortung entlassen wird.[84] Längerfristig würde dies jedoch zu einem Verlust der Problemlösungskompetenz der Gesellschaft insgesamt führen, auf die orientierte Forschung abzielt: "Das für das Verständnis der komplexen Zusammenhänge von Umweltsystemen notwendige Grundlagenwissen aufzuarbeiten, ist eine der zentralen Aufgaben des SPP Umwelt. Dieses Wissen ist eine Voraussetzung für umweltgerechtes Handeln nicht nur der Individuen, sondern auch der Staaten. Diese Arbeit ist überaus anspruchsvoll und erfordert neben wissenschaftlicher Kompetenz auch Zeit" (Expertengruppe SPPU, Programmleitung SPPU 1994, 7; vgl. auch Ausführungsplan 1996-1999, 6). Die Herausforderung besteht damit nach wie vor darin, angesichts drängender Umweltprobleme nicht nur deren unmittelbar zugängliche Aspekte zu bearbeiten, sondern auch dort auf nachhaltige "innovative Lösungen" (vgl. Fn. 10) hinzuwirken, wo es dafür an grundlegendem Wissen noch fehlt.

---

84 Ebenso würde dies zu einer Abkoppelung problemorientierter Forschung vom traditionellen Wissenschaftssystem führen. Dies spricht Grossenbacher (Mitglied der Programmleitung SPPU) an: "Der Preis, den Wissenschafterinnen und Wissenschafter für ein entsprechendes Engagement zahlen, ist hoch. Karrierefördernde Anerkennung (...) [ist] nur bedingt zu holen. Dafür aber eine idealistische Befriedigung, etwas im Sinne der Sache, sprich: des Umweltschutzes, bewirken zu können" (Grossenbacher 1995, 14). Ein solcher Rückzug auf einen bloss idealistischen Appell wäre nicht sachdienlich: Vielmehr geht es darum, das Wissenschaftssystem so zu reformieren, dass problemorientierte Forschung ein anerkannter Teil davon wird.

LITERATUR

Arber, W. (Hg.) 1993: Inter- und Transdisziplinarität. Warum? Wie? Bern, Stuttgart, Wien: Haupt.

Ausführungsplan 1993-1995: Schweizerischer Nationalfonds zur Förderung der wissenschaftlichen Forschung: Ausführungsplan zum Schwerpunktprogramm Umwelttechnologie und Umweltforschung (März 1992). Bern.

Ausführungsplan 1996-1999: Schweizerischer Nationalfonds zur Förderung der wissenschaftlichen Forschung: Ausführungsplan zum Schwerpunktprogramm (SPP) Umwelt. Beitragsperiode 1996-1999 (April 1995). Bern.

Ausführungsplan Modul 7 1993: Schweizerischer Nationalfonds zur Förderung der wissenschaftlichen Forschung: Ausführungsplan für Modul 7 "Entwicklung und Umwelt" im Schwerpunktprogramm Umwelttechnologie und Umweltforschung. Bern.

Balsiger, Ph. 1991: Begriffsbestimmungen 'Ökologie' und 'Interdisziplinarität'. Bericht zuhanden der Kommission Ökologie/Umweltwissenschaften der Schweizerischen Hochschulkonferenz (SHK). Bern. (Typoskript).

Balsiger, Ph. 1995: Oft unterschätzt: Die Planungsphase. Empfehlungen für die Planung interdisziplinärer Forschungsvorhaben. In: UNI PRESS. Pressestelle der Universität Bern (Hg.). Heft-Nr. 85. S. 31-32.

Balsiger, Ph., Defila, R., Di Giulio, A. 1995: Wissenschaftsforschung im Bereich der Umweltwissenschaften - weshalb und wozu? In: Panorama. Programmleitung SPPU (Hg.). Informationsbulletin Nr. 5 (August 1995). S. 40-43.

Becher, T. 1989: Academic Tribes and Territories: Intellectual Enquiry and the Cultures of Disciplines. Milton Keynes: The Society for Research into Higher Education.

Becker, E., Dehler, J. 1989: Abschied von der Selbstherrlichkeit. Wissenschaft und Hochschule zwischen individueller Freiheit und ökologischer Verantwortung. Frankfurt a. M.: Verlag für akademische Schriften.

Birnbaum-More, P. H., Rossini, F. A., Baldwin, D. R. 1990: International Research Management. Studies in Interdisciplinary Methods from Business, Government and Academia. New York, Oxford: Oxford University Press.

Blaschke, D., Lukatis, I. 1976: Probleme interdisziplinärer Forschung. Wiesbaden: Ranz Steiner.

Botschaft des Bundesrates über die Förderung der Wissenschaft in den Jahren 1996-1999 (Kredite für die Hochschul- und Forschungsförderung) vom 28.11.94. Eidgenössische Drucksache- und Materialzentrale. Geschäfts-Nr. 94.102.

Botschaft des Bundesrates über die Förderung der wissenschaftlichen Forschung in den Jahren 1992-1995 und eine konzertierte Aktion Mikroelektronik Schweiz vom 09.01.91. Eidgenössische Drucksache- und Materialzentrale. Geschäfts-Nr. 90.084.

BUWAL (Bundesamt für Umwelt, Wald und Landschaft) (Hg.) 1995a: Stand der Umweltforschung Schweiz. Umwelt-Materialien. Nr. 42. Bern.

BUWAL (Bundesamt für Umwelt, Wald und Landschaft) (Hg.) 1995b: Umweltforschungs-Katalog der Schweiz (UFOKAT). 1992-1994. Schriftenreihe Umwelt. Nrn. 243/I und 243/II. Bern.

Chubin, D. E. P., Alan, L., Rossini, F. A., Conolly, T. (Hg.) 1986: Interdisciplinary Analysis and Research. Theory and Practice of Problem-Focused Research and Development. Maryland: Lomond.

Collins, H. M. 1985: Changing Order. Replication and Induction in Scientific Practice. London, Beverly Hills, New Delhi: SAGE Publications.

Daele, W. van den, Krohn, W., Weingart, P. (Hg.) 1979: Geplante Forschung. Vergleichende Studien über den Einfluss politischer Programme auf die Wissenschaftsentwicklung. Frankfurt a. M.: Suhrkamp.

"Erklärung von Zäziwil" 1994: Vorschläge und Bemerkungen des Moduls 4 zur Ausrichtung der zweiten Beitragsperiode des SPP Umwelt vom 09.12.94. Dritte Tagung des SPZ "Umweltverantwortliches Handeln" vom 29.11.94-01.12.94. Appenberg, Bern. (Typoskript).

Expertengruppe SPPU, Programmleitung SPPU 1994: Schwerpunktprogramm "Umwelttechnologie und Umweltforschung" (SPP Umwelt). Vorschläge der Expertengruppe und der Programmleitung zuhanden des Nationalfonds und des Bundesamtes für Bildung und Wissenschaft vom 28.03.93 [recte: 94]. Bern. (Typoskript).

Felt, A., Nowotny, H., Taschwer, K. 1995: Wissenschaftsforschung. Eine Einführung. Frankfurt, New York: Campus.

Fuhrer, U. (Hg.) 1995: Ökologisches Handeln als sozialer Prozess. Ecological action as a social process. Basel, Boston, Berlin: Birkhäuser.

Fujimura, J. 1988: The Molecular Biological Bandwagon in Cancer Research: Where Social Worlds Meet. In: Social Problems. Bd 35, Nr. 3. S. 261-283.

Galison, P., Stump, D. (Hg.) 1995: The Disunity of Science. Boundaries, Contexts, and Power. Stanford: Standofrd University Press.

Gibbons, M., Limoges, C., Nowotny, H., Schwartzman, S., Scott, P., Trow, M. 1994: The New Production of Knowledge. The Dynamics of Science and Research in Contemporary Societies. London: SAGE Publications.

Gieryn, T. F. 1994: Boundaries of Science. In: Jasanoff, Sh., Markle, G. E., Petersen, J. C., Pinch, T. (Hg.): Handbook of Science and Technology Studies. Thousand Oaks, London, New Delhi: SAGE Publications. S. 393-443.

Grossenbacher, W. 1995: Transdisziplinäre Forschung im SPP Umwelt. Engagement der Wissenschaft für die Umwelt und die Gesellschaft. In: SIDOS. Nr. 2. S. 12-16.

Häberli, R. 1994a: Organisation im Modul 4. Schreiben an die Projektverantwortlichen im Modul 4 vom 11.05.94.

Häberli, R. 1994b: Dezentrale Forschung - vernetzte Gesamtschau. Zwischenbilanz des Schwerpunktprogramms "Umwelt". In: Neue Zürcher Zeitung. 19.05.94. S. 23.

Häberli, R. 1994c: Im Zentrum steht der Mensch. Transdisziplinäre Umweltforschung als neue Wissenschaftsform. In: Bulletin der Schweizerischen Gesellschaft für Umweltschutz. Jg 23, Nr. 3. November 1994. S. 9-11.

Häberli, R. 1994d: Zukunftssicherung durch Kräftekonzentration. Aufbau und Gefährdung orientierter Foschung. In: Neue Zürcher Zeitung. 21.12.94. S. 15.

Häberli, R. 1995: Transdisziplinarität im SPP Umwelt - Grundsätzliches. In: Panorama. Programmleitung SPPU (Hg.). Informationsbulletin Nr. 5 (August 1995). S. 6-13.

Heintz, B., Kiener, U. 1995: Wissenschaftsforschung in der Schweiz. Eine Bestandesaufnahme. Reihe Forschungspolitik. Schweizerischer Wissenschaftsrat (Hg.). FOP Nr. 21. Bern.

Hirsch, G. 1995: Beziehungen von Umweltforschung und disziplinärer Forschung. In: Gaia. Ökologische Perspektiven in Natur-, Geistes- und Wirtschaftswissenschaften. Jg 4, Nr. 5-6. S. 302-314.

Hübenthal, U. 1989: Interdisziplinäres Denken. Versuch einer Bestandesaufnahme und Systematisierung. Dissertation. Köln. (Typoskript).

Huber, L. 1990: Fachkulturen. Über die Mühen der Verständigung zwischen den Disziplinen. In: Ermert, K., Huber, L., Eckart, L. (Hg.): Humboldt, High-Tech und High-Culture. Was heisst "Hochschulkultur" heute? Dokumentation einer Tagung der Evangelischen Akademie Loccum vom 11. bis 13. Mai 1990. Loccumer Protokolle 14/1990. Loccum. S. 68-99.

IKAÖ (Interfakultäre Koordinationsstelle für Allgemeine Ökologie) 1995: Schwerpunktzentrum "Umweltverantwortliches Handeln" - Rück- und Ausblick. In: UNI PRESS intern. Pressestelle der Universität Bern (Hg.). UNI PRESS interdisziplinär. Mai 1995. S. 15.

Kaufmann-Hayoz, R. 1994a: "Umweltverantwortliches Handeln" - ein Begriff entsteht. In: Panorama. Programmleitung SPPU (Hg.). Informationsbulletin Nr. 3 (März 1994). S. 21-26.

Kaufmann-Hayoz, R. 1994b: Wissenschaftlicher Bericht zum koordinierten Projekt "Förderung von umweltverantwortlichem Handeln" sowie zum gesamten SPZ "Umweltverantwortliches Handeln" vom 30.09.94. Bern. (Typoskript).

Kaufmann-Hayoz, R., Defila, R. 1994: Pragmatische Visionen für die Allgemeine Ökologie. In: Gaia. Ökologische Perspektiven in Natur-, Geistes- und Wirtschaftswissenschaften. Jg 3, Nr. 6. S. 353-358.

Klein Thompson, J. 1990: Interdisciplinarity. History, Theory & Practice. Detroit: Wayne State University Press.

Kocka, J. (Hg.) 1987: Interdisziplinarität. Praxis-Herausforderung-Ideologie. Frankfurt a. M.: Suhrkamp.

Krott, M. 1994: Management vernetzter Umweltforschung. Wissenschaftspolitisches Lehrstück Waldsterben. Wien, Köln, Graz: Böhlau.

Luhmann, N. 1990: Die Wissenschaft der Gesellschaft. Frankfurt a. M.: Suhrkamp.

Malsch, Th., Schulz-Schaeffer, I., Jonas, M. 1994: Wachsames Vertrauen und informelle Reziprozität. Zur Bedeutung intermediärer Kooperation zwischen akademischer Forschung und Industrie in wissensbasierten Innovationsprozessen. (Unveröffentlichtes Manuskript).

Mittelstrass, J. 1989a: Der Flug der Eule. 15 Thesen über Bildung, Wissenschaft und Universität. In: Mittelstrass, J.: Der Flug der Eule. Von der Vernunft der Wissenschaft und der Aufgabe der Philosophie. Frankfurt a. M.: Suhrkamp. S. 43-59.

Mittelstrass, J. 1989b: Wohin geht die Wissenschaft? Über Disziplinarität, Transdisziplinarität und das Wissen in einer Leibnitz-Welt. In: Mittelstrass, J.: Der Flug der Eule. Von der Vernunft der Wissenschaft und der Aufgabe der Philosophie. Frankfurt a. M.: Suhrkamp. S. 60-88.

Mittelstrass, J. 1995: Transdisziplinarität. In: Panorama. Programmleitung SPPU (Hg.). Informationsbulletin Nr. 5 (August 1995). S. 45-53.

Ökologie-Kommission der Schweizerischen Hochschulkonferenz (SHK) 1991: Schwerpunktprogramm Umwelt. Ein Beitrag der Wissenschaft zu einer nachhaltigen Entwicklung und Politik der Schweiz in Europa und der Welt. Bern. (Typoskript).

Panorama 1993a, S. 5-9: Das Schwerpunktprogramm Umwelt stellt sich vor. In: Panorama. Programmleitung SPPU (Hg.). Informationsbulletin Nr. 1 (Januar 1993).

Panorama 1993a, S. 16-18: Modul 4: Umweltgerechtes Denken und Handeln. In: Panorama. Programmleitung SPPU (Hg.). Informationsbulletin Nr. 1 (Januar 1993).

Panorama 1993a, S. 23: Modul 7: Entwicklung und Umwelt. In: Panorama. Programmleitung SPPU (Hg.). Informationsbulletin Nr. 1 (Januar 1993).

Panorama 1993a, S. 24-25: Interdisziplinäres. In: Panorama. Programmleitung SPPU (Hg.). Informationsbulletin Nr. 1 (Januar 1993).

Panorama 1993a, S. 26-31: "Die Wissenschaft muss Visionen entwickeln". Interview mit Prof. Bruno Messerli, Präsident der Gruppe der Expertinnen und Experten. In: Panorama. Programmleitung SPPU (Hg.). Informationsbulletin Nr. 1 (Januar 1993).

Panorama 1993b, S. 5-20: Umweltforschung ausserhalb des Schwerpunktprorgammes Umwelt. In: Panorama. Programmleitung SPPU (Hg.). Informationsbulletin Nr. 2 (Juli 1993).

Panorama 1993b, S. 21-30: Skizzen als Spiegel von Umwelt-Forschungsinteressen. In: Panorama. Programmleitung SPPU (Hg.). Informationsbulletin Nr. 2 (Juli 1993).

Panorama 1993b, S. 32-39: "Der Umweltforschungsteppich muss besser strukturiert werden!" Interview mit Prof. Bruno Böhlen, Verfasser einer Strategie Umweltforschung Schweiz. In: Panorama. Programmleitung SPPU (Hg.). Informationsbulletin Nr. 2 (Juli 1993).

Panorama 1993b, S. 49-51: Interdisziplinäres. In: Panorama. Programmleitung SPPU (Hg.). Informationsbulletin Nr. 2 (Juli 1993).

Panorama 1994, S. 39-41: Interdisziplinäres. In: Panorama. Programmleitung SPPU (Hg.). Informationsbulletin Nr. 3 (März 1994).

Parthey, H., Schreiber, K. (Hg.) 1983: Interdisziplinarität in der Forschung. Analysen und Fallbeispiele. Berlin-Ost: Akademie-Verlag.

Programmleitung SPPU 1993: Tätigkeits- und Programmbericht Nr. 3 der Programmleitung SPP Umwelt (Auszug) vom 15.11.93 (Periode vom 1. Juni 1992 bis zum 30. September 1993). Bern. (Typoskript).

Programmleitung SPPU 1994: Abstracts. Burgdorf 15.11.1994. Beilage zu Panorama. Programmleitung SPPU (Hg.). Informationsbulletin Nr. 4 (Februar 1995).

Protokoll 2. Arbeitstagung SPZ 1993: Auswertung der zweiten Arbeitstagung im Rahmen des Schwerpunktzentrums "Umweltverantwortliches Handeln" vom 24./25.11.93 und Planung des weiteren Vorgehens (zusammenfassendes Tagungsprotokoll vom 25.11.93, 14.00 bis 16.00 Uhr).

Protokoll des Nationalrats vom 30.09.91: Wissenschaftliche Forschung 1992-1995. Förderung. In: Amtliches Bulletin der Bundesversammlung. Nationalrat. S. 1741-1761.

Protokoll des Ständerats vom 04.06.91: Wissenschaftliche Forschung 1992-1995. Förderung. In: Amtliches Bulletin der Bundesversammlung. Ständerat. S. 362-378.

Rahmenpapier SPZ 1992: Schwerpunktzentrum "Umweltverantwortliches Handeln" (Rahmenpapier vom 30.09.92). Bern. (Typoskript).

Roux, M. 1995: Merkmale einer praxisbegleitenden Umweltforschung erkunden. In: Panorama. Programmleitung SPPU (Hg.). Informationsbulletin Nr. 5 (August 1995). S. 33-39.

Schneider, H. J. 1988: Interdisziplinarität: Floskel oder Notwendigkeit? In: UNIVERSITAS. Marksteine. Sonderedition zur 500. Ausgabe. Stuttgart. S. 12-15.

Schweizerische Hochschulkonferenz 1994: Mehrjahresplan 1996-1999 der Schweizerischen Hochschulen. Bern. (Typoskript).

Schweizerischer Nationalfonds 1995: Prisma 1995. Bern.

Schweizerischer Nationalfonds, ETH-Rat 1995: Schwerpunktprogramme SPP. In: Vision. Das Schweizer Magazin für Wissenschaft und Forschung. Beilage zu Heft-Nr. 3. S. 6-7.

Schweizerischer Wissenschaftsrat (Hg.) 1994: Evaluation der Schwerpunktprogramme des Bundes. Schlussbericht einer internationalen Expertengruppe zuhanden des Schweizerischen Wissenschaftsrates. Reihe Forschungspolitik. Schweizerischer Wissenschaftsrat (Hg.). FOP Nr. 16. Bern.

Skizzen für koordinierte Projekte SPPU 1992: Umweltwahrnehmung-Handlungsorientierung-Verantwortung (Fuhrer, U.) / Handlungsspielräume für ökologisches Lehren und Lernen in Bildungsinstitutionen und Alltag (Oelkers, J., Jenni, L., Finger, M.). Bern: Typoskript.

Snow, C. P. 1959: Die zwei Kulturen. In: Kreuzer, H. (Hg.) 1987: Die zwei Kulturen. Literarische und naturwissenschaftliche Intelligenz. C. P. Snows These in der Diskussion. München: dtv. S. 19-96.

Star, S. L., Griesemer, J. 1989: Institutional Ecology, 'Translations', and Boundary Objects: Amateurs and Professionals in Berkeley's Museum of Vertebrate Zoology, 1907 - 1993. In: Social Studies of Science. Bd 19, Nr. 3. S. 387-420.

Stichweh, R. 1979: Differenzierung der Wissenschaft. In: Stichweh, R. 1994: Wissenschaft, Universität, Professionen. Soziologische Analysen. Frankfurt a. M.: Suhrkamp. S. 15- 51.

Ulrich, H., Probst, G. J. B. 1988: Anleitung zum ganzheitlichen Denken und Handeln. Bern: Haupt.

UNI PRESS Nr. 85 1995: Umweltverantwortliches Handeln. Kluft zwischen Umweltbewusstsein und Verhalten. Pressestelle der Universität Bern (Hg.). Heft-Nr. 85.

Universität Bern 1991: Beteiligung am Schwerpunktprogramm "Zentrum für Umweltwissenschaften" (ZEFU) des Bundes. Schreiben vom 18.03.91 an die Ökologie-Kommission der SHK.

Universität Bern 1992: Bereitschaft und Interesse der Universität Bern an der Uebernahme der Verantwortung für die Bildung von Schwerpunktzentren im SPP Umwelt. Schreiben vom 18.05.92 an die Expertengruppe SPPU.

Vester, F. 1991: Neuland des Denkens. Vom technokratischen zum kybernetischen Zeitalter. München: dtv.

Weingart, P. 1974: Das Dilemma: die Organisation von Interdisziplinarität. In: Wirtschaft und Wissenschaft. 22. S. 22-28.

Whitley, R. 1984: The Intellectual and Social Organization of the Sciences. Oxford: Clarendon Press.

3.

Ergebnisse

3.1.

Das Verhältnis von Umweltbewusstsein und Handeln

Einsicht in ökologische Zusammenhänge und Umweltverhalten

Andreas Diekmann, Axel Franzen

Wie in unserer Gesellschaft mit den natürlichen Ressourcen umgegangen wird, ist das Resultat einer Vielzahl von Handlungen in Politik, Wirtschaft und im persönlichen Alltagsleben. Dabei können uns die Naturwissenschaften zwar wichtige Einsichten in ökologische Zusammenhänge vermitteln, beispielsweise zu den Folgen des Verbrauchs fossiler Energien für das globale Klima. In welcher Weise aber diese Zusammenhänge und ökologischen Gefährdungen der natürlichen Lebensgrundlagen wahrgenommen werden und das Handeln der Menschen als Entscheidungsträger oder im persönlichen Alltag prägen, ist eine Frage, die an die Adresse der Sozialwissenschaften gerichtet ist. Konkret stellt sich das Problem, von welchen Bedingungen es denn abhängt, dass Personen in mehr oder minder starkem Ausmass ökologieorientiert handeln oder auf der anderen Seite relativ sorglos mit der knappen Ressource "Natur" umgehen.

Dieser Frage wird in der Sozialpsychologie und Soziologie mit Labor- und Feldexperimenten, Fallstudien oder mit Befragungsstudien ("Surveys") zum Umweltverhalten nachgegangen. Eine ganze Reihe mutmasslicher Einflussfaktoren auf das Umwelthandeln kommen in Betracht: Die Einstellung zum Umweltproblem, d.h. das Umweltbewusstsein einer Person, das Wissen um ökologische Zusammenhänge (Umweltwissen), die persönliche Betroffenheit durch Umweltbelastungen wie Lärm oder Abgase am Wohnort, die Einbindung in mehr oder minder umweltfreundliche soziale Netzwerke wie Freundeskreise und Nachbarschaften und nicht zuletzt ökonomische Anreize. Dazu zählen die Preise, Zeitkosten und Qualitäts- oder Bequemlichkeitseinbussen bzw. Gewinne ökologieorientierten Handelns im Vergleich zur weniger umweltgerechten Handlungsalternative.

1. Einleitung

In der vorliegenden Arbeit befassen wir uns hauptsächlich mit zwei Aspekten der Einstellung zur Umwelt. Zunächst untersuchen wir, in welchem Ausmass ökologische Zusammenhänge und Probleme von der Bevölkerung überhaupt wahrgenommen werden. Zur Beantwortung dieser ersten, deskriptiven Fragestellung werden repräsentative Umfragedaten benötigt. Mit dem "Schweizer Umweltsurvey", basierend auf einer Zufallsstichprobe von 3019 Schweizerinnen und Schweizern, stehen repräsentative Daten zu zahlreichen Aspekten des Umweltverhaltens, zum Umweltbewusstsein und Umweltwissen zur Verfügung.[1] Weiterhin wurde ein Teil der Fragen im Rahmen des "International Social Survey Program (ISSP)" gleichzeitig Personen aus Bevölkerungsstichproben in mehr als zwanzig Ländern innerhalb und ausserhalb Europas vorgelegt. Die Schweizer- und die ISSP-Daten erlauben damit zusätzlich internationale Vergleiche bezüglich der Wahrnehmung von Umweltproblemen.

Neben der Frage nach dem Ausmass umweltbezogener Einstellungen und Verhaltensweisen stellt sich zweitens die Frage nach dem Zusammenhang zwischen ökologischen Einsichten und konkreten Umweltaktivitäten. So wird beispielsweise versucht, das persönliche Umwelthandeln im Alltag durch vermehrte ökologische Bildung und Aufklärung zu verbessern. Es fragt sich allerdings, ob die pädagogische Strategie wirklich nennenswerte Früchte trägt. Dies wäre nur dann der Fall, wenn auch empirisch Zusammenhänge zwischen dem Ausmass des Umweltwissens und dem Umweltverhalten nachweisbar wären. Handeln also Personen, die sich um vermehrtes ökologisches Wissen bemühen, tatsächlich umweltgerechter? Zur Prüfung dieser und weiterer Hypothesen stützen wir uns gleichfalls auf die Daten des Schweizer Umweltsurveys.

2. Gewachsenes Umweltbewusstsein in Europa

In den westeuropäischen Ländern, in denen regelmässig Befragungen zur Umweltthematik unternommen werden, zeigt sich ein relativ eindeutiger Trend zunehmenden Umweltbewusstseins. Gemäss der Eurobarometerumfrage wurde die Priorität der Umweltpolitik in den Staaten der Europäischen Union in der Vergangenheit ausgesprochen hoch eingeschätzt. Die Einstufung der Dringlichkeit der Umweltpolitik ist in den Jahren von 1988 bis 1992 sogar nochmals stark angestiegen (Abb. 1a und 1b). Allerdings ist dieser Trend durch zwei Einschränkungen zu qualifizieren.

1 Der Schweizer Umweltsurvey 1994 entstand unter Leitung der Autoren. Das Projekt wurde vom Schweizer Nationalfonds innerhalb des Schwerpunktprogramms Umwelt finanziert. Eine Zufallsstichprobe aller Schweizer Stimmbürger wurde telefonisch und schriftlich befragt (vgl. zur Methode auch Kap. 2.1. in diesem Band). Die Ausschöpfungsquote der telefonischen Interviews betrug 52%, die der schriftlichen 88% (von den 52% realisierter Telefoninterviews). Die hier berichteten Randverteilungen wurden nach der Haushaltsgrösse gewichtet. Dank einer Zusatzfinanzierung durch die Innerschweizer Kantone, konnten für die Innerschweiz 300 zusätzliche Interviews durchgeführt werden. Diese Überrepräsentierung der Innerschweiz ist hier durch Gewichtung berücksichtigt. Die Gewichtungsfaktoren basieren auf den bekannten Auswahlwahrscheinlichkeiten gemäss Stichprobenplan (Designgewichte). Auf die höchst umstrittene Prozedur der Anpassung an bekannte Randverteilungen (Redressement, Nachgewichtung) haben wir verzichtet.

Zum einen bestehen zwischen Lippenbekenntnissen zur Dringlichkeit des Umweltschutzes und dem eigenen Tun erhebliche Diskrepanzen (Diekmann, Preisendörfer 1992; Diekmann, Franzen 1995b; Hines et al. 1986; Weigel 1977). Neben der Kluft zwischen Umweltbewusstsein und Umweltverhalten zeigen zweitens detailliertere internationale Vergleichsstudien, dass die Bewertung von Umweltzielen mit der Bewertung ökonomischer Ziele konkurriert. Wird z.B. nach der Bereitschaft zu Abstrichen am Lebensstandard zugunsten der Umwelt oder zur relativen Bedeutung der Umweltpolitik im Vergleich zum Problem der Arbeitslosigkeit gefragt, so wird die Bedeutung des Umweltschutzes deutlich niedriger eingestuft (s. auch Schuster 1992). Weiterhin korreliert die Bewertung des Umweltproblems, wie unsere Auswertungen der ISSP-Daten demonstrieren, stark mit der wirtschaftlichen Situation eines Landes. Das Gut "intakte Umwelt" ist ökonomisch gesprochen ein "superiores Gut", das bei günstiger wirtschaftlicher Lage und steigenden Einkommen offenbar vermehrt an Bedeutung gewinnt.

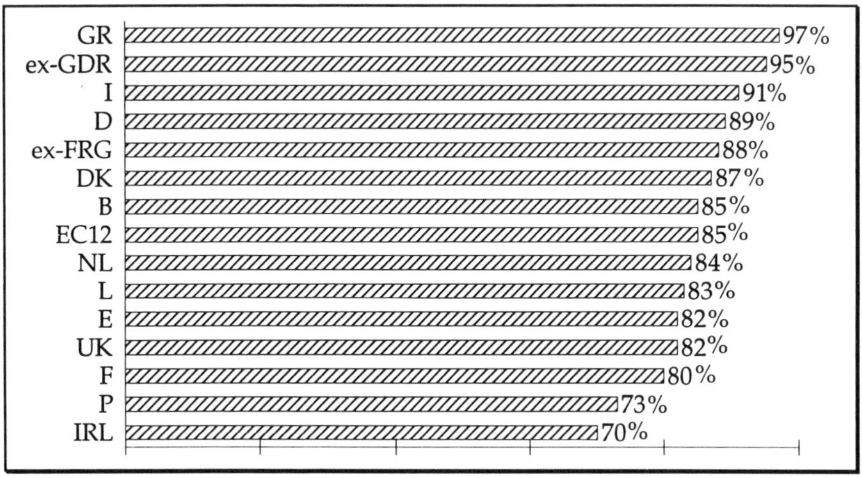

Abbildung 1a: *Zustimmung in % zur Frage: "Umweltschutz als dringliches Problem", 1992*

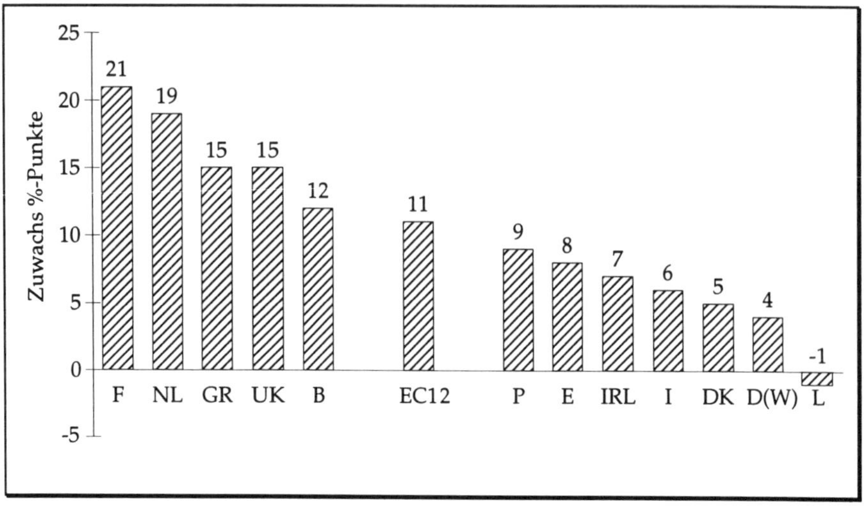

Abbildung 1b: *Veränderung der Zustimmungsquoten zwischen 1988 und 1992*

Legende zu Abbildungen 2a und 2b:

BG:	Bulgarien	CH-W:	Westschweiz	GB:	Grossbritannien
BRD-W:	Westdeutschland	CDN:	Kanada	H:	Ungarn
BRD-O:	Ostdeutschland	CSSR:	Tschechoslovakei	I:	Italien
CH-D:	Deutschschweiz	E:	Spanien	IL:	Israel
IR:	Irland	NL:	Niederlande	RUS:	Russland
IR-N:	Nordirland	NZ:	Neuseeland	SLO:	Slovenien
J:	Japan	PL:	Polen	USA:	Vereinigte Staaten v. Amerika
N:	Norwegen	RP:	Philippinen		

* Arbeitslosenquote im Jahre 1992 (Quelle: Der Fischer Weltalmanach '94).
** BSP pro Kopf in 1000 $ im Jahre 1992 (Quelle: Der Fischer Weltalmanach '95).
*** Für Nordirland keine Angaben.
\+ Anzahl Befragte

Der Spearman Rangkorrelationskoeffizient zwischen dem BSP und der Zustimmung zur ersten Frage beträgt -.52 und zwischen dem BSP und der Zustimmung zur zweiten Frage .77.

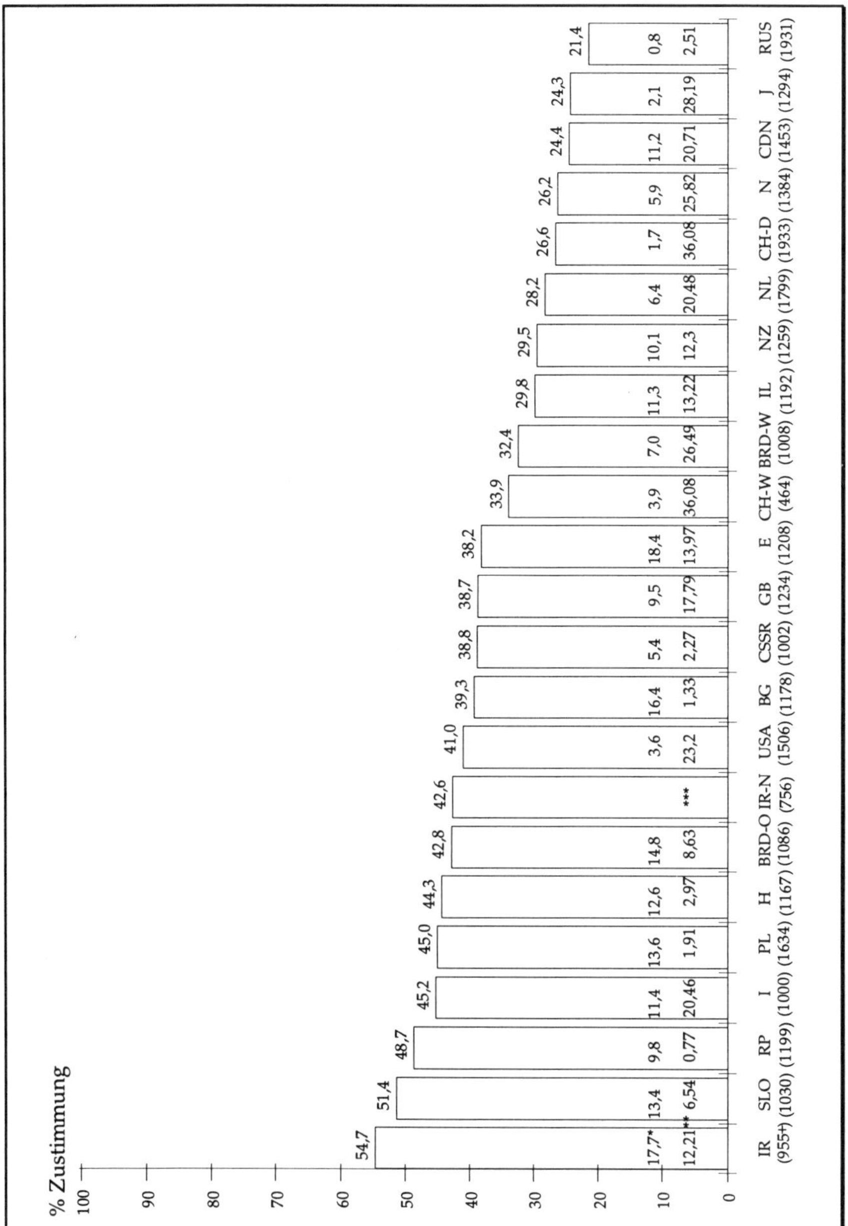

Abbildung 2a: *Wir machen uns zu viele Sorgen über die Zukunft der Umwelt und zu wenig um Preise und Arbeitsplätze (Anteil Befragte, die dies eher oder sehr akzeptabel finden)*

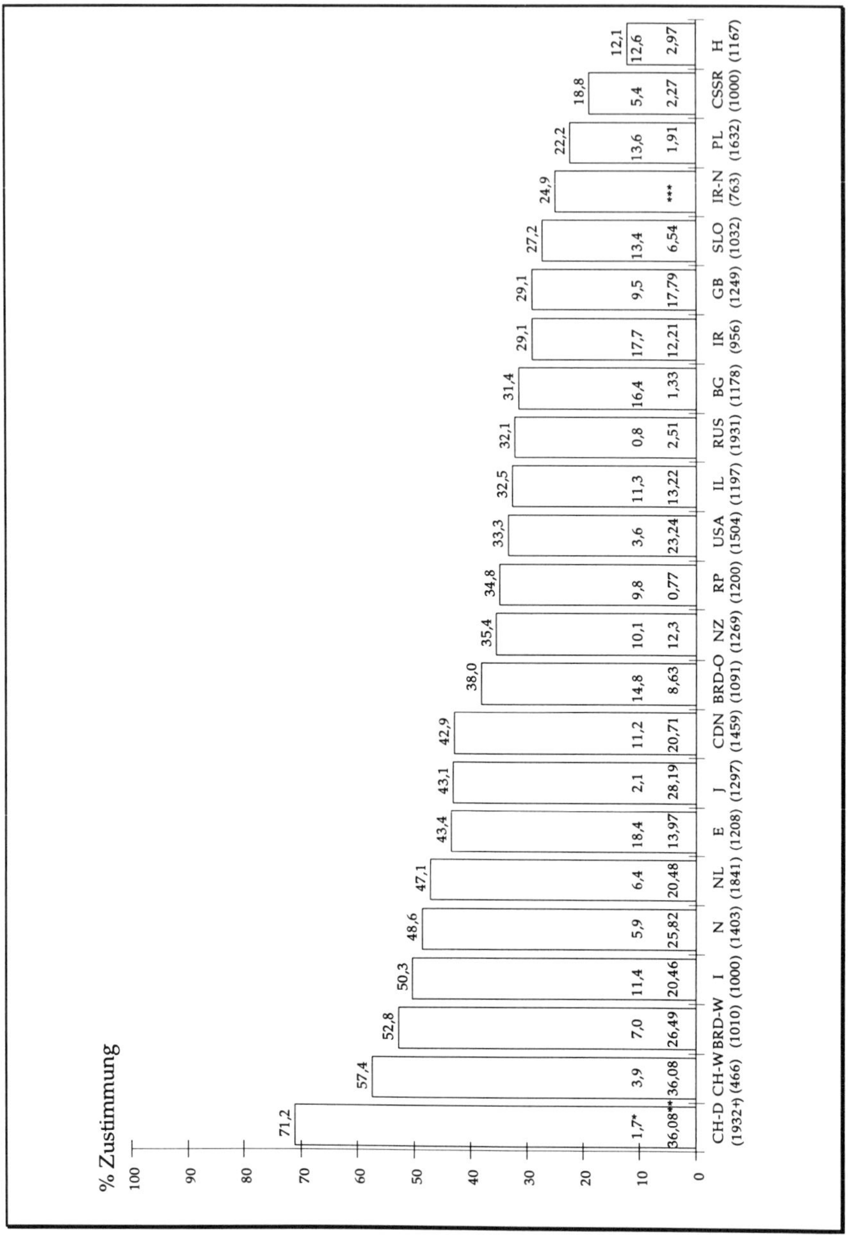

Abbildung 2b: *Inwieweit fänden Sie es persönlich akzeptabel, Abstriche von Ihrem Lebensstandard zu machen, um die Umwelt zu schützen (Anteil Befragte, die dies eher oder sehr akzeptabel finden)?*

3. Einstellungen zur Umwelt in der Schweiz

Wie steht es nun genauer um das Umweltwissen und Umweltbewusstsein in der schweizerischen Bevölkerung? Wir können hier zunächst einmal zwei Dimensionen des Umweltwissens unterscheiden: (1) Umweltpraktisches Handlungswissen (Beispiel: "Wie sollte man Ihrer Meinung nach im Winter umweltschonend lüften?") und (2) die Kenntnis ökologischer Zusammenhänge und Fakten (z.B. "Können Sie mir sagen, welches Gas hauptsächlich zum Treibhauseffekt beiträgt?"). Zu beiden Dimensionen werden im Schweizer Umweltsurvey eine Reihe von Fragen gestellt.

Tabelle 1 informiert über den Prozentsatz korrekter Angaben zu neun Wissensfragen, aufgeschlüsselt nach den drei Sprachregionen. Bei den eher umweltpraktischen Wissensfragen fällt auf, dass den meisten Verbrauchern nicht einmal die ungefähre Höhe des Strompreises bekannt ist. Über die Grössenordnung des Sparpotentials von Energiesparlampen sind weniger als die Hälfte der Befragten informiert. Interessant ist auch, dass trotz der häufigen Medienberichterstattung zu den Themen "Ozon" und "Treibhauseffekt" das Wissen um die ökologischen Zusammenhänge äusserst oberflächlich ist und sich meist nur auf der Ebene von Schlagworten bewegt. Nur knapp ein Drittel der Schweizerinnen und Schweizer kann spontan angeben, dass Kohlendioxid als Hauptverursacher des Treibhauseffektes gilt. Wenig grösser ist der Anteil der Befragten, die eine zutreffende Auskunft zur Ozonproblematik geben. Lediglich die schädlichen Folgen des Ozonkillers FCKW sind weithin bekannt. Besonders auffallend ist der systematische Unterschied im Umweltwissen zwischen der Deutschschweiz einerseits und der Romandie und dem Tessin auf der anderen Seite.

	% richtige Angaben Alle	D-CH	W-CH	Tessin
a) Können Sie mir sagen, wieviel Ihr Haushalt für eine Kilowattstunde Strom bezahlen muss? *(Richtig: 10 - 30 Rappen)*	15,4	14,4	18,9	16,7
b) Was meinen Sie, wieviel Kernkraftwerke sind in der Schweiz in Betrieb? *(Richtig: 4 - 6)*	48,5	53,2	34,0	33,5
c) FCKW oder Fluor-Chlor-Kohlenwasserstoff wurde lange Zeit als Treibmittel in Spraydosen verwendet. Weiterhin ist es auch als Kältemittel in Kühlgeräten enthalten. Wissen Sie, was FCKW verursacht? *(Richtig: schädigt die Ozonschicht)*	75,8	78,9	68,0	56,6
d) Können Sie mir sagen, welches Gas hauptsächlich zum Treibhauseffekt beiträgt? *(Richtig: CO_2 oder Kohlendioxid)*	33,4	35,5	27,3	24,4
e) Nennen Sie mir bitte alle Namen von nichtstaatlichen Umweltschutzorganisationen, die Sie kennen. *(Nennung von wenigstens einer Organisation. Genannt wurden an erster Stelle Greenpeace, ...)*	73,4	77,5	62,1	53,8
f) Man redet heute viel über Ozonwerte. Wo stellen hohe Ozonwerte eine Gefahr für Mensch und Umwelt dar, am Boden oder in der Erdatmosphäre? *(Richtig: am Boden)*	38,3	42,0	27,8	21,3
g) Was schätzen Sie, wieviel mal weniger Strom als eine gewöhnliche Glühbirne braucht eine Energiesparlampe? *(Richtig: 3 - 10 mal weniger)*	42,5	46,0	34,7	17,6
h) Wie sollte man Ihrer Meinung nach im Winter umweltschonend lüften? *(Richtig: 3 x pro Tag je drei Minuten Durchzug)*	69,7	75,7	53,4	40,3
i) Weshalb, glauben Sie, wird empfohlen, Batterien nicht in den Abfall zu werfen, sondern an Sammelstellen abzugeben? *(Richtig: wegen Gift bzw. Schwermetallen)*	79,4	83,9	61,8	76,9
Mittelwerte aus der standardisierten Skala (1-10) Cronbachs Alpha = 0,51	5,76	6,06	4,88	4,41

Tabelle 1: *Umweltwissen der Schweizer Bevölkerung*

	% Zustimmung Alle	D-CH	W-CH	Tessin
1) Wenn wir so weiter machen wie bisher, steuern wir auf eine Umweltkatastrophe zu.	70,0	73,0	59,6	64,3
2) Nach meiner Einschätzung wird das Umweltproblem in seiner Bedeutung von vielen Umweltschützern stark übertrieben.	33,9	31,3	43,0	38,6
3) Es ist noch immer so, dass die Politiker viel zu wenig für den Umweltschutz tun.	62,6	61,3	67,2	65,9
4) Das Ozonloch stellt eine ziemliche oder grosse Bedrohung dar.	69,0	70,9	60,4	72,7
5) Die moderne Wissenschaft wird unsere Probleme bei nur geringer Veränderung unserer Lebensweise lösen.	27,9	29,1	21,6	32,5
6) Wir machen uns zu viele Sorgen über die Zukunft der Umwelt und zu wenig um Preise und Arbeitsplätze.	28,9	26,9	34,2	38,3
7) Fast alles, was wir in unserer modernen Welt tun, schadet der Umwelt.	46,4	50,1	35,0	33,7
8) Die Leute machen sich zu viele Sorgen, dass der menschliche Fortschritt der Umwelt schadet.	31,0	33,3	23,0	26,8
9) Und inwieweit fänden Sie es für sich persönlich akzeptabel, Abstriche von Ihrem Lebensstandard zu machen, um die Umwelt zu schützen?	69,8	72,7	59,6	62,6
Mittelwert der standardisierten Skala (0-10) Cronbachs Alpha = 0,76	6,39	6,52	6,01	5,95

Tabelle 2: *Umweltbewusstsein in der Schweiz*

Aber nicht nur das Umweltwissen, sondern auch das Umweltbewusstsein und Umweltverhalten ist in der Deutschschweiz durchgehend stärker ausgeprägt als in den westlichen Landesteilen (Tab. 2 und 3). Der Aussage 'Wenn wir so weiter machen wie bisher, steuern wir auf eine Umweltkatastrophe zu' stimmen z.B. 73% der Befragten in der Deutschschweiz eher oder stark zu, aber 'nur' etwa 60% der Befragten in der Westschweiz.[2] Die einzige Ausnahme stellt die Zustimmungsquote zu Aussage 3 in Tabelle 2 dar. Mehr Befragte aus der Westschweiz und dem

2 Die Aussagen aus Tab. 2 konnten die Befragten mit 'stimme sehr zu', 'stimme eher zu', 'stimme weder zu noch lehne ab', 'lehne eher ab' oder 'lehne stark ab' beantworten. Angegeben ist hier der Anteil an Befragten, die den Aussagen eher oder sehr zustimmen.

Tessin glauben, dass die Politiker noch immer zu wenig für den Umweltschutz tun als dies in der Deutschschweiz der Fall ist. Von dieser Ausnahme einmal abgesehen findet sich bei den Wissens-, Einstellungs- und Verhaltensfragen des Umweltsurveys aber ein tiefer "Umwelt-Röstigraben" zwischen den Landesteilen.

Neben den Unterschieden zwischen den Landesteilen bestehen beim Umwelthandeln erhebliche Unterschiede zwischen verschiedenen umweltrelevanten Handlungsbereichen. Während ein Grossteil der Befragten angibt, Kompost (76%), Aluminium (72%) und Papier (96%) getrennt vom übrigen Abfall zu sammeln, geben nur relativ wenig Befragte an, Heizenergie zu sparen (27%), Haushaltseinkäufe mit öffentlichen Verkehrsmitteln zu erledigen (45%) oder der Umwelt zuliebe kein Auto zu besitzen (7%). Die Unterschiede legen die Vermutung nahe, dass umweltfreundliche Handlungsweisen dann eher ausgeführt werden, wenn diese mit geringen Einbussen an Kosten und Bequemlichkeit verbunden sind. Wir werden auf diese These weiter unten zurückkommen. Die Befragungsergebnisse zeigen aber auch ein Problem von Umfragen, nämlich die Tendenz, das selbstberichtete Umweltverhalten zu beschönigen. So geben z.B. 95% der Befragten an, bei der Wahl zwischen Mehrweg- und Einwegverpackungen beim Getränkekauf erstere zu wählen. Demgegenüber beträgt der Marktanteil von Mehrwegverpackungen für Getränke in der Schweiz aber ca. 80%.

Der schon angesprochene markante Unterschied zwischen der West- und der Deutschschweiz zeigt sich auch bei Fragen nach der Handlungsbereitschaft zum Schutz der Umwelt. Fragt man weiterhin die Schweizerinnen und Schweizer, welchen Betrag sie *zusätzlich* zu bestehenden Steuern und Abgaben zum Schutz der Umwelt zu zahlen bereit sind, so beziffert sich der Durchschnittsbetrag auf rund Fr. 40.-. In der Deutschschweiz sind dies Fr. 46.-, in der Westschweiz Fr. 27.- und im Tessin Fr. 25.-. Die durchschnittliche Zahlungsbereitschaft für alle Befragte beträgt Fr. 41.- oder ca. 1,4% des Nettoeinkommens[3] (Tab. 4, Abb. 3).

Paradoxerweise ergibt sich bei der wahrgenommenen Umweltbetroffenheit ein anderes Muster. Auch hier sind regionale Unterschiede erkennbar. Doch wird die Umweltbelastung in der Deutschschweiz mit Ausnahme des Verkehrslärms und der Autoabgase geringer eingestuft als in der Westschweiz (Tab. 5). Das Ost-West-Gefälle beim Umweltwissen, Umweltbewusstsein und Umweltverhalten kontrastiert demnach mit einem West-Ost-Gefälle bei der subjektiven Umweltbetroffenheit.

3 Bezogen auf das durchschnittliche Einkommen der Stichprobe, die z.B. Schüler, Studierende und Personen mit geringfügigen Zusatzeinkommen einschliesst.

	% Ja Antworten			
	Alle	D-CH	W-CH	Tessin
Einkaufen				
Wenn Sie privat etwas schreiben, verwenden Sie dann Umweltschutzpapier?	47,0	49,0	38,8	49,3
Benutzen Sie in Ihrem Haushalt Toilettenpapier, das aus 100% Altpapier hergestellt ist?	74,5	78,5	60,7	64,9
Wie häufig achten Sie beim Einkauf auf die Hinweise zu der Umweltverträglichkeit, bevor Sie sich zum Kauf entscheiden?	59,9	61,2	55,9	55,0
Haben Sie in den letzten vier Wochen etwas nicht gekauft, weil es Ihrer Meinung nach zuviel Verpackung hatte?	29,7	30,0	27,6	32,2
Recyclingverhalten				
Kompost	76,8	81,9	59,1	66,4
Aluminium	72,4	74,2	65,7	70,4
Papier	96,9	98,6	90,7	95,5
Wenn Sie beim Kauf von Getränken zwischen Mehrweg- und Einwegverpackungen wählen können, welche Verpackungsart kaufen Sie dann?	95,2	95,7	94,4	90,5
Energiesparen				
Wenn Sie im Winter Ihre Wohnung für mehr als 4 Stunden verlassen, drehen Sie da normalerweise die Heizung ab oder herunter?	27,0	26,7	26,0	34,4
Drehen Sie die Heizung im Winter nachts herunter?	62,9	62,3	63,7	69,2
Verwenden Sie in Ihrem Haushalt Energiesparlampen?	51,5	52,5	49,9	41,6
Drehen Sie beim Duschen während des Einseifens oder während des Shampoonierens der Haare das Wasser ab?	61,8	62,6	58,2	61,6
Verkehrsverhalten				
Wie viele tausend Kilometer haben Sie mit Ihrem Auto im letzten Jahr schätzungsweise zurückgelegt? (Anteil der Personen, die weniger als 12'000 km (Median der Autofahrer) pro Jahr mit dem Auto zurücklegen)	64,4	64,7	62,6	66,5
An wie vielen Tagen in der Woche fahren Sie normalerweise selbst ein Auto? (einmal oder weniger pro Woche)	29,6	31,4	22,4	27,8
Benutzung öffentlicher Verkehrsmittel für Haushaltseinkäufe.	45,8	48,4	35,9	41,0
Ich habe der Umwelt zuliebe kein Auto.	6,9	8,0	2,7	4,5
Mittelwert der standardisierten Skala (0-16)	8,97	9,20	8,09	8,67

Tabelle 3: *Umweltverhalten in der Schweiz*

	Alle	D-CH	W-CH	Tessin
1) Durchschnittliche Zahlungsbereitschaft für einen verbesserten Umweltschutz zusätzlich zu bestehenden Steuern und Abgaben in sFr. pro Monat (in % vom Nettoeinkommen)	40,99 (1,44%)	45,62 (1,49%)	26,74 (1,35%)	24,62 (1,01%)
Bereitschaft immer oder oft				
2) fürs Einkaufen auf das Auto zu verzichten	51,4	53,7	41,1	54,6
3) bei Ausflügen in der Freizeit aufs Auto zu verzichten	50,5	54,0	34,3	56,0
4) für den Weg zur Arbeit oder Ausbildungsstätte aufs Auto zu verzichten	57,4	61,3	41,2	54,0
5) im Haushalt Energie zu sparen	84,3	83,5	87,6	83,7
6) den Abfall zu sortieren	94,6	96,4	88,4	91,0
7) umweltfreundliche Produkte zu kaufen	79,5	79,4	79,9	78,3

Erläuterung: angegeben ist der Anteil der Befragten, die immer oder oft bereit wären, die aufgeführten Aktivitäten einzuschränken.

Tabelle 4: *Handlungsbereitschaft, die Umwelt zu schützen*

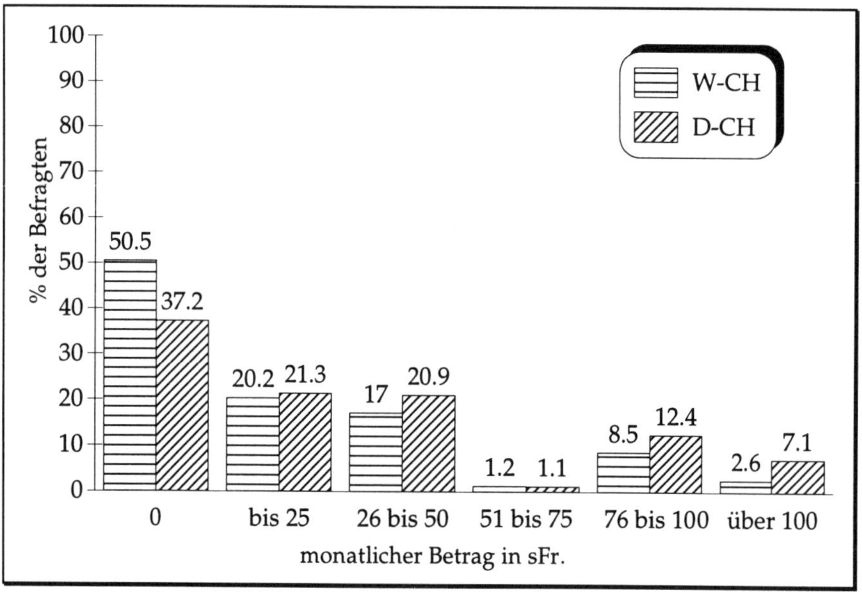

Abbildung 3: *Verteilung der Zahlungsbereitschaft*

	% die sich stark oder sehr stark betroffen fühlen			
	Alle	D-CH	W-CH	Tessin
1) Verkehrslärm auf den Strassen	22,4	22,7	18,7	30,8
2) Autoabgase	33,8	32,7	33,1	52,0
3) Fluglärm	9,0	8,6	11,2	7,2
4) Abwässer und Abgase von Fabriken	16,7	13,1	30,6	16,9
5) Abfälle	23,0	18,4	38,7	32,6
6) Kernkraftwerke	20,0	15,6	36,6	24,9
7) Wie zufrieden sind Sie insgesamt mit der Umweltqualität in Ihrer Wohngegend? (eher zufrieden oder sehr zufrieden)	74,0	76,0	73,3	45,7
Skalenmittelwerte der standardisierten Skala (0-10)	3,01	2,82	3,58	3,86

Tabelle 5: *Wahrgenommene Umweltbetroffenheit*

4. Zusammenhänge mit dem Umwelthandeln

Wie sich zeigte, konnte rund ein Drittel bzw. 40% der Befragten auf die CO_2- und die Ozon-Frage eine zutreffende Antwort geben (Tab. 1). Es fragt sich nun, ob das Umweltwissen auch in ein entsprechendes Verhalten umgesetzt wird. Sind z.B. umweltinformierte Personen eher bereit, die Nutzung des privaten Autos einzuschränken? Zur Illustration berechnen wir die geschätzten Jahreskilometer mit dem Auto für informierte und nicht-informierte Autobesitzer. Wie Tabelle 6 zu entnehmen ist, legen die informierten Autobesitzer pro Jahr sogar eine grössere Strecke zurück als die nicht-informierten Autobesitzer. Selbst wenn man Personen einbezieht, die über kein Auto verfügen und für diese Personen eine Jahreskilometerleistung von null einsetzt, liegt die durchschnittliche Autonutzung der informierten Befragten immer noch über derjenigen der nicht-informierten Befragten.

		Nur Autobesitzer	Alle Personen
1) CO_2	gewusst	16452	12943
	nicht gewusst	15265	12295
2) Ozon	gewusst	15790	12628
	nicht gewusst	15577	12439

*Arithmetischer Mittelwert der Jahreskilometer

Tabelle 6: *Pro Jahr zurückgelegte Kilometer mit dem Auto nach der Antwortreaktion auf die CO_2- und Ozon-Frage**

Gewiss handelt es sich hierbei eher um ein illustratives Beispiel als um einen strikten Test der Informations-Verhaltenshypothese. Aufschlüsse über den Zusammenhang zwischen ökologischem Wissen und dem Umwelthandeln erhalten wir, wenn die einzelnen Indikatoren (die Antworten auf die einzelnen Fragen) jeweils zu einem Index des Umweltwissens und des Umweltverhaltens zusammengefasst werden. In ähnlicher Weise lassen sich additive Indizes des Umweltbewusstseins und der Umweltbetroffenheit bilden. Es ergibt sich dann zwischen dem Index des Umweltwissens und dem Verhaltensindex eine äusserst geringe Korrelation von r=0,03. Nun könnte es aber noch der Fall sein, dass die Schätzung von Richtung und Stärke des (bivariaten) Zusammenhangs durch "Drittvariablen" wie Einkommen, Bildung, Alter und weitere Merkmale verzerrt ist. Mit multivariaten statistischen Analysen lassen sich eventuelle Drittvariableneffekte sozialdemographischer Merkmale der befragten Personen kontrollieren. Darüber hinaus sind aber auch die Effekte weiterer Variablen auf das Umweltverhalten per se von Interesse. So fragt es sich z.B., welche Verhaltensrelevanz dem Umweltbewusstsein und der Umweltbetroffenheit zukommt. Weiterhin wurde mit dem Umweltsurvey die Einbindung der befragten Personen in mehr oder minder umweltfreundliche soziale Netzwerke sowie die Stärke sozialer Kontakte erhoben. Es ist anzunehmen, dass in integrierten sozialen Gemeinschaften bestehende soziale Anreize ebenfalls positive Einflüsse auf das Umweltverhalten ausüben. Untersuchen wir nun die mutmasslichen Einflüsse dieser Variablen auf den Index des Umweltverhaltens mit der statistischen Schätzmethode der multivariaten Regression.

Die Ergebnisse der Schätzung anhand der Surveydaten gehen aus dem "Pfadmodell" in Abbildung 4 hervor. Aufgeführt sind nur signifikante Koeffizienten der sozialdemographischen Merkmale, der Netzwerk- und Kontaktvariablen sowie der Indizes Umweltwissen, Umweltbetroffenheit und Umweltbewusstsein. Die standardisierten Regressionskoeffizienten (Pfadkoeffizienten) informieren über die Richtung und Stärke der Einflussbeziehungen.

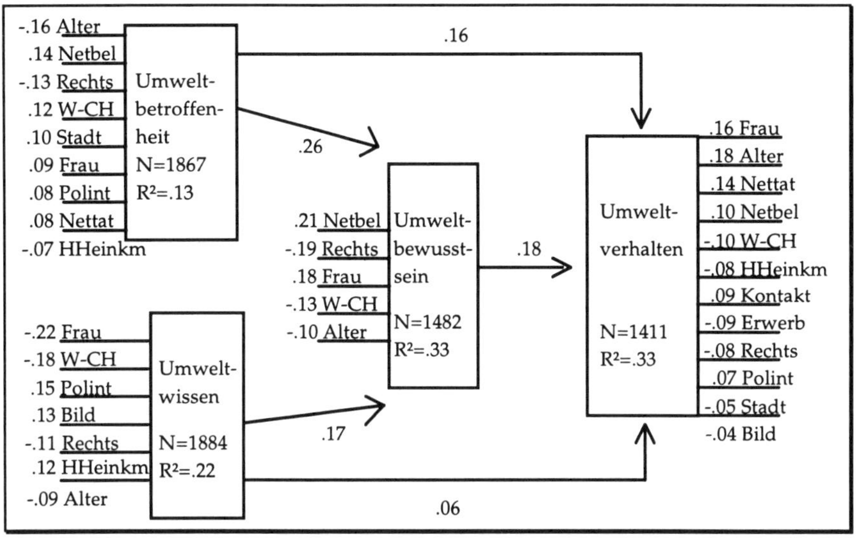

Abbildung 4: *Pfadmodell zur Erklärung des Umweltverhaltens*

Erläuterungen: Die statistischen Schätzungen basieren auf einer Fallzahl von N=1411 für die Berechnung der Koeffizienten des Umweltverhaltens. In der Abbildung sind die standardisierten, partiellen Regressionskoeffizienten, die auf dem 5%-Niveau signifikant sind, dargestellt. Die Abbildung zeigt, dass das Umweltverhalten vom Umweltwissen, der Umweltbetroffenheit und dem Umweltbewusstsein abhängt. Die Pfeile bezeichnen kausale Einflussbeziehungen. Die Zahlenwerte geben die relative Stärke der Zusammenhänge an. Z.B. ist der empirische Zusammenhang zwischen dem Umweltwissen und dem Umweltverhalten (.06) schwächer ausgeprägt als der direkte Einfluss des Umweltbewusstseins auf das Umweltverhalten (.18). Das Umweltwissen, die Umweltbetroffenheit, das Umweltbewusstsein und das Umweltverhalten wurden je durch mehrere Fragen gemessen und jeweils zu einem Index addiert. Neben den Zusammenhängen zwischen den Indizes wird das Ausmass des Umweltverhaltens (gleiches gilt für die anderen Indizes) durch eine Anzahl weiterer Variablen bestimmt. Diese befinden sich am linken bzw. im Fall des Umweltverhaltens rechten Rand der um die Indizes gezogenen Rechtecke. Die Abkürzungen der Variablen bedeuten:

Nettat:	misst das Umweltverhalten der drei wichtigsten Freunde und Bekannten eines Befragten
Netbel:	misst die Belohnung durch die drei wichtigsten Bekannten
W-CH:	Befragte mit Wohnort in der Westschweiz
Stadt:	Wohnort des Befragten liegt in einer Stadt oder Agglomeration
Kontakt:	Kontakthäufigkeit in der Nachbarschaft
Erwerb:	Erwerbsstatus (beschäftigt versus nicht beschäftigt)
Rechts:	politische Orientierung auf einer Links-Rechts-Skala
Polint:	Intensität des politischen Interesses
Bild:	Anzahl Bildungsjahre
Frau:	Befragte ist weiblichen Geschlechts
HHeinkm:	Höhe des Haushaltseinkommens

Für das Umweltverhalten können die ermittelten Effekte wie folgt interpretiert werden: Frauen, ältere Befragte, Personen mit einem umweltbewussten Freundeskreis, Personen mit intensiven Nachbarschaftskontakten sowie Personen mit höherem politischen Interesse handeln umweltfreundlicher als Männer, jüngere Befragte, Personen mit einem weniger umweltbewussten Freundeskreis, Personen mit geringen Nachbarschaftskontakten und Personen mit geringerem politischem Interesse. Befragte aus dem französisch sprechenden Landesteil zeigen dagegen ein geringeres Umweltengagement als Befragte aus den anderen Landesteilen. Bewohner von Städten verhalten sich weniger umweltbewusst als Befragte mit einem Wohnsitz auf dem Land. Insgesamt erklären alle Faktoren zusammen etwa 33% (R^2=.33) der beobachteten Varianz des Umwelthandelns.

Die Hauptergebnisse lauten:

1. Der direkte Einfluss des Umweltwissens auf das Verhalten ist zwar positiv und signifikant; die Stärke des Effekts ist aber ausgesprochen schwach.
2. Einen etwas stärkeren Einfluss üben Umweltbewusstsein und wahrgenommene Umweltbetroffenheit auf das Umwelthandeln aus.
3. Da das Umweltbewusstsein mit dem Umweltwissen anwächst, existiert neben dem direkten Effekt des Umweltwissens noch ein indirekter Effekt auf das Verhalten via Umweltbewusstsein. Beide Effekte zusammen addieren sich zu einem relativ geringen "Bruttoeffekt" des Umweltwissens. Dieser entspricht der Höhe nach einem standardisierten Regressionskoeffizienten von 0,09 (= 0,06 + 0,17 x 0,18).
4. Die Kontakt- und Netzwerkvariablen (Kontakt, Netbel, Nettat) weisen konsistent positive und signifikante Effekte auf das Umweltverhalten auf. Es lässt sich demnach festhalten: Je stärker Personen in umweltfreundliche soziale Netzwerke eingebunden und je integrierter die Nachbarschaften der Befragten sind, desto grösser ist das Ausmass ökologieorientierten Handelns.
5. Auch in der multivariaten Analyse zeigen sich beim Umweltverhalten, Umweltbewusstsein und Umweltwissen durchgehend negative Effekte der Westschweiz. Bei den sozialdemographischen Merkmalen fallen weiterhin Geschlechts- und Alterseffekte auf. Umweltbewusstsein und Umweltverhalten sind bei Frauen stärker ausgeprägt als bei Männern. Ältere Menschen haben zwar ein geringeres Umweltwissen und Umweltbewusstsein als jüngere Personen; beim Umweltverhalten schneiden die älteren Personen aber besser ab als die jüngeren Befragten. Eine Rolle spielen auch das Haushaltseinkommen und der Erwerbsstatus. Personen mit höherem Haushaltseinkommen und Berufstätige handeln weniger ökologieorientiert als Nicht-Erwerbstätige und Personen mit geringerem Haushaltseinkommen.

Sämtliche berücksichtigten Merkmale "erklären" rund einen Drittel der Varianz des Umweltverhaltens. Gemäss der skizzierten Analyse lässt sich zwar nicht behaupten, dass Einstellungen wie Umweltwissen und Umweltbewusstsein keinerlei Handlungsrelevanz aufweisen; das Ausmass der Effekte der Einstellungsmerkmale ist auf der anderen Seite aber nicht besonders stark ausgeprägt. Insbesondere hat das Umweltwissen nur einen schwachen Einfluss auf das Verhalten.

Viele umweltschädliche Aktivitäten werden mithin wider besseren Wissens praktiziert. Sind demnach Aufklärungs- und Informationskampagnen völlig wirkungslos? Diese Frage ist differenzierter zu beantworten. Sofern die Informationen sich nur auf allgemeine, umweltschädliche Konsequenzen von Handlungen beziehen, sind tatsächlich keine nennenswerten Verhaltensänderungen zu erwarten. Nur wenige Personen, die z.B. darüber informiert werden, dass jede Autofahrt zum Treibhauseffekt beiträgt, werden aus diesem Grund ihr Auto in der Garage belassen. Anders verhält es sich dagegen mit Informationen, die das Eigeninteresse der Adressaten ansprechen und damit gewissermassen für ökologische Markttransparenz sorgen. Wenn z.B. ein Grossteil der Bevölkerung nicht darüber informiert ist, dass Energiesparlampen (unter bestimmten Bedingungen) das eigene Portemonnaie *und* die Umwelt entlasten, dann können Informationen zu diesem Thema durchaus Resonanz in Form entsprechender Verhaltensänderungen finden.

5. Ökonomische Anreize versus Umweltbewusstsein

Die empirische Schätzung von Pfadmodellen mit dem Umweltverhalten als abhängiger sowie Einstellungen und sozialdemographischen Merkmalen als unabhängigen Variablen knüpft an Forschungstraditionen der Sozialpsychologie und Soziologie an (Grob 1990; Langeheine, Lehmann 1986; Urban 1986). Derartige Pfadmodelle von Zusammenhängen zwischen hochaggregierten Indizes liefern zwar eine gewisse Orientierung. Ein genaueres Bild der Bestimmungsgründe ökologischen Handelns erhält man jedoch erst durch die Untersuchung einzelner, spezifischer Umweltaktivitäten. Zwei Gründe sprechen für eine Strategie der Disaggregierung:

1. Das Umweltverhalten ist vielschichtig. Einstellungen und sozialdemographische Merkmale haben unterschiedliche Effekte je nach Art der betrachteten Umweltaktivitäten wie z.B. Energiesparen, Verkehrsverhalten usw. Derartige Interaktionseffekte werden durch hochaggregierte Modelle kaschiert. Massnahmen, wie z.B. Informationskampagnen, die eventuell bei der Aktivität X wirksam sind, können sich bei Aktivität Y als völlig unwirksam herausstellen.

2. Nutzen und Kosten des Umweltverhaltens werden in Pfadmodellen nicht oder nur implizit berücksichtigt. Wenn z.B. Erwerbstätige signifikant geringere Werte des Verhaltensindex aufweisen, so ist dies eventuell auf die höheren Opportunitätskosten des Autoverzichts von Berufspendlern zurückzuführen. Um die Effekte ökonomischer Anreize, d.h. von relativen Kosten, Zeitaufwand und Bequemlichkeitseinbussen auf das Umweltverhalten zu ermitteln, müssen spezifische Umweltaktivitäten untersucht werden.

Die Vernachlässigung von Kosten- und Nutzenkomponenten ist auch ein wesentlicher Grund für die relativ geringe Erklärungskraft von Einstellungs-Verhaltensmodellen sowie die notorische Kluft zwischen Umweltbewusstsein und Umweltverhalten. Denn wenn die Barrieren ökologischen Handelns in Gestalt von Kosten, Zeitaufwand und Unbequemlichkeiten sehr hoch liegen, wird auch ein stark ausgeprägtes Umweltbewusstsein nicht darüber hinweghelfen. Auf der anderen Seite weisen aber auch die Modelle der Umweltökonomik Mängel auf. Soziale Anreize (soziale Netzwerke, wechselseitige soziale Sanktionen, Prestigeeinbussen oder Gewinne ökologischen Handelns, der Erwerb von Umweltgütern zur Demonstration von Status und Lebensstil) sowie die intrinsische Motivation zum Umwelthandeln ("Umweltbewusstsein") kommen in den ökonomischen Modellen normalerweise nicht vor.

Aus den erwähnten Gründen haben wir spezifische Umweltaktivitäten aus den vier Verhaltensbereichen Energiesparen, Verkehrsmittelwahl, Recycling und Konsum detaillierter untersucht. Speziell mit den Daten des Schweizer Umweltsurveys können die relativen Einflussgewichte von Einstellungsvariablen (Umweltbewusstsein, Umweltwissen, wahrgenommene Umweltbetroffenheit), Netzwerkmerkmalen und sozialdemographischen (Kontroll-)variablen einerseits und von Komponenten der ökonomischen Anreizstruktur andererseits auf die drei Umweltaktivitäten Sparen von Heizenergie, Verkehrsmittelwahl von Berufspendlern und Recyclinganstrengungen empirisch bestimmt werden. Die Ergebnisse zeigen, dass soziale Netzwerke und Umweltbewusstsein nur unter bestimmten Bedingungen wirksam sind, ökonomische Anreize für umweltgerechtes Verhalten dagegen das Umwelthandeln konsistent positiv befördern (zu den Details s. Diekmann, Franzen, Preisendörfer 1995).

Wie wir oben gesehen haben, neigen Befragte häufig zu einer Beschönigung selbstberichteter Verhaltensweisen im Umweltbereich. Zusätzlich zu den Surveystudien empfiehlt es sich daher, das Umweltverhalten auch mit sogenannten nicht-reaktiven Verfahren wie z.B. durch Beobachtung in Feldexperimenten zu untersuchen.

Ein Beispiel ist ein Feldexperiment zur Bestimmung der relativen Einflussgewichte von Appellen an das Umweltbewusstsein und Preisnachlässen auf die Nachfrage nach ökologisch wertvollen Produkten. Die Testprodukte des Feldexperiments in einem Schweizer Supermarkt waren Freilandeier versus Eier aus der üblichen Massentierhaltung. In der "Experimentalphase 1" wurde der Preis der teureren Freilandeier auf das Niveau der Eier aus Massentierhaltung herabgesetzt und die Nachfrage registriert. Nach einer Kontrollphase wurde sodann die Nachfrageänderung durch Appelle an das Umweltgewissen erhoben (Experimentalphase 2). Führte die Preisreduktion zu einem Anstieg der Verkäufe um rund 100%, so hatte der moralische Appell durch Plakate mit einer Nachfragesteigerung um ca. 10-20% nur eine relativ bescheidene Wirkung.[4]

Folgt nun aus den empirischen Ergebnissen, dass die Umweltpolitik gemäss der Modellvorstellung vom "homo oeconomicus" gut beraten wäre, ausschliesslich der Verhaltenswirksamkeit ökonomischer Anreize zu vertrauen? So gestellt ist die Frage zu verneinen. Denn zum einen ist das Umweltbewusstsein in einer Reihe von Situationen durchaus für das Umweltverhalten von Bedeutung. Insbesondere liefern unsere Untersuchungen Belege für die "Niedrigkostenhypothese" (vgl. North 1986). Demnach übt das Umweltbewusstsein dann einen Effekt auf das Verhalten aus, wenn die Kosten und Unbequemlichkeiten ökologischen Handelns relativ gering sind (Abb. 5).

Maximal ist der Effekt des Umweltbewusstseins, wenn eine Person zwischen der ökologischen Handlung X und der Alternativhandlung Y indifferent ist. Das Umweltbewusstsein ist dann quasi das Zünglein an der Waage. Als der Preis für bleifreies Benzin über dem Preis von Benzin mit Bleizusätzen lag, wurde relativ wenig bleifreies Benzin getankt. Sind beide Preise identisch, so ist zu erwarten, dass das Umweltbewusstsein den Ausschlag gibt. Ist der Preis des bleifreien Benzins geringer als der Preis von bleihaltigem Benzin, werden umweltbewusste und nicht-umweltbewusste Personen gleichermassen ökologisch agieren. Stärkere Einflüsse des Umweltbewusstseins auf das Umwelthandeln sind mithin nur dann zu erwarten, wenn eine Kostendifferenz bis hin zur Indifferenz zwischen ökologischem und nicht-ökologischem Handeln besteht und diese Kostendifferenz relativ gering ist. Wie gering ist dabei zweifellos eine empirische Frage.

4 Das Feldexperiment wurde im Rahmen eines Seminars der Autoren an der Universität Bern von Matthias Burki, Sibylle Steinmann und Bernhard Weber durchgeführt.

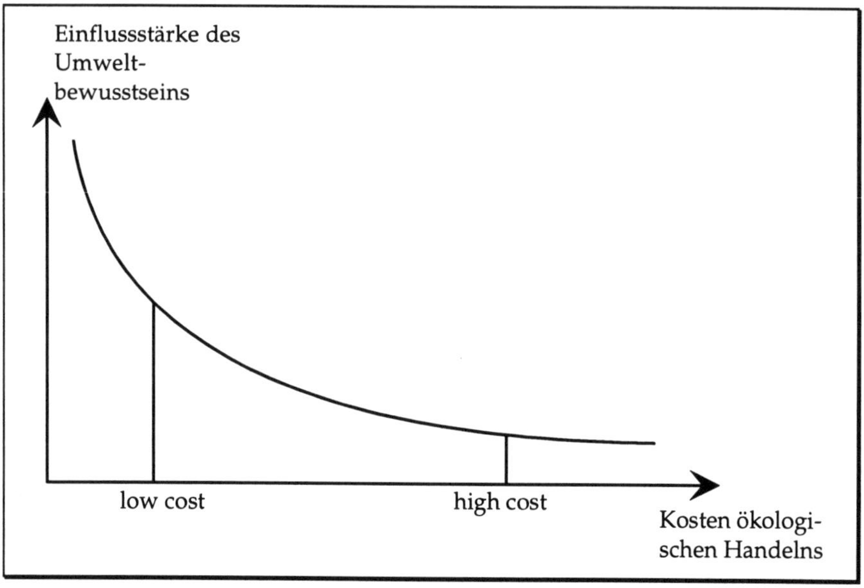

Abbildung 5: *Niedrigkostenhypothese bezüglich der Einflussstärke des Umweltbewusstseins*

Nach der strikten Version des "Homo-Oeconomicus-Modells" müsste dagegen, um ein Beispiel zu geben, das deutsche duale System (recyclierbarer Abfall wird getrennt vom Restmüll in gelben Säcken gesammelt) längst kollabiert sein. Bei diesem System praktiziert ein Grossteil der Haushalte Abfalltrennung, obwohl damit in der Regel keine ökonomischen Vorteile erzielt werden. Bei der Abfalltrennung spielt das Umweltbewusstsein, die "intrinsische Motivation", offenbar eine relativ grosse Rolle. Zu bedenken ist auch, dass ökonomische Instrumente neben Transaktions- und Kontrollkosten nicht selten unerwünschte Nebenwirkungen hervorrufen. Eine dieser eventuellen Nebenwirkungen ist der "Verdrängungseffekt" (Frey, Busenhart 1995). So kann es passieren, dass neu eingeführte ökonomische Anreize das vorhandene intrinsische Potential ökologischen Handelns zerstören oder zumindest abschwächen. In jedem Einzelfall sollten daher die möglichen Wirkungen und Nebenwirkungen ökonomischer Instrumente genau analysiert werden.

Zweitens aber und bedeutsamer ist der folgende Aspekt. Wirksame ökonomische Anreizregelungen wie Öko-Steuern, Umweltabgaben, Emissionszertifikate usw. haben im politischen Prozess erst dann eine Durchsetzungschance, wenn sie in der Bevölkerung auf Akzeptanz stossen. So zeigen auch die empirischen Resultate des Schweizer Umweltsurveys, dass neue politische Massnahmen und Anreizregelungen um so eher befürwortet werden, je umweltbewusster eine Person ist. Selbst wenn die Verhaltenswirksamkeit des Umweltbewusstseins gering und im wesentlichen auf Niedrigkostensituationen beschränkt ist, so ist ein hohes Umweltbewusstsein in der Bevölkerung doch eine entscheidende Voraussetzung ökologischer Reformpolitik.

6. Zusammenfassung und Schlussfolgerungen

1. Im internationalen Vergleich zeichnet sich die Schweizer Bevölkerung durch ein hohes Umweltbewusstsein aus. Rund 70% der Befragten wären bereit, Abstriche von ihrem Lebensstandard zu akzeptieren, um die Umwelt zu schützen. Nach diesem Massstab ist das Umweltbewusstsein in der Schweiz höher als in Deutschland, den Niederlanden, Italien oder den USA (vgl. Abb. 2b). Das Wissen um naturwissenschaftliche Zusammenhänge der Umweltgefährdung ist dagegen zum Teil gering. So kann nur etwa ein Drittel der Befragten Kohlendioxid (bzw. CO_2) als den Hauptverursacher des Treibhauseffekts benennen. Durchwegs ist das Umweltbewusstsein in der Deutschschweiz stärker ausgeprägt als in der Romandie und dem Tessin. Dieser "Röstigraben" in umweltrelevanten Einstellungen zeigt sich darüber hinaus auch beim Umweltwissen, der Handlungsbereitschaft und der Zahlungsbereitschaft. Weiterhin variiert das Ausmass des selbstberichteten Umwelthandelns stark je nach befragtem Handlungsbereich. Während ein Grossteil der Befragten angibt, Wertstoffe (Papier, Aluminium, Kompost) vom übrigen Kehricht getrennt zu sammeln, ist die Bereitschaft zum Energiesparen oder Autoverzicht weitaus geringer ausgeprägt.
2. Neben den deskriptiven Ergebnissen beschäftigt sich der analytische Teil unserer Studie mit der Frage nach den Ursachen des Umweltengagements. Handeln Personen mit einem höheren Umweltbewusstsein, einem höheren Umweltwissen und einer stärkeren Umweltbetroffenheit auch umweltfreundlicher? Würde es mit anderen Worten das Umwelthandeln fördern, wenn das Umweltbewusstsein durch geeignete Massnahmen (wie z.B. Umwelterziehung, moralische Appelle) erhöht würde? Die Ergebnisse der Zusammenhangsanalysen unterstreichen die Skepsis, Umweltpolitik primär auf die Förderung des Umweltbewusstseins hin zu orientieren. Umweltrelevante Einstellungen haben - je nach betrachteter Aktivität - oftmals nur einen geringen Effekt auf das alltägliche Umweltverhalten in der Bevölkerung. Personen, die z.B. um die umweltschädliche Wirkung bodennahen Ozons wissen, fahren keineswegs weniger Auto als Personen, denen diese

Zusammenhänge nicht bekannt sind. Die Analyse zeigt, dass Umweltbewusstsein und Umweltwissen im allgemeinen keine hinreichenden Bedingungen für praktizierten Umweltschutz im Alltag darstellen. Vielmehr legen weitere Analysen den Schluss nahe, dass ökonomische Anreizregelungen (z.B. die verbrauchsabhängige Heizkostenabrechnung beim Energiesparen, Zeit- und Kostenaspekte bei der Verkehrsmittelwahl, die Sackgebühr beim Recycling usw.) einen weit grösseren Einfluss ausüben als das Umweltbewusstsein.

3. Allerdings folgt daraus nicht, dass das Umweltbewusstsein bedeutungslos ist. So lässt sich nachweisen, dass das Umweltbewusstsein einen starken Effekt auf die Akzeptanz umweltpolitischer Massnahmen hat (Franzen 1996). Anreizbezogene Regelungen zur Förderung des Umweltverhaltens - z.B. die Einführung von Ökosteuern - haben im politischen Prozess nur dann eine Durchsetzungschance, wenn in der Bevölkerung ein stark ausgeprägtes Umweltbewusstsein vorherrscht.
4. Ökonomische Modelle vernachlässigen die Effekte sozialer Anreize auf das Umweltverhalten. Analysen mit dem Umweltsurvey demonstrieren, dass die Einbindung in umweltfreundliche soziale Netzwerke und integrierte Nachbarschaften zur Förderung umweltverantwortlichen Handelns beiträgt. Mutmasslich breiten sich neue Umweltaktivitäten auch entlang der Beziehungen in sozialen Netzwerken aus, wobei sozialen Anreizen eine gewichtige Rolle zukommt (s. auch Mosler et al. in diesem Band). Ein Beispiel ist das Modell des "car sharing". Es dürfte sicher lohnenswert sein, den Prozessen sozialer Diffusion von Umweltinnovationen empirisch genauer nachzugehen.

LITERATUR

Baratta, M. von (Hg.) 1993: Der Fischer Weltalmanach '94. Frankfurt a. M.: Fischer Taschenbuch Verlag.

Baratta, M. von (Hg.) 1994: Der Fischer Weltalmanach '95. Frankfurt a. M.: Fischer Taschenbuch Verlag.

Diekmann, A., Preisendörfer, P. 1992: Persönliches Umweltverhalten. Diskrepanzen zwischen Anspruch und Wirklichkeit. In: Kölner Zeitschrift für Soziologie und Sozialpsychologie. Bd 44. S. 226-251.

Diekmann, A., Franzen, A. (Hg.) 1995a: Kooperatives Umwelthandeln. Modelle, Erfahrungen, Massnahmen. Zürich: Verlag Rüegger.

Diekmann, A., Franzen, A. 1995b: Umwelthandeln zwischen Moral und Ökonomie. In: Unipress. Nr. 85. S. 7-10.

Diekmann, A., Franzen, A., Preisendörfer, P. 1995: Explainig and Promoting Ecological Behavior. Universität Bern: Mimeo.

European Commission 1992: Europeans and the Environment in 1992. European Coordination Office.

Franzen, A. 1996: Umweltbewusstsein, Verkehrsmittelwahl und die Akzeptanz verkehrspolitischer Massnahmen. Eine empirische Analyse. Universität Bern: Mimeo.

Frey, B. S., Busenhart, I. 1995: Umweltpolitik: Ökonomie oder Moral. In: Diekmann, A., Franzen, A. (Hg.): Kooperatives Umwelthandeln. Modelle, Erfahrungen, Massnahmen. Zürich: Verlag Rüegger. S. 9-20.

Grob, A. 1990: Meinungen im Umweltbereich und umweltgerechtes Verhalten. Ein psychologisches Ursachennetzmodell. Dissertation, Universität Bern.

Hines, J. M., Hungerford, H. R., Tomera, A. N. 1986: Analysis and Synthesis of Research on Responsible Environmental Behavior: A Meta-Analysis. In: The Journal of Environmental Education. Bd 18. S. 1-8.

Kley, J., Fietkau, H. J. 1979: Verhaltenswirksame Variablen des Umweltbewusstseins. In: Psychologie und Praxis. S. 13-22.

Langeheine, R., Lehmann, J. 1986: Ein neuer Blick auf die soziale Basis des Umweltbewusstseins. In: Zeitschrift für Soziologie. Bd 15. S. 378-384.

North, D. C. 1986: The New Institutional Economics. In: Journal of Institutional and Theoretical Economics. Bd 142. S. 230-237.

Schuster, F. 1992: Starker Rückgang der Umweltbesorgnis in Ostdeutschland. In: Informationsdienst Sozialer Indikatoren. Mannheim: ZUMA. S. 1-5.

Weigel, R. 1977: Ideological and Demographic Correlates of Proecology Behavior. In: The Journal of Social Psychology. Bd 103. S. 39-47.

Ökologie zwischen politischer Intervention, Moral und Ökonomie

Danielle Bütschi, Hanspeter Kriesi, Daniel Scheiwiller

Mit der Förderung von umweltverantwortlichem Handeln beschäftigen sich nicht nur die Geistes- und SozialwissenschaftlerInnen, sondern auch die PolitikerInnen. Während die WissenschaftlerInnen die Bedingungen untersuchen, welche das umweltverantwortliche Handeln fördern, versuchen die PolitikerInnen, konkrete Lösungen zur Förderung solcher Praktiken zu finden. Als SozialwissenschaftlerInnen ist es nun nicht unsere Absicht, verschiedene Instrumente und Massnahmen, welche den PolitikerInnen zur Verfügung stehen, aufzulisten, sondern vielmehr die Mechanismen zu verstehen, die zur Förderung umweltverantwortlichen Handelns beitragen. Im besonderen interessieren wir uns in einem ersten Schritt dafür, in welchem Umfange Werte, Einstellungen und Einschränkungen (d.h. subjektive und objektive Handlungsschranken) umweltverantwortliches Handeln zu erklären vermögen. Als PolitologInnen wollen wir dann in einem zweiten Schritt die Wirksamkeit der von den PolitikerInnen vorgeschlagenen Lösungen untersuchen. Konkreter untersuchen wir, in welchem Umfang umweltschützende Massnahmen und Instrumente Individuen zu umweltverantwortlichem Handeln zu bewegen vermögen. Ziel dieser Untersuchung ist folglich nicht nur, an die in den Sozialwissenschaften geführte Diskussion zwischen "Moral" und "Ökonomie" anzuknüpfen, sondern den PolitikerInnen zudem entscheidende Anhaltspunkte zu liefern, wo eine wirksame Umweltpolitik anzusetzen hat.

1. Einleitung

Zielen wir darauf ab, die Mechanismen zur Förderung umweltverantwortlichen Handelns zu verstehen, stehen uns eine ganze Reihe verschiedener Untersuchungsmethoden zur Verfügung, wovon auch die Vielfalt der Beiträge in diesem Band zeugt. Anhand der Einteilung, welche Gutscher et al. in ihrem Methodenkapitel vornehmen (s. Kap. 2.1. in diesem Band), greift unsere Untersuchung auf eine quantitative Methode im Rahmen einer deskriptiv-analytischen Forschungsstrategie zurück. Wir stützen uns bei der Analyse auf Daten, welche unter Berücksichtigung einer repräsentativen Stichprobe von ungefähr 1'000 SchweizerInnen mit Hilfe von Interviews erhoben wurden und versuchen unter Anwendung verschiedener statistischer Verfahren herauszufinden,[1] durch welche Faktoren das umweltrelevante Verhalten und die Absichten einer Verhaltensänderung der Individuen im Verkehrsbereich erklärt werden können.

In ihrem Beitrag in diesem Band zeigen Diekmann und Franzen, dass das ökologische Verhalten je nach Bereich variiert. Während eine grosse Mehrheit der SchweizerInnen ihre Abfälle trennt, sind zum Beispiel diejenigen, welche auf ihr Auto verzichten, deutlich weniger zahlreich. Aufgrund dieser Feststellung haben wir uns entschlossen, unsere Analyse auf einen bestimmten Bereich zu beschränken: jenen des Individualverkehrs. In der Tat scheinen die SchweizerInnen wenig geneigt, im Bereich des Individualverkehrs ein umweltverantwortliches Verhalten anzunehmen, was diesen Bereich im vorliegenden Zusammenhang zu einem vielversprechenden Untersuchungsobjekt macht. So zeigt sich in Übereinstimmung mit Diekmann und Franzen, dass 49.9% der berufstätigen Befragten bei der Fahrt zur Arbeit ihr Auto gebrauchen, während nur gerade 22.2% die öffentlichen Transportmittel benützen (Tab. 1).[2]

Transportmittel	%
Automobil	49.9
Motorrad/Roller/Moped	3.3
öffentliche Transportmittel	22.2
Velo	12.3
zu Fuss	10.1
	100% (n=675)

Tabelle 1: *Transportmittel, die für den Weg zur Arbeit benützt werden: Prozentsätze*

1 Insgesamt haben wir eine repräsentative Stichprobe von SchweizerInnen zu drei verschiedenen Zeitpunkten interviewt. Ein erstes Mal wurde diese Stichprobe telefonisch im Rahmen des "Umwelt-Surveys" interviewt, welcher von Prof. Diekmann geleitet wurde (für detailliertere Angaben über den "Umwelt-Survey" s. Beitrag von Diekmann, Franzen in diesem Band, s. auch Diekmann, Franzen 1995). Am "Umwelt-Survey" beteiligten sich beinahe 3'000 Personen, wovon 1'000 Personen für ein zweites Interview ausgewählt wurden (zufällig), das sechs Monate später durchgeführt wurde. Für dieses zweite Interview begaben sich die InterviewerInnen an den Wohnort der Befragten, um ihnen Fragen über den Verkehr zu stellen. Am Ende dieses zweiten Interviews wurde den Befragten ein Fragebogen übergeben, in welchem sie aufgefordert wurden, eine Reihe von Massnahmen zur Verminderung der durch den Automobilverkehr verursachten Umweltbelastungen einzuschätzen. Die hier vorgestellten Resultate basieren vor allem auf Daten, die im zweiten Interview erhoben wurden.

2 Diese Zahlen berücksichtigen nur Leute, die berufstätig sind und ihre Berufstätigkeit ausserhalb ihres Domizils ausüben. Personen, welche keine berufliche Tätigkeit ausüben, wurden aus der Analyse ausgeschlossen.

Mittel **Bereich**	**Anreiz**	**Vorschrift**	**Technische Lösung**	**Organisatorische Lösung**
Benzinverbrauch	• CO_2-Steuer • stufenweise Erhöhung des Benzinpreises auf sFr. 2.- bis ins Jahr 2000			
Fahrzeug			• Förderung von Elektromobilen • Förderung der technischen Verbesserung der Fahrzeuge	
Infrastruktur	• Regelung des Parkplatzangebots in der Stadt (blaue Zonen und Tariferhöhungen)	• Schliessung der Innenstädte		
Rahmenbedingungen		• Geschwindigkeitsbegrenzung von 100km/h auf Autobahnen		• Förderung des Carpooling

Tabelle 2: *Auswahl der Massnahmen*

Im Gegensatz zu anderen Bereichen des Umweltschutzes, in welchen es relativ einfach war, einen Konsens zu finden, ist der Verkehrsbereich ein höchst aktuelles Thema auf der politischen Agenda. Dadurch bekommen wir die Möglichkeit, eine ganze Reihe von Massnahmen zu untersuchen, welche zur Zeit von den Behörden und von anderen Interessenorganisationen im Bereich der Verkehrspolitik diskutiert werden. Die zur Diskussion stehenden Massnahmen sind in der Tat so zahlreich und mannigfaltig, dass eine erschöpfende Diskussion über die Ansprüche dieser Analyse hinausgehen würde. Wir beschränken unsere Analyse somit auf acht Massnahmen, welche aufgrund von zwei Kriterien ausgewählt wurden - aufgrund des zu regelnden Aspekts (Benzinverbrauch, das Fahrzeug selbst, die Infrastruktur oder die Rahmenbedingungen der Fahrzeugbenützung) und aufgrund der zur Regelung vorgeschlagenen Mittel (Anreiz, Vorschrift, technische Lösungen oder organisatorische Lösungen). Wie aus Tabelle 2 ersichtlich ist, handelt es sich dabei um die folgenden Massnahmen: die CO_2-Steuer, die stufenweise Erhöhung des Benzinpreises auf sFr. 2.- bis ins Jahr 2000 (mit Rückzahlung der daraus gewonnenen Erträge), die Regelung des Parkplatzangebots in der Stadt (blaue Zonen und Erhöhung der Tarife), die Schliessung der Innenstädte für den Verkehr, eine Geschwindigkeitsbegrenzung von 100 km/h auf Autobahnen, die Förderung von Elektromobilen, die Förderung der technischen Verbesserung der Fahrzeuge und die Förderung des "Car-pooling"[3].

2. Die Bedingungen für ein umweltverantwortliches Handeln

Das Auto bleibt das bevorzugte Transportmittel der SchweizerInnen. Und dennoch anerkennt eine bedeutende Mehrheit derjenigen, für welche Wohn- und Arbeitsort nicht identisch sind, dass das Auto Umweltschäden unterschiedlichster Art verursacht (Tab. 3). Wie können wir also diese scheinbar widersprüchlichen Zahlen interpretieren? Für Diekmann und Franzen ist die Antwort einfach: die Individuen verhalten sich als ökonomische Akteure, indem sie die Kosten und Nutzen der ihnen zur Verfügung stehenden Alternativen einschätzen und moralische Aspekte wie zum Beispiel die Frage, ob man auf das Auto verzichten soll, um die Luftverschmutzung zu verringern, nur am Rande berücksichtigen. Sobald ihnen die Benützung des Autos mehr Nutzen bringt als die Benützung der öffentlichen Transportmittel, hätten sie keinen Anreiz, ein umweltverantwortliches Handeln anzunehmen. Gessner betont in seinem Beitrag in diesem Band die Notwendigkeit von Infrastrukturen als Gelegenheiten zu umweltverantwortlichem Handeln. Für Jaeggi et al. hingegen ist die Antwort differenzierter: in ihrem Beitrag in diesem Band zeigen sie, dass es weniger die objektiven Barrieren sind, welche die Leute von der Benützung öffentlicher Verkehrsmittel abhalten, als vielmehr die subjektiven Barrieren, welche ihrerseits wiederum vom Problembewusstsein beeinflusst werden. In diesem Falle agieren die Individuen zwar ebenfalls als ökonomische Akteure, aber moralische Aspekte können ihr Kosten-Nutzen-Kalkül beeinflussen.

Durch das Auto verursachte Umweltschäden	sehr wichtig	wichtig	weniger wichtig	überhaupt nicht wichtig	Total	n
Luftverschmutzung	34.3	60.7	4.8	.3	100%	(n=610)
Unfälle	28.2	57.7	13.0	1.2	100%	(n=607)
Benzinverbrauch	18.9	65.6	13.9	1.2	100%	(n=606)
Lärm	19.9	58.4	19.4	2.3	100%	(n=608)
Stau	24.3	46.7	22.5	6.4	100%	(n=608)

Tabelle 3: *Prozentsätze der Personen, die nicht zu Hause arbeiten und die verschiedene Probleme im Zusammenhang mit dem Auto als sehr wichtig, wichtig, weniger wichtig oder überhaupt nicht wichtig einschätzen*

---

3 Das Car-pooling unterscheidet sich vom Car-sharing insofern, als es sich beim ersten um eine Organisationsform handelt, welche den Kontakt zwischen Personen mit gleichem Arbeitsweg fördern will, damit solche Strecken gemeinsam zurückgelegt werden können, während beim Car-sharing mehrere Personen gemeinsam ein Auto besitzen.

In analoger Weise ist für uns die Frage, welche Faktoren das umweltrelevante Handeln bestimmen, komplizierter als die einfache Dichotomisierung zwischen Moral und Ökonomie. Indem wir zwischen Personen unterscheiden, welche mit dem Privatwagen oder dem Motorrad zur Arbeit fahren und solchen, welche den öffentlichen Verkehr oder das Fahrrad benützen bzw. zu Fuss zur Arbeit gehen, können wir zeigen, dass die Motive, welche den Einzelnen zu umweltschonendem Verhalten im Verkehr veranlassen, ebenso mit ökonomischen wie mit normativen bzw. moralischen Überlegungen zu tun haben. Im folgenden spezifizieren wir unsere forschungsleitenden Hypothesen und deren Operationalisierung.

Zunächst vermuten wir, gestützt auf die Arbeiten von Diekmann und Franzen, dass jene Personen ein umweltgerechtes Verkehrsmittel benützen, welche sich in einer Situation befinden, die sie nicht zum Gebrauch eines Autos oder eines Motorrads "zwingt". Diese Hypothese operationalisieren wir auf objektive Weise, indem wir die individuelle Situation a priori als "einschränkend" bzw. "nicht-einschränkend" einstufen. Der entsprechende Indikator "Objektive Einschränkungen" (objektiv in dem Sinne, dass diese Einschränkungen von den Forschern von vornherein als solche definiert wurden) wurde anhand von drei beobachtbaren Variablen gemessen. *Erstens* wurde die individuelle Besitzstruktur in bezug auf das Automobil berücksichtigt, wobei jemand starken Einschränkungen unterliegt, wenn er persönlich einen Wagen besitzt. Die Einschränkungen gelten als weniger ausgeprägt, wenn die betreffende Person das Auto mit jemandem teilen muss, den Wagen einer Drittperson benützen kann oder gar kein Fahrzeug zur Verfügung hat. Die letzte Kategorie, welche die schwächsten Einschränkungen widerspiegelt, repräsentiert schliesslich Personen, welche gar keinen Führerschein besitzen. *Zweitens* wurden die "geographischen Einschränkungen" berücksichtigt, bei welchen die Personen entsprechend ihrem Wohn- und Arbeitsort in drei Kategorien eingeteilt wurden. Diejenigen, welche in der Stadt (oder im Stadtzentrum) wohnen und auch dort arbeiten, unterliegen somit schwachen Einschränkungen, weil es für sie einfach ist, auf das Fahrzeug zu verzichten. Wir gehen somit von der Hypothese aus, dass die zurückzulegenden Distanzen für diese Personen kleiner sind und dass sie von einem zufriedenstellenden Netz öffentlicher Transportmittel profitieren können. Hingegen unterliegen Personen, welche in einer Agglomeration arbeiten und/oder wohnen mittleren Einschränkungen, da ihr Arbeitsweg länger ist und das Netz der öffentlichen Verkehrsmittel nicht immer mit den Wünschen der TransportmittelbenützerInnen übereinstimmt. Diejenigen Personen schliesslich, welche auf dem Land arbeiten und/oder wohnen sind mit starken Einschränkungen konfrontiert, da die zurückzulegenden Distanzen grösser sind und das Netz der öffentlichen Transportmittel oft mangelhaft ist.

Für diese Personen ist folglich ein Verzicht auf das Fahrzeug mit grösseren Kosten verbunden. *Drittens* konstruierten wir eine Variable, welche dem individuell empfundenen Zeitgewinn bzw. -verlust Rechnung trägt, den eine Person erleiden würde, wenn sie die öffentlichen Verkehrsmittel anstelle des Privatautos benützen würde. Wenn Frau X also normalerweise mit dem Auto zur Arbeit fährt und dafür 15 Minuten braucht und der gleiche Arbeitsweg mit einem öffentlichen Transportmittel 25 Minuten dauern würde, resultiert daraus für die Benützung des öffentlichen Transportmittels ein Zeitverlust von 10 Minuten. Je höher der geschätzte Zeitverlust bei einem allfälligen Umstieg auf öffentliche Verkehrsmittel ist, desto "zwingender", so nehmen wir an, ist jemand auf sein Auto angewiesen. Umgekehrt, je schneller die öffentlichen Verkehrsmittel im Vergleich zum Auto sind, desto weniger "zwingend" erscheint der Gebrauch des eigenen Wagens. Diese drei beobachtbaren Elemente wurden schliesslich zu unserem Indikator "Objektive Einschränkungen" zusammengefasst.

Zusätzlich zu diesem Ansatz, bei welchem der/die ForscherIn objektiv entscheidet, was hohe und tiefe Einschränkungen sind, wurde auch anhand eines Kosten-Nutzen-Kalküls nutzentheoretischen Überlegungen Rechnung getragen, bei welchen die Personen *individuell* festlegen konnten, was für sie beim Gebrauch des Privatwagens hohe bzw. tiefe Kosten darstellen. Zur Bewertung des Privatwagengebrauchs standen den Personen in unserem Falle die Kriterien "Zeit", "finanzielle Kosten", "Bequemlichkeit", "Sicherheit" und "ökologische Überlegungen" zur Verfügung, wobei sie selbst entscheiden konnten, ob diese Kriterien für sie überhaupt relevant sind oder nicht. Mit diesem Vorgehen erhalten wir einen Indikator, der denjenigen Personen einen hohen Wert zuschreibt, welche den Gebrauch des Privatwagens unter dem Strich mit einem Nutzen verbinden. Ein tiefer Wert indiziert umgekehrt, dass dieser Gebrauch mehr Kosten als Nutzen verursacht. Damit werden neben den oben bereits diskutierten "Objektiven Einschränkungen" auch die "Subjektiven Einschränkungen" (oder subjektiven Barrieren; vgl. Jaeggi et al. in diesem Band) berücksichtigt und zugleich kann somit der Kritik Lüdemanns (1993) Rechnung getragen werden, dass die individuellen Kosten-Nutzen-Erwägungen nicht vom/von der ForscherIn im voraus festgelegt, sondern von den befragten Individuen selbst vorgenommen werden sollten.

Im Gegensatz zu Diekmann und Franzen schliessen wir jedoch nicht aus, dass normative Überlegungen in diesem Zusammenhang ebenfalls eine Rolle spielen könnten. Obwohl wir ebenfalls vermuten, dass solche Überlegungen nur in begrenzter Weise zu umweltgerechtem Verkehrsverhalten auf dem Arbeitsweg Anlass geben, schliessen wir nicht aus, dass sie einen indirekten Einfluss auf die Wahl des Verkehrsmittels haben können, da die subjektive Abwägung von verkehrsbedingten Kosten und Nutzen mindestens zum Teil von normativen Faktoren abhängig sein dürfte. Wir nehmen also an, dass "Werte" und "Einstellungen" mindestens indirekt zur Erklärung des Verkehrsverhaltens beitragen. Zur Messung der Werthaltungen hatten die befragten Personen wirtschaftliche Wohlfahrt und Umweltschutz gegeneinander abzuwägen. Was die Einstellungen betrifft, so wurden die Bewertungen von sieben Umweltproblemen, die vom Auto verursacht werden (vgl. u.a. Tab. 3), zu einem Indikator zusammengefasst. Aus der Literatur geht hervor, dass Werte einen zentralen Stellenwert im System individueller Überzeugungen einnehmen und die politikbezogenen Einstellungen stark beeinflussen (Kinder, Sears 1985). In unserem Zusammenhang bedeutet dies, dass die Werte die verkehrsbezogenen Einstellungen beeinflussen und somit nicht nur direkt sondern auch indirekt via diese Einstellungen auf die subjektiven Einschränkungen einwirken.

Schliesslich nehmen wir auch an, dass die Einstellungen von den objektiven Einschränkungen abhängig sind: Je mehr die Situation, in der man sich befindet, einen dazu "zwingt", das Auto zu benützen, desto weniger ist man geneigt, die vom Auto verursachten Umweltschäden als gravierend zu beurteilen. Diese Hypothese vermutet mit anderen Worten einen Rationalisierungseffekt bei jenen, welche sich umständehalber zum Autogebrauch veranlasst sehen. Der Zusammenhang zwischen dem normativen und dem ökonomischen Ansatz ist somit noch komplizierter: die objektiven Einschränkungen beeinflussen die Einstellungen zu den Folgen des Autogebrauchs, die ihrerseits einen Einfluss auf die subjektiv wahrgenommenen Einschränkungen haben, welche schliesslich direkt das Verkehrsverhalten bestimmen.

Abbildung 1 fasst die Kausalstruktur dieser Hypothesen zusammen und präsentiert die mit LISREL[4] geschätzten kausalen Effekte, welche die Hypothesen mehr oder weniger bestätigen. Für jede Kausalbeziehung zwischen zwei Variablen gibt es einen "strukturellen Koeffizienten", der angibt, in welchem Masse die unabhängige Variable (die "Ursache") die

4 LISREL ist eine Methode, welche im allgemeinen angewendet wird, wenn die abhängige Variable intervallskaliert ist. Wenn die abhängige Variable, wie im vorliegenden Fall, dichotomen Charakter hat, wird üblicherweise die logistische Regression angewendet. Da dieses Verfahren es jedoch nicht erlaubt, indirekte Kausalbeziehungen zwischen abhängigen und unabhängigen Variablen zu schätzen, haben wir trotzdem die LISREL Methode verwendet. Wir möchten dabei darauf hinweisen, dass die unterschiedlichen Verfahren für die direkten Effekte zwischen unabhängigen und abhängigen Variablen vergleichbare Resultate ergeben.

abhängige Variable (die "Wirkung") beeinflusst. Je grösser nun der strukturelle Koeffizient ist, desto wichtiger ist der Einfluss der unabhängigen Variable auf die abhängige (der strukturelle Koeffizient kann Werte von -1 bis 1 annehmen). Eine positive Ausprägung weist in diesem Zusammenhang auf eine positive Beziehung zwischen unabhängiger und abhängiger Variable hin (z.B. je ökologischer die Werthaltung einer Person, desto empfindlicher reagiert sie auf die vom Automobilverkehr verursachten Umweltschäden). Umgekehrt deutet ein negativer Koeffizient auf eine negative Beziehung hin (z.B. je höher die Einschränkungen, desto unökologischer das Verhalten der Leute). Die den strukturellen Koeffizienten angefügten Sterne bestätigen ihre "statistische Signifikanz", d.h. wir können in unserem Falle davon ausgehen, dass sich die in unserer Stichprobe beobachteten Beziehungen mit 99%-iger Wahrscheinlichkeit in der Grundgesamtheit wiederfinden (in unserem Falle die Schweizer BürgerInnen). Das R^2 gibt schliesslich an, in welchem Masse die verschiedenen unabhängigen Variablen die Variationen in der abhängigen Variable zu erklären vermögen. Je näher das R^2 dem maximalen Wert von 1 ist, desto besser ist die vom Modell gelieferte Erklärung.

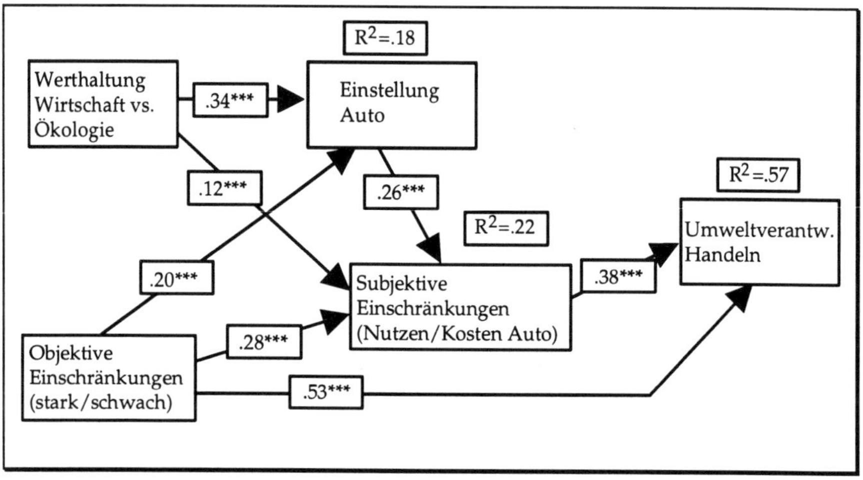

Abbildung 1: *Effekte auf das Verhalten (n=545): standardisierte Regressionskoeffizienten (BETAs) und Signifikanzniveaus*

Als erstes kann anhand dieser Resultate gefolgert werden, dass die zwei Welten der "Moral" und der "Ökonomie" nicht vollständig voneinander getrennt sind. Dies wird zunächst dadurch illustriert, dass die Einstellungen, wie erwartet, das individuelle Kosten-Nutzen-Kalkül beeinflussen (BETA=.26). Mit anderen Worten: je umweltfreundlicher meine Einstellung, desto höher schätze ich die Kosten des Automobilgebrauchs ein. Da dieses Kosten-Nutzen-Kalkül wiederum einen direkten Einfluss auf das Verhalten ausübt, wirken sich die Einstellungen in unserem Falle indirekt auf das Verhalten aus. Aus diesem Grund ist Vorsicht geboten, wenn umweltspezifische Einstellungen für ökologisches Verhalten als irrelevant bezeichnet werden. Die Frage ist, ob allfällige indirekte Effekte berücksichtigt wurden oder nicht. Im weiteren haben die objektiven Einschränkungen einen direkten Einfluss auf das Verhalten, was das Gewicht ökonomischer Überlegungen bei der Wahl des Transportmittels illustriert. Der Einfluss der objektiven Einschränkungen ist umso gewichtiger, als sie auch indirekt über die Einstellungen und subjektiv wahrgenommenen Einschränkungen das Verhalten bestimmen. Je stärker die objektiven Einschränkungen, desto weniger umweltfreundlich ist die Einstellung in bezug auf das Auto und desto höher wird der Nutzen des Privatwagengebrauchs eingeschätzt. Dieses Resultat ist ein weiteres Indiz dafür, dass "Moral" und "Ökonomie" nicht voneinander getrennt und unabhängig voneinander verstanden werden können: die "Ökonomie" beeinflusst einerseits die "Moral", welche andererseits wiederum auf die subjektiven Einschränkungen zurückwirkt. Dieses Resultat soll uns jedoch nicht davon abhalten, die einzelnen Effekte bei der Erklärung des Verhaltens miteinander zu vergleichen. Es soll vor allem dazu dienen, das Bewusstsein für die Komplexität des Problems zu schärfen und voreilige (Kurz-) Schlüsse zu vermeiden.

Mit Hilfe der reduzierten Form des Modells können wir die einzelnen Effekte auf das Verhalten in Tabelle 4 zusammenfassen, welche als Grundlage für die weitere Diskussion dienen soll.

Effekt	Werthaltung Wirtschaft vs. Ökologie	Einstellungen Auto	Subjektive Einschränkungen	Objektive Einschränkungen
direkt	-	-	.38	.53
indirekt	.08	.10	-	.13
total	.08	.10	.38	.66

Tabelle 4: *Direkte, indirekte und totale Effekte auf das Verhalten (n=545)*

Tabelle 4 zeigt deutlich, dass die objektiven Einschränkungen mit einem totalen Effekt von .66 mit Abstand den grössten Einfluss auf das Verhalten ausüben, gefolgt von den ökonomischen Kosten-Nutzen-Überlegungen mit .38 und den beiden normativen Aspekten mit .08 bzw. .10. Wie auch Jaeggi et al. in ihrem Beitrag in diesem Band zeigen, beeinflussen Werthaltungen und Einstellungen in einem nicht zu unterschätzenden

Ausmass die subjektiven Einschränkungen, welche dann wiederum einen direkten Effekt auf das Verhalten ausüben. Die objektiven Einschränkungen üben jedoch einen noch stärkeren Einfluss auf die subjektiven Einschränkungen aus, d.h. je ungünstiger die zur Verfügung stehende Infrastruktur bezüglich des öffentlichen Verkehrs, desto höher wird der Nutzen des Privatwagengebrauchs eingeschätzt. Wenn wir also ein umweltverantwortlicheres Verhalten anstreben, scheint es sinnvoll, die objektiven Einschränkungen in bezug auf dieses Verhalten zu verringern bzw. die Einschränkungen für umweltschädigendes Verhalten zu erhöhen. Somit betrachten wir, im Gegensatz zu Jaeggi et al., die subjektiven und objektiven Einschränkungen nicht als zwei getrennte Faktoren zur Erklärung des Verhaltens, sondern unsere Analyse zeigt vielmehr, dass sie als *gegenseitig* voneinander abhängig verstanden werden müssen. Mit anderen Worten: die subjektiven Einschränkungen sind nicht nur von den Einstellungen und Werten beeinflusst, sondern auch von den objektiven Einschränkungen, welchen die Individuen unterliegen.

3. Erfolgsaussichten der ökologischen Praxis im Verkehrsbereich

Im Anschluss an die in der Öffentlichkeit geführten Diskussionen ist es interessant zu überprüfen, ob die vorgeschlagenen Massnahmen für eine umweltfreundliche Verkehrspolitik es erlauben würden, die Gewohnheiten im Bereich des Verkehrs zu ändern. Anders gefragt: Unter welchen Umständen wären die AutomobilistInnen bereit, ihr Fahrzeug bei der Fahrt zur Arbeit gegen ein umweltfreundlicheres Transportmittel einzutauschen oder wenigstens eine umweltfreundlichere Benützung des Autos zu akzeptieren?

3.1. Unterstützung für eine umweltfreundliche Verkehrspolitik

Im Rahmen des politischen Systems der Schweiz, in welchem den BürgerInnen vielfältige Möglichkeiten der Mitbestimmung zur Verfügung stehen, ist die Akzeptanz der Massnahmen, welche eine Verringerung der durch den Automobilverkehr verursachten Umweltbelastungen anstreben, entscheidend. Ohne Unterstützung durch das Volk hat eine solche Massnahme gute Aussichten, während des Konsultationsverfahrens vom Tisch gefegt zu werden und, in letzter Instanz, bei einem Referendum zu scheitern. Nun scheint es aber, dass die SchweizerInnen diesen Massnahmen gegenüber in der Regel eher positiv eingestellt sind (Tab. 5).[5] Die technischen Verbesserungen und das Car-pooling finden unter

5 Eine detailliertere Diskussion über die Unterstützung der Massnahmen findet sich in Bütschi und Kriesi 1995a.

den Befragten eine starke Unterstützung. Die Schliessung der Stadtzentren für den Verkehr, die Einführung von Elektromobilen und die Regelung des Parkplatzangebots in der Stadt erhalten noch eine komfortable Mehrheit. Was die CO_2-Steuer betrifft, verfehlt sie nur knapp eine zustimmende Mehrheit. Die Geschwindigkeitsreduktion und die Erhöhung des Benzinpreises stehen hingegen bedeutend schlechter in der Gunst der BürgerInnen.

Massnahmen	stark dafür	eher dafür	eher dagegen	stark dagegen	weiss nicht
Technische Verbesserung der Fahrzeuge	64.6	30.7	2.1	1.9	.8
Car-pooling	42.2	41.5	9.7	4.6	2.1
Schliessung der Innenstädte	37.9	40.4	14.4	6.7	.7
Elektromobile	27.8	51.2	14.1	4.0	2.8
Regelung Parkplatzangebot	21.9	39.1	24.5	13.1	1.4
CO_2-Steuer	18.1	30.2	21.8	26.4	3.6
Geschwindigkeitsbeschränkung auf 100km/h	15.9	24.1	27.3	31.3	1.4
Benzinpreis sFr. 2.-/Liter	14.0	21.7	26.5	34.3	3.5

Tabelle 5: *Akzeptanz der Massnahmen, welche eine Verringerung der durch den Automobilverkehr verursachten Umweltbelastungen anstreben (Prozentangaben, n=1062)*

Im allgemeinen ist die Unterstützung der verschiedenen Massnahmen relativ homogen, abgesehen von gewissen erwähnenswerten Ausnahmen. Erstens stösst die Idee, dass die durch den Autoverkehr verursachten Umweltbelastungen verringert werden sollten, bei den Frauen auf grössere Zustimmung, und das vor allem für die Geschwindigkeitsreduktion von 100 km/h auf Autobahnen. Zweitens unterstützen die Personen, welche sich eher im linken politischen Spektrum positionieren, die vorgeschlagenen Massnahmen eher, was jedoch kaum überrascht, wenn man weiss, dass sich anti- und pro-ökologische Einstellungen oft mit der politischen Rechts-Links-Achse decken (s. Inglehart 1983; für die Schweiz, s. Finger, Sciarini 1991; Kreuzer 1990). Drittens kann ein Graben zwischen den Romands und den Deutschweizern festgestellt werden, wobei die Romands den vorgeschlagenen Massnahmen skeptischer gegenüberstehen als die Deutschschweizer; ein Graben, der sich ebenfalls bei Volksabstimmungen im Zusammenhang mit Umweltschutzanliegen und Verkehrsfragen beobachten lässt (Kriesi et al. 1995).[6]

6 Über den Graben zwischen Romands und Deutschschweizern bei Fragen des Umweltschutzes, s. auch die Beiträge von Brechbühl, Rey sowie von Diekmann, Franzen in diesem Band.

Es ist zudem interessant festzustellen, dass die Einstellungen der Befragten eine gewisse Kohärenz aufweisen. Wenn wir uns nämlich die Beziehungen der massnahmenspezifischen Einstellungen anschauen, resultieren daraus in der Tat positive Korrelationskoeffizienten. Anders ausgedrückt: diejenigen Personen, welche eine Massnahme positiv einschätzen, tun das in gleicher Weise für die anderen Massnahmen. Umgekehrt haben diejenigen, welche eine Massnahme negativ einschätzen, die gleiche Meinung bezüglich der übrigen Massnahmen.[7] Kurzum, Tabelle 6 legt den Schluss nahe, dass die Individuen gleiche "Typen" von Massnahmen auch gleich einschätzen. Es zeigt sich, dass viele Personen, welche die Schliessung der Innenstädte unterstützen, auch der Begrenzung des Parkplatzangebots in der Stadt wohlgesinnt sind (und umgekehrt), da beide Massnahmen die Verringerung des Verkehrs in der Stadt zum Ziel haben. In ähnlicher Weise wird wegen der aussergewöhnlich hohen Korrelationskoeffizienten zwischen der CO_2-Steuer und der stufenweisen Erhöhung des Benzinpreises auf sFr. 2.- bis ins Jahr 2000 klar, dass die Befragten dieser Massnahme nicht aufgrund des in Frage stehenden Betrages zu- oder abgeneigt sind, sondern vielmehr aus Prinzip. Im Gegensatz dazu folgen die Einstellungen in bezug auf technische und organisatorische Lösungen einer komplexeren Logik. Die schwachen Korrelationskoeffizienten zwischen den Einstellungen bezüglich der technischen Verbesserungen, der Förderung des Car-pooling und der Förderung elektrischer Fahrzeuge zeigen, dass jede dieser Massnahmen je für sich und unabhängig von den anderen beurteilt worden ist.

	techn. Verbes-serung	Car-pooling	Schlies-sung Innenstädte	Elektro-mobile	Regelung Parkplatz-angebot	CO_2 Steuer	Geschwin. Autobahn 100km/h
techn. Verbesserungen	1						
Car-pooling	.04	1					
Schliess. Innenstädte	.07	.16	1				
Elektromobil	.10	.16	.13	1			
Parkplatzangebot	.08	.17	.38	.10	1		
CO_2-Steuer	-.02	.18	.25	.11	.37	1	
Geschwindigkeit Autobahn 100km/h	.01	.15	.25	.12	.34	.39	1
Benzinpreis sFr. 2.-/l	-.04	.21	.27	.11	.41	.70	.43

Tabelle 6: *Korrelationskoeffizienten zwischen den Einstellungen zu den verschiedenen Massnahmen*

7 Wir erinnern daran, dass Korrelationskoeffizienten Werte zwischen -1 und 1 annehmen können, wobei ein Wert von 1 eine perfekte und positive Beziehung widerspiegelt, ein Wert von 0 eine völlige Unabhängigkeit und ein Wert von -1 eine perfekte negative Beziehung zwischen zwei Variablen.

In Anbetracht dieser Ergebnisse könnte man dazu neigen, auf den Erfolg der Massnahmen zur Reduktion der durch den Automobilverkehr verursachten Umweltbelastungen zu schliessen. Es ist jedoch verfrüht zu behaupten, dass zum Beispiel die CO_2-Steuer gute Aussichten hätte, vom Volk angenommen zu werden. Die Meinungen nämlich, welche in Tabelle 4 dargestellt sind und im Frühling 1994 erhoben wurden, zeigen, verglichen mit denjenigen des "Umwelt-Surveys", welche sechs Monate früher erhoben wurden, einen merklichen Aufschwung der anti-ökologischen Position in der öffentlichen Meinung. Dieses Phänomen zeigt sich besonders ausgeprägt für die beiden Massnahmen, welche eine Benzinpreiserhöhung vorsehen, was den Schluss nahe legt, dass die negativen Reaktionen gegenüber dem im Frühling 1994 in die Vernehmlassung geschickten Projekt der CO_2-Steuer die öffentliche Meinung beeinflusst haben (für mehr Details s. Bütschi, Kriesi 1995b). Auch wenn eine Mehrheit der Befragten die Förderung technischer Verbesserungen, die Förderung des Car-pooling, die Schliessung der Innenstädte, die Förderung der Elektromobile und die Regelung des Parkplatzangebots in der Stadt scheinbar gutheisst, besitzen wir keinerlei Hinweise dafür, dass die Massnahmen, wenn sie einmal eingeführt sind, auch zu einer wirksamen Verhaltensänderung im Bereich des Individualverkehrs führen werden. Diese Frage gewinnt umso mehr an Brisanz, wenn wir uns an den weiter oben diskutierten offensichtlich vorhandenen Graben zwischen Einstellungen und Verhalten erinnern.

3.2. *Erfolgsaussichten von Verhaltensänderungen im Verkehrsbereich*

Die Unterstützung der vorgeschlagenen Massnahmen bildet zwar eine erste Voraussetzung zur Inkraftsetzung einer umweltfreundlichen Verkehrspolitik, das gibt uns allerdings keinerlei Gewähr für deren Umsetzung im alltäglichen Verhalten der Schweizer BürgerInnen. Es stellt sich mit anderen Worten die Frage nach der *Wirksamkeit*[8] der hier vorgeschlagenen Massnahmen. Sind die befragten Personen bereit, ihr Verhalten in der von den Massnahmen vorgesehenen Richtung zu ändern oder werden sie versuchen sich ihnen anzupassen, ohne ihr Verhalten zu ändern?

Auch wenn alle hier vorgeschlagenen Massnahmen eine Verringerung der durch den Automobilverkehr verursachten Umweltbelastungen zum Ziel haben, sehen nicht alle Massnahmen die gleichen Verhaltensände-

8 "Wirksamkeit" wird hier in bezug auf die Massnahme verstanden, d.h. ob sie auch tatsächlich zu einer entsprechenden Verhaltensänderung führt und nicht in bezug auf die Umwelt, also ob die Massnahme auch wirklich einen entscheidenden Beitrag zum Schutz der Umwelt liefert.

rungen vor. Die Schliessung der Innenstädte, die Regelung des Parkplatzangebots, die CO_2-Steuer und die Benzinpreiserhöhung auf sFr. 2.- pro Liter haben als klares Ziel, den AutomobilistInnen Anreize zu geben, auf die Benützung ihres Fahrzeugs zu verzichten und ein alternatives Transportmittel zu benützen. Wenn wir uns im Laufe der Analyse mit den Absichten der Befragten im Falle der Schliessung der Innenstädte, der Regelung des Parkplatzangebots, der Einführung der CO_2-Steuer und der Erhöhung des Benzinpreises auf sFr. 2.- pro Liter beschäftigen, interessieren wir uns also für die Frage, ob die AutomobilistInnen in diesem Falle bereit wären, auf ihr Auto bei der Fahrt zur Arbeit zu verzichten. Bei der Geschwindigkeitsbegrenzung, der Förderung des Elektromobils und des Car-pooling ist das Ziel subtiler. Hier geht es darum, einen weniger schädlichen Gebrauch des Privatwagens zu fördern. Die Frage ist in diesen Fällen, ob die AutomobilistInnen bereit sind, sich an eine Geschwindigkeitslimite von 100 km/h auf Autobahnen zu halten, ein Elektromobil zu kaufen oder als FahrerIn bzw. gegebenenfalls als MitfahrerIn beim Car-pooling mitzumachen. Da schliesslich die technischen Verbesserungen ausschliesslich die Automobilhersteller und -importeure betreffen, wurden keine Fragen gestellt für den Fall, dass diese Verbesserungen Wirklichkeit würden.

Tabelle 7 präsentiert die Bereitschaft der Personen, die zur Zeit mit dem Auto zur Arbeit fahren, auf andere Transportmittel umzusteigen, falls die Schliessung der Innenstädte, die Regelung des Parkplatzangebots, die CO_2-Steuer oder die Benzinpreiserhöhung eingeführt würden. Zu beachten ist, dass diejenigen Personen, welche von der Schliessung der Innenstädte und der Regelung des Parkplatzangebots nicht betroffen sind (weil sie, bezüglich der ersten Massnahme, weder in der Innenstadt arbeiten noch wohnen oder, bezüglich der zweiten Massnahme, weder in der Stadt arbeiten noch wohnen), wurden aus der Analyse ausgeschlossen. Auf den ersten Blick erkennt man, dass nicht alle Massnahmen die gleiche Wirksamkeit zeitigen: die Schliessung der Innenstädte und die Regelung des Parkplatzangebots ermutigt beinahe die Hälfte der betroffenen AutomobilistInnen (also diejenigen Personen, welche in der Stadt arbeiten und/oder wohnen), auf ihr Auto zu verzichten, während die Benzinpreiserhöhungen (CO_2-Steuer und Erhöhung auf sFr. 2.-) nur gerade 15% der AutomobilistInnen einen Anreiz geben würden, ein weniger umweltschädliches Transportmittel zu benützen. In der Tat kann festgestellt werden, dass die Anreiz-Massnahmen die AutomobilistInnen kaum zu überzeugen vermögen, auf ihr Auto zu verzichten - und dies vor allem dann nicht, wenn der Anreiz schwach bleibt - während die vorschreibenden Massnahmen die betroffenen Personen viel eher davon abhalten, das Privatauto zu benützen.

Transportmittel	Schliessung Innenstädte	Regelung Parkplatz	CO_2-Steuer	Benzinpreis sFr. 2.-/Liter
Automobil	43.3	49.4	85.5	74.9
Motorrad/Roller/Moped	2.9	3.4	7.5	8.4
öffentliche Transportmittel	51.9	42.6	6.4	12.0
Velo	9.6	5.1	3.9	5.8
zu Fuss	5.8	2.8	1.9	1.9
	(n=118)	(n=182)	(n=378)	(n=370)

Tabelle 7: *Absichten der Personen, die zur Zeit mit dem Auto zur Arbeit fahren, im Falle der Einführung verschiedener Massnahmen bei der Fahrt zur Arbeit das Auto, das Motorrad, die öffentl. Verkehrsmittel, das Velo zu benützen oder zu Fuss zu gehen: Prozentsätze*[9]

Die gleiche Feststellung lässt sich anhand der Tabelle 8 machen, aus welcher hervorgeht, in welchem Umfang AutobahnbenützerInnen bereit sind, die Geschwindigkeitsbegrenzungen zu respektieren, in welchem Umfang die Personen mit einem Führerausweis geneigt sind, ein Elektromobil zu kaufen, in welchem Masse die regelmässigen AutomobilbenützerInnen die Absicht haben, als FahrerInnen beim Car-pooling mitzumachen und in welchem Umfang sich alle Befragten einverstanden erklären, als MitfahrerInnen beim Car-pooling teilzunehmen. Es zeigt sich, dass die Massnahmen, welche von den AutomobilistInnen nur ein geringes "Opfer" verlangen, am effizientesten zu sein scheinen. Obwohl die Geschwindigkeitsbegrenzungen und das Car-pooling eine Verhaltensänderung verlangen, sind die damit verbundenen Opfer im Vergleich zum Kauf eines Elektromobils und den damit einhergehenden Kosten doch eher gering.

Absicht	Geschwindigkeitsbegrenzung	Kauf Elektromobil	Car-pooling Fahrer	Car-pooling Passagier
Ja, sicher	50.3	29.9	58.0	58.7
Ja, vielleicht	32.2	40.4	24.2	23.7
Nein, niemals	17.2	29.2	15.1	15.6
Weiss nicht	.3	.4	2.81	2.0
	100% (n=769)	100% (n=893)	100% (n=790)	100% (n=1062)

Tabelle 8: *Personen, welche sicher, vielleicht oder niemals die Geschwindigkeitsbegrenzung respektieren werden, sich ein Elektromobil kaufen oder sich als FahrerIn bzw. MitfahrerIn beim Versuch des Car-pooling beteiligen werden: Prozentsätze*

9 Das Total übersteigt die 100%, da die befragten Personen zwei Transportmittel angeben konnten.

4. Unter welchen Bedingungen sind die Massnahmen wirksam?

Im vorhergehenden Abschnitt konnten wir zeigen, dass nicht alle Massnahmen mit der gleichen Wirksamkeit ein umweltverantwortliches Handeln im Verkehrsbereich hervorrufen. Wir haben im speziellen darauf bestanden, dass die Erfolgsaussichten der verschiedenen Massnahmen vom Typ der Massnahme abhängig sind. Diese Erklärung ist nicht vollständig, solange sie nicht auch die weiter oben diskutierten Bedingungen berücksichtigt, welche ein umweltverantwortliches Verhalten fördern. Mit anderen Worten geht es jetzt darum, nach dem Einfluss zu fragen, den die Werte, die Einstellungen und die Einschränkungen auf die Bereitschaft zu einem umweltverantwortlichen Verhalten im Falle der Einführung der einen oder anderen Massnahme haben. Zu diesem Zweck greifen wir auf das in Abbildung 1 präsentierte Modell zurück, mit der Modifikation, dass neben den allgemeinen Einstellungen in bezug auf den Gebrauch des Automobils ebenfalls die Einstellungen in bezug auf die einzelnen Massnahmen als Prädikatoren für die Absichten ins Modell miteinbezogen werden. Sehen wir uns das Modell und die Hypothesen im Detail an.

Die Resultate der obigen Analyse zum Verhalten legen es erstens nahe, die objektiven Einschränkungen auch zur Erklärung der Bereitschaft zu berücksichtigen. Wir gehen mit anderen Worten davon aus, dass jemand nur dann bereit sein wird, im Sinne der verschiedenen Massnahmen zu handeln, wenn die entsprechende Verhaltensänderung nicht zu viele Kosten verursacht. Zweitens gehen wir davon aus, dass die normativen Überlegungen einen direkten und indirekten Effekt auf die Verhaltensabsichten haben. Wir vermuten, dass sie in diesem Zusammenhang wichtiger sind als bezüglich des Verhaltens selbst. Wir gehen dabei davon aus, dass die Verhaltensabsichten einer Person ihren "guten Willen" ausdrükken: während jemand, der dem Umweltschutz kritisch gegenübersteht, keinen Grund zum Verzicht auf sein Auto hat, ist es denkbar, dass jemand, der den Umweltschutz befürwortet, bereit ist, auf sein Auto zu verzichten, auch wenn damit empfindliche Kosten verbunden sind. Ob er es in Tat und Wahrheit auch tut, ist eine andere Frage. Drittens gehen wir, analog zu unserem ersten Modell, davon aus, dass die Werte einen entscheidenden Einfluss auf die Einstellungen zu den Folgen des Autogebrauchs und damit auch auf die Einstellungen zu den verschiedenen Massnahmen haben. Schliesslich nehmen wir an, dass eine Beziehung zwischen Einschränkungen und Einstellungen besteht, ebenfalls in Analogie zu unserem Verhaltensmodell, d.h. wir gehen davon aus, dass der Autogebrauch umso positiver bewertet wird und dass die Leute den verschiedenen Massnahmen umso kritischer gegenüberstehen, je stärker sie mit Einschränkungen konfrontiert sind.

Wie beim Verhalten haben wir unsere Hypothesen auf der Basis eines LISREL Modells getestet. Wir haben die Handlungsbereitschaft für acht verschiedene Massnahmen gemessen, was es uns ermöglicht, je ein Modell für jede der acht Massnahmen zu entwickeln. Um die Analyse zusätzlich übersichtlicher zu gestalten, stellen wir jedoch nicht für jede Bereitschaft das komplette Modell vor. Abbildung 2 präsentiert das Basismodell, welches die wichtigsten kausalen Beziehungen zur Erklärung der Handlungsbereitschaften illustriert.

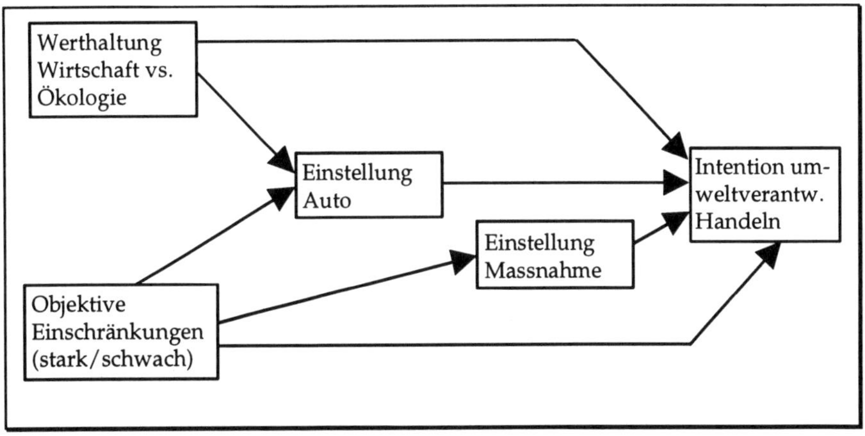

Abbildung 2: *Basismodell für Intentionen*

Verschiedene Elemente dieses Modells verdienen es, hervorgehoben zu werden. Erstens zeigt es sich, dass die subjektiven Einschränkungen im Gegensatz zum Verhalten keinerlei signifikanten Einfluss auf die Bereitschaft zu umweltverantwortlichem Verhalten ausüben, welche Massnahme wir auch immer in Betracht ziehen, d.h. sie fallen aus unserem Basismodell heraus. Die befragten Personen berücksichtigen mit anderen Worten die Kosten und Nutzen, die mit dem Autogebrauch verbunden sind nicht, wenn sie angeben, in welchem Umfang sie bereit sind, sich den verschiedenen Massnahmen zu unterziehen. Erinnern wir uns dabei daran, dass die relevanten Kriterien des Kosten-Nutzen-Kalküls sich in diesem Zusammenhang auf "Zeitaufwand", "finanzielle Kosten", "Bequemlichkeit", "Sicherheit" und "ökologische Überlegungen" beziehen. Es besteht allerdings keinerlei Garantie, dass die Leute diese Kriterien nicht doch in Rechnung stellen, wenn sie eines Tages konkret mit der einen oder anderen Massnahme konfrontiert werden. Im Moment haben sie lediglich ihren "guten Willen" bekundet. Zweitens ergibt sich, dass die Wertorientierungen im Gegensatz zu unserer Hypothese keinen Effekt auf die Einstellungen zu den vorgeschlagenen Massnahmen haben. Es ist denkbar, dass der hier verwendete Indikator für die Wertorientierungen nicht optimal ist. So ist es möglich, dass die Individuen die verschiedenen Massnahmen nicht aufgrund der Werthaltung entlang dem Kriterium "wirtschaftliches Wohlbefinden versus Ökologie" einschätzen, sondern entlang anderer Kriterien wie z.B. "Staatsintervention versus Privatinitiative". Analog zu Tabelle 3 fassen wir in Tabelle 9 für jede Massnahme die reduzierte Form des Modells zusammen.

Absicht für Massnahme	Werthaltung	Einstellung Auto	Einstellung Massnahme	obj. Einschränk.	n	R^2
Geschwindigkeitsbegrenzung[1]	.30	.19	.41	.07	442	.27
Car-pooling Fahrer[2]	.15	.25	.46	.05	435	.27
Car-pooling Passagier[1]	.19	.17	.38	.06	559	.19
Benzin sFr. 2.-[3]	.09	.22	.14	.13	259	.08
CO_2-Steuer[4]	.20	.18	.09	.15	271	.10
Regelung Parkplatzangebot[5]	.17	-	-	.14	135	.04
Schliessung Innenstädte[6]	.04	.10	-	.19	78	.04
Kauf Elektromobil[7]	-	-	.39	-.17	500	.18

Tabelle 9: *Totale Effekte des reduzierten Modells auf die einzelnen Intentionen*

1) *ohne direkten Effekt obj. Einschränkungen-Intentionen*
2) *ohne direkten Effekt Werthaltungen-Intentionen und obj. Einschränkungen-Intentionen*
3) *ohne direkten Effekt Werthaltungen-Intentionen und obj. Einschränkungen-Einstellung Massnahme*
4) *ohne direkten Effekt obj. Einschränkungen-Einstellung Massnahme*
5) *ohne direkten Effekt Einstellung Auto-Intentionen und Einstellung Massnahme-Intentionen*
6) *ohne direkten Effekt Werthaltungen-Intentionen*
7) *ohne direkten Effekt Werthaltungen-Intentionen und Einstellung Auto-Intentionen*

Obwohl die Koeffizienten und Kausalbeziehungen von einem Modell zum andern variieren, schälen sich für die Bereitschaft einer Verhaltensänderung innerhalb des Modells grundsätzlich zwei Prototypen heraus. Der erste Prototyp findet sich bei den ersten drei in Tabelle 9 dargestellten Massnahmen, der Geschwindigkeitsbeschränkung und dem Car-pooling als Passagier und als FahrerIn. Bei diesen Massnahmen kann die generelle Tendenz festgestellt werden, dass die normativen Aspekte, d.h. die Werthaltungen und die Einstellungen, die ökonomischen Aspekte bei der Erklärung der Intentionen klar überwiegen, ganz im Gegensatz zur Erklärung des Verhaltens. Dieser Aspekt ist schon bei der Betrachtung des Basismodells (Abb. 2) zu erahnen, weil im Gegensatz zum Modell zur Erklärung des Verhaltens ein direkter Einfluss der Einstellungen bezüglich des Automobils auf die Absichten vorliegt. Zusätzlich üben die objektiven Einschränkungen beim ersten Typ, d.h. bei den drei ersten Massnahmen, nur einen indirekten Einfluss auf die Verhaltensabsichten aus, da der direkte Effekt wegfällt. Sie verhalten sich also in ähnlicher Weise wie die Einstellungen zum Verhalten. Der Einfluss der normativen Erklärungsfaktoren nimmt beim ersten Prototyp zu, je spezifischer diese in bezug auf die Intentionen gemessen wurden, d.h. die Einstellung gegenüber der jeweiligen Massnahme beeinflusst die Intention zur Verhaltensänderung in stärkerem Ausmasse als die allgemeineren Einstellungen und die ökologischen Werte. Dieses Resultat ist nun insofern nicht überraschend, als es sich in diesem Falle bei der abhängigen (zu erklärenden) Variable nicht um ein Verhalten, sondern "nur" um die Absicht einer zukünftigen Verhaltensänderung handelt. Zudem zeichnen sich diese drei Massnahmen dadurch aus, dass eine allfällige Verhaltensänderung wenig zusätzliche Kosten verursachen würde und die Mobilität grundsätzlich nicht in Frage gestellt wird. Der "gute Wille" reicht offensichtlich bei diesen drei Massnahmen für die Absicht zur Verhaltensänderung aus und die ökonomischen Faktoren haben nur marginalen Einfluss. Ob diese Bereitschaft dann auch zu einer (langfristigen) Verhaltensänderung führt, wenn die neuen Einschränkungen und Kosten (z.B. Zeitkosten) dem Akteur bewusst werden, muss eine offene Frage bleiben.

Wenn wir nämlich die Resultate der nächsten vier Massnahmen betrachten, wird der zweite Prototyp innerhalb dieses Modells anhand von zwei Änderungen sichtbar. Einerseits verstärkt sich der Einfluss der Einschränkungen gegenüber den normativen Aspekten, d.h. die Einschränkungen gleichen sich bei der Erklärung der Absichten tendenziell denjenigen der Einstellungen an und überwiegen bei der Schliessung der Innenstädte sogar. Offensichtlich reicht bei diesen Massnahmen der "gute Wille" für die Absicht zur Verhaltensänderung nicht mehr aus, da die damit einhergehenden Kosten höher eingeschätzt werden und die Mobilität in stärkerem Masse beeinflusst würde als bei den ersten drei Massnahmen. Bei der Einführung dieser Massnahme sind diejenigen Personen, welche geringen Einschränkungen unterliegen, eher bereit, ihr Verhalten zu ändern. Leute hingegen, welche mit starken Einschränkungen konfrontiert sind und für die eine entsprechende Verhaltensänderung grössere Kosten verursachen würde, sind in geringerem Masse bereit, auf den Gebrauch des Privatwagens zu verzichten. Andererseits können wir beobachten, dass die massnahmenspezifischen Einstellungen im Verhältnis zu den Einstellungen bezüglich des Automobilgebrauchs und den Werthaltungen deutlich an Erklärungskraft für die Verhaltensintention einbüssen und für die Regelung des Parkplatzangebots und die Schliessung der Innenstädte sogar überhaupt keine Rolle spielen. Offensichtlich ist die massnahmenspezifische Einstellung nur dann in entscheidendem Masse bestimmend für die Bereitschaft zur Verhaltensänderung, wenn diese Verhaltensänderung keine grossen Kosten verursacht und zudem die

Mobilität nicht einschränkt. In Anlehnung an Diekmann und Franzen könnte man sagen, dass die massnahmenspezifischen Einstellungen die Absichten zur Verhaltensänderung vor allem in "low-cost" Situationen beeinflussen.

Einzig die Bereitschaft zum Kauf eines Elektromobils wird durch diese beiden Erklärungstypen nicht abgedeckt. In diesem Falle üben nur die massnahmenspezifische Einstellung und die Einschränkungen einen signifikanten Einfluss aus, wobei der Einfluss letzterer negativ gerichtet ist. Personen, welche aufgrund starker Einschränkungen am meisten ein Auto gebrauchen, wären somit am ehesten zum Kauf eines Elektromobils bereit, während Leute, welche nur geringe Einschränkungen erfahren (weil sie zum Beispiel in der Stadt wohnen, kein Auto haben, oder weil es für sie günstiger ist, mit dem öffentlichen Verkehr zur Arbeit zu fahren), möglicherweise andere Verkehrsmittel dem Kauf eines - trotz allem teuren - Elektromobils vorziehen. Einzig die massnahmenspezifische Einstellung übt in diesem Falle einen klar zu interpretierenden Einfluss aus. Es ist anzunehmen, dass in diesem Falle das Modell zur Erklärung der Absicht mangelhaft ist, da entscheidende Faktoren, wie z.B. finanzielle Ressourcen, nicht mitberücksichtigt wurden. Aus diesem Grunde scheinen definitive Schlussfolgerungen hier nicht angebracht.

Für diejenigen Massnahmen, welche in das Schema der beiden Prototypen passen, kann folgendes zusammengefasst werden. *Erstens* zeigt sich klar, dass die normativen Aspekte, d.h. die Werthaltungen und Einstellungen, bei der Erklärung der Absichten wichtiger sind als die ökonomischen Faktoren, ganz im Gegensatz zum Verhalten. Vor allem für diejenigen Absichten, bei welchen eine Verhaltensänderung wenig zusätzliche Kosten verursacht und die Mobilität grundsätzlich nicht in Frage gestellt wird, scheint die "Moral" einen entscheidenden Einfluss auszuüben. Während in diesem Falle der "gute Wille" für die Absicht zu einer Verhaltensänderung offensichtlich genügt, nimmt die Erklärungskraft der ökonomischen Faktoren zu, wenn von den Akteuren der Verzicht auf das Auto und somit grössere Opfer verlangt werden. *Zweitens* zeigt sich jedoch auch hier, dass die beiden Welten "Moral" und "Ökonomie" nicht voneinander getrennt werden können. So üben die Einschränkungen beim ersten Erklärungstyp ihren Einfluss auf die Bereitschaft nur indirekt über die Einstellungen aus, welche ihrerseits wiederum, im Gegensatz zum Verhalten, die Bereitschaft sowohl direkt, als auch indirekt beeinflussen. Dies zeigt einmal mehr die gegenseitige Abhängigkeit der beiden Arten von Faktoren, welche schon bei der Erklärung des Verhaltens deutlich wurde.

5. Zusammenfassung und Schlussfolgerungen

Jene LeserInnen, die eine klare und eindeutige Antwort erwartet haben bezüglich der Frage, wie umweltverantwortliches Verhalten im Verkehrsbereich gefördert werden kann, sind vielleicht enttäuscht über diese Resultate, welche von der Komplexität der in Frage stehenden Problematik zeugen. Aber ist Komplexität notwendigerweise deckungsgleich mit dem Fehlen von Lösungen? Obwohl sie keine eindeutige Antwort gibt, erlaubt die hier vorgestellte Analyse der Mechanismen zur Förderung ökologischen Verhaltens doch einige praktische Schlussfolgerungen für die zu treffenden Entscheidungen im Bereich des Umweltschutzes.

Zuallererst konnten wir zeigen, dass die verlockende Trennung von "Moral" und "Ökonomie" die Wirklichkeit zu stark vereinfacht. Wenn wir ausschliesslich die direkten Effekte auf das Verhalten im Verkehrsbereich berücksichtigen, dann besteht in der Tat kein Zweifel an der Dominanz ökonomischer Überlegungen der Individuen. Wenn wir aber die Analyse auf die indirekten Effekte ausweiten, so ist zu beobachten, dass Aspekte, welche wir als normativ bezeichnet haben, das Verhalten in bescheidenem, aber dennoch signifikantem Masse mitbeeinflussen. Für die Verhaltensbereitschaft gilt dasselbe in noch ausgeprägterem Masse: normative Überlegungen beeinflussen die Bereitschaft nicht nur indirekt, sondern auch direkt und für gewisse Massnahmen stellen sie gar die wichtigsten Erklärungsfaktoren dar. Anders ausgedrückt: es geht nicht um "Moral" *oder* "Ökonomie", sondern um "Moral" *und* "Ökonomie".

Im weiteren konnten wir nicht nur feststellen, dass unterschiedliche Massnahmen verschiedene Mechanismen aktivieren - die einen aktivieren in erster Linie ökonomische Kalküle, die anderen vor allem moralische Überlegungen - sondern auch, dass der intrinsische Charakter einer Massnahme einen gewissen Einfluss auf ihre Wirksamkeit hat. So konnten wir zeigen, dass vorschreibende Massnahmen - wie die Schliessung der Innenstädte - wirksamer sind als die Massnahmen, welche auf ökonomischen Anreizen basieren.

Generell kann zusammengefasst werden, dass die Komplexität der Mechanismen zur Förderung eines umweltverantwortlichen Handelns ein ganzes Bündel von Massnahmen verlangt. Streben wir eine effiziente und umfassende Umweltpolitik an, werden "nur vereinzelte" Massnahmen dieser Forderung aufgrund der Komplexität der Zusammenhänge in keiner Weise gerecht.

Literatur

Bütschi, D., Kriesi, H. 1995a: Politique des transports et opinion publique: quelle place pour la protection de l'environnement? In: Jahrbuch der Schweizerischen Verkehrswirtschaft 1994/1995. S. 75-84.

Bütschi, D., Kriesi, H. 1995b: Nature des médias. Elites politiques, médias et opinion publique. In: Zeitschrift der Föderation der Schweizer Psychologinnen und Psychologen. Jg 16, Bd 3. S. 14-16.

Diekmann, A., Franzen, A. 1995: Der Schweizer Umweltsurvey 1994. Codebuch. Bern: Institut für Soziologie.

Finger, M., Sciarini, P. 1991: Integrating "New Politics" into "Old Politics": The Swiss Party Elite. In: West European Politics. Jg 14, Bd 1. S. 98-112.

Inglehart, R. 1983: Traditionelle politische Trennungslinien und die Entwicklung der neuen Politik in westlichen Gesellschaften. In: Politische Vierteljahresschrift. Jg 24, Bd 2. S. 139-165.

Kinder, D., Sears, D. 1985: Public Opinion and Political Action. In: Lindzeyet, G., Aronson, E. (Hg.): Handbook of Social Psychology. New-York: Random House. S. 659-741.

Kreuzer, M. 1990: New Politics: Just Post-Materialist? The Case of the Austrian and Swiss Greens. In: West European Politics. Jg 13, Bd 1. S. 12-30.

Kriesi, H., Wernli, B., Sciarini, P., Gianni, M. 1995: Le clivage linguistique: problèmes de compréhension entre les communautés linguistiques en Suisse. Rapport pour la Chancellerie fédérale. Office fédéral de la statistique et Office fédéral de la culture (mandataires).

Lüdemann, Ch. 1993: Diskrepanz zwischen theoretischem Anspruch und forschungspraktischer Wirklichkeit. In: Kölner Zeitschrift für Soziologie und Sozialpsychologie. Jg 45, Bd 1. S. 116-124.

Was uns vom umweltverantwortlichen Handeln abhält

Christian Jaeggi, Carmen Tanner, Klaus Foppa, Stephan Arnold

*In der Öffentlichkeit ist die Vorstellung noch stark verbreitet, umweltgerechtes Verhalten sei vor allem vom Umweltbewusstsein des einzelnen Individuums abhängig: Könne man letzteres erhöhen, so sei auch mit umweltfreundlichem Verhalten zu rechnen. In wissenschaftlichen Untersuchungen hat sich dieser Zusammenhang jedoch nicht bestätigt (vgl. Hines et al. 1986/87; Diekmann, Franzen in diesem Band). Folglich kann die Annahme, man könne vom Umweltbewusstsein direkt auf entsprechendes Verhalten schliessen, nicht aufrechterhalten werden. Auch die unterschiedliche Entwicklung von Umweltbewusstsein und Umweltverhalten in der Bevölkerung weist in eine ähnliche Richtung: In den letzten Jahren hat zwar das Umwelt**bewusstsein** erkennbar zugenommen. Entsprechende **Verhaltensänderungen** sind jedoch im allgemeinen ausgeblieben (Univox 1986/1987/1988; Diekmann, Preisendörfer 1992). Die Ursachen umweltschädlichen Handelns liegen offenbar nicht im fehlenden Umweltbewusstsein der handelnden Personen, sondern woanders. Will man umweltverträgliches Verhalten fördern, so gilt es diese Ursachen zu identifizieren: Ziel muss es sein, **Gründe** zu **finden**, die **Menschen daran hindern, das zu tun, was umweltgerecht wäre**. Die Kenntnis relevanter Unterlassungsbedingungen ist insbesondere im Hinblick auf die Planung und Umsetzung wirksamer Interventionsmassnahmen unumgänglich. Ziel unseres Projektes war es deshalb, einige dieser Unterlassungsbedingungen zu identifizieren.*

1. Mögliche Gründe für umweltschädliches Verhalten

Beginnt man nach Ursachen für umweltschädliches Verhalten zu suchen, so kann man ohne Anstrengung einige einleuchtende Gründe finden: Man wird beispielsweise auf die Bequemlichkeit bzw. auf die fehlende Bereitschaft des Menschen, seinen Lebensstil zu ändern, hinweisen. Hauptsächlich wird es sich bei den angeführten Gründen *um verschiedene Facetten fehlender Motivation* handeln. Tatsächlich kann man davon ausgehen, dass dieser Art von Gründen in bestimmten Situationen Bedeutung zukommt. Andererseits lassen sich leicht Beispiele anführen, die zeigen, dass solche Erklärungen in anderen Fällen unzureichend sind: Fehlt zum Beispiel ein gut ausgebautes und funktionierendes System öffentlicher Verkehrsmittel, so ist es falsch, die Benützung des eigenen Autos für den Arbeitsweg ausschliesslich auf eine fehlende Umweltverantwortung zurückzuführen. Vielmehr sind hier die notwendigen Ressourcen für umweltfreundliches Verhalten nicht vorhanden. Oder anders formuliert: Umwelthandeln wird hier durch *kontextuelle Restriktionen* bestimmt (vgl. dazu auch Gessner in diesem Band). Ähnliches gilt für viele Handlungen und Handlungsbereiche: Obwohl sich Menschen als Träger autonomer Entscheidungen erleben, sind ihre Handlungsspielräume in Wirklichkeit durch Restriktionen unterschiedlichster Art eingeschränkt: Vieles von dem, was sie "an sich" durchaus tun könnten (möglicherweise auch gerne täten), liegt nicht im Bereich ihrer effektiven Möglichkeiten. Dabei sind neben den erwähnten kontextuellen Restriktionen andere Gründe, insbesondere solche, die im Individuum selbst zu suchen sind (*personale Restriktionen*), für Einschränkungen verantwortlich: So ziehen Menschen bestimmte Handlungsmöglichkeiten aus Gewohnheit, aufgrund ihrer Sozialisation[1] oder weil sie nicht an den Erfolg glauben (*fehlende Kontrollüberzeugung*), nicht in Betracht. Denkbar ist aber auch, dass sie Handlungen unterlassen, weil sie die Situation nicht als Problem einschätzen (*fehlendes Problembewusstsein*[2]): Tatsächlich kann man nicht davon ausgehen, dass ein objektiv existierendes Umweltrisiko subjektiv analog abgebildet wird. Denkbar wäre z.B. eine verminderte oder fehlende Problemwahrnehmung aufgrund der Tatsache, dass Umweltrisiken in der Regel nicht direkt wahrnehmbar sind (Preuss 1991). Schliesslich können sich Individuen schlicht *nicht verpflichtet fühlen*, eine bestimmte Sache zu tun. Davon auszugehen, Menschen seien sich ihrer *realen* Handlungsspielräume bewusst, wäre deshalb falsch. Vielmehr muss man von der Existenz eines sog. *ipsativen*[3] *Möglichkeitsraumes* (Foppa 1989; Frey, Foppa 1986) ausgehen, einer Auswahl an Handlungsoptionen, die das Individuum in der konkreten Situation tatsächlich in Betracht zieht (Abb.1). Ipsativer und realer Möglichkeitsraum bestimmen in einer gegebenen Situation gemeinsam, welche Handlungen ausgeführt werden können. Deshalb ist bei ihnen auch nach Gründen für das Unterlassen bestimmter Handlungen zu suchen.

1 Sozialisation: Hineinwachsen des Individuums in die Normen der Gesellschaft durch Erziehung und Erfahrungen.

2 Problembewusstsein verstanden als Gewahrwerden emotionaler Belastungen, Betroffenheit und Bedrohungen hinsichtlich verschiedener Umweltrisiken (Klimaerwärmung, Sommersmog etc.). Dieses Konstrukt dient als Mass dafür, ob und inwieweit Umweltrisiken als Problem empfunden werden.

3 Subjektiv wahrgenommener.

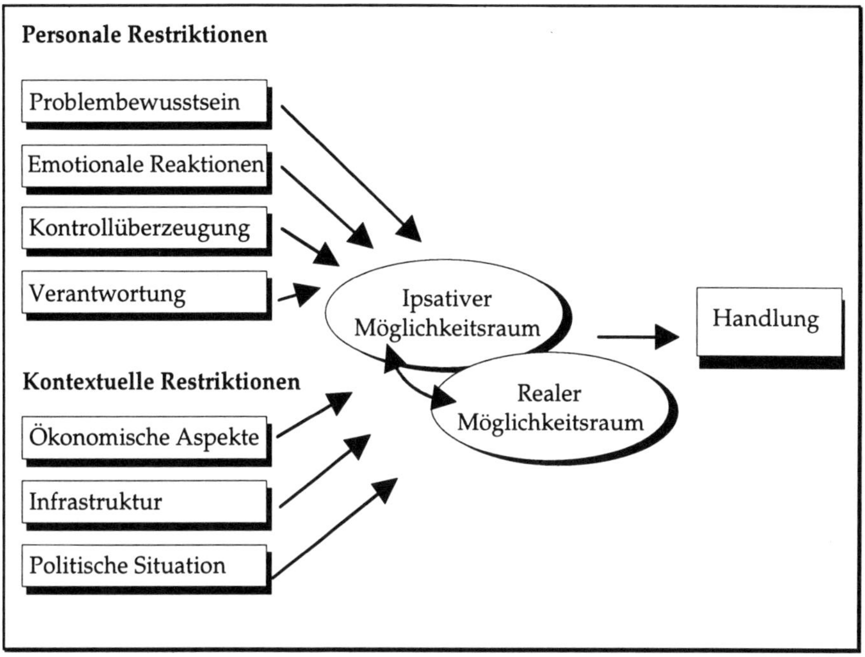

Abbildung 1: *Ipsative Handlungstheorie (Foppa 1989): Anwendung auf den Bereich Umwelthandeln (vgl. Erläuterungen im Text)*

Insgesamt lässt sich sagen, dass für die Auslösung menschlichen Verhaltens nicht die Welt "wie sie ist" als vielmehr "wie sie gesehen wird" ausschlaggebend ist. Die Suche nach relevanten Unterlassungsbedingungen setzt deshalb ein Verständnis für die Art und Weise voraus, wie sich Menschen mit Umweltrisiken auseinandersetzen bzw. ob sie diese als Problem wahrnehmen.

2. Untersuchung individueller Wahrnehmung und Bewertung bestimmter Umweltrisiken

Erstes Ziel des Projektes war deshalb die Untersuchung personaler Faktoren. Dabei stand die Klärung der Frage im Vordergrund, wie Individuen verschiedene Umweltrisiken einschätzen bzw. ob sie diese als Problem wahrnehmen und bewerten.

Im Rahmen dieser ersten Phase führten wir eine Erhebung an 50 Personen durch. Dabei verwendeten wir keinen Fragebogen im herkömmlichen Sinne (mit vorgegebenen Antwortmöglichkeiten). Vielmehr verfuhren wir nach der sog. Repertory Grid-Technik (Scheer, Catina 1993). Bei diesem qualitativ-quantitativen Verfahren (vgl. Gutscher et al. in diesem Band) werden den Auskunftspersonen bestimmte Begriffe (in unserer Untersuchung: verschiedene Umweltrisiken) vorgelegt. Sie werden dann aufgefordert, zu beschreiben, aufgrund welcher Merkmale sich diese Begriffe ähnlich sind oder sich unterscheiden. Die dabei entstehenden Merkmalsdimensionen nennt man "persönliche Konstrukte". Sie stellen eine Beschreibung dessen dar, wie Menschen einzelne Problembereiche erfahren, wahrnehmen, was sie darüber denken und fühlen.

Bei traditionellen Fragebogen bestimmt der Forscher die Grenzen (und damit den Inhalt) der Antwortmöglichkeiten. Die Gefahr ist aber gross, dass er dabei bestimmte Alternativen nicht bedenkt bzw. für nicht bedeutsam erachtet, obwohl sie für Individuen wichtig sind. Die Folge sind falsche oder zumindest unzureichende Resultate: Es entsteht ein verzerrtes Bild der Wirklichkeit. Die Repertory Grid-Technik umgeht diese Gefahr, indem sie die Untersuchungsteilnehmer festlegen lässt, was für sie von Bedeutung ist: Die Chance zu erfassen, was Menschen wirklich bewegt, ist grösser.

In unserer Untersuchung bestand die Aufgabe für die Versuchspersonen darin, Aussagen im Zusammenhang mit den einzelnen Umweltrisiken Treibhauseffekt, Waldsterben, Sommersmog, Ozonloch, Abfall und Gewässerverschmutzung zu beurteilen. Die Auswertung der Antworten ergibt folgendes Bild:

- Generell lässt sich feststellen, dass für die Teilnehmer unserer Untersuchung *die genannten Umweltrisiken häufig mit negativen Gefühlen* (Angst, Betroffenheit, Ärger) *einhergehen* (ca. 60% aller selbst entwikkelten Konstrukte enthalten Äusserungen emotionaler Belastung, Betroffenheits- und Bedrohungswahrnehmungen).
- *Handlungs- oder Kontrollmöglichkeiten* (als Beitrag zur Bewältigung der Krise) werden *mit Umweltrisiken deutlich weniger in Verbindung gebracht* (ca. 21% aller selbst entwickelten Konstrukte). Wenn aber Handlungs- oder Kontrollmöglichkeiten erwähnt werden, so ist damit in der Mehrzahl der Fälle eine negative Bewertung (fehlende Möglichkeiten bzw. Hilflosigkeits- und Ohnmachtsäusserungen) verbunden.

In der weiteren Analyse zeigt sich, dass sich die subjektiven Einschätzungen der einzelnen Umweltrisiken deutlich unterscheiden:

- Abbildung 2 beinhaltet die *durchschnittliche subjektive Einschätzung des Problemcharakters ("Problembewertung") aller Umweltrisiken.* Auffällig ist die Einschätzung des Treibhauseffektes: Die Folgen des Treibhauseffektes werden im Vergleich zu den anderen Umweltbereichen als weniger "problematisch" bzw. "bedrohlich" beurteilt, ein Urteil, das in krassem Widerspruch zu den von vielen Klimaforschern prognostizierten verheerenden Auswirkungen einer Klimaerwärmung steht (z.B. Grassl, Klingholz 1990).

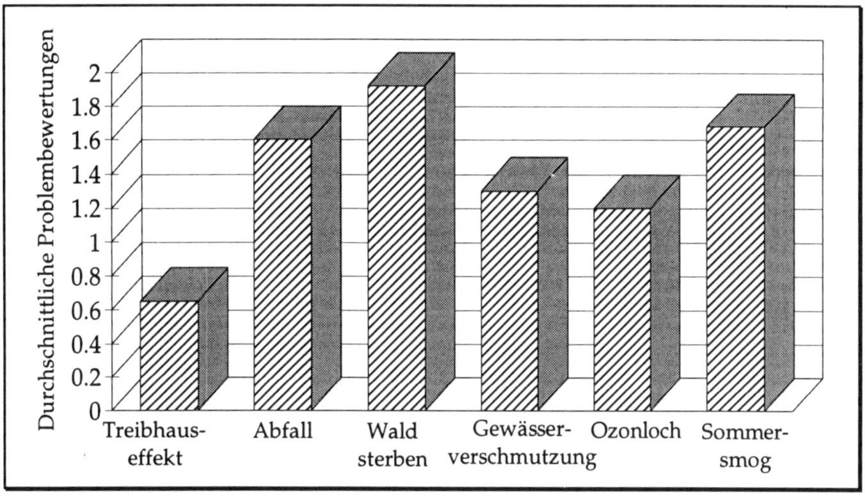

Abbildung 2: *Durchschnittliche subjektive "Problembewertung" verschiedener Umweltrisiken (N=50)*

- Abbildung 3 enthält den *Vergleich der Bewertungsprofile zweier Umweltrisiken* ("Treibhauseffekt" und "Abfall"). Es zeigt sich, dass sich die Wahrnehmungen und Bewertungen dieser beiden Risiken *deutlich unterscheiden.* Das gilt in analoger Weise für die meisten der von uns untersuchten Umweltprobleme.

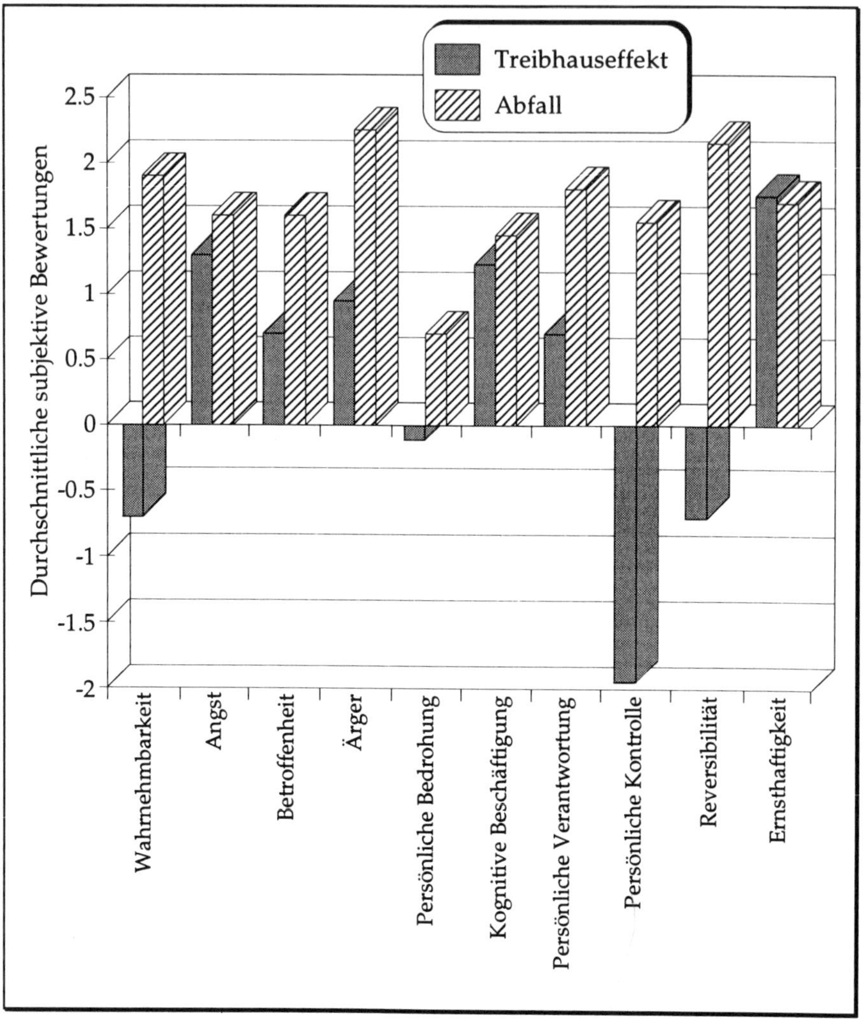

Abbildung 3: *Durchschnittliche subjektive Bewertungen der Umweltrisiken "Treibhauseffekt" und "Abfall" (N=50)*

3. Bedeutung persönlicher Bewertungskategorien und situativ-struktureller Faktoren für umweltverantwortliches Verhalten

Die Repertory Grid-Untersuchung erlaubte die Ermittlung subjektiv bedeutsamer Bewertungskategorien der Umwelt- und Problemwahrnehmung. Diese Ergebnisse bildeten eine wichtige Grundlage für die nachfolgende Phase, welche die konkrete Untersuchung der Unterlassungsbedingungen umweltgerechten Verhaltens zum Ziel hatte. Hier waren wir insbesondere an der Frage interessiert, ob sich Personen dann nicht umweltverträglich verhalten, wenn sie Umweltrisiken nicht als Problem einschätzen. Zusätzlich untersuchten wir aber auch situativ-strukturelle Hindernisse: Tatsächlich müssen ja Gründe für das Ausbleiben umweltgerechten Handelns auch in den objektiven Bedingungen[4] (kontextuelle Restriktionen) gesucht werden (vgl. Fietkau, Kessel 1981; Preuss 1991). Nach ipsativer Theorie ist allerdings davon auszugehen, dass sich das handelnde Individuum nicht aller seiner Möglichkeiten bewusst ist. Es kennt nur die im ipsativen Möglichkeitsraum repräsentierten Alternativen. Anders formuliert: Es nimmt (nur) die subjektiven Restriktionen wahr. Diesem Gedanken muss bei der Suche nach Unterlassungsbedingungen Rechnung getragen werden.

Die Untersuchung erfolgte an einer Stichprobe von 153 Personen mit Hilfe eines Fragebogens,[5] der psychologische Faktoren, kontextuelle Restriktionen (objektiver[6] und subjektiver Art) und Verhaltensvariablen erfasste (vgl. Tab. 1). Um eine möglichst gute Messung dieser einzelnen Grössen zu erreichen, verfeinerten wir den Fragebogen in mehreren Phasen. Dabei wurden nach und nach ungeeignete Items entfernt, bis wir davon ausgehen konnten, ein zuverlässiges Messinstrument zur Verfügung zu haben.[7]

Unsere Studie konzentrierte sich auf die Untersuchung der zwei Verhaltensbereiche Mobilität und Abfallverhalten: Hier beschränken wir uns auf die Darstellung der Ergebnisse zum Bereich Mobilität.

Warum zeigen Menschen kein umweltgerechtes Mobilitätsverhalten?

Als wohl *wichtigste Unterlassungsbedingung positiven Verhaltens* erweist sich der *Autobesitz*. Wer ein Auto besitzt, benützt es in der Regel auch. Ein weiterer wichtiger Faktor scheint das Parkplatzangebot am Arbeitsplatz bzw. Einkaufsort zu sein: Tendenziell werden bei fehlendem Parkplatzangebot häufiger öffentliche Verkehrsmittel benutzt (vgl. auch Diekmann 1994).

---

4 Die Erhebung von sog. objektiven Bedingungen (Länge des Arbeitsweges in km, Kosten einer Fahrt usw.) im Rahmen von Fragebogenuntersuchungen ist nicht unproblematisch, da sie Raum für Verzerrungen bietet.

5 Umfang und Komplexität der Fragestellungen verunmöglichten hier die Verwendung der Repertory Grid-Technik.

6 Items z.T. in Anlehnung an Diekmann und Franzen 1994.

7 Methode der Itemanalyse (vgl. Gutscher et al. in diesem Band).

Persönliche Faktoren	• Problembewusstsein (bezüglich der Umweltrisiken Klimaerwärmung, Sommersmog und Waldsterben) • Persönliche Verpflichtung zum (umweltfreundlichen) Handeln • Kontrollüberzeugung (bezüglich der Umweltrisiken Klimaerwärmung, Sommersmog und Waldsterben)
Kontextuelle Bedingungen	• Autobesitz • Parkplatzangebot am Arbeitsplatz/Einkaufsort • Distanz in km zum Arbeitsplatz/Einkaufsort • Kosten in Fr. für eine Fahrt zum Arbeitsplatz/ Einkaufsort • Anzahl Personen im Haushalt
Subjektiv wahrgenommene Restriktionen	• Transportprobleme (zuviel Material) • Zeitaufwand • Bequemlichkeit • Fahrplandichte • Umsteigehäufigkeit • Anderes • Kosten • Image im Bekanntenkreis
Verhaltensvariablen	• Mobilitätsverhalten • Politisches Engagement • Beeinflussung von Freunden

Tabelle 1: *Die verwendeten Konstrukte (bei der Suche nach relevanten Unterlassungsbedingungen)*

Es wäre nun aber falsch, Autobesitz mit umweltschädlichem Verhalten gleichzusetzen. Auch in der Gruppe der Autofahrer finden sich Leute, die ihr Auto mehr, und solche, die es weniger gebrauchen. Die weitere Analyse der Daten liefert Anhaltspunkte für die Gründe dieser unterschiedlichen Nutzung:

Bei den Autobesitzern benützen jene Personen vermehrt öffentliche Verkehrsmittel (Arbeits- und Einkaufsweg), die sich persönlich verpflichtet fühlen, etwas zum Umweltschutz beizutragen *(Verpflichtungsaspekt)* und mit der Nutzung öffentlicher Verkehrsmittel keine nennenswerten Schwierigkeiten *(subjektive Restriktionen)* antizipieren.

An *welche Art von Schwierigkeiten* (subjektive Restriktionen) denken die Versuchspersonen dabei? Tabelle 2 zeigt, dass *Probleme im Zusammenhang mit dem Transport von* (zuviel) *Material* im Vordergrund stehen; ebenso häufig wird aber auch der *zu hohe Zeitaufwand*, der mit der Benutzung öffentlicher Verkehrsmittel assoziiert wird, genannt (je 20% aller erwähnten subjektiven Restriktionen). Danach folgen die *fehlende Bequemlichkeit*

(17%) bzw. der Einwand, dass *öffentliche Verkehrsmittel zu wenig häufig verkehren* würden (16%). Beinahe gleich oft wird die *zu hohe Umsteigehäufigkeit* (15%) erwähnt. *Andere Gründe* (7%) bzw. die *zu hohen Kosten* (5%) öffentlicher Verkehrsmittel werden seltener geltend gemacht. Die *Furcht vor einem schlechten Image im Bekanntenkreis* beim Umsteigen auf Bahn oder Bus haben nur wenige (1%).

Subjektive Restriktion	**Anzahl Nennungen in Prozenten (Total 100%)**
Transportprobleme	20%
Zeitaufwand	20%
Bequemlichkeit	17%
Fahrplandichte	16%
Umsteigehäufigkeit	15%
Anderes	7%
Kosten	5%
Image im Bekanntenkreis	1%

Tabelle 2: *Bedeutung einzelner subjektiver Restriktionen bei der Benützung öffentlicher Verkehrsmittel*

Bereits in der Einleitung wurde darauf hingewiesen, dass sich in früheren Untersuchungen eine direkte Verbindung zwischen Umweltbewusstsein und Verhalten nicht bestätigt hat. Damit übereinstimmend ergibt sich in unserer Studie *nur ein bescheidener Zusammenhang zwischen Problembewusstsein und Umweltverhalten*: Problembewusstsein ist offensichtlich keine hinreichende Erklärung für umweltgerechtes Verhalten. Das schliesst allerdings nicht aus, dass diese Variable in Verbindung mit anderen Faktoren zur Klärung der Frage beitragen kann, warum sich Individuen nicht umweltgerecht verhalten. Tatsächlich *ermöglicht* erst die *Verbindung mehrerer relevanter Variablen* eine überzeugende Antwort.

Welches Bild ergibt sich also? Gemeinsam mit der Variable *Kontrollüberzeugung* beeinflusst *Problembewusstsein* die *Bereitschaft zur Verpflichtungsübernahme* (vgl. Abb. 4). Mit anderen Worten: Je höher das Problembewusstsein und je mehr die Personen davon überzeugt sind, über umweltbezogene Handlungs- und Einflussmöglichkeiten zu verfügen, umso eher sind sie der Meinung, dass sie etwas tun "sollten". Wichtig ist aber auch, dass Individuen mit dem umweltgerechten Verhalten keine nennenswerten Schwierigkeiten *(subjektive Restriktionen)* in Verbindung bringen: Auch mit hoher Bereitschaft zur Verpflichtungsübernahme werden sie keine öffentlichen Verkehrsmittel benutzen, wenn sie Transportprobleme, übermässigen Zeitaufwand oder etwa fehlende Bequemlichkeit befürchten.[8]

8 Als Methode wurde hier die multiple Regression verwendet.

Unklar ist die Bedeutung *objektiver Restriktionen.* Zwischen ihnen und dem Mobilitätsverhalten lassen sich nur moderate Zusammenhänge aufzeigen. Als wichtige Einflussgrösse erweist sich das Parkplatzangebot am Zielort: Fehlt ein solches, so werden häufiger öffentliche Verkehrsmittel benutzt. Verglichen mit den subjektiv wahrgenommenen Situationsbeschränkungen fallen die objektiven Restriktionen jedoch wenig ins Gewicht.

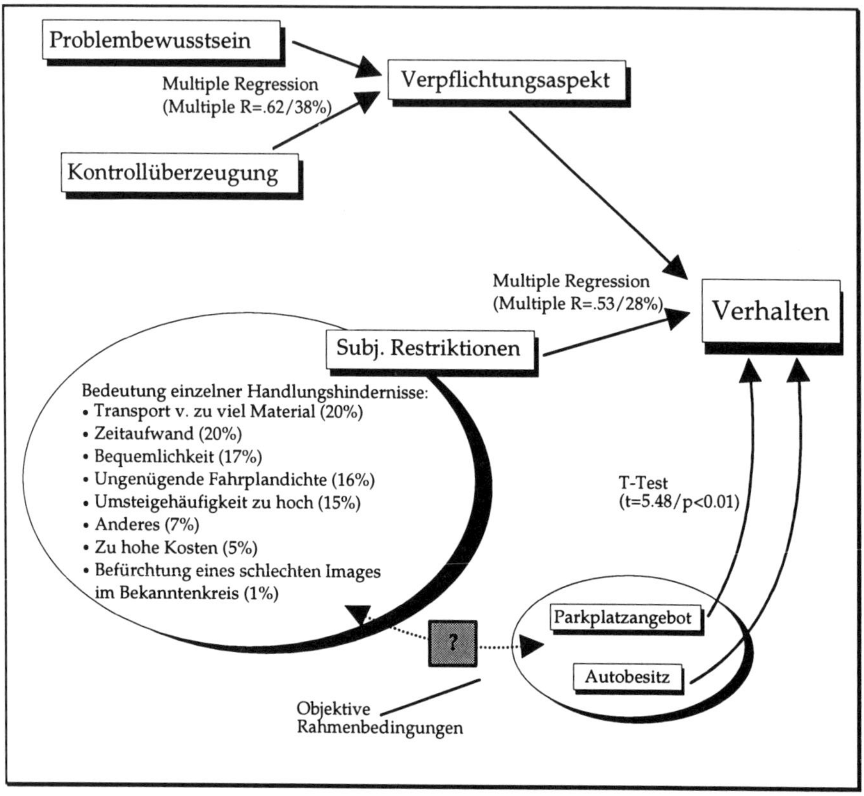

Abbildung 4: *Relative Bedeutung einzelner Faktoren für das Verhalten im Mobilitätsbereich (N= 114)*

4. Identifizierung und Kategorisierung umweltschädlichen Verhaltens

Die bisherigen Ausführungen konzentrierten sich auf die Beantwortung der Frage, *warum* sich Individuen umweltschädlich verhalten. Die dabei gewonnenen Erkenntnisse stellen eine wichtige Voraussetzung für die Planung zukünftiger Interventionsstudien dar. Von ebenso grosser praktischer Bedeutung sind aber Kenntnisse darüber, *wer* sich umweltschädlich verhält: Es ist notwendig, die Individuen mit einem hohen Anteil an schädlichem Verhalten zu identifizieren. Das dabei gewonnene Wissen stellt die Basis für Interventionsmassnahmen dar, welche sich gezielt auf einzelne Personengruppen richten. Darüber hinaus liefert der Vergleich von umweltfreundlichen und -schädlichen Personengruppen weitere Erkenntnisse über Ursachen umweltschädlichen Verhaltens, vor allem über äussere Restriktionen. Ziel der dritten Phase unseres Projektes war deshalb die *Identifizierung und Analyse einzelner Gruppen von Individuen,* die sich durch *gleiches Umweltverhalten* und *ähnliche Lebensbedingungen auszeichnen.* Ausgangspunkt für diese Untersuchung waren die beiden Variablen *Verpflichtungsaspekt* und *subjektive Restriktionen,* da sie sich im Verlaufe der bisherigen Untersuchung als äusserst wertvoll zur Vorhersage umweltschädlichen Verhaltens erwiesen hatten. Die Kombination der beiden Variablen ermöglichte die Bildung von vier Typen von Individuen, die sich durch Homogenität in Bezug auf die beiden erwähnten Variablen auszeichnen (vgl. Tab. 3). Im einzelnen wurde dabei so vorgegangen, dass für jede der beiden Variablen ein Teil mit hoher Ausprägung (hohes Verpflichtungsgefühl bzw. viele subjektive Restriktionen) und einer mit tiefer Ausprägung (wenig Verpflichtungsgefühl bzw. wenig Restriktionen) bestimmt wurde. Dann wurden die Ausprägungen der zwei Variablen zu vier Typen verbunden: Es entstand ein Typ von Individuen, der sich durch einen tiefen Verpflichtungsaspekt und wenig subjektive Restriktionen auszeichnet (Typ 1) bzw. ein zweiter, der wenig Verpflichtung und viele Restriktionen aufweist (Typ 2); ein dritter kennt ein hohes Verpflichtungsgefühl und wenig subjektive Restriktionen (Typ 3) und der vierte schliesslich viel Verpflichtung und viele Restriktionen (Typ 4). In der Folge wurden nun diese vier Typen in Bezug auf weitere, insbesondere sozio-demographische Variablen, verglichen. Dies erlaubte die Bildung von weiterführenden Hypothesen über umweltschädliches Verhalten.

Tabelle 3 enthält die vier Typen und ihre Werte in Bezug auf zusätzliche Variablen. Es zeigt sich, dass *Typ 2 und Typ 4* ein klar *negatives Mobilitätsverhalten* aufweisen. Welche Gründe sind dafür verantwortlich?

- Das *Verhalten von Typ 2* kann nicht erstaunen: Nicht nur werden hier *am meisten subjektive Restriktionen* geltend gemacht, es *fehlt* auch an *Problembewusstsein* und *Kontrollüberzeugung*: Folglich entsteht auch keinerlei Verpflichtungsgefühl.
- *Typ 4* dagegen zeichnet sich durch einen *hohen Verpflichtungsaspekt* aus (resultierend aus einem hohen Problembewusstsein und vorhandener Kontrollüberzeugung). Allerdings sieht sich auch diese Kategorie mit

vielen Restriktionen konfrontiert, die in diesem Fall alleine dafür verantwortlich zu sein scheinen, dass kein umweltfreundliches Verhalten resultiert. Welcher Art sind diese Restriktionen? Tabelle 4 zeigt, dass sich Typ 4 von allen anderen durch eine überdurchschnittliche Anzahl im Haushalt lebender Personen unterscheidet. Hier kann spekuliert werden, dass diese überdurchschnittliche Haushaltsgrösse einen aufwendigeren Einkauf (Menge) zur Folge hat, der sich ohne Auto nicht bewältigen lässt bzw. von dem man glaubt, dass er sich ohne dieses nicht bewältigen lasse. Auffällig bei Typ 4 ist im weiteren das *hohe politische Engagement* (im Umweltbereich) und die *hohe Bereitschaft, Freunde zu einem positiven Umweltverhalten zu bewegen* (vgl. Tab. 3). Möglicherweise sind diese Aktivitäten eine *Folge der hohen Verpflichtung,* welche die Individuen von Typ 4 auszeichnet: Denn in diesen beiden Bereichen lässt sich das bestehende Verpflichtungsgefühl in Handeln umsetzten, weil dort die hemmende Wirkung der subjektiven Restriktionen nicht zum tragen kommt (im Gegensatz zum individuellen Mobilitätsverhalten).

	Typ 1	Typ 2	Typ 3	Typ 4	
Verpflichtung	tief	tief	hoch	hoch	
Subjektive Restriktionen	tief	hoch	tief	hoch	
ANOVA (N=133)	Mittelwerte (z-transformiert)				p
Mobilitätsverhalten	-.45	-1.62	.06	-1.03	**
Problembewusstsein	-.29	-.38	.36	.20	**
Kontrolle	-.29	-.16	-.02	.34	**
Verpflichtung	-.54	-.77	.63	.62	**
Politisches Engagement	-.13	-.37	.11	.25	**
Beeinflussung von Freunden	-.08	-.38	.27	.23	**
Anzahl Restriktionen total	9	189	11	121	

Tabelle 3: *Die einzelnen Typen und ausgewählte Ergebnisse des statistischen Vergleichs (ANOVA)*

Chi-Quadrat-Test (N=133)	Typ 1	Typ 2	Typ 3	Typ 4	p
Anzahl Personen im Haushalt	Häufigkeiten				**
1	21	20	19	7	
2	37	43	64	28	
3 und mehr	42	37	17	65	

Tabelle 4: *Vergleich der Typen: Anzahl im Haushalt lebender Personen*

5. Zusammenfassung und Schlussfolgerungen

Das Ziel unseres Projektes war die Suche nach Unterlassungsbedingungen umweltgerechten Verhaltens. In diesem Beitrag beschränkten wir uns auf die Darstellung der Ergebnisse zum Bereich Mobilität. Unsere Vermutung, das Zusammenwirken von personalen Faktoren und Restriktionen sei grundsätzlich für die Unterlassung verantwortlich, erwies sich als richtig:

- Als wichtige *personale Einflussgrösse* konnte der Faktor *persönliche Verpflichtung zum Handeln* identifiziert werden; das Zustandekommen eines Verpflichtungsgefühls ist selber abhängig vom Vorhandensein eines *Problembewusstseins* und der *Überzeugung*, über *Kontrolle* in der betreffenden Situation *zu verfügen.*
- *Subjektive* (tatsächlich wahrgenommene) *Restriktionen* erwiesen sich als wichtige Bedingungen bei der Erklärung umweltgerechten Verhaltens. Für die objektiven Restriktionen trifft das nur teilweise zu: *Der starke Zusammenhang Autobesitz - umweltschädliches Verhalten* deutet zwar an, wie stark bestimmte Umgebungsbedingungen Umweltverhalten bestimmen können. Dafür spricht auch das Ergebnis, dass ein Parkplatzangebot insbesondere am Arbeitsplatz einen Anreiz dafür darstellt, mit dem eigenen Auto zur Arbeit zu fahren. Darüber hinaus liessen sich aber keine weiteren bedeutsamen objektiven Restriktionen identifizieren.
- In Untersuchungen anderer Autoren wird *ein tiefer Zusammenhang zwischen Umweltbewusstsein und Umweltverhalten* festgestellt, ohne dass eine befriedigende Erklärung für dieses Ergebnis gegeben werden kann (z.B. Diekmann, Franzen in diesem Band). Unser Projekt konnte demgegenüber zeigen, dass dieser *tiefe Zusammenhang erklärbar* wird, wenn man Umweltbewusstsein (Problembewusstsein) klar definiert und im Kontext anderer psychologischer Faktoren betrachtet.

Für den Bereich der Interventionsmassnahmen bedeuten unsere Ergebnisse, dass Veränderungen an mehreren Stellen angestrebt werden müssen, damit nachhaltig umweltgerechtes Verhalten resultiert. Dabei gilt es, Unterlassungsbedingungen personaler und objektiver Art zu verändern. Dazu ist zunächst aber eine genaue Analyse der Bedingungen in den einzelnen Verhaltensbereichen notwendig, da sich jeder davon insbesondere durch andere objektive Restriktionen auszeichnet (vgl. auch Roux in diesem Band). Zusätzlich muss auch berücksichtigt werden, dass objektive Restriktionen subjektiv unterschiedlich repräsentiert werden. Die Ergebnisse unserer Untersuchung sind deshalb vor allem für den Bereich Mobilität gültig; ebenso beziehen sich die daraus abgeleiteten Interventionsmassnahmen primär auf diesen Bereich.

Der Vielfalt der Unterlassungsbedingungen muss auf der Massnahmenseite mit einer Reihe unterschiedlicher Interventionen begegnet werden. Angelehnt an einen Vorschlag von Zuschlag (1993) lassen sich den unterschiedlichen Unterlassungsbedingungen verschiedene Massnahmen zuordnen:

- Als Unterlassungsbedingungen personaler Art wurden ein fehlendes Problembewusstsein bzw. ungenügende Kontrollüberzeugung identifiziert. Hier gilt es, *Wissen* über Umweltprobleme bzw. *Einflussmöglichkeiten* für das Individuum *zu vermitteln*. Damit solches Wissen über längere Zeit in Verhalten umgesetzt wird, ist über die reine Wissensvermittlung hinaus das Einüben positiver Verhaltensweisen notwendig. Denkbar sind hier etwa Programme zur Umwelterziehung in Schulen,[9] aber auch Verbrauchrückmeldungsaktionen im Energiebereich.
- Umweltverträgliches Verhalten bleibt im weiteren aus, wenn Menschen sich *nicht verpflichtet fühlen*, umweltgerecht zu handeln. Zwar wird der Mensch in der Regel als Individuum mit Umweltproblemen konfrontiert. Dabei darf aber nicht vergessen werden, dass Umweltprobleme globale Probleme sind, welche die ganze Menschheit bedrohen und die nur durch die Anstrengung aller zu lösen sind. Nur wenn jeder Mensch die für ihn daraus resultierende Verpflichtung (*Sollens-Druck)* anerkennt, wird er einen ernstzunehmenden Beitrag zum Schutz der Umwelt leisten.
- *Restriktionen* schaffen eine Gruppe von Unterlassungsbedingungen, bei denen das *"Nicht-Können"* im Vordergrund steht. Hier ist es notwendig, Restriktionen, die der Ausführung umweltgerechten Verhaltens entgegenstehen, abzubauen: Im Mobilitätsbereich sind dabei unterschiedliche Massnahmen möglich, u.a. auch solche, die gezielt Restriktionen für umweltschädliches Verhalten schaffen: Verbesserung des Angebotes im Bereich öffentlicher Verkehr (Infrastruktur, Fahrpläne), finanzielle Anreize für umweltfreundliches Verhalten bzw. das Aufgeben schädlichen Verhaltens.

Insgesamt lässt sich sagen, dass es uns in dieser Untersuchung gelungen ist, einige Unterlassungsbedingungen umweltgerechten Handelns zu identifizieren. Verschiedene Gesichtspunkte konnten wir dabei aber nicht berücksichtigen:

---

9 Damit soll auch der verbreiteten Ansicht (z.B. Bütschi et al. in diesem Band) widersprochen werden, die Veränderung individuellen Bewusstseins sei eine wenig vielversprechende Massnahme zur Verstärkung positiven Umweltverhaltens.

- Insbesondere haben wir einfachheitshalber *den Menschen losgelöst von seinem sozialen Hintergrund* betrachtet. In Wirklichkeit ist jedes Individuum in eine Vielzahl von Gruppen und andere soziale Systeme eingebettet. Gruppen und Gesellschaften beeinflussen den Menschen in der Art, wie er die Welt wahrnimmt, bewertet und in ihr handelt (vgl. auch die Beiträge von Fuhrer, Wölfing bzw. Mosler et al. in diesem Band). Deshalb ist auch Handeln im Umweltbereich stets von anderen beeinflusst, es ist "soziales Handeln".
- Menschen bilden Organisationen, die als solche eigenständig handeln. Ein Wirtschaftsunternehmen verfolgt z.B. als Firma ganz andere Ziele als die Mehrheit seiner Mitarbeiter (insbesondere werden Massnahmen bei einer solchen Unternehmung vermutlich stark unter dem Gesichtspunkt der Kosten beurteilt). Durch Intervention bei einzelnen Mitarbeitern wird man ein solches Unternehmen kaum zu umweltfreundlicherem Verhalten bewegen können. Die Intervention bei solchen Systemen verlangt ein anderes Vorgehen, das auf einer genauen Analyse relevanter Bedingungen beruhen muss. Aus unseren Ergebnissen lassen sich *keine Erkenntnisse für Umweltmassnahmen bei solchen Organisationen* ableiten (vgl. aber Finger et al. in diesem Band).
- Aus Gründen der Ökonomie waren wir bei der Wahl unseres Untersuchungsgegenstandes eingeschränkt. Angesichts der Komplexität des Problemes kann unser Projekt aber nur ein Anfang gewesen sein. Es müssen Untersuchungen folgen, welche die Identifikation relevanter Unterlassungsbedingungen fortsetzen. Spezielles Gewicht sollte dabei auf die *Untersuchung konkreter Alltagssituationen* gelegt werden, wobei vermehrt auch (wie bereits angesprochen) die soziale Dimension zu berücksichtigen ist.
- Bei der Erhebung der Daten beschränkten wir uns auf die Durchführung von *Befragungen*. Fragebogen ermöglichen aber keine genaue Verhaltensmessung und Erfassung objektiver Restriktionen. Zukünftig sollten deshalb vermehrt andere Messmethoden eingesetzt werden.

LITERATUR

Diekmann, A. 1994: Umweltbewusstsein oder Anreizstrukturen? Empirische Befunde zum Energiesparen, der Verkehrsmittelwahl und zum Konsumverhalten. In: Diekmann, A., Franzen, A. (Hg.): Kooperatives Umwelthandeln. Modelle, Erfahrungen, Massnahmen. Chur: Rüegger. S. 39-68.

Diekmann, A., Franzen, A. 1994: Der Schweizer Umweltsurvey 1994. Codebuch. Bern: Institut für Soziologie. (Unveröffentlichtes Manuskript).

Diekmann, A., Preisendörfer, P. 1992: Persönliches Umweltverhalten: Diskrepanzen zwischen Anspruch und Wirklichkeit. In: Kölner Zeitschrift für Soziologie und Sozialpsychologie. Jg 44. S. 226-251.

Fietkau, H.-J., Kessel, H. 1981: Umweltlernen. Königstein/Ts.: Hain.

Foppa, K. 1989: Grundlagen einer ipsativen Theorie des Handelns. Bern: Institut für Psychologie. (Unveröffentlichtes Manuskript).

Frey, B. S., Foppa, K. 1986: Human behavior: Possibilities explain action. In: Journal of Economic Psychology. Jg 7. S. 137-160.

Grassl, H., Klingholz, R. 1990: Wir Klimamacher. Auswege aus dem globalen Treibhaus. Frankfurt a. M.: Fischer.

Hines, J. M., Hungerford, H. R., Tomera, A. N. 1986/87: Analysis and synthesis of research on environmental behavior. A meta-analysis. In: Journal of Environmental Education. Jg 18. S. 1-8.

Preuss, S. 1991: Umweltkatastrophe Mensch: Über unsere Grenzen und Möglichkeiten, ökologisch bewusst zu handeln. Heidelberg: Asanger.

Scheer, J. W., Catina, A. (Hg.) 1993: Einführung in die Repertory Grid-Technik. Bd 1: Grundlagen und Methoden. Bd 2: Klinische Forschung und Praxis. Bern: Huber.

Univox 1986, 1987, 1988: (Bericht) Umwelt. Institut de Hautes Etudes en Administration Publique de l'Université de Lausanne (IDHEAP).

Zuschlag, B. 1993: Zum richtigen Verhalten motivieren. In: Umwelt. Jg 23, Nr. 3. S. 134-135.

Kommunikative Rationalität und umweltverantwortliches Handeln

Huib Ernste

Das Ziel der Umweltpolitik ist es, Rahmenbedingungen und Anreize zu schaffen, welche sowohl Firmen als auch Einzelpersonen dazu veranlassen, sich umweltverantwortlich zu verhalten. Es stehen dabei hauptsächlich ökonomische Instrumente im Vordergrund. Diese Schwerpunktsetzung basiert auf grundlegenden Vorstellungen von typischen Verhaltensmustern und Motiven für umweltrelevantes Handeln. So wird davon ausgegangen, dass wesentliche umweltrelevante Entscheidungen – z.B. die Wahl des Verkehrsmittels – 'ökonomisch rational' getroffen werden. Vereinfachend ausgedrückt bedeutet dies, dass die handelnde Person bewusst versucht, ihren eigenen privaten Nutzen zu maximieren. Gerade diese Annahme führt jedoch in vielen umweltrelevanten Entscheidungssituationen, die man auch als soziale Dilemmasituationen bezeichnet, zu einem Verhalten, das der Umwelt eher schadet als nützt. Auch die bisher vorgeschlagenen umweltökonomischen Massnahmen, die auf diesen Verhaltensweisen aufbauen oder sie sogar fördern, können daran nur schwerlich etwas ändern. In der Forschungsarbeit, die diesem Beitrag zugrunde liegt, wird hingegen gezeigt, dass die oben skizzierte Grundannahme über das menschliche Verhalten unvollständig ist und dass der Mensch nicht ***nur*** *seinen Nutzen zu maximieren versucht, sondern seine Entscheidungen* ***auch*** *nach anderen rationalen Kriterien trifft. Aus diesem erweiterten Handlungsmodell lassen sich neuartige Instrumente der Umweltpolitik ableiten, die eine wesentliche* ***Ergänzung*** *zu den herkömmlichen polizeirechtlichen und den neuerdings in der schweizerischen Umweltpolitik stark im Vordergrund stehenden ökonomischen Instrumenten darstellen.*

In diesem Beitrag werden in erster Linie in stark vereinfachter Form einige theoretische Hintergründe und erste empirische Ergebnisse skiz-

ziert.[1] *Weitere Einzelheiten sind dem ausführlichen Schlussbericht dieses Projektes (Ernste 1996) zu entnehmen.*

1. Ausgangspunkt

Wie bereits in Ernste und Baumann (1995) dargestellt, hat die empirische Sozialforschung bei der Analyse des umweltverantwortlichen Verhaltens und seiner Bestimmungsgründe bisher hauptsächlich auf die These gesetzt, Umweltbewusstsein führe zu umweltverantwortlichem Handeln. Umweltbewusstsein wird dabei als ein komplexer Begriff verstanden, der sowohl Wahrnehmungsfähigkeit, Einstellung, Werthaltung als auch Verhaltensbereitschaft umfasst. Inzwischen ist es allerdings kein Geheimnis mehr, dass sich diese These nicht hat bestätigen lassen. Der statistische Zusammenhang zwischen Umweltbewusstsein und tatsächlichem umweltverantwortlichen Verhalten erweist sich immer wieder als sehr schwach (Nöldner 1984). Diese Feststellung löste bei vielen Umweltforschern die fieberhafte Suche nach einer Erklärung für das Auseinanderklaffen von Umweltbewusstsein und umweltverantwortlichem Handeln aus. Der Schutz unserer Umwelt ist ja nicht gewährleistet, wenn die Gesinnung zwar stimmt, das Handeln aber nicht.

1 Diese Forschungsarbeit wurde *nicht* im Rahmen des Schwerpunktprogrammes 'Umwelt' des Schweizerischen Nationalfonds für Wissenschaftliche Forschung, sondern innerhalb eines langfristigen internen Forschungsprogrammes der Gruppe für Quantitative Geographie und Humanökologie des Geographischen Institutes der ETH durchgeführt. Im Gegensatz zu den übrigen Forschungsarbeiten des Schwerpunktzentrums wird dieses Forschungsprojekt erst im Laufe von 1996 abgeschlossen sein. Der Autor dankt dem Schweizerischen Nationalfonds und insbesondere auch den übrigen Mitgliedern des Schwerpunktzentrums 'Umweltverantwortliches Handeln' für den fruchtbaren Austausch und für die Möglichkeit zu dieser Publikation beizutragen. Weiterer Dank gebührt Frau Uta Thun und Mladen Joachim Sirol, die einen wesentlichen Beitrag zur sprachlichen Bereinigung dieses Kap. geleistet haben.

Soziale Dilemmata

Ein typisches Beispiel eines sozialen Dilemmas ist folgende Situation: Täglich, wenn wir zur Arbeit gehen, müssen wir entscheiden: "Nehme ich jetzt das Auto oder nehme ich das Fahrrad oder die S-Bahn?" Aus der Sicht des einzelnen Autofahrers oder der einzelnen Autofahrerin verursacht der Verzicht auf seinen oder ihren motorisierten Untersatz Kosten in Form von Zeitverlust, eingeschränkter Flexibilität, weniger Freiheit etc. Kosten können wir selbstverständlich auch als negative Nutzen auffassen. Nehmen wir an, dass beim Verzicht auf eine Autofahrt Kosten in der Höhe einer Kosteneinheit anfallen. Anders gesagt: Der Verzicht auf eine Autofahrt ist also mit *minus* einer Nutzeneinheit verbunden. Mit diesem Verzicht trägt der oder die AutofahrerIn aber auch zu einer besseren Umwelt bei. Nehmen wir an, dass dieser Beitrag etwa 0,75 Nutzeneinheiten entspricht. Da diese bessere Umwelt ein 'öffentliches Gut' ist, können alle anderen auch davon profitieren. Wenn nur ein(e) AutofahrerIn auf das Auto verzichtet, wird er oder sie also Kosten von –1 'Nutzen'einheit und ein Nutzen von +0,75 Nutzeneinheiten haben. Unter dem Strich resultieren so Kosten von –0,25 'Nutzen'einheiten. Wenn es nur zwei AutofahrerInnen gäbe, z.B. A und B, dann könnten wir den jeweiligen Kosten/Nutzen des Verzichtes wie folgt in einer Matrix darstellen:[2]

		B: *Verzichtet*		*B*: *Verzichtet nicht*	
A	*Verzichtet*	Nutzen für *A*:	+0,5	'Nutzen' für *A*:	–0,25
		Nutzen für *B*:	+0,5	Nutzen für *B*:	+0,75
		Gesamtnutzen:	+1	Gesamtnutzen:	+0,5
	Verzichtet nicht	Nutzen für *A*:	+0,75	Nutzen für *A*:	0
		'Nutzen' für *B*:	–0,25	Nutzen für *B*:	0
		Gesamtnutzen:	+0,5	Gesamtnutzen:	0

Es ist nun für Person *A* immer vorteilhafter, *nicht* zu verzichten, unabhängig davon, ob Person *B* verzichtet oder nicht. Das 'Beste', was Person *A* passieren kann, ist, wenn Person *B* auf das Auto verzichtet, sie selber jedoch nicht. Natürlich ist es auch für Person *B* vorteilhaft, nicht zu verzichten – gleichgültig, was Person *A* macht. Alle Beteiligten entscheiden sich in diesem Fall also für eine Autofahrt und Person *A* und Person *B* finden sich im Stau wieder.

Individuell rationales Verhalten führt zu einem kollektiv nicht rationalen Ergebnis!!![3] Solches Verhalten ist Ausdruck einer ausschliesslichen Orientierung an dem eigenen privaten Nutzen und eines tiefen Misstrauens den 'anderen' gegenüber. Diese Situation ist eine grosse Herausforderung für jene (Umwelt-)ökonomischen Theorien, die auf der Annahme von Adam Smith basieren, dass das Verfolgen der eigenen persönlichen Interessen via den Marktmechanismus automatisch zum Wohle der gesamten Gesellschaft führe.[4]

(Ernste, Baumann 1995 in Anlehnung an Weimann 1991)

2 Für *A* und *B* sind die individuellen Kosten/Nutzen–Werte angegeben. + bedeutet Nutzen, – bedeutet Kosten. Der Gesamtnutzen bzw. Kollektivnutzen stellt die Summe der individuellen Nutzen dar.

3 Diese und ähnliche Situationen sind in der Spieltheorie auch unter dem Namen 'Gefangenendilemma' bekannt (vgl. Fudenberg, Tirole 1991).

4 Eine ähnliche Situation kommt zustande, wenn Vor- und Nachteile nicht gleichzeitig auftreten, z.B. wenn die Vorteile sofort (*'carpe diem'*) und die Nachteile erst zu einem späteren Zeitpunkt anfallen ('Der Wald stirbt schliesslich nicht an einem Tag'). Diese späteren Nachteile werden von der handelnden Person gewöhnlich weniger schwer gewichtet als die direkt anfallenden Vorteile ('Kommt Zeit, kommt Rat', 'Nach mir die Sintflut'). Auch dann scheint es individuell rational, die Vorteile (sofort) zu geniessen und die Nachteile in Kauf zu nehmen. Man spricht dann nicht von einem sozialen Dilemma, sondern von einer sozialen Falle. Das Resultat ist jedoch identisch: Wir geniessen das Leben und zerstören die Umwelt. Die Beispiele lassen sich noch weiter spinnen und beliebig komplizieren.

Eine der weit verbreiteten Erklärungen für dieses Auseinanderklaffen von Bewusstsein und Verhalten stützt sich auf die sozialen Dilemma-Situationen, in denen sich auch umweltbewusste Menschen häufig befinden (vgl. Kasten oder Dawes et al. 1990). Sie können mit ihrem persönlichen Handeln immer nur einen sehr kleinen Beitrag zur Verbesserung der Umwelt leisten. Der Beitrag zur Verminderung der Umweltbelastung kommt erst richtig zum Tragen, wenn auch andere Personen 'mitziehen'. Sie sind auf die Kooperation der Mitbürgerinnen und Mitbürger angewiesen. Wie kann man in der heutigen individualisierten Gesellschaft noch davon ausgehen, dass es genügend andere Leute gibt, die mit ihnen am gleichen Strick ziehen? Nur allzuoft hört man Aussagen wie: 'Warum soll ich auf das Auto verzichten, wenn die anderen auch nicht verzichten?' Implizit steht hinter dieser Frage etwa folgende Ansicht: Wenn man auf das Auto verzichtet, dann leistet man etwas für die Umwelt, wovon die anderen Autofahrer kostenlos mitprofitieren. Ausserdem hat dies auf Umweltqualität eine äusserst geringe Auswirkung und ist der Verzicht mit grossen Umtrieben oder Komforteinbussen verbunden. Diese Erklärung ist tatsächlich bestechend einfach und scheint eine gewisse Logik zu enthalten. Problematisch daran ist jedoch, dass sie nicht erklären kann, wieso andere Personen in vergleichbaren Situationen trotzdem umweltverantwortlich handeln. Offensichtlich werden äusserlich gleichwertige Situationen von verschiedenen Personen unterschiedlich interpretiert und gewertet oder es liegen manchmal strukturelle Bedingungen vor, die die handelnde Person dennoch veranlassten umweltverantwortlich zu handeln. Jedoch immer handelt es sich bei den hier beschriebenen sozialen Dilemmata um subjektive Einschätzungen der vorliegenden Situation und um subjektive Erwartungen hinsichtlich des Handelns unserer MitbürgerInnen. Es ist darum sinnvoll, gerade auch jenen Prozessen Beachtung zu schenken, die für diese Erwartungen und Einschätzungen verantwortlich sind.

Für den Erklärungsnotstand des herkömmlichen neo-klassischen Handlungsmodells in sozialen Dilemmasituationen gibt es nun zwei mögliche Lösungswege: Einerseits kann man die Vorstellung des ökonomisch rational handelnden Menschen, des *Homo oeconomicus,* als grundlegendes Menschenbild fallen lassen, andererseits könnte man aus dem Dilemma heraus finden, indem man nachzuweisen versucht, dass es in einem weitergefassten Kontext eben doch (im ökonomischen Sinne) rational ist, sich in einer sozialen Dilemma-Situation kooperativ (d.h. zu Gunsten der Umwelt) zu verhalten. Letzteres ist der Weg, den die Spieltheorie beschritten hat. Sie versucht zu klären, unter welchen Bedingungen Kooperation zwischen 'rational' handelnden Individuen in sozialen Dilemma-Situationen möglich ist (vgl. z.B. auch Schulz et al. 1994; Hamburger 1973; Tuomela

1992; Axelrod 1990). Auch wenn man im spieltheoretischen Sinne einige besondere Konstellationen finden kann, in denen sich Kooperation als rational erweist, muss dies jedoch nicht unbedingt mit der Realität übereinstimmen: Immer wieder ist in der realen Welt kooperatives Verhalten in Situationen zu beobachten, in denen man es der Theorie nach nicht erwarten würde. Ebenso ist immer wieder nicht-kooperatives Verhalten in Situationen feststellbar, in denen eigentlich alle kooperieren müssten. In diesem Sinne ist das Problem für die neo-klassischen Umweltökonomen noch nicht gelöst und wird weiterer Forschung bedürfen. Der besondere Nutzen dieser spieltheoretischen Forschung liegt dabei vor allem darin, dass sie die Bedingungen der Anwendbarkeit und die Grenzen des neoklassisch ökonomischen Erklärungs- und Lösungsmodells mit grosser mathematischer Stringenz aufzeigt.[5] In den Worten des bekannten Spieltheoretikers Anatol Rapoport heisst es denn auch:

> *"[Die Resultate der Spieltheorie] lassen Zweifel daran aufkommen, ob die oberflächliche Definition von 'Rationalität' als effektives Maximieren der eigenen erwarteten Gewinne, eine Definition, die allen Arten des strategischen Denkens eigen ist [...], noch sinnvoll ist. Die von sozialen Dilemmata abgeleiteten Modelle weisen auf eine deutliche Widerlegung der Basis-Annahme der klassischen Ökonomie hin, nach der das Verfolgen des Eigeninteresses unter freien Marktbedingungen zu kollektiv optimalen Gleichgewichten führt" (Rapoport 1987, 203-204).*[6]

Der andere Weg, die Revision des zugrundeliegenden Menschenbildes bzw. des Rationalitätsbegriffes, wird, ausser gewissen Retouchen, von den neo-klassisch orientierten Ökonomen kaum gewählt.

Neben dem Erklärungsnotstand des neo-klassischen Handlungsmodells gibt es noch einen weiteren Grund, sich einem neuen Rationalitätsbegriff zu öffnen, nämlich die Ambivalenz und Vagheit der Grundannahme der neo-klassisch orientierten Umweltökonomie. So wird z.B. allgemein davon ausgegangen, dass das Wirtschaftssubjekt ehrlich sei, wenn es sich

5 In Ernste (1996) wird eine ausführliche Übersicht über die umweltökonomisch relevanten Spieltheorien gegeben. Dabei wird im allgemeinen mathematisch nachgewiesen, dass auch unter idealsten Marktbedingungen keine für die Umwelt 'optimale' Lösung möglich ist (Myerson, Satterthwaite 1983; Linhart et al. 1983; Gresik, Satterthwaite 1989; Schweizer 1988; Rob 1989), ohne die ursprüngliche Rationalitätsannahme zu verändern (Hargreaves et al. 1995), zu verwerfen oder mit weiteren Rationalitätskriterien zu ergänzen.

6 Frei übersetzt vom Autor. Original: "[...] cast doubt on the very meaningfulness of the facile definition of 'rationality' as effective maximization of one's own expected gains, a definition implicit in all manner of strategic thinking, specifically in economic, political and military milieus. Models derived from Prisoner's Dilemma point to clear refutation of a basic assumption of classical economics, according to which pursuit of self-interest under free competition results in collective optimal equilibria".

um private Güter und geordnete Märkte handelt. Kurzum: Es wird nicht gestohlen (oder verschenkt), sondern brav gehandelt und bezahlt. Nur soweit als diese Annahme noch Spielraum übrig lässt, soll das rationale Wirtschaftssubjekt uneingeschränkt seinen eigenen persönlichen Nutzen zu maximieren versuchen. Stehlen bleibt nach dieser Vorstellung aber *nicht* rational, unabhängig davon, ob Sanktionen drohen oder nicht.

Hingegen wird es als rational betrachtet, dass man in sozialen Dilemmasituationen nicht kooperiert bzw. als irrational, wenn jemand sich doch dazu hinreissen lässt. Es wird angenommen, dass niemand auf das Auto verzichtet, solange es die anderen auch nicht tun. Auch würden rational handelnde Personen hinsichtlich ihrer Bereitschaft, für ein wenig mehr saubere Luft zu bezahlen, lügen, damit der eigene Beitrag so klein wie möglich bleibt. Die ganze Widersprüchlichkeit des neo-klassischen Rationalitätsbegriffes wird aus der konsequenten Schlussfolgerung, dass Stehlen kriminell, Trittbrettfahren aber rational sei, deutlich (Hampicke 1992, 369). Offensichtlich haben wir es hier mit einer Mischrechnung, mit verschiedenen Rationalitäten zu tun.

Der Rationalitätsbegriff der neo-klassisch orientierten Umweltökonomie ist revisionsbedürftig, und dazu leistet dieses Forschungsprojekt einen Beitrag. Nicht im polemischen Sinn, sondern im konstruktiven Sinn, indem nicht ein völlig anderer Rationalitätsbegriff vorgeschlagen wird, sondern eine Begriffserweiterung, die auch die herkömmliche ökonomische Rationalität einbezieht. Das Bild wird lediglich vervollständigt.

Besonders in den politischen Wissenschaften, der Psychologie, gewissen Zweigen der Ökonomie, der Anthropologie, Evolutionsbiologie und schliesslich auch in der Philosophie wird immer lauter und deutlicher die in den letzten dreissig Jahren so dominante Sichtweise, dass die menschlichen Angelegenheiten vor allem durch das Streben nach privatem Eigennutz geprägt seien, in Frage gestellt. Inzwischen gibt es immer mehr ÖkonomInnen, die über den *Homo oeconomicus* hinaussehen, PsychologInnen die das Reiz-Reaktions-Schema verlassen, EvolutionsbiologInnen, die das egoistische Gen überwinden und politische WissenschaftlerInnen, die das Streben nach Macht als wichtigste politische Motivation fallen lassen (Mansbridge 1990; vgl. auch Johnson 1993; Kliemt 1991; Miller 1992; Sen 1977; Biervert, Wieland 1990; Wieland 1989; Meran 1990; Elster 1987; 1988; 1989a; 1989b). Die vorliegende Arbeit stützt sich zusätzlich auf wichtige Fortschritte in der (kritischen-)Philosophie.

	Rationalitätskriterium		
	das Nützliche bzw. Zweckmässige	*das Gute*	*das Gerechte*
• *Handlungstyp*	teleologisches Handeln	dramaturgisches Handeln	normatives Handeln
• *Geltungsanspruch*	Wahrheit	Authentizität, Wahrhaftigkeit, Aufrichtigkeit	Richtigkeit
• *Leitfrage*	Welche Ziele und Mittel sind zweckmässig bei meinen Präferenzen?	Welche Person will ich sein? Welche Gesellschaft wollen wir?	Was ist gleichermassen gut für alle?
• *Argumentationsform*	pragmatischer Diskurs	Ethisch-existentieller Diskurs	moralisch-praktischer Diskurs
• *Worum es einer Person dabei geht*	Präferenzen und deren Erfüllung	Selbst- und Fremdachtung	Respektierung aller Personen als gleiche
• *Perspektive*	ich als ich, egal wer sonst	ich als einer von uns	ich als einer gleich allen

Tabelle 1: *Rationalitätskriterien nach Habermas*

2. Kommunikative Rationalität

Den theoretischen Rahmen für das erweiterte Rationalitätsverständnis bildet die Theorie des kommunikativen Handelns von Jürgen Habermas (1987). Diese Theorie wurde für die praktische Sozialforschung im Bereich des umweltverantwortlichen Handelns zugänglich gemacht, indem ein empirisch überprüfbares Handlungsmodell für umweltverantwortliches Handeln abgeleitet wurde. Zu diesem Zweck ist es wichtig, folgende Grundgedanken dieser Theorie festzuhalten:

Die kommunikative Rationalität, wie sie von Jürgen Habermas und von Karl Otto Apel entwickelt und vertreten wird, basiert nicht nur *auf einem* Rationalitätskriterium, sondern *auf dreien:* Die herkömmliche, von der Ökonomie vorausgesetzte Auffassung einer (1) Zweck-Rationalität bzw. einer den individuellen Nutzen maximierenden Rationalität wird von Habermas mit (2) moralisch-praktischen und (3) ästhetisch-expressiven Momenten erweitert. Er leitet sie aus Sprachstrukturen ab, die sich im Zuge der kulturellen Evolution aus einer vorsprachlichen Intersubjektivität der Menschen entwickeln und in die jeder Mensch durch den Sozialisationsprozess hineinwächst. Den Kern von Habermas' Theorie des kommunikativen Handelns bilden die in Tabelle 1 festgehaltenen ideal-typischen Unterscheidungen (Kettner 1994, 1995).[7]

Das teleologische (zielgerichtete) Handeln ist auf die möglichst effiziente Verwirklichung eines Zweckes gerichtet und liegt als strategisches oder nutzenmaximierendes Handeln den entscheidungs- und spieltheoretischen Ansätzen in Ökonomie, Soziologie und Sozialpsychologie zugrunde. Das normative (normkonforme) Handeln hält sich an die in gewissen Gruppen aufgestellten Normen. Dieses Handlungsmodell liegt z.B. der heutigen Rollentheorie zugrunde. Das dramaturgische Handeln bezieht sich auf die Selbstpräsentation in Begegnungen.

Entscheidend für die Rationalität dieser Kriterien ist die Möglichkeit ihrer Kritisierung. Sie ist dadurch gegeben, dass die Sprache es ermöglicht, die verschiedenen Geltungsansprüche auseinanderzuhalten und jeden für sich im Kommunikationsprozess einer rationalen Prüfung zu unterziehen. So sind mit dem kommunikativen Handeln implizit oder explizit immer drei Geltungsansprüche verbunden, die sich jeweils rational kritisieren lassen: (1) Wahrheit, (2) Richtigkeit und (3) Authentizität/Wahrhaftigkeit. Die Bereitschaft zur Relativierung dieser Geltungsansprüche bzw. zur Anerkennung anderer Subjekte als mündige vernünftige Gesprächspartner, die ihrerseits erwägungswerte Argumente oder Geltungsansprüche äussern können, ist nun gerade das, was kommunikatives Handeln von dem auf Durchsetzung bedachten, strategischen, nutzenmaximierenden Handeln unterscheidet. Während jede, ihren privaten Nutzen maximierende Person anderen Personen misstrauisch gegenübertritt und sie für die eigenen Zwecke zu instrumentalisieren versucht (z.B. durch Trittbrettfahren), gilt es hier als kommunikativ rational, die Geltungsansprüche des anderen ebenso ernst wie die eigenen zu nehmen.

Mit jeder Handlung erheben wir immer auch die oben erwähnten Geltungsansprüche, und mittels einer gegenseitigen kommunikativen Auseinandersetzung oder Reflexion darüber stellt sich dann heraus, welche Entscheidung je nach Situation als rational gelten kann. Während bei der neo-klassisch ökonomischen Auffassung quasi objektiv festliegt, was die rationalste Entscheidung ist, geben uns die Rationalitätskriterien der kommunikativen Vernunft keine direkte Auskunft darüber, welche um-

7 Es ist nicht möglich, im knappen Rahmen dieses Beitrags, der vielschichtigen Theorie des kommunikativen Handelns völlig gerecht zu werden. Es werden somit lediglich einige relevante Hauptaspekte herausgehoben. Für eine ausführlichere Darstellung sei auf Reichert et al. (1993, im Kontext des umweltverantwortlichen Handelns), Ulrich (1987, im Kontext der Ökonomie) und auf die grosse Auswahl an Sekundärliteratur verwiesen.

weltbezogenen Handlungen als rational zu betrachten sind. Wir erhalten nur Auskunft über die wichtigsten Rationalitätskriterien, an denen man sich bei der Bestimmung, was richtig oder falsch, gut oder schlecht, konsistent oder inkonsistent ist, orientieren kann. Rationales Handeln wird damit nicht auf Basis eines einzigen Kriteriums, sondern auf Basis der vier oben erwähnten Kriterien bestimmt.

Dilemmasituationen beim umweltverantwortlichen Handeln erscheinen unter diesem Gesichtspunkt in einem ganz anderen Licht, wodurch sie unter Umständen aufhören, als Dilemma zu erscheinen. Nach den Kriterien kommunikativer Rationalität können grundsätzlich auch kooperative Lösungen in solchen Situationen als rational gelten. Auch die Bewertungen bzw. Präferenzen oder Nutzenfunktionen, die dem sozialen Dilemma zugrundeliegen und in der neo-klassischen Ökonomie als exogen betrachtet werden, können im Rahmen eines kommunikativ rationalen Reflexionsprozesses einer gegenseitigen Prüfung unterzogen werden und damit die Ausgangslage so verändern, dass kooperative Lösungen sinnvoll erscheinen.

Diese völlig andere Auffassung von Rationalität lässt sich bis auf ihre philosophisch-anthropologischen Wurzeln zurückverfolgen. Dabei sind die Werke vom Soziologen und Philosophen Helmuth Plessner (1981), vom Biologen Adolf Portmann (Müller 1988) und vom Pädagogen Otto Friedrich Bollnow (1955; 1958; 1970) von Bedeutung (vgl. dazu ausführlicher Ernste 1995; 1996).

3. Entscheidungsmodelle

Es stellt sich nun die Frage, ob und in welcher Weise die Kriterien dieser verschiedenen Rationalitätsauffassungen in Entscheidungsprozessen tatsächlich eine Rolle spielen bzw. ob die Kriterien kommunikativer Rationalität, nicht nur in der Sprache, sondern auch im Kontext konkreter Handlungen in sozialen Dilemma-Situationen eine empirische Realität besitzen. Dazu wurde in dieser Arbeit eines der erfolgreichsten sozialpsychologischen Entscheidungsmodelle, nämlich das Modell des geplanten Handelns von Ajzen und Fishbein (1970; 1980; Ajzen 1991), aufgegriffen (vgl. auch Ernste 1994).

Das Ajzen und Fishbein-Modell weist grosse Affinitäten mit jenem der von der neo-klassischen Ökonomie inspirierten *rational choice* Schule auf. Dies macht dieses Modell für die hier anvisierte empirische Überprüfung noch attraktiver, da es explizit um ein Modell für wohlüberlegtes rationales Handeln geht. Das Modell musste lediglich noch entsprechend angepasst werden. So wurde versucht, 'Habermas' in das Modell einzubauen.

Schematisch sieht diese Erweiterung wie in Abbildung 1 dargestellt aus.

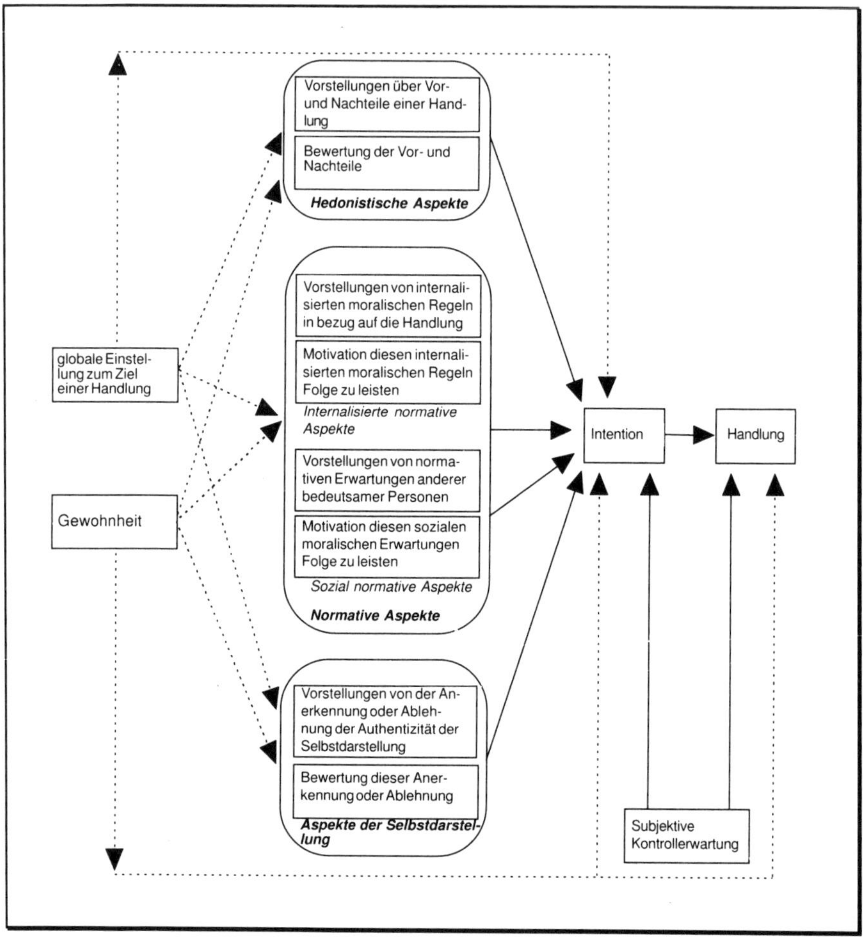

Abbildung 1: *Handlungsmodell nach Ajzen und Fishbein ergänzt mit Rationalitätskriterien nach Habermas*

Die kognitive und affektive Beurteilung der einzelnen Handlungskonsequenzen repräsentiert in diesem Modell das hedonistische (nutzen-maximierende) Rationalitätskriterium, ein Kriterium das im herkömmlichen Modell von Ajzen und Fishbein als Einstellung zur Handlung bezeichnet wurde. Daneben wurden die normativen Kriterien auf zwei verschiedene Arten operationalisiert. Einerseits als internalisierte Norm, andererseits als soziale Norm, die als solche von aussen durch andere relevante Personen an einen herangetragen wird.[8] Wenn man das Operationalisierungsschema von Ajzen und Fishbein beibehalten möchte, wäre wiederum nach einer kognitiven und affektiven Komponente zu unterscheiden. Aus pragmatischen Gründen[9] konnte in der empirischen Studie das Operationalisierungsschema nicht immer konsequent durchgehalten werden. Schliesslich wurde das Kriterium der Wahrhaftigkeit und Glaubwürdigkeit (Authentizität) mittels einer angepassten, bestehenden Skala zum *Self-Monitoring* operationalisiert. Auch hier wurde die Unterteilung in kognitive und affektive Komponenten nicht strikte beibehalten.

Um dieses Modell empirisch prüfen zu können, wurde es für die umweltspezifische und geographisch hoch relevante Wahl des Verkehrsmittels für die tägliche Fahrt zur Arbeit oder Ausbildungsstätte angewendet. Zentral bei dieser Anwendung war der Stellenwert der verschiedenen Entscheidungskriterien für die Wahl zwischen öffentlichen Verkehrsmitteln – zu Fuss und per Fahrrad eingeschlossen – und privaten motorisierten Verkehrsmitteln. Es handelt sich dabei also um die Wahl zwischen *Gruppen* von Entscheidungsalternativen und nicht zwischen den einzelnen spezifischen Verkehrsmitteln selbst. Die Umweltrelevanz der Entscheidung liegt nämlich genau auf dieser Entscheidungsebene und nicht auf der Ebene der Differenzierung zwischen den einzelnen Verkehrsmitteln (z.B. per Fahrrad, zu Fuss, mit dem Motorrad oder mit der Strassenbahn). Würde man unvermittelt nach den Entscheidungskriterien auf der untersten (detailliertesten) Differenzierungsebene der Handlungsalternativen fragen, wäre zu erwarten, dass automatisch jene Kriterien in den Vordergrund gestellt würden, die zwischen den verschiedenen Verkehrsmitteln diskriminieren. Dies bedeutet jedoch nicht, dass Unterscheidungskriterien auf einer höheren Ebene unbedeutend seien. Aus fragebogenpsychologischen Gründen treten sie jedoch in den Hintergrund.

---

8 Vgl. auch die Studie über die Funktion sozialer Repräsentationen für das Umweltbewusstsein (Fuhrer, Wölfing in diesem Band).

9 Vor allem die bei einer konsequenten Durchführung resultierende Länge des Fragebogens hat uns zu Einschränkungen gezwungen. Dazu kommt, dass die Unterscheidung für die Befragten nicht immer einleuchtend ist, besonders, wenn es z.B. um die internalisierten Normen geht. Als Ausweg beschränkt man sich z.T. auf die halboffene Frage nach der Bewertung verschiedener vorgegebener, auf die Entscheidungssituation zugeschnittener normativer Aussagen. Die Frage wurde halboffen formuliert, um explizit die Gelegenheit zu bieten, weitere normative Aussagen zu ergänzen und zu bewerten.

Schliesslich haben wir in dieser Studie vorsichtig einen ersten Schritt zur Verknüpfung der Wahl des Verkehrsmittels mit dem Kauf oder Nicht-Kauf eines Autos und der Wahl eines bestimmten Wohnortes oder Arbeitsplatzes gemacht. All diese Entscheidungen beeinflussen die aktuelle Entscheidungssituation, bzw. stellen Vorentscheidungen dar. Gewisse Aspekte der aktuellen Entscheidung für ein bestimmtes Verkehrsmittel werden somit zu kurzfristigen 'Sachzwängen', während sie längerfristig dennoch zur Disposition stehen und rational für eine bestimmte Situation gewählt werden. Bei diesen längerfristigen Entscheidungen dürften, ähnlich wie bei den verschiedenen Entscheidungsebenen, wiederum andere Kriterien zur Geltung kommen. Die genauere Erforschung solcher Entscheidungsketten hätte jedoch den Rahmen dieser Untersuchung gesprengt.

4. Empirische Resultate

In einer gross angelegten postalischen Repräsentativbefragung[10] wurden im Herbst 1994 im Kanton Zürich 6500 SchweizerInnen zwischen 18 und 60 Jahren über ihre Verkehrsmittelwahl für den täglichen Weg zur Arbeits- oder Ausbildungsstätte befragt. Die Rücklaufquote lag dabei bei 40%. Von der Auswertung mussten nachträglich all jene Befragten, die keinen Arbeits- oder Ausbildungsweg zurückzulegen haben, ausgeschlossen werden. Damit standen schliesslich 2122 auswertbare Fragebögen zur Prüfung des oben vorgestellten Modells zur Verfügung.

In Übereinstimmung mit den Vorgaben von Ajzen und Fishbein (1980) und Ajzen (1991) und im Gegensatz zu Diekmann und Franzen (in diesem Band) sowie zu Mosler et al. (in diesem Band) wurde das Modell nicht für das generelle umweltverantwortliche Handeln sondern für die spezifische Verkehrsmittelwahl angewendet. Als zu erklärende Variable steht somit kein allgemein metrisch skalierter Indexwert für das umweltverantwortliche Handeln, sondern eine diskrete Entscheidung im Vordergrund. Dies hat die methodische Konsequenz, dass die Relation zwischen der Intention, auf das Auto zu verzichten und der tatsächlichen Entscheidung mittels eines logistischen Regressionsmodells analysiert werden muss, während die übrigen Beziehungen im Pfadmodell anhand eines multiplen Regressionsmodells modelliert werden können. Die Variablen für die einzelnen Entscheidungskriterien wurden so skaliert, dass ein hoher positiver Wert auf eine starke Präferenz für den Verzicht auf das Auto hinweist.

---

10 Vgl. Methodenkap. von Gutscher et al. in diesem Band.

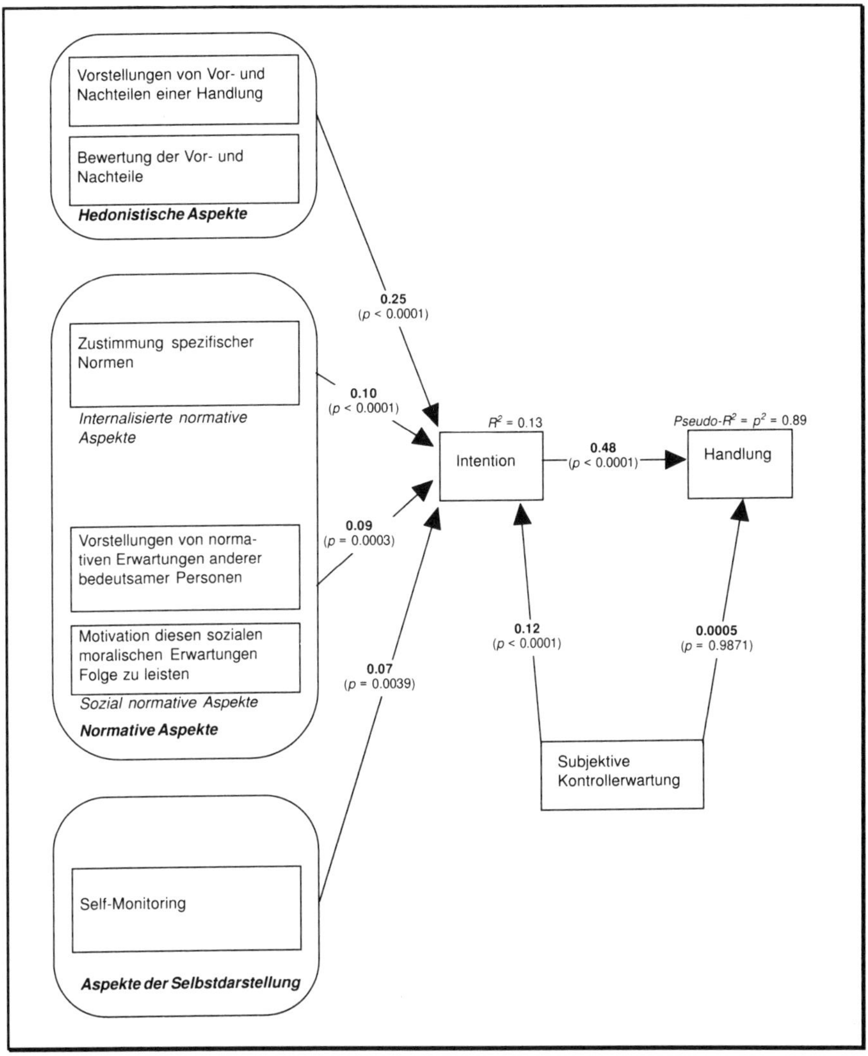

***Abbildung 2:** Standardisierte Regressionskoeffizienten und ihre statistische Signifikanz*

Die Resultate zeigen, dass alle vier Entscheidungskriterien einen statistisch hochsignifikanten positiven[11] Einfluss auf die Intention, auf das Auto zu verzichten, ausüben. Erwartungsgemäss hat diese ihrerseits ebenso wie die subjektive Erwartungskontrolle auch einen statistisch si-

11 Die Überschreitungswahrscheinlichkeit p liegt jeweils deutlich unter 0.05. Die Stärke des Einflusses der Entscheidungskriterien wird durch den fett-gedruckten standardisierten Regressionskoeffizienten (= Korrelationskoeffizienten) dargestellt.

gnifikanten Einfluss auf die tatsächliche Verkehrsmittelwahl. Enttäuschend, wenn auch nicht ganz überraschend, ist der niedrige Erklärungsgrad der Intention bzgl. Verkehrsmittelwahl (R^2=0.13), wenn man den ebenfalls relativ geringen Erklärungsgrad der Intention im Modell von Diekmann und Franzen (in diesem Band) in Betracht zieht. Zum Teil dürfte dies auf die schwierige Operationalisierung der normativen und dramaturgischen Aspekte (vgl. Tab. 1) der Verkehrsmittelwahlentscheidung zurückzuführen sein. Andererseits konnte unsere Verkehrsmittelwahlbefragung im Kanton Zürich in einer separaten Analyse der gleichen Daten belegen, dass der Erklärungsgrad der einzelnen Entscheidungsaspekte von der Art der Entscheidung mitbestimmt wird (Keller 1995). Dabei fiel auf, dass die Bedeutung der 'nicht-hedonistischen' Aspekte deutlich grösser war, wenn wir nicht die individuelle Verkehrsmittelwahl, sondern die Zustimmung zu verschiedenen, den privaten motorisierten Verkehr einschränkenden, verkehrspolitischen Vorlagen als die zu erklärende Variable nehmen. Vorlagen, die übrigens eine relativ grosse Zustimmung in der Bevölkerung des Kantons Zürich geniessen (vgl. Abb. 3).[12]

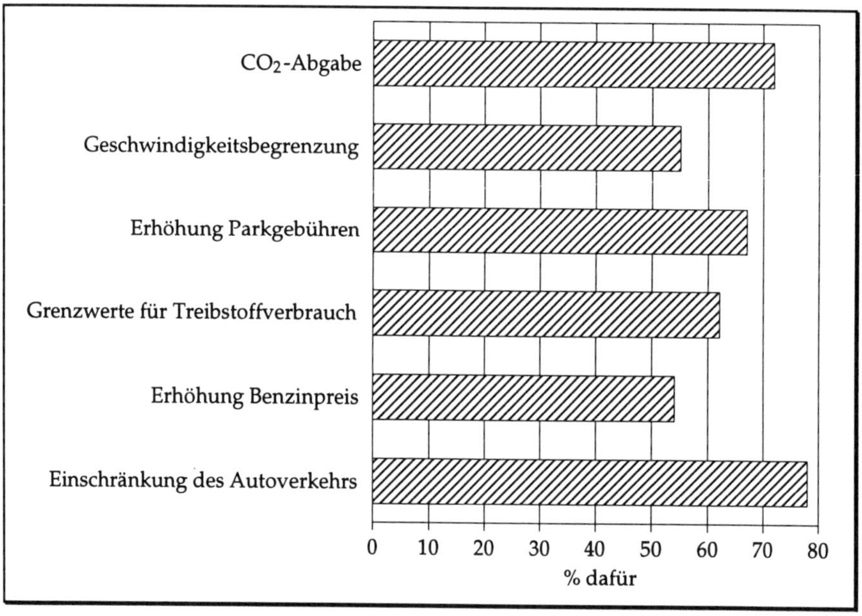

Abbildung 3: *Prozentsatz der Befragten, die verkehrspolitische Massnahmen eher oder sehr befürworten*

[12] Für den genauen Wortlaut der Items vgl. Ernste (1996).

Betrachten wir exemplarisch die Bedeutung einzelner internalisierter Normen für die Intention, auf das Auto zu verzichten, so finden wir weitere starke Indizien für die These, dass auch andere als nur hedonistische Kriterien eine wichtige Rolle bei unserer täglichen Verkehrsmittelwahl spielen (vgl. Abb. 4). Dies steht im Widerspruch zu der sowohl in der Politik als auch in der Wissenschaft verbreiteten Neigung, Auseinandersetzungen über moralische Aspekte unserer Entscheidungen und Präferenzen aus dem Weg zu gehen. Die hier präsentierten Ergebnisse zeigen, dass ethische Überlegungen bei den einzelnen BürgerInnen aber durchaus wichtig sind und die Forderung nach weniger 'Moralin' im Bereich Umweltpolitik und Umweltbildung unter Umständen umwelt-*un*-verantwortlich sein kann. Dieses Resultat wird weitgehend von der Forschungsarbeit von Jaeggi et al. (in diesem Band) bestätigt. Auch sie fordern Massnahmen, die sowohl an der 'Innenstruktur' als auch an der 'Aussenstruktur' des Handelnden bzw. der Handlungssituation ansetzen.

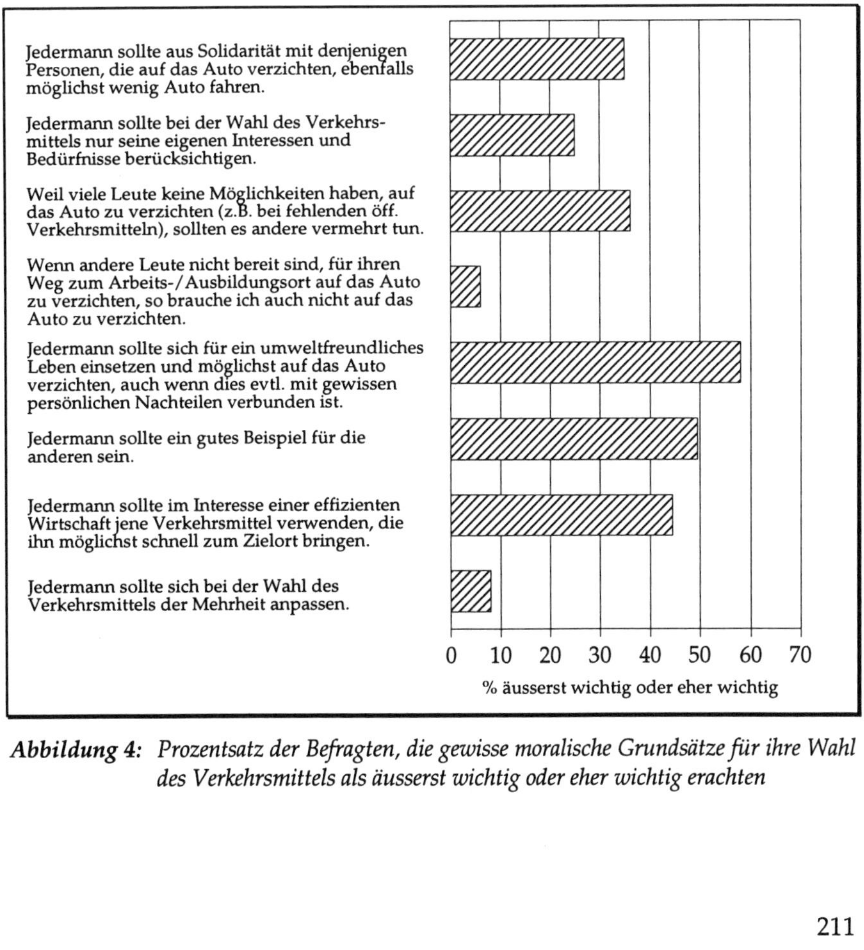

Abbildung 4: *Prozentsatz der Befragten, die gewisse moralische Grundsätze für ihre Wahl des Verkehrsmittels als äusserst wichtig oder eher wichtig erachten*

5. Zusammenfassung und Schlussfolgerungen

Marktwirtschaftlich orientierte umweltpolitische Massnahmen gehen davon aus, dass die MarktteilnehmerInnen sich eigennützig verhalten. Eine saubere Umwelt ist aber ein öffentliches Gut, und dies führt häufig zu sozialen Dilemma-Situationen, die einen Anreiz zum 'Trittbrettfahren' anbieten. Insbesondere in diesen Situationen hat 'ökonomisch rationales' Handeln negative Folgen für die Umwelt. Individuell rationales Handeln führt zu kollektiv irrationalen Resultaten. Dies weist auf eine prinzipielle Widersprüchlichkeit im Kriterium der ökonomischen Rationalität hin. Dies zeigt sich auch darin, dass marktwirtschaftliche Lösungen einerseits auf das Einhalten grundlegender Regeln angewiesen sind, ohne die eine soziale Interaktion gar nicht denkbar wäre, andererseits darauf basieren, dass jede Person jede Gelegenheit wahrnehmen würde – auch auf Kosten anderer oder auf Kosten der Umwelt – den eigenen privaten Nutzen zu erhöhen. Letzteres lässt es häufig als opportun erscheinen, die grundlegenden Regeln sozialen Umgangs zu verletzen. Diese Regeln haben wie die Umwelt den Charakter eines öffentlichen Gutes, deren Entstehung die ökonomische Theorie nur schwerlich erklären kann.

In diesem Beitrag wird darum vorgeschlagen die Rationalitätsannahmen im Sinne der Theorie des kommunikativen Handelns von Jürgen Habermas zu revidieren und mit normativen und expressiven Elementen zu erweitern. Eine solche erweiterte Auffassung von Rationalität lässt soziale Dilemma-Situationen in einem ganz anderen Licht erscheinen. Umweltverantwortliches Handeln ist jetzt nicht mehr als grundsätzlich irrational zu betrachten. Dies hat auch zur Folge, dass die üblichen sozial-psychologischen Verhaltens- und Entscheidungsmodelle angepasst werden müssen. In diesem Beitrag wird ein erster Versuch dazu unternommen und gleichzeitig empirisch geprüft. Die Resultate bestätigen zum Teil die Vorstellung dieses erweiterten Rationalitätsbegriffes und eröffnen damit völlig neue Möglichkeiten im Bereich der Umweltpolitik und Umweltbildung.

Bezogen auf die Umweltpolitik wird dabei die Ergänzung der herkömmlichen marktwirtschaftlichen Instrumente mit kommunikations- und kooperationsorientierten Instrumenten betont. Dies reicht von dialogisch (anstatt von monologisch) orientierten Werbekampagnen (z.B. die BUWAL-Kampagne: 'Mund auf, statt Augen zu !') bis zum Herausarbeiten von Normen und Lösungen gemeinsam mit Firmen, Institutionen, Branchen, Regionen und einzelnen Betroffenen.[13] Dies bedeutet, dass im Sinne der

[13] Vgl. auch das vom Autor geplante Pilotprojekt zum gemeinschaftlichen regionalen Umweltqualitätsmanagement.

Erfüllung des Kooperationsprinzips in der Umweltpolitik neben einem marktwirtschaftlichen Steuerungsmodell zusätzlich auch dem 'konsensuellen', auf Kooperation und freiwilligen Vereinbarungen (Konvenanten) aufbauenden Steuerungsmodell eine immer wichtigere Stellung eingeräumt wird (vgl. auch Ernste 1995b). Dieser kommunikative Ansatz ist eine logische Fortsetzung der bereits im marktwirtschaftlichen Steuerungsmodell angestrebten Verschiebung der Handlungskompetenz weg vom Staat, hin zu den einzelnen Individuen und institutionellen Akteuren. Zusätzlich wird dadurch neben der individuellen Kompetenz zu individuell zweck-rationalem Handeln auch die kommunikative und kooperative Kompetenz der handelnden Personen mobilisiert. Letzteres wird in Ländern wie der Niederlande, Dänemark und der USA schon ausführlich und mit grossem Erfolg praktiziert.

Bei der Umweltbildung führen diese neueren Einsichten zu einer Ergänzung der herkömmlichen, an Umweltbewusstsein und Naturerlebnis orientierten Bildungsmassnahmen, die insbesondere das soziale Umfeld thematisieren und die Entwicklung der kommunikativ-ethischen Kompetenz betonen (vgl. dazu auch Ernste, Baumann 1995). Es sind ja nicht unbedingt die fehlenden naturwissenschaftlichen Kenntnisse umweltrelevanter Prozesse, bzw. das fehlende Wissen um die Folgen unserer Handlungen (Umweltwissen oder Umweltbewusstsein), oder der Mangel an Mitgefühl oder Empathie mit der Natur, sondern vor allem die fehlende soziale Auseinandersetzung mit den anderen Handelnden, das zu umwelt-*un*-verantwortlichem Handeln führt. Gerade das Zusammenspiel und die wechselseitigen Beziehungen, nicht zwischen der Natur und dem Menschen, sondern zwischen den handelnden Personen untereinander, führen zu umweltschädlichen Pattsituationen. Die Lösung dieser Pattsituationen ist nur in einer rationalisierenden dialogischen Auseinandersetzung mit Problembeschreibungen, Handlungssituationen und Handlungsnormen und potentiellen Massnahmen möglich. Es ist unter anderem eine Aufgabe der Umweltbildung, die entsprechenden kommunikativen und sozialen Fähigkeiten dazu zu entwickeln. Eine entsprechende, wenn auch noch etwas zögernde und theorielose Entwicklung ist seit einiger Zeit innerhalb der Umweltbildung bereits im Gange (vgl. Kyburz-Graber et al. in diesem Band). Die Verknüpfung dieser Ansätze mit dem fundierten theoretischen Rahmen der Theorie des kommunikativen Handelns dürfte dieser Entwicklung einen entscheidenden Auftrieb geben.

Literatur

Ajzen, I. 1991: The theory of planned behavior. In: Organizational Behavior and Human Decision Processes. Bd 50. S. 179-211.

Ajzen, I., Fishbein, M. 1970: The prediction of behavior from attitudinal and normative variables. In: Journal of Experimental Social Psychology. Bd 6. S. 466-487.

Ajzen, I., Fishbein, M. 1980: Understanding Attitudes and Predicting Social Behavior. Englewood-Cliffs: Prentice-Hall.

Axelrod, R. 1990: Normen unter evolutionärer Perspektive. In: Mueller, U. (Hg.): Evolution und Spieltheorie. München: Oldenbourg. S. 105-128.

Biervert, B., Wieland, J. 1990: Gegenstandsbereich und Rationalitätsform der Ökonomie und der Ökonomik. In: Biervert, B., Held, K., Wieland, J. (Hg.): Sozialphilosophische Grundlagen ökonomischen Handelns. Frankfurt a. M.: Suhrkamp. S. 7-32.

Blümel, W., Pethig, R., Hagen, O. von dem 1986: The theory of public goods: A survey of recent issues. In: Journal of Institutional and Theoretical Economics. Bd 142. S. 241-309.

Bollnow, O. F. 1955: Neue Geborgenheit. Das Problem der Überwindung des Existentialismus. Stuttgart: Kohlhammer.

Bollnow, O. F. 1958: Wesen und Wandel der Tugenden. Frankfurt a. M.: Ullstein.

Bollnow, O. F. 1970: Philosophie der Erkenntnis. Bd 1: Das Vorverständnis und die Erfahrung des Neuen. Stuttgart: Kohlhammer.

Dawes, R. M., Kragt, A. J. van de, Orbell, J. M. 1990: Cooperation for the benefit of us – not me, or my conscience. In: Mansbridge, J. J. (Hg.): Beyond Self-Interest. Chicago: University of Chicago Press. S. 97-110.

Elster, J. 1987: Subversion der Rationalität. Frankfurt a. M.: Campus.

Elster, J. 1988: The nature and scope of rational-choice explanation. In: Ullmann-Margalit, E. (Hg.): Science in Reflection. Bd 3. Boston: Kluwer. S. 51-65.

Elster, J. 1989a: Social norms and economic theory. In: Journal of Economic Perspectives. Bd 3, Nr. 4. S. 99-117.

Elster, J. 1989b: Solomonic judgements: Studies in the limitations of rationality. Cambridge: Cambridge University Press.

Ernste, H. 1994: How Rational is Rational? The relationship between rational choice and communicative rationality in modelling environmental and spatial behaviour. In: Ernste, H. (Hg.): Pathways to Human Ecology. From observation to commitment. Bern: Lang. S. 241-258.

Ernste, H. 1995a: Trust, communicative rationality and the anthropological foundation of the man-environment-relationship. In: Wright, S., Borden, R., Bubolz, M., Hens, L., Taylor, J., Webler, Th. (Hg.): Human Ecology: Progress Through Integrative Perspectives. Bar Harbor: Society for Human Ecology. S. 5-13.

Ernste, H. 1995b: Kooperative Netzwerke und die Wiederentdeckung der Region. Vortrag im Rahmen des allgemeinen Institutskolloquiums des Geographischen Institut der Universität Bern, 11. November 1995.

Ernste, H. 1996: Über den vernünftigen Umgang mit der Umwelt. Habilitationsschrift einzureichen bei der Abteilung für Umweltnaturwissenschaften der ETH Zürich.

Ernste, H., Baumann, S. 1995: Soziale Dilemmata und Umwelterziehung. In: Roth, K. (Hg.): Analysen für die und andere Ansätze in der Umweltbildung. Göttingen: Werkstatt Verlag. S. 136-152.

Fudenberg, D., Tirole, J. 1991: Game Theory. Cambridge: MIT Press.

Gresik, Th. A., Satterthwaite, M. A. 1989: The rate at which a simple market converges to efficiency as the number of traders increases: An asymptomic result for optimal trading mechanisms. In: Journal of Economic Theory. Bd 48. S. 304-332.

Habermas, J. 1987: Theorie des kommunikativen Handelns. Bd 1: Handlungsrationalität und gesellschaftliche Rationalisierung. Bd 2: Zur Kritik der funktionalistischen Vernunft. Frankfurt a. M.: Suhrkamp. (4. Aufl.).

Hamburger, H. 1973: N-Person prisoner's dilemma. In: Journal of Mathematical Sociology. Bd 3. S. 27-48.

Hampicke, U. 1992: Ökologische Ökonomie. Individuum und Natur in der Neoklassik, Natur in der ökonomischen Theorie: Teil 4. Opladen: Westdeutscher Verlag.

Hargreaves Heap, S. P., Varoufakis, Y. 1995: Game Theory. A critical Introduction. London: Routledge.

Holler, M. J., Illing, G. 1993: Einführung in die Spieltheorie. Berlin: Springer. (2. Aufl.).

Johnson, J. 1993: Is talk really cheap? Prompting conversation between critical theory and rational choice. In: American Political Science Review. Bd 87, Nr. 1. S. 74-86.

Keller, R. 1995: Zwischen individueller Neigung, moralischer Pflicht und Verbot. Individuelle und kollektive Strategien in sozialen Dilemma-Situationen. Diplomarbeit an der Abt. für Umweltnaturwissenschaften der ETH, Zürich.

Kettner, M. 1994: Geltungsansprüche. In: Meggle, G., Wessels, U. (Hg.): Analyomen 1. Proceedings of the 1st Conference "Perspectives in Analytical Philosophy". Berlin: de Gruyter. S. 750-760.

Kettner, M. 1995: Habermas über die Einheit der praktischen Vernunft. Eine Kritik. In: Wüstehube, A. (Hg.): Rationalität. Würzburg: Königshausen, Neumann. S. 85-111.

Kliemt, H. 1991: Der Homo oeconomicus in der Klemme. Beitrag der Spieltheorie zur Erzeugung und Lösung des Hobbeschen Ordnungsproblems. In: Esser, H., Troitzsch, K. G. (Hg.): Modellierung sozialer Prozesse. Bonn: Informationszentrum Sozialwissenschaften. S. 179-204.

Linhart, P., Radner, R., Satterthwaite, M. 1989: Introduction: Symposium on noncooperative bargaining. In: Journal of Economic Theory. Bd 48. S. 1-17.

Mansbridge, J. J. (Hg.) 1990: Beyond Self-Interest. Chicago: University of Chicago Press.

Meran, J. 1990: Ist es ökonomisch vernünftig, moralisch richtig zu handeln? In: Ulrich, P. (Hg.): Auf der Suche nach einen modernen Wirtschaftsethik. Lernschritte zu einer reflexiven Ökonomie. Bern: Haupt. S. 53-88.

Miller, B. 1992: Collective action and rational choice: Place, community and the limits to individual self-interest. In: Economic Geography. S. 22-42.

Müller, H. 1988: Philosophische Grundlagen der Anthropologie Adolf Portmanns. Weinheim: VCH.

Myerson, R. B., Satterthwaite, M. A. 1983: Efficient mechanisms for bilateral trading. In: Journal of Economic Theory. Bd 29. S. 265-281.

Nöldner, W. 1984: Psychologie und Umweltprobleme. Beiträge zur Entstehung umweltverantwortlichen Handelns aus psychologischer Sicht. Dissertation. Universität Regensburg.

Plessner, H. 1981: Die Stufen des Organischen und der Mensch. Einleitung in die philosophische Anthropologie. Gesammelte Schriften Bd 4. Frankfurt a. M.: Suhrkamp.

Rapoport, A. 1987: Prisoner's dilemma. In: Eatwell, J., Milgate, M., Newman, P. (Hg.): The new Palgrave: Game Theory. London: Macmillan. S. 199-204.

Reichert, D., Zierhofer, W., Bättig, C., Ernste, H., Steiner, D., Vetterli, M. 1993: Umwelt zur Sprache bringen. Opladen: Westdeutscher Verlag.

Rob, R. 1989: Pollution claim settlement under private information. In: Journal of Economic Theory. Bd 47. S. 307-333.

Schulz, U., Albers, W., Mueller, U. (Hg.) 1994: Social Dilemmas and Cooperation. Berlin: Springer.

Schweizer, U. 1988: Externalities and the Coase Theorem: Hypothesis or Result? In: Journal of Institutional and Theoretical Economics (JITE). Bd 144. S. 245-266.

Sen, A. K. 1977: Rational fools: A critique of the behavioral foundations of economic theory. In: Philosophy and Public Affairs. Bd 6. S. 317-344.

Tuomela, R. 1992: On the structural aspects of collective action and free-riding. In: Theory and Decision. Bd 32. S. 165-202.

Ulrich, P. 1987: Transformation der ökonomischen Vernunft. Fortschrittperspektiven der modernen Industriegesellschaft. Bern: Haupt. (2. Aufl.).

Weimann, J. 1991: Umweltökonomik. Eine theorieorientierte Einführung. Berlin: Springer. (2. Aufl.).

Wieland, J. 1989: Die Entdeckung der Ökonomie. Kategorien, Gegenstandsbereiche und Rationalitätstypen der Ökonomie an ihrem Ursprung. Bern: Haupt.

3.2.

Soziale Bestimmung von Umweltbewusstsein und Handeln

Von der sozialen Repräsentation zum Umweltbewusstsein und die Schwierigkeiten seiner Umsetzung ins ökologische Handeln

Urs Fuhrer, Sybille Wölfing

Alarmiert von naturwissenschaftlichen Forschungsergebnissen begann sich in den 1960er Jahren die Fachwelt mit der ökologischen Belastbarkeit der Erde zu beschäftigen. Die Umweltproblematik, auch in ihrer globalen Dimension wurde zu einem zentralen Diskussionsthema westlicher Industriegesellschaften erhoben. Aber weder naturwissenschaftliche Befunde über den kritischen Zustand der Umwelt noch umwelttechnische Innovationen führten zu Verhaltensänderungen; und dies, obschon das Umweltbewusstsein in der Bevölkerung stetig zugenommen hat (z.B. Hofrichter, Reif 1990; Dunlap et al. 1993; Diekmann, Franzen in diesem Band). Mehr und mehr waren deshalb Mensch und Gesellschaft nicht nur als Verursacher und Betroffene, sondern auch als Bewältiger von Umweltveränderungen gefordert (vgl. Kruse 1995).

Die hier darzustellende Studie beschäftigt sich explizit mit dem Menschen als Bewältiger von Umweltveränderungen und versucht aus sozialpsychologischer Sicht zu erklären, wie ökologisches Handeln zustande kommt.

1. Einleitung

Dass die Bereitschaft, etwas für die bedrohte Umwelt zu tun, nicht notwendig positiv mit entsprechendem Verhalten zusammenhängt, ist ein bekanntes Phänomen (s. auch Diekmann, Franzen in diesem Band). Das bedeutet, dass die Zusammenhänge zwischen Umweltbewusstsein und Verhalten von weit komplexerer Natur sind, als dass sie in einem einfachen Kausalmodell erfasst werden können. Vor diesem Problemhintergrund gerieten in den 1980er Jahren sozialwissenschaftliche, speziell umweltökonomische und -soziologische sowie sozial- und motivationspsychologische Erklärungsansätze in den Blick von Umweltwissenschaften und Umweltpolitik (vgl. Stern 1992; Diekmann, Franzen 1995; Kruse 1995).

Betrachtet man aus der *Sicht der Psychologie* das Phänomen, das in politisch-öffentlichen Diskursen mit dem Schlagwort von der *"Kluft" zwischen Umweltbewusstsein (UB) und Verhalten* zur Beschreibung des status quo bezeichnet wird, so vermuten wir vier entscheidende Schwierigkeiten auf dem Weg zum konkreten ökologischen Verhalten: (1) Zunächst sind *Umweltprobleme* meist *nicht direkt erfahrbar* (vgl. Pawlik 1991). Die Nitratbelastung des Trinkwassers oder die Verseuchung des Bodens mit Chemikalien sind individuell nicht erleb- und erfahrbar. Ebensowenig besitzt der Mensch spezifische Sinnesorgane, um die oft unmerklichen Veränderungen in seiner Umwelt direkt zu erfahren. Man denke an die Erwärmung der Erdatmosphäre, das Waldsterben oder an das Abschmelzen der Pole. Wenn wir also über solche Umweltveränderungen nicht durch Medien und durch Gespräche mit anderen Personen informiert werden, dann "existieren" diese für uns nicht. (2) So ist es auch verständlich, weshalb sich Menschen durch Probleme, die für sie nicht "real" existieren, *weder persönlich bedroht* (3) noch dafür *verantwortlich* fühlen, etwas dagegen zu tun. Manche Sozialwissenschaftler sehen denn auch in einer individuumszentrierten Wertorientierung und den darin involvierten egozentrischen Motiven im Umgang mit begrenzten Ressourcen die Ursache für die dramatischen Veränderungen im ökologischen Gefüge der natürlichen Umwelt. Es kommt dann, wenn kurzfristige individuelle Interessen mit langfristigen der Gesellschaft kollidieren, zu dem von Garrett Hardin Ende der 60er Jahre beschriebenen "commons dilemma" (vgl. Hardin 1993). *Verantwortung für die Umwelt* zu übernehmen, bedeutet demnach in vielen Fällen, sich einen Verzicht aufzuerlegen, von dem man nicht wissen kann, ob es ein lohnenswerter Verzicht ist. Letztlich bleibt zwar die Gefahr bestehen, trotz des eigenen Verzichts in die Katastrophe zu laufen, weil die anderen nicht verzichten. Aber nur über umweltverantwortliches Handeln ist ein Ausbruch aus derartigen "sozialen Fallen" (Platt 1973) denkbar. (4) Doch selbst dann, wenn man die Absicht hat, Verantwortung zu übernehmen und den Entschluss fasst, sich ökologisch zu verhalten, können *Handlungshindernisse* die Realisierung gutgemeinter Absichten verhindern (vgl. Gessner in diesem Band). Es stellt sich dann die Frage, wie es jemandem gelingt, das, was er sich vorgenommen hat, auch "wirklich zu wollen". Motivationspsychologisch geht es darum, wie die Stärke einer Handlungsabsicht (z.B. das öffentliche Verkehrsmittel zu benutzen) gesteigert und/oder gegen konkurrierende Handlungsabsichten (z.B. das Privatauto zu benützen) abgeschirmt werden können. In beiden Fällen kommen eine Reihe von Kontrollstrategien zur Anwendung, die in der Motivationspsychologie ausführlich beschrieben werden (vgl. Kuhl 1985).

Mit dem von uns konzipierten Modell umweltverantwortlichen Handelns (vgl. Abb. 1) geht es uns darum, den ersten drei Problembereichen Rechnung zu tragen. Der erste Modellteil setzt sich deshalb auch damit auseinander, wie sich individuelles Umweltbewusstsein bildet. Im zweiten Modellteil wird die Generierung sowohl der persönlichen Bedrohung als auch der Verantwortung für die Umwelt sowie deren Umsetzungen in entsprechende Verhaltensweisen konzeptualisiert.

2. Umweltbewusstsein durch Kommunikation sozialer Repräsentationen

Damit der einzelne überhaupt vom Sommersmog oder vom Nitrat im Trinkwasser erfährt, müssen ihm diese Probleme mitgeteilt werden. Die Wahrnehmung von Umweltproblemen ist also meist sozial vermittelt, womit die Erfahrbarkeit solcher Probleme davon abhängt, ob andere, seien es Journalisten, Freunde oder Verwandte, diese "Probleme" genauso sehen. Umweltprobleme sind also häufig nur über *Informationen aus "zweiter Hand"* erfahrbar. Folglich wird sich das individuelle Umweltbewusstsein nur im *sozialen Diskurs* herausbilden, weshalb Umweltprobleme über die jeweils geltenden kollektiven Vorstellungen sozialer Gruppen (Medien, Freundeskreis, Familie etc.) definiert werden (vgl. Johnson, Covello 1987; Graumann, Kruse 1990). So werden dann auch kulturelle Eigenheiten und entsprechende sprachraumspezifische Unterschiede verständlich, was beispielsweise die Bedeutung von "Umwelt" und "Natur" im öffentlichen Diskurs anbelangt (s. Brechbühl, Rey in diesem Band).

Kollektive Vorstellungen (Wissen, Werte und Intentionen umfassend), wie sie von den Mitgliedern einer sozialen Gruppe geteilt werden, bezeichnete Moscovici (1984) als *soziale Repräsentationen (SR).* Für eine Person erfüllen soziale Repräsentationen die Funktion, dass sie kollektive Beurteilungs- und Handlungsmuster anbieten, die individuell übernommen werden können. Dadurch ermöglichen soziale Repräsentationen gruppenkonformes Verhalten. Dabei werden solche sozialen Repräsentationen von der einzelnen Person im Zuge ihrer Integration in die eigenen Vorstellungen verändert. Das bedeutet, dass Personen über ihre "individuellen sozialen Repräsentationen" (ISR) verfügen (von Cranach 1991). Begreift man eine individuelle soziale Repräsentation, ähnlich wie das Frazer (1994) tut, als einstellungsähnliches Konstrukt, liegt es nahe, Umweltbewusstsein als individuelle soziale Repräsentation zu verstehen (Fuhrer 1995).

Sowohl bei der Entstehung von sozialen Repräsentationen als auch bei der Übernahme einer sozialen Repräsentation in die individuelle soziale Repräsentation bzw. in das Umweltbewusstsein spielt *Kommunikation* eine wichtige Rolle. Um die Qualität verschiedener Kommunikationsarten transparent zu machen, unterscheiden wir in Anlehnung an Maletzke (1978) einseitige vs. zweiseitige und direkte vs. indirekte Kommunikation. Die direkte Kommunikation geschieht häufig in Anwesenheit der Gesprächspartner, während die indirekte Kommunikation technisch vermittelt wird. Zweiseitige, direkte Kommunikation kennzeichnet die *interpersonale Interaktion von Angesicht zu Angesicht* (face-to-face). Davon zu unterscheiden ist die *Massenkommunikation*, die einseitig und vermittelt abläuft. Deshalb ist anzunehmen, dass die Transformation sozial definierter Umweltprobleme in Form von sozialen Repräsentationen in das individuelle Umweltbewusstsein über medienvermittelte und/oder interpersonale Kommunikation erfolgt. Überdies vermuten wir mit Maletzke (1978), dass die Kommunikation von Angesicht zu Angesicht eher zu Veränderungen in der Wert- und Intentionskomponente des Umweltbewusstseins, Massenkommunikation hingegen eher zur Veränderung der Wissenskomponente führt.

3. Umsetzung von Umweltbewusstsein in ökologisches Verhalten: die Analogie zum prosozialen Verhalten

Ein hohes Umweltbewusstsein allein ist noch kein Garant für ökologisches Verhalten. Während der letzten zwanzig Jahre konnten verschiedene Studien die erwähnte "Kluft" zwischen Umweltbewusstsein und ökologischem Verhalten nachweisen (vgl. Hines et al. 1986/87; Diekmann, Franzen in diesem Band). Es stellt sich deshalb die Frage, unter welchen Bedingungen Umweltbewusstsein in entsprechende Verhaltensweisen umgesetzt wird.

Wenn die zentrale Funktion der Moral darin besteht, Menschen dazu zu bringen, sich selbst zum Vorteil anderer Beschränkungen aufzuerlegen, d.h. sich prosozial zu verhalten, dann liegt es nahe, *ökologisches Verhalten als prosoziales Verhalten* aufzufassen. Folglich sind theoretische Modelle aus der psychologischen Forschung zum prosozialen Verhalten dahingehend zu prüfen, wieweit sie sich für die Konzeptualisierung der Umsetzung des Umweltbewusstseins in ökologisches Verhalten eignen. In der Umweltbewusstseins-Forschung existieren denn auch bereits einige wenige Arbeiten, in denen auf das Norm-Aktivations-Modell von Schwartz und Howard (1981) zurückgegriffen wurde, um analog die psychischen Voraussetzungen ökologischen Verhaltens zu konzeptualisieren (z.B. Stern et al. 1993). Auch unsere empirischen Untersuchungen beruhen auf einer modifizierten und um den Aspekt der sozialen Repräsentationen elaborierten Variante des Schwartzschen Norm-Aktivations-Modells (vgl. Abb. 1). Eine ausführliche Darstellung des Modells findet sich bei Fuhrer (1995).

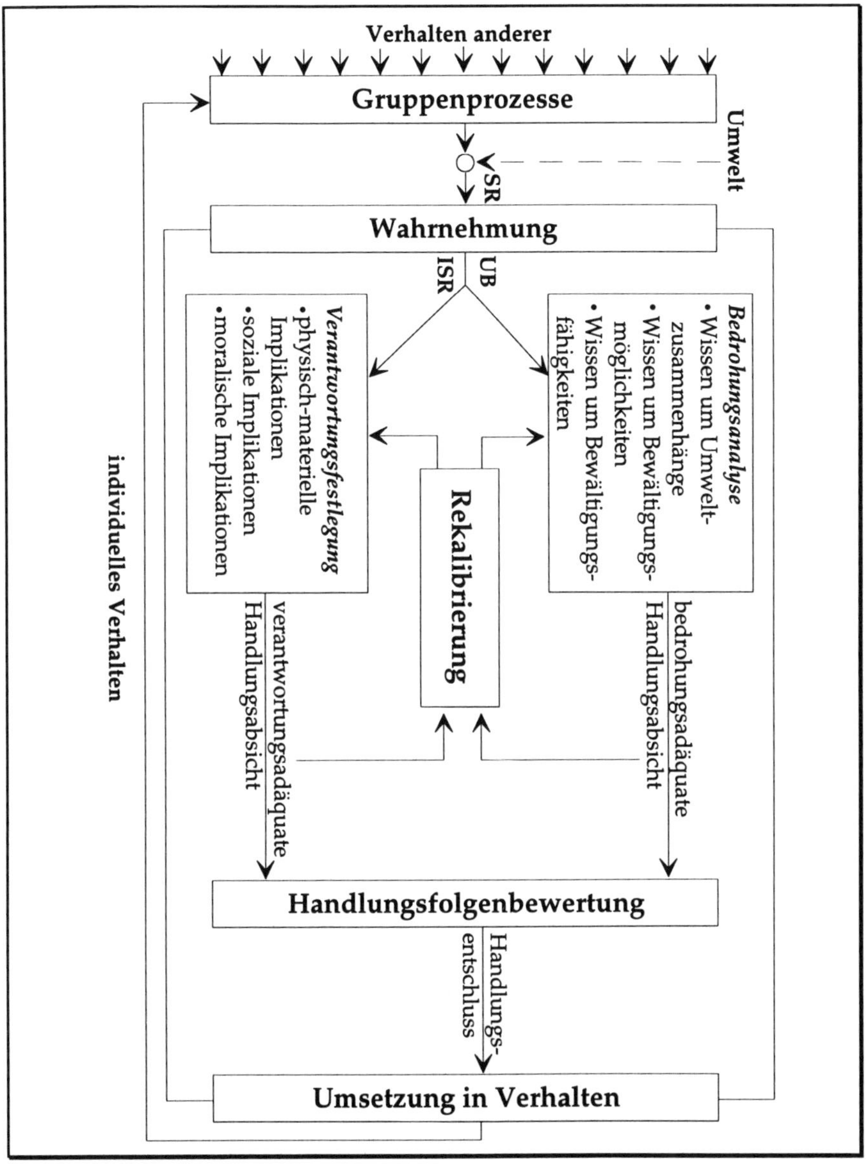

Abbildung 1: *Modell umweltverantwortlichen Handelns*

Das individuelle Umweltbewusstsein wird, wie das bereits erläutert wurde, als individuelle soziale Repräsentation verstanden. Diese entsteht aus der Transformation und Integration einer sozialen Repräsentation, die von den Mitgliedern einer sozialen Gruppe geteilt wird, in das Umweltbewusstsein. Auf der Basis des Umweltbewusstseins finden dann die weiteren Verarbeitungsschritte statt: Zunächst wird im Laufe der *Bedrohungsanalyse* festgestellt, ob ein Umweltproblem für die betroffene Person überhaupt von Bedeutung ist, ob es Möglichkeiten gibt, dieses zu überwinden und ob die Person selbst über die Fähigkeit zur Problemlösung verfügt. Die Bedrohungserfahrung, die in einer bedrohungsadäquaten Verhaltensabsicht resultiert (Bsp.: Da ich mich durch den Sommersmog bedroht fühle, werde ich auf das Auto verzichten), wird als Funktion der Diskrepanz zwischen dem Faktenwissen um Umweltprobleme und dem Wissen um die persönliche Fähigkeit entsprechend zu handeln, verstanden. Sofern sich ein Individuum durch Umweltprobleme bedroht fühlt, setzt - in Analogie zum Norm-Aktivations-Modell von Schwartz und Howard - die *Generierung einer bereichsspezifischen moralischen Verpflichtung* ein, aus der wiederum die verantwortungsadäquate Verhaltensabsicht (Bsp.: Um meinen Kindern eine Zukunft zu ermöglichen, werde ich auf das Auto verzichten) resultiert. Widersprüchliche Verhaltensabsichten und uneindeutige Erwartungen hinsichtlich der Verhaltenskonsequenzen können allerdings den Handlungsentschluss verhindern, was dann in Form von Rechtfertigungen oder Verleugnungen zur *"Rekalibrierung" (Neueinschätzung)* von Teilen der Bedrohungsanalyse und der Verantwortungsfestlegung führt (Bsp.: Es kommt zwar die bedrohungsadäquate Verhaltensabsicht zustande, zukünftig auf das Auto zu verzichten, bei der Verantwortungsfestlegung überwiegt jedoch der Aspekt, das Kind jeden Tag zur Schule zu fahren, um es vor Verkehrsunfällen als Fussgänger zu schützen). Im Zuge der Rekalibrierung wird dann die Bedrohung erneut eingeschätzt und die Verantwortung neu festgelegt. Eine Rekalibrierungsstrategie könnte z.B. darin bestehen, die Möglichkeiten zur Benützung öffentlicher Verkehrsmittel abzuleugnen, und zwar mit der Begründung, dass diese zu teuer seien. Je weniger zentral die jeweiligen Bestandteile der Entscheidung für die Selbstbewertung einer Person sind, desto eher sind sie dabei der Rekalibrierung unterworfen. Ist einer Person z.B. die soziale Anerkennung als Mitglied einer Umweltgruppe nicht besonders wichtig, wird sie die Absicht, auf das Auto zu verzichten, eher rekalibrieren, als wenn die soziale Anerkennung durch die Umweltgruppe besonders bedeutsam für sie ist. Bedrohungsanalyse und Verantwortungsfestlegung können mehrmals durchlaufen werden bis es zum endgültigen Handlungsentschluss kommt. Letzterer sollte dann in ökologisches Verhalten umgesetzt werden. Dass dem nicht immer so ist, dokumentiert die motivationspsychologische Forschung, die sich mit der sog. "Rubikon-Problematik" auseinandersetzt (z.B. Kuhl 1985).

4. Die empirischen Untersuchungen zur Modellprüfung im Überblick

Für die Überprüfung des Modells ökologischen Verhaltens wurde das Thema "Mobilität" ausgewählt und damit die Ressourcennutzung Erdöl sowie der Schadstoffausstoss angesprochen (s. dazu auch Bütschi et al.; Ernste; Jaeggi et al. in diesem Band). Um dieses Thema pointiert untersuchen zu können, wurden Mitglieder zweier Verkehrsclubs der Schweiz gebeten, sich als Probanden für die Untersuchung zur Verfügung zu stellen. Der eine, der Verkehrsclub der Schweiz (VCS), vertritt eine zurückhaltende Nutzung des Privatverkehrs und unterstützt den öffentlichen Verkehr; der andere hingegen, der Automobilclub der Schweiz (ACS), vertritt eine autofreundliche Haltung und setzt sich für die Förderung des Individualverkehrs ein.

Um eine Untersuchungsstichprobe zu erhalten, wurden Postkarten versandt an je 3000 ACS- und VCS-Mitglieder (je 1000 für die drei grossen Sprachregionen) und gleichmässig verteilt auf eine Kernzone, die jeweilige Agglomeration und das dazugehörige ländliche Gebiet. Wer bereit war, mitzumachen, schickte seine Postkarte zurück. An diese Personen wurde der erste Fragebogen verschickt, mit dessen Hilfe der erste Teil des in Abbildung 1 dargestellten Modells empirisch überprüft wurde. Ein halbes Jahr später bekamen die Personen, die den ersten Fragebogen ausgefüllt zurückgeschickt hatten, einen zweiten Fragebogen, mit dessen Hilfe der zweite Teil des Modells empirisch geprüft wurde. Nach einem weiteren halben Jahr wurde ein dritter Fragebogen an alle deutschschweizer Probanden verschickt, die den ersten Fragebogen ausgefüllt hatten. Dieser Fragebogen diente der Replikation der Studie zur Überprüfung des ersten Modellteils. Bei den in dieser Studie verwendeten Methoden handelt es sich also um schriftliche Befragungen mittels standardisierter Fragebögen (vgl. Gutscher et al. in diesem Band).

5. Was waren die Fragestellungen?

Folgende Fragen wurden in den drei empirischen Studien zu beantworten versucht:

(1) Inwieweit beeinflusst die soziale Repräsentation des sozialen Bezugssystems, an dem sich eine Person in bezug auf ein bestimmtes Umweltproblem informiert, das individuelle Umweltbewusstsein?

(2) Ist der Einfluss der sozialen Repräsentation auf das Umweltbewusstsein davon abhängig, ob die Person mit dem sozialen Bezugssystem direkt oder medienvermittelt kommuniziert?

(3) Wieweit haben sich die unter (2) und (3) gefundenen Zusammenhänge während eines Jahres verändert?

(4) Hat das Umweltbewusstsein einer Person einen Einfluss darauf, wie stark sie die Bedrohungsanalyse und die Verantwortungsfestlegung rekalibriert?

(5) Hat das Ausmass der Rekalibrierung einen Einfluss auf die Ausbildung einer bedrohungs- bzw. verantwortungsadäquaten Handlungsabsicht?

(6) Haben die bedrohungs- und verantwortungsadäquaten Handlungsabsichten einen Einfluss auf den Handlungsentschluss und beeinflusst dieser schliesslich das tatsächliche Verhalten einer Person?

6. Wer waren die Probanden?

41% der angeschriebenen VCS-Mitglieder und 13.7% der angefragten ACS-Mitglieder erklärten sich bereit, an der Untersuchung teilzunehmen. Der Unterschied in der Teilnahmebereitschaft der beiden Verkehrsclubs war hochsignifikant; hingegen unterschieden sich die Rücklaufquoten der drei Sprachräume nicht bedeutsam voneinander. Für eine detaillierte Übersicht über diese Befunde verweisen wir auf Fuhrer et al. (1994). An der ersten Fragebogenuntersuchung nahmen schliesslich 1061 VCS-Mitglieder und 413 ACS-Mitglieder teil. Der Frauenanteil lag bei 39.6%, und das Alter reichte von 19 bis 82 Jahre. An der zweiten Untersuchung nahmen 1189 Personen teil: 924 VCS-Mitglieder und 264 ACS-Mitglieder. 38.3% der Probanden waren Frauen. Das Alter reichte von 19 bis 80 Jahre. Für die Replikation wurden nur noch die deutschschweizer Probanden angeschrieben. Daran nahmen 445 Personen teil: 24.8% ACS-Mitglieder und 75.2% VCS-Mitglieder. 37.9% waren Frauen. Das Alter der Teilnehmer reichte von 21 bis 79 Jahre.

7. Was wurde gemessen?

Zunächst wurde den Probanden folgendes Szenario vorgegeben: Ein Plebiszit zur Einführung einer CO_2-Steuer stehe bevor. Daraufhin wurde gefragt, ob und wenn ja, bei wem sich der Proband nähere Informationen zum Thema "CO_2-Steuer" besorgen würde. Auf diese Weise wurde das soziale Bezugssystem, an dem sich eine Person in bezug auf die *CO_2-Problematik* orientiert, erfasst. Ausgehend von der Annahme, dass die soziale Repräsentation des für eine Person wichtigsten sozialen Bezugssystems in dieser Problematik das Umweltbewusstsein dieser Person am nachhaltigsten beeinflusst, wurde jeder Proband nach den beiden wichtigsten sozialen Bezugssystemen gefragt (in der Replikation wurde nur noch nach dem wichtigsten Bezugssystem gefragt). Unterscheidbar waren die Systeme dahingehend, wie der einzelne mit ihnen kommuniziert: entweder von Angesicht zu Angesicht oder über Medien vermittelt (vgl. Seiler 1994). Die sozialen Repräsentationen dieser Systeme wurden bestehend aus jeweils drei Komponenten - Wissen, Werte und Intentionen - auf fünfstufigen Likert-Skalen (vgl. Gutscher et al. in diesem Band) erfasst, indem die Person gefragt wurde, wieweit sie glaubt, dass ihr Bezugssystem das entsprechende Wissen hat, entsprechende Werte vertritt und bestimmte Intentionen ausgebildet hat (Bsp. für den Wissensaspekt: Ich glaube, dass meine Informationsquelle um die Ozonproblematik weiss, Bsp. für den Werteaspekt: ... dass meine Informationsquelle meint, dass das Leben aller Organismen wertvoll und erhaltenswert ist, Bsp. für den Intentionsaspekt ... dass meine Informationsquelle Einkäufe nicht mehr mit dem Auto erledigen möchte). Ebenso wurde das Umweltbewusstsein bestehend aus den Komponenten Wissen, Werte und Intentionen auf fünfstufigen Likert-Skalen erfasst (Bsp. für den Wissensaspekt: Ich stimme der Aussage zu, dass bodennahe Ozonbelastung Ernteeinbussen in der Landwirtschaft verursacht, Bsp. für den Werteaspekt: ... dass die Natur von schützenswerter Schönheit ist, Bsp. für den Intentionsaspekt: ... dass ich mir vorgenommen habe, bei Rotlicht den Motor abzustellen).

Ob die befragten Personen eher eine bedrohungs- bzw. verantwortungsadäquate Handlungsabsicht entwickeln oder eine Rekalibrierung von Bedrohung und Verantwortung vornehmen, wurde mittels eines semantischen Differentials erfasst. Die Probanden mussten auf einer siebenstufigen Skala ankreuzen, ob sie eher zu einer verantwortungs- bzw. bedrohungsadäquaten Handlungsabsicht auf der einen Seite oder zu einer Rekalibrierungsstrategie auf der anderen Seite neigen. Es wurden vier empirisch ermittelte Rekalibrierungsstrategien einbezogen, nämlich (1) die Angemessenheit umweltverantwortlicher Handlungsweisen in Frage zu stellen (Bsp.: Ich kann unmöglich auf das Auto verzichten), (2) die Mitverursachung von Umweltproblemen abzuleugnen (Bsp.: Lastwagen, Heizungen und Flugzeuge belasten die Luft mehr als Autos), (3) unökologisches Verhalten mit zu hohen Kosten zu entschuldigen (Bsp.: Die öffentlichen Verkehrsmittel sind mir zu teuer) und (4) die Mitverantwortung für Umweltprobleme in Frage zu stellen (Bsp.: Es gibt moralisch wichtigeres als den Umweltschutz). Mit jeweils einem Item wurde der jeweilige Entschluss erhoben, sich politisch für die Umwelt zu engagieren, das Umweltverhalten anderer Menschen zu beeinflussen oder das Auto mit anderen Menschen zu teilen. Entsprechend dieser Items wurden drei Verhaltensweisen erfasst: das tatsächliche politische Engagement für die Umwelt, die tatsächliche soziale Beeinflussung von Bekannten und die geschätzten jährlich zurückgelegten Autokilometer.

8. Was waren die wichtigsten Ergebnisse?[1]

(1) Inwieweit beeinflusst die soziale Repräsentation des sozialen Bezugssystems das individuelle Umweltbewusstsein?

Die drei Faktoren der sozialen Repräsentation des Bezugssystems (Wissen, Werte und Intentionen) klären einen bedeutsamen Anteil der Varianz in den drei entsprechenden Faktoren des Umweltbewusstseins auf. So konnte in der ersten Fragebogenstudie der Wissensanteil des Umweltbewusstseins zu 10.8% durch den Wissensanteil der sozialen Repräsentation des Bezugssystems, der Werteanteil des Umweltbewusstseins zu 25.5% durch den Werteanteil der sozialen Repräsentation des Bezugssystems und der Intentionsanteil des Umweltbewusstseins zu 27.5% durch den Intentionsanteil der sozialen Repräsentation des Bezugssystems vorhergesagt werden. In der Replikationsstudie ergaben sich folgende Zusammenhangsmasse: soziale Repräsentation-Wissen → Umweltbewusstsein-Wissen: 4.1%; soziale Repräsentation-Werte → Umweltbewusstsein-Werte: 36.5%; soziale Repräsentation-Intentionen → Umweltbewusstsein-Intentionen: 45.9%. Damit kann die Vermutung bestätigt werden, wonach der Einfluss anderer auf das individuelle Umweltbewusstsein in Form *wahrgenommener sozialer Repräsentationen* erfolgt. Besonders wichtig für die Ausprägung eines individuellen Umweltbewusstseins scheint dabei die Vermittlung konkreter Intentionen zu sein, d.h. konkrete Vorstellungen darüber, was man gegen die Umweltprobleme tatsächlich tun kann (vgl. auch Roux in diesem Band).

Was den Einfluss der Zugehörigkeit zum Verband (VCS vs. ACS) sowie zum Sprachraum (deutsche, französische und italienische Schweiz) anbelangt, so finden sich die Befunde bei Fuhrer et al. (1995) dargestellt. Grundsätzlich kann dazu gesagt werden, dass die Verbandszugehörigkeit nicht aber der Sprachraum einen bedeutenden Einfluss auf das Umweltbewusstsein hat. Möglicherweise handelt es sich also beim vieldiskutierten "Röstigraben", wie auch Brechbühl und Rey (in diesem Band) vermuten, zumindest nicht um ein zeitlich konsistentes Phänomen.

---

1 Die in diesem Abschnitt genannten prozentualen Varianzaufklärungen beziehen sich auf statistische Auswertungen mittels Regressionsanalysen. Das Ausmass der aufgeklärten Varianz macht eine Aussage darüber, inwieweit man das zu erklärende Konstrukt, beispielsweise das Umweltbewusstsein, mit Hilfe des erklärenden Konstrukts, beispielsweise die soziale Repräsentation des Bezugssystems, vorhersagen kann.

(2) Ist der Einfluss der sozialen Repräsentationen auf das Umweltbewusstsein davon abhängig, ob das Individuum mit dem Bezugssystem direkt oder medienvermittelt kommuniziert?

Der Zusammenhang zwischen sozialen Repräsentationen und Umweltbewusstsein fiel deutlich höher aus, wenn die Person von Angesicht zu Angesicht mit der Bezugsgruppe, die Träger der umweltrelevanten sozialen Repräsentation ist, kommuniziert. In diesem Fall wurde nämlich der Werteanteil des Umweltbewusstseins zu 49.3% durch den Werteanteil der sozialen Repräsentation des Bezugssystems und der Intentionsanteil des Umweltbewusstseins zu 45.4% durch den Intentionsanteil der sozialen Repräsentation des Bezugssystems erklärt. Setzte sich die befragte Person mittels Medien mit der Bezugsgruppe in Verbindung, so konnten nur 25.6% des Werteanteils des Umweltbewusstseins durch den Werteanteil der sozialen Repräsentation der Bezugsgruppe und 26.4% des Intentionsanteils des Umweltbewusstseins durch den Intentionsanteil der sozialen Repräsentation der Bezugsgruppe erklärt werden. Ausführliche Darlegungen dieser Ergebnisse, auch unter Verwendung von Strukturgleichungsmodellen wie LISREL finden sich bei Fuhrer et al. (unter Begutachtung). Auch diese Effekte konnten in der Replikationsstudie so bestätigt werden. Es ist anzunehmen, dass der vergleichsweise hohe Zusammenhang bei der *Kommunikation von Angesicht zu Angesicht* dadurch bedingt ist, dass der soziale Kontakt "unmittelbarer" ist, womit soziale Kontrolle, Sanktionserwartungen und Identifikation als konformitätsfördernde Faktoren stärker zum Tragen kommen als bei der sozial weniger unmittelbaren, weil medienvermittelten Kommunikation.

(3) Beeinflusst das Umweltbewusstsein die Rekalibrierung von Bedrohung und Verantwortung?

Die Datenanalysen aus der zweiten Fragebogenstudie zeigten, dass insbesondere der Intentionsanteil des Umweltbewusstseins einen Einfluss auf das Ausmass der Rekalibrierung von Bedrohungsanalyse und Verantwortungsfestlegung hat. D.h. je stärker Intentionen ausgebildet sind, sich ökologisch zu verhalten, desto weniger wird rekalibriert. So konnten durch den Umweltbewusstsein-Intentionsanteil in den vier Rekalibrierungsstrategien die folgenden Varianzanteile aufgeklärt werden: in Frage stellen der Angemessenheit ökologischer Verhaltensweisen (46.7%), in Frage stellen einer Mitverantwortung für Umweltprobleme (16.2%), Entschuldigung unökologischen Verhaltens mit zu hohen Kosten (15.7%) und Verleugnung einer Mitverursachung von Umweltproblemen (13.8%). Demgegenüber konnte die Wissenskomponente des Umweltbewusstseins zu keiner der Rekalibrierungen einen bedeutsamen Beitrag zur Varianzaufklärung leisten. Somit bestätigt sich erneut die Bedeutsamkeit umweltrelevanter Intentionen. Das heisst, ein hohes Niveau an Wissen um Umweltprobleme und ausgeprägte ökologische Werthaltungen können kaum verhindern, dass nach Rechtfertigungen gesucht wird, weil man sich nicht zu einem ökologischen Verhalten entschliessen kann. Hingegen können konkrete Vorstellungen darüber, was zur Lösung von Umweltproblemen zu tun ist, Rechtfertigungen, Entschuldigungen und Hinterfragungen als Rekalibrierungsstrategien eindämmen.

(4) Beeinflussen Rekalibrierungen die bedrohungs- bzw. verantwortungsadäquate Handlungsabsicht?

Die Ausbildung sowohl einer bedrohungs- als auch einer verantwortungsadäquaten Handlungsabsicht wurde von den Rekalibrierungsstrategien negativ beeinflusst, d.h. je mehr rekalibriert wird, desto weniger werden bedrohungs- und verantwortungsadäquate Handlungsabsichten gebildet. Insbesondere wurde die Bildung einer bedrohungsadäquaten Handlungsabsicht durch Rekalibrierungen verhindert (Gesamtvarianzaufklärung 43.8%), wobei das in Frage stellen ökologischer Verhaltensweisen mit 42.9% den allergrössten Anteil an der Varianzaufklärung ausmacht. Ebenfalls negativ beeinflusst durch Rekalibrierungen wurde die Bildung der verantwortungsadäquaten Handlungsabsicht (Gesamtvarianzerklärung 24.2%). Wiederum war es das in Frage stellen der Angemessenheit ökologischer Verhaltensweisen, das mit 22.3% den grössten Varianzanteil erklärte. Der Befund, wonach hauptsächlich die *bedrohungsadäquate* und weniger die verantwortungsadäquate *Handlungsabsicht* von der Rekalibrierung beeinflusst wird, wurde bereits durch Studien in den USA evident gemacht (z.B. Stern et al. 1985/86). Es scheint, als ob zuerst jene Entscheidungsparameter mit den grössten Freiheitsgraden und den geringsten Kosten für die Selbstbewertung rekalibriert werden. Aufgrund der Stabilität und der identitätsstiftenden Funktion der Werte, wie sie der verantwortungsadäquaten Handlungsabsicht zugrunde liegen, vermuten wir, dass deren Rekalibrierung viel eher mit Gewissensbissen verbunden ist, als beispielsweise das Infragestellen der Umweltbedrohung oder der eigenen Bewältigungsmöglichkeiten und -fähigkeiten.

(5) Beeinflussen bedrohungs- und verantwortungsadäquate Handlungsabsichten den Handlungsentschluss und das ökologische Verhalten einer Person?

Die Befunde zeigen, dass die bedrohungsadäquate Handlungsabsicht den Entschluss, sich politisch für die Umwelt zu engagieren zu 33.8%, den Entschluss, das Umweltverhalten anderer Menschen zu beeinflussen zu 17.8 % und den Entschluss, das Auto mit anderen Menschen zu teilen, zu 13.1% aufklären. Die verantwortungsadäquate Handlungsabsicht erwies sich dagegen als relativ bedeutungslos. Diese Ergebnisse sind mit den Befunden aus jenen Studien konsistent, die sich theoretisch ebenfalls auf das Schwartzsche Norm-Aktivierungs-Modell abgestützt haben (z.B. Stern et al. 1985/86; Stern et al. 1993). Zusammen mit der hohen Interkorrelation zwischen bedrohungs- und verantwortungsadäquater Handlungsabsicht (r=.51) kann dieses Ergebnis dahingehend interpretiert werden, dass die verantwortungsadäquate Handlungsabsicht möglicherweise eher, wie dies im Originalmodell von Schwartz und Howard (1981) konzipiert ist, eine Konsequenz der bedrohungsadäquaten Handlungsabsicht darstellt. Wir vermuten, dass die *Verantwortungsfestlegung* tatsächlich erst dann eine zentrale Rolle zu spielen beginnt, wenn die negativen Konsequenzen des unökologischen Verhaltens offensichtlich sind (d.h. den Menschen das Wasser "zum Hals steht") und über den Handlungsbedarf breiter Konsens besteht!

Was schliesslich die Umsetzung des Entschlusses anbelangt, sich ökologisch(er) zu verhalten, zeigen die Befunde, dass der Entschluss, sich politisch für die Umwelt zu engagieren, auf alle drei ökologischen Verhaltensweisen durchwegs den grössten Einfluss hat: die soziale Beeinflussung von Bekannten in Richtung auf ökologisches Verhalten kann zu 19.1%, politische Aktivitäten zugunsten der Umwelt können zu 9.4%, die geschätzten jährlichen Autokilometer zu 5.3% erklärt werden. Demgegenüber waren die beiden anderen Entschlussmasse von geringerer Bedeutung für das ökologische Verhalten (Varianzaufklärungen jeweils ≤ 5%).

Diese doch etwas ernüchternden Befunde, was den Zusammenhang von Entschluss und konkretem Verhalten anbelangt, waren eigentlich zu erwarten. Denn das von uns konzipierte theoretische Modell bildet schwerpunktmässig die *motivationalen* und relativ weniger die *volitionalen* Komponenten der Handlungssteuerung ab. Das heisst, wir haben uns mehrheitlich mit der Auswahl und Selektion möglicher Handlungsintentionen und deren Rekalibrierung (motivationaler Aspekt) beschäftigt. Durch diesen Selektionsprozess ist die betreffende Handlungsintention aber noch nicht realisiert. Die Realisierung bedarf, wie die Motivationsforschung zeigt (Kuhl 1985), häufig eigener volitionaler Prozesse der Handlungskontrolle. Das gilt insbesondere, wenn die Handlungsintention (z.B. die Einkäufe mit dem Fahrrad zu machen) gegen konkurrierende Handlungsintentionen (wie z.B. die Einkäufe mit dem Motorrad oder mit dem Auto zu machen), die ebenfalls auf Realisierung drängen, abgeschirmt werden müssen. Das heisst, es müssen nicht bloss Prozesse vorgesehen werden, die der Handlungsintention "Einkäufe mit dem Fahrrad machen" ungestörten Zugang zum Verhalten verschaffen, bis das Ziel erreicht ist. Gleichzeitig müssen Prozesse der Ausführungskontrolle angenommen werden, die Schritt für Schritt die Ausführung der Handlung kontrollieren. Konkret bedeutet das, dass unser Modell umweltverantwortlichen Handelns um Kontrollprozesse, wie sie beispielsweise Kuhl (1985) vorschlägt, erweitert werden muss.

9. Zusammenfassung und Schlussfolgerungen

Aus den dargelegten Ergebnissen lassen sich einige Schlussfolgerungen für die praktische Förderung umweltschonenden Verhaltens ableiten [Für eine allgemeine Übersicht zum einschlägigen Forschungsstand sei z.B. auf Schahn, Giesinger (1993) oder Schahn (1995) verwiesen]. Weil die Umweltbewusstsein-Intentionen einer Person - im Unterschied sowohl zum faktenartigen Umweltbewusstsein-Wissen als auch zu den Umweltbewusstsein-Werten - bedrohungs- und verantwortungsadäquate Handlungsintentionen am stärksten beeinflussen, müssen auch die Bedingungen, unter denen sich der Intentionsanteil am Umweltbewusstsein bildet, im Rahmen von Interventionsmassnahmen im Umweltbereich verstärkt beachtet werden. Wenn es also so ist, wie das unsere Befunde belegen, dass sich der Intentionsanteil am Umweltbewusstsein nicht so sehr über medial vermittelte, sondern vielmehr in der Kommunikation mit anderen Personen herausbildet, dann ist zu vermuten, dass Interventionen effizienter sind, wenn sie nicht beim Individuum, sondern auf der *Ebene der Kleingruppe* ansetzten (s. auch Jäggi in diesem Band). Hier scheint die Vermittlung umweltrelevanter Information *von Angesicht zu Angesicht* für die Ausprägung eines individuellen Umweltbewusstseins erfolgversprechender zu sein, als dies bei grossangelegten Medienkampagnen (man denke z.B. an den mässigen Erfolg der schweizerischen Energiesparkampagne "Bravo") der Fall ist. Bei letzteren versagt die soziale Kontrolle. Jeder sucht letztlich seinen eigenen Interessen gemäss zu handeln und seinen Beitrag, der ihm grosse Kosten verursacht, der Allgemeinheit jedoch nur einen winzigen Gewinn bringt, vorzuenthalten.

Insofern schlagen Umweltorganisationen wie beispielsweise GAP (Global Action Plan) den richtigen Weg ein, indem sie kleine Ökoteams bilden, die sich mit der "Ökologisierung" ihres Alltags beschäftigen. Besonders effektiv könnte der Einbezug bereits existierender Gruppen (z.B. Arbeitskollegen, Nachbarschaften, Freundeskreise) sein, da in diesen schon eine gewisse Kohäsion und damit eine soziale Verbindlichkeit besteht. Denn je mehr Personen aus der relevanten Vergleichsgruppe sich umweltgerecht verhalten, desto schwieriger dürfte es für eine Person sein, ihr abweichendes Verhalten aufrechtzuerhalten (s. auch Jaeggi et al. in diesem Band). Visuelle Kommunikationsmittel, wie sie von Thomas (in diesem Band) vorgeschlagen werden, müssten also nicht so sehr in breit angelegten Medienkampagnen, sondern vielmehr bei Interventionen in Kleingruppen und sozialen Netzwerken wie beruflichen Arbeitsteams, Nachbarschaftsgruppen und Quartiervereinen eingesetzt werden, um ihr Potential zu "entfalten" (vgl. auch Roux in diesem Band).

Da sich die Verantwortung als relativ "rekalibrierungsresistent" erwiesen hat, wäre es überdies ratsam, ausgehend von den in der jeweiligen Kleingruppe existierenden allgemeinen Wertvorstellungen, die besondere Verantwortung des Einzelnen für die Umwelt hervorzuheben, wie das auch Jäggi (in diesem Band) anregt. In einem Quartierverein könnte dies beispielsweise der Gedanke sein, sich für die Lebensqualität des Quartiers einzusetzen, in einem Kreis von Müttern und Vätern wäre es vielleicht die Erhaltung der Natur für zukünftige Generationen. Ansonsten ergibt sich die Situation, dass zwar viele sich als Betroffene erkennen, aber ihre Mitverantwortung für die Ursachen der Betroffenheit nicht erkennen wollen. Viele Menschen sind sich durchaus dieses Widerspruchs bewusst: die einen verdrängen ihn wohl oder versuchen das schlechte Gewissen "auszuhalten", andere verhalten sich zwar in bestimmten Verhaltensbereichen umweltfreundlich nicht aber in anderen, wiederum andere engagieren sich für eine umweltfreundliche Politik (s. auch Diekmann, Franzen in diesem Band). Mit solchen "Strategien" vermag sich der Einzelne moralisch zu entlasten.

Schliesslich sollten die sozial vermittelten Umweltinformationen Vorstellungen darüber enthalten, wie das auch aus den Beiträgen von Jaeggi et al. oder Gessner (in diesem Band) hervorgeht, was man konkret für die Umwelt tun kann (z.B. das Auto mit anderen zu teilen, den Urlaub im eigenen Land zu verbringen, die günstigen Angebote der Bahn zu nutzen). Gleichzeitig ist aber davor zu warnen, solche Handlungsratschläge als zwingend einzufordern, da dies die Gefahr in sich birgt, *Reaktanz* auszulösen (vgl. auch Mosler et al. in diesem Band). D.h. die betroffene Person tut erst recht, was sie nicht tun soll (vgl. auch Jäggi in diesem Band). Zudem bildet sich nur dann ein ökologisches Verantwortungsbewusstsein heraus, wenn, wie sich das aus dem Schwartzschen Norm-Aktivierungs-Modell herleiten lässt, mehr als nur eine Verhaltensmöglichkeit in einer Situation angeboten werden kann. Wird der Handlungsspielraum einer Person auf nur eine (geforderte) Verhaltensweise eingeengt, was wiederum zu Reaktanz führt, fühlen sich Personen für die Folgen ihres Handelns weniger oder gar nicht verantwortlich (Fuhrer 1995); ein Umstand, dem in der Umweltpolitik noch viel zu wenig Beachtung geschenkt wird.

LITERATUR

Cranach, M. von 1991: The multi-level organisation of knowledge and action - An integration of complexity. In: Cranach, M. von, Doise, W., Mugny, G. (Hg.): Social representations and the social bases of knowledge. Bern: Huber. S. 10-22.

Diekmann, A., Franzen, A. (Hg.) 1995: Kooperatives Umwelthandeln. Zürich: Rüegger.

Dunlap, R. E., Gallup, G. H. Jr., Gallup, A. M. 1993: Global environmental concern: Results from an international public opinion survey. In: Environment. Jg 35, Bd 9. S. 33-39.

Fuhrer, U. 1995: Sozialpsychologisch fundierter Theorierahmen für eine Umweltbewusstseinsforschung. In: Psychologische Rundschau. Jg 46, Bd 2. S. 93-103.

Fuhrer, U., Kaiser, F. G., Seiler, I., Maggi, M., Jöri, M., Steinmann, S. 1994: Umweltverantwortliches Handeln hat soziale Grundlagen. In: Panorama. Bd 3. S. 7-13.

Fuhrer, U., Kaiser, F. G., Seiler, I., Maggi, M. 1995: From social representations to environmental concern. The influence of face-to-face versus mediated communication, In: Fuhrer, U. (Hg.): Ökologisches Handeln als sozialer Prozess. Basel: Birkhäuser. S. 61-76.

Fuhrer, U., Kaiser, F. G., Wölfing, S. (unter Begutachtung): Umweltbewusstsein und ökologisches Verhalten als Funktion sozialer Repräsentationen.

Frazer, C. 1994: Attitudes, social representations and widespread beliefs: In: Papers on Social Representations. Jg 3, Bd 1. S. 13-25.

Graumann, C. F., Kruse, L. 1990: The environment: Social construction and psychological problems. In: Himmelweit, H. T., Gaskell, G. (Hg.): Societal psychology. London: Sage. S. 212-229.

Hardin, G. 1993: Living within limits. Oxford: Oxford University Press.

Hines, J. M., Hungersford, H. R., Tomera, A. N. 1986/87: Analysis and synthesis of research on responsible environmental behavior: a meta-analysis. In: The Journal of Environmental Education. Jg 18, Bd 2. S. 1-8.

Hofrichter, J., Reif, K. 1990: Evolution of environmental attitudes in the European Community. In: Scandinavien Political Studies. Jg 13. S. 119-146.

Johnson, B. B., Covello, V. T. (Hg.) 1987: The social and cultural construction of risk. Boston: Reidel.

Kruse, L. 1995: Globale Umweltveränderungen: Eine Herausforderung für die Psychologie. In: Psychologische Rundschau. Jg 46, Bd 2. S. 81-92.

Kuhl, J. 1995: Volitional mediators of cognition-behavior consistency: Self-regulatory processes and action versus state orientation. In: Kuhl, J., Beckmann, J. (Hg.): Action control: From cognition to behavior. Berlin: Springer. S. 101-128.

Maggi, M. 1995: Der schwierige Weg vom Umweltbewusstsein zum umweltverantwortlichen Handeln. Unveröffentlichte Lizentiatsarbeit. Universität Bern: Institut für Psychologie.

Maletzke, G. 1978: Psychologie der Massenkommunikation. Hamburg: Hans Bredow-Institut.

Moscovici, S. 1984: The phenomenon of social representation. In: Farr, R. M., Moscovici, S. (Hg.): Social representations. Cambridge: Cambridge University Press. S. 3-70.

Pawlik, K. 1991: The psychology of global environmental change: Some basic data and an agenda for cooperative international research. In: International Journal of Psychology. Jg 26, Bd 5. S. 547-563.

Platt, J. 1973: Social traps. In: American Psychologist. Jg 28. S. 641-651.

Schahn, J. 1995: Psychologische Forschung zu Mülltrennung und Müllvermeidung: Möglichkeiten und Grenzen psychologischer Ansätze zur Föderung umweltschonenden Verhaltens. In: Psychologische Rundschau. Jg 46, Bd 2. S. 104-114.

Schahn, J., Giesinger, T. (Hg.) 1993: Psychologie für den Umweltschutz. Weinheim: Beltz, PVU.

Schwartz, S. H., Howard, J. A. 1981: A normative decision-making model of altruism. In: Rushton, J. P., Sorrentino, R. M. (Hg.): Altruism and helping behavior. Hillsdale: Erlbaum. S. 189-211.

Seiler, I. 1994: Umweltbewusstsein als Funktion sozialer Repräsentationen. Unveröffentlichte Lizentiatsarbeit. Universität Bern: Institut für Psychologie.

Stern, P. C. 1992: Psychological dimensions of global environmental change. In: Annual Review of Psychology. Jg 43. S. 269-302.

Stern, P. C., Dietz, T., Black, J. S. 1985/86: Support for environmental protection: The role of moral norms. In: Population and Environment. Jg 8, Bd 3, 4. S. 204-222.

Stern, P. C., Dietz, T., Kalof, L. 1993: Value orientations, gender, and environmental concern. In: Environment and Behavior. Jg 25, Bd 3. S. 322-348.

KOLLEKTIVE VERÄNDERUNGEN ZU UMWELT-VERANTWORTLICHEM HANDELN[1]

Hans-Joachim Mosler, Heinz Gutscher, Jürg Artho

Die Situation in den wirtschaftlich hoch entwickelten Ländern lässt sich dadurch charakterisieren, dass viele Voraussetzungen für umweltverantwortliches Handeln der Bevölkerung eigentlich gegeben sind. Wir wissen vieles; zumindest in Befragungen rangiert der Handlungsbedarf im Umweltbereich seit Jahren an vorderster Stelle; die technischen und ökonomischen Voraussetzungen wären vorhanden. Von einem eigentlichen Umschwenken ist - abgesehen von Teilbereichen - wenig zu spüren. Wir vertreten die Ansicht, dass die vielzitierte Diskrepanz zwischen Denken und Handeln, zwischen Lippenbekenntnis und eigenem Beitrag zur Umweltentlastung besser verstanden werden kann, wenn wir hierzu die Wahrnehmung der sozialen Umgebung einbeziehen (s. auch Fuhrer, Wölfing in diesem Band): Umweltbewusstsein wird wesentlich durch soziale Systeme bzw. durch die entsprechenden sozialen Repräsentationen bestimmt. Der eigene mögliche Beitrag angesichts der massenhaften Umweltschädigung durch die vielen anderen erscheint unerheblich. Die Wahrnehmung, alleine nichts bewirken zu können, machtlos zu sein, und die Einsicht, nicht die oder der Dumme sein zu wollen, sind wichtige Bedingungsfaktoren umweltübernutzenden Handelns. Es erscheint deshalb auch nicht 'rational', sich eine zurückhaltendere Nutzung aufzuerlegen (z.B. beim Auto), weil man hierdurch neben dem Schaden durch die allgemeine Übernutzung (Konsequenzen der Luftverschmutzung) auch noch einen geringeren unmittelbaren Ertrag ('eingesparte' Zeit, Komfort) in Kauf nehmen muss. Da diese Sachlage aber gleichermassen für alle Individuen einer umweltübernutzenden Gesellschaft zutrifft, halten sich die Individuen gegenseitig in ihren umweltgefährdenden Handlungen gefangen. Aus diesem Grund interessieren uns insbesondere die psychologischen Bedingungen, die einer kollektiven Umorientierung zu umweltverträglichen Handlungen zugrunde liegen. Ausgehend von neuen umweltentlastenden Handlungen einiger 'Pionierindividuen' stellt sich die Frage, welche sozialpsychologischen Bedingungen gegeben sein müssen, damit die Zahl der sich anschliessenden Personen selbsttätig soweit zunimmt, bis es in einem eigentlichen Sinne zu einem grossräumigen 'Umkippen' des bisherigen, umweltbelastenden Handlungsmusters kommt. Die zentrale Frage des vorliegenden Forschungsprojektes lässt sich somit wie folgt formulieren: Unter welchen Bedingungen kann sich eine sozial grossflächig wirk-

[1] Diese Untersuchung wurde vom Schweizer Nationalfond (Nr. 5001-035273) unterstützt.

same Eigendynamik entfalten, welche kollektives umweltübernutzendes Denken und Handeln in kollektives umweltverantwortliches Denken und Handeln überführt? Antworten auf diese Frage sind als Beitrag zu einer wissenschaftlich gestützten Planung von Umweltaktionen und Kampagnen zu sehen.

1. Methode

1.1. Vorgehensweise

Wenn wir davon ausgehen, dass Umweltprobleme aus den übernutzenden Handlungen sehr vieler Individuen entstehen, stellt sich die Frage, wie neue Lösungsideen in einem solchen Problemfeld 'getestet' werden können. Das Instrument der Befragung, welches mit der Vorgabe fiktiver Situationen bzw. fiktiver Bedingungen arbeitet, erscheint dafür wenig geeignet ("Bei welchem Benzinpreis würden Sie umsteigen?"). Auch die direkte Umsetzung in Form eines grossen Feldexperimentes in einem realen Sozialsystem entfällt; dies wäre beim derzeitigen wissenschaftlichen Kenntnisstand weder finanziell noch ethisch verantwortbar. Laborexperimente, bei denen man nicht in ein bestehendes Sozialsystem eingreifen müsste, sind mit sehr vielen Personen (1000 und mehr) nicht durchführbar. Einen möglichen Ausweg bietet die Computersimulation (vgl. Beitrag von Gutscher et al. in diesem Band). Das Ziel einer Simulation besteht darin, die relevanten Wirkbeziehungen eines Problemfelds in Modellform zu rekonstruieren und mit Hilfe empirischer Daten aus dem Problemfeld zu validieren. Danach lassen sich verschiedenste, auch unkonventionelle Ideen zur Weiterverbreitung von umweltverantwortlichem Denken und Handeln 'experimentell überprüfen', ohne riskante Eingriffe in reale Sozialsysteme.

Unser Vorgehen gliedert sich in die folgenden Schritte:

1. Nach einer Vorauswahl der wichtigsten, empirisch gut abgestützten, theoretischen Ansätze für den Bereich des sozialen Einflusses wurden - nach inhaltlichen Kriterien gruppiert - die für den Umweltbereich relevantesten und wichtigsten *Kernaussagen* herausgearbeitet.
2. In der anschliessenden *Modellierung* wurden die Kernaussagen der Theorien mit den vorhandenen Variablen beschrieben und nach bestimmten systemtheoretischen Regeln (vgl. Bischof 1995) zueinander in Beziehung gesetzt. Aus Platzgründen verzichten wir hier auf die Darstellung der systemtheoretischen Modelle und der programmtechnischen Implementationen.

3. Das erarbeitete Simulationsmodell wurde mit Hilfe von Expertenurteilen und durch Replizierung von Befunden aus der Umwelt- und Sozialpsychologie *validiert.*
4. Danach wurden *Experimente* mit verschiedenen Weiterverbreitungsstrategien durchgeführt. Im folgenden wird über die wichtigsten und aussagekräftigsten Experimente berichtet.
5. Aus den Ergebnissen der Simulationen wurden sowohl *Folgerungen für die Umweltpraxis* als auch für die *Grundlagenforschung* gezogen. Die bekannten Interventionsformen aus der Umweltforschung werden neu interpretiert; es lassen sich begründete Empfehlungen für die Interventionspraxis ableiten.

1.2. *Das Rahmenmodell*

Sehr viele Simulationen arbeiten von Anfang an auf der Ebene von kollektiven Variablen (makroanalytische Simulation, z.B. Einfluss von Preisen auf den Gesamtkonsum der Bevölkerung). Wenn wir der Dynamik der Ausbreitung (bzw. Nicht-Ausbreitung) von umweltverantwortlichem Denken und Handeln auf die Spur kommen wollen, müssen wir zunächst auf der Ebene des Individuums beginnen und dann viele solcher Individuen im Rahmen einer Simulation miteinander interagieren lassen (mikroanalytische aggregative Simulation). Dabei stellt sich die schwierige Aufgabe, die in diesem Problemfeld relevanten Prozesse des Individuums im Computer zu modellieren. Wir gehen davon aus, dass Menschen prinzipiell frei entscheidende Wesen sind und dass sich der Reichtum menschlicher Individualität nicht über ein vergleichsweise 'primitives' Computerprogramm abbilden lässt. Andererseits finden wir in vielen Bereichen empirisch gut belegte Gleichförmigkeiten menschlichen Verhaltens: Unsere Vorgehensweise entspringt dem Willen und der Hoffnung, aus solchem, empirisch belegtem Wissen ein brauchbares Arbeitsmodell der im Individuum ablaufenden Prozesse zu entwickeln. Die Nützlichkeit misst sich daran, ob sich das Modell am Verhalten realer Kollektive validieren lässt und ob die darauf aufbauende Simulation unser Verständnis für die Dynamik der Prozesse und ihre Anwendung verbreitert und fördert.

Modelliert wird deshalb zunächst ein Grundmodell eines Individuums, welches in 10'000facher Ausführung, identisch aufgebaut, aber mit individuell unterschiedlichen Merkmalen ausgestattet, die Grundlage für die simulierten Beeinflussungs- und Ressourcennutzungsprozesse abgibt. Die simulierten Individuen verfügen über je unterschiedlich strukturierte Kontaktnetze (Anzahl Freunde, Bekannte, Nachbarn und beobachtbare Fremde).

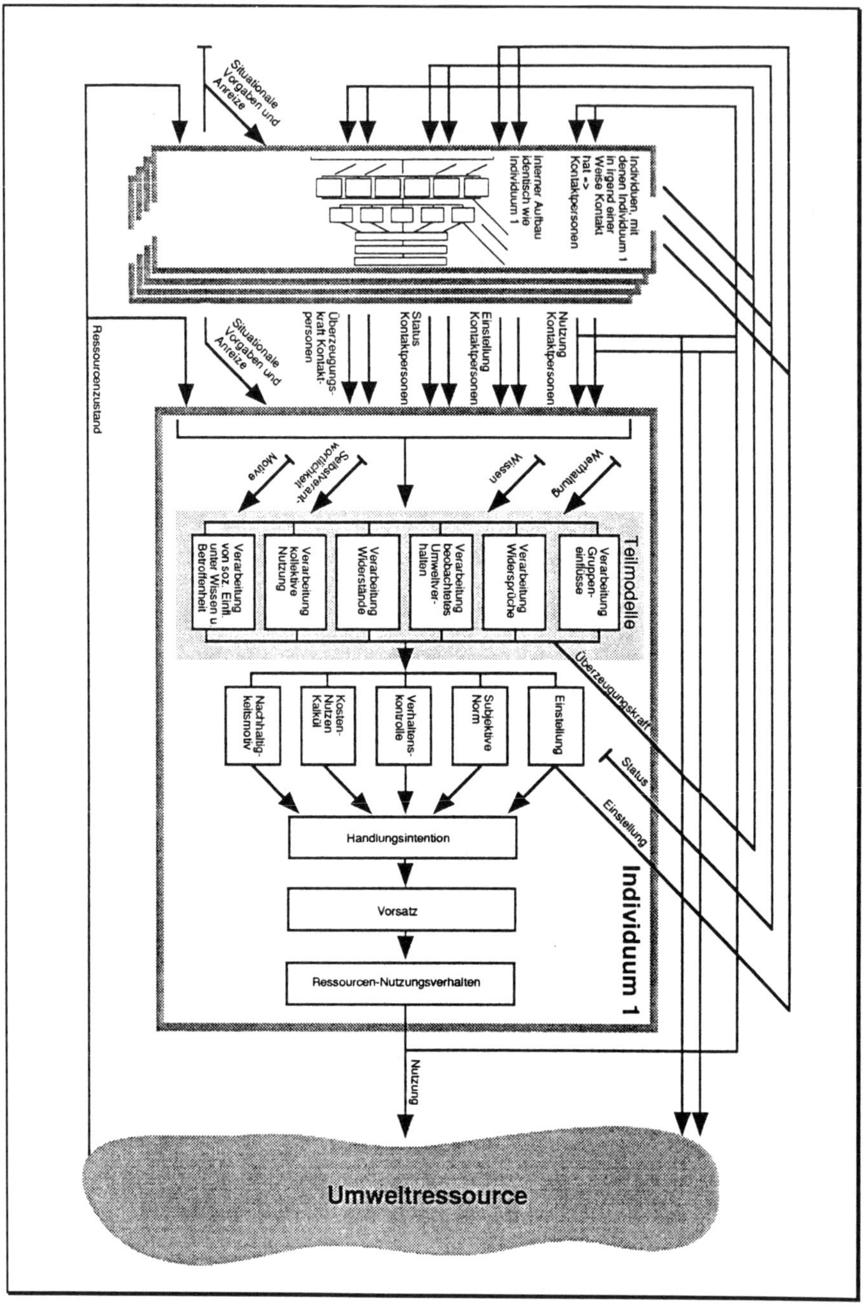

Abbildung 1: *Rahmenmodell*

Im folgenden werden die äusseren und inneren Eingangsvariablen sowie die Verarbeitungsprozesse erläutert.

Äussere Eingangsvariablen

Mit äusseren Eingangsvariablen sind Einflüsse gemeint, welche von aussen an die Person gelangen und in irgendeiner Form wahrgenommen werden. Mögliche Verzerrungen der Wahrnehmung des Individuums aufgrund von Vorurteilen sind in dieser Fassung des Modells noch nicht berücksichtigt. Von jedem Individuum werden einige Ausgangsgrössen berechnet, welche bei denjenigen Personen, mit welchen das Individuum Kontakt hat ('Kontaktpersonen') wiederum als äussere Eingangsvariablen wirken (vgl. Abb. 1). An nicht-sozialen Eingangsvariablen finden ausserdem besondere situationale Vorgaben sowie der momentane Zustand der genutzten Ressource Eingang in die Berechnung der Ausgangsgrössen des Individuums.

Nutzung Kontaktperson: Zusammenfassung aller von der Kontaktperson gezeigten umweltbezogenen Verhaltensweisen. Das umweltbezogene Verhalten wird als ressourcennutzendes Verhalten konzipiert. Für Anwendungen kann eine konkrete Ressource mit ihren charakteristischen Parametern eingegeben werden (Ressourcen: z.B. Wasser, Luft, Wildtierbestand; Parameter: z.B. Regenerationsraten).

Einstellung Kontaktperson: Zusammenfassung der von der Kontaktperson auf verschiedenste Arten ausgedrückten Bewertungen umweltbezogener Verhaltensweisen, Sachverhalte und Objekte.

Status Kontaktperson: In dieser Variable werden wesentliche Ressourcen einer Kontaktperson zusammengefasst (z.B. soziale Kompetenz, Vertrauen, Ansehen, Wissen, Macht, Besitz etc.; vgl. Gutscher, Mosler 1992).

Überzeugungskraft Kontaktperson: Intensität und Qualität, mit der eine Kontaktperson verschiedenste umweltbezogene Einstellungen vertritt. Während in der Einstellung die Richtung angegeben ist (z.B. man ist für Umweltschutz), steckt in der Überzeugungskraft die Intensität und Qualität, mit der diese Einstellung vertreten wird.

Situationale Vorgaben und Anreize: Alle Einflüsse aus dem gesellschaftlich-institutionellen Umfeld (Gebote und Verbote, positive und negative Anreize usw.: vgl. die situativ-strukturellen Faktoren von Jaeggi et al. in diesem Band). Situationale Vorgaben 'filtern' aus der gesamten Breite eines Verhaltensspielraums ein Teilspektrum heraus.

Ressourcenzustand: Der von der Person "bemerkte", festgestellte Zustand der Umwelt bzw. einer bestimmten Umweltressource.

Innere Eingangsvariablen

Innere Eingangsvariablen wirken 'von innen' auf die simulierten psychischen Prozesse. Die Entstehung der individuellen Ausprägungen dieser Variablen aufgrund der Lerngeschichten der Individuen wird im Rahmen dieser Simulation nicht betrachtet.

Werthaltung: Stabile Orientierung bezüglich umweltbezogener Sachverhalte, Objekte und Verhaltensweisen.

Wissen: Ausmass und Qualität umweltbezogener Informationen, z.B. das Wissen um Regenerationsparameter einer spezifischen Ressource.

Selbstverantwortlichkeit: Bezeichnet das Ausmass, in dem eine Person sich selbst für den Zustand der Umwelt Verantwortung zuschreibt (und nicht anderen Personen, Organisationen oder Institutionen).

Motive: Zusammenfassung verschiedenster Motive wie Neugier, Bequemlichkeit etc., welche in die Motivation zur Ausführung von Handlungen einfliessen. Von der Resultante dieser Motive ist es abhängig, wie "leicht" oder "gerne" eine Handlung - unabhängig von den Konsequenzen - ausgeführt wird.

Die Verarbeitung der Eingangsvariablen in den Teilmodellen

Diese äusseren und inneren Eingangsvariablen werden in verschiedenen, hier nach Theoriebereichen gruppierten Teilmodellen verarbeitet. Die Ausgangswerte dieser Teilmodelle wirken entweder direkt nach aussen auf andere Personen, mit denen das Individuum in Kontakt steht (Einstellung, Überzeugungskraft) oder sie fliessen ein in handlungsnahe Prozesse und schliesslich in Nutzungsentscheidungen und entsprechende Handlungen.

Folgende Teilmodelle wurden modelliert und simuliert (in Klammern Hinweise auf die Ziffern, in denen die Teilmodelle behandelt werden):

I. (2.1.) Die Verarbeitung von Gruppeneinflüssen auf umweltbezogene Einstellungen: Anwendung der Theorie Sozialer Vergleichsprozesse (nach Frey et al. 1993).

II. Die Verarbeitung von Widersprüchen zwischen Umwelt-Verhalten und Umwelt-Einstellung: Anwendung der Dissonanztheorie (nach Frey, Gaska 1993).

III. (2.2.) Die Verarbeitung von beobachtetem Umweltverhalten bei anderen: Anwendung der Sozialen Lerntheorie von Bandura (nach Bandura 1979; Stalder 1985; Latané 1981).

IV. Die Verarbeitung von Widerständen gegen umweltorientierte Massnahmen: Anwendung der Reaktanztheorie (nach Dickenberger et al. 1993).

V. (2.3.) Die Verarbeitung von Information über die kollektive Nutzung einer Umweltressource: Anwendung der Forschung zum Gemeingutdilemma (nach Liebrand et al. 1992).

VI. (2.4.) Die Verarbeitung von kommunikativem Einfluss unter Berücksichtigung der Umweltbetroffenheit, des Umweltwissens sowie von Voreingenommenheit: Anwendung des Elaboration-Likelihood Modells (ELM, nach Petty, Cacioppo 1986; Stahlberg, Frey 1993).

Aus Platzgründen werden die Simulationen der Teilmodelle der Verarbeitung von Widersprüchen (II.) und der Verarbeitung von Widerständen (IV.) nicht dargestellt.

Handlungsnahe Prozesse

Handlungsnahe Prozesse sind direkte Vorstufen des Handelns. Auf der Basis der Theorie der Ressourcenmobilisierung (Klandermans 1984) sowie der Theorie des Geplanten Verhaltens (Frey et al. 1993; Ajzen, Madden 1986) gehen wir davon aus, dass für eine umweltbezogene Handlungsintention die folgenden fünf Komponenten eine wichtige Rolle spielen:

- Die *umweltbezogene Einstellung* als Einstellung gegenüber dem Umweltschutz und dem individuellen Umwelthandeln.
- Die *subjektive Norm* als "Wahrnehmung des sozialen Umgebungsdrucks". Hier wird ausgedrückt, mit welchen Erwartungen ein Individuum konfrontiert wird und wie sehr es bereit ist, diesen Erwartungen nachzugeben.
- Die *Verhaltenskontrolle* als subjektive Überzeugung, ein Verhalten tatsächlich ausführen zu können.
- Das *Kosten-Nutzen Kalkül* als ein Beweggrund für Handlungen, welcher aus der Abwägung der unmittelbaren Kosten und des unmittelbaren Nutzens von Handlungen resultiert.
- Das *Nachhaltigkeitsmotiv* als ein Beweggrund für die Bereitschaft, sich bei der Ressourcennutzung zurückzuhalten. Diese Bereitschaft hängt sowohl vom absoluten Wert ab, den jemand einem Umweltgut beimisst als auch von der aktuellen Diskrepanz zwischen kollektiv nachhaltiger Nutzung und den aktuellen Nutzungsmustern der anderen: Je höher der subjektive Wert der Umwelt bzw. je geringer die Diskrepanz zwischen aktuellen und nachhaltigen Nutzungsmustern, desto stärker wirkt sich das Nachhaltigkeitsmotiv im Sinne eigener zurückhaltenderer Nutzung aus.

Alle diese Komponenten beeinflussen die Handlungsbereitschaft, welche zum umweltbezogenen Handeln führt. Zusätzlich führen wir den Vorsatz (Volition) ein, als eine dem Handeln noch nähere Instanz als die Handlungsintention. Nach neueren Forschungen (Frey et al. 1993) legt die Fassung eines Vorsatzes fest, wann und wo man die Realisierung einer Absicht in Angriff nehmen will.

2. Experimente und Ergebnisse

Im folgenden stellen wir vor allem Experimente mit Populationen von 10'000 Personen dar und verzichten aus Platzgründen auf die Darstellung der Experimente mit 1 bis 10 Personen, welche für das grundlegende Verständnis der Prozesse und für die Validierung anhand bereits vorliegender empirischer Befunde notwendig waren.

Alle Variablen variieren auf einer Dimension zwischen 0 und 100. Für Variablen mit einer Umweltorientierung bedeutet 100 *maximal umweltgerecht* und 0 *maximal nicht-umweltgerecht,* bei 50 liegt ein "weder/noch"-Punkt. In den Graphiken zu den Ergebnissen ist auf der Ordinate immer das durchschnittliche umweltbezogene Verhalten oder die durchschnittliche umweltbezogene Einstellung der Population aufgetragen. Steigt nun eine Kurve an, so bedeutet dies, dass sich die Population in Richtung Umweltgerechtigkeit verändert. Auf der Abszisse sind die Durchgänge vermerkt. Ein Durchgang bedeutet, dass in einem vollständigen Berechnungszyklus alle Individuen auf ihre jeweiligen Kontaktpersonen Einfluss ausüben bzw. entsprechender Beeinflussung ausgesetzt werden und - gemeinsam mit allen anderen - die Ressource nutzen. Die lineare Abfolge der Durchgänge ist im Sinne fortschreitender Zeit zu interpretieren; genauere zeitliche Aussagen sind aber nicht möglich.

Für die Experimente sind wir meistens von durchschnittlich eher nicht-umweltgerechten Populationen ausgegangen (Mittelwert bei 40), wobei die Ausprägungen der Variablen bei den Individuen um diesen Mittelwert herum streuen.

Um dem Vorwurf zu entgehen, die Ergebnisse der Simulation "in das Programm eingebaut" zu haben, wurden alle Experimente in einem Baseline-/Kontrollgruppendesign durchgeführt: Die Ergebnisse einer Anzahl von Durchgängen mit bzw. ohne Eingriffe ('Kontrollgruppe') bildeten die Vergleichsbasis; die Populationen waren jeweils identisch (was nur mit einer Computersimulation möglich ist). Nachfolgend werden wichtige Fragestellungen sozialer Interventions- und Kampagnenplanung mit Hilfe des Simulationsmodells untersucht.

2.1. *Wie sollte eine Minderheit von umweltgerecht handelnden Personen in einer Population verteilt und vernetzt sein, damit die nicht-umweltgerechte Mehrheit ihre Einstellungen und auch ihr Verhalten ändert?*

Die Verarbeitung von Gruppeneinflüssen auf umweltbezogene Einstellungen: Anwendung der Theorie Sozialer Vergleichsprozesse

Nach dem integrativen Konzept sozialer Vergleichsprozesse von Frey et al. (1993, 111ff.) ändern Personen in Gruppen ihre eigene Einstellung in Abhängigkeit des vorhandenen Konformitätsdrucks (vgl. auch sozialer Anpassungsdruck von Gessner in diesem Band), der Attraktivität der Gruppe und der wahrgenommenen Bedrohung des Selbstkonzepts bei Änderung der eigenen Position (...sich unter sozialem Druck selbst untreu werden).

Ausgangslage: Die Population ist in Gruppen von 10 Personen strukturiert, wobei jede Gruppe zu zwei anderen Gruppen Kontakt hat. Für die Intervention nehmen wir an, dass 10% der Population im Rahmen eines Umweltaktionsprogramms dazu gebracht werden könnten, für eine begrenzte Zeit (z.B. eine Woche = ein Durchgang in der Simulation) eine deutlich umweltfreundlichere Einstellung als bisher zu vertreten (um 25 Punkte höher). Diese Personen nennen wir (Einstellungs-)"Pioniere". Die "Pioniere" werden zudem für Abweichungen von der eigenen Position stärker sensibilisiert. Dadurch erwerben sie eine besonders niedrige Nachgiebigkeit gegenüber sozialen Einflussversuchen: Bereits geringe Abweichungen der anderen Individuen in der Gruppe von der eigenen ("Pionier"-)Position implizieren eine potentielle Selbstwertbedrohung, was zu einer unnachgiebigeren Haltung der "Pioniere" in der Gruppe führt.

Als weitere Interventionsform werden die "Pioniere" unterschiedlich organisiert: Nach Abschluss des kurzen Aktionsprogramms

- bleiben sie ohne weitere Verbindungen nach aussen in ihren Gruppen (isoliert),
- bleiben sie in ihren Gruppen, haben aber Kontakte zu anderen "Pionieren" (vernetzt) oder
- schliessen sich in eigenen Gruppen zusammen (Kerngruppen), welche wenige oder viele Kontakte zu anderen Gruppen haben.

Die durchgeführten Experimente sowie die Ergebnisse sind in Abbildung 2 dokumentiert. Die Intervention umfasst lediglich den fünften Durchgang; die nachfolgende Dynamik ist Folge dieses kurzzeitigen Eingriffs.

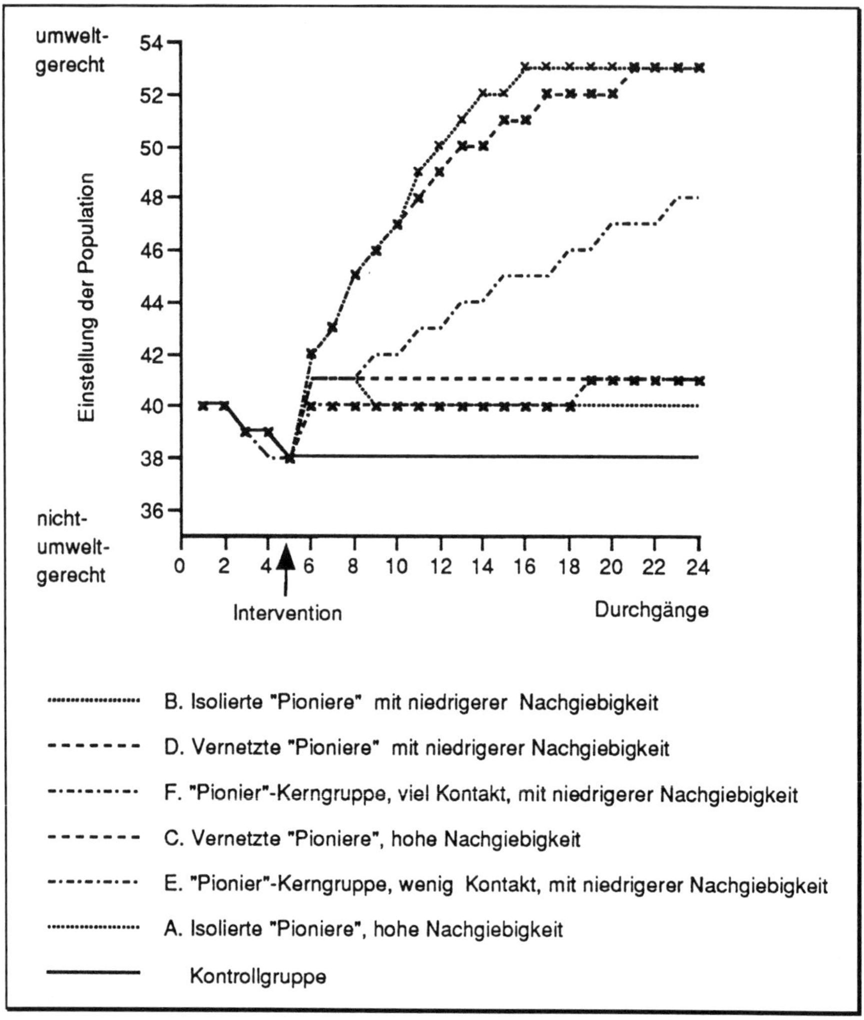

Abbildung 2: *Veränderung der mittleren Populationseinstellung nach verschiedenen gruppenorientierten Interventionsformen, die im Text beschrieben sind*

Experimente:

A. In jeder Gruppe gibt es einen isolierten "Pionier", dessen Nachgiebigkeit gleich hoch ist wie die der Mitglieder der Gruppenmehrheit.

B. In jeder Gruppe gibt es einen isolierten "Pionier", dessen Nachgiebigkeit niedriger ist als die der Mitglieder der Gruppenmehrheit.

C. In jeder Gruppe hat es einen "Pionier", dessen Nachgiebigkeit gleich hoch ist wie die der Mitglieder der Gruppe; zusätzlich haben die Pioniere Kontakt zu 10 weiteren "Pionieren" aus anderen Gruppen und erleben sich somit nicht mehr als Minorität.

D. Wie C, aber die "Pioniere" haben eine niedrigere Nachgiebigkeit.

E. Alle "Pioniere" sind in eigenen Kerngruppen konzentriert und haben eine niedrige Nachgiebigkeit. Jeder "Pionier" hat zu einer anderen Person ausserhalb der Kerngruppe Kontakt.

F. Wie E, aber die "Pionier"-Gruppenmitglieder haben zu 10 anderen Personen ausserhalb der Kerngruppe Kontakt.

Ergebnisse:

a) Für "Pioniere" ist es ausserordentlich wichtig, wenig nachgiebig zu sein, damit sie sich nicht zu früh wieder an die Mehrheitsumgebung anpassen.

b) Ohne geringe Nachgiebigkeit nützt es ihnen auch nichts, wenn sie sich vernetzen und sich nicht mehr als Minorität erleben.

c) Kerngruppen (auch mit wenig Nachgiebigkeit) haben nur dann einen Effekt auf die sie umgebenden Mehrheiten in den Gruppen, wenn sie viele Aussenkontakte haben (Die Kurve F in Abb. 2 steigt in weiteren Durchgängen noch weiter an, aber nicht so hoch wie die Kurven B und D).

Für die Konzeption umweltbezogener Interventionen in Gemeinden ergeben sich aus dem Gruppenansatz völlig neue Ansätze, an die bisher auch in der umweltpsychologischen Forschung noch nicht gedacht wurde. Im Kern beruhen solche Interventionsformen auf einer Anzahl Personen, welche eine besonders umweltgerechte Position vertreten und bei denen zudem geringe Nachgiebigkeit, z.B. mittels einer Selbstverpflichtung, induziert wird. Zur Entfaltung ihres Einflusses könnten diese Personen in verschiedensten Gruppen (a) isoliert gelassen werden; (b) man könnte sie stark untereinander vernetzen oder (c) in einer Kerngruppe zusammenfassen, jedoch mit möglichst vielen Aussenkontakten.

2.2. *Welche Verhaltens-Vorbilder werden benötigt, damit eine Population ihrem Verhalten folgt?*

Die Verarbeitung von beobachtetem Umweltverhalten bei anderen: Anwendung der Sozialen Lerntheorie von Bandura

Menschen lernen durch Beobachtung von anderen, sie erwerben dabei Abbilder möglicher Handlungen. Wie sich die immer gleichzeitig vorhandenen, aber verschiedenartigen "Vorbilder" gesamthaft auswirken, lässt sich anhand der Theorie des Sozialen Einflusses von Latané (1981) erklären. Danach ist der Einfluss von umweltgerecht bzw. nicht-umweltgerecht handelnden Kontaktpersonen eine Funktion aus deren Anzahl, Einflussstärke (Status) und Nähe (Freund, Kollege, etc.).

Im Rahmen einer Intervention können Personen mit überdurchschnittlichem Status beispielsweise durch Anreize dazu angehalten werden, ihre Handlungen in der Interventionsphase in Richtung Umweltverträglichkeit zu verändern. Andererseits lässt sich auch mittels verschiedener Massnahmen der Status von Personen mit überdurchschnittlich umweltverträglichen Handlungsmustern erhöhen (z.B. durch öffentliche Auszeichnungen, Medienpräsenz usw.). Dies wurde mit 300 oder 500 Personen sowie mit unterschiedlichen Graden an "Sichtbarkeit" durchgeführt, indem die hervorgehobenen Personen ihr Umweltverhalten vielen (15) oder wenigen Kontaktpersonen (5) zeigten (Abb. 3). Die Sichtbarkeit der Ressourcennutzung wurde als wirksamer Faktor bereits früher nachgewiesen (Jorgenson, Papciak 1981; Mosler 1993).

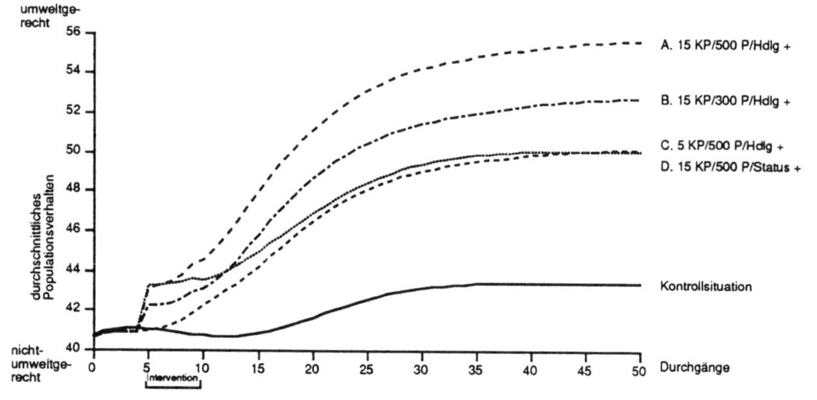

Abbildung 3: *Verlauf des durchschnittlichen Populationsverhaltens bei unterschiedlichen Interventionen zum Modellernen.*

(KP: Kontaktpersonen pro Person; P: Anzahl angesprochene Personen [Modelle]; Hdlg+ resp. Status+: umweltgerechteres Verhalten resp. erhöhter Status der Modelle während der Intervention)

Experimente:

A. Es werden 500 Personen mit hohem Status ausgewählt und für die Dauer der Intervention zu einem umweltgerechteren Handeln veranlasst, welches sie vielen anderen demonstrieren sollen (15 Kontaktpersonen).

B. Wie A, aber es werden nur 300 Personen ausgewählt.
C. Wie A, aber mit nur 5 Kontaktpersonen.
D. Es werden 500 Personen mit sehr umweltverträglichen Handlungsmustern ausgewählt, welche sie 15 Kontaktpersonen demonstrieren, zusätzlich wird ihr Status für die Dauer der Intervention angehoben.

Ergebnisse:

a) Es scheint effektiver, Personen mit hohem Status als Modelle auszuwählen und sie für die Interventionsphase zu umweltverträglicherem Handeln zu bewegen, als bei umweltfreundlich handelnden Personen kurzfristig den Status zu erhöhen.
b) Eine Erhöhung der Anzahl Kontaktpersonen, d.h. der "Sichtbarkeit" des Umweltverhaltens, bringt einen wesentlichen Effekt.
c) Eine höhere Anzahl von Modellen hat ebenfalls einen stärkeren Effekt.
d) Der Verbreitungsprozess läuft auch nach der Intervention einige Zeit selbsttätig weiter, da sich das gesamte soziale System an die Veränderungen wieder anpassen muss.

Bei der Konzeption von Umweltkampagnen kann die Simulation Hilfestellungen zum effizienten Mitteleinsatz leisten: So lassen sich Fragen beantworten nach der notwendigen Anzahl von "Modellen", wie diese ausgesucht und was bei ihnen verändert werden soll, welches Ausmass an Sichtbarkeit notwendig ist usw. Vor allem wird es möglich abzuschätzen, welche Effekte durch Kompensation bei einzelnen Grössen erzielt werden können, was direkt zur Steigerung der Effizienz beiträgt (z.B. Erhöhung der Sichtbarkeit auf Kosten der Zahl der Modelle).

Am Konzept des Modellernens lässt sich auch das gegenseitige Gefangenhalten in umweltübernutzenden Verhaltensweisen gut illustrieren: In der Kontrollgruppe richtet jeder sein Verhalten danach, wie sich die anderen verhalten, und die anderen tun dies ebenso. Konsequenz: Nichts verändert sich. Erst eine gut konzipierte Intervention vermag ein solchermassen verharrendes System zu "bewegen".

2.3. *Bei welcher Wahrnehmung der sozialen Umgebung entsteht die Bereitschaft eine Umweltressource nachhaltig zu nutzen?*

Die Verarbeitung von Information über die kollektive Nutzung einer Umweltressource: Anwendung der Forschung zum Gemeingutdilemma

Wenn Menschen umweltbezogen Handeln, so nutzen sie auch meistens eine Umweltressource. Bei der Nutzung einer für alle zugänglichen Ressource (Gemeingut), tritt ein interpersoneller Konflikt auf. Jeder einzelne hat ein Interesse daran, seinen Nutzen möglichst gross zu halten, während der entstehende Schaden von allen getragen werden muss (Spada, Ernst 1990; vgl. auch Roux in diesem Band). Das Nachhaltigkeitsmotiv als Beweggrund für die Bereitschaft, das Gemeingut Umwelt durch zurückhaltendere Nutzung zu bewahren, hängt sowohl vom absoluten Wert ab, den jemand einem Umweltgut beimisst als auch von der aktuellen Diskrepanz zwischen kollektiv nachhaltiger Nutzung und den aktuellen Nutzungsmustern der anderen (Erwartung für die nachhaltige Nutzung). Je höher das Individuum den Wert des Gemeinguts Umwelt einstuft bzw. je geringer die Diskrepanz zwischen aktuellen und nachhaltigen Nutzungsmustern erscheint, desto stärker wirkt sich das Nachhaltigkeitsmotiv aus: Unter diesen Bedingungen ist das Individuum motiviert, selbst zu nachhaltigen Nutzungsmustern beizutragen.

Ohne besondere Eingriffe besteht die Gefahr, dass sich die in Abbildung 4a dargestellte Dynamik entwickelt: Bei einem optimistischen Startwert hinsichtlich der durchschnittlichen Nutzung in der Population (über 50 = umweltgerechte Nutzung) verbessert sich der Zustand der Ressource kurzfristig. Da sich der Ressourcenzustand verbessert, sinkt ihr Wert (nur knappe Güter sind wertvoll) und die Individuen unserer simulierten Population beuten die Ressource wieder stärker aus. Ab dem fünften Durchgang führt diese Tendenz bereits zu einer deutlichen Übernutzung (durchschnittliche Nutzung unter 50). Dadurch wächst die Diskrepanz zwischen tatsächlichen und nachhaltigen Nutzungsmustern und somit sinkt die Erwartung für die nachhaltige Nutzung. Das Individuum ist weniger motiviert, selbst zu nachhaltigen Nutzungsmustern beizutragen (...mein individueller Verzicht würde ja doch nichts nützen; die anderen halten sich auch nicht zurück, also ist es (für mich) 'besser' weiter zuzulangen, solange es noch etwas zu holen gibt...). Der Ressourcenzustand verschlechtert sich. Der Wert der Ressource steigt wieder, was aber nicht zu einer markanten Mindernutzung führt: Die negative "Abwärtsdynamik" ist unaufhaltsam, die Ressource wird zugrundegerichtet.

Experiment:

Um dieser negativen Dynamik entgegenzuwirken, führten wir im fünften Durchgang eine Kampagne durch mit dem Ziel, dass (a) sich die Personen in ihrem Nutzungsverhalten weniger an den Ressourcennutzungsmustern der anderen orientieren und (b) die Wichtigkeit der Ressource stärker gewichten. Dadurch erhält die Wertschätzung des Gemeinguts mehr Gewicht.

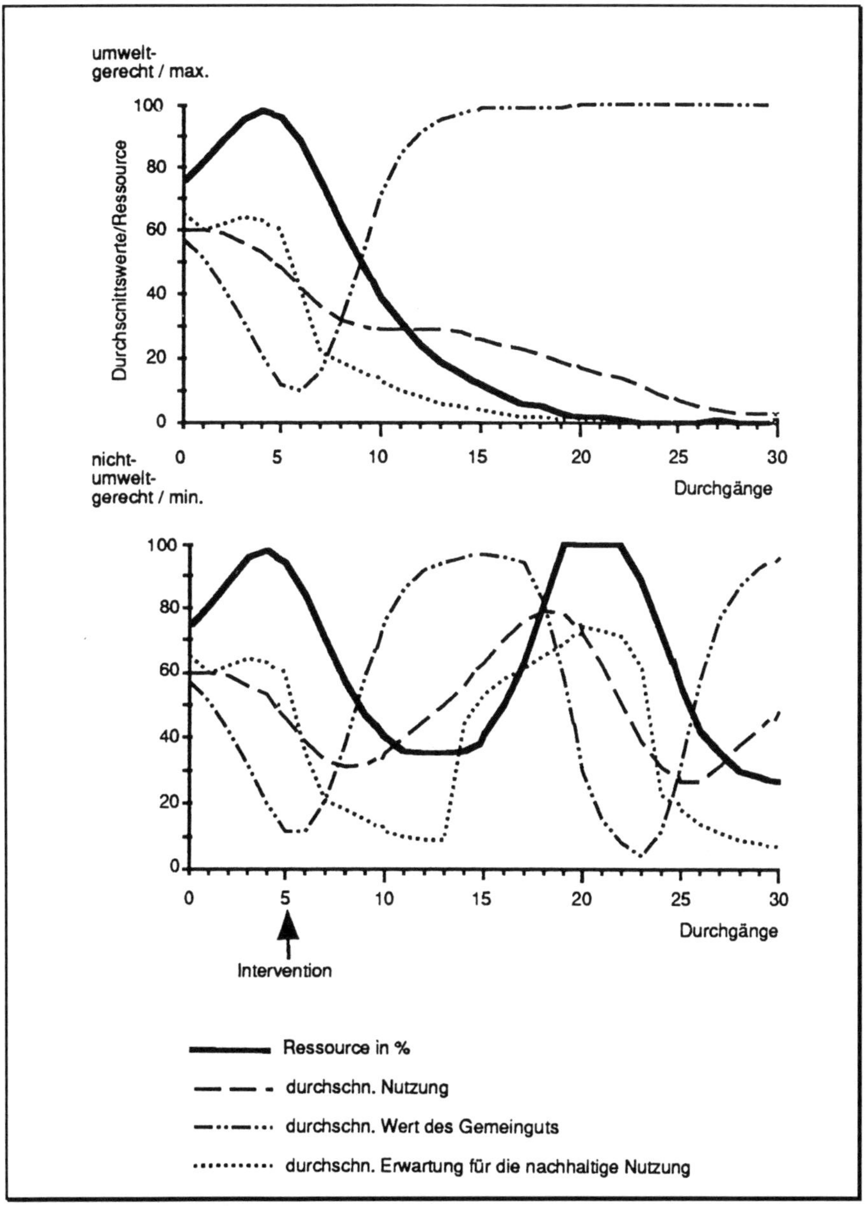

Abbildung 4: *Die Nutzung einer Umweltressource durch eine Population. Abgebildet ist gleichzeitig der Verlauf wichtiger innerer Variablen (die Variablen sind im Text erklärt).*
4a oben: Kontrollsituation
4b unten: Mit Intervention

Ergebnis:
Es zeigt sich, dass das Nutzungsverhalten der Population umweltgerechter wird (vgl. Abb. 4b). Nutzen die Individuen im Durchschnitt umwelt(ressourcen)gerecht, so verbessert sich der Ressourcenzustand. Diese Entwicklung setzt sich fort, bis sich die Ressource erholt hat. Das Umweltgut steht nun gleichsam im Überfluss zur Verfügung, wodurch ihr Wert wieder herabgesetzt wird, die Intensität der Nutzung nimmt zu. Nun entwickelt sich eine Abwärtsdynamik bis sie an den entscheidenden Punkten wieder aufgefangen wird. Es ist ein dynamisch-stabiles Gleichgewicht entstanden, in dem sich die Nutzung durch innere Personenfaktoren kontinuierlich an den Ressourcenzustand anpasst. Die Ressource wird nie vollständig zugrundegerichtet.

Die vorgeschlagene Intervention lässt sich auch aus unseren Befunden aus dem Schweizer Umweltsurvey ableiten: Je eher Personen den Aussagen zustimmen "Egal was die anderen tun, ich selbst versuche, mich soweit wie möglich umweltbewusst zu verhalten" (Frage 58D) und "Ich verhalte mich auch dann umweltbewusst, wenn es erheblich höhere Kosten und Mühen verursacht" (Frage 58J), um so grösser ist ihre Bereitschaft umweltgerecht zu handeln.

2.4. *Wie wirkt sich Überzeugungsarbeit in einer Population aus, entsprechend der Umweltbetroffenheit, des Umweltwissens und der Voreingenommenheiten der Individuen?*

Die Verarbeitung von kommunikativem Einfluss: Anwendung des Elaboration-Likelihood Modells
Menschen verarbeiten Information unterschiedlich gründlich: Die 'Tiefe' der Verarbeitung ist eine Funktion der Verarbeitungsmotivation und der Verarbeitungsfähigkeit. Differenziertes Wissen über die Umwelt erhöht die Verarbeitungsfähigkeit; Themen von grosser persönlicher Relevanz (Umweltbetroffenheit) sowie Selbstverantwortlichkeit (hier: Verantwortlichkeit für den Zustand der Umwelt) steigern die Verarbeitungsmotivation. Bei grosser Verarbeitungstiefe ist das Ergebnis eines Beeinflussungsversuchs primär von der Qualität der Argumente abhängig, bei geringer Verarbeitungstiefe erhalten 'oberflächliche' Hinweisreize wie Status, Glaubwürdigkeit, Attraktivität des Kommunikators mehr Gewicht. Individuen mit extremen Werthaltungen neigen ausserdem dazu, Information voreingenommen zu verarbeiten: Wenn die eigene Position zu weit von der in der Einflussnahme vertretenen Einstellung entfernt liegt, tritt tendenziell ein 'Bumerangeffekt' auf, das Individuum entfernt sich von der angesonnenen Position. Liegt die vertretene Position in der Nähe der

eigenen, kommt es zu einer Annäherung. Die prinzipiellen Mechanismen lassen sich an einem vereinfachten Informationskampagnen-Experiment erläutern.

Experimente:

Wir nehmen für diesen Zweck (ausnahmsweise) an, dass sich die Individuen nicht gegenseitig beeinflussen, in 5 Durchgängen werden sie aber einer Informationskampagne ausgesetzt (Umwelt sei somit bei den Personen untereinander kein Thema; sie stehen aber alle gleichermassen unter dem Einfluss der Informationskampagne). In den Kampagnen werden stark umweltgerechte Einstellungen mit guten Argumenten vertreten (⇛ hohe Überzeugungskaft) und/oder mit starken Situationsreizen (Kommunikatoren mit hohem Status, z.B. unter Beizug von angesehenen Persönlichkeiten). Zusätzlich nehmen wir an, dass bei diesen Kampagnen mit einem Appell die Selbstverantwortung bei den Personen erhöht werden kann. Die durchschnittliche Einstellung und Werthaltung sei wenig umweltgerecht, das Ausmass an empfundener Selbstverantwortung gering und der Umweltzustand schlecht. Personen mit umweltgerechten Werthaltungen werden unter der Bedingung des schlechten Umweltzustands eine hohe Betroffenheit erleben. Folgende Interventionen wurden 'getestet':

A. Eine Informationskampagne, in der vor allem mit guten Argumenten gearbeitet wird (Abb. 5, Überzeugungskraft+).

B. Eine Informationskampagne, in der vor allem mit bekannten und beliebten Persönlichkeiten gearbeitet wird (Abb. 5, Status+).

C. Eine Informationskampagne, in der mit guten Argumenten und mit bekannten und beliebten Persönlichkeiten gearbeitet wird (Abb. 5, Überzeugungskraft+/Status+).

D. Eine Informationskampagne, in der mit bekannten und beliebten Persönlichkeiten gearbeitet und zusätzlich an die umweltorientierte Selbstverantwortung der Personen appelliert wird (Abb. 5, Selbstverantwortung+/Status+).

Ergebnisse:

Betrachten wir zunächst die Ergebnisse bei verschiedenen aus der Population ausgewählten Einzelindividuen: Person A verwertet - aus einer nicht-umweltgerechten Position heraus voreingenommen - sogar gute Argumente negativ (Kurve Überzeugungskraft+). Hingegen wirken sich bei der umweltgerechteren Person B gute Argumente in Richtung noch mehr Umweltgerechtigkeit aus, weil sie kaum voreingenommen verarbeitet.

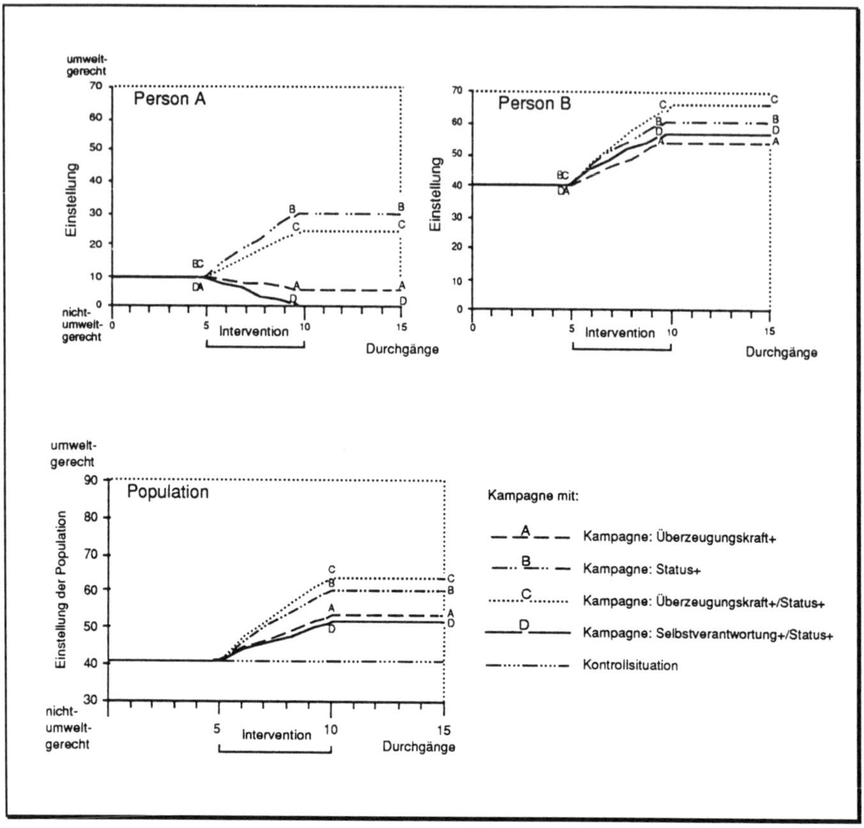

Abbildung 5: *Informationskampagnen-Experimente, ohne umweltrelevante Kommunikation zwischen den Personen.*
Oben: Einzelpersonen aus der Population. Unten: Populationswerte. In den Teilabbildungen sind Einstellungsverläufe von jeweils vier unterschiedlichen Experimenten und der Kontrollsituation dargestellt.

Bei beiden wirkt eine Kampagne z.B. mit angesehenen Persönlichkeiten, wenn sie relativ wenig intensiv verarbeiten (Kurve Status+). Wird aber bei Person A die Verarbeitungstiefe mittels der Selbstverantwortung erhöht (Kurve Selbstverantwortung+/Status+), so verarbeitet sie voreingenommen und verändert ihre Einstellung weg von der in der Kampagne vertretenen. In der Gesamtpopulation wird die durchschnittliche Einstellung mit guten Argumenten und mit angesehenen Persönlichkeiten am meisten verändert. Aber wie aus Abbildung 5 hervorgeht, müssen wir davon ausgehen, dass sich hinter den Durchschnittswerten der Population sehr gegensätzliche Effekte bei den verschiedenen Individuen verstecken.

Experimente:

Für verschiedene Experimente mit Multiplikatoren (Personen, welche ihre umweltorientierte Einstellung an andere weitergeben sollen) wurde ein Kommunikationsnetz konstruiert: Jede simulierte Person "redet" pro Durchgang mit 5 Freunden und einer unbekannten Person über Umweltbelange, wobei die Freundesbeziehungen als fortbestehend und reziprok angenommen werden. Die Beziehungen zu Unbekannten wechseln bei jedem Durchgang. Die Ausgangswerte der Population sind dieselben wie im oben beschriebenen Informationskampagnenversuch. Im Rahmen eines Aktionsprogrammes erhalten 500 Personen (Multiplikatoren), deren Einstellung sehr umweltgerecht ist (90), ein Argumentationstraining (Erhöhung der Überzeugungskraft, vgl. Gonzales et al. 1988). In einer anderen Variante wird ihr Status erhöht (z.B. mittels öffentlichen Auszeichnungen). Folgende Interventionen wurden durchgeführt:

A. Die Multiplikatoren arbeiten mit guten Argumenten (Abb. 6, Überzeugungskraft+).
B. Multiplikatoren mit Statuserhöhung (Abb. 6, Status+).
C. Multiplikatoren mit guten Argumenten und mit Statuserhöhung (Abb. 6, Überzeugungskraft+/Status+).
D. Kontrollsituation.

Ergebnisse:

In der Abbildung 6 betrachten wir wiederum zwei herausgegriffene Individuen A und B, welche unter dem Einfluss dieser Aktionskampagne stehen. Dabei fällt sofort auf, dass die Graphen nicht mehr so ruhig verlaufen wie bei den Informationskampagnen. Hätten wir nur die Beeinflussung durch die konstante Freundesgruppe, so verliefen die Kurven nach einer kurzen Einpendelphase ruhiger. Aber der ständig wechselnde Einfluss durch Unbekannte sowohl auf die betrachteten Personen A und B als auch auf deren Freunde, verursacht Schwankungen der Einstellung. Dennoch kann man in der Kontrollsituation gewisse Tendenzen der Einstellungsentwicklung erkennen. Bei Person A wird die Einstellung relativ schnell weniger umweltgerecht. Spätere Veränderungen zu einer umweltgerechteren Einstellung sind nur kurzzeitig und werden von der nicht-umweltgerechten sozialen Umgebung der Person immer wieder zunichte gemacht. Person B schwankt zunächst in ihrer Einstellung, entwickelt dann aber eine Tendenz zu einer weniger umweltgerechten Einstellung. Sowohl Person A als auch B reagieren auf die Einführung von Multiplikatoren mit hohem Status (Kurve Status+) mit einer zunehmend umweltgerechten Einstellung. Dieser Effekt ist noch stärker, wenn die Multiplikatoren zusätzlich eine hohe Überzeugungskraft aufweisen

(Kurve Überzeugungskraft+/Status+). Weisen die Multiplikatoren aber nur eine hohe Überzeugungskraft auf (Kurve Überzeugungskraft+), so haben sie keinen Effekt auf die Person A. Bei Person B ist zunächst ein Effekt vorhanden, aber der eher nicht-umweltgerechte Einfluss der sozialen Umgebung kann nicht aufgehoben werden. Dieselben Effekte schlagen sich auf der Populationsebene nieder: Multiplikatoren mit Statuserhöhung wirken ähnlich überzeugend wie solche, bei denen zusätzlich die Überzeugungskraft erhöht wurde. Multiplikatoren, welche ausschliesslich über eine hohe Überzeugungskraft verfügen, wirken kontraproduktiv.

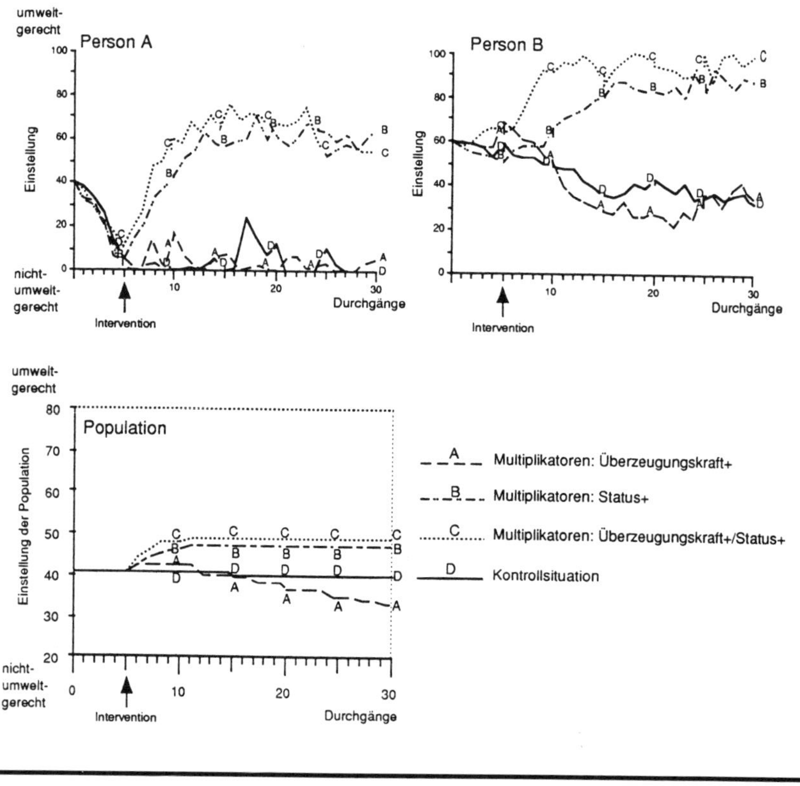

Abbildung 6: *Experimente mit Multiplikatoren. In den Teilabbildungen sind Einstellungsverläufe von jeweils drei unterschiedlichen Experimenten und der Kontrollsituation dargestellt.*

3. Zusammenfassung und Schlussfolgerungen

Suchen wir nach gemeinsamen Nennern der isoliert untersuchten ***sozialorientierten Teilmodelle*** (Elaboration-Likelihood Modell, Modellernen, Gruppenprozesse, Gemeingut) so lässt sich analog zur Theorie des Sozialen Einflusses von Latané (1981) folgendes formulieren: Für eine *kollektive* Umorientierung zu umweltverträglichen Handlungen einer Population braucht es - bei den von uns vorgeschlagenen Interventionsformen - vor allem eine ausreichende Anzahl aktiver, "überzeugender" Personen, welche in genügender "Nähe" zu anderen Personen stehen. Kurz: Versuche Leute zu gewinnen, welche andere Leute gewinnen! 3, 5 oder gar 10 Prozent einer Gemeinde zu aktivieren, erscheint zunächst als ein unmögliches Unterfangen. Dem Schweizer Umweltsurvey (Diekmann, Franzen 1995) ist zu entnehmen, dass sich 16% der Bevölkerung in Umweltgruppierungen engagieren. Es gilt, beispielsweise solche in der Bevölkerung dispers verteilten, vorhandenen Potentiale als Ressourcen zu begreifen und sie im Rahmen konzertierter Aktionen zu aktivieren und zu bündeln; ohne ausreichende Koordination verpuffen deren Anstrengungen.

Die Ergebnisse zu den ***verarbeitungs-orientierten Teilmodellen*** (Verarbeitung von Widersprüchen und Widerständen) legen andere Veränderungsstrategien nahe: Bei der gesamten Population müssten äussere (Umwelthandlung) oder innere Faktoren (Selbstverantwortung, Werthaltung) mittels Interventionen wie Anreizen, Selbstverpflichtungen, "Bewusst Machen" oder Appellen verändert werden. Hier kämen auch andere bekannte Interventionsformen zum Einsatz wie z.B. die "Technik der kleinen Gefälligkeiten" (Foot-in-the-Door-Technique, Arbuthnot et al. 1976) oder die Minimal-Justification-Technik (Katzev, Johnson 1983). Leider wurden diese und andere zum Teil sehr erfolgreiche Techniken (z.T. mit fortdauernden Energieeinsparungen von 20%, Dwyer et al. 1993) bisher nicht im grossen Stil angewandt und erprobt.

Die Anlage unserer Experimente mit den verschiedensten Interventionsformen sowie die Verwendung umsetzungsnaher Begriffe könnten den Eindruck erwecken, dass wir die Probleme der Implementierung der untersuchten Interventionsformen in der Realität unterschätzen. Wir sind uns bewusst, dass zwischen unseren, auf simuliertem individuellem Verhalten aufbauenden "Populationssimulationen" und den möglichen Abläufen in wirklichen Populationen grosse (theoretische und empirische) Lücken sowie Unwägbarkeiten bestehen; viele Teilkomponenten unserer Modelle fehlen bzw. sind noch nicht befriedigend modelliert und validiert. Dennoch gibt es aus unserer Perspektive keine Alternative: Wir sollten uns der Herausforderung der Komplexität solcher dynamischer Prozesse mit geeigneten Instrumenten stellen. Simulation scheint uns ein taugliches Instrument zu sein, welches sowohl das Verständnis der zugrundeliegenden sozialen Prozesse zu fördern wie auch die fast ausschliesslich statisch und als Ein-Personen-Modelle formulierten Erklärungsansätze weiterzuentwickeln vermag. Dem möglichen Einwand der Realitätsferne ist aber auch entgegenzuhalten, dass die vorgeschlagenen Interventionsformen immerhin auf Erfahrungen in kleinen Feldexperimenten aufbauen (vgl. Dwyer et al. 1993). Die stufenweise Erprobung des Simulationsmodells als logisch folgender Schritt der Praxisbewährung sollte in einer nächsten Forschungsphase erfolgen. Dabei geht es im Sinne eines praxisorientierten 'Härtetests' darum, eine prozessorientierte Validierung anzustreben. Für ein fundiertes Verständnis der Dynamik bestehender Sozialsysteme müssten, gemäss Vorgaben aus der Simulation, Daten in realen Sozialsystemen erhoben werden können, welche wiederum in die Simulation einfliessen. Im Mittelpunkt der Untersuchung würde die Frage der Verbreitung von neuen Verhaltensweisen über bestehende soziale Netzwerke stehen. Als Methoden bieten sich hierzu im optimalen Fall grosse Feldexperimente an.

Es ist nicht unsere Absicht, die Anwendung der von uns anhand der Simulation als wirksam eingestuften Interventionsformen als 'getestete', problemlose Interventionsformen zu propagieren. Vielmehr geht es uns darum, umweltbewussten Menschen, verantwortlichen Personen, PolitikerInnen zu zeigen, dass es lohnend sein könnte, die alte Trias "traditionelle Informationskampagnen", "gesetzliche Massnahmen" und "Preissignale" durch zusätzliche, neuartige Strategien zu erweitern und diese möglicherweise erfolgreichen Interventionsformen in der Praxis zu erproben.

LITERATUR

Ajzen, I., Madden, T. J. 1986: Prediction of goal directed behavior: attitudes, intentions, and perceived behavioral control. In: Journal of Experimental Social Psychology. Bd 22. S. 453-474.

Arbuthnot, J., Tedeschi, R., Wayner, M., Turner, J., Kressel, S., Rusch, R. 1976: The induction of sustained recycling behavior through the foot-in the-door technique. In: Journal of environmental systems. Bd 6. S. 355-368.

Bandura, A. 1979: Sozial-kognitive Lerntheorie. Stuttgart: Klett-Cotta.

Bischof, N. 1995: Struktur und Bedeutung. Bern: Verlag Hans Huber.

Dickenberger, D., Gniech, G., Grabitz, H.-J. 1993: Die Theorie der psychologischen Reaktanz. In: Frey, D., Irle, M. (Hg.): Kognitive Theorien 2. Bern: Verlag Hans Huber. S. 243-273.

Diekmann, A., Franzen, A. 1995: Der Schweizer Umweltsurvey 1994. Codebuch. Bern: Institut für Soziologie.

Dwyer, W. O., Leeming, F. C., Cobern, M. K., Porter, B. E., Jackson, J. M. 1993: Critical review of behavioral interventions to preserve the environment. Research since 1980. In: Environment and Behavior. Bd 25, Heft-Nr. 3. S. 275-321.

Frey, D., Gaska, A. 1993: Die Theorie der kognitiven Dissonanz. In: Frey, D., Irle, M. (Hg.): Kognitive Theorien 2. Bern: Verlag Hans Huber. S. 275-324.

Frey, D., Stahlberg, D., Gollwitzer, P. M. 1993: Einstellung und Verhalten: Die Theorie des überlegten Handelns und die Theorie des geplanten Handelns. In: Frey, D., Irle, M. (Hg.): Kognitive Theorien 2. Bern: Verlag Hans Huber. S. 361-398.

Gonzales, M. H., Aronson, E., Costanzo, M. A. 1988: Using Social Cognition and Persuasion to Promote Energy Conservation: A Quasi- Experiment. In: Journal of Applied Social Psychology. Bd 18, Heft.-Nr. 12. S. 1049-1066.

Gutscher, H., Mosler, H.-J. 1992: Menschliche Einfalt gegen natürliche Vielfalt? In: Unizürich. Heft-Nr. 3. S. 25-27.

Jorgenson, D. O., Papciak, A. S. 1981: The effects of communication, resource feedback, and identifiability on behavior in a simulated commons. In: Journal of Experimental Social Psychology. Bd 17, Heft-Nr. 4. S. 373-385.

Katzev, R. D., Johnson, T. R. 1983: A social-psychological analysis of residential electricity consumption: The impact of minimal justification techniques. In: Journal of Economic Psychology. Bd 3. S. 267-284.

Klandermans, B. 1984: Mobilization and Participation: Social-Psychological Expansions of Resource Mobilization Theory. In: American Sociological Review. Bd 49. S. 583-600.

Latané, B. 1981: The Psychology of Social Impact. In: American Psychologist. Bd 86, Heft-Nr. 4. S. 343-356.

Liebrand, W., Messick, D., Wilke, H. 1992: Social dilemmas. Oxford: Pergamon Press.

Mosler, H.-J. 1993: Self-Dissemination of environmentally-responsible behavior: The Influence of trust in a commons dilemma game. In: Journal of Environmental Psychology. Bd 13. S. 111-123.

Petty, R. E., Cacioppo, J. T. 1986: The Elaboration Likelihood Model of persuasion. In: Berkowitz, L. (Hg.): Advances in Experimental Social Psychology. New York: Academic Press. S. 123-205.

Spada, H., Ernst, A. M. 1990: Wissen, Ziele und Verhalten in einem ökologisch-sozialen Dilemma. Forschungsbericht. Psychologisches Institut der Universität Freiburg,

Stahlberg, D., Frey, D. 1993: Das Elaboration-Likelihood-Modell von Petty und Cacioppo. In: Frey, D., Irle, M. (Hg.): Kognitive Theorien 2. Bern: Verlag Hans Huber. S. 327-360.

Stalder, J. 1985: Die soziale Lerntheorie von Bandura. In: Frey, D., Irle, M. (Hg.): Gruppen- und Lerntheorien. Bern: Verlag Hans Huber. S. 241-272.

Grundlegende Werke

Clark, R. D., Maass, A. 1990: The effects of majority size on minority influence. In: European Journal of Social Psychology. Bd 20. S. 99-117.

Maass, A., West, S. G., Clark, R. D. 1985: Soziale Einflüsse von Minoritäten in Gruppen. In: Frey, D., Irle, M. (Hg.): Gruppen- und Lerntheorien. Bern: Verlag Hans Huber. S. 65-92.

Mosler, H.-J. 1995: Umweltprobleme: Eine sozialwissenschaftliche Perspektive mit naturwissenschaftlichem Bezug. In: Fuhrer, U. (Hg.): Ökologisches Handeln als sozialer Prozess. Basel: Birkhäuser. S. 77-86.

3.3.

Zwänge zu umweltschädigendem Handeln

Der lange Arm des Fortschritts

Versuch über die umweltrelevanten Strukturen der Lebenswelt[1]

Wolfgang Gessner

Die Gründe und Ursachen von nicht umweltgerechtem Verhalten und Handeln werden oft im mangelnden Umweltbewusstsein, in fehlenden Wertorientierungen oder im Mangel an sozialer Unterstützung gesehen. Diese Einflussfaktoren müssen aber als nachgeordnet verstanden werden, wenn nachweisbar oder plausibel aufzeigbar ist, dass den wesentlichen Veränderungspotentialen für umweltgerechtes Alltagshandeln von Individuen keine konkret gegebenen Handlungsspielräume korrespondieren, es also kaum möglich ist, alternative Handlungen zu realisieren. Was aber kann, wenn personale Wertsetzungen, Intentionen, Ideologien oder Solidaritäten als zwar nicht prinzipiell, aber doch aktual irrelevant betrachtet werden müssen, deren Stelle einnehmen? Die Antwort ist, sich den existierenden Voraussetzungen und Randbedingungen zuzuwenden, unter denen diese Individuen handeln. Dies führt zu einer Neudefinition von Fortschritt, in der ökologische Zielsetzungen mit zivilisatorischen Werten verbunden sind. Damit wird auch ein realistischerer Verantwortungsbegriff bestimmbar, der nicht auf unmittelbares Handeln, sondern auf die Veränderung von Handlungsbedingungen zielt.

1. Handlungsverantwortung und Handlungsrestriktion in umweltrelevanten Handlungsfeldern

Der Fortschritt als Vorwärtsschreiten der Menschheit, als Zunahme ihres Wissens, ihrer Fähigkeiten und ihres Glücks, ist ein Zentralthema der Moderne. Diesen Fortschritt als linearen Kumulationsprozess zu betrachten wird indessen immer mehr in Frage gestellt. Die Zunahme an Wissen eröffnet den Zugang auch zu solchen Handlungsweisen, die zunehmend als problematisch angesehen werden. Die kriterienlose Umsetzung aller unserer Fähigkeiten wird als Machbarkeitswahn kritisiert. Und schliesslich ist auch die Zunahme des *grösstmöglichen Glücks der grösstmöglichen Zahl* fragwürdig geworden, seit immer mehr Menschen den Preis bezahlen für ein immer grösseres Wohlergehen von immer weniger Menschen.

Offensichtlich stösst der ständige Zuwachs des Verbrauchs von Ressourcen, von Mobilität, von Umweltverschmutzung an systemimmanente

[1] Ich danke U. Peter und S. Zysset für wertvolle Hinweise und Korrekturen zu früheren Versionen des Textes.

Grenzen. Zugleich ist zu konstatieren, dass jeder Bewohner[2] der Ersten Welt, wenn auch in unterschiedlichem Ausmass, Profiteur dieser zivilisatorischen Verhältnisse ist, deren unbeabsichtigte Folgen jetzt auf ihn zurückfallen. Dies erfordert eine neue Analyse aller Perspektiven der problematischen Situation, einen revidierenden Blick auf den Prozess der Zivilisation, in den wir als *scheinbar immerwährenden Fortgang eines sicheren Fortschritts* eingetreten sind, um vielen alten Mängeln abzuhelfen, und der jetzt, als Nebenfolge dieses Fortschritts, neue Probleme bereitet, die den Wert der Abschaffung dieser alten Mängel aufzuwiegen droht.

In diesem Kontext sind primär die *Bedingungen des Handelns in umweltrelevanten Kontexten* zu thematisieren. Hierzu gehören *als notwendige Voraussetzungen* umweltfreundliche Wertbildungen, hinreichendes Umweltwissen und umweltverantwortliche Handlungsintentionen,[3] *als hinreichende Voraussetzung* kann aber erst die realisierte Möglichkeit der Umsetzung dieser Werte und Intentionen gelten.[4] Wo dies nicht gegeben ist, existieren *Handlungsrestriktionen,* die zur Wahl umweltignoranter Handlungsweisen führen, die wiederum zu unbeabsichtigten Nebenfolgen[5] führen - und erst dadurch Umweltprobleme im klassischen Sinn erzeugen.

Die Handlungsautonomie von Individuen in ihrer alltäglichen Lebenswelt kann also eingeschränkt sein. Dennoch scheint es sinnvoll, die prinzipielle Möglichkeit von Autonomie dieser handelnden Personen zu unterstellen, weil erst auf dieser Basis die Randbedingungen ihres Handelns als hemmende oder förderliche Bedingungen des Handelns dieser Personen verstehbar werden.

Mit dieser Einschränkung auf die Perspektive des im Prinzip autonom entscheidenden Individuums ist zu betrachten, welche Faktoren dessen Entscheidungs- und Handlungsautonomie beeinträchtigen können und aktuell beeinträchtigen. Ziel ist, diejenigen Faktoren begründet zu benennen ....

1. die als struktureller Zwang oder als Handlungsrestriktion die *Ausführung umweltverantwortlicher Intentionen* verhindern,

---

2 Die grammatisch maskuline Form schliesst hier und im folgenden beide Geschlechter ein.

3 Vgl. hierzu Diekmann 1994; Diekmann, Preisendörfer 1991; Grob 1990; Langeheine, Lehmann 1986; Spada 1990; Tanner, Foppa 1994; Urban 1986 und die Beiträge von Lesch (Kap. 3.5.); Schaber; Schmid-Holz; Jaeggi et al.; Ernste; Mosler et al. in diesem Band.

4 Vgl. hierzu Gutscher et al. in diesem Band, Kap. 2.1., bes. Ziff. 2.1.1., S. 43f.

5 Zum Konzept von Folgen und Nebenfolgen vgl. Böhret 1990, bes. 15-38 und Hirsch 1993.

2. die die *Entscheidungsfreiheit zu umweltverantwortlichem Handeln* einschränken,
3. die schon den *kognitiven Raum* einschränken, in dem sich solche Entscheidungen vorbereiten,
4. oder die schon die *ethischen Orientierungen*[6] vorstrukturieren, innerhalb derer sich dann Alltagsentscheidungen durchsetzen.

Die vorliegende Arbeit konzentriert sich auf die Faktoren 1 bis 3. Dabei wird aufzuzeigen versucht, dass schon *vor* möglichen *subjektiven* oder *kollektiven* Ursachen und Gründen umweltrelevanten Handelns andere, nämlich *objektive* Randbedingungen von Intentionsbildung und Handlungsausführung einen grossen Teil der dort *im Prinzip denkbaren* Handlungsvariabilitäten als *nicht real gegeben* aufzeigbar lassen.[7] Hierzu wird ein summarischer Überblick über bestimmte *problematische* Strukturen unserer zivilisatorischen Lebenswelt gegeben, wobei wir die implizite Wertung, die in der Bestimmung dieser Strukturen *als problematische* steckt, als konsensuell gültig unterstellen und nicht eigens diskutieren. Bezüglich all dieser Strukturen wäre zu prüfen, ob Lösungsressourcen und Transformationspotentiale[8] existieren, die ihre aufkommensneutrale und zugleich umweltfreundliche Umgestaltung gestatten. Hier *nicht* dargestellt werden vorstellbare oder schon ansatzweise vorhandene oder punktuell umgesetzte Lösungsmöglichkeiten der hier analysierten problematischen Situationen, da dies als eigenständiges Thema zu behandeln ist; zugleich wäre dies das entscheidende Thema, da dort die *Veränderungen* der Handlungs*bedingungen* besprochen werden müssen, unter denen die Umsetzung umweltfreundlicher Handlungs*intentionen* überhaupt erst möglich würde.

Im folgenden werden wir zunächst eine vorläufige *Typologie* von handlungsbestimmenden oder -dominierenden Zwängen oder Restriktionen entwickeln, um anschliessend deren Zusammenhang mit einer Auswahl von in unserer Lebenswelt auffindbaren problematischen Rahmenbedingungen des Alltagshandelns zu untersuchen.

---

6 Für eine Dokumentation umweltethischer Positionen vgl. Gessner et al. 1993 und die Diskussion alternativer Auffassungen von Umweltverantwortung in den Beiträgen von Lesch (Kap. 3.5.), Schaber und Schmid-Holz in diesem Band sowie das Kap. 1.2.

7 Jaeggi et al., Mosler et al. und Jäggi (in diesem Band) diskutieren die Probleme der adäquaten Repräsentation eigener Handlungsmöglichkeiten rsp. die Kollektivproblematik im Umwelthandeln und eröffnen damit den Blick auf mögliche *weitere*, allerdings ausserhalb der *objektiven* Randbedingungen liegende Handlungsrestriktionen umweltgerechten Handelns.

8 Vgl. Gessner, Kaufmann-Hayoz 1995 und Gessner 1995 für die Entwicklung eines Problemrasters zur Entwicklung von Lösungsansätzen für Umweltprobleme.

2. Eine Typologie von Handlungsrestriktionen und infrastrukturellen Zwängen

Eine Erörterung der *evaluativen, psychischen* oder *sozialen* Voraussetzungen umwelt*ungerechten* Handelns kann dann überflüssig oder mindestens nachrangig sein, wenn schon in den äusseren Umständen, den Randbedingungen des Handelns Gründe oder Ursachen liegen, die so stark sind, dass sie eine intentionale Steuerung dieses Handelns verhindern, ihr sozusagen vorgängig sind. In der psychologischen Wissenschaft werden dagegen "Ziele, Motive, Absichten, Eigenschaften, Wertvorstellungen etc. des Individuums" als "entscheidende Steuerungsgrössen" des Ablaufs von Handlungen betrachtet, demgegenüber aber die "Handlungsdeterminanten, die keiner psychologischen Erklärung bedürftig oder zugänglich sind" systematisch vernachlässigt werden (vgl. Jaeggi et al. in diesem Band, Frey, Foppa 1986 und als Primärtext der Ipsativen Handlungstheorie Foppa 1989, 1). Diese nichtpsychologischen Handlungsdeterminanten herauszuarbeiten ist ein dringliches Ziel, denn "es liegt auf der Hand, dass Individuen (....) allen möglichen Arten von *Restriktionen* unterworfen sind, die ihrem Handeln und der Realisierung ihrer Zielvorstellungen enge Grenzen setzen" (Foppa 1989, 2). Entsprechend spricht Lewin von "influences 'from outside'" als "influences on a life space which cannot be derived by psychobiological laws from the psychobiological properties of the preceding situation" (Lewin 1966, 70, 214). Dies könnte nahelegen, "to connect conceptually the full reality with the objective physical or social influences from the 'outside' of the life space", also denjenigen Faktoren der Realität, die "essentially characterized (....) by its independence of the will of the person" (Lewin 1966, 203) zu betrachten sind.

Ganz entsprechend diesem Ansatz der Ipsativen Handlungstheorie und der Lewinschen Feldtheorie scheint es lohnend, eine vertiefte Analyse dieser *externen* Handlungsdeterminanten für den Fall umweltrelevanten Handelns zu versuchen.

Zu unterscheiden sind zehn Typen von Zwängen bzw. Restriktionen. *Physischer Zwang* (vgl. I. unten) und *instrumentelle Zwangsführung* (II.) behindern beide bestimmte Handlungswege oder können sie ganz ausschliessen. *Restriktionen von Affordanzen* (III.) steuern unsere Handlungstendenzen. *Koordinationszwang* (IV.) impliziert eine Zwangswahl von Handlungsmitteln oder Werkzeugen, während *Konkurrenzzwang* (V.) die Wahl bestimmter Handlungsmittel auch dann ausschliesst, wenn sie eigentlich gewollt sind. *Akrasiazwang* (VI.) als Förderung von Willensschwäche verändert unsere eigentlichen Handlungsintentionen. Der *Zwang des Faktischen* (VII.) und (auf andere Weise) *antizipationsgesteuerte Restriktionen* (VIII.) behindern schon die Bildung alternativer Intentionen.

Existentiale Restriktionen (IX.) definieren die Abwesenheit von Handlungsgelegenheiten, während *Restriktionen der Wahlfreiheit* (X.) (als den anderen Restriktionen teils übergeordnete Kategorie) unseren Entscheidungsspielraum einengen oder vernichten.

Diese Typologisierung von zehn Restriktionsmustern und Zwangsstrukturen wird zeigen, in welcher Perspektive die Randbedingungen individuellen Handelns *einschränkend* teils schon auf die *Bildung* bestimmter Handlungsintentionen wirken (wie in III. bis VIII.), aber in allen Fällen *hemmend* auf die *Umsetzung* dieser Intentionen wirken können. Als *Analyse* unterschiedlicher Strukturen, Restriktionen und Zwänge, die der freien Entfaltung auch umweltfreundlicher Intentionen im Wege stehen, kann sie zunächst unabhängig von der Umweltthematik erörtert werden. Als *Typologie* von Restriktionen und Zwängen wird sie den konzeptuellen Rahmen schaffen, in dem die spätere Auflistung potentiell umweltbelastender Handlungsgelegenheiten (vgl. Ziff. 3.) in bezug auf diese generellen Handlungsrestriktionen interpretierbar wird.

I. Physischer Zwang. Die spezifische Anordnung eines Handlungsumfeldes oder die spezifische Konstruktion eines Handlungsmittels kann Freiheitsgrade einschränken oder vernichten, insofern sie einem Handelnden keine andere Wahl des Ausführungswegs einer Handlung lassen oder sogar diese Handlung selbst (als situative Nötigung) erzwingen. Physischer Zwang kann in bestimmten Strukturen der physischen Umwelt in unterschiedlicher Gestalt als Blockade, Barriere, Lenkung, Ablenkung, Gegenkraft, aber auch spezifische Erleichterung oder Privilegierung *nur eines* Wegs auftreten (vgl. Johnson 1987, 41ff.). Die Bedeutung eines direkt wirkenden physischen Zwangs kann relativiert werden dadurch, dass seine Existenz und Wirkung leicht wahrnehmbar und der Reflexion zugänglich ist, womit er auch personalen, sozialen und politischen Veränderungspotentialen unterliegt. Physischer Zwang ist am leichtesten an vorgefasste oder vorgegebene Wertungen anzupassen, z.B. in der Gestaltung von Verkehrsräumen. Bei näherer Betrachtung zeigt sich aber, dass solche Hemmnisse, Barrieren und Privilegierungen in unserer gesamten gebauten Umwelt dominieren und in vielen Fällen umweltfeindliches Handeln erzwingen.

II. Instrumentelle Zwangsführung. Für die Erreichung bestimmter Ziele ist es notwendig, sich passender Mittel oder Instrumente zu bedienen. Die Funktionsweise dieser Instrumente kann mit (auch ökologischen) Wertungen konvergieren oder divergieren. Im Sinne einer solchen Wertung *negativ zwangsführend* wirken Instrumente auf Handlungen dann, wenn sie dem Handelnden keine Wahl offenlassen, seine Handlungsmittel in Kongruenz mit dieser Wertung zu wählen, also wenn nur solche Instrumente verfügbar oder erreichbar sind, die eine Verletzung dieser Wertung sachlogisch implizieren. Der Handelnde wird auf wertfremde Ausführungswege gezwungen, indem ihm alternative Handlungsmöglichkeiten und Mittelwahlen vorenthalten werden: sie *liegen gar nicht in seinem Entscheidungsspielraum.* So ist es, um ein *positives* Beispiel zu nennen, nicht der freien Entscheidung unterworfen, eine Computerdiskette auf die im Prinzip denkbaren acht Arten ins Laufwerk zu schieben; sie ist so konstruiert, dass *nur ein* Weg möglich ist. Äquivalent, *aber mit wertbezogen negativen Folgen*, können Instrumente, Werkzeuge, Installationen so konstruiert oder ausgeführt sein, dass sie im Gebrauch dieser Mittel bestimmte Ausführungswege privilegieren und andere ausschliessen.[9] Die Summation solcher Fehlsteuerungen und Fehlkonstruktionen kann unabhängig von der Art der Abweichung von einer speziellen Wertung enorme Schädigungen erzwingen, ohne dass Alltagsmenschen in der Lage wären, viel daran zu ändern, solange keine externen Vorgaben oder Regulierungen das Vernünftige erzwingen.

III. Restriktion von Affordanzen. Die Orientierung eines Handelnden in alltäglichen Lebenswelten ist auch durch Einflüsse gesteuert, die im Zwischenbereich zwischen symbolischen Artikulationen von Wertsetzungen und konkreten physischen Umsetzungen dieser Wertstrukturen[10] liegen. Bestimmte Eigenschaften der physischen Umwelt, besonders die Flächenanordnung und die Anordnung und Lage physischer Objekte, wirken auf uns nicht durch direkten physischen Zwang, sondern auf unsere Sinne und das System der Wahrnehmungsorganisation, das sich im Verlauf der Evolution im Umgang mit Weltstrukturen herausgebildet hat. Diese sog. Affordanzen beeinflussen uns somit in einem Bereich jenseits unserer Entscheidungsoptionen, indem sie diese entmächtigen zugunsten ihrer unmittelbar verhaltenslenkenden Wirkungen.[11] Dieser unterschwellige Einfluss ist schwer ins Bewusstsein zu heben, und somit auch kaum Gegenstand diskursiver Neudefinition derjenigen Bewertungen, die so-

---

9 Vgl. Norman (1989, 159 ff.) über Zwangsfunktionen in effizienzorientierten und fehlerminimierenden technischen Kontexten, also (noch) ohne ökologischen Wertbezug.

10 *Symbolisch* wäre eine Steuerung z.B. durch ein konventionelles Zeichen als Stopschild usw. (vgl. Peirce 1984), *physisch* durch Fahrbahnschwellen, die Langsamfahren erzwingen.

11 Statt einer differenzierten Darstellung zwei Beispiele von Affordanzen: 1. Wenn eine Strasse so bemalt ist (z.B. mit weissen Streifen mit zunehmend geringerem Abstand), dass uns dies zum Bremsen veranlasst. 2. Wenn ein weisser Querbalken in Fahrtrichtung die Vorfahrtberechtigung der kreuzenden Strasse nicht nur symbolisiert, sondern auch wie ein Hindernis wirkt. Für eine grundlegende Darstellung vgl. Gibson 1986 und die Anwendung auf Eco-Design in Kaufmann-Hayoz et al. 1996.

zusagen unmerklich in diese Affordanzen einfliessen, was ihre Verhaltenswirksamkeit erhöht, zugleich aber den Beeinflussten entmündigt und damit einem Zwang aussetzt. Von Restriktionen durch Affordanzen soll hier gesprochen werden, wenn ihre Wirkung die positiven (z.B. *umweltgerechten*) Handlungsoptionen einschränkt, also das Handeln auf (umweltethisch gesehen) *falsche* Ausführungswege lenkt, oder wenn die Abwesenheit umweltethisch positiver Affordanzen das gewohnte, umweltbelastende Handeln unterstützt. Allerdings sind Affordanzen *per se* wertneutral und könnten damit im Sinne umweltpositiver Ziele eingesetzt werden auch in den Fällen, in denen sie gegenwärtig umweltnegativ wirken.

IV. Koordinationszwang. Um funktionale Nachteile in kooperativen Handlungen zu vermeiden, müssen eigene Handlungen oder Handlungsmittel (Werkzeuge) mit denen anderer kompatibel sein. Dies reicht von der Übernahme der jeweils "herrschenden" Sprache über "passende" Beiträge in kooperativen Handlungen[12] bis hin zum Gebrauch der "richtigen" Formate beim Austausch von Daten oder Nachrichten. So ist es erst einmal *sinnvoll* im Sinne eines gemeinsam zu erreichenden Ziels, ein *bestimmtes* Verfahren zu wählen, Handlungen *zeitgleich passend* einzusetzen, also die zeitliche, funktionale, organisatorische Passung eigener Planung mit den Planungen anderer zu suchen. Problematisch wird dies erst, wenn eine (singuläre oder kollektive) Übermacht vorgibt, *welche* Wahl einer Funktion, *welcher* Zeitpunkt usw. der "passende" ist. Dies kann sich als Resultat aus einer gesteuerten Praxis ergeben, in der nicht Koordination das primäre Ziel ist, sondern der kollektive Vorteil, dieses Ziel anzustreben, von einzelnen dazu benutzt wird, ihre Partikularinteressen durchzusetzen. Dies kann erreicht werden z.B. dann, wenn für bestimmte am Markt gehandelte Funktionen ein Quasi-Monopol besteht. Der *Zwangscharakter der Wahl der Mittel* ergibt sich dann daraus, dass bei Nichtbeachtung dieser Konventionen, also bei Verzicht auf die entsprechende Koordinationen, personale und ökonomische Verluste drohen, die andere Wertsetzungen dominieren können. Dieser Koordinationszwang ist somit sowohl das Resultat einer äusseren Einflussnahme, und zugleich selbst auferlegt im Zuge der Maximierung des eigenen personalen Nutzens.

V. Konkurrenzzwang. In der Produktion von Gütern oder der Erbringung von Dienstleistungen wirken in der Regel unterschiedliche Teilprozesse zusammen, um Teilziele zu erreichen. Dabei werden unterschiedliche Ar-

12 Für eine formale Rekonstruktion von Kooperation und verwandter Konzepte (Konvention, Regel, Konformität, Imitation) vgl. Lewis 1969 und Hardin 1982, Kap. 10-14.

ten von Mitteln eingesetzt. Die Auswahl dieser Mittel ist dann nicht frei, wenn sie mit unterschiedlichen Kostenfaktoren (Entwicklungskosten, Investitionskosten, Arbeitskosten, Ressourcenkosten etc.) belastet sind, die auf die Kosten der Realisierung des Gesamtziels durchschlagen. Wenn nämlich diese Gesamtkosten über die Konkurrenzfähigkeit des Produkts oder der Dienstleistung am Markt entscheiden, ohne dass der Konsument diese spezifischen Kostenfaktoren in ihrer Wirkung als personale oder kollektive Nutzenfaktoren in Rechnung stellt (oder stellen kann), so wird die Wählbarkeit bestimmter Mittel oder Prozeduren für den Produzenten eingeschränkt oder unmöglich gemacht.[13] Obwohl diese Art des Zwangs genuin der Produktionssphäre angehört, hat sie Varianten auch in der Organisation des Alltagslebens, das in vielen Feldern ebenfalls in ökonomischen Kategorien erklärbar ist (vgl. Becker 1993; Frey 1990, bes. 20ff.). Dies vorausgesetzt ist aber auch die Betrachtung differentieller Kostenstrukturen unerlässlich, besonders auch bei *jeder Art von Umweltschutzmassnahmen,* die praktisch immer mit *Zusatzkosten* verbunden sind (vgl. Frey 1990, 37ff.). Diese Zusatzkosten können nämlich in einer deregulierten Konkurrenz ohne vorgegebene Rahmenbedingungen eine hinreichende Bedingung sein, *bestehende* umweltfreundliche Intentionen *nicht* umzusetzen.

VI. Akrasiazwang. Wir möchten in vielen Fällen anders handeln, als wir es unter einem für uns schwer kontrollierbaren Einfluss tatsächlich tun: Unser Wille ist geschwächt (*akrasia*), die eigentliche Intention setzt sich nicht in die Handlung um.[14] Unter der Voraussetzung, ein bestimmtes (z.B. umweltgerechtes) Handeln als Ziel zu präferieren, kann dann das Angebot von Handlungsalternativen, die *dieses* Ziel verletzen, aber *andere* Basismotive des Handelns erfüllen dazu führen, in der resultierenden konkreten Handlung umweltfeindliche Folgen wenn nicht zu intendieren, so doch in Kauf zu nehmen. Solche konkurrierenden Basismotive können z.B. die niedrigeren Kosten einer umwelt*unfreundlichen* Handlungsalternative sein, oder unsere Bequemlichkeit wird entsprechend dem "Prinzip der geringstmöglichen Anstrengung" durch eine umwelt*un-*

---

13 Diese Wirkung ist unspezifisch, aber durchschlagend: Sie kann die Zahlung "anständiger" Löhne durch einen wohlmeinenden Unternehmer ebenso verhindern wie eine an Umweltstandards orientierte Produktion, oder im privaten Sektor das umweltfreundliche Verhalten wegen nicht tragbarer Belastungen von begrenzten Budgets.

14 In der Handlungstheorie ist entsprechend zwischen Präferenzen erster und zweiter Ordnung unterschieden worden (für diese Unterscheidung und ihre konstitutive Rolle für den Begriff der Person vgl. Frankfurt 1971; Kusser 1989, 120 ff.). Präferenzen erster Ordnung sind jene, die unmittelbar den Handlungen korrespondieren, die wir tatsächlich ausführen. Präferenzen zweiter Ordnung beziehen sich dagegen auf die Ausprägung der Präferenzen erster Ordnung.

freundliche Handlung besser bedient.[15] In einer solchen Konstellation, die der Willensschwäche (*akrasia*) gegenüber der Wertung (*evaluatio*) eine Chance eröffnet, entfaltet sich also ein Zwangsmoment, denn *ohne diese Angebote* wären Präferenzen erster und zweiter Ordnung noch identisch, oder einfacher gesagt, Einstellung und Verhalten wären kongruent geblieben und würden nicht divergieren.[16] Einem *massiven Angebotsdruck* von (bezogen auf wertend gesehen *positiven* Intentionen) *gegenläufigen* unmittelbaren Handlungsgelegenheiten hält unser "guter Wille" oftmals nicht stand.

VII. Zwang des Faktischen. Die Wahl oder Ausführung von Handlungs*alternativen* als Abweichung vom Gewohnten, Eingeschliffenen, Nichthinterfragten setzt die Wahrnehmbarkeit oder mindestens Imaginierbarkeit dieser Alternativen voraus. Diese Voraussetzungen sind nicht gegeben, wenn nicht ermöglicht ist, dass perzeptive oder kognitive Erfahrungen stattfinden, innerhalb derer man sich die abweichende Gestalt dieser Alternativen klarmacht und auch personale Bewertungen dieser Alternativen aufbauen kann. Das Fehlen von intellektueller, imaginativer, funktionaler, instrumenteller, technischer oder ökonomischer Realisierbarkeit solcher Alternativen, oder schlicht ihre Abwesenheit, in der eine wie auch immer erzeugte Dominanz des *status quo* sich ausdrückt, restringiert oder vernichtet unsere Veränderungspotentiale, indem es schon die Vorstellbarkeit alternativer Handlungsweisen beeinträchtigt. Die *normative Kraft des Faktischen* unterdrückt potentielle Freiheitsgrade unseres Handelns. Diese Dominanz wirkt, unabhängig von der Art ihrer Erzeugung, als Barriere gegen die imaginative und kognitive Vorstellbarkeit alternativer Werte, Ziele und Verhältnisse, die für jede Neuorientierung unverzichtbar ist.

VIII. Antizipationsgesteuerte Restriktionen. Die Ausführung wertbezogen gesehen positiver (z.B. umweltgerechter) Handlungsalternativen setzt die Wahrnehmung von deren Resultaten als *langfristig wirkend* oder *nachhaltig* und somit in auch subjektiver Perspektive *lohnend* voraus. Ist aber schon im Zeitpunkt der Intentionsbildung, also vorab der Ausführung umweltfreundlicher Alternativen sichtbar oder absehbar, dass die positiven Resultate der eigenen Handlung von anderen im Sinne einer

---

15 Die Präferenz erster Ordnung (ableitbar aus der konkret gewählten Handlung) *dominiert* dann die Präferenz zweiter Ordnung (als Präferenz der Ziele), indem diesen konkurrierenden Basismotiven Gelegenheit gegeben wird, sich gegenüber der Präferenz zweiter Ordnung durchzusetzen.

16 Beispielhaft wäre ein Drogensüchtiger, der sich vorgenommen hat, *clean* zu werden, dem aber an jeder Strassenecke sauberer und billiger Stoff angeboten wird: sein Vorhaben wird vermutlich scheitern.

Gelegenheit genutzt werden, die eigene, mit dieser Handlung verbundene Wertsetzung zu konterkarieren, so ist die *Unterlassung* dieser umweltfreundlichen Handlung die praktisch *notwendige* Folge dieser Einsicht. Um also Resultate personaler Entscheidungen auch nachhaltig durchzusetzen, bedarf es der Existenz von extern gesetzten Regelungen und ihrer verlässlichen Wirkung. Fehlt diese Unterstützung durch entsprechende, ebenfalls an dieser Wertung orientierte Rahmensetzungen, so wirkt diese Konstellation als impliziter Zwang, die eigentlich gewollte positive Handlung zu unterlassen. Damit ist eine Variante des Kollektivitätsparadoxons[17] definiert: Wenn Regelungen für die Allgemeinheit fehlen und ein privater und freiwilliger Verzicht nur neue Spielräume für andere Umweltschädiger eröffnet, die den eigenen Verzicht sofort aufwiegen, dann folgt die kollektive Fortsetzung des umweltschädigenden Verhaltens auch dann, wenn jeder einzelne in diesem Kollektiv umweltfreundlich eingestellt ist.

IX. Existentiale Restriktionen. Die härteste Form des Zwangs ist dadurch definiert, dass Handlungsweisen, die man realisieren möchte, durch die real existierenden Handlungsgelegenheiten nicht ermöglicht werden. In dieser Differenz von Sollen und objektivem Sein als Mangel an anderer Handlungsgelegenheit oder fehlender Erreichbarkeit alternativer Handlungswege zeigt sich die Abwesenheit von Alternativen sowohl der *Wahl* als auch der *Entscheidung* als auch der *Ausführung* als ultimative Form des Zwangs. Wenn physischer Zwang und instrumentelle Zwangsführung als *direkter* Zwang, der aus der Welt heraus auf uns wirkt, bestimmt werden kann, so ist die Abwesenheit von Handlungsgelegenheiten als *indirekter* Zwang verstehbar, indem uns die Welt (oder die in ihr für bestimmte Strukturen dieser Welt Verantwortlichen) einen im Prinzip denkbaren und an anderen Stellen und in anderen Zeiten sogar realisierbaren Handlungsweg vorenthält oder verweigert. Diese Verweigerung, unsere Handlungspotentiale entsprechend unseren Wertsetzungen umsetzen zu können, ist im Effekt nicht weniger wirksam als die Entmündigung unseres Willens durch direkte Zwänge, die aktiv auf uns wirken.

X. Restriktionen der Wahlfreiheit. Unsere eigene Wahlfreiheit wird besonders dadurch eingeschränkt, dass sie durch *vorweggenommene* Entscheide *anderer* vernichtet wird: die Entscheidungssituation tritt für uns selbst gar nicht mehr auf. Die Entscheidungsmöglichkeit in Dingen, die uns angehen, ist uns vorab entzogen worden. Die vernichtete Wahlmög-

---

17 In diesem Paradoxon sind verschiedene Konstellationen von sozialer Interaktion zusammengefasst, deren Resultat immer die "kollektive Selbstschädigung durch privaten Egoismus" (vgl. Olson 1992) ist.

lichkeit tritt uns entgegen in der Härte der Strukturen, in denen der Wille anderer sich durch- und umgesetzt hat, bevor wir Gelegenheit hatten einzugreifen und *unsere* Werte und Perspektiven durchzusetzen oder mindestens einzubringen. Die von anderen *in der Vergangenheit* durchgesetzten Strukturen zeigen sich für uns *gegenwärtig* als Widerständigkeit der Welt gegen unsere abweichenden Intentionen. Aber auch *prospektiv* kann diese Restriktion wirken, indem in Planungsprozessen auf unsere Mitwirkung verzichtet wird. Über unsere Zukunft ist dann schon vorentschieden, bevor sich die Restriktion unserer Möglichkeiten in der Ausführung dieser Pläne umsetzt.[18]

3. Problematische Strukturen der umweltrelevanten Lebenswelt

In diesem Abschnitt werden den eben in I. bis X. behandelten *generellen* Mustern von Restriktionen und Zwängen die *spezifischen* Strukturen umweltrelevant problematischer Handlungsumfelder gegenübergestellt, wie sie uns in unserer vorstrukturierten Lebenswelt[19] tagtäglich begegnen. Um die Vielfalt dieser umweltrelevanten Handlungsumfelder darzustellen, werden Beispiele aus einem breiten Spektrum der Gestaltung von Infrastrukturen von Alltagsprozessen, aber auch der in ihnen verwendeten Gerätschaften und Werkzeuge vorgestellt. Die meisten dieser Strukturen realisieren die zivilisatorischen Gebote der Beschleunigung und Erleich-

---

18 In einem *schwächeren* Sinn sind Restriktionen unserer Wahlmöglichkeiten auch durch alle anderen bisher beschriebenen Typen von Restriktion und Zwang gegeben: Die abstraktere Kategorie der Wahl beschreibt nur auf einer höheren Ebene, was auf einer substantiellen Ebene schon entschieden ist. Hier Mangel an Wahlfreiheit zu konstatieren heisst, in reflexiver Perspektive diese substantielle Vorentscheidung sozusagen einzuholen. Dennoch ist diese zusätzliche Bestimmung nicht trivial und redundant, da sie unter Umständen Denkmöglichkeiten auftut, wie die verschlossenen Wege neu zu öffnen wären.

19 Das (phänomenologisch basierte) "Lebenswelt"-Konzept der "natürlichen Einstellung" von Schütz und Luckmann 1991 (vgl. hierzu auch Luckmann 1980; 1992) mit seiner Begrifflichkeit von "offenen und geschlossenen Situationen", "Reichweiten von Handlungen" und "Durchführbarkeit von Plänen" etc. liefert eine für die Analyse und Rekonstruktion der Randbedingungen alltäglichen Handelns geeignete Basistheorie.

terung,[20] die fast immer mit einem *Surplus* von Energie- und Ressourcenverbrauch (und damit mit *vermehrter* Umweltschädigung) verbunden sind.[21] Die hier vorgestellte Auswahl reicht von der mangelnden Optimierung der "Dinge des Alltags"[22] über die Existenz kontraproduktiver Handlungsgelegenheiten, kontraproduktive Infrastrukturen,[23] subventionierter Zugänglichkeit von Zentralressourcen bis hin zu intransparenten und illegitimen Entscheidungsstrukturen in Planungsprozessen. Jeweils im Anschluss an diese Beispiele der umweltrelevant problematischen Handlungsfelder und Randbedingungen der alltäglichen Lebenswelt wird dann deren Zusammenhang mit den vorher entwickelten Restriktionsmustern und Zwangstypen analysiert (vgl. die eingerahmten Texte).

Die folgende (hier nur knapp anzudeutende) Auswahl problematischer Strukturen der alltäglichen Lebenswelt ist *sicher nicht vollständig* und zugleich *sehr heterogen*; sie zeigt aber zugleich, auf wievielen Ebenen, und von uns oft gar nicht erkannt, reflektiert oder bewertet, solche Strukturen für unser umweltrelevantes Handeln bestimmend werden.

---

20 Diese Zentraltendenz eines *traditionell verstandenen* Fortschritts hat eine lange Vorgeschichte im Übergang von einer handwerksorientierten Manufakturwirtschaft auf die zeittaktgesteuerten und aufwandsminimierten Fliessbandproduktion der frühen industriellen Revolution, wie sie von Ford initiiert, von Taylor optimiert und von Chaplin (in *Modern Times)* ironisiert wurde (vgl. Dijksterhuis 1956 für die Entwicklung der philosophisch naturwissenschaftlichen Vorgeschichte und Gideon 1987 für die historische Beschreibung der Entwicklung dieses kulturellen Umbruchs). Die Übertragung dieser Strukturen der industriellen Evolution auf das Alltagsleben verlief auf untergründige Weise parallel; sie begegnet uns nicht nur im zeitoptimierten Alltagsstress, sondern auch im Maschinenrhythmus der Rockmusik. Die sichtbarste Parallelität dieser Strukturen zeigte der Film *Koyaanisqatsi* (1982) von Godfrey Reggio, begleitet von der kongenialen Permutationsmusik von Phil Glass. Zur Parallelität der Entwicklung logischer, industrieller und artifizieller Strukturen in der zweiten industriellen Revolution vgl. auch Heintz 1993.

21 Es wäre differenziert zu prüfen, wo Entschleunigung und Erschwerung durch andere, neu oder wieder entstehende Vorteile (Steigerung der Erlebnisdichte, Entpassivierung des Subjekts, Wiederaufbau eigener Kompetenzen, Abbau der "prometheischen Scham", vgl. Anders 1956 und hierzu Rohbeck 1993, 153 ff.) kompensiert werden könnten.

22 Vgl. die faktenreichen Darstellungen bei Norman 1989, Petroski 1994 und Panati 1995, in der sich die *Nichtbeliebigkeit* des status quo aus einer Evolutionsperspektive der Gebrauchsgegenstände zeigt, und als Hintergrundbeschreibung Elias 1989 für den kulturellen Rahmen, innerhalb dessen sich Funktionsbegriffe im Alltagsleben differenziert herausgebildet haben.

23 Vgl. Lehmann 1989 für eine generelle Beschreibung des Begriffs der "Infrastruktur" als der Gesamtheit aller Strukturen, die im weitesten Sinn als Rahmenbedingungen zivilisatorischer Verhältnisse betrachtet werden können.

A. *Mangel an funktionaler Mengenoptimierung*

Instrumentelle Funktionen in Alltagsgegenständen sind so angeordnet und strukturiert, dass unerwünschter Mehrverbrauch erzwungen oder erwünschter Minderverbrauch unmöglich gemacht wird, oder das Fehlen geeigneter Installationen erzwingt diesen Mehrverbrauch.

Beispiele:

1. Falsch gestaltete Versorgungseinrichtungen für primäre Bedürfnisse (Beleuchtung, Heizung, Wasser etc.), die nicht gezielt (oder steuerbar) am realen oder als hinreichend empfundenen Bedarf der Benutzer orientiert oder orientierbar sind, wie z.B. durch fehlende oder falsch angepasste elektronische Heizungssteuerung oder durch flächenbezogene statt am Aufenthaltsort des Nutzers orientierte Heizleistung.
2. Suboptimale Konstruktion solcher Versorgungseinrichtungen, die aus immanenten technischen Gründen mehr Energie verbrauchen, als dem Stand der Technik entsprechend nötig wäre, die aber mit zumutbarem technischem Aufwand nachrüstbar oder ersetzbar wären, wobei der Investitionsaufwand in absehbarem Zeitraum durch Energieersparnisse kompensiert werden würde, wie z.B. durch optimierte Brennertechnik oder Abwärmenutzung.
3. Falsche Voreinstellungen (*defaults*) von Verbrauchsmengen oder Zielwerten, die Mehraufwand beim Benutzer zum Erreichen verbrauchsminimierender Einstellungen erzwingen, z.B. in den Voreinstellungen von Programmen in Haushaltsgeräten.
4. Fehlkonstruktionen, die die eigenständige Wahl von Verbrauchsmengen verhindern, wie z.B. überhöhte Regulierung der Mindestdurchflussmenge an Umschaltern zur Dusche bei kombinierten Dusche/ Wannen-Armaturen.
5. Fehlende Einrichtung von manuellen Mengenregulierungen, wie z.B. getrennte Tasten bei Toilettenspülungen, Abwesenheit von Installationen, wie z.B. Regenwassersammlern zur Toilettenspülung, und daraus resultierende Zwangsverschwendung von Trinkwasser, oder das Fehlen tauglicher Wärmeisolierungen in Mietwohnungen, deren Einbau sich für die Hausbesitzer schnell rentieren würde, wenn die Mieter nicht mehr zwangsweise per Umlage diese Verschwendungskosten bezahlen.
6. Privilegierung und überflüssige Nutzung fossiler oder atomarer Energiequellen selbst in den Fällen, in denen der Energiebedarf das Ressourcenpotential aus alternativen Energien noch nicht übersteigt, da es *dem Bedarf proportional* ist, wie z.B. beim Betrieb von Kühl- und Klimaanlagen in heissen und sonnigen Umgebungen.

> ***Zu A. 1.-6.:*** Die Legitimität elementarer zivilisatorischer Leistungen wie Beleuchtung, Heizung, Kühlung, Wasserversorgung und Abwasserentsorgung, Abfallbeseitigung, Mobilität usw. als gegeben unterstellt, können diese Mängel teils (in A.3., A.4., A.5.) einen physischen (⇛I.),[24] insgesamt aber instrumentellen (⇛II.) Zwang ausüben: Unter diesen Umständen erzeugt *jede Artikulation* eines legitimen Bedürfnisses zwangsweise überflüssige Umweltschäden durch Verschwendung von Ressourcen oder überflüssige Immissionen. Umweltfreundliche Affordanzen können restringiert sein (⇛III.), da die existierenden Installationen nicht nur als konkrete physische Möglichkeiten, sondern durch ihre Konstruktion auch über Wahrnehmungsprozesse und Funktionalitätserlebnisse handlungslenkend wirken. Die Langlebigkeit oder sogar Irreversibilität solcher Installationen verhindert, andere Möglichkeiten auch nur in Betracht zu ziehen (⇛VII.). Das Individuum ist existentialen Restriktionen (⇛IX.) konfrontiert, da aktual keine Handlungsalternativen existieren. Die Wahlfreiheit, sich diese Alternativen aufzubauen, ist bei A.1. bis A.5. besonders für Mieter äusserst beschränkt, da ihre Mietverträge solche Eingriffe nicht zulassen; bei A.6. verhindert die Existenz zentralisierter Stromversorgungsmonopole, den aktuellen Energiebedarf *situationsgerecht* und möglichst umweltschonend zu decken (⇛X.).

B. Zwangskopplung getrennter Funktionen

Isolierte Funktionen, die für sich genommen hinreichend sind, ein bestimmtes Bedürfnis abzudecken, sind mit anderen, nicht oder nicht dauernd erwünschten Funktionen zwangsgekoppelt, so dass unerwünschter Mehrverbrauch erzwungen oder erwünschter Minderverbrauch unmöglich gemacht wird.

Beispiele:

1. Aus einer Zwangskopplung, z.B. der Tiefkühl-Funktion mit der Primärfunktion Kühlschrank, auch wenn diese garnicht benutzt wird oder werden soll, ergibt sich ein indirekter Zwang, *auch* den Tiefkühlteil zu benutzen, "wenn er sowieso schon läuft". Daraus resultieren weitere negative Nebenfolgen durch den Kauf und die Einlagerung von energieintensiven Tiefkühlprodukten. Es ergibt sich ein induzierter "Kettenschluss" von aus ökologischer Sicht unerwünschter Verhaltensweisen beim Verbraucher wie beim Produzenten, denn das produzentengesteuerte Angebot von Tiefkühlkost wird ja wiederum erst durch die Zwangsvorhaltung des Tiefkühlfachs beim Verbraucher in-

[24] Die römischen Zahlen verweisen auf die Restriktionstypen I. bis X., vgl. oben Ziff. 2.

teressant: die Zwangskopplung protegiert das Tiefkühlkettensystem, und dieses protegiert den Mehrverbrauch beim Verbraucher.

2. Das Multifunktionsgerät Auto, in dem zur Steigerung der Attraktivität des Gesamtprodukts eine Vielzahl von Sekundärfunktionen (Image, Geborgenheit, Macht, Überlegenheitsgefühl, Freiheitserlebnis, Geschwindigkeitsrausch, Sexspielwiese, rollende Disco, temporäres Büro und andere designgestützte Erlebnisoptionen) auf die Primärfunktion (Fortbewegung) aufgepfropft wurden (vgl. auch Vester 1992, 315), erlaubt keine Auftrennung dieser Multi-Funktionalität und entzieht damit dem Konsumenten als Nutzer der Primärfunktion "Mobilität" die Souveränität, das Gerät nur auf die ihm genehme *und für ihn selbst jeweils prioritäre* Art zu benutzen.
3. Auch die (primäre) Mobilitätsfunktion selbst ist im Automobil multifunktional angelegt (Transportgerät, Reiselimousine, Kurzstreckenmobil etc.) und nicht funktional auftrennbar, so dass auch für minimale Anforderungen (500-m-Fahrt mit 30 km/h) immer das auf Maximalanforderungen hin konzipierte Potential "gefahren" werden muss, verbunden mit der maximierten Schädigung der Umwelt.
4. In Computeranwendungen wird eine Strategie der *gezielten Entwertung durch künstliche Veraltung* praktiziert. Zunächst wird durch die oft nicht auftrennbare Kopplung von Teilfunktionen in Programmpaketen oder durch eine inflationäre Zunahme der Leistungsmerkmale in Programmen (vgl. Norman 1989, 203ff.) die Hardware tendenziell überfordert. Der eigentliche Dequalifizierungsprozess geschieht durch Betriebssystem- und Software-Updates, die von den jeweils im Durchschnitt existierenden Hardware-Anforderungen (Festplattenkapazität, Hauptspeicher, Taktfrequenz etc.) her nicht bedienbar sind.[25] Dies erfordert entweder die Aufrüstung oder Verschrottung der Hardware,[26] letztere verbunden mit dem Entsorgungsproblemen für Megatonnen von hochgiftigem Elektronikschrott und den bei der Neuproduktion entstehenden Belastungen (vgl. Schröder 1992). Ein durchaus beschei-

---

[25] Wenn ein einzelner Anbieter 80% des Markts an Betriebssystemen für Personalcomputer beherrscht und in kurzen Abständen neue Betriebssysteme kreiert und in den Markt drückt, und wenn infolgedessen eine zunehmende Zahl von Anwendern umsteigt, und auch alle neuen Programme nur noch für dieses Betriebssystem geschrieben werden, verliert der *bystander* die Kompatibilität und den Anschluss. Diese extern initiierte Dynamik zwingt, sich zu koordinieren.

[26] Nach Zeitungsberichten ist die lauffähige Installation von WINDOWS 95 im Schnitt mit einer Aufrüstung von $ 3000 oder mit einem Neukauf verbunden (vgl. u.a. Frankfurter Allgemeine Zeitung 05.12.95, S. T 2). Das Programm selbst kostet $ 150, benötigt aber in Verbindung mit der zugehörigen Anwendersoftware Unmassen von Speicherkapazität. Dieser Bedarf wird durch angepasst gesteigerte Hardwareleistungen der Computeranbieter gedeckt - bis das Spiel von neuem beginnt.

dener Zuwachs an wirklicher Funktionalität hält das "Generationen"-Karussell, also die Entwertung funktionierender Geräte und den Absatz von Neugeräten im Gang.

Zu B. 1.-4.: Die ungewollte Verknüpfung unterschiedlicher Funktionen erzeugt primär instrumentelle Zwänge, indem (wie in B.1.) ein legitimes Grundbedürfnis mit einer Surplus-Leistung gekoppelt wird, die der Benutzer gar nicht nachfragt, die ihn aber in ganz andere Funktionsketten zwingt (⇛II.). Die Affordanzen (wie in B.2.) wirken direkt kontraproduktiv, da die unmittelbare Attraktivität der Multifunktionalität die Akzeptanz solcher Fahrzeuge nahelegt, die zugleich suboptimal in Bezug auf Umweltschonung sind. Zugleich wirkt der Angebotsdruck der Multifunktion hemmend selbst bei eigentlich umweltfreundlichen Primärintentionen (⇛VI.). Konkurrenz kann eine Rolle spielen (⇛V.), wenn mittels dieser Multifunktion eine "effektivere", weil *zugleich* auch andere Bedürfnisse befriedigende Mobilitätsleistung entsteht, oder wenn diese höhere Attraktivität des Geräts auch die Attraktivität ihres Benutzers für andere Personen erhöht. Der Zwang des Faktischen schliesst alternative Erfahrungsmöglichkeiten aus (⇛VII.).[27] Die Restriktion ist auch existentiell (⇛IX.), da für Einzelpersonen (bzgl. B.2. und B.3.) praktisch keine Möglichkeit besteht, ein Gerät herzustellen, in dem die gekoppelten Funktionen aufgetrennt oder auf reine Mobilität reduziert wären; für B.1. verhindern dies wiederum die Mietgesetze, die die Entfernung oder Veränderung installierter Geräte verbieten. B.4. ist der klassische Fall eines Koordinationszwangs (⇛IV.). Damit ist in B.2., B.3. und B.4. auch die Wahlfreiheit eingeschränkt (⇛X.), da kaum Alternativen zum *status quo* in Sicht sind.

27 Praktisch jeder hat vielfältige Erfahrungen damit, wie eine überschwere Benzinkarrosse durch einen lärmigen, überstarken Motor mit quietschenden Reifen ihre immanente Trägheit überwindet; nur sehr wenige konnten schon die Leichtigkeit und Eleganz der Bewegung eines fast lautlosen Leichtbau-Elektromobils erfahren, das zudem mit einem Bruchteil an Motorleistung auskommt.

C. *Mangel an fördernden Infrastrukturen*

Es existiert in vielen verschiedenen Bereichen des Alltagshandelns ein allgemeiner Mangel an oder eine personale Nichtverfügbarkeit von umweltfreundlichen Handlungsgelegenheiten, wie sie zur Optimierung der umweltfreundlichen Befriedigung von Bedürfnissen, Erfüllung von Intentionen oder Ausübung von Alltagsfunktionen vorausgesetzt wären.

Beispiele:

1. Die Zugänglichkeit von umweltfreundlich erzeugten Lebensmitteln und sonstigen Gütern des täglichen Bedarfs wird vom Handel überwiegend noch nicht ermöglicht (vgl. Meffert, Kirchgeorg 1992, 246ff.; Brandt et al. 1988, 331-362).
2. Die Abwesenheit von Anlagen zur differenzierten Entsorgung unterschiedlicher Müllsorten in zumutbarer Entfernung kann die Ausbildung nachhaltiger Entsorgungsintentionen verhindern.
3. Das Fehlen schadstoffarmer und hinreichend funktionsdifferenzierter langlebiger Konsumgüter am Markt verhindert die umweltoptimierte Effektivierung von Alltagsfunktionen wie z.B. Mobilität.[28] So wird, obwohl längst technisch möglich, auf die Grosserienproduktion wirklich verbrauchs- und schadstoffsarmer Automobile verzichtet.[29]
4. Energiesparhäuser (und ihre integralen technischen Bestandteile) werden in einem nur scheinbar "utopischen" Experimentalzustand (vgl. die Beispiele in Kap. 1 von von Weizsäcker et al. 1995) gehalten, u.a. durch prohibitiv unflexible Bauvorschriften.
5. Die Abwesenheit von Radwegnetzen, überproportionale Unfallgefährdung beim Fahren auf öffentlichen Strassen und Rechtlosigkeit plus Haftungsrisiken beim Fahren auf Bürgersteigen benachteiligen systematisch umweltfreundliche Mobilitätsintentionen (vgl. auch Kramer, Mölle 1992).

---

28 Noch immer wird erst 1% der in Autos eingesetzten Energie für die Fortbewegung *der Insassen* eingesetzt (vgl. von Weizsäcker et al. 1995, 32-38, hier 34).

29 Die Ursache hierfür scheinen einerseits die Vermeidung von Eigenkonkurrenz und Amortisationserwartungen früher getätigter Fehlinvestitionen in traditionelle Produktionsmuster zu sein, andererseits der gezielte Ausschluss der Möglichkeit (z.B.) für Behörden, den Kraftwagenbestand umweltorientiert auseinanderzudividieren, etwa durch Sperrung von Innenstädten für *nicht* schadstoffarme oder -freie Autos, was unmittelbar negative Auswirkungen auf die Absetzbarkeit traditioneller, sprich *umweltignoranter* Mobilitäts-Produkte hätte. Bei den am Markt vorhandenen Fahrzeugen dagegen wirken Minderleistung plus Kleinserien-Preise prohibitiv auf die Kaufbereitschaft potentiell umweltbewusster Mobilitätskonsumenten.

Zu C. 1.-5.: Der Mangel an Zugänglichkeit eigentlich bekannter und *im Prinzip realisierbarer* Handlungsgelegenheiten stellt eine instrumentelle Zwangsführung (⇛II.) insofern dar, als die legitimen Handlungsziele (Einkauf, Abfallentsorgung, Energieversorgung, Mobilität) auf die *realisierten,* aber umweltschädigenden Ausführungswege gezwungen werden. Dieser Zwang ist verbunden mit der Abwesenheit positiver Affordanzen (⇛III.), die, wo die entsprechenden umweltfreundlichen Handlungsgelegenheiten realisiert wurden, eine starke Wirkung entfalten.[30] Die Langfristigkeit oder sogar Irreversibilität z.B. von gebauten Verkehrsinfrastrukturen (vgl. auch D.1. und D.2. unten) und der hohe Zeitbedarf der Entwicklung wirklich neuartiger Verkehrsmittel (C.3.) macht es wahrscheinlich, dass ganze Generationen die Vorstellung davon verlieren, dass es auch anders sein könnte als es ist. Die Erfahrungsmöglichkeit von Alternativen werden durch solch kostenträchtige Investitionen langfristig vernichtet (⇛VII.), denn Umbauten oder gar Rückbauten finden nur selten statt. Jeder Mangel und jede Abwesenheit in C.1.-5. ist zugleich existentiale Restriktion (⇛IX.). Auch die Wahlfreiheit, seine Ziele auf anderen Wegen zu erreichen ist *mindestens aktual* eingeschränkt (⇛X.), obwohl *mittelfristig* durch Nachfrage- und Marktmechanismen (in C.1., C.3., C.4.) eine Erweiterung der Alternativenmenge erreichbar wäre.

D. *Infrastrukturell negative Lenkungstrends*

Zivilisatorische Infrastrukturen sind so angelegt, dass die Intentionen zur Erfüllung elementarer und legitimer Bedürfnisse auf Ausführungswege gezwungen werden, die nicht umweltfreundlich sind. Diese Infrastrukturen verdrängen oder ersetzen alternative Ausführungswege, so dass sie schliesslich als Monopol wirken und das Handeln Einzelner als struktureller Zwang dominieren.

Beispiele:

1. Zunehmende Konzentrationsprozesse im Handel mit Gütern des täglichen Bedarfs und die Verlagerung der entstehenden Super- und Hypermärkte entweder ins Stadtzentrum oder (zur Senkung der innerbetrieblichen Kosten) auf die "grüne Wiese" ausserhalb der Stadt (Kotler, Bliemel 1991, 779ff.; vgl. auch Frankfurter Allgemeine Zeitung vom 08.12.95, 49 für den derzeitigen Stand in Europa) erzeugt auf ver-

30 Die Existenz überdachter und begrünter Fahrradwege zwischen P+R-Zentren und den Innenstädten wie in den Niederlanden ist nicht nur eine *objektive Handlungsgelegenheit,* sondern wirkt durch ihre Ästhetik, den "einladenden" Charakter des eröffneten Wegs und die erreichbare Funktionslust auch *unmittelbar handlungsleitend,* also positiv affordant.

schiedenen Wegen Zwangsmobilität und dynamisiert damit nicht nur die Autoverkehrsentwicklung, sondern vernichtet auch umweltfreundliche Handlungsalternativen, stabilisiert also die "Mobilitätsgesellschaft".

2. Die Existenz von Siedlungsstrukturen, die durch räumliche Trennung der Primärfunktionen (Arbeiten, Wohnen, Einkaufen, Freizeit) eine Mobilität erzwingen, die in integrierten Siedlungsstrukturen vermeidbar wäre oder gar nicht erst entstehen würde (Wanner, Camenzind 1995, 18 f.; Flückiger 1995).

Zu D. 1.-2.: Gebaute Infrastrukturen, die durch die grossflächige Funktionstrennung von Wohnen, Arbeit, Freizeit lange Wege erzwingen, erzeugen einen sowohl physischen (⇛I.) als auch instrumentellen Zwang (⇛II.) für ihre Nutzer, ungewollt umweltfeindliche Nebenfolgen zu produzieren. Als instrumenteller Zwang kann auch die Steuerung der räumlichen Verteilung bestimmter Funktionsangebote (wie Einkauf in D.1.) gelten. Wo öffentliche Verkehrsstrukturen fehlen oder nicht hinreichend ausgebaut sind und unter dem Angebotsdruck der Mobilitätsalternative Auto stehen, wird umweltschädigendes Handeln (private Autobenutzung) auch gegen die eigenen Intentionen gefördert (⇛VI.). Langsame Wachstumsprozesse wie Zersiedelung oder Konzentrationsprozesse in der Distribution sind immanent langfristig, was die Wahrnehmbarkeit möglicher Alternativen ebenso langfristig zerstört und damit Veränderungspotentiale schwächt (⇛VII.). Es werden existentiale Restriktionen erzeugt (⇛IX.), auch wenn mindestens im Fall D.1. durch Nachfragemechanismen mittelfristig eine erneute Dezentralisierung auch durch Einzelpersonen erreichbar ist, obwohl diese aktual *nicht* gegeben ist (⇛X.).

E. Existenz negativer Handlungsgelegenheiten

Bestimmte Infrastrukturen erzeugen schon durch ihre Existenz Dispositionen zu umweltfeindlichem Handeln. Sie eröffnen erst die problematischen Handlungsspielräume, die ohne sie weder als Bedürfnis noch als Ziel oder Intention präsent gewesen wären.

Beispiele:

1. Die Existenz oder Zugänglichkeit von Aufzügen oder Fussgängertransportbändern, wo die äquivalenten Funktionen mit zumutbarer körperlicher Anstrengung erreicht werden könnten.

2. Die Existenz von Schnellstrassen und Autobahnen, die Zusatzverkehr "anziehen" oder umweltschädliches Fahrverhalten (Rasen) nicht nur zulassen, sondern herausfordern (vgl. Vester 1990, bes. 155 f.).
3. Die Existenz von Einzelverkehrsmitteln und Freizeitgeräten (z.B. Off-Road-Car, Snowcar, Strandbuggy, Surfboard) oder Massenverkehrsmitteln (Flugzeug als Jumbo-Jet), die erst durch ihre Existenz diejenigen Bedürfnisse schaffen, die mittels ihrer befriedigt werden können.
4. Angebotsorientierte Kopplungsgeschäfte von Autoverleih mit Flugpreisrabatten, i.e. das *Gegenteil* dessen, was man mit dem Parallelverkauf von Monatskarten des Öffentlichen Personennahverkehrs an Autofahrer zu erreichen sucht.

Zu E. 1.-4.: Diese Gelegenheiten können physischen (⇛I.) und instrumentellen Zwang (⇛II.) ausüben, wenn Alternativen fehlen, z.B. wenn durch ihre Einführung früher bestehende, umweltfreundliche(re) Handlungsalternativen vernichtet wurden; in solchen Fällen ist auch die Wahlfreiheit aufgehoben (⇛X.). Mit der Einführung dieser Handlungsalternativen werden starke Affordanzen gesetzt, allerdings in umweltfeindlicher Richtung: E.1. und E.2. üben eine Sogwirkung aus, sind also nicht nur ein *neutrales* physisches Mobilitätsangebot. Der Appell an die eigene Bequemlichkeit kann zu umweltfeindlichem Verhalten führen (⇛VI.). Die Erlebbarkeit überflüssiger Bequemlichkeiten (E.1. und E.2.) und neuartiger oder gesteigerter Mobilitätserlebnisse (E.3.) eröffnet *neue* Möglichkeitsperspektiven, allerdings im negativen Sinn (VII.). Konkurrenzzwang (⇛V.) kann dann eine Rolle spielen, wenn sich andere dieser Mittel (besonders E.2.) bedienen, um Kosteneinsparungen oder Effektivitätszuwächse zu erzielen. E.4. fördert unsere Willensschwäche (⇛VI.), den Zwangsrabatt auf *zusätzliche und verstärkte* Umweltschädigung doch auszunutzen.

F. *Kompensation umweltfreundlicher Handlungsresultate*

Öffentliche Infrastrukturen stehen unter einem ständigen Nachfragedruck. Zugleich stehen solche Systeme wegen übermässiger Belastung ständig am Rande des Zusammenbruchs. Private Verzichte auf als schädlich erkannte Mittel stellen dann die Funktionalität des schädigenden Systems wieder her oder öffnen die Infrastruktur für Nachzügler als Neuschädiger, wenn solche Verzichte nicht zugleich vom Rückbau der entsprechenden Infrastrukturen begleitet sind, oder wenn Marktmechanismen angebotsorientiert eingesetzt werden, solche Verzichte gezielt zu kompensieren.

Beispiele:

1. Der Flächenverbrauch des Verkehrsmittels Auto stösst an Grenzen, die sich in Dauerstaus umsetzen. Umweltfreundliche Aussteiger entschärfen diese Krise nur, wenn nicht nur ihr Auto, sondern auch ihr Parkplatz und ihre Strassenfläche entsorgt wird. Ohne diesen parallelen und proportionalen Rückbau oder Umbau der Infrastrukturen ergibt sich keine Änderung der Schädigungsbilanz (vgl. Seyfried 1991, 19-23; Vester 1990).
2. Ein forciertes Mobilitätsangebot im Flugverkehr, das zugleich per aggressiv ästhetisierender Werbung mit besonderer Fortschrittlichkeit assoziiert wird, stösst an ökologische und sogar an immanent-technologische Kapazitätsgrenzen. Dennoch eröffnet jeder aktuell Verzichtende neue Mobilitätschancen besonders für jene Kunden, die auf *last-minute-tickets* zu besonders günstigen Preisen gebucht werden wollen. Teure Verzichte fördern also billige Chancen. Ohne den Rückbau dieser Informations- und Buchungsstrukturen, die durch Dumpingpreise für Trittbrettfahrer die permanente Vollauslastung (und damit nachfolgend auch einen *ständigen Mehrbedarf* an Flugverkehrsträgern und Fluginfrastrukturen) erzwingt, bleibt die Zuwachsdynamik im Flugverkehr erhalten (vgl. auch Berger et al. 1994).

Zu F. 1.-2.: Die kognitive Wirkung von Antizipationen (⇛VIII.) ist hier speziell auf die mangelnde Organisation einer öffentlichen Funktion bezogen: Die Erwartung der Nichtwirksamkeit einer eigenen Verzichtsleistung übt einen mindestens indirekten Zwang aus, diese Handlung gar nicht erst zu vollziehen, da die Nutzlosigkeit dieses Verzichts in Hinsicht auf das angestrebte Ziel Umweltschonung vorab sichtbar wird. Damit wird zugleich die Wahrnehmbarkeit eines erwünschten Alternativzustands geschwächt (⇛VII.). Auch ist die volle Wahlfreiheit nicht mehr gegeben, da die Verzichtsalternative unter den Vorbehalt ihrer Wirkungslosigkeit gestellt wird (⇛X.).

G. *Kontraproduktive Perfektionierung*

Als kontraproduktiv müssen Infrastrukturen dann gelten, wenn sie sowieso schon vorhandene Schädigungsquellen (z.B. Schadstoffemissionen im Strassenverkehr oder resultatorientierte statt quellenorientierte Strategien der Schadensentsorgung) so optimieren und perfektionieren, dass zugleich eine Maximalisierung der entsprechenden Schädigung möglich wird.

Beispiele:

1. Der Standardfall zieloptimierender, aber qua Nebenfolge schadensmaximierender Strukturen können *Verkehrsleitsysteme* sein, wenn sie die knappe infrastrukturelle Ressource Strassenraum "optimal" auf die potentiellen Verkehrsteilnehmer so verteilen, dass ein Maximum an gefahrenen Personkilometern pro Zeiteinheit entsteht, ebenso aber eine relative Zunahme an Schadstoffemissionen durch diese Vergrösserung der Mobilitätsmenge pro Verkehrsfläche (vgl. Kramer, Mölle 1992; Kunkel 1995; Vester 1990, 436ff.).
2. Alle *end-of-pipe*-Technologien, die nur für eine möglichst unsichtbare und lautlose "Entsorgung" bereits erzeugter Schadstoffe und Schädigungen sorgen, sei es durch das Prinzip der Verdünnung (z.B. hohe Schornsteine), der Ausfilterung, des Exports von Schadstoffen, der verbrauchernahen Optimierung von direkter "Entsorgung" durch technische und organisatorische Optimierungen (z.B. durch ein perfekt organisiertes Müllabfuhrsystem), aber ohne dass in all diesen Fällen eine "kausale Therapie" der *Minderung der Erzeugung* von Schadstoffen stattfände. Ganz im Gegenteil *mindert* die Perfektion der Entsorgung den Anreiz zur *quellenorientierten Verminderung* der Entstehung des Schadens.

Zu G. 1.-2.: Die Existenz von Strukturen wie die in G.1. und G.2. beschriebenen erzeugen durch strukturelle Zwangsführung (⇛II.) ein Mehr an umweltschädigenden Effekten. Auch werden in beiden Fällen Affordanzen restringiert, die *bei Abwesenheit* dieser Strukturen wirksam geworden wären (⇛III.).[31] Der Entzug der Wahrnehmung der Folgen des eigenen Handelns in einer nicht negativ optimierten, wenn auch auf späteren plötzlichen Kollaps hin programmierten Situation[32] erleichtert es, umweltfreundliche Intentionen wider besseres Wissen ersteinmal zurückzustellen (⇛VI.). Da die *Nichtnachhaltigkeit* existierender Strukturen durch diese Hilfsmittel vorerst verdeckt wird, ergibt sich zugleich ein schwindender Anreiz, über mögliche Alternativen nachzudenken (⇛VII.).

---

[31] Das Stehen im Stau, die *Sichtbarkeit* des Stehens im Stau zwischen anderen Umweltverschmutzern, oder die *unverdünnte* Wahrnehmung eines Abgases, Abwassers oder Abfalls *könnte* zumindest per positiver Affordanz eine handlungsleitende Wirkung entfalten, nämlich die primäre Schädigung zu unterlassen. Genau diese Wahrnehmbarkeit wird aber durch diese Strukturen dem Schädiger entzogen.

[32] Unter Voraussetzung der aus Raumgründen (z.B. in Städten) nicht beliebig erweiterbaren, sondern im Gegenteil strikt begrenzten möglichen Verkehrsflächen nutzen Verkehrsleitsysteme der beschriebenen Art diese Fläche optimal aus, allerdings um den Preis eines *plötzlichen* Zusammenbruchs ihrer Funktionalität bei weiter wachsendem Nachfragedruck. Diese Plötzlichkeit verhindert, *rechtzeitig* Alternativen zu langfristig nicht haltbaren Mobilitätssystemen aufzubauen.

H. *Nicht optimale Rückmeldung*

Einerseits ist es für umweltgerechtes Handeln wünschenswert oder sogar notwendig, Informationen und Rückmeldungen über ökologisch relevante Parameter zu erhalten. Es sind jedoch auch gegenläufige Ausnutzungen solcher Informationsstrukturen möglich, so dass kontraproduktive Effekte resultieren.

Beispiele:

1. Wird die Rückmeldung von Umwelt-Informationssystemen im Zusammenhang mit Grenzwerten zulässiger Schädigungen verbunden, kann der zulässige, extern festgelegte Schadstoffgrenzwert gezielt knapp unterschritten, also maximiert werden (vgl. Page et al. 1992, bes. II). Diese Möglichkeit der Maximierung der "zulässigen" Schädigung kann u.U. dazu führen oder ermöglichen, eigentlich notwendige quellenorientierte Massnahmen zur Verringerung von Emissionen nicht ausführen zu müssen.
2. Die sinnlich eigentlich wahrnehmbare Rückmeldung von Schädigungen wird systematisch und *gezielt dem Verursacher* vorenthalten, während die Belästigung und Schädigung aller Nicht-Verursacher in Kauf genommen wird. Die Konstruktion von Automobilen stützt genau diesen Effekt: *Privatisierung der Gewinne* (Lärmfreiheit durch Lärmdämmung *im* Fahrzeug, Schadstoffarmut *im* Fahrzeug durch *interne* Reinluftfilter, Geschütztheit *der Insassen* durch "passive Sicherheit"), aber *Sozialisierung der Verluste und Probleme* (Lärmbelästigung, Luftverschmutzung, Flächenverbrauch und Landschaftszerstörung, Kollisionsgefährdung) für alle anderen Verkehrsteilnehmer.
3. Mangelnde Rückmeldung von Verbräuchen z.B. in Automobilen, die Instrumente für alles, aber keine Anzeigeinstrumente für den aktuellen Verbrauch enthalten, erschweren eine schadstoffminimierende Fahrweise.
4. Das Fehlen der Rückmeldung des Eigenverbrauchs und entsprechender individueller Abrechnung in kollektiven Versorgungsanlagen, z.B. Heizungen in Mehrfamilienhäusern, fördert überflüssigen Mehrverbrauch (vgl. Diekmann, Preissendörfer 1991; Diekmann 1994, 52ff.).

Zu H. 1.-4.: Die Inkaufnahme einer Umweltschädigung maximieren zu können wie in H.1. beschrieben erzeugt keinen direkten Zwang, aber eine Gelegenheit, sich über das sonst (nämlich im Stand der Unsicherheit) gegebene Mass hinaus negativ verhalten zu können. Dies wird ermöglicht durch die Antizipierbarkeit (⇛VIII.) des Ausbleibens einer Sanktion *trotz* dieser negativen Handlung. Daneben verführen diese Strukturen dazu, die Gelegenheit zu nutzen, sanktionsfrei gegen eigene umweltpositive Einstellungen zu handeln (⇛VI.). Die Verzerrung der Rückmeldung in H.2. restringiert massiv die Affordanzen, die ohne solche Konstruktionsmerkmale auftreten würden (⇛III.); sie legt zugleich durch die "Privatisierung der Gewinne" umweltfeindlichen Handelns nahe, gegen eigene Präferenzen zu handeln. Die mangelnde Rückmeldung in H.3. und H.4. kann als instrumentelle Zwangsführung (⇛II.) verstanden werden, da für die Regulation eigener Verbräuche andere verlässliche Indikatoren und Instrumente nicht gegeben sind. Damit ist aber auch die Wahlfreiheit zu umweltfreundlichem Verhalten eingeschränkt (⇛X.), da der jeweilige Status gar nicht erkennbar ist. Dies birgt zumindest die Gefahr in sich, gegen eigene Präferenzen zu handeln (⇛VI.), indem eigentlich angezielte Verbrauchsgrenzen überschritten werden.

I. Undemokratische Gestaltung von Infrastrukturen

Die Gestaltung von Infrastrukturen hat unmittelbare und mittelbare Auswirkungen auf die Handlungsmöglichkeiten der Bürger und sollte deshalb Gegenstand demokratischer Entscheidungen über alternative Möglichkeiten solcher Gestaltung durch den Souverän sein. Stattdessen werden Entscheide über Infrastrukturen bereits in Vorinstanzen durch die Urteile von Experten vorweggenommen, die eine praktisch unkontrollierte Planungshoheit beanspruchen.

Beispiele:

1. In der Verkehrsplanung wird z.B. beim Entwurf neuer Strassen eine Maximalgeschwindigkeit, für die diese Strassen tauglich sein sollen, ohne Begründung oder Legitimation unterstellt. Eine solche nicht hinterfragte, obgleich wertende Unterstellung als Planungsvorgabe bedingt technisch die Vergrösserung von Kurvenradien und erzwingt damit primär eine Zunahme des Flächenverbrauchs, fördert sekundär aber auch Affordanzen für Hochgeschwindigkeit und Mehrverkehr, und stabilisiert damit die Mobilitätspriorität von Hochgeschwindigkeitsfahrzeugen zulasten aller anderen, umweltfreundlichen Verkehrsteilnehmer. Eine demokratische Entscheidung über alternative Ver-

kehrsstrukturen findet nicht oder nur scheinbar statt (vgl. Knoepfel 1992).

2. In Planungsprozessen wird eine Linearität von Trends (z.B. zu automobilem Mehrverkehr) unterstellt, der ausser durch die Bezugnahme auf Statistiken früherer Zunahmen durch nichts begründbar ist, aber unter Vernachlässigung der Tatsache, dass der frühere Verkehrszuwachs sich bereits einer massiven Subventionierung und Privilegierung bestimmter Mobilitätssysteme verdankt. Planungsprozesse (vgl. zu deren allgemeinen Charakteristiken von der Weth, Strohschneider 1993) werden damit durch positive Rückkopplung zu selbstverstärkenden Prozessen früherer Entscheidungen, auch wenn diese inzwischen als Fehlentscheidungen erkennbar wurden, und verlängern sie in die Zukunft.
3. Machbarkeitsstudien werden ohne parallele Wünschbarkeitsanalysen durchgeführt: Das technisch machbare wird umgesetzt, ohne die personalen und sozialen Nebenfolgen abzuklären (vgl. Lenk 1992, bes. 117ff.).
4. Rein technische Optimierungsstrategien und unrealistisch mathematisierte Risikoanalysen vernachlässigen die psychologischen, soziologischen und ethischen Aspekte besonders der neu eingeführten Technologien (vgl. Jungermann, Slovic 1993; Rowe 1993).

Zu I. 1.-4.: Die stellvertretende Entscheidung von Experten über den Bau oder Ausbau von Infrastrukturen, die eine Entscheidung des Souveräns über das Ausmass der Inkaufnahme von Umweltbelastungen ersetzt oder vorwegnimmt, ist als massive Einschränkung von dessen Wahlfreiheit (⇛X.) zu verstehen. Dies ist um so einschneidender, als die entstehenden Infrastrukturen (z.B. neugebaute Verkehrswege) sehr langfristige, *in praxi* oft irreversible Strukturen und damit existentiale Restriktionen (⇛IX.) bilden. Die direkte Verlängerung der Linearität von Trends negiert ebenfalls die Wahlfreiheit des Souveräns, da sie eine *Änderung* von dessen Entscheidungen in der Zukunft entweder explizit ausschliesst oder gar nicht erst in Betracht zieht. Auch der Verzicht auf Wünschbarkeitsanalysen entmündigt den Souverän, indem allein die technische Machbarkeit von meist rein quantitativen Zuwächsen von Funktionen (z.B. Transportkapazität)[33] geprüft wird, nicht aber die Verträglichkeit der entstehenden Nebenfolgen oder die Wünschbarkeit dieses Zuwachses selbst. Indem die Experten ihrer *eigentlichen* Rolle nicht gerecht werden, dem Souverän ein *vollständiges Bild* der Folgen und Nebenfolgen der anstehenden Entscheidungsalternativen zu liefern, schränken sie nicht nur seine Wahlfreiheit ein (⇛X.), sondern beschränken durch die beschriebenen Einseitigkeiten oder vorweggenommenen Entscheide auch die Möglichkeit für die Bürger, sich Alternativen zu geplanten oder anstehenden Vorhaben (einschliesslich des Verzichts auf sie) klar vor Augen zu halten (⇛VII.).

J. Verbilligung der Zentralressourcen

Das Systemrationale von Verschwendung und Zerstörung, das in makroökonomischer Perspektive hinreichend analysiert worden ist,[34] schlägt auch auf die individuelle Handlungsebene durch. In Analogie zur Theorie der merkantilistischen Verbilligung der Zentralressourcen (Energiegarantie, Abfallabnahme, Mobilitätsoptimierung und Risikoabsicherung), wie sie für volkswirtschaftliche Rahmenbedingungen in Bezug auf eine Theorie der Nachhaltigkeit vorgetragen wurde (vgl. Minsch 1992; 1994), lässt sich zeigen, dass diese Verbilligung in direkter Parallelität und für die gleichen zentralen Ressourcen auch im Sinne einer

33 Die Zuwachsprognose setzt sich in entsprechende Planungen um und wird verwirklicht, aber erst die real gebaute Neubaustrecke oder Kapazitätserweiterung ermöglicht und erzeugt den Mehrverkehr, der ohne sie gar nicht aufgetreten wäre (vgl. Seyfried 1991, 19ff.). So behält der Prognostiker per selbsterfüllender Prophezeiung recht, obwohl seine Analyse des *wirklichen* Bedarfs *falsch* war.

34 Vgl. u.a. Daly, Cobb 1989 und Daly 1992 für die Entwicklung von Kriterien für Nachhaltigkeit und eine Kritik von Wachstumsideologien als scheinbarem Problemlösungsmittel, sowie IDARio 1995 für den Vorschlag eines Nachhaltigkeitskonzepts.

Privilegierung umweltunfreundlicher Verhaltensweisen von Einzelpersonen gültig ist. Somit fehlt der Anreiz, mit Knappheiten auf angemessene und sparsame Weise umzugehen.

Beispiele:

1. Mehrkonsum von *Energie* (bis hin zur Verschwendung) hat keinerlei Konsequenzen ausser den proportional höheren Kosten, die aber vom Konsumenten in Kauf genommen werden können, solange sie in seinem Budgetrahmen liegen. Zwar werden von den Stromlieferanten nicht (wie bei industriellen Abnehmern) Rabatte auf Mehrverbrauch gegeben, aber ein Anreiz für Mehrverbrauch liegt schon in der besseren Ausnutzung der konstanten Grundgebühr, indem deren relativer Anteil bei Mehrverbrauch minimiert wird. Dies ist die Umkehrung eines wünschbaren Preisanreizes, gemäss dem bei statistischem Mehrverbrauch über bestimmte, festzulegende Durchschnittswerte hinaus eine Verteuerung des Tarifs angebracht wäre. Zudem werden energiesparende Investitionen weitgehend der Initiative einzelner überlassen, die auch die Kapital- und Zinskosten dieser Investitionen auf "idealistischer" Basis zu tragen haben, bis sich diese Investitionen vielleicht irgendwann durch Energieeinsparungen amortisieren. Eine systematische und wirksame Förderung energiesparender Investitionen ist derzeit weder auf marktwirtschaftlicher noch auf staatlich-regulativer Ebene durchgesetzt. Faktisch privilegiert wird immer noch der Verschwender, der sein personales Optimum an Energieverbrauch zu garantiert konstanten Billigpreisen realisiert (vgl. hierzu Wortmann 1994; Wortmann et al. 1993; Schmidt-Bleek 1993, bes. 76ff.).
2. Die staatliche Müllbeseitigungsgarantie für *Abfall* gilt auch für die Privatperson. Privilegiert wird derjenige, der explizit auf jede Mülltrennung verzichtet und sich den Abtransport von 35 Litern Müll *gleich welcher Art und in beliebiger Vermischung* durch den Discountpreis einer Abfallsackgebühr von (z.B. in Bern Fr. 1.40) sichern lässt. Diesen Müllsack als schwarzes Loch zu betrachten, in dem beliebiges folgenlos versenkt werden kann, kommt weit billiger als jede auch nur ansatzweise Mülltrennung und all die zeitaufwendigen Überlegungen, Prozeduren, Lagerkosten und Wege, die damit verbunden sind, Wertstoffe in die Verwertungs- und Produktionszyklen zurückzuspeisen. Arbeiten wie Mülltrennung und selektive Entsorgung gelten zudem (wie z.B. auch Hausfrauenarbeit allgemein) als nichtökonomische Tätigkeiten (vgl. Busch-Lüthy 1994) oder müssen als freiwillige Selbstausbeutung betrachtet werden. Eine *ökonomische* Betrachtung dieser Tätigkeiten *als Arbeitszeit* würde nämlich zeigen, dass der Preis dieses Aufwands um ein bis zwei Zehnerpotenzen höher ist als der Preis, den

der "rationale Egoist" in Gestalt eines Gebühren-Aufklebers an seinem Müllsack entrichtet. Der Umweltignorant im Abfallsektor wird also ökonomisch konsequent privilegiert (vgl. auch Schaible-Rapp 1993).

3. Alle Verkehrsinfrastrukturen für *Mobilität* privilegieren den umweltbelastenden Nutzer, also denjenigen mit dem höchsten Energie- und Ressourcenverbrauch pro Personkilometer, nämlich den Pkw- und Motorradfahrer.[35] Dieses Faktum wird schon durch Augenschein deutlich und bedarf insofern keiner wissenschaftlichen Begründung.[36] Spätestens seit der "Energierevolution" der 50er Jahre (vgl. Pfister 1995) und der nachfolgenden Umsetzung der Ideologie der "autogerechten Stadt" in den 60er Jahren (vgl. Owen, Bowen 1967; Bratzel 1995) sind die Verkehrsinfrastrukturen grossflächig und bislang irreversibel bereitgestellt worden; eine substantielle Umkehr und Neuorientierung hat ausser in Einzelfällen niemals stattgefunden. So privilegieren diese Strukturen weiterhin den privaten Automobilisten, der sein fünfplätziges Gefährt mit durchschnittlich 1,4 Personen besetzt (vgl. Seyfried 1991, 51) und die konkurrierenden Verkehrsteilnehmer nicht nur durch Ressourcenverschwendung, durch Flächenverbrauch und Bodenversiegelung, durch Lärm, durch Abschneiden von Verkehrswegen anderer (z.B. an Fussgängerüberwegen), durch Zerstörung der Stadtbilder und durch umwelt- und gesundheitsschädigende Emissionen bedroht, sondern auch direkt durch deren Gefährdung von Leib und Leben (vgl. Alt 1995).

4. Auch Art und Ausmass der *Risikoübernahme* einzelner Verkehrsteilnehmer ist in bezug auf Umweltwerte eindeutig kontraproduktiv angelegt. Die Automobilindustrie propagiert unter dem Stichwort der "passiven Sicherheit" ein überschweres und dadurch energieverschwendendes, durch diverse Panzerungen wie Überrollsicherung und Seitenaufprallschutz, durch Rückhaltesicherungen wie Airbags und Sicherheitsgurte, durch ABS und computeroptimierte Knautschzonen "kollisionssicher" gemachtes Gefährt. Diesen Sicherheitszuwachs (der Risikominimierung auch bei Hochgeschwindigkeitskollisionen) erfährt allerdings *nur deren Fahrer oder Insasse,* alle anderen Verkehrsteilnehmer, besonders die umweltbewussten als Fussgänger, Radfahrer oder Fahrer energieoptimierter und damit auch leichterer Automobile, werden durch diesen singulären Sicherheitszuwachs *zu-*

---

35 Der Energiebedarf für den Transport eines Menschen bei 25 km/h im Stadtverkehr liegt bei 50 kW (fossiler) Energie für das Auto, 4,7 kW für das Solarmobil und 0,08 kW für das Fahrrad, differiert also zwischen Auto und Fahrrad um den Faktor 600 (vgl. Vester 1990, 189).

36 Vgl. aber Bode et al. (1986, 39) für die Entwicklung der Zulassungszahlen für PKW in Deutschland zwischen 1963 (3,1 Mio.) und 1990 (geschätzt ca. 30 Mio.).

sätzlichen Gefährdungen (Massendifferenz bei Kollisionen, Verlängerung von Bremswegen etc.) ausgesetzt. Zudem wird sowohl die Entwicklung als auch die Marktgängigkeit leichterer und damit umweltfreundlicher Fahrzeuge behindert, da sich diese in Crashtests der Kollision mit zunehmend schwereren "Sicherheitsautos" gewachsen zeigen müssen. Entsprechende Sicherheiten oder Sicherheitsreserven für die umweltfreundlichen Verkehrsteilnehmer, die *nur vorbeugend* durch Veränderung von Verkehrsinfrastrukturen, etwa durch Trennung von Verkehrsräumen und -spuren für offensichtlich inkompatible Mobilitätssysteme zu leisten wären, wurden und werden erfolgreich verhindert. Somit werden und bleiben die *umweltfreundlichen* Verkehrsteilnehmer systematisch schlechtergestellt.

Zu J. 1.-4.: Diese Strukturen bilden den deutlichsten Anwendungsfall der Förderung von Willensschwäche (*akrasia*), indem die existierenden Angebots- und Preisstrukturen den Bürgern nahelegen, *gegen* eventuelle umweltfreundliche Präferenzen zu handeln (⇛VI.). Die zu niedrigen Preise[37] und das permanente Überangebot von Energie, Entsorgungs-Dienstleistungen, umweltfeindlichen Produkten und Infrastrukturen erzeugt einen *Angebotsdruck*, gegen den sich die *Nachfrage* nach umweltfreundlichen Alternativen nicht durchsetzt. Dies impliziert eine massive Einschränkung der Wahlfreiheit (⇛X.). Dazu kommt, dass in jeder Tätigkeit, die ökonomische Wirkungen enthält, der Konkurrenzdruck (⇛V.) zur Wahl der "kostengünstigeren", aber umweltfeindlichen Alternative zwingt. Auch die Risikoübernahme umweltfeindlichen Verhaltens durch externe Instanzen fördert die Bereitschaft, gegen die eigenen Wertsetzungen zu handeln (⇛VI.). Insgesamt dominieren diese Verschwendungsstrukturen des *status quo* massiv die Wahrnehmbarkeit und Vorstellbarkeit von umweltfreundlicheren Alternativen, so dass die Infragestellung dieses *status quo* gehemmt wird (⇛VII.).

Alle genannten Beispiele innerhalb dieser zehn Typen von problematischen Strukturen der zivilisatorisch gestalteten Lebenswelt (*A.* bis *J.*) betrafen das unmittelbare Alltagshandeln einzelner Personen, ...

- indem sie deren Handlungsmöglichkeiten einschränken,

[37] Die Preise für Ressourcen und Energie als eigentlich knapper Güter sind (u.a.) deshalb zu niedrig, da sich die zukünftigen Knappheiten nicht in gegenwärtigen Preisen niederschlagen (Nichtgreifen der Hotelling-Regel, vgl. Birnbacher 1989, 252 ff.), und da die Kosten ihrer Gewinnung externalisiert bleiben, insofern sie die Resorptionsfähigkeit der Natur überfordern und den Nachhaltigkeitskriterien (vgl. IDARio 1995) nicht gerecht werden.

- indem sie vorhandenen Handlungsbereitschaften keinen Spielraum eröffnen,
- indem sie strukturelle Zwänge aufbauen, die es nicht gestatten, legitime Bedürfnisse auf umweltverträgliche Art zu befriedigen,
- indem sie bereits existierenden Intentionen zu umwelt*unfreundlichen* Handlungsweisen weitere konsequenzlose Spielräume eröffnen,
- oder indem sie durch ihre Existenz die Bedürfnisse erst erzeugen, die mittels ihrer befriedigt werden können.

Zugleich wurde sichtbar, dass simultan eine Vielzahl der oben analysierten Typen von Zwängen und Restriktionen auf diese problematischen Randbedingungen beziehbar sind: diese situationalen Faktoren können (wenn auch nicht in einem methodisch schon strikt nachweisbaren Sinn) als Ursachen für das Auftreten umweltrelevanter Handlungsrestriktionen gelten (vgl. Abb. 1).

Zusammenfassend kann eine hohe Interdependenz der einzelnen Zwangstypen (I. - X.) mit den Strukturen und Konstellationen der Lebenswelt, die als umweltfeindlich gelten müssen (A. - J.) festgestellt werden. Die oben beschriebenen zehn Restriktionstypen konnten den Beispielen innerhalb dieser Gruppen von problematischen Strukturen plausibel zugeordnet werden. Dies lässt auf einen hohen Verflechtungsgrad dieser Zwangsstrukturen mit den problematischen Randbedingungen des Handelns schliessen.[38] Damit wird aber auch die Annahme gestützt, dass umweltfreundliche Intentionen einzelner Personen, die keine eigene Zugriffsmöglichkeit auf diese komplexen Zwangsstrukturen haben, unter denen gehandelt werden muss, nur wenig Chancen auf gelingende Umsetzung haben.

38 Würde jeder Typ problematischer Alltagsstrukturen (A.-J.) mit *nur einem* der Restriktionstypen (I.-X.) kovariieren, dürften nur die diagonalen Zellen besetzt sein. Wären alle Zellen besetzt, würde mindestens eine der beiden Unterscheidungen (A.-J. oder I.-X.) nicht greifen. Die *kontingente* Verteilung der besetzten Zellen zeigt aber die informationsgenerierende Struktur der getroffenen Unterscheidungen. Zugleich legt dies nahe, dass *monokausale* Strategien der Veränderung von Handlungsbedingungen in all diesen Handlungsfeldern wenig Aussicht auf Erfolg haben.

Randbedingungen / Restriktionen	*A. Mangel an funktionaler Mengenoptimierung*	*B. Zwangskopplung getrennter Funktionen*	*C. Mangel an fördernden Infrastrukturen*	*D. Infrastrukturell negative Lenkungstrends*	*E. Existenz negativer Handlungsgelegenheiten*	*F. Kompensation von Handlungsresultaten*	*G. Kontraproduktive Perfektionierung*	*H. Nicht optimale Rückmeldung*	*I. Undemokratische Gestaltung von Infrastrukturen*	*J. Verbilligung der Zentralressourcen*
I. Physischer Zwang	A.1., A.3., A.4., A.5.			D.1., D.2	E.2.					
II. Instrumentelle Zwangsführung	A.1.- A.6.	B.1.- B.3.	C.1.- C.5.	D.1., D.2	E.1., E.2.		G.1., G.2.	H.3., H.4.		
III. Restriktion von Affordanzen	A.1., A.3., A.4.	B.2.	C.1., C.2., C.5.		E.1., E.2.		G.1., G.2.	H.2.		
IV. Koordinationszwang		B.2., B.4.								
V. Konkurrenzzwang		B.2., B.4.			E.2.					J.1.- J.4.
VI. Akrasiazwang		B.2.		D.1.	E.1., E.4.		G.1., G.2.	H.1.- H.4.		J.1.- J.4.
VII. Zwang des Faktischen	A.1., A.3., A.6.	B.2., B.3.	C.3.	D.1., D.2	E.1.- E.3.	F.1., F.2.	G.1., G.2.	H.1.	I.1.- I.4.	J.1.- J.4.
VIII. Antizipationsgesteuerte Restriktionen						F.1., F.2.		H.1.		
IX. Existentiale Restriktionen	A.1., A.2., A.5., A.6.	B.2., B.3.	C.1.- C.5.	D.1.					I.1., I.2.	
X. Restriktionen der Wahlfreiheit	A.1.- A.6.	B.2.- B.4.	C.1.- C.5.	D.1., D.2	E.1., E.2.	F.1., F.2.		H.2.- H.4.	I.1.- I.4.	J.1.- J.4.

Abbildung 1: *Matrix der Zusammenhänge zwischen Typen von Zwängen/Restriktionen und problematischen Strukturen als Randbedingungen individuellen Handelns*

4. Zusammenfassung und Schlussfolgerungen

> So, proenvironmental values are not enough. .... It is bad psychology to blame environmentally destructive behaviors on individuals' attitudes without examining how incentive structures affect the behaviors.
>
> P. C. Stern (1995, 90)

Die vorangegangene Analyse zeichnet ein düsteres Bild der Änderungspotentiale von Individuen innerhalb ihrer vorgegebenen Lebenswelt. Im *personalen* Handlungsspielraum dieser Individuen liegen zwar *negative* Freiheiten, z.B. die Möglichkeit, nicht umweltgerecht hergestellte oder ausgeführte Produkte und Dienstleistungen zu boykottieren,[39] doch sie verfügen über praktisch keine *positiven* Freiheiten, diejenigen Handlungsvoraussetzungen herbeizuführen oder zu erzwingen, die die Realisierung ihrer umweltfreundlichen Intentionen überhaupt erst ermöglichen würden. Die Handelnden haben also bezüglich ihres möglichen Teilziels "umweltfreundliches Handeln" wenig bis gar keine Kontrolle über die Situation; umgekehrt aber bestimmt diese Situation ihre Handlungswege, indem sie *Alternativen* zu umweltschädigenden Mitteln für legitime Zwecke *nicht zulässt* oder *nicht anbietet.*[40] Angesichts dieser Lage scheint allzu grosser Optimismus bezüglich der Wirksamkeit weiterer Aufklärungskampagnen, wiederholter appellativer Aufforderungen oder zusätzlicher gesteuerter Wertbildungsprozesse nicht angebracht. Umweltwerte und Umweltbewusstsein sind sicher notwendige, aber für sich genommen noch keine hinreichende Bedingung für umweltgerechtes Handeln, solange die Ausführungs- und Umsetzungswege für solche Einstellungen weitgehend verschlossen bleiben. So liegt es nahe, die viel beklagte Divergenz von Einstellung zu Verhalten als identisch mit der

39 Selbst diese Freiheit setzt aber hinreichende Orientierungsmöglichkeiten durch Transparenz dieser Prozesse für den Konsumenten voraus. Frey (1972, 27) verneint noch diese Möglichkeiten schon aus Aufwandsgründen, sie sind aber zunehmend durch die weitere Verbreitung von "Öko-Labels" gegeben, auch wenn deren Bedeutung und Reichweite in vielen Fällen (noch) nicht hinreichend klar ist (vgl. Wendorf 1994).

40 Diese Lage unterscheidet sich *in Bezug auf Veränderbarkeit* klar von anderen "problematischen" Handlungsweisen: Einem Süchtigen, z.B. einem Raucher, werden zu seiner für ihn offenen Verzichtsalternative jedenfalls *keine zusätzlichen* Hindernisse in den Weg gelegt. Es genügt, den Entschluss zu fassen und ihn durchzuhalten. Wer dagegen sein umweltrelevantes Handeln zum positiven hin verändern will, findet die entsprechenden Ausführungswege weitgehend verschlossen vor oder kann aus eigener Kraft keine schaffen.

Divergenz zwischen Wollen und Können zu betrachten.[41] Mögliche Lösungen der existierenden Umweltprobleme wären dann aber im wesentlichen *jenseits der aktuellen Handlungsmöglichkeiten von Individuen* zu finden.

Dies erzwingt einen erneuerten Blick auf das überkommene Konzept des Fortschritts, insofern es auf der *qualitativen* Ebene mit Beschleunigung und Erleichterung, auf der *quantitativen* Ebene mit dem Wachstum eines einseitig definierten Bruttosozialprodukts, also wegen des parallelen Wachstums auch der umweltrelevanten Stoffflüsse (vgl. Schmidt-Bleek 1994, 122ff.) zwingend mit einer zunehmenden Überforderung der Toleranzgrenzen der natürlichen Umwelt verbunden war. Die obige Analyse zeigt, dass schon vor aller umweltethischen Umorientierung, also vor allen Fragen der *Suffizienz* unserer zivilisatorischen Ansprüche (vgl. Illich 1980; 1983) eine breite Palette von Veränderungspotentialen sich auftut, die alle die *Effizienz* unserer Mittelwahlen und die *Instrumentalität* unseres (im weitesten Sinn verstanden) Werkzeuggebrauchs betreffen.[42] Da aber die Existenz oder Nichtexistenz von Handlungs*möglichkeiten* der Frage nach Umorientierung von Handlungs*intentionen* klar vorgeordnet ist, stellen sich ethische Fragen der Güterabwägung in Wertkonkurrenzen, aber auch die Fragen der Verbesserbarkeit des Umweltbewusstseins oder der sozialen Stützung umweltfreundlicher Einstellungen erst sekundär. Wenn nämlich die entscheidenden Veränderungspotentiale in der Verbesserung der Effizienz von vorgegebenen zivilisatorischen Strukturen liegen, ist es ein fast schon triviales Gebot des rationalen Eigeninteresses, sich selbst und der natürlichen Umwelt keine *überflüssigen* Schädigungen zuzumuten. Die einfache Konsequenz hieraus ist zu beginnen, die umweltrelevanten Handlungsbedingungen so zu verändern, dass umweltverantwortliches und zugleich menschenfreundliches Handeln zukünftig ermöglicht wird. Erst dieser Fortschritt trägt seinen Namen zu Recht.

---

41 Die existierende Paradoxie liegt in einem weltweit flächendeckend hohen "Umweltbewusstsein", dem fast durchgehend umweltfeindliche Infrastrukturen und problematische Handlungsbedingungen gegenüberstehen. Stern (1995, 90) weist zurecht darauf hin, dass umweltfreundliche Einstellungen und Besorgnisse von 85% der Bürger in den USA, 77% in Norwegen, 78% in Russland, 80% in Brasilien und 77% in Indien nicht zu dem fahrlässigen Schluss führen dürfen, es werde oder könne auch entsprechend diesen Einstellungen gehandelt werden. Allerdings kann diese Diskrepanz sich (neben dem Faktor der sozialen Erwünschtheit "positiver" Antworten) *auch* dem Umstand verdanken, dass die herkömmlichen Instrumente falsch konstruiert sind, indem sie auf realistische und personnahe Fragestellungen zugunsten von oft irrelevanten Wissensfragen und sehr allgemein gehaltenen "Wünschbarkeitsanfragen" verzichten (vgl. hierzu die Kritik von Kösters 1993, 141 ff., bes. 151).

42 Die vorgängige Analyse zeigt auch, dass ökologische Orientierung keinesfalls, wie in der veröffentlichten Meinung stereotyp wiederholt, mit Technikfeindlichkeit gleichgesetzt werden kann. Die politisch korrekte Form der Technikkritik besteht vielmehr darin, der herrschenden Technologie ihre ökologisch gesehen mangelnde Effizienz vorzuwerfen (vgl. hierzu die nützlichen Ansätze im Richtlinienentwurf "Empfehlungen zur Technikbewertung" des VDI, abgedruckt bei König 1988, 128 ff.).

LITERATUR

Alt, F. 1995: Der Autokrieg. In: Bohnet-von der Thüsen, H. (Hg.): Denkanstösse '96. München: Piper. S. 83-91.

Anders, G. 1956/1980: Die Antiquiertheit des Menschen. München: Hanser.

Becker, G. S. 1976/1993: Der ökonomische Ansatz zur Erklärung menschlichen Verhaltens. Tübingen: Mohr.

Berger, R., Bill, R., Forster, S., Greyertz, B. von, Seifert, M., Wimmer, K. 1994: Freizeit und Mobilität am Beispiel des Flugverkehrs. In: Interfakultäre Koordinationsstelle für Allgemeine Ökologie (Hg.): Das 1950er Syndrom. Der Weg in die Verschwendungsgesellschaft. Schriftenreihe Studentische Arbeiten. Nr. 2, April 1994. Teil 5, S. 1-18.

Birnbacher, D. 1988: Verantwortung für zukünftige Generationen. Stuttgart: Reclam.

Bode, P. M., Hamburger, S., Zängl, W. 1986: Alptraum Auto. München: Raben.

Böhret, C. 1990: Folgen. Entwurf für eine aktive Politik gegen schleichende Katastrophen. Opladen: Leske & Budrich.

Brandt, A., Hansen, U., Schoenheit, I., Werner, K. (Hg.) 1988: Ökologisches Marketing. Frankfurt: Campus.

Bratzel, S. 1995: Extreme der Mobilität. Entwicklung und Folgen der Verkehrspolitik in Los Angeles. Basel: Birkhäuser.

Busch-Lüty, Ch., Jochimsen, M., Knobloch, U., Seidl, I. (Hg.) 1994: Vorsorgendes Wirtschaften. Frauen auf dem Weg zu einer Ökologie der Nachhaltigkeit. Politische Ökologie. Sonderheft 6. München: ökom.

Daly, H. 1992: Steady-State Economics: Concepts, Questions, Policies. In: Gaia. Jg 1, Nr. 6. S. 333-338.

Daly, H. E., Cobb, J. B. Jr. 1989: For the Common Good. Redirecting the Economy towards Community, the Environment, and a Sustainable Future. Boston: Beacon Press.

Diekmann, A. 1994: Umweltbewusstsein oder Anreizstrukturen? Empirische Befunde zum Energiesparen, der Verkehrsmittelwahl und zum Konsumverhalten. In: Diekmann, A., Franzen, A. (Hg.): Kooperatives Umwelthandeln: Modelle, Erfahrungen, Massnahmen. Chur: Rüegger. S. 39-68.

Diekmann, A., Franzen, A. (Hg.) 1994: Kooperatives Umwelthandeln: Modelle, Erfahrungen, Massnahmen. Chur: Rüegger.

Diekmann, A., Preisendörfer, P. 1991: Umweltbewusstsein und Umweltverhalten. Institute für Soziologie der Universitäten Bern und München: Mimeo.

Dijksterhuis, E. J. 1956: Die Mechanisierung des Weltbildes. Berlin, Göttingen, Heidelberg: Springer.

Elias, N. 1976/1989: Über den Prozess der Zivilisation. Soziogenetische und psychogenetische Untersuchungen. Frankfurt a. M.: Suhrkamp.

Flückiger, H. 1995: Raumplanung im Spannungsfeld zwischen Trend und Steuerung. In: Pfister, Ch. (Hg.): Das 1950er-Syndrom. Der Weg in die Konsumgesellschaft. Bern: Haupt. S. 333-350.

Foppa, K. 1989: Grundlagen einer ipsativen Theorie des Handelns. Institut für Psychologie. Universität Bern. (Unveröffentlichtes Manuskript).

Frankfurt, H. G. 1971: Freedom of the Will and the Concept of a Person. In: The Journal of Philosophy. LXVIII. S. 5-20.

Frey, B. S. 1972: Umweltökonomie. Göttingen: Vandenhoeck.

Frey, B. S. 1990: Ökonomie ist Sozialwissenschaft. Die Anwendung der Ökonomie auf neue Gebiete. München: Vahlen.

Frey, B. S., Foppa, K. 1986: Human Behavior: Possibilities explain Action. In: Journal of Economic Theory. Jg 7. S. 137-160.

Gessner, W. 1995: Investigative Wissenschaftsrecherche: ein Weg zur Entwicklung neuer Optionen für umweltgerechtes Handeln? In: Gaia. Jg 4, Nr. 3. S. 182-183.

Gessner, W., Häuselmann, Ch., Kaufmann-Hayoz, R. (Textzusammenstellung) 1993: Umweltverantwortliches Handeln. Konzept - Explikation - Applikation. Textauswahl zur Vorbereitung der Arbeitstagung des SPZ Umweltverantwortliches Handeln am 24./25.5.1993 in Bern. Bern: Reader.

Gessner, W., Kaufmann-Hayoz, R. 1995: Die Kluft zwischen Wollen und Können. In: Fuhrer, U. (Hg.): Ökologisches Handeln als sozialer Prozess. Basel: Birkhäuser. S. 11-25.

Gibson, J. J. 1979/1986: The Ecological Approach to Visual Perception. Hillsdale (N.J.): Erlbaum.

Gideon, S. 1948/1987: Die Herrschaft der Mechanisierung. Ein Beitrag zur anonymen Geschichte. Frankfurt a. M.: Athenäum.

Grob, A. 1990: Meinungen im Umweltbereich und umweltgerechtes Verhalten. Ein psychologisches Ursachennetzmodell. Dissertation. Universität Bern.

Hardin, R. 1982: Collective Action. Baltimore, London: The John Hopkins University Press.

Heintz, B. 1993: Die Herrschaft der Regel. Zur Grundlagengeschichte des Computers. Frankfurt: Campus.

Hirsch, G. 1993: Wieso ist ökologisches Handeln mehr als eine Anwendung ökologischen Wissens? In: Gaia. Jg 2, Nr. 3. S. 141-151.

IDARio (Interdepartementaler Ausschuss Rio) 1995: Elemente für ein Konzept der nachhaltigen Entwicklung. Diskussionsgrundlage für die Operationalisierung. Bern: BUWAL.

Illich, I. 1980: Selbstbegrenzung. Eine politische Kritik der Technik. Hamburg: Rowohlt.

Illich, I. 1983: Fortschrittsmythen. Hamburg: Rowohlt.

Johnson, M. 1987: The Body in the Mind. The Bodily Basis of Meaning, Imagination and Reason. Chicago, London: The University of Chicago Press.

Jungermann, H., Slovic, P. 1993: Charakteristika individueller Risikowahrnehmung. In: Krohn, W., Krücken, G. (Hg.) 1993: Riskante Technologien: Reflexion und Regulation. Einführung in die sozialwissenschaftliche Risikoforschung. Frankfurt: Suhrkamp. S. 79-100.

Kaufmann-Hayoz, R., Häuselmann, Ch., Gessner, W. 1996: 'Eco-Design' - die wahrnehmungspsychologische Erweiterung eines technischen Konzepts. In: Lesch, W. (Hg.): Naturbilder. Ökologische Kommunikation zwischen Ästhetik und Moral. Berlin, Basel, Boston: Birkhäuser. (im Druck).

Knoepfel, P. 1992: Zur unzumutbaren politischen Rolle der Naturwissenschaften in der umweltpolitischen Debatte. In: Gaia. Jg 1, Nr. 3. S. 175-180.

König, W. 1988: Zu den theoretischen Grundlagen der Technikbewertungsarbeiten im Verein Deutscher Ingenieure. In: Bungard, W., Lenk, H. (Hg.): Technikbewertung. Philosophische und psychologische Perspektiven. Frankfurt a. M.: Suhrkamp. S. 118-153.

Kösters, W. 1993: Ökologische Zivilisierung. Verhalten in der Umweltkrise. Darmstadt: Wissenschaftliche Buchgesellschaft.

Kotler, P., Bliemel, F. 1991: Marketing-Management. Analyse, Planung, Umsetzung und Steuerung. Stuttgart: Poeschel.

Kramer, S., Mölle, B. 1992: Informatik und Stadtverkehr. In: Page, B., Rolf, A., Hilty, R., Schröder, W. (Hg.): Umwelt und Informatik. Aspekte einer Wechselwirkung. Hamburg: Fachbereich Informatik, Mitteilung Nr. 203. S. 235-248.

Kunkel, A. (Hg.) 1995: Dossier: Verkehr und Auto. Spektrum der Wissenschaft. Dossier 2.

Kusser, A. 1989: Dimensionen der Kritik von Wünschen. Frankfurt: Athenäum.

Langeheine, R., Lehmann, J. 1986: Ein neuer Blick auf die soziale Basis des Umweltbewusstseins. In: Zeitschrift für Soziologie. Jg 15. S. 378-384.

Lehmann, M. 1989: Die Infrastrukturen der zivilisierten Umwelt. Eine systematische Darstellung grundlegender Werke und Institutionen. Wichtrach: Edition La Rochette.

Lenk, H. 1992: Technik und Wirtschaftsfolgen: Ökologie und Ethik. In: Lenk, H.: Zwischen Wissenschaft und Ethik. Frankfurt a. M.: Suhrkamp. S. 117-153.

Lewin, K. 1936/1966: Principles of Topological Psychology. New York: McGraw-Hill.

Lewis, D. 1969/1975: Konventionen. Eine sprachphilosophische Abhandlung. Berlin, New York: de Gruyter.

Luckmann, Th. 1980: Lebenswelt und Gesellschaft: Grundstrukturen und geschichtliche Wandlungen. Paderborn: Schöningh.

Luckmann, Th. 1992: Theorie des sozialen Handelns. Berlin, New York: de Gruyter.

Meffert, H., Kirchgeorg, M. 1993: Marktorientiertes Umweltmanagement. Grundlagen und Fallstudien. Stuttgart: Schäffer-Poeschel.

Minsch, J. 1992: "Fortschritte" in merkantilistischer Wirtschaftspolitik - Strategien gegen eine Ökologisierung der Wirtschaft. In: Gaia. Jg 1, Nr. 3. S. 132-143.

Minsch, J. 1994: Ökologische Grobsteuerung - Konzeptionelle Grundlagen und Konkretisierungsschritte. Agenda für eine Nachhaltige Entwicklung der Schweiz. St. Gallen: IWÖ-Diskussionsbeitrag Nr. 17.

Norman, D. A. 1989: Dinge des Alltags. Gutes Design und Psychologie für Gebrauchsgegenstände. Frankfurt a. M., New York: Campus.

Olson, M. 1992: Die Logik des kollektiven Handelns: Kollektivgüter und die Theorie der Gruppen. Tübingen: Mohr.

Owen, W., Bowen, E. 1967: Räder. o.O.: Time Life.

Panati, Ch. 1995: Universalgeschichte der ganz gewöhnlichen Dinge. Frankfurt: Eichborn.

Peirce, C. S. 1984: Phänomen und Logik der Zeichen. Frankfurt: Suhrkamp.

Petroski, H. 1994: Messer, Gabel, Reissverschluss. Die Evolution der Gebrauchsgegenstände. Basel: Birkhäuser.

Pfister, Ch. (Hg.) 1995: Das 1950er-Syndrom. Der Weg in die Konsumgesellschaft. Bern: Haupt.

Rohbeck, J. 1993: Technologische Urteilskraft. Zu einer Ethik des technischen Handelns. Frankfurt a. M.: Suhrkamp.

Rowe, W. D. 1993: Ansätze und Methoden der Risikoforschung. In: Krohn, W., Krücken, G. (Hg.): Riskante Technologien: Reflexion und Regulation. Einführung in die sozialwissenschaftliche Risikoforschung. Frankfurt: Suhrkamp. S. 45-78.

Schahn, J. 1993: Die Kluft zwischen Einstellung und Verhalten beim individuellen Umweltschutz. In: Schahn, J., Giesinger, Th. (Hg.): Psychologie für den Umweltschutz. Weinheim: Psychologie Verlags Union. S. 29-49.

Schaible-Rapp, A. 1993: Das Entsorgungsproblem. In: Schahn, J., Giesinger, Th. (Hg.): Psychologie für den Umweltschutz. Weinheim: Psychologie Verlags Union. S. 103-122.

Schmidt-Bleek, F. 1993: Wieviel Umwelt braucht der Mensch? MIPS - Das Mass für ökologisches Wirtschaften. Berlin, Basel, Boston: Birkhäuser.

Schröder, W. 1992: Chipproduktion und Computerschrott. In: Page, B., Rolf, A., Hilty, R., Schröder, W. (Hg.): Umwelt und Informatik. Aspekte einer Wechselwirkung. Hamburg: Fachbereich Informatik, Mitteilung Nr. 203. S. 249-258.

Schütz, A., Luckmann, Th. 1991: Strukturen der Lebenswelt. Frankfurt a. M.: Suhrkamp.

Seyfried, D. 1991: Gute Argumente: Verkehr. München: Beck.

Spada, H. 1990: Umweltbewusstsein: Einstellung und Verhalten. In: Kruse, L., Graumann, C.-F., Lantermann, E.-D. (Hg.): Ökologische Psychologie. Ein Handbuch in Schlüsselbegriffen. Weinheim: Psychologie Verlags Union. S. 623-631.

Stern, P. C. 1995: Understanding and Changing Environmentally Destructive Behavior. In: Fuhrer, U. (Hg.): Ökologisches Handeln als sozialer Prozess. Basel: Birkhäuser. S. 89-96.

Tanner, C., Foppa, K. 1994: Wahrnehmung von Umweltproblemen. In: Diekmann, A., Franzen, A. (Hg.): Kooperatives Umwelthandeln: Modelle, Erfahrungen, Massnahmen. Chur: Rüegger. S. 113-132.

Urban, D. 1986: Was ist Umweltbewusstsein? Exploration eines mehrdimensionalen Einstellungskonstrukts. In: Zeitschrift für Soziologie. Jg 15. S. 363-377.

Vester, F. 1990: Ausfahrt Zukunft. Strategien für den Verkehr von morgen. München: Heyne.

Vester, F. 1995: Crashtest Mobilität. München: Heyne.

Wanner, H. U., Camenzind, R. 1995: Städtische Umweltqualität. Eine Frage der Technik und des Verhaltens. Zürich: vdf.

Weizsäcker, E. U. von, Lovins, A. B., Lovins, L. H. 1995: Faktor Vier. Doppelter Wohlstand - halbierter Naturverbrauch. Der neue Bericht an den Club of Rome. München: Droemer Knaur.

Wendorf, G. 1994: Umweltzeichen im Spannungsfeld zwischen Konsumenten und Unternehmen. Frankfurt a. M.: Lang.

Weth, R. von der, Strohschneider, S. 1993: Planungsprozesse aus psychologischer Sicht. In: Strohschneider, S., Weth, R. von der (Hg.): Ja, mach nur einen Plan. Pannen und Fehlschläge - Ursachen, Beispiele, Lösungen. Bern: Huber. S. 12-35.

Wortmann, K. 1994: Psychologische Determinanten des Energiesparens. Weinheim: PVU.

Wortmann, K., Stahlberg, D., Frey, D. 1993: Energiesparen. In: Schahn, J., Giesinger, Th. (Hg.): Psychologie für den Umweltschutz. Weinheim: Psychologie Verlags Union. S. 77-102.

3.4.

Umweltbildung und Umweltberatung

Problemorientierte Umweltbildung als partizipativer Prozess

Regula Kyburz-Graber, Lisa Rigendinger, Gertrude Hirsch

An die Umweltbildung werden im Zusammenhang mit der Lösung von Umweltproblemen hohe Erwartungen gestellt: die junge Generation soll durch Umweltbildung dazu gebracht werden, ihr Verhalten den vorhandenen Vorstellungen über eine umweltverantwortliche Lebensweise anzupassen. Diese Auffassung steht jedoch im Widerspruch zu einem Bildungsverständnis, das darauf zielt, dass Menschen die Fähigkeit zu Selbstbestimmung und Selbstverantwortung erlangen. Bezogen auf umweltverantwortliches Handeln bedeutet dies, Jugendliche zur Mitgestaltung im Prozess nachhaltiger Entwicklung zu befähigen.

Im vorliegenden Forschungsprojekt wird die Bedeutung von Umweltbildung angesichts der Umweltproblematik untersucht. Umweltprobleme gehören zu den Bildungsaufgaben der Schule - wie andere Schlüsselprobleme unserer Gesellschaft auch. Der Stellenwert von Umweltbildung innerhalb der allgemeinen Bildungsziele ist in diesem Zusammenhang zu klären: was sind die Ziele von Umweltbildung innerhalb der Allgemeinbildung und wie lassen sie sich im Unterricht umsetzen? Dabei sind zwei Aspekte von besonderer Bedeutung: Problemorientierung in der Umweltbildung und Partizipation als konstitutives Element des Bildungsprozesses selbst. Diese beiden Aspekte beleuchten wir im vorliegenden Beitrag sowohl theoretisch als auch in der praktischen Umsetzung. Umweltbildung ist so verstanden ein Prozess, bei dem Jugendliche beispielhaft lernen, was es heisst, sich aus unterschiedlicher Perspektive mit Umweltproblemen und dem Vorgehen bei der Suche nach Lösungen auseinanderzusetzen.

1. Neuorientierung in der Umweltbildung initiieren - das Projekt "Umweltbildung in Maturitätsschulen"

1.1. *Sozio-ökologische Umweltbildung*

Umweltbildung wird in der Schulpraxis weitgehend als Instrument zur individuellen Verhaltensänderung verstanden: den Lernenden werden ökologisches Wissen und Werte vermittelt, in der Erwartung, dass sie dadurch eine Bereitschaft zu umweltbewusstem Verhalten entwickeln. Dieses Verständnis der Bildungsaufgabe der Schule, was den Umgang mit Umweltproblemen betrifft, ist in zweifacher Hinsicht verkürzt - zum einen in bezug auf die Bildungsziele, zum anderen, was das Verständnis von Umweltproblemen angeht (vgl. dazu Hirsch, Kyburz-Graber 1993; Kyburz-Graber et al. 1995a; Kyburz-Graber et al. 1996a).

Die geforderte Neuorientierung in der Umweltbildung haben wir als *sozio-ökologische*[1] Umweltbildung begründet und als didaktisches Konzept konkretisiert (vgl. dazu Kyburz-Graber et al. 1996b). Unter sozio-ökologischer Umweltbildung verstehen wir eine Umweltbildung, bei der Lehrende und Lernende:

- das alltägliche Handeln ins Zentrum stellen - das Handeln in sozialen Gemeinschaften verschiedenster Art, in sogenannten Handlungssystemen (konkret: in einem Betrieb, einer Schule, einem Freizeitgebiet usw.);[2]
- soziale und ökologische Fragestellungen, auf die sie in den Handlungssystemen stossen, in ihrem Zusammenhang untersuchen;
- Handlungsmöglichkeiten für eine nachhaltige Entwicklung dieser Handlungssysteme erarbeiten, die sowohl Individuen als auch Strukturen betreffen.

Eine derartige Umweltbildung existiert in der Schulpraxis nicht, dies geht aus verschiedenen Untersuchungen hervor (Eulefeld et al. 1993; Kyburz-Graber et al. 1995b).

Das Ziel des Forschungsprojekts "Umweltbildung in Maturitätsschulen" bestand zum einen darin, sozio-ökologische Umweltbildung als Bildungsaufgabe zu begründen und die Bildungsziele zu bestimmen. Zum anderen ging es darum, ein didaktisches Konzept für sozio-ökologische Umweltbildung in seinen Komponenten zu umschreiben, und als drittes: diese zusammen mit Maturitätsschulen an verschiedenen Unterrichtsthemen zu realisieren - und zu untersuchen, wie diese Komponenten im Unterricht umgesetzt werden können und welche Einflussfaktoren sich fördernd bzw. hemmend auf ihre Realisierung auswirken.

---

1 Mit "sozio-" bzw. "sozial" ist hier alles gemeint, was das Zusammenleben von Menschen in Staat und Gesellschaft betrifft - im Unterschied zu "ökologisch", d.h. Lebensräume und ihre biotischen und abiotischen Faktoren betreffend.

2 Die Wahl von Handlungssystemen als Themen der Umweltbildung ist zweifach begründet: 1. Ökologische Auswirkungen menschlichen Handelns sind als nicht-intendierte Nebenfolgen zu interpretieren (Hirsch 1993). Daher muss Umweltbildung - wenn sie zu einem adäquaten Verständnis von Umweltproblemen und zu ihrer Lösung beitragen soll - dort ansetzen, wo Menschen handeln, nicht bei ökologischen Themen (Hirsch, Kyburz-Graber 1993). 2. Menschen sind mit ihrem Handeln immer in sozialen Systemen eingebunden. Aus diesem Grund müssen solche Systeme mit ihren ökologischen Auswirkungen zum Ausgangspunkt und Fokus der Unterrichtsarbeit gemacht werden.

Für den dritten Teil haben wir mit acht Maturitätsschulen zusammengearbeitet. Ein Team von Lehrkräften verschiedener Fachrichtungen arbeitete an jeder Schule in einem Unterrichtsprojekt zu sozio-ökologischer Umweltbildung. An fünf Kernschulen wurden die beteiligten Lehrkräfte vom Forschungsteam in Weiterbildungsseminaren vorbereitet und begleitet. Drei Begleitschulen arbeiteten nach einem Einführungstag unabhängig.

1.2. Die realisierten Unterrichtsprojekte

Die folgende Abbildung zeigt die Unterrichtsprojekte der fünf Kernschulen: die Themen, die beteiligten Klassen, die beteiligten Lehrkräfte und Fächer, die zeitliche Organisation der Unterrichtsprojekte sowie die Inhalte und Methoden.

Im folgenden gehen wir auf zwei wichtige Merkmale sozio-ökologischer Umweltbildung näher ein: auf die Problemorientierung und den partizipativen Charakter. Wir erläutern, was damit gemeint ist, und welche Bedeutung Problemorientierung und Partizipation für die Planung und Durchführung von sozio-ökologischer Umweltbildung haben.[3]

3 Aus Platzgründen können wir in diesem Beitrag auf ein drittes wichtiges Merkmal von sozio-ökologischer Umweltbildung nicht eingehen: den Einbezug erfahrungsbezogener Problemwahrnehmungen ("Alltagskonzepte"): s. dazu Kyburz-Graber et al. 1996b.

Unterrichtsprojekte Kernschulen: Übersicht

	Literargymnasium Bern-Kirchenfeld	Wirtschaftsgymnasium Bern-Neufeld
Handlungssystem	Mensa	Freizeitgebiet an der Aare
Leitfrage	Wie kann die schuleigene Mensa zu einer umweltverträglichen Ernährung beitragen?	Wieviel und welche Freizeit ertragen natürliche und gesellschaftliche Umwelt?
Beteiligte Klassen	2 Gymnasialklassen Typus* A	2 Gymnasialklassen Typus* E
Schuljahr	11./11. Schuljahr	10./12. Schuljahr
Beteiligte Lehrkräfte und Fächer (TP = Teilprojekt)	TP 1: zwei Lehrkräfte – Biologie/Geografie, Geschichte TP 2: drei Lehrkräfte – Biologie, Geschichte, Geografie	TP 1: fünf Lehrkräfte – Geografie, Englisch, Wirtschaft, Biologie, Geschichte TP 2: sechs Lehrkräfte – Biologie, Chemie, Mathematik, Wirtschaft, Französisch, Physik
Organisation im Stundenplan (TP = Teilprojekt)	TP 1: 1–2 Lektionen pro Fach und Woche, 1 Semester; zusätzlich Wirtschaftswoche TP 2: 1–2 Lektionen pro Fach und Woche, 1 Semester; zusätzlich Wirtschaftswoche	TP 1: Projektwoche mit Vor- und Nachbereitung in Form von Blocktagen (ca. 60 Lektionen insgesamt) TP 2: 5 Blocktage über 3 Monate verteilt (ca. 50 Lektionen insgesamt)
Inhalte (TP = Teilprojekt)	TP 1: Was kommt rein in die Mensa? Versorgung und Angebot der Mensa: Untersuchung ausgewählter Produkte, die in der Mensa konsumiert werden (Weggli, Kaffee, Coca-Cola, Kopfsalat, Rindfleisch, Toblerone). Veränderungsmöglichkeiten, Aktionswochen in der Mensa. TP 2: Was geht raus aus der Mensa? Entstehungsgeschichte der Mensa, Abfallarten und -mengen im Betriebsablauf, Abfallunordnung an der Schule, Externe Abfallwege – Deponie und KVA, Restenverwertungskonzept, Wasser und Abwasser, Aufwand für Ordnung und Sauberkeit, Ess- und Trinkutensilien. Veränderungsmöglichkeiten, Aktionswochen in der Mensa.	TP 1: Freizeitnutzung an der Aare: Erheben der Nutzungsformen im Freizeit- und Erholungsraum «Aare», Erfassen und Bewerten von Nutzungskonflikten als Folge von Freizeitaktivitäten, Erarbeiten von Lösungsansätzen zur Konfliktverminderung oder -vermeidung. TP 2: Kommunikation zwischen Alt und Jung an der Aare, Freizeitaktivitäten bei Tag, Umweltbelastungen an der Aare, Fauna im Aaregebiet, Freizeitaktivitäten bei Nacht.
Methoden (TP = Teilprojekt)	TP 1: Beschaffen von Studien- und Arbeitsmaterial, Menujournale, Darstellen von Daten und Sachverhalten, Interviews, Exkursionen, Expertengespräche, Aktionswochen in der Mensa. TP 2: Beschaffen von Studien- und Arbeitsmaterial, Darstellen von Daten und Sachverhalten, Interviews, Exkursionen, Expertengespräche, Aktionswochen in der Mensa.	TP 1: Beobachtungen, Befragungen, Kartierungen, Analysen und Folgerungen, fotografische Dokumentation, Gestaltung einer Vitrinenausstellung. TP 2: Wahrnehmung, Erleben, Beobachtungen, Gespräche mit Fachleuten und betroffenen Personen, Sammeln und Zusammenstellen von Informationen, chemische Analysen, journalistische Umsetzung der Ergebnisse (Zeitung, Bulletin), Erarbeiten eines Vorschlags für ein umweltfreundliches Freizeitangebot (Beach-Volley-Feld) und Realisierung.

* Maturitätstypen:
Typus A: Literarmaturität mit Latein und Griechisch
Typus B: Literarmaturität mit Latein und modernen Sprachen
Typus C: Realmaturität
Typus D: Neusprachliche Maturität
Typus E: Wirtschaftswissenschaftliche Maturität

Lehrerseminar Mariaberg Rorschach	Kantonsschule Sargans	Kantonsschule Trogen
Freizeitgebiet am See	Einkaufszentrum Pizolpark	Lebensraum Schule
Wieviel und welche Freizeit ertragen natürliche und gesellschaftliche Umwelt?	Welchen Konsum darf sich unsere Gesellschaft leisten?	Was heisst Lernen für eine nachhaltige Gesellschaft?
3 Seminarklassen	1 Seminarklasse	5 Klassen (Typen* A, B, C, E, Handelsmittelschule)
12./11./12. Schuljahr	11. Schuljahr	10.–12. Schuljahr
TP 1: drei Lehrkräfte – Biologie, Deutsch, Psychologie TP 2: ein Lehrer – Biologie TP 3: drei Lehrkräfte – Biologie, Geografie, Zeichnen	vier Lehrkräfte – Englisch, Deutsch, Biologie, Geografie/Geschichte	TP 1: ein Lehrer – Deutsch/Geschichte TP 2: ein Lehrer – Philosophie TP 3: zwei Lehrer – Mathematik, Geschichte TP 4: zwei Lehrer – Geografie, Latein TP 5: ein Lehrer – Chemie
TP 1: 4-Lektionenblöcke in jedem Fach, 1 bzw. ½ Semester TP 2: 3 Lektionen Biologie, 1 Semester TP 3: 2–4-Lektionenblöcke, 1 Quartal; 5-Lektionenblöcke, 1 Semester	ca. 10 Fachlektionen pro Woche, teilweise in 4-Lektionenblöcken, 1 Semester	TP 1–5: Fachlektionen und je 1–2 Blocktage
TP 1: Untersuchungen in einem Naturschutzgebiet: botanisch, zoologisch, Freizeitnutzungen. Freizeitverhalten: Perspektivenwechsel, Werthaltungen im verbalen und nonverbalen Ausdruck. Handlungstheorien, Denken in komplexen Situationen (Probleme lösen). TP 2: Braune Haut – Haut der Erde: Ursachen und Auswirkungen der UV-Strahlung, Sonnenbadeverhalten und allgemeines Wissen über die Problematik. TP 3: Vermarktung des Bodensees. Was zieht Jugendliche an den See? Nutzungen im Uferbereich. Stimmungen am See. Bodensee 1934–1994.	Geschichte der Migros, Raumplanung am Beispiel des Pizolparks, Klanglandschaft Pizolpark, Bilder des Einkaufszentrums, offene und verdeckte Werbung im Einkaufszentrum, Recycling im Pizolpark, das Einkaufszentrum aus der Sicht von Personal/Kundschaft/Leitung, Arbeitsmappe zum Thema Umwelt für die Sekundarstufe I.	TP 1: Szenische Bearbeitung des Lebensraumes Schule TP 2: Schulklima: Motive für den Schulbesuch, Erwartungen der Schülerinnen und Schüler, das Mädchenkonvikt, Schulwege, Schule kontra Freizeit, ... TP 3: Wie möchte ich Mathematik lernen. Geschichte und Architektur der verschiedenen Schulbauten TP 4: Ökologische Untersuchungen zum Lebensraum Schule und Handlungsmöglichkeiten. Naturbeziehung in Texten und innerhalb/ausserhalb der Schule TP 5: Suchtverhalten in der Schule – Drogen, Nikotin und Alkohol
TP 1: Feldbeobachtungen, vegetationskundliche Aufnahmen, fotografische Dokumentation, selbständiges Bearbeiten von zusätzlichen themenbezogenen Informationen. Interviews mit Personen, die sich im Freizeitgebiet aufhalten (beruflich, zur Erholung, für naturschützerische Tätigkeiten); Textarbeit (Personnage). Textarbeit, Planspiel. TP 2: Selbständige Erarbeitung der Sachinformationen, Befragungen mit statistischer Auswertung, Sommer-Aktion zum Thema (vorgesehen). TP 3: Analyse der Bodenseewerbung, Befragungen, fotografische Dokumentation und Befragung von Erholungssuchenden am See, Nutzungskartierung, Printmedienanalyse.	Einführung in die Ökologie am Beispiel Pizol-Park, Dokumentenanalyse, Arbeitseinsatz im Einkaufszentrum, Befragungen von Personal, Kundschaft und Leitung der Genossenschaftszentrale Gossau, Fotodokumentation, Interviews mit Fachleuten, didaktische Aufbereitung von Informationen.	TP 1: Rollenspiel und Videoaufnahmen TP 2: Befragung, Interviews TP 3: Mini-Zukunftswerkstatt. Perspektivische Darstellung der Schulbauten, Bildanalyse TP 4: Verarbeitung von Informationen. Textanalyse, Befragung TP 5: Selbständige Verarbeitung von Daten zum Suchtverhalten, eigene Befragungen, Expertengespräch

Abbildung 1: *Die Unterrichtsprojekte der Kernschulen*

2. Der problemorientierte Ansatz

2.1. Problemorientierung in der Umweltbildung

Seit der UNESCO-Umwelterziehungskonferenz in Tiflis 1977 ist Problemorientierung eines der meist genannten Postulate für Umweltbildung. "Erkennen, Vorhersehen, Verhindern und Lösen von Umweltproblemen setzen ein Problembewusstsein, Kenntnisse, praktische Fähigkeiten und die aktive und solidarische Beteiligung von einzelnen, von Gruppen und von Entscheidungsträgern voraus" - so lautete eine der zentralen Empfehlungen von Tiflis (Eulefeld, Kyburz-Graber 1979, 204). Um zu verhindern, dass lediglich isolierte fachsystematische Aspekte aneinandergereiht werden, sollte im Unterricht von konkreten Umweltproblemen ausgegangen werden - das war damals die Forderung. Die behandelten Umweltprobleme sollten für die jeweilige Lebenssituation der Schüler und Schülerinnen eine Bedeutung haben und zugleich Möglichkeiten zur Thematisierung von überregionalen Umweltfragen eröffnen. Problemorientierung wurde also als Gegenbegriff zur Fachorientierung verstanden.

Das Prinzip der Problemorientierung wurde in vielen späteren, theoretischen und empirischen Studien aufgegriffen und differenziert (in der Schweiz vgl. z.B. Meylan et al. 1988). Eulefeld und seine Kollegen untersuchten, wie die Empfehlungen von Tiflis in die Unterrichtspraxis umgesetzt worden waren, gerade auch in bezug auf die problemorientierte Themenbearbeitung im Unterricht (Eulefeld et al. 1993). Dabei unterschieden sie zwei Problemorientierungen: die "naturwissenschaftliche Problemorientierung"[4] und die "sozialwissenschaftliche Problemorientierung"[5]. Was das Ausmass der Problemorientierung des Unterrichts angeht, stellen Eulefeld et al. erhebliche Unterschiede zwischen 1985 und 1991 fest: Diejenigen Lehrkräfte, die ihren Umweltunterricht 1990/91 weitgehend nach den Kriterien von Tiflis durchführten, praktizierten in der Themenbearbeitung zu 98% eine naturwissenschaftliche Problemorientierung (gegenüber 67% 1985) und zu 67% eine sozialwissenschaftli-

---

4 Gemeint ist ein "eher naturwissenschaftlich ausgerichteter Zugang zur Erarbeitung von Problembeschreibungen, z.B. durch Thematisierung anthropogener Faktoren für die Entstehung von Umweltbeeinträchtigungen (Beispiel: Umweltbelastung bei der Produktherstellung)" (Eulefeld et al. 1993, 56).

5 Darunter verstehen die Autoren "die unterrichtliche Einbeziehung politischer und gesellschaftlicher Faktoren für die Entstehung von Umweltbeeinträchtigungen, z.B. durch die Behandlung des Verhältnisses zwischen Ökonomie und Ökologie" (Eulefeld et al. 1993, 56).

che Problemorientierung (gegenüber 53% 1985).[6] Diese Ergebnisse weisen darauf hin, dass im Unterricht die sogenannte naturwissenschaftliche Problemorientierung dominiert, das heisst, es werden in erster Linie die (naturwissenschaftlich) festgestellten anthropogenen Veränderungen in der Natur zum Thema gemacht.

Joachim Kahlert (1990) untersuchte nicht die Unterrichtspraxis, sondern die umweltpädagogische Literatur, an der sich auch Lehrkräfte orientieren. Er analysierte die entsprechende Literatur darauf hin, wie die betreffenden Autoren in bezug auf Ursachen und Lösungsvorschläge für Umweltprobleme argumentieren und kommt zum Schluss, dass die Darstellung von Umweltproblemen meist naturwissenschaftlich geprägt und von unreflektierten Annahmen über Mensch, Gesellschaft und Natur geleitet ist.

Eulefeld et al. (1993) verdeutlichen mit ihrer Unterscheidung von «natur- bzw. sozialwissenschaftlicher» Problemorientierung, dass Umweltprobleme über die anthropogenen Veränderungen in der Natur hinaus auch die anthropogenen *Ursachen* dieser Veränderungen einschliessen. Dies erfordert, dass auch sozial- (und geistes-)wissenschaftliche Perspektiven (bzw. Fächer) miteinzubeziehen sind. Die begriffliche Bezeichnung erscheint uns allerdings irreführend. "Naturwissenschaftliche" bzw. "sozialwissenschaftliche" Problemorientierung überdeckt den spezifischen Ausgangspunkt einer problemorientierten Umweltbildung: reale Problemsituationen und nicht fachspezifische Fragestellungen. Geeigneter wäre z.B. die Bezeichnung "ökologische bzw. soziale Problemorientierung".

Eine zweite Dimension von Problemorientierung ist im ursprünglichen Postulat von Tiflis nicht enthalten, nämlich die Klärung der Frage, was als Umweltproblem betrachtet wird: Umweltprobleme sind keine objektiv existierenden Phänomene, sondern soziale Konstruktionen, deren Bedeutung und Einschätzung von unterschiedlichen und sich wandelnden menschlichen Interessen abhängt (Robottom, Hart 1995; Hirsch 1995). Umweltprobleme werden in der Regel kontrovers beurteilt, weil sie von den Beteiligten unterschiedlich wahrgenommen und bewertet werden.[7] Ramsey et al. haben dafür den Begriff des "issue" verwendet; sie verste-

---

6 Die beiden Typen von Problemorientierung schliessen sich gegenseitig nicht aus, d.h. es ist möglich, dass ein Unterricht sowohl naturwissenschaftlich als auch sozialwissenschaftlich problemorientiert ist. Deshalb addieren sich die Prozentzahlen zu mehr als 100%.

7 Die Ergebnisse der Untersuchung von Fuhrer und Wölfing über soziale Repräsentationen von Umweltproblemen zeigen, welchen Einfluss soziale Systeme darauf haben, wie Menschen über Umweltprobleme denken (s. Ziff. 8. ihres Beitrags in diesem Band).

hen darunter "... a socially or ecologically significant problem, somehow related to the environment, about which there are differing human beliefs and values" (Ramsey et al. 1989, 26).

Weil konfligierende Bewertungen charakteristisch sind für Umweltprobleme und deren Lösungen, impliziert Problemorientierung in der Umweltbildung also nicht nur fächerübergreifende bzw. transdisziplinäre[8] Bearbeitung von Themen, sondern auch die Analyse von unterschiedlichen Bewertungen.

Im folgenden stellen wir eine Hauptkomponente des didaktischen Konzepts vor: wie Themen sozio-ökologischer Umweltbildung formuliert werden. Die Themen für die Unterrichtsprojekte bilden den Rahmen für eine problemorientierte Bearbeitung von Unterrichtsthemen, dabei ist die Art und Weise ihrer Formulierung entscheidend.

2.2. *Problemorientierte Themen in den Unterrichtsprojekten*

Die Bedingung für die Teilnahme interessierter Maturitätsschulen im Forschungsprojekt war: Ein Team von Lehrerinnen und Lehrern unterschiedlicher Fachrichtungen[9] (mindestens vier) realisiert im Winterhalbjahr 1994/95 ein Unterrichtsprojekt zu einem gemeinsamen Thema.

Das gemeinsame Thema musste die Anforderungen der Problemorientierung erfüllen:

- Unterrichtsthema ist ein sogenanntes Handlungssystem, z.B. ein Betrieb, die Schule, eine Freizeitanlage usw. Im Zentrum des Unterrichts steht also nicht die Natur bzw. ein ökologisches System, auch keine ökologische Fragestellung, sondern eine menschliche Gemeinschaft - ein Handlungssystem - und ihr Verhältnis zur gesellschaftlichen und natürlichen Umwelt[10].
- Es handelt sich um ein konkretes, räumlich abgrenzbares, gut erreichbares Handlungssystem, zu dem die Schülerinnen und Schüler eine (alltägliche) Beziehung haben. Ausserdem soll das Handlungssystem

[8] Zum Verständnis von Transdisziplinarität im Unterschied zu Interdisziplinarität siehe Hirsch 1995.

[9] Natur-, Sozial- und Geisteswissenschaften sowie musische Fächer.

[10] Unter "gesellschaftlicher Umwelt" verstehen wir in einem weiten Sinn alle gesellschaftlich bedingten Strukturen, z.B. ökonomische, rechtliche, soziale, politische, kulturelle Bedingungen, ausserdem die Menschen in diesen Strukturen. Mit "natürlicher Umwelt" sind Lebensräume mit ihren biotischen und abiotischen Faktoren gemeint.

möglichst die ganze Gesellschaft betreffen - jung und alt, Männer und Frauen, in unterschiedlichen gesellschaftlichen Rollen.

- Lehrende und Lernende formulieren eine gemeinsame, übergreifende Fragestellung: Wie muss und kann sich das gewählte Handlungssystem in Richtung einer nachhaltigen Gesellschaft verändern? Das Handlungssystem lässt sich unter einer solchen Fragestellung im Sinne eines "issue" untersuchen, das heisst als Problemsituation, die von den Beteiligten bzw. Betroffenen unterschiedlich wahrgenommen und bewertet wird.[11]

Die Berücksichtigung dieser Kriterien führte zum Beispiel im Wirtschaftsgymnasium Bern-Neufeld zum Thema "Freizeit an der Aare". Bei der Formulierung und Eingrenzung des allgemeinen Themas "Freizeit" im ersten Weiterbildungsseminar (s. Abb. 2) wurden verschiedene Vorschläge verworfen, weil sie den genannten Kriterien nicht genügten, unter anderem: eine Disco oder ein Kino - weil beide kein Aussengelände umfassen; die Festhalle auf der Allmend bzw. das Eisstadion Wankdorf (dort finden regelmässig Eishockey-Matches statt) - weil Jugendliche vermutlich eher wenig Freizeit dort verbringen, vor allem die Mädchen; ein Skiort in den Bergen - weil er schlecht erreichbar ist und weniger die alltägliche Freizeit betrifft. Das Freizeitgebiet an der Aare enthält mehrere Anlagen, unter anderem das Flussbad Marzili, das Weiermanns-Bad, den Campingplatz Eichholz, den Tierpark Dählhölzli.

Mit der Wahl eines konkreten Handlungssystems als Unterrichtsthema wird eine sozio-ökologische Problemsituation ins Zentrum gerückt. Ausgangs- und Bezugspunkt ist somit nicht das Fach, die Fachstruktur, sondern das Problem bzw. die Probleme und deren sachliche Struktur.

2.3. *Unterstützung der Lehrkräfte für ein problemorientiertes Vorgehen in den Unterrichtsprojekten*

Die Themenanlage allein kann eine problemorientierte und transdisziplinäre Bearbeitung des Themas nicht garantieren. Forschungsergebnisse lassen zudem vermuten, dass es Lehrkräften schwerfällt, den Unterricht von einer umfassenden Problemorientierung her zu strukturieren

---

11 Wir hatten diese übergreifende Fragestellung unter dem Titel "Nachhaltige Entwicklung von Handlungssystemen" in allgemeiner Form formuliert. Allerdings stellte sich im Laufe der Unterrichtsprojekte heraus, dass die explizite Formulierung einer Leitfrage zum Thema das fächerübergreifende Arbeiten unterstützt hätte. Die Leitfragen in der Übersicht zu den Unterrichtsprojekten (Abb. 1) sind daher als nachträgliche Explizierung der allgemeinen Leitfrage zu verstehen.

(Eulefeld et al. 1993). Sie werden mit der anspruchsvollen Realisierung von abstrakten Konzepten auch weitgehend allein gelassen (OECD-CERI 1995; Kyburz-Graber et al. 1995b). Dies führt dazu, dass sie sich stärker an ihren bisherigen Unterrichtserfahrungen orientieren. Der eher an technisch-naturwissenschaftlichen Problemlösungen ausgerichtete öffentliche Diskurs über Umweltprobleme dürfte die Aufgabe zusätzlich erschweren, weil wahrscheinlich auch die Schülerinnen und Schüler von diesem Diskurs geprägt sind.

Sieben vorbereitende bzw. begleitende Weiterbildungsseminare pro Kernschule (s. Abb. 2) dienten der Unterstützung der Lehrerinnen und Lehrer bei den Herausforderungen, die mit sozio-ökologischer Umweltbildung verbunden sind. Zur Erleichterung der Problemorientierung stellten wir den Lehrkräften spezifische Instrumente zur Verfügung: eine didaktische Verlaufsstruktur, die "Issue Analysis Technique" sowie didaktische "Landkarten" (s. dazu Kyburz-Graber et al. 1996c).

Im zweiten Weiterbildungsseminar arbeiteten wir mit der Methode der "Issue Analysis Technique" (nach Ramsey et al. 1989). Sie eignet sich besonders dafür, die eigene, erfahrungsbezogene Problemwahrnehmung zu verbalisieren und einen fächerunabhängigen Zugang zum Problemfeld, in unserem Fall das konkrete Handlungssystem, zu erschliessen.

Die Lehrkräfte setzten sich mit der Aufgabe auseinander, das Handlungssystem im Sinne eines "issue" zu betrachten, d.h. einer Frage bzw. einer Situation, zu der die betroffenen Personengruppen unterschiedliche Meinungen und Wertvorstellungen haben. Die Methode beinhaltet folgende Schritte: Zuerst werden die Personen bzw. Personengruppen, die im betreffenden Handlungssystem miteinander zu tun haben bzw. darin tätig sind, aufgelistet. Dann werden für jede Personengruppe folgende Fragen beantwortet: Was ist die Rolle bzw. Position dieser Personengruppe in der Gesellschaft? Welches sind ihre Meinungen bzw. Einstellungen zur Situation? Welches sind die Werte, die vermutlich hinter diesen Meinungen stehen (z.B. ökonomische, ethische, ökologische, soziale)? Es geht also darum, die unterschiedlichen Ziele und Wertvorstellungen der Beteiligten herauszuarbeiten.[12] Dies ist wichtig für das Erkennen und das Verständnis von Zielkonflikten.

Die Issue Analysis Technique provoziert eine Gesamtsicht, weil sie sich nicht nur auf einzelne Probleme oder auf eine Fachperspektive konzen-

12 Die Beantwortung dieser Fragen durch die Lehrkräfte bzw. die Schülerinnen und Schüler ist in dieser Phase natürlich subjektiv. Im Laufe des Unterrichtsprojekts kann vermuteten Zielkonflikten systematischer nachgegangen werden.

triert. Daher eignet sich die Methode besonders für das Entwickeln von Leitfragen zum Thema. In Sargans haben die Lehrkräfte z.B. folgende Fragen zum Handlungssystem Pizol Park, dem grössten Einkaufszentrum der Region, entwickelt: Was steht hinter dem Konsumieren? Wer konsumiert was? Wie ist das gesamte Einkaufszentrum entstanden? Was dachten die Behörden damals? Wie sind die Entscheidungsprozesse abgelaufen? Wie hat die Region auf dieses Phänomen reagiert? Was kann man aus diesem Entstehungsprozess lernen, auch für die Zukunft des Einkaufszentrums? Welches sind die positiven Seiten des Einkaufszentrums? Welches die Alternativen zum Einkaufszentrum? Ist das Einkaufszentrum ein "umweltgerechterer" Einkaufsort als der Einzelhandel? Wie läuft der Betrieb im Einkaufszentrum? Wie verläuft der Produktions- und Lebensweg von bestimmten Produkten? Was bedeuten Freizeit, Konsumerlebnis im Einkaufszentrum? Wie hängen sie mit dem Verhältnis von Arbeit und Freizeit in unserer Gesellschaft zusammen? Welches Umweltbewusstsein hat die Kundschaft, das Personal? Welche Verantwortung übernimmt die Trägerschaft? Wie kommt man an Kundschaft bzw. Personal heran, wenn man über Umwelt informieren will? Welche Bedeutung hat die Werbung?

Derartige Leitfragen verlangen nach einer transdisziplinären Bearbeitung. Das beinhaltet auch, disziplinäre Perspektiven im Hinblick auf die spezifische sozio-ökologische Problemstellung zu integrieren.

3. Umweltbildung als partizipativer Prozess

Partizipation ist ebenso wie Problemorientierung seit den Tiflis-Empfehlungen eng mit der Umweltbildung verknüpft. Die Fähigkeit zur Partizipation wird als Ziel einer handlungsorientierten Umweltbildung gesehen: "Lösen von Umweltproblemen setzt die aktive und solidarische Beteiligung von einzelnen, von Gruppen und Entscheidungsträgern voraus" (Eulefeld, Kapune 1979, 204). In den "Empfehlungen zur Umwelterziehung" von München heisst es, Umwelterziehung solle ausgewogen der Verwirklichung der individuellen Freiheit *und* den Ansprüchen der sozialen Gemeinschaft dienen (Empfehlungen zur Umwelterziehung 1979). Im Kapitel 36 der "Agenda 21" von Rio wird das Prinzip der Partizipation unter dem Titel "Reorienting Education Towards Sustainable Development" wieder aufgenommen: "Education (...) should be recognized as a process by which human beings and societies can reach their fullest potential. (...) Education is also critical for achieving environmental and ethical awareness, values and attitudes, skills and behaviour consistent with sustainable development and for effective public participation in decision-making" (Robinson 1993, 482).

Erstaunlich ist, dass das Prinzip der Partizipation lange Zeit nur auf die ausserschulische Handlungssituation bezogen worden ist. So hat sich z.B. in den USA ein ausgeprägt handlungsorientierter Ansatz von Umweltbildung entwickelt - Hungerford und Volk (1990) umschreiben das Ziel mit "citizenship behaviour" -, ohne dass die Art und Weise des Unterrichts damit in Zusammenhang gebracht wird. Auch in Deutschland wird Umweltbildung kaum im Hinblick auf die bewusste Gestaltung von interaktiven Prozessen im Unterricht thematisiert - z.B. als Vorbild kommunikativer Entscheidungsfindung (eine Ausnahme bildet etwa Michelskis 1988). Stärker ins Blickfeld geriet die Lehr-/Lernkultur im OECD-Projekt "Environment and School Initiatives" (OECD-CERI 1995; Kyburz-Graber et al. 1995b).

Im Projekt "Umweltbildung in Maturitätsschulen" ist das Prinzip der Partizipation unter drei Aspekten relevant: (1) der partizipativen Gestaltung von Bildungssituationen aus bildungstheoretisch-didaktischer Sicht; (2) einem partizipativen, kommunikativen Lehr-/Lernstil in den Weiterbildungsseminaren und (3) dem partizipativen Forschungsansatz.

3.1. *Partizipative Gestaltung von Bildungssituationen aus bildungstheoretisch-didaktischer Sicht*

Ausgehend von didaktischen Theorien handlungsorientierten Unterrichts (Gudjons 1992; Meyer 1987; Tulodziecki 1994) zeigen wir im folgenden, warum die Mitgestaltung der Welt als Umweltbildungsziel seine Entsprechung im Unterrichtsprozess selbst und in jedem Bildungsprozess haben muss - also zum Beispiel auch in der Weiterbildung von Lehrkräften.

Tulodziecki (1994) greift in seiner Begründung handlungsorientierten Unterrichts unter anderem auf den bildungstheoretischen Ansatz von Klafki (1963) zurück, den dieser später zur sogenannten "kritisch-konstruktiven Didaktik" weiterentwickelt hat (Klafki 1985). Für Klafki steht als Ziel die Selbstbestimmungs-, Mitbestimmungs- und Solidaritätsfähigkeit im Vordergrund. Lehren und Lernen versteht er als Interaktionsprozess, wobei sinnhaft-verstehendes Lernen anhand exemplarischer Themen ermöglicht werden soll. Tulodziecki (1994) und auch Meyer (1987) ziehen ferner zur Begründung ihrer handlungsorientierten Unterrichtskonzepte die kritisch-kommunikative Didaktik von Schäfer und Schaller (1976) und Winkel (1983) heran. Schäfer und Schaller fordern als leitendes Prinzip für Bildungssituationen ein emanzipatorisches Erkenntnisinteresse (nach Habermas 1973). Dieses erfordere eine kritische Analyse vorhandener individueller bzw. gesellschaftlicher Lebensbedingungen im

Hinblick auf ungerechtfertigte Herrschaftsstrukturen. Tulodziecki schreibt: "Ein emanzipatorisches Erkenntnisinteresse der Didaktik bedeutet, dass auch die unterrichtlichen Prozesse selbst unter die Leitidee der Emanzipation (als Ziel und Prozess) zu stellen sind" (Tulodziecki 1994, 35). Emanzipation erfordert auf Seiten aller Beteiligten, d.h. sowohl auf Seiten der Lehrpersonen als auch auf Seiten der Lernenden "kommunikative Kompetenz", um in "kommunikativem Handeln" (im Sinne von Habermas) Konsens über den Unterricht zu erzielen. Das heisst, dass der Unterricht immer wieder in einem Diskurs gleichberechtigter Partner mit Blick auf einen neuen Konsens in Frage gestellt werden kann. Für Winkel (1983) ist mit diesem Ansatz das Ziel zunehmender Demokratisierung und Humanisierung verbunden, sowohl in der gesellschaftlichen Wirklichkeit als auch in Unterricht und Schule.

Es gibt verschiedene, dem handlungsorientierten Ansatz nahestehende Unterrichtskonzepte, die sich auf die beschriebenen didaktischen Theorien beziehen lassen und Partizipation aller Beteiligten einschliessen. Mit Ausnahme des projektorientierten Unterrichts sind alle Konzepte in den 70er-Jahren entwickelt worden:

- erfahrungsbezogener Unterricht (Garlichs, Groddeck 1978),
- kommunikativer Unterricht (Schäfer, Schaller 1976; Winkel 1983),
- offener Unterricht (Garlichs et al. 1974; Ramseger 1977),
- projektorientierter Unterricht (Dewey 1916; 1993; Kilpatrick 1918; 1935; Frey 1995),
- schülerorientierter Unterricht (Einsiedler, Härle 1976; Wagner 1976).

Nach Tulodziecki besteht das Ziel handlungsorientierten Unterrichts darin, zu sachgerechtem, selbstbestimmtem, kreativem und sozialverantwortlichem Handeln zu befähigen. Entsprechende Lernprozesse sollen zu themenbezogenen Kenntnissen, Fähigkeiten und Fertigkeiten führen und die intellektuelle und soziale bzw. moralische Entwicklung fördern. Meyers Definition für handlungsorientierten Unterricht ist stärker prozessorientiert: "Handlungsorientierter Unterricht ist ein ganzheitlicher und schüleraktiver Unterricht, in dem die zwischen dem Lehrer und den Schülern vereinbarten Handlungsprodukte die Organisation des Unterrichtsprozesses leiten (...)" (Meyer 1987, 214).

In der methodischen Umsetzung von handlungsorientiertem Unterricht nimmt Meyer die Tradition der bildungstheoretisch-geisteswissenschaftlichen Pädagogik auf, vermeidet aber nach seinen eigenen Worten die dort häufig vorgenommene Idealisierung: "Unterrichtsmethoden sind die

Formen und Verfahren, in und mit denen sich Lehrer und Schüler die sie umgebende natürliche und gesellschaftliche Wirklichkeit unter institutionellen Rahmenbedingungen aneignen. (...) Nicht nur der Lehrer, sondern auch die Schüler werden in der Definition als Subjekte des methodischen Handelns bestimmt. Damit soll nicht behauptet werden, dass es gleichberechtigte, herrschaftsfreie Beziehung zwischen Lehrern und Schülern geben kann (der Lehrer wäre sonst kein Lehrer mehr!), wohl aber wird betont, dass die methodische Gestaltung des Unterrichts grundsätzlich die Zusammenarbeit von Lehrern und Schülern erfordert. (...) Das übergeordnete Ziel des Lehrers wie der Schüler sollte es sein, die Schüler zum 'aufrechten Gang' zu befähigen, also sie zum selbständigen Denken und Handeln zu ermuntern" (Meyer 1987, 46ff.).

Das Verständnis von sozio-ökologischer Umweltbildung als partizipativer Prozess schliesst sich diesen handlungsorientierten Unterrichtskonzepten an. Das Forschungsdesign sah nicht vor, auf Unterrichtsprozesse direkt Einfluss zu nehmen. Hingegen war es das Ziel, die Weiterbildungsseminare für die Lehrkräfte als Beispiele partizipativer Prozesse zu gestalten: Partizipation und Kommunikation sind nicht nur zwischen Lehrenden und Lernenden in der Schule Teil einer sozio-ökologischen Umweltbildung - auch zwischen Forschenden und Lehrkräften sind sie gefordert.

3.2. *Der partizipative, kommunikative Lehr-/Lernstil in den Weiterbildungsseminaren*

Die Arbeitsweise in den Weiterbildungsseminaren bestand darin, dass die zwei beteiligten Forscherinnen Impulse für die Vorbereitungs- und Reflexionsarbeit der Lehrkräfte gaben. Dies geschah in unterschiedlicher Weise:

- Kurzpräsentationen ("Forschungs-Werkstattberichte"),
- gemeinsame Diskussionen, vor allem zu Fragen der Umweltbildung (Ziel-Klärungen),
- Bearbeitung aktueller Vorbereitungs- und Unterrichtsprobleme der Lehrkräfte,
- Übungen mit speziellen Methoden (Alltagskonzepte, Issue Analysis Technique, formative Evaluation).

Die Übersicht über die sieben Weiterbildungsseminare, die an jeder der fünf Kernschulen durchgeführt wurden, gibt einen Einblick in Inhalte und Methoden der Seminararbeit.

Seminare 1 bis 4 fanden während der *Vorbereitung*, Seminare 5 bis 7 während der *Durchführung* der Unterrichtsprojekte an den Schulen statt.

Seminar 1: Didaktische Orientierung

- Ziele und theoretische Begründung des sozio-ökologischen Umweltbildungskonzepts
- Erste Gesamtsicht des konkreten Handlungssystems auf der Basis der Alltagskonzepte-Interviews
- Entwickeln von fächerübergreifenden Hauptfragestellungen zum Thema aufgrund der Gesamtsicht
- Erörterung möglicher Organisationsformen des Unterrichtsprojekts
- Klärung der Rollen der Beteiligten (der einzelnen Lehrerinnen und Lehrer, des Lehrkräfte-Teams und des Forschungsteams)

Seminar 2: Erfahrungsbezogene Problemwahrnehmung

- Problemanalyse nach der "Issue Analysis Technique" von Ramsey et al. (1989), bezogen auf das konkrete Handlungssystem
- Entwickeln von fächerübergreifenden Leitfragen aus der Problemanalyse
- Unterlagen für die inhaltliche Vorbereitung der Unterrichtsprojekte: schriftliche Informationen, zusammengestellt aus Gesprächen mit Fachberaterinnen und -beratern; Informationsblätter zu Methoden für die Umweltbildung (aus Kyburz-Graber, Kummert 1993)

Seminar 3: Fächerübergreifende Planung

- Diskussion über die Fachberatungsinformationen anhand von Beispielen
- Vorstellen der "didaktischen Landkarten" (s. Kyburz-Graber et al. 1996c): Grundstruktur und Beispiel einer Landkarte zum gewählten Handlungssystem
- Planung fächerübergreifender und fachspezifischer Teilthemen im Unterrichtsprojekt

Seminar 4: Fächerübergreifende und projektorientierte Realisierung

- Formulierung von Bildungszielen für das Unterrichtsprojekt (grundlegende Kenntnisse, Einstellungen, Fähigkeiten)
- Inhaltliche und methodische Diskussion von skizzierten Unterrichtssequenzen
- Diskussion über die Lehrerrolle im Spannungsfeld zwischen Fachanspruch und Bedürfnissen der Schülerinnen und Schüler
- Chancen und Schwierigkeiten der interdisziplinären Zusammenarbeit zwischen Lehrerinnen und Lehrern
- Information über Methoden formativer Evaluation für den Einsatz während der Unterrichtsprojekte
- Information über die Dokumentation des Unterrichtsprozesses
- Kurzauswertung der Alltagskonzepte-Interviews, welche mit 14 Schülerinnen und Schülern jeder Schule geführt worden waren (Versand der Kurzauswertung per Post)

Seminar 5: Formative Evaluation

- Durchführung einer Methode für die formative Evaluation: Gespräch von einem oder zwei Lehrern/Lehrerinnen mit einer Gruppe von Schülerinnen und Schülern (gespielt bzw. real, je nach Schule)
- Auswertung des Gesprächs im Hinblick auf die rollende Planung des Unterrichtsprojekts und das Thematisieren von Problemen während dessen Verlauf

Seminar 6: Allgemeinbildende Prinzipien der Umweltbildung

- Kurzpräsentation: Gesamtorientierung im Projekt aus der Sicht des Forschungsteams
- Diskussion über allgemeinbildende Prinzipien der Umweltbildung
- Lernprozesse der Schülerinnen und Schüler
- Das Spannungsfeld zwischen freiem und angeleitetem projektorientiertem Arbeiten in Gruppen und in der Klasse

Seminar 7: Summative Evaluation

- Beantwortung schriftlicher Fragen durch jede Lehrerin, jeden Lehrer
- Diskussion ausgewählter Themen im Lehrkräfte-Team
- Gemeinsames Nachtessen

Abbildung 2: *Die Weiterbildungsseminare im Überblick*

Das sozio-ökologische Umweltbildungskonzept kann nicht "vermittelt", sondern muss kommuniziert, d.h. analysiert, diskutiert, verändert, weiterentwickelt werden. Die im Projekt beteiligten Lehrkräfte sind Fachleute für Schulpraxis. Wir Forscherinnen sind Fachleute für intersubjektive Analyse von Umweltbildungssituationen, d.h. wir stellten uns die Aufgabe, Hindernisse, Widerstände und Schlüsselstellen für Entwicklungsmöglichkeiten zu identifizieren. Nur dort, wo die Kommunikation über Ziele, Inhalte und Methoden der Umweltbildung spielt, können Ziele entwickelt werden, die von den Lehrkräften als so relevant für ihr eigenes professionelles Handeln wahrgenommen werden, dass sie auch Anstrengungen für ihre Umsetzung in die Unterrichtspraxis auf sich nehmen.

Was heisst Ökologisches Handeln?

- Ein sachbezogenes[13] Gespräch mit verantwortlichen Personen im Handlungssystem führen.
- Personen, die zum Handlungssystem gehören, sachgerecht über die Umweltsituation innerhalb und ausserhalb des Handlungssystems informieren.
- In einem kontroversen Gespräch mit Personen des Handlungssystems sachgerecht argumentieren.
- Ergebnisse aus der Bearbeitung des Unterrichtsthemas adressatengerecht präsentieren (z.B. andere Klassen, Lehrkräfte, Eltern, Personal, Konsumentinnen und Konsumenten usw.).
- Ergebnisse und Schlussfolgerungen vor anderen Personen vertreten und sachgerecht begründen.
- Mit Verantwortlichen des Handlungssystems umweltgerechte Lösungsvorschläge verhandeln.
- Ein politisch-strategisches Vorgehen planen, um eine Massnahme innerhalb des Handlungssystems in die Tat umzusetzen.
- Ein geplantes Vorgehen schrittweise in die Tat umsetzen.
- Veränderungsszenarien zusammen mit anderen Personen sachgerecht diskutieren.
- Langfristige Strategien für die nachhaltige Entwicklung des Handlungssystems erarbeiten und begründen.

Durch die Kommunikation mit den Lehrkräften ist z.B. der Aspekt des allgemeinen Bildungsverständnisses verstärkt in das sozio-ökologische Umweltbildungskonzept integriert worden. Auch der Begriff des ökologischen Handelns wurde im Laufe der Weiterbildungsseminare mehrmals diskutiert: Die Vorstellungen reichten von einer individuellen, praktischen Handlungsbereitschaft als Ziel der Umweltbildung ("Bereitschaft, die Ärmel nach hinten zu krempeln") bis hin zu einer kommunikativen Handlungsfähigkeit. Solche Diskussionen bildeten für uns Forscherinnen den Anlass, Aspekte ökologischen Handelns zu formulieren, die über das individuelle praktische Handeln hinausgehen (s. Kasten "Was heisst Ökologisches Handeln?").

Wir gewannen diese Sicht aus der Interpretation der Vorgänge, die wir aus der Distanz in den Unterrichtsprojekten zu erkennen glaubten oder als wichtig erkannten. Zu diesen Aspekten ökologischen Handelns nahmen die Lehrerinnen und Lehrer zweimal Stellung: an einem gemeinsamen Erfahrungsaustausch mit Vertreterinnen und Vertretern jeder Schule

13 Mit "sachbezogen" bzw. "sachgerecht" meinen wir, dass die Schülerinnen und Schüler sowohl das soziale wie auch das ökologische Wissen anwenden sollen, das sie mit der Bearbeitung des Unterrichtsthemas erworben haben.

und bei der Beantwortung eines Fragebogens, mit dem wir am Ende der Unterrichtsprojekte die Erfahrungen der beteiligten Lehrkräfte ermittelten. Wichtig ist in diesem Zusammenhang weniger, welche Sichtweise ökologischen Handelns sie entwickelten, sondern vielmehr, ob und wie sie sich mit dieser grundlegenden Frage der Umweltbildung auseinandersetzten bzw. wie sie diese Auseinandersetzung als Angebot für didaktische Überlegungen nutzten.

3.3. *Der partizipative Forschungsansatz*

Wenn sich Wissenschaft mit möglichen oder wünschbaren zukünftigen Entwicklungen beschäftigt, muss sie sich mit Prozessen befassen, die es in der Praxis nicht gibt. Die Forschenden können in solchen Fällen nicht mit der Analyse einer Situation beginnen, sondern sie müssen aufgrund wissenschaftlicher Kenntnis über bestehende Praxis und theoretische Konzepte eine wünschbare Praxis initiieren. Auf diese Weise werden die Forschenden Teil des Prozesses, den sie untersuchen wollen. Der Prozess lässt sich nicht allein von aussen in Gang setzen, weil er Kommunikation, Reflexion und ständige Anpassung voraussetzt, sowohl bei den Forschenden als auch bei den Lehrerinnen und Lehrern. Die beteiligten Lehrkräfte an den Schulen gestalteten die Realisierung sozio-ökologischer Umweltbildung mit, sie waren nicht einfach Ausführende. Beide, Forschende und Lehrkräfte waren an diesem Prozess beteiligt, jedoch mit unterschiedlichen Rollen und unterschiedlicher Distanz zum Geschehen. Dies ist charakteristisch für einen partizipativen Forschungsansatz.[14] Partizipative Forschung erfordert Präsenz im Forschungsfeld und - im Verhältnis zu konventioneller Forschung - viel Entwicklungsarbeit. Im Unterschied zur Praxisberatung verfolgt sie jedoch ein Erkenntnisziel, in unserem Fall wissenschaftliche, d.h. intersubjektive Erkenntnisse über die Realisierung des didaktischen Konzepts sozio-ökologischer Umweltbildung.

Das emanzipatorische Bildungsverständnis der sozio-ökologischen Umweltbildung verlangt eine Kooperation zwischen Lehrkräften und Forschenden, die mit dem Lehr-/Lernprozess im Unterricht vergleichbar ist: Die Weiterbildungssituation, welche Teil des initiierten Prozesses ist, kann deshalb nur als partizipativer, kommunikativer Prozess gestaltet werden. Die Lehrkräfte haben so die Möglichkeit, in der Zusammenarbeit mit den Forschenden die Qualifikationen zu erwerben, mit denen sie die Lernprozesse der Schülerinnen und Schüler unterstützen können. Welcher Art diese Qualifikationen sind und wie sie systematisch aufgebaut werden könnten, wird ein Ergebnis der Forschungsarbeit sein.

---

14 Vgl. Beitrag von Gutscher et al. Ziff. 2.1.4. in diesem Band.

4. Zusammenfassung und Schlussfolgerungen

Sowohl Problemorientierung als auch Partizipation wurden seit den Anfängen der Umweltbildung immer wieder für die Unterrichtspraxis gefordert. Sozio-ökologische Umweltbildung, wie wir sie beschrieben haben, versucht, beiden Postulaten Rechnung zu tragen. Im didaktischen Konzept werden beide Forderungen konkretisiert und zugleich im Hinblick auf ein adäquates Verständnis von Umweltproblemen und Wegen zu ihrer Lösung erweitert.

Problemorientierung in der Umweltbildung verlangt nämlich nicht nur eine transdisziplinäre Bearbeitung von Unterrichtsthemen - im Gegensatz zu einer disziplinären Bearbeitung - Umweltprobleme sind auch als Situationen zu verstehen, die von den verschiedenen Beteiligten bzw. Betroffenen unterschiedlich wahrgenommen und bewertet werden. Die Wahl von Handlungssystemen als Themen der Umweltbildung und ihre Analyse unter dem Gesichtspunkt nachhaltiger Entwicklung tragen der erweiterten Problemorientierung Rechnung. Im Unterrichtsprozess lässt sich die Problemorientierung ausserdem durch spezifische Instrumente unterstützen.

Das zweite Postulat, die Partizipation, wurde lange Zeit lediglich auf ausserschulische Handlungssituationen bezogen. Ein Ziel sozio-ökologischer Umweltbildung ist jedoch, dass die am Bildungsprozess Beteiligten im Lernen selbst die Bereitschaft und die Fähigkeit entwickeln, den gesellschaftlichen Prozess nachhaltiger Entwicklung mitzugestalten. So gesehen muss auch der Unterrichtsprozess bzw. jeder Bildungsprozess von allen Beteiligten, das heisst von Lehrenden *und* Lernenden, mitgestaltet werden können.

Mitgestaltung im Prozess nachhaltiger Entwicklung beinhaltet, (1) ein Verständnis für die Zusammenhänge zwischen gesellschaftlichen Strukturen, individuellem Verhalten und Umweltbelastungen zu entwickeln, (2) Handlungsspielräume auf kollektiver und individueller Ebene zu erkennen und diese (3) mit Entscheidungsträgern, Entscheidungsträgerinnen und Betroffenen zu nutzen. Die Wirksamkeit sozio-ökologischer Umweltbildung in der Schule bemisst sich nicht an kurzfristig eintretenden Veränderungen des persönlichen Konsumverhaltens bei Schülerinnen und Schülern. Sozio-ökologische Umweltbildung lässt Jugendliche erfahren, wie Aufgaben in Gesellschaft, Beruf und Privatleben verantwortungsbewusst - im Sinne nachhaltiger Entwicklung - wahrgenommen werden können.

LITERATUR

Dewey, J. 1916: Democracy and Education. An Introduction to the Philosophy of Education. In: Dewey, J. 1980: The Middle Works. Bd 9. Carbonale: Southern Illinois University Press. S. 1-370.

Dewey, J. 1993: Demokratie und Erziehung. Weinheim: Beltz. (4. Aufl.).

Einsiedler, W., Härle, H. (Hg.) 1976: Schülerorientierter Unterricht. Donauwörth: Ludwig Auer.

Empfehlungen zur Umwelterziehung München 1979. Kiel: IPN.

Eulefeld, G., Bolscho, D., Rode, H., Rost, J., Seybold, H. 1993: Entwicklung der Praxis schulischer Umwelterziehung in Deutschland. Ergebnisse empirischer Studien. Kiel: IPN.

Eulefeld, G., Kapune, G. (Hg.) 1979: Empfehlungen und Arbeitsdokumente zur Umwelterziehung - München 1978, basierend auf der Zwischenstaatlichen Konferenz über Umwelterziehung der UNESCO-Mitgliedstaaten 1977 in Tiflis. IPN-Arbeitsberichte. Kiel: IPN.

Eulefeld, G., Kyburz-Graber, R. 1979: Ergänzendes Diskussionspapier: Lokale und überregionale Umweltfragen im Schulunterricht. In: Eulefeld, G., Kapune, G. (Hg.): Empfehlungen und Arbeitsdokumente zur Umwelterziehung. IPN-Arbeitsberichte. Kiel: IPN. S. 202-216.

Frey, K. 1995: Die Projektmethode. Weinheim: Beltz. (6. Aufl.).

Garlichs, A., Groddeck, N. (Hg.) 1978: Erfahrungsoffener Unterricht. Beispiele zur Überwindung der lebensfremden Lernschule. Freiburg: Herder.

Garlichs, A., Heipcke, K., Messner, R., Rumpf, H. 1974: Didaktik offener Curricula. Weinheim: Beltz.

Gudjons, H. 1992: Handlungsorientiert Lehren und Lernen. Projektunterricht und Schüleraktivität. Bad Heilbrunn: Klinkhardt. (3. Aufl.).

Habermas, J. 1973: Erkenntnis und Interesse. Frankfurt a. M.: Suhrkamp.

Hirsch, G. 1993: Wieso ist ökologisches Handeln mehr als eine Anwendung ökologischen Wissens? Überlegungen zur Umsetzung ökologischen Wissens in ökologisches Handeln. In: Gaia. Jg 2, Heft 3. S. 17-24.

Hirsch, G. 1995: Beziehungen von Umweltforschung und disziplinärer Forschung. In: Gaia. Jg 4, Heft 5-6. S. 302-314.

Hirsch, G., Kyburz-Graber, R. 1993: Handlungsorientierung in der Umweltbildung ernst nehmen. Das Forschungsprojekt "Schulische Umweltbildung an der Sekundarstufe II". In: Eulefeld, G. (Hg.): Studien zur Umwelterziehung. Ansätze und Ergebnisse empirischer Forschung. Bd 2. Kiel: IPN. S. 125-142.

Hungerford, H. R., Volk, T. L. 1990: Changing Learner Behavior Through Environmental Education. In: The Journal of Environmental Education. Jg 21, Heft 3. S. 8-21.

Kahlert, J. 1990: Alltagstheorien in der Umweltpädagogik: Eine sozialwissenschaftliche Analyse. Weinheim: Deutscher Studienverlag.

Kilpatrick, W. H. 1918: The Project Method. In: Teachers College Record. Bd 19. S. 319-335.

Kilpatrick, W. H. 1935: Die Projekt-Methode. Die Anwendung des zweckvollen Handelns im pädagogischen Prozess. In: Dewey, J., Kilpatrick, W. H.: Der Projektplan - Grundlegung und Praxis. Weimar: Böhlau. S. 161-179.

Klafki, W. 1963: Studien zur Bildungstheorie und Didaktik. Weinheim: Beltz.

Klafki, W. 1985: Neue Studien zur Bildungstheorie und Didaktik. Beiträge zur kritisch-konstruktiven Didaktik. Weinheim: Beltz.

Kyburz-Graber, R., Gingins, F., Kuhn, U. 1995b: Environment and School Initiatives in Switzerland. Final Report. Zurich: vdf Hochschulverlag.

Kyburz-Graber, R., Kummert, R. 1993: Didaktik Umweltlehre. Vorlesungsskript. ETH Zürich: Abteilung Umweltnaturwissenschaften.

Kyburz-Graber, R., Rigendinger, L., Hirsch, G., Werner, K. 1995a: Ein sozio-ökologisches Konzept für interdisziplinäre Umweltbildung an höheren Schulen. In: Greenpeace (Hg.): Neue Wege in der Umweltbildung. Lichtenau: AOL-Verlag. S. 101-121.

Kyburz-Graber, R., Rigendinger, L., Hirsch, G., Werner, K. 1996a (in Vorbereitung): A Socio-ecological Approach to Interdisciplinary Environmental Education in Senior High Schools. In: Environmental Education Research. Jg 2.

Kyburz-Graber, R., Rigendinger, L., Hirsch, G., Werner, K. 1996b: Umweltbildung in Maturitätsschulen. Schlussbericht.

Kyburz-Graber, R., Rigendinger, L., Hirsch, G., Werner, K. 1996c: Lernen in der Umwelt: Sozio-ökologische Umweltbildung. In: Roux, M. et al. (Hg.): Förderung umweltbezogener Lernprozesse in Schulen, Unternehmen und Branchen. Basel, Boston, Berlin: Birkhäuser. (im Druck).

Meyer, H. 1987: Unterrichtsmethoden. 1. Theorieband. Frankfurt a. M.: Cornelsen.

Meylan, J.-P., Kyburz-Graber, R., Müri, H. 1988: Umwelterziehung in den Schweizer Schulen. Dossier 8A. Bern: EDK.

Michelskis, M. 1988: Ökologische Bildung als Neugestaltung des Verhältnisses der Menschen zur Natur im Erleben, Erkennen und Handeln. In: Cube, F. von, Storch, V. (Hg.): Umweltpädagogik. Ansätze, Analysen, Ausblicke. Heidelberg: Schindele. S. 108-119.

OECD-CERI 1995: Environmental Learning for the 21st Century. Paris: OECD.

Ramseger, J. 1977: Offener Unterricht in der Erprobung. München: Juventa.

Ramsey, J. M., Hungerford, H. R., Volk, T. L. 1989: A Technique for Analyzing Environmental Issues. In: The Journal of Environmental Education. Jg 21, Heft 1. S. 26-30.

Robinson, N. A. (Hg.) 1993: Agenda 21: Earth's Action Plan. Annotated. Section 3. New York: Oceana Publications.

Robottom, I., Hart, P. 1995: Behaviorist Environmental Education Research: Environmentalism as Individualism. In: The Journal of Environmental Education. Jg 26, Heft 2. S. 5-9.

Schäfer, K.-H., Schaller, K. 1976: Kritische Erziehungswissenschaft und kommunikative Didaktik. Heidelberg: Quelle & Meyer. (3. Aufl.).

Tulodziecki, G. 1994: Unterricht mit Jugendlichen. Eine handlungsorientierte Didaktik mit Unterrichtsbeispielen. Bad Heilbrunn: Julius Klinkhardt.

Wagner, A., Uttendorfer-Marek, I., Laible-Nann, R., Uttendorfer, J., Kais, P., Mack, J., Vogel, H. 1976: Schülerzentrierter Unterricht. München: Urban & Schwarzenberg.

Winkel, R. 1983: Die kritisch-kommunikative Didaktik. In: Gudjons, H., Teske, R., Winkel, R. (Hg.): Didaktische Theorien. Braunschweig: Agentur Pedersen. S. 79-93. (2. Aufl.).

UMWELTBEZOGENE LERNPROZESSE IN ORGANISATIONEN

Analyse der Personen, die diese Lernprozesse begleiten und fördern (Rolle, Kompetenzen und Bildungsbedürfnisse)

Matthias Finger, Silvia Bürgin, Ueli Haldimann[1]

Im Rahmen unserer Untersuchung für das Schwerpunktprogramm Umwelt des Schweizerischen Nationalfonds (SNF) haben wir uns mit der Frage beschäftigt, wie Unternehmen oder, allgemeiner gesagt, Organisationen lernen, umweltverträglicher zu handeln, und wie der Lernprozess aussieht. Dieser Prozess kann als organisationaler Lernprozess beschrieben werden, der von vielen verschiedenen Faktoren beeinflusst wird.

In diesem Artikel legen wir das Schwergewicht auf einen Faktor, der eine wesentliche Rolle in der Initiierung und Begleitung dieser Lernprozesse spielt: die aktiven Personen. Wir werden zeigen, welche Rolle die verschiedenen Personen im Lernprozess der Organisationen spielen und welche Kompetenzen sie benötigen für die Ausübung dieser Rollen. Aus dieser Analyse leiten wir die Bildungsbedürfnisse dieser Personen ab und stellen sie dem heutigen Bildungsangebot im Bereich "Umweltberatung" gegenüber. Aus dieser Gegenüberstellung leiten wir schliesslich Empfehlungen ab für die Aus- und Weiterbildung von Personen, die umweltbezogene Lernprozesse von Organisationen fördern und begleiten.

1. Die angewendeten Methoden

Unsere Forschungsfragen liegen im Schnittpunkt verschiedener Sozial- und Humanwissenschaften. Es sind auf der einen Seite verschiedene Ausrichtungen der Organisationstheorie (Soziologie der Organisationen, Organisationsentwicklung, organisationale Lernprozesse), von denen einige zu Managementtheorien weiterführen (Organisationsentwicklung, lernende Organisationen). Auf der anderen Seite werden die Erziehungswissenschaften berührt, vor allem die Bereiche der Erwachsenenbildung und der Evaluation von Ausbildungsgängen. Um unsere Fragen zu bearbeiten, haben wir versucht, Synergien zu schaffen zwischen den Ansätzen dieser verschiedenen Disziplinen.

---

1 Am Forschungsprojekt waren weiter beteiligt: Andràs November, Professor am "Institut Universitaire d'Etudes du Développement IUED" in Genf, Gabriela Kocsis, Umweltberaterin in Basel und Ueli Bernhard, Leiter der Bildungsstelle Umweltberatung WWF in Bern. Ihnen sei an dieser Stelle für ihre Mitarbeit gedankt.

Der Aufbau unserer Arbeit ist in erster Linie gekennzeichnet durch die gleichzeitige Bearbeitung zweier Hauptbereiche: zum einen die Organisationen und ihre Lernprozesse, zum andern diejenigen Personen, die sich in den Organisationen vor allem mit Umweltfragen beschäftigen (Umweltbeauftragte, Umweltberater/innen[2]) und deren Aus- und Weiterbildung. Aus der Gegenüberstellung der Resultate dieser beiden Untersuchungen haben wir Empfehlungen abgeleitet für die Aus- und Weiterbildung von Personen, die in Organisationen umweltbezogene Lernprozesse fördern und begleiten wollen.

Ohne in alle methodischen Details gehen zu wollen (wer sich dafür interessiert, kann diese im Schlussbericht für den SNF nachlesen[3]), stellen wir in den folgenden beiden Abschnitten die Vielfalt der in den verschiedenen Teilen der Untersuchungen angewendeten Methoden kurz vor.

1.1. Die Methoden zur Analyse des organisationalen Lernprozesses

Für die Analyse der organisationalen Lernprozesse haben wir 10 Fallstudien von Organisationen ausgearbeitet und dafür die Angehensweise der "grounded research" angewendet. Es handelt sich dabei um einen sehr offenen und qualitativ arbeitenden Ansatz, wie er im Beitrag von Gutscher et al. in diesem Band näher beschrieben wird. Dieser Ansatz wurde vor allem deshalb gewählt, weil in der Literatur keine Theorien oder Konzeptualisierungen über organisationale Lernprozesse vorhanden sind, die wir als Grundlage unserer Analyse anwenden konnten.

Die 10 Fallstudien sind in verschiedenen Etappen ausgearbeitet worden. Zuerst haben wir bei 30 Organisationen, die wir als speziell aktiv im Umweltbereich ausgewählt haben, unstrukturierte Interviews durchgeführt. Die 10 interessantesten Fallstudien wurden dann weiter bearbeitet.[4] Die Auswahl erfolgte nach verschiedenen Kriterien: Branche, Grösse und Sprachregion. Zudem haben wir vier Organisationen ausgewählt, in denen Personen wesentlich beteiligt sind, die die Ausbildung abgeschlossen haben, die ebenfalls im Rahmen unserer Arbeiten evaluiert wurde

---

2 Zur Frage der männlichen und weiblichen Begriffe: Es wurde versucht, wenn möglich geschlechtsneutrale Begriffe oder männliche und weibliche Form zu verwenden. Wurden die Sätze dadurch zu kompliziert, haben wir uns erlaubt, nur eine Form zu verwenden. Für eine inkonsequente Umsetzung dieser Idee möchten wir uns entschuldigen.

3 Der Schlussbericht "Apprentissage organisationale en Matière d'Environnement" kann bestellt werden bei: Unité "Gestion des entreprises publiques", IDHEAP, Route de la Maladière 21, 1022 Chavannes-près-Renens. Kosten: Fr. 30.– + Versand.

4 Swissair, Walter Rentsch, Veillon, Givaudan, Berner Leben, SV-Service, Trisa, Hotelplan, Unispital Zürich, Gemeindeverwaltung Reinach.

(Lehrgang Umweltberatung der Bildungsstelle Umweltberatung WWF).[5] In den 10 Fallstudien wurde der Lernprozess dieser Organisationen und die Rollen, die verschiedene Personen in diesem Prozess gespielt haben, detailliert nachgezeichnet.

1.2. *Die Methoden zur Analyse der Umweltbeauftragten und Umweltberater/innen und ihrer Ausbildung*

Für die parallel durchgeführte Studie über die Umweltbeauftragten und Umweltberater/innen in der Schweiz sowie für die detaillierte Evaluation einer Ausbildung im Bereich Umweltberatung haben wir uns stärker strukturierter Methoden bedient, aber immer noch in einer exploratorischen Perspektive.

Für die Analyse der Umweltbeauftragten und Umweltberater/innen haben wir unter den Personen, die in diesem Bereich innerhalb einer Firma oder als externe Berater tätig sind, eine schriftliche Umfrage durchgeführt. Erfragt wurden die Aus- und Weiterbildung dieser Personen und die Kompetenzen, die für ihre Arbeit verlangt werden und ihrer Meinung nach wesentlich sind.[6] Auf der Basis der Antworten haben wir eine quantitative Typologie (Cluster analysis) der im Bereich Umweltberatung tätigen Personen ausgearbeitet. Diese Typologie wurde mit Hilfe von einzelnen Interviews mit Teilnehmern an der Umfrage mit qualitativen Aspekten ergänzt, um die charakteristischen Eigenschaften der vier verschiedenen Typen etwas deutlicher aufzuzeigen.

Eine vertiefte Analyse aller angebotenen Aus- und Weiterbildungen im Bereich Umweltberatung war nicht möglich. Wir haben uns deshalb auf ein Beispiel konzentriert, den Lehrgang Umweltberatung der Bildungsstelle Umweltberatung WWF in Bern. Dieser Lehrgang wurde als einjährige, berufsbegleitende Weiterbildung exemplarisch und stellvertretend für verschiedene Aus- und Weiterbildungen im Bereich Ökologie ausgewählt, weil er bereits eine mehrjährige Erfahrungs- und Entwicklungsgeschichte aufweist (seit 1989).

Für die Analyse dieses Ausbildungsganges haben wir die traditionellen Instrumente der Evaluationsforschung angewandt wie zum Beispiel Kompetenzenraster, Fragebogen, Beobachtungsbogen und Interviews.[7]

---

5 Eine detaillierte Darstellung der Auswahl und Erarbeitung der Fallstudien finden Sie im Schlussbericht.

6 Einzelheiten zur Verteilung und dem Inhalt der Umfrage finden Sie im Schlussbericht.

7 Einzelheiten zu den verwendeten Methoden finden Sie im Schlussbericht.

2. Organisationale Lernprozesse im Umweltbereich

In diesem Abschnitt wollen wir auf der Basis unserer empirischen Analyse ein allgemeines Verständnis der organisationalen Lernprozesse schaffen, die zu einem umweltverträglicheren Handeln der Organisationen führen.

2.1. *Umweltverantwortliches Handeln und organisationale Lernprozesse*

In der Literatur wird der Begriff des "organisationalen Lernprozesses" seit etwa 30 Jahren gebraucht (z.B. Cangelosi, Dill 1965; Cyert, March 1963) und ist zu unterscheiden vom sehr naheliegenden Begriff der "lernenden Organisation", der anfangs der neunziger Jahre entwickelt wurde (Senge 1990).

Das Interesse für organisationale Lernprozesse hat im Kontext der Untersuchung von bürokratisch organisierten Einheiten angefangen, um zu verstehen, wie solche Organisationen, charakterisiert durch sehr stabile Strukturen, sich verändern und verändert werden können. Diese Autoren erarbeiten Ansätze, um die Wechselwirkungen zwischen den Strukturen (etablierte Routinen und Prozeduren) einer Organisation, deren Kultur (gemeinsame Werte) und Veränderungen im Umfeld der Organisation zu erklären. Es geht darum, zu verstehen, "how organisations encode, store and retrieve the lessons of history despite the turnover of personnel and the passage of time" (Levitt, March 1988, 319). Diese Ansätze wurden dann weiterentwickelt, um dem internen Veränderungspotential (Whyte 1991; Argyris, Schön 1978; Argyris 1992) und anderen dynamischen Faktoren gerechter zu werden (z.B. Shrivastava 1983; Fiol, Lyles 1985).[8]

Der Begriff der "lernenden Organisation" stammt von Peter Senge (1990), der die Organisation als ein lernendes System konzeptualisiert hat. Im Kontext der Globalisierung, des sich verschärfenden Wettbewerbs und der sich ständig ändernden Umwelt wird, vor allem bei grossen multinationalen Unternehmen, die Fähigkeit, als Organisation kontinuierlich zu lernen, als eine Notwendigkeit gesehen, um zu überleben. Bei diesen Autoren geht es darum, die Strukturen und die Kultur der Organisation so zu gestalten, dass das kontinuierliche und kollektive Lernen erleichtert und gefördert wird (z.B. Garvin 1993; Dixon 1992; Watkins, Marsick 1993).

In unserer Untersuchung verstehen wir unter einem "organisationalen Lernprozess" einen Prozess, durch den die Organisationen ihre Struktu-

---

8 Im Schlussbericht werden die verschiedenen Denkschulen ausführlicher vorgestellt.

ren und ihre Kultur als Folge einer Interaktion zwischen individuellem Lernen und organisationaler Transformation verändern. Wir nennen "umweltbezogener organisationaler Lernprozess" einen Prozess, der über verschiedene Phasen dazu führt, die Ökologie und das umweltverträgliche Handeln in die Kultur und die alltäglichen Aktivitäten einer Organisation zu integrieren. Der sichtbare Teil dieses Prozesses ist die fortlaufende Ökologisierung der Organisation.

Die Umweltmassnahmen stellen eines der sichtbaren Resultate des umweltbezogenen organisationalen Lernprozesses dar. In unseren Fallstudien haben wir 3 verschiedene Typen von Massnahmen kennengelernt:

- Die *internen Massnahmen im Produktionsbereich:* Vor allem wichtig sind hier die Themen Rohstoff und Abfallbewirtschaftung, Energieverbrauch, Verwendung umweltverträglicherer Materialien sowie die Vermeidung oder Verminderung von Emissionen in Wasser, Boden und Luft.
- Die *internen Massnahmen im Bereich Verwaltung/Administration:* Hier sind Themen wie Abfallbewirtschaftung, Papierverbrauch, Beschaffung von Büromaterial und Reinigungsmittel, Energieverbrauch und Verkehrsfragen aktuell.
- Die *externen Massnahmen* sind Massnahmen, die für die Kunden sichtbar sind. Es handelt sich dabei darum, umweltverträglichere Produkte zu entwickeln oder neue Dienstleistungen anzubieten (z.B. Umweltberatung für die Kunden, Integration von Bahnbilletten ins Flugbillett). Diese Massnahmen umfassen auch den Bereich der Verpackung von Produkten (Reduktion, Änderung der Materialien).

Diese Massnahmen verlangen nicht alle denselben Aufwand von den Organisationen. Sie geschehen auch nicht alle zur gleichen Zeit im Verlauf des Prozesses. Diese 3 Typen von Massnahmen sind unabhängig vom Ablauf des Lernprozesses festzustellen. In der Regel beginnen die Organisationen mit internen Massnahmen, bevor sie ihr Engagement gegen aussen zeigen. So wird die Glaubwürdigkeit gegen aussen sichergestellt.

Die Umweltmassnahmen stellen aber nur eine Dimension des organisationalen Lernprozesses dar, wie wir ihn aufgrund unserer Fallstudien kennengelernt haben. Der Lernprozess verläuft viel weiter und umfasst 3 Dimensionen:

- die *konkreten Massnahmen und Aktionen* zur Verbesserung der Umweltverträglichkeit. Der Prozess zeigt sich in der Tatsache der quantitativen und qualitativen Verbesserung dieser Massnahmen.

- die *graduelle und sukzessive Integration der Ökologie* in die Organisation. Die Berücksichtigung ökologischer Fragen verbreitet sich auf immer mehr Hierarchiestufen und Abteilungen der Organisation, und die einzelnen Massnahmen werden in Gesamtkonzepten zusammengefasst. Die konsequente Integration äussert sich in umfassenden Umweltmanagementsystemen, wie sie heute aufgebaut werden.
- die *Aneignung der Ökologie*, das heisst, die Ökologie wird schrittweise in die Kultur der Organisation integriert. Dieser Prozess führt dazu, dass einerseits das Thema Ökologie aus der Sicht der Organisation definiert wird und dass andererseits die Kultur, das Verständnis, das die Organisation von sich hat, dadurch verändert wird.

Damit man wirklich von einem organisationalen Lernprozess sprechen kann und nicht nur von der Umsetzung verschiedener ökologischer Massnahmen, ist es notwendig, dass sich der Prozess auf allen 3 Dimensionen fortentwickelt. Mit anderen Worten, die Massnahmen müssen ein integraler Bestandteil der gesamten Organisation und deren Kultur werden.

Unsere Analyse der Fallstudien hat erlaubt, die Bausteine aufzuzeigen, die für einen organisationalen Lernprozess wesentlich sind, und eine Typologie von Lernprozessen auszuarbeiten.

2.2. *Ablauf des organisationalen Lernprozesses und seine wesentlichen Bausteine*

Für die Analyse der Lernprozesse haben wir zwei verschiedene Typen von Analysen durchgeführt:

- einen Vergleich der wesentlichen Bausteine für die untersuchten Lernprozesse (quer durch alle 10 Fallstudien),
- eine Analyse des Ablaufs der einzelnen organisationalen Lernprozesse.

A. *Die Bausteine eines organisationalen Lernprozesses*

Folgende Elemente haben wir als wesentliche Bausteine eines organisationalen Lernprozesses identifiziert:

Die auslösenden Faktoren

Wir haben festgestellt, dass es selten einen einzelnen auslösenden Faktor gibt, sondern dass der Lernprozess durch eine bestimmte Konstellation verschiedener Faktoren ausgelöst wird. Der Start der Ökologisierungsprozesse der untersuchten Unternehmen findet in einem speziellen gesellschaftlichen Umfeld statt, das gekennzeichnet ist durch eine wachsende Sensibilisierung der Gesellschaft in bezug auf Umweltfragen. Dieses Umfeld wird verstärkt durch konkrete Auslöser wie die Gesetzgebung, die Presse, die Anwohner, die Kunden oder die Entwicklung des Marktes. Die verstärkte Sensibilisierung findet auch innerhalb der Organisationen ein Echo durch engagierte Personen in den Geschäftsleitungen oder den Gruppen von engagierten Mitarbeiter/innen.

Die Richtlinien

Wir vereinen unter dem Begriff der "Richtlinien" diejenigen Dokumente, die sich mit der Ökologie innerhalb der Organisation befassen, wie zum Beispiel das Unternehmensleitbild, die Unternehmensstrategie, die ökologischen Richtlinien oder die ökologischen Aktionsprogramme. Ausgehend von einem Paragraphen im Leitbild (allgemeine Deklaration, umweltverträglich zu handeln) bis zur Formulierung konkreter ökologischer Massnahmen (Auftrag, Verantwortlichkeiten, Budget) spielen diese Dokumente eine wesentliche Rolle im organisationalen Lernprozess.

Die Aktoren

Innerhalb des Lernprozesses spielen vier verschiedene Typen von Aktoren eine wesentliche Rolle:

- die Direktion/Geschäftsleitung und die Personen nahe der Direktion (Top-Management),
- die internen Mitglieder verschiedener Arbeitsgruppen (strategische Arbeitsgruppen oder Projektgruppen),
- die internen Umweltbeauftragten und
- die externen Berater.

Diese verschiedenen Typen werden in Ziffer 3 detaillierter analysiert.

Die Controllinginstrumente

Dies können Statistiken sein (z.B. im Bereich der Abfallbewirtschaftung oder des Energieverbrauchs), aber auch Ökobilanzen, Umweltaudits, ... Diese Instrumente sind wichtig für die Bestandesaufnahme, die Bestimmung der Umweltstrategien und deren Ziele sowie für die Evaluation der durchgeführten Massnahmen.

Die Kommunikation

Die Kommunikation ist ein wichtiger und spezieller Faktor. Intern verfolgt sie 3 eng miteinander verbundene Ziele:

- *Information* der Mitarbeiter/innen über die Aktivitäten im Umweltbereich (Hauszeitung, interne Notizen, Anschlagbretter, "Öko-Ecken", Infotelephone für Mitarbeiter/innen),

- die *Motivation* der Mitarbeiter/innen (spezielle Ereignisse, Öko-Aperos, Umfragen, Ideenbörsen, ...),
- die *Aus- und Weiterbildung* der Mitarbeiter/innen (Kurse zur Förderung der Kompetenzen im Umweltbereich).

Gegen aussen soll die ökologische Orientierung der Organisation bekanntgemacht werden (Leitbild, Videos, Teilnahme an Tagungen und Messen, Teilnahme an Umweltwettbewerben). Die externe Kommunikation kann auch zur Information und Weiterbildung der Kunden beitragen (Kurse für Kunden, Broschüren, Kataloge). In diesem Sinne ist auch die Verwendung von Umweltzeichen und -labels eine Form der Kommunikation gegen aussen.

Die externe Zusammenarbeit

Im Bereich Umwelt arbeiten die Organisationen vor allem mit folgenden 4 Gruppen zusammen:

- Organisationen aus der gleichen Branche,
- mit den Handelspartnern,
- mit den Behörden und
- mit Organisationen aus anderen Branchen.

Die Organisationen versuchen, aus dem gemeinsamen Erfahrungsaustausch zu profitieren und gemeinsame Lösungen zu suchen.

All dies sind Bausteine, die den Lernprozess positiv beeinflussen. Wie die Fallstudien gezeigt haben, ist es bei jeder Organisation wieder eine andere Kombination von Bausteinen, die eine Rolle spielen.

B. Typen von organisationalen Lernprozessen im Umweltbereich

Die Fallstudien, die wir für 10 verschiedene Organisationen ausgearbeitet haben, erlauben uns, den Ablauf des Lernprozesses zu beschreiben und zu analysieren. Wir haben uns gefragt, welches die charakteristischen Phasen des Lernprozesses bei den verschiedenen Organisationen waren. Dabei haben wir festgestellt, dass bei verschiedenen Organisationen gleiche charakteristische Phasen auftraten. In unserer Auswahl haben wir 4 verschiedene Typen von Ansätzen der Lernprozesse identifiziert, die wir hier kurz vorstellen möchten.

Der sektorielle Ansatz

Ein oder mehrere Abteilungen einer Organisation beginnen langsam, Umweltmassnahmen umzusetzen, sei es aufgrund von Druck von aussen oder aufgrund einzelner Initiativen. Der Lernprozess entwickelt sich dank des Engagements einzelner speziell interessierter und motivierter Mitarbeiter/innen. Dieses Engagement dehnt sich aber nicht auf die gesamte Organisation aus, deshalb der Name "sektorieller Ansatz". Das Universitätsspital Zürich und die Gemeindeverwaltung Reinach sind Beispiele dieses Ansatzes, der sehr wahrscheinlich in der Realität der häufigste sein wird.

Der militante Ansatz

Bei diesem Ansatz werden sich die Personen der Organisation der unerwünschten Entwicklung der Gesellschaft im allgemeinen und ihrem Handlungsbereich im speziellen bewusst. Zusammen mit eigenen Anstrengungen versuchen sie, ihre Handelspartner und Kunden zu einem umweltverträglicheren Handeln zu motivieren. Dieser Ansatz beginnt mit dem (idealistischen) Wunsch, dank ihrem Engagement im Bereich Umwelt das Überleben der Gesellschaft sicherzustellen. Es zeigt sich aber relativ rasch, dass diesem Wunsch wirtschaftliche und gesellschaftliche Grenzen gesetzt sind. In der Folge wird dieses Ziel vermehrt der Realität angepasst, so dass zum Schluss die Ökologie in erster Linie zum Überleben des Unternehmens und erst danach zur Verbesserung der gesamtgesellschaftlichen Situation beitragen soll. Hotelplan und SV-Service haben diesen Ansatz verfolgt.

Der zielgerichtete Ansatz auf äusseren Druck

Die beiden folgenden Ansätze sind zielgerichtet in dem Sinne, dass sie einen Prozess umschreiben, der gut geplant und organisiert von einer Vision ausgeht, das heisst von einer konkreten Vorstellung, wie Ökologie und Ökonomie vereinbart werden können.

Beim zielgerichteten Ansatz auf äusseren Druck wird der Prozess durch einen starken Druck von aussen ausgelöst. Dieser Druck löst ein umfassendes, planmässiges aber eher technisches Vorgehen aus. Dies ist der Fall bei Swissair und Givaudan-Roure.

Der zielgerichtete Ansatz ohne äusseren Druck

In diesem Ansatz entwickelt sich die Ökologie als Teil eines Wandlungsprozesses, den die Organisation durchmacht. Diese Veränderungen finden in einem Moment statt, in dem sich die Organisation aus verschiedenen Gründen Überlegungen zu ihrer Zukunft macht. Dies ist der Fall bei Walter Rentsch AG, Charles Veillon, Trisa und Berner Leben.

Im Rahmen unserer Untersuchung haben wir die verschiedenen Etappen, die das Fortschreiten des organisationalen Lernprozesses kennzeichnen, sowie die Faktoren, die in diesen Etappen eine Rolle spielen, detailliert untersucht. Diese Analysen können Sie im Schlussbericht für den SNF nachlesen. In diesem Artikel möchten wir uns auf die Aktoren konzentrieren, die aufgrund ihrer Rolle, die sie im Lernprozess gespielt haben, eine spezielle Aufmerksamkeit verdienen.

3. Rolle von bestimmten Aktoren in organisationalen Lernprozessen im Umweltbereich

Die Analyse der Rolle der verschiedenen Aktoren im organisationalen Lernprozess basiert auf zwei parallel durchgeführten Untersuchungen: Den Fallstudien und einer Umfrage unter Umweltbeauftragten und Umweltberater/innen. Diese beiden Untersuchungen kamen zu sehr ähnlichen Schlüssen in bezug auf die Kompetenzen, die die Aktoren zur Erfüllung ihrer Rollen benötigen. Daraus lassen sich Anforderungen an die Ausbildung ableiten, um die Fähigkeiten dieser Personen zur Initiierung und Begleitung von Ökologisierungsprozessen zu verbessern.

3.1. Die Rolle der Aktoren aufgrund der Analyse der organisationalen Lernprozesse

In der Analyse der Fallstudien haben wir 4 verschiedene Typen von Personen identifiziert, die aktiv im umweltbezogenen organisationalen Prozess involviert sind:

- die Direktion/Geschäftsleitung und die Personen nahe der Direktion (Top-Management),
- die internen Mitglieder verschiedener Arbeitsgruppen (strategische Arbeitsgruppen oder Projektgruppen),
- die internen Umweltbeauftragten und
- die externen Berater.

Eine systematische Analyse der Aktoren in jedem der oben erwähnten Ansätze hat uns erlaubt, die Rollen dieser Aktoren und die wichtigsten Kompetenzen, die von ihnen verlangt werden, abzuleiten und daraus Anforderungen an die Aus- und Weiterbildung zu formulieren. In einer kurzen Zusammenfassung stellen wir hier die Resultate dieser Analyse vor.[9]

Das *Top-Management* kann sowohl aktiv in den Prozess involviert sein als auch eine unterstützende und motivierende Rolle spielen. Eine klare und bestimmte Zustimmung des Top-Managements zum Umweltengagement

[9] Die ausführliche Analyse kann im Schlussbericht NF nachgelesen werden.

ist notwendig zum guten Gelingen des Lernprozesses. Falls das Top-Management aktiv in den Prozess integriert ist (so wie häufig beim zielgerichteten Ansatz ohne äusseren Druck), so sind die benötigten Kompetenzen und ihre Anforderungen an die Aus- und Weiterbildung identisch mit denjenigen der Mitglieder interner Arbeitsgruppen, wie sie weiter unten beschrieben werden.

Bei den *Mitgliedern interner Arbeitsgruppen*, die aus Personen innerhalb der Organisation gebildet wurden mit der Aufgabe, sich mit dem Thema Ökologie auseinanderzusetzen, ist es sehr schwer, zwischen dem Beitrag der Individuen und dem der Gruppe als Gesamtes zu unterscheiden. Man muss sie deshalb auch als Ganzes betrachten. Wir haben zwei Typen von Arbeitsgruppen unterschieden: die Strategiegruppe, die sich mit den Definitionen und Zielen der Organisation im Bereich Ökologie beschäftigt, und die Projektgruppe, die sich mit der konkreten Umsetzung eines Projekts beschäftigt.

Die *Strategiegruppe* ist vor allem am Anfang des Prozesses aktiv. Ihr Auftrag ist, sich mit den allgemeinen Zielen der Organisation im Bereich Ökologie zu beschäftigen. Da dies ein eher neues Thema ist, verlangt diese Arbeit grosse Kreativität. Es ist wichtig, dass die Arbeiten dieser Gruppe offiziell unterstützt und legitimiert sind. Im allgemeinen wird versucht, Vertreter/innen aus den verschiedenen Abteilungen der Organisation in dieser Gruppe zusammenzufassen. Es ist jedoch auch wichtig, sicherzustellen, dass diese Vertreter/innen genügend motiviert sind für ihre Aufgabe. Durch Diskussionen und gemeinsames Arbeiten sind die Strategiegruppen ein wichtiger Rahmen für Umdenkungsprozesse im Kader. Die Strategiegruppe spielt eine wichtige Rolle in der Schaffung der Grundlagen für die geplanten Umweltmassnahmen. Im weiteren haben die Mitglieder dieser Gruppe eine gewisse Vorbildfunktion. Wenn der Lernprozess einmal gestartet ist, reduziert sich diese Gruppe in der Regel auf eine Kerngruppe und befasst sich vor allem mit der Koordination der Aktivitäten, sowie mit der regelmässigen Evaluation bisheriger Massnahmen und der Ausarbeitung neuer Projekte und Ziele der Organisation.

Die Mitglieder der Strategiegruppe haben in der Regel keine spezielle Aus- und Weiterbildung im Umweltbereich. Falls sie konkretes Umweltfachwissen für ihre Arbeit benötigen, holen sie dieses bei internen oder externen Expert/innen. Um ihre Aufgabe erfüllen zu können, muss diese Gruppe kreativ arbeiten können, Fähigkeiten in der Kommunikation und gute Kenntnisse der Organisation (die wichtigen Personen, "son rouage", ihre Entwicklung) besitzen und Kompetenzen in der Begleitung von Prozessen aufweisen (Prozesswissen, coaching). Ihre Anforderungen an die Aus- und Weiterbildung liegen eher in Richtung einer regelmässigen Weiterbildung in Managementfragen, und können durch sehr punktuelle Angebote abgedeckt werden, deren Schwergewicht mehr auf dem Erfahrungsaustausch liegt als auf der Informationsvermittlung.

In den *Projektgruppen* sind vor allem die Spezialisten und Entscheidungsträger, die von Umweltprojekten konkret betroffen sind, zusammengefasst. Je nach Inhalt des Projekts, das sie umsetzen wollen, benötigen die Mitglieder dieser Gruppe mehr ökologisches Fachwissen als die Mitglieder der Strategiegruppe. Sie sind deshalb vor allem an kurzen, praxisorientierten Tagungen oder Kursen interessiert, deren Inhalte sie direkt anwenden können. Der Erfahrungsaustausch mit Personen in anderen Organisationen, die sich mit denselben Fragestellungen beschäftigen, ist eine weitere wertvolle Informationsquelle, die aber leider häufig vernachlässigt wird.

Der *Umweltbeauftragte*, dessen Position in der Organisation je nach Fall anders ist, wird in der Regel erst wichtig, wenn der Prozess bereits gestartet ist. Er hat dann den Auftrag, die Umsetzungsmassnahmen zu überwachen und zu koordinieren und ist zugleich auch Diskussionspartner in ökologischen Fragen. Seine Aufgabe ist es, die Fortsetzung des Prozesses zu gewährleisten und immer wieder neue Impulse in dieser Richtung zu geben. Um diese Aufgabe erfüllen zu können, benötigt er gewisse Fachkenntnisse im Umweltbereich. Trotzdem sind für ihn die wichtigsten Kompetenzen, die er unabhängig vom Typ des Lernprozesses benötigt, Kompetenzen im Bereich Kommunikation und Prozessbegleitung. Diese Kenntnisse und Kompetenzen können am besten durch kurze Weiterbildung erworben werden, in denen Personen mit praktischen Erfahrungen aus verschiedenen Organisationen vertreten sind, so dass auch ein Erfahrungsaustausch möglich ist.

Die *externen Umweltberater* spielen zwei unterschiedliche Rollen in den untersuchten Lernprozessen. Zum einen bringen sie ihr konkretes Fachwissen ein (Ausarbeiten einer Studie, Bestandesaufnahmen durchführen, Massnahmenplan erarbeiten, Ökobilanz berechnen) oder führen Massnahmen durch, für die intern die Kompetenzen oder die notwendige Zeit fehlen. Meist werden sie nur punktuell beigezogen in Form verschiedener Aufträge. Seltener werden sie selbst eng und langfristig in den Prozess der Ökologisierung und Neuorientierung der Organisation integriert (z.B. als Mitglied der Strategiegruppe).

Um den organisationalen Lernprozess aktiv unterstützen zu können, benötigen die externen Umweltberater zwei Typen von Kompetenzen und Kenntnissen. Zum einen sind es technische, methodische und fachspezifische Kenntnisse (Detailfachwissen) im Umweltbereich. Zum andern sind es Kompetenzen zur Begleitung und Betreuung von Lernprozessen in Organisationen. Die externen Umweltberater benötigen aber nicht dieselben Kompetenzen wie die internen Umweltbeauftragten oder die Mitglieder der Arbeitsgruppen. Es handelt sich dabei mehr um Kenntnisse der Projektbegleitung und des Projektmanagements im generellen Sinn. Zudem werden Kenntnisse im Umgang mit Gruppenprozessen verlangt. Diese Kompetenzen können durch eine professionelle Aus- und Weiterbildung abgedeckt werden, die regelmässig in kurzen Blöcken absolviert wird.

Die Resultate der Analyse der verschiedenen Aktoren in den organisationalen Lernprozessen stimmen im grossen und ganzen überein mit den Resultaten der Umfrage unter Umweltbeauftragten und Umweltberater/innen, die wir im folgenden kurz vorstellen wollen.

3.2. *Die Rolle der Aktoren aufgrund der Umfrage unter den Umweltbeauftragten*

Die Analyse der Fragebogen ergibt 4 verschiedene Typen von Umweltbeauftragten und Umweltberater/innen. Wir haben sie folgendermassen genannt:

- firmeninterne/r Umweltkoordinator/in
- firmeninterne/r Umweltsachbearbeiter/in
- firmenexterne/r Umweltkoordinator/in
- firmenexterne/r Umweltsachbearbeiter/in

Der *firmeninterne Umwelt-Koordinator* besitzt einen Abschluss im Bereich Wirtschaft oder Ingenieurwesen, arbeitet in einer Produktions- oder Handelsfirma und widmet Umweltfragen bis zu 80% seiner Arbeitszeit. Er regt vor allem Projekte an und begleitet sie. Er hat eine leitende Funktion und benötigt vor allem Managementfähigkeiten, daneben aber auch viele kommunikative und soziale Fähigkeiten wie Verhandlungsgeschick, Durchsetzungsvermögen, Eigeninitiative, Kooperationsfähigkeit und Interdisziplinarität. Seine Kenntnisse hat er in erster Linie in seiner Berufspraxis erworben, sein Weiterbildungsbedürfnis besteht in praxisbezogenen Kursen und Tagungen sowie einem regelmässigen Erfahrungsaustausch.

Der *firmeninterne Umwelt-Sachbearbeiter* besitzt einen Abschluss im Bereich Naturwissenschaften, arbeitet in einer Produktions- oder Handelsfirma und widmet Umweltfragen zwischen 80 und 100% seiner Arbeitszeit. Er plant und organisiert vor allem die Projekte und realisiert sie. Wichtig ist für ihn in erster Linie das konkrete Fachwissen, vor allem im Bereich Naturwissenschaften. Er benötigt auch soziale und kommunikative Fähigkeiten (Kommunikation, Kooperation, Interdisziplinarität, Eigeninitiative, Verhandlungsgeschick, Selbständigkeit und Durchsetzungsvermögen). Für wichtig hält er selbst vor allem Fachwissen. Sein Weiterbildungsbedürfnis besteht in praxisbezogenen Kursen und Tagungen.

Der *firmenexterne Umwelt-Koordinator* besitzt einen Abschluss im Bereich Naturwissenschaften, als Lehrer/in oder im Sozialbereich und arbeitet in leitender Funktion in Verwaltungen, Organisationen oder Beratungsbüros. Seine Schwerpunkte sind vor allem Projektmanagement und Erfolgskontrolle. Verlangt werden von ihm Organisations- und Planungsfähigkeiten und Führungsqualitäten. Für wichtig hält er Planungs-, Organisations- und Managementfähigkeiten, aber auch kommunikative und soziale Fähigkeiten. Sein Weiterbildungsbedürfnis besteht in praxisbezogenen Kursen und Tagungen sowie Literaturstudium.

Der *firmenexterne Umwelt-Sachbearbeiter* besitzt einen Abschluss in Naturwissenschaften, arbeitet in Verwaltungen, Organisationen oder Beratungsbüros und widmet Umweltfragen zwischen 80 und 100% seiner Arbeitszeit. Er ist vor allem mit der Realisierung von Projekten beschäftigt. Verlangt werden von ihm technisches Verständnis. Für wichtig hält er Planungs-, Organisations- und Managementfähigkeiten, aber auch kommunikative und soziale Fähigkeiten. Sein Weiterbildungsbedürfnis besteht in praxisbezogenen Kursen und Tagungen.

Es lässt sich also klar zeigen, dass einerseits Fachwissen im Bereich der Ökologie wie aber auch auf dem konkreten Arbeitsgebiet, andererseits aber organisatorische, kommunikative und soziale Fähigkeiten notwendig sind, um Umweltberatung erfolgreich auszuüben.

Die notwendigen Fähigkeiten können nicht in einer einzigen Aus- und Weiterbildung gelernt werden, sondern es ist wichtig, dass die Grundausbildung mit Praxiserfahrung im Beruf und Weiterbildung gekoppelt ist. Praxiserfahrung im Beruf scheint einen wesentlichen Bestandteil des Lernprozesses darzustellen. Weiterbildung ist vor allem gewünscht in Form von Kursen oder Tagungen, die konkret und praxisorientiert sein sollen.

3.3. *Gegenüberstellung der Resultate von Fallstudien und Umfrage*

Die Resultate der Analyse der verschiedenen Aktoren in den organisationalen Lernprozessen stimmen im grossen und ganzen überein mit den Resultaten der Umfrage unter Umweltbeauftragten und Umweltberater/innen.

Im allgemeinen stimmen die Typologie aufgrund der Umfrage und die Personen, die wir aufgrund der Fallstudien für den Lernprozess als wichtig identifiziert haben, überein. Die Direktion/Geschäftsleitung und die Personen nahe der Direktion (Top-Management) erfüllen in der Regel die Funktion der firmeninternen Koordination, die internen Mitglieder verschiedener Arbeitsgruppen (strategische Arbeitsgruppen oder Projektgruppen) entsprechen den firmeninternen Sachbearbeiter/innen, die internen Umweltbeauftragten haben firmenintern sowohl die der Koordination wie auch der Sachbearbeitung. In den Fallstudien war die Trennung bei den externen Umweltberater/innen zwischen Koordinator und Sachbearbeiter nicht deutlich zu erkennen.

	firmenintern		firmenextern	
	Koordinator	Sachbearbeiter	Koordinator	Sachbearbeiter
Direktion				
Mitglieder AG	**Strategiegruppe**	**Projektgruppe**		
Umwelt-beauftragter				
externe Berater				

Abbildung 1: *Akteure organisationaler Lernprozesse*

Die Anforderungen der vier Typen von Umweltberater/innen an die Aus- und Weiterbildung stimmen im grossen und ganzen mit den Anforderungen der Personen, die in den untersuchten Fallstudien wichtig für den umweltbezogenen organisationalen Lernprozess waren, überein.

3.4. *Anforderungen an die Aus- und Weiterbildung*

In den Fallstudien war die Trennung bei den externen Umweltberater/innen zwischen Koordinator und Sachbearbeiter nicht deutlich zu erkennen. Deshalb können wir zum firmenexternen Umwelt-Sachbearbeiter auch keine Aussagen machen. Im übrigen stimmen aber die Anforderungen der vier Typen an die Aus- und Weiterbildung überein mit den Anforderungen der Personen, die in den untersuchten Fallstudien wichtig für den umweltbezogenen organisationalen Lernprozess waren.

Im Beitrag von Roux in diesem Band wird ein ähnliches Vorhaben im Bereich der Landwirtschaft präsentiert. Auch dort kommt deutlich heraus, dass nebst ökologischem Fachwissen soziale und organisatorische Kompetenzen wesentliche Schlüsselkompetenzen sind für Personen, die umweltbezogene Lernprozesse in der Landwirtschaft initiieren und begleiten. Auch im Beitrag von Defila und Di Giulio (Kap. 3.7. in diesem Band) wird auf die Wichtigkeit von kommunikativen und sozialen Fähigkeiten, nebst anderen, in der Ausbildung von Akademikerinnen und Akademikern hingewiesen.

In unserer Studie zeigt sich, dass für den internen Umweltkoordinator (Umweltbeauftragter, Mitglied der Strategiegruppe, Mitglied des Top-Managements) das Umweltfachwissen weniger wichtig ist als kommunikative und soziale Fähigkeiten (Umgang mit Personen, Begleitung von Prozessen, Kooperationsfähigkeit, Interdisziplinarität, Durchsetzungsvermögen). Bei der Analyse der Mitglieder der Strategiegruppe zeigte es sich, dass gute Fähigkeiten zur Konzeptualisierung und eine Offenheit neuen Ideen gegenüber ebenfalls wichtige Voraussetzungen sind. Die internen Umweltkoordinatoren wünschen vor allem kurze, praxisorientierte Weiterbildungsmöglichkeiten (Kurse in Modulform, Tageskurse, ...) und verstärkt den Erfahrungsaustausch mit aktiven Personen anderer Organisationen.

Dieselbe Übereinstimmung zwischen der Umfrage und der Analyse der Fallstudien in bezug auf die Aus- und Weiterbildung ergeben sich auch beim internen Umwelt-Sachbearbeiter (interner Fachspezialist, Mitglied der Projektgruppe, manchmal Umweltbeauftragter). Die benötigten Umweltfachkenntnisse, die regelmässig aktualisiert werden müssen, wollen sie vor allem mit kurzen, praxisorientierten Kursen oder Tagungen erwerben. Kompetenzen im Bereich Kommunikation und Zusammenarbeit (Kooperation, Selbständigkeit, Eigeninitiative) sind aber auch hier wichtig. Für die sozialen und kommunikativen Kompetenzen sind kurze, interaktive Weiterbildungsmodule sinnvoll.

Für die externen Umweltkoordinatoren (externe Experten) sind zwei Typen von Kompetenzen und Kenntnissen wichtig. Zum einen das konkrete Umweltfachwissen (technisch und methodisch), zum andern Fähigkeiten in der Leitung und Durchführung von Projekten und der Betreuung von Gruppen. Um sich beim Umweltfachwissen aktuell weiterzubilden, werden vor allem kurze, praxisorientierte Angebote gewünscht, die sich sehr konkret auf die Anwendung und Umsetzung konzentrieren. Zum Teil wird die Weiterbildung auch mit Literaturstudium ergänzt.

Wir vergleichen nun im folgenden die Weiterbildungswünsche der Akteren mit dem Angebot einer Weiterbildung in Umweltberatung, um daraus allgemeine Empfehlungen für die Weiterbildung im Umweltbereich abzuleiten.

4. Die Aus- und Weiterbildung der Personen, die Organisationen zu einem umweltverträglicherem Verhalten führen

4.1. Ausbildung in Umweltberatung

Da wir keine detaillierte Analyse sämtlicher verfügbarer Weiterbildungsangebote machen konnten, haben wir ein spezielles Angebot etwas detaillierter analysiert: Den Lehrgang Umweltberatung der Bildungsstelle Umweltberatung WWF in Bern.

Die Evaluation hat Hinweise gebracht über die Relevanz dieser berufsbegleitenden Weiterbildung für Personen, die den umweltbezogenen organisationalen Lernprozess auslösen und begleiten sollen. Die Frage nach den geeigneten didaktischen Prinzipien zur Förderung der nötigen Schlüsselqualifikationen wurde auch angegangen, wird aber hier nicht weiter erläutert.

Der Lehrgang Umweltberatung zielt auf die gleichzeitige Förderung der Fach-, Sozial-, Organisations- und Persönlichkeitskompetenz und baut deshalb auf neuen Lehr- und Lernformen auf. Der Lehrgang bildet in erster Linie Generalist/innen aus, wobei sich dieser vor allem auf ein breites Fachwissen ausrichtet. Die Teilnehmer/innen werden vor allem zu (externen) Berater/innen ausgebildet, was aus der historischen Entwicklung der Umweltberatung abzuleiten ist. Sie werden geschult, als Sachkundige Projekte initiieren und leiten zu können, die ökologischen Probleme in ihrem institutionellen und politischen Umfeld zu betrachten und kooperativ Lösungswege zu erarbeiten.

Eine Analyse der bisherigen Absolvent/innen des Lehrgangs zeigt, dass dieser sich an ein Publikum richtet, das in erster Linie aus technischen, pädagogischen oder kaufmännischen Berufen stammt. Die Teilnehmer/innen arbeiten zum grössten Teil in der Beratung, und nur ein sehr kleiner Teil (2 von 29 Teilnehmer/innen) arbeitet in der Privatwirtschaft. Alle wünschen in erster Linie, eine Verbesserung ihres Fachwissens zu erreichen, wobei auch die interdisziplinäre Problemorientierung für sie von Wichtigkeit ist. Sie betonen auch, dass sie das Netz zu Expert/innen und Institutionen stärken möchten. Interessant ist die Feststellung, dass die Teilnehmer/innen nach dem Kurs der Sozial- und Organisationskompetenz viel stärker eine entscheidende Bedeutung in ihrer Alltagsarbeit zuordnen als zu Beginn des Lehrgangs.

4.2. *Vergleich der Evaluation des Lehrgangs Umweltberatung und den Bedürfnissen der Umweltberater/innen*

Die Analyse der Funktionen und Bildungsbedürfnisse der Personen, die in den organisationalen Lernprozessen eine wichtige Rolle spielen, zeigt deutlich zwei verschiedene Kategorien. Auf der einen Seite die Koordinator/innen, die eher auf der Ebene des Managements arbeiten, koordinieren und motivieren und bei denen die konkrete Umweltberatung nur einen Teil ihrer Arbeit ausmacht. Sie benötigen aber Kenntnisse der Abläufe, der Prozesse und des Managements. Auf der anderen Seite die Sachbearbeiter/innen, die konkret die Umweltprojekte bearbeiten, planen und realisieren und dazu konkretes Fachwissen benötigen.

Der Lehrgang spricht von den vier herausgearbeiteten Typen vorwiegend die firmenexternen Sachbearbeiter/innen an, die im Lehrgang einen Überblick über das gesamte Gebiet der Umweltberatung und eine Ergänzung eines naturwissenschaftlich-technischen Studiums finden. Die konkrete Praxisökologie sowie die sozialen Lerninhalte werden von diesem Zielpublikum als wertvolle Weiterbildung wahrgenommen. Der Lehrgang richtet sich nur zu einem kleinen Teil an Umweltsachbearbeiter, die in einer Firma arbeiten. Darum müsste der Lehrgang den Bedürfnissen dieser Personen besser Rechnung tragen. Das heisst konkret:

- Die Vermittlung von reinem Fachwissen sollte reduziert werden zugunsten einer verstärkten Vorgehensschulung, wie das Fachwissen selbständig erworben werden kann (Abläufe, Kontakte, Informationsquellen und -beschaffung).
- Die Sachbearbeiter/innen sind vor allem mit der Projektplanung und -realisierung beschäftigt. Diese Themen müssten im Lehrgang vermehrt angeboten werden. Dass dies von Interesse ist, zeigt auch die positive Bewertung des Animationsprojekts, das im Rahmen des Lehrgangs durchgeführt wird.

Umweltkoordinator/innen (v.a. aus Firmen aus dem industriellen Bereich) gehören nicht zum Hauptzielpublikum. Das Wissen, das sie benötigen, wird, falls sie eine naturwissenschaftliche Grundausbildung besitzen, eher durch Management- und Unternehmensberatungsausbildungen angeboten. Falls sie eine betriebswirtschaftliche Grundausbildung besitzen, könnte der Lehrgang Umweltberatung eher in Betracht gezogen werden. Der umweltbezogene Überblick, den die Umweltkoordinator/innen ja auch benötigen, kann aber nur schwer durch einen allgemeinen Lehrgang erworben werden, da der firmenspezifische Aspekt der Probleme in dieser Form zuwenig abgedeckt werden kann. Zudem ist der Zeitaufwand für den Lehrgang zu gross für jemanden der sich im Rahmen seiner Managementtätigkeiten mit Umweltfragen beschäftigt. Deshalb bilden sich diese Personen vor allem mit kurzen, praxisorientierten Kursen und Tagungen, an denen ihre aktuellen Probleme besprochen werden, weiter.

Ähnliches gilt für die externen Umweltkoordinatoren. Auch für sie sind, wenn sie mit Firmen zusammenarbeiten wollen, vor allem Managementkenntnisse und betriebswirtschaftliche Fragen von Interesse und weniger das konkrete Umweltfachwissen. Dies wird durch den Lehrgang nicht vertieft abgedeckt.

Das heisst konkret, dass sich der Lehrgang kaum an Personen richtet, die sich bereits längere Zeit mit Fragen einer umweltverträglichen Betriebsführung in Firmen beschäftigen. Das fachlich und methodisch breite Spektrum, das der Lehrgang anbietet, spricht mehrheitlich Berufsleute an, die als Generalist/innen Grundlagen und Orientierungswissen suchen, das heisst, die in Organisationen arbeiten, die fachlich ein sehr breites Spektrum abdecken (Beratungsbüros, Beratungsorganisationen, Verwaltungen, Dienstleistungsbetriebe). Er spricht mit seinem Angebot vor allem Personen an, die in den Bereich Umweltberatung einsteigen wollen oder die eine eher allgemeinere Weiterbildung auf der Ebene der Alltagsberatung wünschen. Der Lehrgang hat eher zum Ziel, Personen auszubilden, die ihrerseits Personen für Umweltfragen sensibilisieren (Multiplikatoren). Dies sind Personen im Bereich Umweltbildung/Erziehung, in Ökozentren, Umweltverbänden oder öffentlichen Umweltberatungsstellen. Sie beschäftigen sich weniger mit Firmen als vielmehr mit Einzelpersonen (Kindern und Erwachsenen) und Haushaltungen.

In vier der in den Fallstudien untersuchten Organisationen arbeiten Personen, die den Lehrgang Umweltberatung besucht haben (Gemeindeverwaltung Reinach, Universitätsspital Zürich, SV-Service, Trisa). Vor allem im sektoriellen Ansatz stellt der Lehrgang eine gute Grundlage dar für die engagierten Personen innerhalb der Organisation vor allem im Bereich der Motivation, des Umweltfachwissens, der Kontakte, der kritischen Visionen und auch der internen Anerkennung. Der Zeitaufwand für den Lehrgang ist jedoch sehr hoch, und einzelne Bereiche könnten genau so gut in punktuellen Weiterbildungsangeboten abgedeckt werden.

Es zeigt sich, dass der Lehrgang Umweltberatung vor allem eine Grundlagenausbildung darstellt, die sich in erster Linie an externe oder interne

Sachbearbeiter richtet. Da die externen Sachbearbeiter im Lernprozess, wie wir ihn analysiert haben, kaum und die internen Sachbearbeiter nur eine geringe Rolle spielen, kann man sagen, dass der Lehrgang Umweltberatung, wie die meisten der vorhandenen Angebote, die Bedürfnisse der im umweltbezogenen organisationalen Lernprozess wichtigen Personen kaum abdeckt. Das bedeutet aber auch, dass ein neuer Typ von Aus- und Weiterbildung gewünscht wird, der mehr in Richtung einer fortlaufenden Weiterbildung im Bereich Begleitung und Betreuung von Prozessen und Umweltmanagementsystemen geht als in Richtung fachlicher Grundlagenausbildung. Wir stellen heute fest, dass neue Bildungsträger versuchen, auf diese Bedürfnisse zu antworten.

4.3. *Empfehlungen für die Aus- und Weiterbildung der Personen, die umweltbezogene Lernprozesse von Organisationen fördern und begleiten*

Die Empfehlungen, die wir aus unserer Studie ableiten, beziehen sich sowohl auf den Inhalt und die Form der Aus- und Weiterbildungen wie auch auf deren Praxisbezug und die didaktischen und pädagogischen Aspekte. Als Vergleich möchten wir auf den Beitrag von Kyburz-Graber et al. in diesem Band hinweisen, der sich mit der Pädagogik in der Umweltbildung befasst.

Inhalt

Die Aus- und Weiterbildung im Bereich Umweltberatung/Umweltmanagement muss sich stärker an den Bedürfnissen der Personen orientieren, die im Prozess der Veränderung der Organisationen eine wichtige Rolle spielen. Diejenigen Personen, die im umweltbezogenen organisationalen Lernprozess die wichtigste Rolle spielen, die Umweltbeauftragten und die Mitglieder der Strategiegruppen, die sich viel mehr mit Managementfragen als mit konkreten Umsetzungsfragen beschäftigen, finden noch viel zu selten Weiterbildungsangebote, die ihre konkreten Bedürfnisse genügend berücksichtigen. Sie benötigen vor allem Kenntnisse und Kompetenzen im Bereich Kommunikation, Prozessbegleitung, Organisation und Konzeptualisierung und weniger konkretes Umweltfachwissen.

Die meisten Angebote richten sich heute an Neulinge im Bereich der Umweltberatung oder an Personen, die sich beruflich neu ausrichten wollen, obschon unsere Studie zeigt, dass die Personen, die in den Lernprozessen eine wichtige Rolle spielen, in der Regel eine lange berufliche Erfahrung besitzen und seit längerer Zeit in der Organisation arbeiten. Für diese Personen müssen neue Weiterbildungsangebote geschaffen werden.

Form und Format

Alle Personen, die im umweltbezogenen organisationalen Lernprozess eine wichtige Rolle spielen, sind bereits beruflich stark engagiert. Sie sind deshalb nicht in erster Linie an einer längeren Grundlagenausbildung interessiert, sondern an kurzen, modular aufgebauten und flexiblen Weiterbildungsmöglichkeiten. Diese Angebote sollten spezifisch auf die Bedürfnisse der Zielgruppen angepasst sein, was mit einer Standardausbildung kaum möglich ist. Diese Art der Weiterbildung kann am besten realisiert werden, wenn untereinander koordiniert verschiedene Bildungsträger (private, öffentliche, universitäre oder nicht-universitäre) einzelne Module einer thematisch abgeschlossenen Ausbildung anbieten.

Unter diesem Aspekt heisst dies auch, dass die Zusammenarbeit und Koordination unter den heute aktiven Bildungsträgern verbessert werden muss. Das heutige Angebot macht in der Tat einen etwas unkoordinierten und unstrukturierten Eindruck. In einzelnen Bereichen werden identische oder ähnliche Angebote gemacht, in anderen Bereichen fehlen die Angebote völlig. Um die Bedürfnisse der Zielgruppen effektiv abdecken und die Qualität der Aus- und Weiterbildungen verbessern zu können, ist es notwendig, die Zusammenarbeit zwischen den verschiedenen Bildungsträgern aufzubauen und zu verbessern mit dem Ziel, modular aufgebaute Weiterbildungslehrgänge anzubieten, die die Bedürfnisse der in umweltbezogenen organisationalen Lernprozessen aktiven Personen abdecken können.

Praxisbezug

Die Aus- und Weiterbildung muss sich, neben der Flexibilität, dem modularen Aufbau und der individuellen Anpassbarkeit, auch durch einen starken Praxisbezug auszeichnen. Das Ziel der Aus- und Weiterbildung soll das Lösen von Problemen sein, wie sie sich in der täglichen Praxis bei der Lancierung und Förderung von umweltbezogenen organisationalen Lernprozessen stellen. Ein wichtiger Aspekt ist dabei der Erfahrungsaustausch zwischen Personen mit ähnlichen Fragestellungen. Die heutigen Angebote, u.a. auch der Lehrgang Umweltberatung, schaffen diese Verbindung zur Praxis noch zu wenig. Die Angebote richten sich noch zu wenig deutlich an diejenigen Personen, die im umweltbezogenen organisationalen Lernprozess wirklich eine wichtige Rolle spielen.

Pädagogische Aspekte

Die oben erwähnten Anforderungen an eine optimale Aus- und Weiterbildung haben natürlich auch Auswirkungen auf die pädagogisch-didaktischen Aspekte einer Aus- und Weiterbildung. Eine sinnvolle Weiterbildung im Umweltbereich muss vermehrt das Schwergewicht darauf legen,

- zu vermitteln, wie Probleme gelöst werden können, anstatt fertige Lösungen anzubieten,
- die Erfahrungen der beteiligten Personen zu verwenden, anstatt abstrakte und theoretische Modelle zu präsentieren,
- gemeinsam zu lernen, anstatt jeder für sich, wie es heute noch häufig gemacht wird.

Diese Empfehlungen haben einerseits Auswirkungen auf die Angehensweisen und Strukturen der Ausbildungsinstitutionen, aber andererseits auch auf die Ausbildung der Ausbildner, damit die pädagogisch-didaktischen Aspekte wahrgenommen werden. Hier möchten wir wieder auf den Beitrag von Kyburz-Graber et al. hinweisen, wo die Frage der strukturellen Bedingungen und die individuellen Qualifikationen der Lehrkräfte im Hinblick auf die Realisierung des Umweltbildungskonzeptes untersucht wird.

Die systematische Bewertung von Bildungsangeboten ist noch eine Seltenheit. In unserer Untersuchung haben wir eine solche Evaluation vorgenommen, und deren Resultate konnten auch in der beteiligten Bildungsstelle aufgenommen werden. Wir denken, dass in der Zukunft ein Mechanismus geschaffen werden sollte, um die kontinuierliche Anpassung der Bildungsinstitutionen zu gewährleisten, damit die aktuelle Diskrepanz zwischen den identifizierten Bildungsbedürfnissen der Personen, die umweltbezogene Lernprozesse begleiten, und dem Bildungsangebot reduziert werden kann. Auf diese Art könnten auch die Bildungsinstitutionen mit ihrem eigenen organisationalen Lernprozess beginnen.

5. Zusammenfassung und Schlussfolgerungen

Unsere Untersuchung hat gezeigt, dass sich umweltbezogene organisationale Lernprozesse auf 3 verschiedenen Ebenen manifestieren:

- durch konkrete Massnahmen und Aktionen,
- durch Integration der Ökologie in die Organisation und
- durch kulturelle Veränderungen innerhalb der Organisation.

Wirksam wird der Lernprozess langfristig aber nur, wenn alle 3 Ebenen miteinbezogen werden.

Als wesentliche Bausteine eines solchen Lernprozesses konnten identifiziert werden:

- schriftliche Vorgaben im Bereich Ökologie,
- die Schaffung sinnvoller Strukturen und die aktive Mitarbeit aller Beteiligten auf allen Stufen (Direktion/Geschäftsleitung und die Personen nahe der Direktion (Top-Management, die internen Mitglieder verschiedener Arbeitsgruppen, die internen Umweltbeauftragten) und die externen Berater),
- der Einsatz angepasster Controllinginstrumente,
- aktive Kommunikation intern und extern und
- eine aktive externe Zusammenarbeit mit Organisationen aus der gleichen Branche, mit den Handelspartnern, mit den Behörden und mit Organisationen aus anderen Branchen.

Die Fallstudien, die wir für 10 verschiedene Organisationen ausgearbeitet haben, zeigten uns 4 verschiedene Typen von Lernprozessen mit unterschiedlichen Ansätzen:

- der sektorielle Ansatz, der sich vor allem auf die Umsetzung von Massnahmen in einzelnen Bereichen konzentriert,
- der militante Ansatz, der versucht, die eigene Organisation und die gesamte Gesellschaft zu verbessern,
- der zielgerichtete Ansatz auf äusseren Druck, der aufgrund starken äusseren Drucks ein planmässiges, zielgerichtetes Vorgehen beschliesst und
- der zielgerichtete Ansatz ohne äusseren Druck, der aufgrund eigener Zielsetzungen und Motivation zu einem umfassenden Engagement im Umweltbereich kommt.

Die Personen, die in diesem Lernprozess auf verschiedenen Ebenen aktiv sind, erfüllen verschiedene Funktionen. Grundsätzlich lassen sich Koordination/Motivation/Animation und die konkrete Umsetzung von Massnahmen unterscheiden. Zur Erfüllung dieser Funktionen sind unterschiedliche Kompetenzen notwendig, und deshalb sind auch unterschiedliche Ansprüche an die Aus- und Weiterbildung festzustellen. Einheitlich ist jedoch die Tatsache,

- dass nicht nur Fachkenntnisse, sondern auch soziale und organisatorische Kompetenzen verlangt werden, und
- dass Aus- und Weiterbildung konkret, praxisbezogen, aktuell und auf den konkreten Arbeitsalltag bezogen sein soll.

Dies verlangt natürlich auch Verbesserungen in der umweltbezogenen Aus- und Weiterbildung in bezug auf Inhalt, Form und Format, Praxisbezug und Pädagogik/Didaktik.

Die wesentlichsten Schlussfolgerungen aus der Untersuchung sind:

- Umweltbezogene organisationale Lernprozesse beginnen nicht von selbst und gehen auch nicht von selbst in eine sinnvolle Richtung. Sie müssen aktiv betreut und bewusst unterstützt und gefördert werden.
- Dabei sind nicht nur fachliche oder nur organisatorische oder nur soziale Kompetenzen wesentlich, sondern die Kombination dieser verschiedenen Kompetenzen ist am erfolgversprechendsten.
- Die fortdauernde Aus- und Weiterbildung ist in diesem Bereich wesentlich, doch sind nicht Grundlagenausbildungen gefragt, sondern konkrete, auf die momentanen Probleme ausgerichtete, kurze Informations- und Schulungsblöcke, die je nach den momentanen Bedürfnissen ausgewählt und zusammengestellt werden können.

LITERATUR

Argyris, C. 1992: On Organizational Learning. Oxford: Blackwell.

Argyris, C., Schön, D. 1978: Organizational Learning: a Theory of Action Perspective. Reading Mass.: Addison-Wesley Publ.

Cangelosi, V. E., Dill, W. R. 1965: Organizational Learning: Observations towards a Theory. In: Administrative Science Quarterly. Bd 10. S. 175-203.

Cyert, R. M., March, J. G. 1963: A Behavioral Theory of the Firm. Englewood-Cliffs: Prentice-Hall.

Dixon, N. 1992: Organizational Learning: A Review of the Literature with Implications for HRD Professionals. In: Human Resource Development Quarterly. 3, 1. S. 29–49.

Fiol, M. C., Lyles, M. A. 1985: Organizational Learning. In: Academy of Management Review. Bd 10, Nr. 4. S. 803–813.

Garvin, D. 1993: Building a Learning Organization. In: Harvard Business Review. Bd 71, Nr. 4. S. 78–91.

Levitt, B., March, J. G. 1988: Organizational Learning. In: Annual Review of Sociology. Bd 14. S. 319–340.

Senge, P. 1990: The Fifth Discipline: the Art and Practice of the Learning Organization. New York: Doubleday.

Shrivastava, P. 1983: A Typology of Organizational Learning Systems. In: Journal of Management Studies. 20, 1. S. 7–28.

Watkins, K., Marsick, V. 1993: Sculpting the Learning Organization. San Francisco: Jossey-Bass.

Whyte, W. F. 1991: Social Theory for Action: How Individuals and Organizations Learn to Change. London: Sage.

GRUNDLEGENDE WERKE

Apel, H. 1993: Orientierungen zur Umweltbildung. Bad Heilbrunn: Julius Klinkhardt.

Ballin, D., Zimmermann, A. 1994: Stellenanalyse Umwelt und Beruf 1993/1994. München: Know How Systems.

BIBB 1992: Umweltschutz in der beruflichen Bildung. Berlin: Bundesinstitut für Berufsbildung.

Bundesverband für Umweltberatung 1992: Recherche zum Berufsbild "Umweltberater/in". In: BUWAL (Hg.) 1995: Umfrage zur Umweltberatung in der Schweiz. (Unveröffentlicht).

Dodgson, M. 1993: Organizational Learning: A Review of some Literature. In: Organizational Studies. 14, 3. S. 375–394.

Eulefeld, G. 1991: Umweltbewusstsein und Umwelterziehung. Kiel: Institut für die Pädagogik der Naturwissenschaften IPN.

Finger, M. 1991: Ökologie in der Erwachsenenbildung. Bern: BUWAL.

Glynn, M. A., Milliken, F., Lant, T. 1991: Learning about Organizational Learning: A Critical Review and Research Agenda. (Manuscript).

Hedberg, B. 1981: How Organizations Learn and Unlearn. In: Nystrom, P., Starbuck, W. (Hg.): Handbook of Organizational Design. Oxford: Oxford University Press. S. 327.

Kim, D. 1993: The Link between Individual and Organizational Learning. In: Sloan Management Review. Fall. S. 37-50.

Meffert, H., Kirchgeorg, M. 1993: Marktorientiertes Umweltmanagement. Stuttgart: Schäffer–Poeschel Verlag.

Michelsen, G., Siebert, H. 1985: Ökologie lernen, Anleitung zu einem veränderten Umgang mit der Natur. Frankfurt a. M.: Fischer.

Müller, U. 1993: Didaktische Planung ökologischer Erwachsenenbildung. Frankfurt: Haag und Herchen.

Obladen, H. P. 1993: Grundlagen der Umweltberatung. Berlin: Erich Schmidt Verlag.

Sattelberger, T. (Hg.) 1991: Die Lernende Organisation. Konzept für eine neue Qualität der Unternehmensentwicklung. Wiesbaden: Gabler.

Schulz, E., Schulz, W. 1994: Ökomanagement. So nutzen Sie den Umweltschutz im Betrieb. München: Verlag C. H. Beck.

Sebert, H., Michelsen, G. 1983: Vorbemerkung zu einer Theorie ökologischer Erwachsenenbildung. Universität Hannover.

Umweltbundesamt Berlin 1991: Umweltorientierte Unternehmensführung. Berichte 11/91. Berlin.

Zimmermann, M. 1988: Umweltberatung in Theorie und Praxis. Basel: Birkhäuser.

WIE LANDWIRTE UMWELTVERANTWORTLICH HANDELN LERNEN

Michel Roux

"Haus und Hof sind nicht von den Eltern geerbt, sondern von den Kindern geliehen." Dieser zum bäuerlichen Kulturgut gehörende Glaubenssatz repräsentiert eine Ethik der Verantwortung für die langfristige Erhaltung der Lebensgrundlagen. Etwas wehmütig stimmen wohl die meisten Bäuerinnen und Landwirte diesem altvertrauten Satz zu, weil sie nur allzu gut um die übrigen Kräfte wissen, die von Montag bis Samstag ihr berufliches Handeln beeinflussen. Ihre Zukunft in der Landwirtschaft erscheint ihnen heute offener denn je. Aufgegeben wird das Leben vom Boden aber von vielen noch nicht. Denn je mehr Menschen neugierig die Frage stellen, wie sie selbst im Alltag umweltverantwortlich handeln können, umso stärker wächst die Nachfrage nach ökologisch sinnvollen Leistungen der Landwirtschaft, die sich auch bezahlt machen werden. Doch worin diese Leistungen bestehen sollen, kann niemand für den anderen definieren. Das muss auch der Staat lernen, der die Landwirtschaft seit Jahrzehnten steuert und nun allmählich merkt, dass es mit noch besserer Steuerung in eine neue Richtung nicht getan ist. In diesem Beitrag wird eine Fallstudie präsentiert, welche dies erkennen lässt.

1. Einleitung

Das agrarpolitische Ziel im ökologischen Bereich sieht vor, dass Landwirte möglichst aus eigener Erkenntnis und Überzeugung zu umweltgerechtem Handeln kommen sollen. Der Staat sieht seine Rolle darin, hierfür günstige Rahmenbedingungen zu schaffen. Nicht primär mit Verboten und Bestrafung im Übertretungsfall, sondern mit ökonomischen Anreizen für eine besonders umweltschonende und tiergerechte Agrarproduktion und mit umweltverantwortlich handelnden Bäuerinnen und Landwirten soll die Transformation in eine nachhaltige Landwirtschaft gelingen. Diese Strategie wurde erstmals 1990 vom Bundesamt für Landwirtschaft formuliert[1] und 1992 konnte definitiv damit begonnen werden, sie in der ganzen Schweiz umzusetzen.[2] Im März 1995 hätte dieser Kurs mit einem neuen Leistungsauftrag an die Landwirtschaft in der Bundesverfassung verankert werden sollen. Doch dies scheiterte knapp in der Volksabstimmung. Für je die Hälfte der Gegner fehlte der Vorlage

---

1 Bundesamt für Landwirtschaft (1990) Direktzahlungen in der Schweizerischen Agrarpolitik, S. 145-152, EDMZ, Bern.

2 Gestützt auf die Änderung des Landwirtschaftsgesetzes vom 9. Oktober 1992 (Art. 29, 31a und b); SR 910.1.

entweder die ökologische oder aber die marktwirtschaftliche Stosskraft. Tatsächlich bedeutet die Förderung einer nachhaltigen Landwirtschaft beides zugleich. Denn die Landwirtschaft steht besonders durch die Aussenhandelspolitik der Schweiz unter Druck. Der Beitritt zum internationalen Zoll- und Handelsabkommen GATT verlangt den Abbau der Preisstützung und der Exportsubventionen für landwirtschaftliche Produkte und die teilweise Öffnung der Agrarmärkte für ausländische Konkurrenten. Dieser wirtschaftliche Druck würde im Falle eines Beitritts der Schweiz zur Europäischen Union noch drastisch erhöht, sodass auch bei einem starken Ausbau der 1993 erstmals überwiesenen Direktzahlungen an die Landwirtschaft mehr als die Hälfte der landwirtschaftlichen Arbeitsplätze verloren gehen würde, wie Modellrechnungen annehmen lassen (Baur et al. 1995). Der Wettbewerb innerhalb der Landwirtschaft verschärft sich schon heute spürbar und die Fähigkeit, einen überzeugenden ökologischen Leistungsnachweis erbringen zu können, wird in diesem Wettbewerb ein erfolgswirksamer Faktor sein. In diesem Transformationsprozess, der zu einer nachhaltigen Landwirtschaft führen soll, kommt der landwirtschaftlichen Berufsbildung, insbesondere der Weiterbildung und Beratung der praktizierenden Landwirte und Bäuerinnen, eine Schlüsselrolle zu (vgl. Knoepfel 1990). Denn die Rahmenbedingungen verändern sich für alle Bauernfamilien rasch und grundlegend. Eine wie auch immer gestaltete erfolgreiche Anpassung an eine sich verändernde Umwelt, wird nicht ohne Lernen möglich sein. Doch welche Lernprozesse sollen ausgelöst und verstärkt werden, damit möglichst viele Menschen, die heute in der Landwirtschaft tätig sind, ihre Ziele und Handlungsstrategie neu definieren und realisieren können?

1.1. *Zielsetzung*

Mit diesem Forschungsprojekt sollen Erkenntnisse gewonnen werden, die in der Weiterbildung der landwirtschaftlichen Beratungskräfte und bei der Planung von umweltbezogenen landwirtschaftlichen Weiterbildungs- und Beratungsaktivitäten verwertet werden können. Folgende Forschungsfragen stehen deshalb im Vordergrund:

a) Was charakterisiert wirksame landwirtschaftliche Beratung, die zur Förderung einer nachhaltigen Landwirtschaft in Kulturlandschaften beiträgt? Welche Faktoren erweisen sich als erfolgswirksam?

b) Durch welches Profil zeichnen sich Beratungskräfte aus, die es verstehen, bei Landwirten und bei den an der Betriebsleitung beteiligten Bäuerinnen jene Lernprozesse zu fördern, die zu umweltverantwortlichem Handeln führen (Rollenverständnis, Schlüsselkompetenzen, institutionelle Verankerung etc.)?

c) Wie ist die Umsetzung der agrarpolitischen Strategie zur Förderung von umweltverantwortlichem Handeln aus pädagogischer Sicht zu beurteilen? Mit welchen Massnahmen könnte sie möglicherweise noch verbessert werden?

1.2. *Umsetzung der Erkenntnisse*

Soweit sie schon ausgearbeitet waren, konnten die didaktischen und organisatorischen Empfehlungen für die Planung von umweltbezogenen landwirtschaftlichen Beratungsaktivitäten in das Konzept "Weiterbildung für Landwirte und Bäuerinnen" einfliessen (Reinhard, Gsell 1995). Es wurde an der Landwirtschaftlichen Beratungszentrale Lindau von 1992 bis April 1995 unter Mitwirkung zahlreicher Akteure der landwirtschaftlichen und bäuerlich-hauswirtschaftlichen Weiterbildung entwickelt. Die Empfehlungen für die Weiterbildung von Beratungskräften werden von einem speziellen Umsetzungsprojekt des SPP Umwelt aufgenommen, an dem auch die Forschungsgruppe Finger et al. (1995) beteiligt ist. In diesem Rahmen werden sie mit interessierten Bildungsinstitutionen besprochen, die Personen aus- und weiterbilden, die in der (Land)-Wirtschaft Ökologisierungsprozesse begleiten. Im Vordergrund steht das Ermitteln von Schlüsselkompetenzen, welche diese Bildungsinstitutionen besonders fördern möchten.

Eine kritische Würdigung der agrarpolitischen Förderstrategie aus pädagogischer Sicht wird in einem Beitrag vorgenommen, der in einem Themenheft des SPP Umwelt veröffentlicht ist (Roux 1996), und Schlussfolgerungen für die breite Öffentlichkeit sind in einem Band des Schweizerischen Bundes für Naturschutz formuliert (Roux 1995).

1.3. *Forschungsmethode*

Wenn es darum geht, aktuelle soziale Phänomene besser zu verstehen, wenn dabei Wie- und Warum-Fragen und nicht Wieviel-Fragen geklärt werden sollen, bietet sich mit der Fallstudienforschung eine geeignete Forschungsstrategie an (vgl. Merriam 1988; Yin 1994). Um die Konzeption, die Durchführung und die Wirkungen eines umweltbezogenen Beratungsprojekts verstehen, beurteilen und vielleicht auch erklären zu können, muss man nahe herangehen und die Beteiligten ihre Sicht der Dinge in ihrer Sprache erzählen lassen. Eine wichtige methodische Konsequenz besteht darin, dass eine qualitative Studie von Menschen in ihrem realen Kontext, der sich dynamisch verändert, ein Prozess des Entdeckens ist. Es geht darum, herauszufinden, was den Leuten in Bezug auf das untersuchte Phänomen als fundamental und zentral erscheint. Zur Erhebung von qualitativen Daten dient die methodische Triangulation, die im Kombinieren von folgenden Methoden der empirischen Sozialforschung besteht: Interview, Beobachtung und Dokumentenanalyse. Die Auswertung folgt einem interpretativen Paradigma und bedient sich einer geeigneten Technik der qualitativen Inhaltsanalyse, um ein kontrolliertes und nachvollziehbares Vorgehen gewährleisten zu können (vgl. Mayring 1993).

Die empirische Grundlage dieser Untersuchung besteht aus einem einzigen Fall. Es handelt sich um das Pilotprojekt "Naturgemässe Kulturlandschaft Fricktal", das wie schon der Name erahnen lässt, mehr als ein Beratungsprojekt ist. Es wurde ausgewählt, weil es vermutlich mehr als jedes andere Projekt in der Schweiz die Möglichkeiten und Grenzen der heute implementierten Strategie zur Förderung einer nachhaltigen Landwirtschaft in der Kulturlandschaft erkennen lässt. Geplant war noch eine zweite Fallstudie im Berner Seeland. Doch genau dort sollte 1994 eine besonders grosse Fallstudie durchgeführt werden. Hundert Studierende im achten Semester des Studiengangs Umweltnaturwissenschaften der ETH Zürich wollten ebenfalls den neu eingeschlagenen Weg zu einer nachhaltigen Landwirtschaft mit den verantwortlichen Akteuren im "Grossen Moos", wie dieses Gebiet zwischen den Juraseen auch genannt wird, reflektieren. Statt eine eigene Untersuchung durchzuführen, begleitete der Verfasser diese bemerkenswerte Lehrveranstaltung als Tutor (Scholz et al. 1995). Es wurden aufschlussreiche Resultate erzielt, auch unkonventionelle Ideen auf ihre Realisierbarkeit untersucht, die in die Diskussion der im Aargauer Jura durchgeführten Fallstudie einfliessen.

Mit dieser Untersuchung wurde eine spezielle Form von partizipativer Forschung realisiert (vgl. Gutscher et al. in diesem Band). Dies ergibt sich schon aus der institutionellen Verankerung des Verfassers. Als Mitarbeiter der Landwirtschaftlichen Beratungszentrale Lindau in der Gruppe Beratungsentwicklung ist er Teil des Beratungssystems, das sich aufgrund neuer Bedürfnisse und Erkenntnisse stets weiterentwickelt, sofern die Argumente im Diskurs zu überzeugen vermögen. Schliesslich sind einige Ergebnisse auch im Schlussbericht zum Pilotprojekt "Naturgemässe Kulturlandschaft Fricktal" aufgenommen worden (Agrofutura 1995), wobei zu vermerken ist, dass der Verfasser in diesem Projekt keine Funktion wahrgenommen hat und nicht beabsichtigte, dieses zu beeinflussen.

2. Das Pilotprojekt "Naturgemässe Kulturlandschaft Fricktal"

Der Regierungsrat des Kantons Aargau beschloss im August 1990 die Durchführung des Pilotprojekts "Naturgemässe Kulturlandschaft Fricktal" und bewilligte dafür einen Kredit von 1,9 Mio. Franken. Auf Anregung der kantonalen Naturschutzbehörde sollte ein neues ökonomisches

Lenkungsinstrument für den Naturschutz entwickelt werden. Denn es musste erkannt werden, dass sich die Ziele des Natur- und Landschaftsschutzes in der landwirtschaftlich geprägten Kulturlandschaft mit den bisher bekannten planungsrechtlichen Instrumenten (Schutzzonen, Schutzverordnungen) allein nicht erreichen lassen. Erste Versuche, mit ökonomischen Anreizen die ökologisch erwünschte Bewirtschaftung der selten gewordenen Magerwiesen mit Bewirtschaftern zu vereinbaren, unternahm die Naturschutzbehörde schon 1985. Dieser Ansatz, der die Partnerschaft zwischen Naturschutz und Landwirtschaft begründen sollte, wurde 1987 mit der Revision des Natur- und Heimatschutzgesetzes auch auf Bundesebene verankert. Doch die Landwirte reagierten skeptisch und der grosse Erfolg blieb aus. Besonders das neue Lenkungsinstrument und dessen Anwendung entsprach noch nicht allen Anforderungen.

Fachleute der Landwirtschaft und des Naturschutzes unterbreiteten der Naturschutzbehörde des Kantons Aargau Verbesserungsvorschläge. Die Landwirte sollten - ebenfalls auf freiwilliger Basis - die Gelegenheit erhalten, die gewünschten ökologischen Leistungen im Rahmen einer *gesamtbetrieblich* sinnvollen Lösung zu vereinbaren. Die dazu notwendigen Massnahmen sollten von den Landwirten verstanden und in ihren betrieblichen und wirtschaftlichen Auswirkungen beurteilt werden können, denn sie sollten die besonderen ökologischen Leistungen aus "Einsicht und Überzeugung" vereinbaren können. Mit diesem Pilotprojekt, das 1990 geplant und im Mai 1995 mit einem Schlussbericht abgeschlossen wurde, sollten die Vorschläge gleich in der Praxis getestet werden. Die Projekterfahrung sollte zudem laufend in den politischen Entscheidungsprozess auf Bundesebene eingebracht werden, wo die wegweisende politische Debatte begann, die im Oktober 1992 zu einer ersten wichtigen Änderung des Landwirtschaftsgesetzes führen sollte und dem Bund ermöglichte, besondere ökologische Leistungen der Landwirtschaft zu honorieren.[3] Der Naturschutzbehörde des Kantons Aargau war es ein besonderes Anliegen, dass mit diesen Geldern ein möglichst hoher Beitrag zur Erreichung der ökologischen Ziele im Bereich des Natur- und Land-

3 Als besondere ökologische Leistungen definiert Artikel 31b des Landwirtschaftsgesetzes (SR 910.1) die Umstellung auf Produktionsformen, die als besonders umweltschonend gelten (namentlich der Biologische Landbau und die Integrierte Produktion) sowie die Verwendung von landwirtschaftlichen Nutzflächen als ökologische Ausgleichsflächen (z.B. feuchte und trockene Magerwiesen, Hochstammobstbäume und Hecken), um damit die natürliche Artenvielfalt zu fördern. Diese Leistungen werden in der Gesetzgebung des Natur-, Gewässer- und Umweltschutzes nicht verlangt. Damit wird das Prädikat "besondere ökologische Leistung" und damit auch die Förderung mit finanziellen Anreizen gerechtfertigt. Unter dem gleichen Titel wird in analoger Weise auch die Freilandhaltung als besonders tiergerechte Form der Nutztierhaltung gefördert.

schaftsschutzes aber auch im Bereich des Boden- und Gewässerschutzes geleistet werden kann. Dies erforderte jedoch die Abstimmung der kantonalen Naturschutzpolitik mit der sich ändernden Agrarpolitik sowie den kooperativen Vollzug der beteiligten Behörden in Bund und Kanton, wie dieses Pilotprojekt ebenfalls aufzeigen sollte.

2.1. *Organisation und Ablauf*

Um die Politiker, die Behörden, die Bauernfamilien, die Naturschutzorganisationen und die Öffentlichkeit von diesem neuen kooperativen Ansatz über die Kantonsgrenzen hinaus überzeugen zu können, sollten die Entwicklungsarbeiten praxisnah in Zusammenarbeit mit den *betroffenen Akteuren* in einer konkreten Region durchgeführt werden. Ausgewählt wurde eine Tafeljura-Landschaft im Oberen Fricktal mit elf Gemeinden und rund 3000 Hektaren landwirtschaftliche Nutzfläche, die 1990 von 335 Landwirtschaftsbetrieben bewirtschaftet wurden. Für die Wahl dieser Region waren naturschutzpolitische und sozio-ökonomische Gründe massgebend, auf die hier jedoch nicht näher eingegangen wird.

In der Projektleitung vertreten waren der Kanton mit der Abteilung Landschaft und Gewässer sowie mit der Abteilung Landwirtschaft, der Bund mit dem Bundesamt für Umwelt, Wald und Landschaft sowie mit dem Bundesamt für Landwirtschaft. Die Bauern waren durch eine anerkannte Persönlichkeit vertreten und die Naturschützer durch den Präsidenten des Verbandes der Oberfricktalischen Natur- und Vogelschutzvereine. Vorsitzender war Karl Schib, ehemaliger Leiter des landwirtschaftlichen Bildungs- und Beratungszentrums Frick. Die Beratende Kommission leitete Nationalrat Peter Bircher, Präsident der Regionalplanungsgruppe Oberes Fricktal. Mitglied waren alle elf Gemeinden der Projektregion mit je einem Bauern- und einem Naturschutzvertreter, die regionale und eine kantonale Naturschutzorganisation sowie der kantonale und der schweizerische Bauernverband. Das Arbeitsteam bildeten ein erfahrener Biologe, ein ausgewiesener Futterbauspezialist, ein Agrarwirtschafter mit langjähriger Beratungserfahrung, alle drei vom privaten Beratungs- und Planungsbüro Agrofutura, sowie ein Agronom, der für die Abteilung Landschaft und Gewässer die Bewirtschaftungsverträge abschloss.

Die Projektdurchführung gliederte sich in zwei Phasen. Im ersten Jahr standen die Expertentätigkeit sowie die Öffentlichkeitsarbeit im Vordergrund. Die den regionalen Anforderungen angepassten, gesamtbetrieblichen Bewirtschaftungsverträge wurden entwickelt, zusammen mit den technischen Richtlinien und dem darauf abgestimmten Modell für die Berechnung der besonderen ökologischen Leistungen. Gleichzeitig wurde die Methode für die Einzelberatung erprobt, um sowohl für den Staat als auch für die betreffende Bauernfamilie zu optimalen Vertragsabschlüssen zu kommen. Mit einer intensiven Öffentlichkeitsarbeit wurde in der ganzen Region ein motivierendes Klima geschaffen. Orientierungsveranstaltungen in Zusammenarbeit mit den Gemeinderäten, Demonstrationen auf Landwirtschaftsbetrieben, Flurbegehungen und die eigene Projektzeitung waren die wichtigsten Mittel dazu.

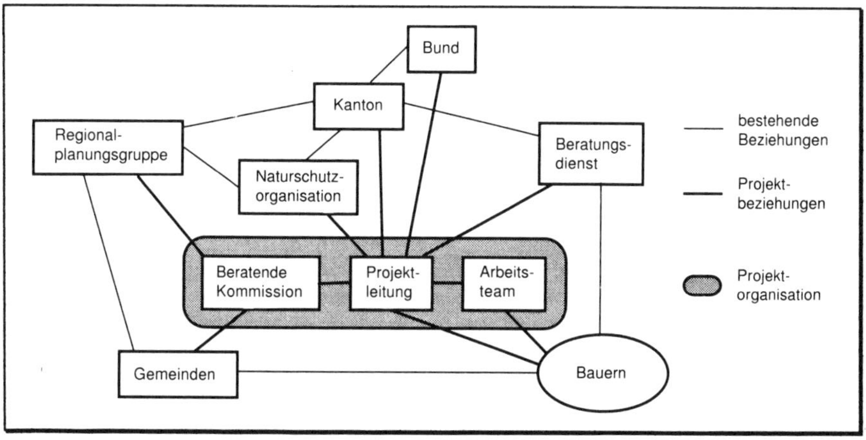

Abbildung 1: *Die Projektorganisation - ein Akteurnetzwerk auf Zeit*

In den Folgejahren beanspruchte die Beratungs- und Verhandlungstätigkeit sowie der Aufbau neuer Beratungsstrukturen den grössten Teil der Arbeitszeit. In Zusammenarbeit mit dem landwirtschaftlichen Bildungs- und Beratungszentrum Frick wurden Beratungsgruppen gegründet. In diesen Gruppen können sich Landwirte beraten, die sich für eine besonders umweltschonende Bewirtschaftung entschlossen haben. Im übrigen wurden während der ganzen Projektzeit Grundlagen für politische Entscheide auf Kantons- und Bundesebene erarbeitet. Sie wurden in zahlreichen Begegnungen mit Entscheidungsträgern aus Bund und Kanton in der Projektregion anschaulich vermittelt. Überschattet wurde die Projektarbeit durch einen öffentlich ausgetragenen Konflikt mit der regionalen Naturschutzorganisation, die der neuen Handlungsstrategie der kantonalen Naturschutzbehörde misstraute, sie als kostspielig und wenig wirksam kritisierte. Mitgespielt hat aber auch die Sorge um den eigenen Einfluss oder die Schwierigkeit, in dieser Kooperations-Strategie die eigene Rolle zu definieren.

2.2. *Wirkungsanalyse*

In allen Zielbereichen konnten bemerkenswerte Ergebnisse realisiert werden. Allerdings lassen sich die Resultate nicht nur mit dem Projekt selbst erklären, denn die Rahmenbedingungen, die mit diesem Projekt beeinflusst werden sollten, begannen sich während dieser Zeit für alle Beteiligten merklich und überraschend schnell zu verändern.

Wirkungen im sozialen Bereich: Genau 98 Bauernfamilien[4] verpflichteten sich freiwillig zu besonderen ökologischen Leistungen, die auch im Interesse des Natur- und Landschaftsschutzes liegen (vgl. Ausführungen dazu im folgenden Abschnitt). Zusammengezählt bewirtschaften sie rund die Hälfte der landwirtschaftlich genutzten Fläche im Projektgebiet. 71 Betriebsleiter unterzeichneten einen gesamtbetrieblichen Vertrag[5] und mit weiteren 27 Bewirtschaftern konnten Einzelverträge für bestimmte naturnahe Lebensräume abgeschlossen werden. Für die besonderen ökologischen Leistungen wurden 1993 insgesamt 731'100 Franken bezahlt, also rund 7'500 Franken pro Landwirtschaftsbetrieb. Finanziert wurden diese ökologisch motivierten Direktzahlungen zunächst aus dem Lotteriefonds des Kantons Aargau in Erwartung, dass die spätere Finanzierung durch die neuen agrar- und naturschutzpolitischen Massnahmen von Bund und Kanton gesichert werden könnte. Für die regionale Naturschutzorganisation wirkte sich dieses Projekt ganz anders aus. Ihre Feldarbeit kam zum Stillstand. Die öffentliche Ablehnung des Pilotprojekts führte die Organisation in die Krise. Auf die Gemeinden der Region, die mit dem Vollzug der Nutzungsplanung ebenfalls zur Erreichung von Natur- und Landschaftsschutzzielen beitragen können, hatte das Projekt wenig Einfluss. Zur Bildung einer Plattform für die regionalen Akteure, um sich nach Abschluss des Pilotprojekts weiterhin gezielt für die Förderung einer nachhaltigen Nutzung ihrer Kulturlandschaft einzusetzen, ist es nicht gekommen. Fest integriert im Beziehungsnetz der Landwirtschaft ist nach Projektabschluss lediglich die kantonale Naturschutzbehörde, welche das Projekt angeregt hatte.

---

4 Zur Beurteilung dieser Beteiligung dienen folgende Zahlen: 1993 wurden im Projektgebiet 319 Landwirtschaftsbetriebe gezählt, wovon 191 mehr als 3 Hektaren Land bewirtschafteten.

5 Alle diese Betriebe erfüllen die Anforderungen der "Integrierten Produktion", die im Projektgebiet in den ökologisch sensiblen Bereichen Pflanzenschutz und Ackerbau strenger sind als im übrigen Kanton. Damit werden die Anforderungen der Umweltschutzgesetzgebung übertroffen und eine besondere ökologische Leistung wird erbracht. Dies genügt aber noch nicht, um die regionalen Zielvorstellungen im Bereich des Natur- und Landschaftsschutzes zu erreichen. Dafür wurden im Pilotprojekt zusätzliche gesamtbetriebliche Anforderungen formuliert, die in der typischen Tafeljura-Landschaft zu erfüllen sind. 62 Betriebe vereinbarten auch diese Anforderungen, die nunmehr sogar eine "naturgemässe Bewirtschaftung" praktizieren.

Wirkungen im ökologischen Bereich: Die Bauernfamilien haben mit den kantonalen Behörden zahlreiche Massnahmen vereinbart, die dazu beitragen sollen, den Fortbestand der für die Region typischen wildlebenden Tier- und Pflanzenarten in überlebensfähigen Populationen zu sichern und den speziellen Charakter der Landschaft im Fricktal zu fördern. Mit der Integration dieser Massnahmen im gesamtbetrieblichen Bewirtschaftungsvertrag konnte auch sichergestellt werden, dass sie gleichzeitig dem Boden- und Gewässerschutz dienen, was sonst nicht automatisch der Fall wäre. Im Vordergrund steht das Sichern eines Systems genügend grosser, miteinander verbundener naturnaher Lebensräume in ausreichender Qualität. Die naturnahen Lebensräume sollen innerhalb von 10 Jahren auf über 20% der landwirtschaftlich genutzten Kulturlandschaft ausgedehnt werden, was einer Fläche von rund 600 Hektaren entspricht. In den "naturgemäss" bewirtschafteten Landwirtschaftsbetrieben liegt der Anteil der naturnahen Lebensräume heute bei über 15% und die Fläche der gesicherten naturnahen Lebensräume konnte von 50 auf 220 Hektaren erhöht werden. Die Projektleitung gibt sich überzeugt, dass der angestrebte Flächenanteil in den nächsten Jahren realisiert werden kann, bei den extensiven Wiesen leichter als bei den hochstämmigen Feldobstbäumen, da diese Form des Obstbaus mit den vorhandenen Sorten mit Beiträgen allein nicht erhalten werden kann.

Wirkungen im instrumentellen Bereich: Die am Projekt beteiligten Behörden sind überzeugt, nun über ein geeignetes ökonomisches Lenkungsinstrument zu verfügen, um - in Ergänzung zu den bestehenden Instrumenten - ökologische Ziele in der landwirtschaftlich genutzten Kulturlandschaft erreichen zu können. Um eine optimale Wirkung und einen optimalen Mitteleinsatz erwarten zu können, braucht es ihrer Erfahrung nach folgende (Teil-)Instrumente:

- Bewirtschaftungsvertrag mit gesamtbetrieblichen und landschaftsraumspezifischen Anforderungen, die über die Minimalanforderungen des Bundes (nach Art. 31b des Landwirtschaftsgesetzes) hinausgehen, in Verbindung mit einer fairen Abgeltung der zusätzlichen ökologischen Leistungen.
- Leitbild für Natur und Landschaft, wo die landschaftsraumspezifischen ökologischen Zielvorstellungen formuliert sind, das für die Planung von Massnahmen wie auch für die Erfolgskontrolle beigezogen werden kann.
- Information, Weiterbildung und Beratung der Landwirte, wobei auch in Zukunft prioritär die Einzelberatung in Verbindung mit Gruppenberatung angeboten werden soll.

Dieses Instrumentarium wurde im Pilotprojekt eingesetzt. Als besonders gut entwickelt gelten das Vertrags- und Beitragssystem sowie die Methode für die Einzelberatung. Noch nicht ausgereift ist die Methode zur Entwicklung eines Leitbilds für Natur und Landschaft mit den landschaftsraumspezifischen ökologischen Zielen. Der Konflikt mit dem regionalen Naturschutzverein vereitelte diese Entwicklungsarbeit. Die entscheidende Wirkung des Projekts besteht aber darin, dass dieses Instrumentarium beim Bund und bei zahlreichen Kantonen auf Interesse gestossen ist und im Kanton Aargau selbst implementiert werden soll, damit es in allen Kulturlandschaften, die für den Natur- und Landschaftsschutz von besonderer Bedeutung sind, eingesetzt werden kann.

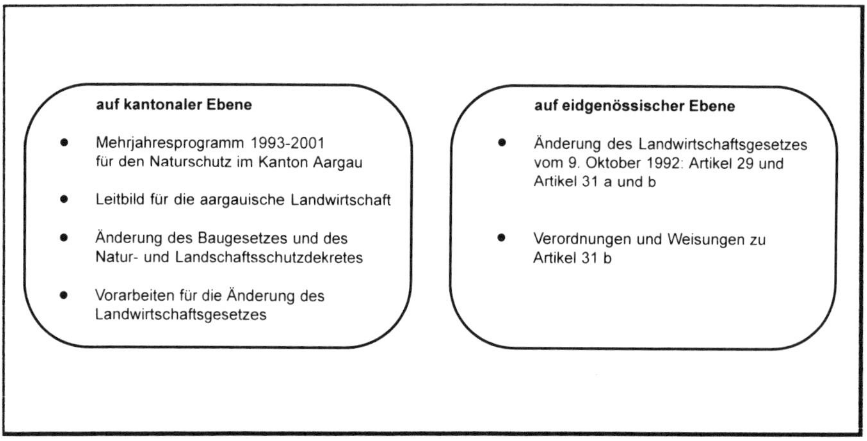

Abbildung 2: *Einfluss auf gesetzliche Erlasse und behördenverbindliche Programme*

Wirkungen im politischen Bereich: Ohne die erhofften Veränderungen in diesem Bereich, wären die bisher genannten Ergebnisse nicht von Dauer. Die sich zu Projektbeginn abzeichnende Dynamik in der Agrarpolitik wurde von der Projektleitung geschickt genutzt, um Neuerungen auf den Gesetzes-, Verordnungs- und Weisungsstufen in ihrem Sinne zu beeinflussen. Höhepunkt auf eidgenössischer Ebene und für die Ökologisierung der Landwirtschaft sehr bedeutsam war der erfolgreiche Antrag von Nationalrat Peter Bircher bei der Ausgestaltung von Art. 31 des Landwirtschaftsgesetzes. Er vermittelte zwischen den politischen Kräften, die nur ökologisch motivierte Direktzahlungen an die Landwirtschaft bewilligen wollten (Art. 31b) und denjenigen, die nur an den einkommenspolitisch motivierten Zahlungen (Art. 31a) interessiert waren. Entgegen den Vorstellungen des Bundesrates[6] wurden zwei Verpflichtungen verankert, die für den Natur- und Landschaftsschutz von grosser Bedeutung sind. Erstens sollen die ökologisch motivierten Direktzahlungen ausdrücklich auch der Förderung der natürlichen Artenvielfalt dienen und zweitens sollen sie nach einer Einführungsperiode annähernd die gleiche Grössenordnung erreichen wie die einkommenspolitisch motivierten Direktzahlungen.[7] Dieser Antrag vermochte aufgrund der anschaulichen Erfahrung zu überzeugen, die der Politiker im Pilotprojekt "Naturgemässe Kulturlandschaft Fricktal" sammeln und weitergeben konnte.

2.3. *Ursachenanalyse*

Die Landwirte reagierten für alle Beteiligten überraschend positiv auf das Angebot. Das Projekt sensibilisierte die Bauernfamilien für die Anliegen des Natur- und Landschaftsschutzes und stärkte ihr Vertrauen in die Signale von Gesellschaft und Politik für eine umweltschonende Landwirtschaft. Als massgebende Gründe für das Abschliessen der Bewirtschaftungsverträge wurden von den Landwirten genannt:

- die Richtungsänderung in der Agrarpolitik (Veränderung der Rahmenbedingungen),
- die respektierten Grundsätze durch die Projektleitung bzw. durch den Staat (Freiwilligkeit, ökonomische Anreize, Zeit für Entscheidungsfindung),
- das Vertragsangebot der Projektleitung bzw. des Staates mit ökologisch-technischen Anforderungen, die unter normalen betrieblichen Verhältnissen nur solche Veränderungen nötig machen, die auch bewältigt werden können,
- die kompetente Einzelberatung in der Phase der Entscheidungsfindung und die anschliessend auf dem Erfahrungsaustausch beruhende Weiterbildung in den Beratungsgruppen,
- das Vertrauensverhältnis zwischen der Projektleitung und den Landwirten, das durch eine realistische Beurteilung der Handlungsmöglichkeiten und Interessen der Landwirte durch die Projektleitung entstehen konnte.

Der Beitrag des Pilotprojekts zu Veränderungsprozessen war erheblich und es stellt sich sogleich die Frage, welche Faktoren die entscheidende

---

6 Vgl. Botschaft zur Änderung des Landwirtschaftsgesetzes vom 27. Januar 1992 (BBl 1992 II 1).

7 Art. 31b, Abs. 4 des Landwirtschaftsgesetzes.

Rolle spielten? Nun, das Projekt wurde in einer Zeit der sich abzeichnenden Veränderungen von und mit jenen Akteuren begonnen, die Einfluss auf diese Veränderungen nehmen wollten, weil sie sich von ihnen betroffen fühlten und die Möglichkeit sahen, etwas in ihrem Sinne bewirken zu können. Möglichst viele Landwirte sollten einen grösseren Handlungsspielraum und eine Handlungsalternative erhalten, um sich aus "eigener Einsicht und Überzeugung" für eine landwirtschaftliche Bewirtschaftung zu entscheiden, die auch hohen ökologischen Anforderungen zu entsprechen vermag.

Die Möglichkeit, um dieses Ziel zu erreichen, erblickte die Naturschutzbehörde darin, einen Lernprozess auszulösen, an dem sich alle relevanten Akteurtypen beteiligen sollten.

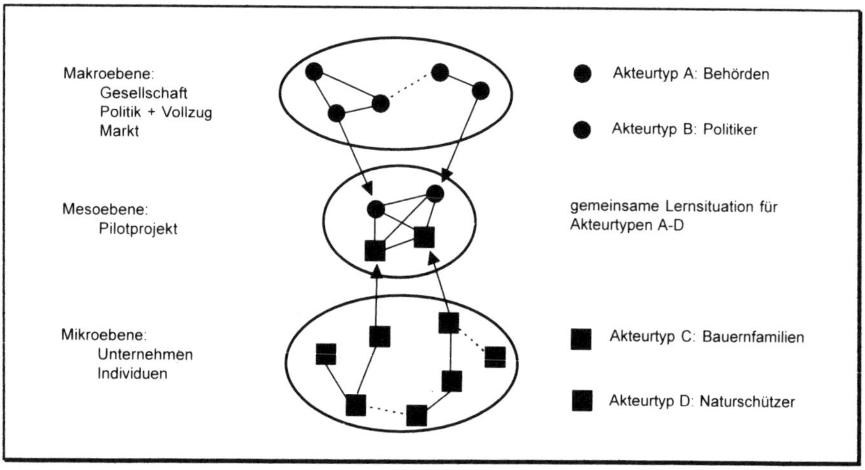

Abbildung 3: *Pilotprojekt ermöglicht unterschiedlichen Akteurtypen gemeinsames Lernen*

Mit dem Pilotprojekt wurde eine realitätsnahe Lernsituation geschaffen, indem in einem begrenzten Raum die antizipierte und angestrebte Zukunft, mit den entsprechenden Rahmenbedingungen für das alltägliche Handeln der beteiligten Akteure, zeitlich befristet vorweggenommen werden konnte. Das kostete Geld. Doch in dieser virtuellen Realität konnten die beteiligten Akteure ihre Handlungsalternative entwickeln und praktisch erproben, die sich eben erst unter diesen veränderten Rahmenbedingungen als Handlungsalternative etablieren kann. Die so gewonnenen Erkenntnisse waren für die Beteiligten sehr überzeugend, da sie auf eigenen Erfahrungen beruhten. Als recht breit abgesicherte Erfahrungswerte konnten sie dann in die politischen Diskurse auf kantonaler und eidgenössischer Ebene eingebracht werden, wo ihnen hohe Beachtung geschenkt wurde. Die gewünschte Veränderung der allgemeinen Rahmenbedingungen ist inzwischen teilweise Realität geworden, womit glücklicherweise auch die Kontinuität der mit dem Pilotprojekt vorweggenommenen Zukunft ermöglicht werden kann.

Der Hinweis auf weitere Faktoren vermag diesen Erfolg vielleicht noch besser zu erklären. Mit dem Pilotprojekt wurde, wie schon gesagt, für die unterschiedlichsten Akteurtypen eine gemeinsame Lernsituation geschaffen, in der sie sich - auch in dieser Konstellation - noch nie befanden:

- Akteure der Landwirtschaft kommunizierten mit Akteuren des Naturschutzes (allerdings mit erheblichen Konflikten und den entsprechenden Folgen),
- Akteure aus Politik und Vollzug kommunizierten mit Akteuren der Wirtschaft (allerdings nur mit den Landwirten als Landbewirtschafter, nicht aber mit den Abnehmern von landwirtschaftlichen Produkten),
- Akteure als Träger von spezialisiertem Expertenwissen kommunizierten mit Akteuren als Träger von breitem Erfahrungswissen, was sich für die Entwicklung von wirksamen Instrumenten und Massnahmen, die auf Akzeptanz stossen sollen, als besonders wichtig erwies.

Diese Kommunikationsprozesse sowie die individuellen Lernprozesse wurden durch die Projektleitung und insbesondere durch die Projektbearbeiter während der gesamten Projektdauer wirksam unterstützt. Allerdings scheiterte bekanntlich die Kommunikation mit der regionalen Naturschutzorganisation, was daran erinnern lässt, dass sich soziale Prozesse nicht kontrollieren, sondern höchstens beeinflussen lassen.

3. Umweltverantwortliches Handeln von Landwirten im heutigen Verständnis

Mit der politischen Forderung, dass Landwirte möglichst aus eigener Erkenntnis und Überzeugung zu umweltgerechtem Handeln kommen sollen, wird der Staat indirekt zu *pädagogischem Handeln* angehalten. Er wird damit zum Gestalter von Lernsituationen für praktizierende Landwirte und zum Begleiter ihrer Lernprozesse, die letztlich zu umweltverantwortlichem Handeln führen sollen. Doch wie soll dieses Lernziel interpretiert werden? Aufgrund dieser Fallstudie wird in diesem Abschnitt hypothesenartig festgehalten werden, was der Staat gegenwärtig unter umweltverantwortlichem Handeln von Landwirten versteht. Im letzten Abschnitt wird dafür plädiert, das Lernziel höher und breiter zu wählen.

Landwirte sollen aufgrund persönlicher Kosten-Nutzen-Überlegungen einen Entscheid zwischen mindestens zwei Handlungsalternativen treffen. Der Staat übernimmt die Aufgabe, mit der Landwirtschaft eine Handlungsalternative zu entwickeln, die als besonders umweltschonend gelten darf und die individuell übernommen werden kann. Vom einzelnen Landwirt erwartet er, diese Alternative auf eine sachliche, unvoreingenommene Art und Weise zu prüfen. Erkennt der Landwirt mit der angebotenen Handlungsalternative die Aussicht auf einen persönlichen Nutzenzuwachs, soll er sich folgerichtig für diese Variante und den Abschluss eines entsprechenden Bewirtschaftungsvertrages entscheiden. Damit geht er auch die Verpflichtung ein, die sich in diesem Rahmen neu eröffnenden Optimierungspotentiale voll zu nutzen, indem er sich möglichst in Kleingruppen (Beratungsgruppen) auf diesem neuen Niveau ständig weiterbildet und auch die entsprechende Erfolgskontrolle zulässt. Optimierungspotentiale auf diesem neuen Niveau ausschöpfen kann dann auch bedeuten, analoge Vereinbarungen auch mit Marktorganisationen einzugehen, die ihrerseits versuchen, mit ökologischen Argumenten im Wettbewerb um die Gunst der Konsumentenschaft die Nase vorne zu haben. Diese Förderstrategie entspricht durchaus dem aktuellen Erkenntnisstand der psychologischen Forschung auf diesem Gebiet (vgl. Fuhrer, Wölfing in diesem Band). Zwischen Handlungsalternativen aufgrund einer sachlichen Abwägung von Vor- und Nachteilen wählen zu können, entspricht einem Lernziel, das auch von einer Mehrheit erreicht werden kann. Der Entscheid fällt jedoch im allgemeinen nur dann zugunsten der angebotenen Handlungsalternative aus, wenn diese den klassischen Anforderungen einer Neuerung genügt.[8] Diese Strategie berücksichtigt auch die handlungstheoretische Annahme, dass Menschen mit ihrem Handeln in der Regel eine soziale Absicht verfolgen. Etwas zu tun oder zu unterlassen sind also Mittel, um eine bestimmte Absicht zu erreichen. Die Absicht entscheidet darüber, ob die Handlung erfolgreich war oder ob sie einer Alternative weichen soll. Die Absicht ist auch massgebend dafür, welche der entstandenen Folgen nicht beabsichtigt und somit Nebenfolgen sind (Hirsch 1993).

---

8 Van den Ban und Wehland (1984, 45) zählen zu den wichtigsten Bestimmungsfaktoren für die Annahme einer Neuerung die vom potentiellen Anwender wahrgenommenen und der Neuerung zugeschriebenen Eigenschaften. Diese sind teilweise zwar auch in einem objektiven Sinne definierbar, ihre Wirkung richtet sich jedoch danach, wie sie vom Anwender subjektiv wahrgenommen und interpretiert werden. Entscheidungsrelevant sind die relative Vorzüglichkeit, d.h. es muss damit ein Nutzenzuwachs realisierbar erscheinen, die Verträglichkeit mit vorherrschenden Werthaltungen und Normen, die Komplexität, d.h. das empfundene Ausmass an Schwierigkeiten und Risiken, die mit der Neuerung verbunden sind, die Erprobungsmöglichkeit in begrenztem Umfang und die Anschaulichkeit im Sinne der Sichtbarkeit der Vor- und Nachteile einer Neuerung.

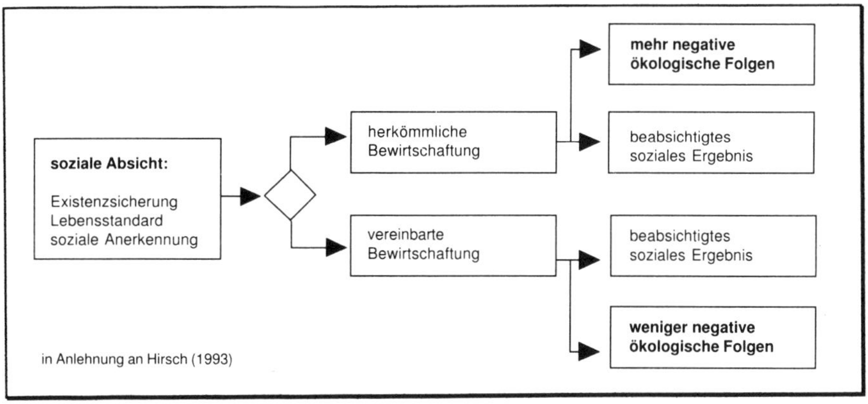

Abbildung 4: *Zwischen Handlungsalternativen wählen*

Auch hier geht der Staat von der Annahme aus, dass Landwirte mit ihrem Handeln primär soziale Absichten verfolgen, nämlich die Sicherung ihrer Existenz und eines angemessenen Lebensstandards, was eng mit der Anerkennung ihrer Leistung durch die Gesellschaft verknüpft ist. Es wird nicht erwartet, dass Landwirte aus einer ökologischen Absicht heraus handeln, wie man dies bei Naturschützern annehmen könnte. Erwartet wird auch nicht, dass sie selbst die ökologischen Nebenfolgen ihres Handelns beurteilen können. Erwartet wird lediglich das Wählen zwischen der herkömmlichen Handlungsweise und der vorgeschlagenen Handlungsalternative. Mit dem Abschluss eines Bewirtschaftungsvertrages mit dem Staat - oder auch mit einer Marktorganisation - gewinnt der einzelne Landwirt nicht nur die neue Anerkennung der Gesellschaft - oder auch der Marktpartner. Er kann auf diese Weise auch die Verantwortung für die ökologischen Folgen seines Handelns an die Vertragspartner abtreten. Denn seine Verantwortung besteht im Grunde genommen nur noch darin, sich entsprechend den vereinbarten Normen zu verhalten. Diese Situation stimuliert allerdings nicht gerade zu weiterem umweltverantwortlichem Handeln und damit auch zu weiterem Lernen.

4. Zusammenfassung und Schlussfolgerungen

Umweltverantwortliches Handeln muss mehr bedeuten. Wenn die Transformation in eine nachhaltige Landwirtschaft gelingen soll, reicht reaktives Verhalten auf angebotene Handlungsalternativen ebenso wenig aus, wie das Steuern der Landwirtschaft durch den Staat. Umweltverantwortlich Handeln könnte bedeuten, sich immer wieder in kollektive Lernprozesse (im Sinne von Entwicklungs- und Veränderungsprozessen) einzubringen, wo gleichzeitig zwei Ziele anvisiert werden:

- Handlungsalternativen weiterentwickeln, um immer nach dem neuesten Stand des Wissens die ökologische Leistung zu steigern.
- Auf die Erweiterung des Handlungsspielraumes hinwirken, wenn dies für die Anwendung der Neuerungen notwendig erscheint.

Es darf nicht nur darum gehen, die Potentiale innerhalb des bestehenden (neuen) Rahmens zu erkennen und zu nutzen. Es sollte auch um die Erweiterung des Handlungsspielraumes selbst gehen, indem die den Rahmen konstituierenden Bedingungen, Werte und Normen überprüft und - wenn nötig und möglich - verändert werden (vgl. dazu auch Jaeggi et al. in diesem Band). Es darf also nicht allein um "niveauimmanentes Lernen" gehen, "niveauüberwindendes Lernen" sollte in diesen Prozessen ebenfalls angelegt sein (Sander-Gittermann 1994).

Wie dies recht gut gelingen kann, hat das Pilotprojekt "Naturgemässe Kulturlandschaft Fricktal" erkennen lassen. Allerdings beschränkte sich dort das Lern- oder Veränderungsziel nur auf einen Aktionsbereich des Landwirts. Denn angesprochen wurde er nur als *Bewirtschafter* der landwirtschaftlichen Nutzfläche des eigenen Landwirtschaftsbetriebes. Landwirte wurden noch nicht wirklich angesprochen als *Unternehmer*, die mit ökologisch effizienten Produkten ihrerseits den interessierten Konsumenten ermöglichen sollten, im Ernährungs- und auch im Freizeitbereich einen umweltverantwortlichen Lebensstil zu verwirklichen (Dyllick, Belz 1996). Auch wurden Landwirte nicht wirklich angesprochen als *Teilhaber* einer ganzen Kulturlandschaft, für deren zukünftige Entwicklung sie sich zusammen mit allen anderen Teilhabern verantwortlich fühlen sollten (Röling 1996). Es ist daher zu überlegen, wie Landwirte und Bäuerinnen lernen können, auch in diesen beruflichen Funktionen umweltverantwortlich zu handeln. Zu überlegen ist weiter, welche Lernsituationen hierfür besonders geeignet wären und wie die entsprechenden Lernprozesse gefördert werden könnten. Der Ansatz wurde im Pilotprojekt "Naturgemässe Kulturlandschaft Fricktal" deutlich: die neuen Handlungsalternativen müssen mit den übrigen davon betroffenen Akteurtypen in einem sozialen Netzwerk entwickelt werden, wobei gleichzeitig auf notwendige Verbesserungen des Handlungsspielraumes hingewirkt werden muss. *Diese Akteurnetzwerke dürften die erfolgsversprechendsten Lernorte sein.* Sie bilden auch einen Rahmen für die Kleingruppen, wo Individuen im Meinungs- und Erfahrungsaustausch ihr Handeln überprüfen und weiterentwickeln können. Der Erfolg ist jedoch auch von der Zeit abhängig, die für die angestrebte Weiterentwicklung reif sein muss. Diese Lehre kann auch aus dieser Fallstudie gezogen werden. Sie lässt ganz im Sinne des Philosophen Jean Gebser an den Unterschied zwischen "steuern" und "wirken" erinnern, der für den pädagogisch Handelnden von zentraler Bedeutung ist.

LITERATUR

Agrofutura 1995: Naturgemässe Kulturlandschaft Fricktal. Schlussbericht. Brugg: Agrofutura.

Ban, A. W. van den, Wehland, W. H. 1984: Einführung in die Beratung. Hamburg, Berlin: Paul Parey.

Baur, P., Anwander, S., Rieder, P. 1995: Ökonomie und Ökologie in der Zürcher Landwirtschaft. Zürich: vdf Hochschulverlag an der ETH Zürich.

Dyllick, T., Belz, F. 1996: Ökologische Effizienz als Massstab organisatorischer Lernprozesse. In: Roux, M., Bürgin, S. (Hg.) 1996: Förderung umweltbezogener Lernprozesse in Schulen, Unternehmen und Branchen. Analysen, Ideen und eine handlungsorientierte Synthese. Basel, Boston, Berlin: Birkhäuser. (SPP-Umwelt-Themenhefte, in Vorbereitung).

Finger, M., Bürgin, S., November, A., Haldimann, U., Kocsis, G., Bernhard, U. 1995: Apprentissage Organisationnel en Matière d'Environnement. Rapport final du project no: 5001-034489 du Programme Prioritaire Environnement. Berne: Fonds National de la Recherche Scientifique.

Gebser, J. 1995: Einbruch der Zeit. Herausgegeben von R. Hämmerli. Schaffhausen: Novalis.

Hirsch, G. 1993: Wieso ist ökologisches Handeln mehr als eine Anwendung ökologischen Wissens? Überlegungen zur Umsetzung ökologischen Wissens in ökologisches Handeln. In: Gaia. Jg 2, Nr. 3. S. 141-151.

Knoepfel, P. (Hg.) 1990: Landwirtschaftliche ökologische Beratung - ein Modell für die allgemeine Umweltberatung? Im Auftrag SAGUF - Schweizerische Akademische Gesellschaft für Umweltforschung und Ökologie. Oekologie & Gesellschaft. Bd 4. Basel, Frankfurt a. M.: Helbling und Lichtenhahn.

Mayring, P. 1993: Qualitative Inhaltsanalyse. Grundlagen und Techniken. Weinheim: Deutscher Studien Verlag. (4. erw. Aufl.).

Merriam, S. B. 1988: Case Study Research in Education. A Qualitative Approach. San Francisco: Jossey-Bass Publishers.

Reinhard, P., Gsell, R. 1995: Weiterbildung für Landwirte und Bäuerinnen. Teil I: Konzept - Analyse, Zielvorstellungen, Umsetzungsmöglichkeiten. Teil II: Arbeitsinstrumente für die Weiterbildung - Merkblätter, Checklisten. Teil III: Dokumentation zukunftsweisender Weiterbildungsprojekte. Lindau: Landwirtschaftliche Beratungszentrale (LBL).

Röling, N. 1996: Plattformen für Verhandlungen über nachhaltige Ressourcennutzung. In: Roux, M., Bürgin, S. (Hg.): Förderung umweltbezogener Lernprozesse in Schulen, Unternehmen und Branchen. Analysen, Ideen und eine handlungsorientierte Synthese. Basel, Boston, Berlin: Birkhäuser. (SPP-Umwelt-Themenhefte, in Vorbereitung).

Roux, M. 1995: Landwirtschaft - Kooperation bringt mehr Natur. In: Hintermann, U., Broggi, M. F., Locher, R., Gallandat, J. D. (Hg.) 1995: Mehr Raum für die Natur - Ziele, Lösungen, Visionen im Naturschutz. Im Auftrag SBN - Schweizerischer Bund für Naturschutz. Thun: Ott Verlag. S. 211- 238.

Roux, M. 1996: Lernprozesse für eine nachhaltige Landwirtschaft in der Kulturlandschaft. In: Roux, M., Bürgin, S. (Hg.): Förderung umweltbezogener Lernprozesse in Schulen, Unternehmen und Branchen. Analysen, Ideen und eine handlungsorientierte Synthese. Basel, Boston, Berlin: Birkhäuser. (SPP-Umwelt-Themenhefte, in Vorbereitung).

Sander-Gittermann, J. 1994: Ökologie und Innovation - Informationsverarbeitende Systeme zur Steigerung der ökologischen Inovationsfähigkeit von Unternehmen. Dissertation Nr. 1559 an der Hochschule St. Gallen.

Scholz, R. W., Koller, T., Mieg, H. A., Schmidlin, C. (Hg.) 1995: Perspektive "Grosses Moos" - Wege zu einer nachhaltigen Landwirtschaft. Zürich: vdf Hochschulverlag an der ETH Zürich.

Yin, R. K. 1994: Case Study Research: Design and Methods. Applied social research methods series. v. 5. Thousand Oaks, London, New Delhi: Sage Publications. (2. Aufl.).

3.5.

Begründung von umweltbezogenen Werten und Normen

Ökologisch-ethische Orientierung

Grundlagen und praktische Perspektiven

Walter Lesch

Umweltverantwortliches Handeln ist in der Regel mit der Haltung gekoppelt, dass Umwelt- und Naturschutzmassnahmen moralisch geboten sind. Ein sorgsamer Umgang mit den endlichen natürlichen Ressourcen ist nicht Ausdruck einer persönlichen Vorliebe, sondern steht in Verbindung mit einer Handlungsregel, wonach die Maximen einer umweltverträglichen Praxis verallgemeinerbar und kommunizierbar sein sollen. Die Ethik als Teildisziplin praktischer Philosophie analysiert die normativen Aspekte der Ökologie. Als Ethik der Gesellschaft (Sozialethik) untersucht sie die vorhandenen Moralkonzepte hinsichtlich ihrer Auswirkungen auf das Mensch-Natur-Verhältnis und entwickelt Kriterien für die Abwägung und Konsensfindung in Entscheidungskonflikten. Ethik (als Theorie gesellschaftlicher und individueller Moralvorstellungen) konkretisiert sich in Dilemmasituationen, in denen Konflikte zwischen den Zielvorgaben wirtschaftlicher Effizienz und dem Postulat der Verantwortung für die Umwelt auszutragen sind. In solchen Kontroversen beansprucht die Ethik eine beratende und orientierende Funktion, deren Voraussetzungen, Verfahren und Folgen in den folgenden Ausführungen erläutert werden.

1. Orientierungsschwierigkeiten

Wer Orientierung zu geben beansprucht, muss in einer gegenüber grossen ideologischen Entwürfen skeptischen Zeit mit kritischen Rückfragen rechnen. Denn gute Ratschläge für alle möglichen Lebensbereiche sind zwar gefragt; aber die Ratgeber sind in ihrem weltanschaulichen Eifer dadurch gebremst, dass sie in ein riesiges Angebot alternativer Vorschläge eingereiht werden wie Produkte in einem Warenhaus. Ethische Orientierung, warum nicht? Aber bitte nicht zu aufdringlich. Und schon gar nicht in komplizierter philosophischer Terminologie. Gesucht sind nicht die umständlichen Begründungen und Argumente, sondern die direkt umsetzbaren Handlungsanweisungen: Hinweise zum Energiesparen, Rezepte für gesundes Kochen, Bücher über ökologische Altbausanierung und schadstoffarme Technikanwendung im Alltag. Das ist die eine Seite eines auf dem Markt erfolgreichen ökologischen Orientierungswissens, das ohne bombastischen Überbau auskommt und von nüchternem Realismus geprägt ist.[1]

---

1 Vgl. als Beispiel für populäre Beiträge zur Orientierung und Sensibilisierung ohne ausdrücklichen Rückgriff auf Ethik: Meadows 1995.

Abbildung 1: *Titelblatt vom SPIEGEL Nr. 39, 25.09.1995*

Auf der anderen Seite haben gerade Themen der Ökologie wegen der durch sie angesprochenen Werte und moralischen Positionen immer noch eine polarisierende Wirkung. Sie führen zum Disput zwischen sogenannten Pragmatikern und Fundamentalisten, zwischen Moralkritikern und Moralaposteln, zwischen Risikofreudigen und Ängstlichen. An kaum einem anderen Thema lässt sich daher so gut verdeutlichen, was Ethik *nicht* ist, womit sie aber immer wieder in Verbindung gebracht wird. Die Ethik verkündet keine letzten Wahrheiten und hat keinen privilegierten Zugang zu Argumenten, die nicht auch anderen einsichtig wären. Wer ethische Orientierung vermitteln will, weiss um die Einschränkungen des eigenen Gesichtsfeldes.

Am 25. September 1995 erschien DER SPIEGEL mit einer Titelgeschichte über den "Feldzug der Moralisten. Vom Umweltschutz zum Öko-Wahn" (vgl. Abb. 1). In einem furiosen Essay befasst sich Henryk M. Broder mit den Tugendwächtern, die für ihre Mitmenschen ja nur das Beste wollen und einen unsanften Druck auf jene ausüben, die "im Chor der Gutmenschen" (so lautet der Titel des Beitrags) nicht mitsingen. In anderen Beiträgen wird die Umwelthysterie einiger Öko-Aktivisten beschrieben, die sich von Bedrohungen endzeitlichen Ausmasses umgeben fühlen und überall nur noch sichtbare und unsichtbare Beeinträchtigungen ihrer Gesundheit wittern. Einige Entschlossene wagen den Ausstieg aus der konsumorientierten und naturzerstörenden Gesellschaft und organisieren sich in neuen Gemeinschaften, in denen rigide ein umweltverträgliches Handeln eingefordert wird. Zum Abschluss des Titel-Dossiers stellt Nikolaus von Festenberg eine Verbindung zwischen der Umweltpanik und dem allgemeinen Trend zu einem neuen, ambivalenten Moralismus her ("Erst kommt das Dressing, dann die Moral"). Von einem Verschwinden der Moral könne keine Rede sein; es seien gerade bei Jugendlichen neue, oft hedonistisch geprägte Arten des Engagements zu beobachten, wobei sich gruppenspezifische Protesthaltungen und Individualismus nicht ausschliessen.

Was die Beiträge im SPIEGEL mit einer teils kritischen, teils polemischen Absicht zum Ausdruck bringen, lässt sich soziologisch und sozialpsychologisch vertiefen. "Wir leben in einem Pluralismus von ökologisch ambivalenten Patchwork-Lebensstilen" (Reusswig 1994, 234). Es gibt einen Trend zur Moralisierung der Kommunikation über ökologische Sachverhalte, deren unbefangene Analyse und Bewertung durch emotional aufgeladene Kontroversen erschwert ist. Aber gerade die (manchmal etwas aufgeregt formulierte) Einsicht in die Dringlichkeit des Umwelt- und Naturschutzes ist Anlass zu einer neuen Entdeckung des Politischen in den

Widersprüchen gesellschaftlicher Modernisierung.[2] "Ich glaube, dass die ökologische Frage ein phantastisches Moralmilieu bildet. Es ist völlig falsch zu sagen: Alle Werte lösen sich auf. Das Gegenteil ist wahr: Mit den Gefahren und Folgen, die der Industrialismus erzeugt, ist eine neue Quelle der Moralisierung entstanden, die allerdings nicht nur Konsens, auch Streit verallgemeinert" (Beck 1993, 28). Ist Umweltbewusstsein zur Zivilreligion der Postmoderne geworden? Zur letzten unausweichlichen Kohäsionskraft in einer ansonsten individualistisch fragmentierten Gesellschaft? Aus der hier vorzustellenden Sicht der Umweltethik legt sich eine vorsichtigere Betrachtung nahe.

2. Ethisches Orientierungswissen

Der Beitrag möchte einen Einblick in die Werkstatt spezialisierter Forschungen im Gebiet der Umweltethik geben, die seit der Ausdifferenzierung der allgemeinen Moralphilosophie in spezielle, bereichsspezifische Ethiken auf eine seit inzwischen mehr als zwei Jahrzehnten intensiv geführte Debatte zurückblicken kann (vgl. Birnbacher 1991). Dabei soll die doppelte Perspektive einer Ethik zur Sprache kommen, die sich einerseits als Wissenschaft[3] versteht (vgl. Lesch 1990; 1992b), andererseits in alltagspraktischen Einsichten und Intuitionen wurzelt. In der Ethik geht es sowohl um persönliche Präferenzen als auch um öffentlich erhobene Geltungsansprüche, die beide begründungsbedürftig sind. Für die Zusammenarbeit in transdisziplinären Prozessen bringt der Status der Ethik zwischen differenzierter Forschungspraxis und evidentem Alltagswissen Vor- und Nachteile mit sich. Es ist von Vorteil, im Gespräch mit ForscherInnen auf massive normative Vorgaben zu verzichten und an sachorientierte Klärungen anknüpfen zu können, die den Weg zu einer präzisen Argumentation erleichtern. Auf der anderen Seite gibt es dabei immer wieder den Versuch, Ethik auf ein ganz bestimmtes Klischee festzunageln und verständnislos oder verärgert zu reagieren, wenn die Ethik diesen Erwartungen nicht entspricht. Ich möchte einige dieser Vorverständnisse und deren Dynamik im Forschungsprozess skizzieren.

---

2 Vgl. zu den Modernisierungstheorien und ihrer Bedeutung im ökologischen Diskurs: Wehling 1992, 227ff. und Giddens 1995.

3 Ethik ist ein Teilgebiet der Philosophie und der Theologie. Zwischen den beiden Fächern besteht prinzipiell nicht mehr Konkurrenz als zwischen verschiedenen Schulen innerhalb der philosophischen oder der theologischen Ethik. Die an den beiden Fakultäten betriebene Ethik muss methodologisch kommunizierbar sein. Inhaltliche Unterschiede ergeben sich höchstens durch die jeweilige Koppelung an kulturelle Überlieferungen, die über ethische Fragen hinaus sinnerschliessend wirken und Aspekte von Weltbildkonstruktionen enthalten. Ein gutes ethisches Argument muss aber auch unabhängig von Glaubenshaltungen und religiösen Standpunkten konsistent sein und überzeugen können.

(a) Weit verbreitet ist (zur Überraschung vieler EthikerInnen) immer noch die Auffassung, Ethik müsse klares Orientierungswissen liefern und den weltanschaulichen (oft auch religiös bestimmten) Hintergrund für die eigenen Überzeugungen formulieren, sei es zur Identifikation mit diesem Denkgebäude oder zu dessen Abwertung als unwissenschaftliche Meinungsäusserung. Dass eine hoch qualifizierte Tätigkeit in Natur- und Technikwissenschaften nicht vor ethischen Fundamentalismen schützt, gehört für EthikerInnen zu den irritierendsten Erfahrungen im Gespräch mit KollegInnen aus den entsprechenden Fachbereichen. Ethik wird aus dieser Optik nicht als eine wissenschaftliche Disziplin wahrgenommen, sondern als eine möglichst geschlossene Doktrin, die für klare Werte und kompromisslose Normierungen zu sorgen hat. Die Aufgabe der Ethik bestünde demnach darin, eine bereits ausformulierte Moral nur noch zu verkünden und zu deren praktischer Umsetzung aufzurufen.

(b) Ethik hat nicht selten das Image einer (lästigen und unnötig komplizierten) Reflexionstheorie, die quer steht zu den von Zeitnot und Datenbeschaffung geprägten Forschungsgewohnheiten in den etablierten Wissenschaften. Aus dieser Sicht ist Ethik bei wohlwollender Betrachtung zwar eine wichtige, auf jeden Fall aber eine innerhalb des immer stärker an Effizienzkriterien gemessenen Wissenschaftssystems luxuriöse Beschäftigung. Ethik wird im geisteswissenschaftlichen Reservat toleriert, aber nicht als Sand im Getriebe der Forschung, die sich allein auf das Ethos unparteilicher Wahrheitsfindung beruft und damit gegen kritische Anfragen immunisiert.

(c) Klärungsbedürftig ist in der Regel der Objektbereich ethischer Reflexionen: Beziehen sich ethische Aussagen auf Individuen, Gruppen oder ganze Gesellschaften? Selbstverständlich sind alle Möglichkeiten von Fall zu Fall zu erwägen. Es gibt wohl kaum ein individualethisches Problem, das nicht auch sozialethische Implikationen hätte. Und umgekehrt enthalten komplexere soziale Gebilde durch Traditionen, Konventionen und Institutionen eine implizite oder sogar explizite Moral, die sich unmittelbar auf individuelle Gestaltungsspielräume auswirkt. Insofern kann eine krampfhafte Fokussierung (Individuum *oder* Gesellschaft) irreführend sein (vgl. Vischer 1993).[4]

Diese einführenden Überlegungen sollten ein wenig das Terrain der Umweltethik vorbereiten, die sich im Gespräch mit den Fachwissenschaften und in den lebenspraktischen Fragen alltäglicher Entscheidungen als fragende, beratende und kritische Instanz anbietet. Umweltethik ist ein

4 Vgl. hierzu auch die Ausdifferenzierung der Verantwortungsdimensionen in meinem Beitrag "Dimensionen der Verantwortung für die Umwelt" in diesem Band.

"work in progress", ein offener Prozess der moralischen Selbstreflexion in einer demokratischen Gesellschaft, in der viele, zum Teil einander widersprechende Moralkonzepte konkurrieren. Der Ethik kommt in diesem Wettstreit der Moralen keine Richterrolle zu; sie kann jedoch dazu beitragen, Konflikte diskutierbar zu machen und Wege zur Konsensfindung zu unterstützen. Ich plädiere mit anderen Worten für ein *diskursethisches* Forschungsprogramm, das auf die Überzeugungskraft der besseren Argumente setzt und diese auf dem Forum öffentlicher Beratungen zur Diskussion stellt (vgl. Habermas 1991; Ott 1993a; 1993b; Apel 1994; Lesch 1995b).[5]

3. Theoretische Rahmenbedingungen einer Umweltethik

In einem nächsten Schritt wird nun zu klären sein, wodurch sich ein ökologisch-ethisches Argument auszeichnet und in welchem Rahmen ethische Orientierung möglich ist. Unter ökologischer Ethik verstehe ich mit Birnbacher "alle Bemühungen um eine Klärung und Begründung von Wertvorstellungen und Verhaltensnormen (...), die sich auf den menschlichen Umgang mit der aussermenschlichen Natur beziehen. Ökologische Ethik ist danach eigentlich Natur-Ethik" (Birnbacher 1991, 279).

Allerdings würde ich diese Bereichsbeschreibung nicht so verstehen, dass zwischen einer *Ethik der Natur* und einer *Ethik der Gesellschaft* ein unnötig breiter Graben entsteht. Birnbacher operiert mit einer schärferen Gegenüberstellung: "Nicht von ungefähr verläuft die Debatte um die Prinzipien der ökologischen Ethik um ein gutes Stück kontroverser als die um die Prinzipien der Sozialethik" (Birnbacher 1991, 280). In der Sozialethik gibt es aber ebenso einen Grundlagenstreit, der durch weltanschauliche Differenzen und durch immer neue Herausforderungen (Arbeitslosigkeit, Informatisierung, Korruption usw.) gekennzeichnet ist. Mir scheint es daher sinnvoller zu sein, auf eine künstliche Trennung zwischen Umwelt- und Sozialethik zu verzichten und die *ökologische Ethik als Sozialethik* zu konzipieren. Denn über das angemessene Naturverständnis lässt sich trefflich streiten, ohne bei der Begründung von Normen grosse Fortschritte zu machen. Die Ethik kann gewisse Spekulationen getrost der Naturphilosophie überlassen und sich auf ihren eigenen Arbeitsbereich, die Verständigung über Werte und die Begründung und Anwendung von umweltrelevanten Normen, konzentrieren.

Die umweltethischen Anstrengungen der vergangenen fünfzehn Jahre orientierten sich grösstenteils an einem von William K. Frankena vorgeschlagenen Schema, das vier ethische Grundmodelle danach unterschei-

[5] Vgl. das Methodenkap. (2.1.) in diesem Band.

det, inwieweit Naturwesen ein 'intrinsischer' (eigenständiger) Wert[6] zugesprochen werden kann (Birnbacher 1991, 280-285).[7] Eine extreme Position wäre die *Anthropozentrik*, wonach nur menschliche Wesen einen Eigenwert haben, alle anderen Wesen aber lediglich in ihrer instrumentellen Bedeutung für den Menschen gewürdigt werden. Denn die nichtmenschliche Natur sei nicht Träger eigener Werte; ihre unbestreitbaren Qualitäten (z.B. Schönheit) seien erst aus einer menschlichen Perspektive ethisch relevant. Nun lässt sich gegen eine anthropozentrische Ethik leicht polemisieren, wenn sie nur noch eine Karikatur eines ethischen Ansatzes ist. Es widerspricht unseren Intuitionen, nicht-menschlicher Natur erst in einem jeweiligen Wert-für-den-Menschen Beachtung zu schenken und ihr ansonsten Schutz und Wertschätzung zu verweigern. Erkenntnistheoretisch mag es zwar zur menschlichen Wahrnehmungs- und Deutungsperspektive keine Alternative geben. Aber das bedeutet noch lange nicht eine Abwertung der nicht-menschlichen Realität.

Die drei nicht-anthropozentrischen Ansätze der Umweltethik können deshalb als schrittweise Ausdehnung des Anerkennungsradius und als fortschreitende Einschränkung menschlicher Selbstherrlichkeit verstanden werden. So wären aus der Sicht der *Pathozentrik* alle leidens- und empfindungsfähigen Wesen als Träger intrinsischer Werte zu würdigen: also auch Tiere, die wie Menschen Schmerz empfinden und folglich in die Rechtsgemeinschaft schutzwürdiger Wesen aufzunehmen sind. Für den *Biozentriker* ist alles Lebendige moralisch zu berücksichtigen, für den *Physiozentriker* sogar auch die unbelebte Natur (Holismus). Mit der Ausweitung des Geltungsbereiches ökologischer Ethik sollen Schutzmassnahmen begründet werden, die nicht nur menschlichen Interessen entgegenkommen, sondern ihren Grund in den inhärenten Werten der Natur haben. Es ist eben nicht belanglos, ob ich ein Tier, eine Pflanze, einen Stein, ein Ökosystem als moralisch indifferente Gegebenheiten ansehe oder als eigenständiges Gegenüber, für das Menschen in einer Weise Verantwortung tragen, die den symmetrischen Anerkennungsverhältnissen zwischen Menschen zumindest vergleichbar ist.[8]

---

6 Intrinsische Werte stehen im Gegensatz zu Werten, die nur Mittel zu einem anderen Zweck sind.

7 Vgl. zu dieser Typologie auch die Beiträge von Schaber und Schmid-Holz in diesem Band.

8 Genau an dieser Stelle sehen freilich Kritiker den fundamentalen Unterschied zwischen einer Ethik der Natur und einer Ethik der menschlichen Interaktion: während die Interaktion zwischen Menschen nach Kriterien der Gleichheit und Wechselseitigkeit zu beurteilen ist, fällt diese Symmetrie in Mensch-Natur-Verhältnissen gerade weg. Einige Kritiker der nicht-anthropozentrischen Positionen gehen sogar so weit, diese als antihumanistisch abzulehnen und mit totalitären politischen Programmen in Verbindung zu bringen (vgl. bes. Ferry 1992).

Dennoch vermag die in der Forschung dominierende Orientierung an den verschieden zentrierten Ansätzen ökologischer Ethik nur teilweise zu überzeugen. Denn die idealtypisch skizzierten Wertzuschreibungen werden ja gerade nicht immer konsequent in ein umweltrelevantes Handlungskonzept übersetzt. Es ist durchaus vorstellbar, den Eigenwert der Natur grundsätzlich zu bejahen und gleichzeitig nach Abwägung anderer Interessen gegen diesen Grundsatz zu verstossen. Nicht jedes Engagement für den Tierschutz und gegen den Speziesismus herkömmlicher Moralvorstellungen führt automatisch zu einer vegetarischen Ernährungspraxis.[9] Und der Einsatz für den Erhalt seltener Biotope kann durchaus mit ökonomischen Zwängen zusammenstossen. Das Lamentieren über den heillosen Anthropozentrismus hilft dann nur begrenzt weiter, weil ja durchaus ein Gespür dafür vorhanden ist, dass der Mensch nicht mehr das Mass aller Dinge sein soll (Williams 1995).

Die Typologie der vier Ethikkonzepte liefert immerhin eine Landkarte zur genaueren Orientierung in einer diffusen Wertelandschaft; ein Kompass für die Orientierung[10] auf diesem schwierigen Gelände fehlt aber noch, weil der blosse Rekurs auf 'Natur' keine klärende Wirkung hat. Auch durch den Rückgriff auf eine *Ethik des Lebens* als Basistheorie wird die Ausgangslage nicht einfacher. Denn das Plädoyer für einen möglichst umfassenden Lebensschutz ersetzt weder in der medizinischen Ethik noch in der Umweltethik die differenzierte Argumentation in Dilemmasituationen.[11]

Offensichtlich bietet der Naturbegriff der Ethik also doch grössere Widerstände als zunächst vermutet. Einige Autoren gehen so weit, ökologische Ethik als "Neue Ethik" zu entwerfen (vgl. dazu Brenner 1994), weil sich

---

9 Vgl. zur Entfaltung einer nicht-speziesistischen Ethik: Singer 1994. Singer betrachtet die ethische Privilegierung der Spezies Mensch als ein Problem, dem er durch weitreichende tierethische Postulate zu begegnen versucht. Seine Position hat Proteste ausgelöst, weil die ethische Aufwertung der Tiere als Abwertung behinderten menschlichen Lebens empfunden wurde. Jedenfalls haben Singers Texte in dieser Hinsicht Missverständnisse zumindest nicht ausgeschlossen.

10 Das Substantiv 'Orientierung' enthält im ursprünglichen Wortsinn ein geographisches Bild: die räumliche Situierung durch Ausrichtung nach Osten, zur aufgehenden Sonne.

11 Überhaupt ist die Absicht, ökologische Ethik als Teil einer umfassenden Bioethik zu konzipieren, nur begrenzt überzeugend. Denn in der Umweltethik kommt trotz mancher Gemeinsamkeit in der Sorge um die verletzbare und sterbliche Leiblichkeit (Natur, die wir selbst sind) noch eine andere Zeitdimension ins Spiel: Fragen des Umwelt- und Naturschutzes überschreiten die individuelle Lebensperspektive von Menschen, die beim verzweifelten Blick auf ihre befristete Zeit die Rechte künftiger Generationen und den Eigenwert gegenwärtiger und zukünftiger Natur aus dem Auge verlieren. Vgl. zum Verhältnis von Bioethik und ökologischer Ethik: Bondolfi 1995.

aus der ökologisch motivierten Anthropozentrismus-Kritik zwangsläufig eine Neuinterpretation von Schlüsselbegriffen herkömmlicher Ethik ergebe. Natur steht dann entweder für das Andere der Vernunft, für eine nicht zu bändigende und durch kein Herrschaftswissen zu domestizierende Wildheit. Oder aber für eine vernunftrechtliche Ordnung, aus der sich Orientierungen ableiten lassen. Gegenüber beiden Interpretationen ist Skepsis angebracht.

Die Berufung auf 'Natur' ist vor allem dann problematisch, wenn wir übersehen, dass wir in den seltensten Fällen reine Natur wahrnehmen. In der Regel sehen wir Natur durch die Brille unserer kulturell überformten Naturvorstellungen, die bereits Deutungskonstrukte sind und unsere Wahrnehmungen in bestimmte Richtungen leiten.[12] Umweltethik als *Ethik der Natur* braucht daher das Gespräch mit der *Ethik der Kultur*, die als kritisierende und stimulierende Instanz zur Aufklärung über unser Naturverhältnis beiträgt und Sein-Sollen-Fehlschlüsse zu vermeiden hilft. Genau hier setzt allerdings auch die Kritik aus der Sicht der "Neuen Ethik"[13] ein, die der Kulturalisierung unserer Lebensbedingungen als Naturwesen die Schuld an der wachsenden Naturdistanz und an einem destruktiven Umgang mit der Natur zuschreibt. Gibt es einen Weg "zurück zur Natur", ohne den zivilisatorischen Gewinn unserer Lebensformen aufs Spiel zu setzen? Gesucht wird also eine ökologische Ethik, die in vollem Bewusstsein der "Dialektik der Aufklärung" die Schattenseiten unserer Kultur kennt und Perspektiven für eine Zukunft entwirft, die als Fortsetzung des selbstkritischen Projekts der Aufklärung verstanden werden kann und die immer nur bruchstückhaft erreichten Gewinne an Freiheit, Mündigkeit, Solidarität und Gerechtigkeit nicht gefährdet. Denn diese Ziele werden nicht erst durch die ökologische Krise als zerbrechliche Güter sichtbar; sie sind auch sonst in einem permanenten Zivilisierungsprozess zu fördern und gegen barbarische Rückfälle zu sichern.

Wir können nun im Sinne einer Zwischenbilanz noch einmal fragen, wodurch sich ein gutes ökologisch-ethisches Argument auszeichnet. Sicher-

---

12 Vgl. hierzu die Untersuchungsergebnisse im Beitrag von Brechbühl und Rey in diesem Band.

13 Andreas Brenner hat Arbeiten von Hans Jonas, Klaus Michael Meyer-Abich und Robert Spaemann unter diesem Oberbegriff zusammengefasst. Trotz vieler Unterschiede im Detail sei bei allen drei Autoren eine ablehnende Haltung gegenüber Grundüberzeugungen der europäischen Aufklärung festzustellen. "In ihrer Frontstellung gegen dieses Aufklärungsbewusstsein lassen sich Jonas, Meyer-Abich und Spaemann zu einer Denkrichtung zusammenfassen, die eine Naturalisierung der Kultur anstrebt, – ein Versuch, der das Projekt der Aufklärung nicht weiterführt, sondern aus ihm auszusteigen strebt" (Brenner 1994, 14).

lich nicht allein dadurch, dass es nicht anthropozentrisch ist. Der Verweis auf den Eigenwert eines bedrohten Ökosystems hat seine Berechtigung. Und er wird keineswegs dadurch entwertet, dass zusätzlich zu den intrinsischen Werten der Natur auch menschliche Bedürfnisse geltend gemacht werden können, die für den Erhalt dieses Ökosystems sprechen. Mit anderen Worten: die Frontstellungen in vielen bisherigen philosophischen und theologischen Beiträgen zur ökologischen Krise sind nur wenig dazu geeignet, konkrete Handlungsstrategien zu entwickeln. Die Problemlösungskompetenz der Ethik könnte aber gerade darin bestehen, aus ideologischen Sackgassen herauszuführen und die Diskussion zu versachlichen. Denn der "Streit um die Zukunft" wird letztlich weniger über globale Weltbilder als über kleine Schritte in die richtige Richtung entschieden. Wer mehr erreichen will, wird um die Gefahren von Programmen wissen müssen, die auf dem Verhandlungsweg nicht durchzusetzen sind und deshalb der Versuchung autoritärer Zwangsmassnahmen erliegen könnten (Ferry 1992).

4. Unausweichliche Interdisziplinarität

Wie die bisherigen Überlegungen gezeigt haben, ist es wenig hilfreich, auf eine eindeutige, naturale Basis einer Umweltethik zurückgreifen zu wollen (Bien 1994). Auch die kulturalistische Umdeutung bietet nicht automatisch eine neue Orientierung. Für die Wissenschaftspraxis bedeutet dies, dass heute keine Disziplin mehr ein Monopol in der Umweltforschung beanspruchen kann. Genau dies ist ja auch die Ausgangslage im *Schwerpunktprogramm Umwelt*, das seit 1992 eine beeindruckende Vielzahl von Fächern miteinander in ein mehr oder weniger intensives Gespräch gebracht hat.

Für die Ethik ist dies keine lästige Komplikation, sondern eine ideale Voraussetzung für die Entwicklung eines problemorientierten und praxisnahen Forschungsprogramms, das sich sowohl im Dialog der Wissenschaften als auch im ausseruniversitären Alltag zu bewähren hat.[14] Die Begründung ethischer Wertungen erfordert nämlich in der Regel Analyseverfahren bei 'gemischten Urteilen', d.h. bei Urteilen, die deskriptive und präskriptive Bestandteile enthalten. Ein leidenschaftliches Plädoyer für die Erhaltung von Biodiversität hat nicht den Status eines überzeugenden Arguments. Die moralischen Forderungen "In diesem Biotop ist Artenvielfalt zu erhalten" oder "Die Schadstoffemissionen sind zu verringern" verbinden jeweils eine Soll-Aussage mit einer Fülle von Fakten, die

14 Vgl. zu den hier nicht weiter ausgeführten wissenschaftstheoretischen Implikationen: Lesch 1995a und in diesem Band den Beitrag von Defila und Di Giulio (Kap. 3.7.).

für eine kohärente moralische Wertung zunächst transparent gemacht werden müssen. Es gibt deshalb für die Ethik vor der Aufstellung von Forderungen eine Pflicht zur Informationsbeschaffung und zur Einübung in vernetztes Denken. Michael Schlitt erläutert in seiner Umweltethik unter den Kriterien für menschliches Eingreifen in die Natur an erster Stelle die Pflicht zu einem ressortübergreifenden Vorgehen. "Der Mensch handelt nur dann sittlich richtig, wenn er die Folgen seines Handelns berücksichtigt, was aber wiederum voraussetzt, dass er die Folgen seines Handelns kennt. (...) Verantwortung für die Natur tragen heisst dann u.a. auch: gezwungen sein, sich ausreichende Kenntnisse zu verschaffen" (Schlitt 1992, 184).

Bei der Informationsbeschaffung handelt es sich nicht um eine blosse Anhäufung von Faktenwissen. Denn eine Fülle von Datenmaterial kann unter Umständen sogar dazu führen, die Handlungsbereitschaft zu lähmen. Ein allein der Wahrheitsfindung verpflichtetes Wissenschaftsethos in Ehren! Aber selbst dann wird es bei knappen finanziellen Ressourcen nicht zu vermeiden sein, Prioritäten zu setzen und solche Untersuchungen zu unterstützen, die gesellschaftlich relevante Ergebnisse versprechen. Mit diesem Argument werden häufig Kürzungen im Bereich der Geistes- und Sozialwissenschaften begründet; es wäre genauso auf die Natur- und Technikwissenschaften anzuwenden. Denn auch die dort stattfindenden Forschungen sind durch die Verwendung empirischer Methoden noch lange nicht als seriöse Spitzenleistungen legitimiert. Jede Wissenschaftspraxis ist ein soziales Handeln, mit dem begründungspflichtige Geltungsansprüche verbunden sind. Das gilt gerade auch für die Tätigkeit in allen Sparten der Umweltwissenschaften.

Für die Ethik ist diese Entwicklung von transdisziplinären Forschungskonzepten von grossem Interesse, weil dadurch auch ein Nachdenken über die moralischen Grundlagen der einzelnen Fächer angestossen wird. Das hier favorisierte Modell ist deshalb das einer Ethik *in* den Wissenschaften und nicht einer Ethik *für* die Wissenschaften. Ethik hat auf die Dauer nur Chancen, wenn sie nicht als fachfremde Instanz moralisierend Forschungsprozesse stört, sondern wenn die normative Reflexion in die Wissenschaftskultur der Einzeldisziplinen integriert wird.[15]

---

15 Ein solcher Ansatz wird am Zentrum "Ethik in den Wissenschaften" an der Universität Tübingen und am gleichnamigen Graduiertenkolleg vertreten.

5. Konzeptionelle und methodische Schwerpunkte der Umweltethik

Bevor die praktischen Perspektiven aktueller Umweltethik zur Sprache kommen, möchte ich kurz die wichtigsten methodischen Probleme der Forschungsplanung erläutern.

5.1. *Zwischen Fundamentalethik und Anwendung*

Die gegenwärtigen Aktivitäten in der Moralphilosophie und -theologie zeigen einen begrüssenswerten Trend zur sogenannten "angewandten Ethik". Damit kann aber nicht gemeint sein, dass aus fertigen Moralkonzepten nach Rezeptbuchmanier konkrete Praxisanleitungen deduziert werden. "Angewandte Ethik" dispensiert niemanden vom schwierigen Geschäft der Normbegründung, die in offenen Diskursen mit induktiven Verfahren geschieht. Besonders problematisch sind voreilige Ableitungen aus der vermeintlichen Normativität des Natürlichen, die in der Geschichte der Ethik eher als Mittel der Repression eingesetzt wurde. "Das Bild von der Natur als 'Mutter' und 'Lehrmeisterin', so berechtigt es in bezug auf unser wissenschaftliches und technisches Wissen sein mag, führt in ethischer Hinsicht in die Irre" (Birnbacher 1991, 287). Um diese Fragen angemessen zu diskutieren, empfiehlt es sich, Umweltethik als Pendelbewegung zwischen Grundlagenforschung (Fundamentalethik) und Anwendung zu konzipieren (Krämer 1992).

5.2. *Die Organisation praktischer Diskurse und die Konvergenzargumentation*

Umweltethik konkretisiert sich in praktischen Beratungen, bei denen eine Vielzahl sich ergänzender ethischer Ansätze zu berücksichtigen ist (Ott 1993a). Der Umweltethik geht es nicht um die Letztbegründung einer einzigen Prinzipienethik, sondern um die Konvergenz plausibler Argumente, die durchaus unterschiedlichen Moraltraditionen entstammen können, die sich aber im Bemühen um Kompromisse und mehrheitsfähige politische Massnahmen wechselseitig stützen. Zu diesem Bündel von erwägenswerten Aspekten gehören beispielsweise:

- die Mitleidsethik,
- Nutzenkalküle,
- die Rechte kommender Generationen,
- ästhetische Zugänge zur Natur,
- die Erhaltung der Gesundheit.

Bei der perspektivischen Anordnung und Abwägung dieser Gesichtspunkte wird es möglich, dass z.B. Utilitaristen, Diskursethiker und Naturrechtler trotz einander widersprechender ethischer Basistheorien eine Konvergenz in ihren Argumenten feststellen und eine für alle akzeptable Handlungsstrategie vereinbaren.

5.3. *Das Verhältnis zu anderen normativen Wissenschaften*

Ethik befindet sich in der Nachbarschaft von Disziplinen, denen es ebenfalls um Fragen der Normativität geht. So gibt es eine besondere Nähe zur Pädagogik, die vor ähnlichen Integrations- und Begründungsaufgaben steht wie die Ethik. Auf einer anderen Ebene gibt es eine Verwandtschaft mit der Jurisprudenz, die ebenfalls die Bedeutung der Ökologie für ihr fachliches Selbstverständnis zu entdecken beginnt und sich mit konkreten Umweltschutzgesetzen ebenso befasst wie mit der grundsätzlicheren Frage, ob Umweltschutz als Staatsziel verfassungsrechtlich zu verankern ist. Im Unterschied zum sanften Zwang moralischer Argumente verfügt das Recht in der Regel über Sanktionsmöglichkeiten zur Einhaltung von Normen. Belange der Natur werden somit Teil eines Gesellschaftsvertrages, der nicht nur menschliche Interessen schützt, sondern in gewisser Weise auch für "Rechte der Natur" relevant ist (Ost 1995).

5.4. *Empirie und Ethik*

Im Spannungsfeld zwischen Sein und Sollen ergeben sich neue Möglichkeiten der Kooperation zwischen sozialwissenschaftlicher und philosophischer Moralforschung (Eckensberger 1993).[16] Für die ethische Theoriebildung und für die praktische Beratung ist es von Interesse, die empirischen Untersuchungen zu moralischen Einstellungen und zur Differenz zwischen Urteilen und Handeln zur Kenntnis zu nehmen. Denn eine Ethik, die sich auf Begründungsfragen spezialisiert, droht den Kontakt zu den tatsächlichen moralischen Überzeugungen zu verlieren. Ausserdem ist es für die Praxis der Umweltbildung von Vorteil, die Genese von moralischen Urteilen und die Stufen moralischer Entwicklung zu kennen, um Lernprozesse auch im Umweltbereich gezielt unterstützen zu können.

---

16 Vgl. zu den grundsätzlichen Differenzen in den Denkstilen von Psychologie und Philosophie: Schmidt 1995.

5.5. *Kulturelle Ressourcen*

Ethische Begründungen beginnen nicht ständig am Nullpunkt. Sie setzen vor allem dort ein, wo Normen strittig werden und alte Argumente nicht mehr zu überzeugen vermögen. Das heisst aber nicht, dass die Motivation für umweltgerechtes Handeln erst aus dem Nichts geschaffen werden müsste. Es gibt im Gegenteil einen starken Rückhalt in den religiösen und nicht-religiösen Weltbildern, die je auf ihre Art zum verantwortungsvollen Umgang mit der Natur aufrufen. Hier liegt auch eine kulturelle Aufgabe christlicher Theologie, die mit ihrem Verständnis von Natur als Schöpfung zwar keine Normen begründen kann, die nicht auch rational einsehbar wären. Aber sie leistet einen Beitrag zu einer sittlichen Grundhaltung, die einem schonenden Umgang mit anderen Lebewesen zweifellos mehr entgegenkommt als ein technizistisches Weltbild, das von der totalen Verfügungsmacht des Menschen ausgeht (vgl. Irrgang 1992; Schlitt 1992; Münk 1995; Ruh 1995).[17]

Aus einem ähnlichen Grund gibt es heute ein wachsendes Interesse an der Ästhetik der Natur. Ihr wird inzwischen zugetraut, auch dort noch etwas zugunsten einer umweltgerechteren Praxis auszurichten, wo moralische Verpflichtungen und Klugheitsgründe folgenlos bleiben. "In einigen Hinsichten haben *ästhetische Gründe* sogar ein noch stärkeres Gewicht als ethische. Denn in der ästhetischen Erfahrung der Natur ziehen sich die Dinge gleichsam in eine unnahbare Autonomie und Unberührbarkeit zurück; sie kehren dann ihre versehrbare Identität so deutlich hervor, dass sie um ihrer selbst willen - und nicht bloss als Bestandteil einer präferierten Lebensform - unantastbar erscheinen" (Habermas 1991, 226).[18]

6. Die Praxis ökologischer Sozialethik

Der wuchernde Verantwortungsdiskurs (vgl. dazu Kap. 1.2. über Dimensionen der Verantwortung) kann kontraproduktive Folgen haben, wenn er mit dem Projekt einer umfassenden Weltbildkonstruktion möglicherweise bescheidenere Motivationen untergräbt. Umweltethik wird deshalb

[17] Vgl. den instruktiven Überblick zur aktuellen theologischen Diskussion: Gibellini 1995. Vgl. zu den nicht-christlichen Religionen die Ergebnisse des Projekts "Interreligiöse Umweltethik" (in diesem Band im Beitrag von Jäggi).

[18] Mir liegt daran, dass die Arbeiten zur Naturästhetik nicht isoliert vom Kontext ethischer Argumentation gesehen werden. Vgl. zu den systematischen Zusammenhängen und zur praktischen Entfaltung das SPPU-Themenheft "Naturbilder. Ökologische Kommunikation zwischen Ästhetik und Moral" (Lesch 1996) (vgl. auch Lesch 1994; Vietta 1995). Vietta plädiert nach einer Kritik des aufklärerischen Rationalismus für eine Rehabilitierung romantischer Denkfiguren zur Versöhnung von Mensch und Natur.

hier als eine antifundamentalistische Verunsicherung im Prozess gesellschaftlicher Aufklärung verstanden. Ihr Beitrag zur Lösung praktischer Fragen besteht:

- in der Erarbeitung von Kriterien für Abwägungen und Entscheidungen in Dilemmasituationen,
- in der Klärung von Motivationen und Werthaltungen ("value clarification") durch eine Hermeneutik kultureller Vorgaben,
- in der Anregung und Begleitung von Diskussionsforen zu den Widersprüchen des ökologischen Umbaus in Wirtschaft und Technik,[19]
- in der Stimulierung neuer Wohlstandsmodelle mit Alternativen zur ungebremsten Logik des Wachstums (vgl. Bierter 1995),
- in der Verankerung der Umweltprobleme in der internationalen Gerechtigkeitsperspektive einer ökologischen Sozialethik unter Einbeziehung der demographischen Entwicklung (Wöhlcke 1993; Apel 1994; Lesch 1995b),
- in der Entwicklung und Diskussion von Szenarien zur präventiven Analyse der genannten Konfliktfelder.

Daraus ergeben sich methodisch wichtige Überschneidungen von umwelt- und wirtschaftsethischen Fragestellungen (vgl. Lesch 1992a; Horster 1995, 226ff.)[20] und Impulse zur Erarbeitung von Leitbildern für *nachhaltiges Handeln* (vgl. den neuen Club-of-Rome-Bericht: Dieren 1995). Denn es geht nach den Massstäben weltweiter Verteilungsgerechtigkeit um entschieden mehr als nur um das larmoyante Öko-Geschwätz einer elitären fin-de-siècle-Zivilisation.

Der Ort ökologischer Sozialethik ist sowohl die offene Denkwerkstatt wissenschaftlicher Ethik als auch die ambulante Beratungspraxis in den vielen konkreten Debatten, für die das folgende Verfahren erprobt werden könnte (vgl. Abb. 2). Freilich gleichen diese "Diskurse, wie alle Argumentationen, den von Überschwemmung bedrohten Inseln im Meer einer Praxis, in dem das Muster der konsensuellen Beilegung von Handlungskonflikten keineswegs dominiert" (Habermas 1988, 116).

---

[19] Viele voreilige Versuche der Vermittlung zwischen Ökonomie und Ökologie erliegen einer "Harmonie-Illusion" (Wehling 1992, 236), so dass aus ethischer Sicht auch die Zielkonflikte deutlich zu markieren sind.

[20] Vgl. dazu in diesem Band die Beiträge von Schaber und Schmid-Holz zur Kosten-Nutzen-Analyse.

a) Ausgangslage: Konflikt, kontroverse Ansprüche, umstrittene Normen
b) Konstituierung der Diskursgemeinschaft: alle von dem Problem und von der angestrebten Regelung Betroffenen
c) Festlegung der Verfahrensregeln
d) praktischer Diskurs:
   - Sachliche Orientierung (Zusammentragen von Laienwissen und Expertenwissen)
   - Besprechung der vorhandenen Werthaltungen und kulturellen Hintergründe
   - Diskussion von Leitbildern
   - Konsultation von Gruppen, die von ähnlichen Problemen betroffen sind
   - Entwurf von Handlungsoptionen und Folgenkalkulationen in Szenarien
   - Diskussion der Szenarien
   - Entscheidungen (Konsens, Kompromiss, Vertagung)
e) Veröffentlichung der Ergebnisse, Abstimmung mit anderen Instanzen, Vernetzung mit anderen Gruppen
f) Umsetzung der Entscheidung

Abbildung 2: *Modell ökologisch-ethischer Diskurse*

Umweltethik wird Regelungen im Umweltrecht, in der Umweltpolitik und in der Wirtschaft nicht ersetzen können. Aber sie fügt den Nützlichkeitserwägungen und Sanktionen eine entscheidende Dimension hinzu, die sich langfristig sogar stärker auswirken könnte als alle härteren Massnahmen. Der Finanzwissenschaftler Guy Kirsch hat das Problem mit folgender Parabel verdeutlicht: "Wer einem blinden, tauben und hinfälligen Bettler in einer menschenleeren Strasse, also ohne Risiko für sich selbst, die Münzen aus der ausgelegten Mütze stiehlt, erweitert seine eigenen Zugriffsmöglichkeiten auf die Ressourcen der Welt. Trotzdem dürften die wenigsten die Münzen nehmen. Frage: Warum? (...) Wer den Bettler bestiehlt, verstümmelt auch sein eigenes Selbst; dies jedenfalls wenn und soweit der 'moral space', in dem der einzelne seine Identität definiert, den Diebstahl an wehrlosen Armen als böse verurteilt. Wer in dieser Situation einen Bettler bestiehlt, erweitert zwar den eigenen Zugriff auf die Ressourcen der Welt, ist aber nach der Tat nicht mehr 'er selbst': Er hat mehr, ist aber weniger" (Kirsch 1993, 25). Dennoch werden Reiche und Satte in einer solchen Situation möglicherweise anders handeln als Arme und Hungrige. Deshalb kommt es darauf an, die politischen und wirtschaftlichen Voraussetzungen dafür zu schaffen, dass individuelles Umweltbewusstsein und entsprechend konsequentes Verhalten - analog zum intuitiv richtigen Verhalten gegenüber dem nicht nur aus Gründen der Sozialkontrolle nicht zu beraubenden Bettler - überhaupt eine Chance haben. Mit den Bedingungen für eine solche Möglichkeit beschäftigt sich die ökologische Sozialethik.

7. Zusammenfassung und Schlussfolgerungen

Ausgangspunkt unserer Überlegungen war die irritierende Feststellung, dass in Zeiten der Krise ein erhöhter Orientierungsbedarf zu registrieren ist. Das gilt auch für den Bereich moralischer Einstellungen zur Umwelt, von denen praktische Beiträge zu einem tiefgreifenden Kultur- und Wertewandel erwartet werden. Entsprechend gross ist die Enttäuschung, wenn überspannte Erwartungen nicht erfüllt werden. Mit Moralpredigten ist eine widerspenstige Wirklichkeit nur selten verändert worden, bestenfalls durch Lenkungsmassnahmen oder durch überraschende Langzeitwirkungen von zunächst wenig beachteten alternativen Handlungsweisen. Für die Anforderungen einer umweltverantwortlichen Praxis sind nämlich durchaus Werteinsichten vorhanden, deren Verwirklichung jedoch oft an Hindernissen scheitert, die nicht unbedingt mit dem bösen Willen einzelner Akteure zu tun haben. In modernen, ausdifferenzierten und komplexen Gesellschaften ist auch Ethik mehr als nur ein isoliertes Kulturphänomen. Eine Ethik auf dem Reflexionsniveau der Moderne konkretisiert sich in den spezialisierten Teilsystemen einer Gesellschaft mit ihren je eigenen normativen Vorgaben und Ansprüchen.

Der hier skizzierte Ansatz einer ökologischen Sozialethik basiert auf einer Theorie kommunikativen Handelns und hat die aufklärerische Hoffnung auf die Möglichkeiten freier gesellschaftlicher Kommunikation und demokratischer Entscheidungsfindung bewahrt; er integriert jedoch skeptische Anfragen, die stärker die Eigenlogik der Teilbereiche und die Grenzen einer ethisch motivierten Handlungskoordination betonen. Das Selbstbild des moralisch und solidarisch handelnden Menschen wird mit machtförmigen und strategischen Interventionen konfrontiert, die den gesuchten Konsens verhindern. Der individuelle Lebensentwurf wird dann in den Raum der Privatheit zurückgedrängt: Moral wird, wie Religion, zur Privatsache, die für das Funktionieren gesellschaftlicher Abläufe entweder irrelevant oder ein lästiger Störfaktor ist. Neben diesem Trend zur Atomisierung gibt es aber auch gegenläufige Bewegungen: die Ausprägung von kollektiven Mustern, Lebensstilen, Solidaritätsbewegungen, Interessenverbänden und Netzwerken. Nicht zuletzt durch den Problemdruck der Umweltkrise ist eine Neuentdeckung des Politischen zu verzeichnen, das aus der Isolation konkurrierender Wirtschaftssubjekte herausführt. Menschen engagieren sich in einem neuen Bewusstsein von staatsbürgerlicher und manchmal sogar weltbürgerlicher Verantwortung. Die dramatische Gefährdung der natürlichen Lebensgrundlagen hat einen Prozess gesellschaftlichen Lernens angestossen, der sich im Laboratorium kleiner sozialer Netze und grösserer sozialer Bewegungen analysieren lässt.

LITERATUR

Apel, K.-O. 1994: Die ökologische Krise als Herausforderung für die Diskursethik. In: Böhler, D. (Hg.): Ethik für die Zukunft. Im Diskurs mit Hans Jonas. München: Beck. S. 369-404.

Beck, U. 1993: Die Erfindung des Politischen. Zu einer Theorie reflexiver Modernisierung. Frankfurt a. M.: Suhrkamp.

Bien, G. 1994: Was heisst denn "widernatürlich"? Natur als soziale und moralische Norm. In: Landeshauptstadt Stuttgart, Kulturamt (Hg.): Zum Naturbegriff der Gegenwart. Kongressdokumentation zum Projekt "Natur im Kopf", Stuttgart, 21.-26. Juni 1993. Bd 2. Stuttgart-Bad Cannstatt: frommann-holzboog. S. 141-169.

Bierter, W. 1995: Wege zum ökologischen Wohlstand (Wuppertal Texte). Berlin, Basel, Boston: Birkhäuser.

Birnbacher, D. 1991: Mensch und Natur. Grundzüge der ökologischen Ethik. In: Bayertz, K. (Hg.): Praktische Philosophie. Grundorientierungen angewandter Ethik. Reinbek: Rowohlt. S. 278-321.

Bondolfi, A. 1995: Bioéthique et éthique écologique: un défi pour l'Europe. In: Revue d'éthique et de théologie morale. "Le Supplément". N° 193, juin 1995. S. 161-172.

Brenner, A. 1994: Streit um die ökologische Ethik. Neue Ethik und Kulturalisierungskritik. Würzburg: Königshausen & Neumann.

Dieren, W. van (Hg.) 1995: Mit der Natur rechnen. Der neue Club-of-Rome-Bericht: Vom Bruttosozialprodukt zum Ökosozialprodukt. Basel, Boston, Berlin: Birkhäuser.

Eckensberger, L. H. 1993: Normative und deskriptive, strukturelle und empirische Anteile in moralischen Urteilen. Ein Ökonomie-Ökologie-Konflikt aus psychologischer Sicht. In: Eckensberger, L. H., Gähde, U. (Hg.): Ethische Norm und empirische Hypothese. Frankfurt a. M.: Suhrkamp. S. 328-379.

Ferry, L. 1992: Le nouvel ordre écologique. L'arbre, l'animal et l'homme. Paris: Grasset.

Gibellini, R. 1995: Zur Theologie der Ökologie. In: Concilium. Internationale Zeitschrift für Theologie. Jg 31, Heft 5. S. 465-471.

Giddens, A. 1995: Konsequenzen der Moderne. Frankfurt a. M.: Suhrkamp.

Habermas, J. 1988: Moralbewusstsein und kommunikatives Handeln. Frankfurt a. M.: Suhrkamp. (3. Aufl.).

Habermas, J. 1991: Erläuterungen zur Diskursethik. Frankfurt a. M.: Suhrkamp.

Horster, D. 1995: "Der Apfel fällt nicht weit vom Stamm". Moral und Recht in der postchristlichen Moderne. Frankfurt a. M.: Suhrkamp.

Irrgang, B. 1992: Christliche Umweltethik. Eine Einführung. München, Basel: Reinhardt.

Kirsch, G. 1993: Umweltmoral - ein Ersatz für staatliche Umweltpolitik? In: Universitas Friburgensis. Trimestriel de l'Université de Fribourg. Jg 51, Nr. 1. S. 25-29.

Krämer, H. 1992: Integrative Ethik. Frankfurt a. M.: Suhrkamp.

Lesch, W. 1990: Methoden der Ethik. In: Rotter, H., Virt, G. (Hg.): Neues Lexikon der christlichen Moral. Innsbruck, Wien: Tyrolia. S. 511-515.

Lesch, W. 1992a: Ethik und Ökonomie auf der Suche nach ihrer Rationalität. Zugänge zur gegenwärtigen wirtschaftsethischen Grundlagenreflexion. In: Wils, J.-P. (Hg.): Alibi Wirtschaftsethik? Tübingen: Attempto. S. 28-38.

Lesch, W. 1992b: Ethik und Moral/Gut und Böse/Richtig und Falsch. In: Wils, J.-P., Mieth, D. (Hg.): Grundbegriffe der christlichen Ethik. Paderborn, München, Wien, Zürich: Schöningh. S. 64-83.

Lesch, W. 1994: Theologisch-ethischer Entwurf einer Ästhetik der Natur. In: Lesch, W. (Hg.): Theologie und ästhetische Erfahrung. Beiträge zur Begegnung von Religion und Kunst. Darmstadt: Wissenschaftliche Buchgesellschaft. S. 125-144.

Lesch, W. 1995a: Interdisziplinarität ohne Disziplinlosigkeit. Wissenschaftstheoretische Probleme sozialethischer Forschung. In: Heimbach-Steins, M., Lienkamp, A., Wiemeyer, J. (Hg.): Brennpunkt Sozialethik. Theorien, Aufgaben, Methoden. Freiburg i. Br., Basel, Wien: Herder. S. 171-187.

Lesch, W. 1995b: Die "Ökologisierung" moralischer Kommunikation. In: Lesch, W., Bondolfi, A. (Hg.): Theologische Ethik im Diskurs. Eine Einführung. Tübingen, Basel: Francke. S. 292-312.

Lesch, W. (Hg.) 1996: Naturbilder. Ökologische Kommunikation zwischen Ästhetik und Moral. Basel, Boston, Berlin: Birkhäuser.

Meadows, D. H. 1995: Die veruntreute Erde. Ökologie im Alltag. Stuttgart: Deutsche Verlags-Anstalt.

Münk, H. J. 1995: Umweltverantwortung und christliche Theologie. Forschungsbericht zu neuen deutschsprachigen Beiträgen im Blick auf eine umweltethische Grundkonzeption. In: Heimbach-Steins, M., Lienkamp, A., Wiemeyer, J. (Hg.): Brennpunkt Sozialethik. Theorien, Aufgaben, Methoden. Freiburg i. Br., Basel, Wien: Herder. S. 385-402.

Ost, F. 1995: La nature hors la loi. L'écologie à l'épreuve du droit. Paris: Editions La Découverte.

Ott, K. 1993a: Ökologie und Ethik. Ein Versuch praktischer Ethik. Tübingen: Attempto.

Ott, K. 1993b: Zur Frage, woraufhin Ethik orientieren könnte. In: Wils, J.-P. (Hg.): Orientierung durch Ethik? Eine Zwischenbilanz. Paderborn, München, Wien, Zürich: Schöningh. S. 71-94.

Reusswig, F. 1994: Lebensstile und Ökologie. Die ökologischen Folgen der modernen Lebensweise. In: Görg, Ch. (Hg.): Gesellschaft im Übergang. Perspektiven kritischer Soziologie. Darmstadt: Wissenschaftliche Buchgesellschaft. S. 218-238.

Ruh, H. 1995: Störfall Mensch. Wege aus der ökologischen Krise. Gütersloh: Kaiser, Gütersloher Verlagshaus.

Schlitt, M. 1992: Umweltethik. Philosophisch-ethische Reflexionen - Theologische Grundlagen - Kriterien. Paderborn, München, Wien, Zürich: Schöningh.

Schmidt, N. D. 1995: Philosophie und Psychologie. Trennungsgeschichte, Dogmen und Perspektiven. Reinbek: Rowohlt.

Singer, P. 1994: Praktische Ethik. Stuttgart: Reclam. (erw. Neuaufl.).

Vietta, S. 1995: Die vollendete Speculation führt zur Natur zurück. Natur und Ästhetik. Leipzig: Reclam.

Vischer, W. 1993: Probleme der Umweltethik. Individuum versus Institution: zwei Ansatzpunkte der Moral. Frankfurt a. M., New York: Campus.

Wehling, P. 1992: Die Moderne als Sozialmythos. Zur Kritik sozialwissenschaftlicher Modernisierungstheorien. Frankfurt a. M., New York: Campus.

Williams, B. 1995: Must a concern for the environment be centred on human beings. In: Williams, B.: Making sense of humanity and other philosophical papers 1982-1993. Cambridge: University Press. S. 233-240.

Wöhlcke, M. 1993: Der ökologische Nord-Süd-Konflikt. München: Beck.

PHILOSOPHISCHE REFLEXIONEN ZUR ÖKONOMISCHEN NATURBEWERTUNG UND RATIONALER UMWELT-POLITIK

Peter Schaber

Die ökologischen Probleme, mit denen wir uns heute konfrontiert sehen und in Zukunft wohl in einem noch grösseren Mass konfrontiert sehen werden, werfen nicht nur wissenschaftliche und technische Probleme, sondern auch normative Probleme auf. Unser praktisches Verhältnis zu unserer natürlichen Umwelt scheint auch in einer ethischen Sicht problematisch zu sein. Die Werte, die unseren Umgang mit der Natur bestimmen, sind, wie viele meinen, defizient und deshalb revisionsbedürftig. Neue Werte und Normen sind gefordert, Werte und Normen, die einen ethisch angemessenen Umgang mit der Natur ermöglichen würden. Was aber wäre ein ethisch angemessener Umgang mit der Natur? Das ist nichts anderes als die Frage nach dem, was es heisst, umweltgerecht zu handeln. Es ist diese Frage, die nachfolgend aus philosophischer Sicht diskutiert werden soll. Der Beitrag von Schmid-Holz (in diesem Band) behandelt dieselbe Frage aus theologisch-ethischer Sicht.

1. Einleitung

Sehr viele Menschen sind heute der Ansicht, dass wir unsere Umwelt schützen und mit unseren natürlichen Ressourcen sorgsam umgehen sollten. Es besteht ein weitgehender Konsens darüber, dass unsere natürliche Umwelt ein wertvolles Gut ist. Umweltschutz ist aber mit teilweise nicht unerheblichen Kosten verbunden. Das erklärt unter anderem auch, wieso wir nicht bereit sind, Umwelt in einer Weise zu schützen, wie wir es intuitiv als wünschenswert ansehen (vgl. dazu auch den Beitrag von Diekmann, Franzen in diesem Band). Ein radikaler Schutz aller Arten z.B. wäre ein sehr anspruchsvolles Ziel, das nicht realisiert werden könnte, ohne dass wir auf verschiedene Dinge verzichteten, die uns wichtig sind. Doch sind wir - so stellt sich die Frage - auch wirklich verpflichtet, im Dienste unserer natürlichen Umwelt hohe Selbstopfer zu erbringen (vgl. zum Thema 'Opferbereitschaft' aus empirischer Sicht den Beitrag von Diekmann, Franzen in diesem Band)? Zunächst lässt sich sagen, dass die Kosten, die für uns in diesem Zusammenhang entstehen, in einem sinnvollen Verhältnis zum erwartbaren Nutzen, sei dies nun gegenwärtiger oder zukünftiger Nutzen, stehen müssen. Das ist ein äusserst vager Vorschlag, welcher der Präzisierung bedarf. In welchem Verhältnis sollten die Kosten zum Nutzen stehen? Betrachten wir dazu ein Beispiel: Der Bau eines geplanten Wasserkraftwerks würde eine seltene Baumart zum Verschwinden bringen und gleichzeitig eine schöne Landschaft zerstören. Sind wir ethisch verpflichtet, auf den Bau eines solchen Wasserkraftwerks zu verzichten? Ein plausibler Vorschlag lautet: Der Bau des Wasserkraftwerks ist dann erlaubt, wenn der Nutzen, der sich daraus ergibt, die resultierenden Kosten übersteigt. Dabei sind hier alle Kosten, auch alle ökologischen Kosten, die anfallen können, gemeint. Die Frage ist: Wie lassen sich diese Kosten und dementsprechend der Nutzen genau bestimmen? Ist z.B. die Zerstörung einer Landschaft zu den ökologischen Kosten zu zählen, auch wenn niemand diese Landschaft erhalten möchte? Auf diese Frage möchte ich nachfolgend im ersten Teil (Ziff. 2.) kurz eingehen, dann im zweiten Teil (Ziff. 3.) etwas zur ökonomischen Version einer Kosten-Nutzen-Bestimmung sagen und die Frage prüfen, ob sich diese als Entscheidungsverfahren anbietet, und abschliessend im dritten Teil (Ziff. 4.) ein alternatives Entscheidungsverfahren in Umweltfragen skizzieren.[1]

2. Die Wertfrage

Lassen sich Kosten und Nutzen bloss nach Massgabe menschlicher Präferenzen und Interessen bestimmen? Dies ist die zentrale Frage einer ökologischen Wertethik. Die sog. Anthropozentristen geben auf diese Frage eine positive Antwort. Ihrer Ansicht nach hängt das, was wertvoll bzw. nicht wertvoll ist, allein von unseren menschlichen Interessen ab. Die Zerstörung einer Landschaft, für die kein menschliches Erhaltungsinteresse besteht, erzeugt - so gesehen - keine Kosten. Nur wenn menschliche Interessen in einem negativen Sinn betroffen sind, kann von Kosten geredet werden. Diese anthropozentrische Position wird von verschiedener Seite heftig kritisiert. Nach Ansicht der sog. Pathozentristen sind in diesem Zusammenhang nicht bloss die Interessen von Menschen, sondern die Interessen aller empfindungsfähigen Wesen relevant. Die sog. Biozentristen gehen noch weiter und sprechen allen Lebewesen einen Eigenwert zu. Folgen wir dieser Position, so ist jede Zerstörung von Leben zu den Kosten zu zählen.

Lässt sich dieser Streit um den Eigenwert der Natur rational entscheiden? Ich glaube, dass es gute Gründe gibt, einer pathozentrischen Position, wonach sich Kosten und Nutzen an den Interessen aller empfindungsfähigen Wesen bemisst, den Vorzug zu geben. Wieso sollen nur menschli-

---

1 In methodischer Hinsicht sind die Ausführungen der begriffsanalytischen Methode zuzuordnen; vgl. dazu das Methodenkap. von Gutscher et al. in diesem Band.

che Interessen im Blick auf Kosten und Nutzen massgebend sein? Anthropozentristen argumentieren, dass dies darum der Fall sei, weil nur menschliche Wesen einen moralischen Eigenwert haben können. Dementsprechend bestimmt sich auch das, was wertvoll bzw. nicht wertvoll ist, einzig an den Menschen. Doch - so ist zu fragen - woran macht sich dieser Eigenwert des Menschen fest? Verschiedene Anthropozentristen machen hier geltend, dass allein der Mensch rational ist und als rationales Wesen Pflichten erfüllen und verletzen kann. Rationalität kann aber nicht die für den moralischen Eigenwert massgebende Eigenschaft sein. Und dies aus folgendem Grund: Würde man den moralischen Eigenwert eines Wesens an Rationalität festmachen, dann hätten Kleinkinder und geistig Behinderte keinen Eigenwert. Dies ist jedoch ein Schluss, den zu ziehen wohl kaum jemand bereit ist. Rationalität kann deshalb nicht als die für den moralischen Eigenwert massgebende Eigenschaft angesehen werden. Plausibler scheint folgender Vorschlag zu sein: Moralischen Eigenwert haben alle Wesen, die *leidensfähig* sind.[2] Zur Klasse der Wesen, die einen moralischen Eigenwert haben, gehören dann alle Menschen und zusätzlich auch alle empfindungsfähigen Lebewesen (für eine leicht abweichende Position in dieser Frage vgl. den Beitrag von Schmid-Holz in diesem Band).

Verschiedenen Umweltethikern geht dieser Vorschlag zu wenig weit. Für sie haben alle Lebewesen - unabhängig davon, ob sie empfindungsfähig sind oder nicht - einen moralischen Eigenwert (vgl. Taylor 1981, 201; 1986, 20; Goodpaster 1983, 31).[3] Gewisse sprechen sogar allen natürlichen Entitäten einen Eigenwert zu (vgl. Brennan 1984, 54). Meiner Ansicht nach kann einem Wesen nur dann ein Eigenwert zugesprochen werden, wenn diesem geschadet werden kann; wenn also ein Gut verletzt werden kann, das für das Wesen selbst ein Gut ist (vgl. Schaber 1994a, 81ff.). Dabei ist wichtig, dass es für das betroffene Wesen selbst ein Gut sein muss. Man kann zwar sagen, dass etwas für einen Baum gut ist. Fraglich ist aber, ob etwas für den Baum selbst gut sein kann. Dies ist nur bei Wesen möglich, die Interessen haben, d.h. die bestimmte Dinge bewusst anstreben. Wenn man solche Interessen durchkreuzt, fügt man einen Schaden zu, der in irgendeiner Weise vom betroffenen Wesen als Schaden wahrgenommen werden kann. Es ist das Zufügen subjektiven Schadens, das wir im menschlichen Bereich als moralisch problematisch ansehen. Es

2 Vgl. Wolf (1990, 94): "(W)as Wesen zu Gegenständen der Moral macht, (ist), dass es ihnen subjektiv gut oder schlecht gehen kann, dass sie leiden und wollen können".

3 In diesem Sinne schreibt Goodpaster (1983, 31): "Neither rationality nor the capacity to experience pleasure and pain seem to me necessary ... conditions on moral considerability ... Nothing short of the condition of being alive seems to me to be a plausible and nonarbitrary criterion".

gibt keinen Grund, dies nicht auch im nicht-menschlichen Bereich als für den moralischen Eigenwert massgebend anzusehen. Damit aber werden weitergehende Positionen, die allen Lebewesen oder gar allen natürlichen Entitäten einen Eigenwert zusprechen wollen, ausgeschlossen.

3. Die Kosten-Nutzen-Analyse

Wenden wir uns nun aber dem Vorschlag zu, umweltpolitische Entscheidungen nach Massgabe von Kosten-Nutzen-Überlegungen, genauer: nach Massgabe der ökonomischen Kosten-Nutzen-Analyse zu gestalten. Diese liefert uns ein klares Verfahren, wie sich der Nutzen (bzw. die Kosten) der unterschiedlichen Optionen (z.B. Bau des Wasserkraftwerks, Schutz der seltenen Baumart) quantitativ bestimmen lässt: Wir ermitteln die *individuelle Zahlungsbereitschaft* (vgl. dazu auch den Beitrag von Diekmann, Franzen in diesem Band) für die in Frage stehenden Optionen und addieren die einzelnen Geldbeträge. Wir erhalten so zwei oder mehrere Geldwerte, die uns zu entscheiden erlauben, welche Option den grösseren Nutzen hat und dementsprechend vorzuziehen ist.[4] Dieses Verfahren hat zwei Vorteile: a) Es berücksichtigt nicht nur die Präferenzen aller Betroffenen, sondern auch die unterschiedliche Stärke dieser Präferenzen. b) Es werden damit Kosten von Gütern berechnet, für die es keinen Markt gibt. Die ökologischen Kosten lassen sich durch die vorgeschlagene Kosten-Nutzen-Analyse in die Welt der Preise *internalisieren* (vgl. Rigendinger 1994, 77ff.).

Durch die Berechnung sämtlicher Kosten lässt sich der Aufwand, den wir für den Schutz unserer natürlichen Umwelt erbringen sollten, scheinbar sehr gut bestimmen. Es sollten - vereinfacht gesprochen - diejenigen Schutzmassnahmen gewählt werden, deren Nettonutzen am grössten ist.[5] Das ist dann der Fall, wenn die Kosten weiterer Schutzmassnahmen den daraus resultierenden Nutzen übertreffen würden.

Die Frage ist: Sollte man sich in umweltpolitischen Belangen an solchen Kosten-Nutzen-Analysen orientieren? Obwohl Kosten-Nutzen-Analysen auf den ersten Blick ein sehr attraktives Verfahren für eine rationale Umweltpolitik darzustellen scheinen, gibt es gute Gründe, sich nach einem anderen Entscheidungsverfahren umzusehen. Es sind folgende fünf

---

4 Man kann das Resultat von Kosten-Nutzen-Analysen als moralisch problematisch betrachten, weil Verteilungsgerechtigkeit nicht berücksichtigt wird. Wie aber der Umweltökonom David Pearce argumentiert, lässt sich die Nutzenverteilung als eigene Grösse in die Nutzenberechnung integrieren; vgl. Pearce (1993, 10).

5 So spricht z.B. Pearce von einem 'optimalen Grad an Verschmutzung'; vgl. Pearce (1990, 61ff.).

Gründe, die diesen Schluss motivieren (für weitere Gründe vgl. den Beitrag von Schmid-Holz in diesem Band):

i) Kosten-Nutzen-Analysen sind von ihrer Wertebasis her anthropozentrisch verkürzt. Es sind einzig menschliche Präferenzen, die für sie von Belang sind. Wie wir aber oben gesehen haben, gibt es gute Gründe, auch die Interessen nicht-menschlicher Wesen, sofern sie leidensfähig sind, als berücksichtigungswürdig anzusehen.

ii) Kosten-Nutzen-Analysen sind mit verschiedenen methodischen Problemen konfrontiert: Empirische Untersuchungen zeigen, dass Menschen notorisch Schwierigkeiten haben, Geldwerte für Güter zu nennen, für die es keinen Markt gibt (vgl. Jacobs 1991, 206; Rigendinger 1994, 93ff.). Oder auch wenn Geldwerte genannt werden, ist umstritten, ob diese Werte auch die wirklichen Präferenzen der Befragten zum Ausdruck bringen. Darüberhinaus sind die Befragten über die in Frage stehenden Gegenstände auch häufig nicht ausreichend informiert. Oft sind gerade die ökologische Bedeutung einer Landschaft oder eines Stück Waldes nicht bekannt. Die Befragten müssten dementsprechend vorgängig aufgeklärt werden. Dabei werden die Zahlungsbereitschaften unterschiedlich ausfallen, je nachdem wie die Information präsentiert wird.[6]

iii) Kosten-Nutzen-Analysen unterstellen, dass die Werte von unterschiedlichen Optionen und Gütern durchwegs vergleichbar sind. Es ist nicht zu bestreiten, dass wir die Werte von Gütern und Optionen vergleichen. Doch es gibt Fälle, wo wir dazu nicht in der Lage sind und entsprechend Fragen wie 'Ist x wertvoller als y?' unbeantwortet lassen müssen (vgl. Schaber 1994b, 159). Insbesondere ist es häufig sehr schwierig, die Werte, die Dinge für unterschiedliche Personen haben, miteinander zu vergleichen (vgl. Schaber 1994b, 161ff.). Die Grenzen solcher interpersonellen Wertevergleiche sind zugleich auch die Grenzen der Kosten-Nutzen-Analyse.

iv) Ganz generell lässt sich bezweifeln, ob Geld ein angemessener Ausdruck des Wertes ist, den verschiedene Güter für uns haben. Ein klassisches Beispiel dafür ist die Bewertung menschlichen Lebens, die für fast alle gesellschaftlichen und politischen Entscheidungen unumgänglich ist (dies ist z.B. auch der Fall, wenn es um die Unfallrisiken eines Wasserkraftwerks geht). Die Frage ist: Wie lässt sich z.B. der Schaden, den 100 Tote bedeuten würden, quantitativ bestimmen? Es gibt den Vorschlag, Geld als Vergleichsgrösse zu nehmen und den Wert menschlichen Lebens

6 In der Diskussion ist dieses Phänomen unter dem Stichwort "Framing of decisions" bekannt.

in Geld auszudrücken (vgl. Perret 1992, 185-200). Dabei kann man davon ausgehen, dass Menschen bereit sind, Todesrisiken einzugehen. Wenn einer Person ein Todesrisiko von einem Prozent z.B. 10'000 Franken wert ist, dann ist ihr das eigene Leben 1 Mio. Franken wert. Doch ich glaube, dass es gute Gründe dafür gibt, diesen Vorschlag als unangemessen zurückzuweisen (vgl. dazu Schaber 1994b, 163ff.; Raz 1986, 345ff.). Die monetären Kompensationsansprüche für Risiken steigen nicht proportional zur Zunahme des Risikos. Ist das Todesrisiko genügend gross, dann sprechen wir unserem eigenen Leben einen unendlichen Wert zu. Das aber bedeutet, dass der Wert menschlichen Lebens sich nicht adäquat in Geld ausdrücken lässt. Das gilt aber nicht nur für den Wert menschlichen Lebens, sondern auch für den Wert anderer Güter. Um den Geldwert des Gutes x zu ermitteln, kann man Personen fragen, wieviel sie für x zu zahlen bereit sind, oder wieviel man ihnen zahlen müsste, um sie für den Verlust dieses Gutes zu kompensieren. Die Befragten, so hat sich bei den entsprechenden Tests gezeigt, nennen bei der Frage nach der Zahlungsbereitschaft meistens andere Werte als bei der Frage nach dem Kompensationsbetrag (vgl. Jacobs 1991, 217). Welches ist nun aber der adäquate Wertausdruck? Ist die Zahlungs- oder die Kompensationsbereitschaft massgebend?

v) Kosten-Nutzen-Analysen berücksichtigen einzig die Präferenzen gegenwärtig Lebender. Die Präferenzen zukünftiger Generationen werden in dieses Verfahren nicht einbezogen. Das ist präzisierungsbedürftig. Die Präferenzen zukünftiger Generationen werden nur insofern berücksichtigt, als Befragte den Wunsch haben, ihren Nachkommen eine möglichst intakte Umwelt zu hinterlassen. Es ist aber unklar, wie verbreitet und wie stark diese Wünsche sind. Zu vermuten ist, dass sich über diese Wünsche keine adäquate Berücksichtigung der Präferenzen zukünftiger Generationen erreichen lässt.

Das sind die wichtigsten Gründe, die dagegen sprechen, Kosten-Nutzen-Analysen als Entscheidungsverfahren in Umweltfragen anzusehen.

4. Demokratische Entscheidungen

Doch was ist ein in umweltpolitischen Fragen angemessenes Entscheidungsverfahren? Meiner Ansicht nach sollte man umweltpolitische Fragen über demokratische Verfahren lösen (vgl. dazu auch den Beitrag von Schmid-Holz in diesem Band). Dabei muss nicht unterstellt werden, dass demokratische Entscheidungen per se in ethischer Hinsicht ideale Entscheidungen darstellen. Das lässt sich im Blick auf umweltpolitische Fragen insbesondere darum bezweifeln, weil unklar ist, ob die Interessen zukünftiger Generationen in den Entscheidungen der gegenwärtig Lebenden adäquat reflektiert sind. Trotzdem haben demokratische Entscheidungsverfahren Vorteile, die es nahelegen, umweltpolitische Fragen über sie zu regeln. Die Bürgerinnen und Bürger orientieren sich in demokratischen Abstimmungen stärker an Idealen als an ihren kurzfristigen Eigeninteressen. Politisches und ökonomisches Verhalten, bzw. politische und ökonomische Präferenzen fallen nicht zusammen (vgl. Brennan, Lomasky 1993, 32ff.; Sagoff 1988, 50ff.). Im Abstimmungsverhalten kommen andere Präferenzen zum Ausdruck. Die Bereitschaft, moralische Überlegungen wirksam werden zu lassen, ist grösser.[7] Das ist ein guter Grund, demokratische Verfahren Kosten-Nutzen-Analysen vorzuziehen. Dabei ist es aus ethischer Sicht wichtig, dass demokratischen Abstimmungen - seien diese nun Volksabstimmungen oder Abstimmungen in einem gewählten Parlament[8] - öffentliche Diskurse vorausgehen, in denen neben den unterschiedlichen Interessen und Idealen auch Expertenwissen eingebracht werden kann. Durch solche Diskurse werden Präferenzen verändert wie auch die Chancen für informierte Entscheidungen (vgl. dazu auch den Beitrag von Diekmann, Franzen in diesem Band) erhöht.

Demokratische Verfahren sollten nicht als Allheilmittel für unsere ökologischen Probleme angesehen werden. Eine umweltpolitische Entscheidung ist nicht schon aufgrund ihres demokratischen Charakters in ökologischer Hinsicht optimal. Die oben genannten Gründe sprechen aber dafür, dass demokratische Willensbildungsprozesse umweltgerechten Entscheidungen förderlicher sind als Kosten-Nutzen-Analysen oder gar undemokratische Entscheidungsverfahren (vgl. Schaber 1994b, 258ff.).

Es lässt sich hier einwenden, dass Massnahmen, die aus ökologischer Sicht angezeigt scheinen wie z.B. Umweltsteuern gerade in einer Demokratie sich als schwer durchsetzbar erweisen. Das hat aber weniger mit einem möglichen Ungenügen demokratischer Entscheidungen, als vielmehr mit dem internationalen Charakter ökologischer Probleme zu tun. Die Bereitschaft, Umweltsteuern einzuführen, wäre in der Regel vorhan-

---

7 Das ist zumindest dann der Fall, wenn die zu erwartenden subjektiven Kosten nicht zu gross sind. Natürlich ist auch der Opferbereitschaft der Bürgerinnen und Bürger Grenzen gesetzt. Wir werden im politischen Bereich nicht zu reinen Altruisten.

8 Die Frage, ob die Chancen für umweltgerechte Entscheidungen in einer repräsentativen Demokratie grösser sind als in einer direkten Demokratie soll hier offen gelassen werden; vgl. dazu Birnbacher (1988, 263): "Die Ermöglichung langfristiger Entscheidungen, die den Zeithorizont der individuellen Wähler überschreiten, ist eines der stärksten Argumente für die indirekte Demokratie". Umgekehrt kann man sagen, dass in einer direkten Demokratie häufiger öffentliche Diskurse über ökologische Fragen notwendig sind, an denen sich doch ein grosser Teil der Bevölkerung beteiligen wird.

den, wenn es einen internationalen Konsens über Umweltsteuern gäbe. Denn auf individueller wie nationaler Ebene gilt: Die Bereitschaft für ökologische und andere öffentliche Güter etwas zu tun, hängt davon ab, ob auch die anderen bereit sind, ihren Anteil zu leisten. Die Lösung ökologischer Probleme ist deshalb auf internationale Kooperation angewiesen. Darauf sollten demokratische Staaten hinarbeiten.

5. Zusammenfassung und Schlussfolgerungen

Die meisten von uns halten die natürliche Umwelt für ein kostbares Gut, das es zu schützen gilt. Doch Natur- und Umweltschutz ist mit teilweise nicht unerheblichen Kosten verbunden. Nicht zuletzt deshalb ist unsere Bereitschaft, unsere natürliche Umwelt zu schützen, begrenzt. Die Frage stellt sich, zu welchen Selbstopfern wir aus ethischer Sicht verpflichtet sind. Ganz allgemein kann man sagen, dass die Kosten in einem sinnvollen Verhältnis zu dem erwartbaren Nutzen stehen sollten. Ein präziserer Vorschlag lautet: Wir sollten uns für diejenigen Schutzmassnahmen entscheiden, deren Nettonutzen am grössten ist. Dabei liefert die ökonomische Kosten-Nutzen-Analyse ein klares Verfahren, wie sich der Nutzen (bzw. die Kosten) unterschiedlicher Optionen (z.B. Bau eines Wasserkraftwerks, Schutz einer seltenen Baumart) ermitteln lässt: Wir ermitteln die individuelle Zahlungsbereitschaft für die in Frage stehenden Optionen und addieren die einzelnen Geldbeträge. Auf diese Weise lässt sich bestimmen, welche Option den grössten Nettonutzen hat. Mit diesem Verfahren werden die Präferenzen aller Betroffenen berücksichtigt und zudem auch die Kosten von Gütern berechnet, für die es keinen Markt gibt. Trotzdem sollten Kosten-Nutzen-Analysen nicht als Entscheidungsverfahren in umweltpolitischen Belangen angesehen werden. Und dies aus folgenden Gründen: a) Kosten-Nutzen-Analysen sind anthropozentrisch verkürzt; b) sie sind mit grossen methodischen Schwierigkeiten konfrontiert; c) der Wert unterschiedlicher Optionen und Gütern ist nicht immer kommensurabel; d) der Wert verschiedener Güter lässt sich nicht angemessen in Geld ausdrücken; und e) lassen sich mit Kosten-Nutzen-Analyse im wesentlichen nur die Präferenzen der gegenwärtig Lebenden berücksichtigen. Als Alternative zu Kosten-Nutzen-Analysen bieten sich demokratische Entscheidungsverfahren an. Denn die Bürgerinnen und Bürger orientieren sich in demokratischen Abstimmungen stärker an Idealen als an ihren privaten Interessen. Dabei ist es wichtig, dass demokratischen Abstimmungen öffentliche Diskurse vorangehen, in denen neben den differenten Interessen auch Expertenwissen eingebracht werden kann. Demokratische Staaten sollten zudem auf internationale Kooperation hinarbeiten, da die Bereitschaft, für Natur- und Umweltschutz etwas zu tun, stark davon abhängt, ob andere Staaten dazu auch bereit sind.

LITERATUR

Brennan, A. 1984: The Moral Standing of Natural Objects. In: Environmental Ethics. Jg 6, Bd 1. S. 35-56.

Brennan, G., Lomasky, L. 1993: Democracy and Decision. The Pure Theory of Electoral Preference. Cambridge: Cambridge University Press.

Birnbacher, D. 1988: Verantwortung für zukünftige Generationen. Stuttgart: Reclam.

Goodpaster, K. E. 1983: On Being Morally Considerable. In: Scherer, D., Attig, Th. (Hg.): Ethics and the Environment. Englewood Cliffs (N.J.): Prentice-Hall. S. 30-40.

Jacobs, M. 1991: The Green Economy. London: Pluto Press.

Pearce, D., Turner, R. K. 1990: Economics of Natural Resources and the Environment. New York: Harvester Wheatsheaf.

Pearce, D. 1993: Economic Values and the Natural World. London: Earthscan Publications.

Perret, R. W. 1992: Valuing Lives. In: Bioethics. Jg 6, Bd 3. S. 185-200.

Raz, J. 1986: The Morality of Freedom. Oxford: Oxford University Press.

Rigendinger, M. 1994: Konfliktfeld Ökonomie - Ökologie. Umweltfachleute in Auseinandersetzung mit umweltökonomischen Positionen. Winterthur: Verlag Hans Schellenberg.

Sagoff, M. 1988: The Economy of the Earth. Cambridge: Cambridge University Press.

Schaber, P. 1994a: Menschliche Interessen oder Eigenwert der Natur. Eine befriedigende Alternative? In: Giel, K., Breuninger, R. (Hg.): Ökologie aus philosophischer Sicht. Ulm: Verlag Universität Ulm. S. 77-95.

Schaber, P. 1994b: Sind alle Werte vergleichbar? Kosten-Nutzen-Analyse und das Inkommensurabilitätsproblem. In: Analyse & Kritik. Jg 16, Bd 2. S. 153-165.

Taylor, P. 1981: The Ethics of Respect for Nature. In: Environmental Ethics. Jg 3, Bd 3. S. 197-218.

Taylor, P. 1986: Respect for Nature. Princeton: Princeton University Press.

Wolf, U. 1990: Das Tier in der Moral. Frankfurt a. M.: Klostermann Verlag.

Theologisch-ethische Bemerkungen zum ökonomischen Umgang mit der Natur

Daniel Schmid-Holz

Die aktuellen ökologischen Probleme, die uns in Zukunft wohl noch intensiver beschäftigen werden, werfen nicht nur naturwissenschaftliche und ökonomische Probleme auf, sondern auch ethische. Wir beobachten ein zunehmendes Umweltbewusstsein (vgl. den Beitrag von Diekmann, Franzen in diesem Band) und nehmen Willenserklärungen von Unternehmungen oder Privatpersonen zur Kenntnis, die ihre Handlungen ökologisch verantworten wollen.[1] *Die Werte, die den Umgang mit der Natur anleiten, sind in der Meinung vieler jedoch defizient, trügerisch oder gar falsch. Die ethische Frage nach dem Wert der Natur ist da von besonderem Interesse, wo die Natur in wirtschaftliche Entscheidungsfindungsprozesse einbezogen wird. In der Praxis wird oft eine expansive Anthropozentrik - die Vormachtstellung des Menschen vor der Natur - und damit verbunden ein von Unersättlichkeit geprägtes Nutzungsverhalten für die Umweltkrise verantwortlich gemacht. Mit welchen Grundlagen gelangen wir nun zu einem neuen, ethisch angemessenen Umgang mit der Natur? Diese Frage steht im Zentrum der folgenden Ausführungen.*

1. Einleitung

Die Frage nach dem ethisch angemessenen Umgang mit der Natur wird im vorliegenden Beitrag aus theologisch-ethischer Sicht beleuchtet.[2] Im Sinnzusammenhang des theologischen Weltbildes reden wir von Schöpfung. In der ökologischen Krise sind Hinweise auf den Geschenkcharakter des Lebens und auf das Wohlsein auf dieser Erde von Bedeutung (Ziff. 2.1.). Als Grundlage für einen ethisch angemessenen Umgang mit der Natur plädiere ich für einen gemässigten Anthropozentrismus, mit dem die Sonderstellung des Menschen in seiner ökologischen Nische anerkannt wird (Ziff. 2.2.). Wenn die Natur nun ein kostbares Gut ist, stellt sich die Frage, welche Ausgaben wir tatsächlich für eine intakte Natur zu bezahlen bereit sind. Die zur Beantwortung dieser Frage entwickelte Ko-

---

1 Zur Charakteristik von Umweltproblemen und ihrer Behandlung in der Wissenschaft vgl. in Kap. 3.7. den Beitrag von Defila und Di Giulio.

2 Die Frage nach dem ethisch angemessenen Umgang mit der Natur wird in diesem Band im Beitrag von Schaber aus philosophischer Sicht beleuchtet. Bei aller Differenz im methodischen Zugang zum Umweltproblem besteht Einigkeit in der Kritik einer rein ökonomischen Naturbewertung und im Plädoyer für eine demokratische Entscheidungsfindung.

sten-Nutzen-Analyse kann kein für umweltpolitische Fragen angemessenes Entscheidungsverfahren liefern (Ziff. 3.). Als Alternative wird auf demokratische Willensbildungs- und Entscheidungsprozesse verwiesen, in die ökologisches Wissen Eingang finden kann (Ziff. 4.). Die angewendete Methode theologischer Sozial- und Ökoethik basiert auf systematischen und hermeneutischen Methoden der Theologie (vgl. Beitrag von Gutscher et al. in Kap. 2.1., Ziff. 2.1.3.) und wird sachspezifisch durch die Soziologie, die Ökonomie und die Naturwissenschaften erweitert. Die theologisch-ethische Reflexion zielt auf Handlungsorientierungen, die praktisch umgesetzt werden können.

2. Theologische Grundlagen zum Verhältnis von Mensch und Natur

Was macht Natur ethisch wertvoll? Ist es ihre existentielle Bedeutung für das Leben des Menschen oder kommt ihr ein Eigenwert zu, über den nicht verfügt werden kann? Je nach Beantwortung dieser Frage wird unterschiedlich gehandelt. Ich möchte aufzeigen, dass mit der theologischen Wahrnehmung der Welt als Schöpfung eine vermittelnde Position zwischen der absoluten Vormachtstellung des Menschen und dem Eigenwert der Natur Sinn macht.

2.1. *Die Welt als Schöpfung*

Wenn wir von Schöpfung reden, stellen wir die Natur in den Sinnzusammenhang eines theologischen Weltbildes[3] und haben folgendes zu beachten:

- Natur wird nicht nur mit ihren Gegebenheiten und Notwendigkeiten beschrieben, sondern in Beziehung zum Schöpfergott.
- Der Ort der Menschen wird bestimmt als ein Stück Natur, animalisch wie Vögel und Unkraut. Zugleich stehen die Menschen der Natur jedoch gegenüber als Bild Gottes und als dessen verantwortliche Statthalter.
- Wir sprechen von der Fülle des Lebens, die in der Natur für alles Leben, das leben will bereit steht, aber auch vom Konkurrenzkampf, den wir um das tägliche Brot führen.

[3] Jäggi fragt in seinem Beitrag in diesem Band nach den zentralen weltanschaulichen Inhalten, die in eine globale transkulturelle Umweltethik integriert sein müssten, damit letztere akzeptiert wird. Das theologische Weltbild der Schöpfung beinhaltet zentrale Elemente der bei Jäggi typologisch dargestellten Gott-Mensch-Natur-Beziehungen.

- Die Wahrnehmung der Welt ist im Lichte des Messias Jesus ausgerichtet auf die Befreiung der Menschen, auf die Befriedung der Natur und auf die Erlösung der Gemeinschaft von Mensch und Natur vom Schicksal des vorschnellen Todes.

Die Schöpfung - die im Alten Testament sehr gut genannt wird - ist in der Natur nicht ohne weiteres zu erkennen. Die Motivation für solches Nachforschen liegt im Wunsch, die "ursprüngliche", "natürliche" oder "unberührte" Natur zu entdecken und darin die ökologische Norm zu finden. Doch die Natur ist weder primäre Quelle theologischer oder ökoethischer Aussagen, sie ist vielmehr der Ort, wo sich diese zu bewähren haben. Theologisch-ethische Aussagen werden ökologisch relevant, wenn sie die Natur und die ökologische Krise plausibel deuten und damit Sinn stiften. Wir tun dies mit den Begriffen Gut, Hoffnung und Theodizee.

Gut

Die Natur hat Geschenkcharakter für menschliches und aussermenschliches Leben. Menschliche Lebendigkeit kommt zustande durch die einseitige Übertragung von Gütern der Natur auf die Menschen, oder wie es der Zürcher Neutestamentler Hans Weder ausdrückt, durch Fremdversorgung (Weder 1992). Dies steht im Gegensatz zur Selbstversorgung durch aktives, vorsorgendes Handeln. Die expansive Selbstversorgung durch wirtschaftliches Handeln hat in die ökologische Krise geführt. Demgegenüber beinhaltet die Perspektive der "Lebendigkeit durch Fremdversorgung" die provokative Logik nachhaltigen Wirtschaftens: Nur soweit nutzen, als natürlicherweise nachwachsen kann!

In der abendländischen Kultur, Religion und Philosophie steht das menschliche Tun und Können im Zeichen der Freiheit. Werden die Lebensmöglichkeiten als Geschenk des versorgenden Gottes verstanden, so zeigen sich menschliche Aktivitäten als freie Entfaltung der erhaltenen Gaben zugunsten eines gelingenden Lebens. Eingriffe in die Natur sind erlaubt und zur längerfristigen Lebenssicherung geradezu geboten, wobei die Perspektive der elementaren Fremdversorgung durch Gott davor schützt, dass sich die eigenen Anstrengungen ins Gegenteil verkehren und zum Zwang oder gar zur Lebensbedrohung werden.

Hoffnung

Albert Schweitzer hat den Konflikt zwischen konkurrenzierenden Ansprüchen auf Leben beschrieben mit den Worten:

> *"Die elementare, uns in jedem Augenblick unseres Daseins zum Bewusstsein kommende Tatsache ist: Ich bin Leben, das leben will, inmitten von Leben, das le-*

ben will. Das Geheimnisvolle meines Willens zum Leben ist, dass ich mich genötigt fühle, mich gegen allen Willen zum Leben, der neben dem meinen im Dasein ist, teilnahmvoll zu verhalten. Das Wesen des Guten ist: Leben erhalten, Leben fördern, Leben auf seinen höchsten Weg bringen. Das Wesen des Bösen ist: Leben vernichten, Leben schädigen, Leben in seiner Entwicklung hemmen. Das Grundprinzip der Ethik ist also Ehrfurcht vor dem Leben" (Schweitzer 1963, 30).

Wenn sich das Gute durchsetzt, wird konfligierenden Lebensbedingungen ein Ende gesetzt. Die ganze Schöpfung steht in der Hoffnung auf gemeinsame Heimat und Wohnlichkeit. Der Prophet Jesaia beschreibt die neue Situation bildhaft mit der Gastfreundschaft zwischen Konkurrenten wie Wolf und Lamm (Jesaia 11,6). Gerade dieser Zustand von Heimat und Wohnlichkeit ist noch nicht geschichtliche Wirklichkeit geworden. Wir kennen jedoch unscheinbare Vorkommnisse, mit demselben Ursprung: "Taten der Liebe", "Eintreten für Gerechtigkeit gegenüber zukünftigen Generationen" oder "Leben im Einklang mit der Natur". Friedliche Koexistenz zwischen Mensch und Natur ist möglich ohne ganz auf die Nutzung der Natur verzichten zu müssen.

Theodizee

Mit dem Begriff der Theodizee[4] werden zwei nahe beieinanderliegende Grunderfahrungen bezeichnet. Zum einen die fehlende Erkenntnis Gottes, zum andern die Erfahrung des Bösen, die die Erkenntnis Gottes verhindert. Ich verwende den Begriff der Theodizee nun zur theologischen Deutung der ökologischen Krise: Die Erkenntnis der Natur als "gute Schöpfung Gottes" wird erschwert. Im ersten Buch Mose wird die Zusage Gottes dokumentiert, dass Saat und Ernte, Frost und Hitze, Sommer und Winter, Tag und Nacht nicht aufhören sollen, solange die Erde besteht (1. Mose 8,22). Hat sich Gott nach seiner Verheissung davongestohlen? Fragen wir nach der Gegenwart Gottes in der ökologischen Krise, so lassen wir uns gerne vom altorientalischen Weltbild leiten und suchen Gott dort, wo Ordnung herrscht, wo ein ökologisches Gleichgewicht und Stabilität anzutreffen sind. Neuere naturwissenschaftliche Erkenntnisse zeigen, dass die Vorstellung von Gleichgewichten nicht mehr zur Beschreibung von intakter Natur ausreicht. Übergänge werden als fliessend erkannt und was man jahrhundertelang als Ordnung und Norm bezeichnete, muss nach heutiger Erkenntnis als Ausnahme inmitten statistischer Unwahrscheinlichkeit bezeichnet werden (Ritschl 1984, 65ff.). Die Ordnung, auf deren Seite Gott steht, muss als unauffindbar bezeichnet werden. So bleibt die Möglichkeit, die Vorwegnahme der Wohnlichkeit des

4 Als Theodizeeproblem bezeichnet man die Schwierigkeit, Gott zu denken angesichts der Erfahrung des Bösen und der Unauffindbarkeit Gottes.

Reiches Gottes als sich immer wiederholende Ausnahme inmitten statistischer Unwahrscheinlichkeit zu bezeichnen, womit Gottes Präsenz auf einer unwegsamen Erde gedacht werden kann.

2.2. *Abschied von der Vormachtstellung des Menschen vor der Natur?*

Die Frage nach dem ethischen Status von Mensch und Natur gehört zu den Grundfragen der ökologischen Ethik.[5] Der Eigenwert von Menschen wird nicht bezweifelt, doch macht es auch Sinn, vom Eigenwert der aussermenschlichen Natur zu sprechen? Falls der ethische Status der Natur demjenigen des Menschen vergleichbar wäre, würden Orientierungen wie gegenseitiger Respekt oder Schutz der Schwachen, die für Menschen formuliert werden, auch im Umgang mit der aussermenschlichen Natur gelten. Darüber gehen die Meinungen auseinander. Anthropozentristen gestehen nur Menschen Eigenwert zu, Pathozentristen ziehen leidensfähige Lebewesen mit ein, Biozentristen alle Lebewesen und Physiozentristen vertreten den Eigenwert aller Dinge.

Gemäss dem Gerechtigkeitsgrundsatz, dass Verschiedenes entsprechend dem Grad der Verschiedenheit zu behandeln ist, suchen Anthropozentristen nach herausragenden ethisch relevanten Eigenschaften des Menschen gegenüber der Natur. Zu nennen sind die Gottebenbildlichkeit des Menschen, der Mensch als Mitschöpfer, der Herrschaftsauftrag an den Menschen, der Mensch als Krone der Schöpfung und Endzweck der Natur (Auer 1984). Biozentristen und Physiozentristen suchen demgegenüber nach ethisch relevanten Eigenschaften der aussermenschlichen Natur. Ihre theologischen Argumente verweisen auf die Bekanntheit mit den Tieren, Ehrfurcht vor dem Leben (Schweitzer 1963), die Einwohnung Gottes in der Schöpfung, den Sabbat als Krone der Schöpfung, sowie die Versöhnung und Verheissung der Erneuerung der gesamten Schöpfung (Moltmann 1987) und die gegenseitige Vernetzung in Beziehungen (Radford-Ruether 1993). Die Positionen sind kontrovers, doch werden nicht-anthropozentrische Argumente oft vorgebracht, um einen überzogenen Anthropozentrismus zu relativieren. Folgende Aspekte kennzeichnen einen gemässigten Anthropozentrismus, der in der Abgrenzung von der Tradition der Vormachtstellung des Menschen formuliert wird.

Der Mensch als Umwelttäter fragt: Ist das menschliche Leben wirklich demjenigen von Tieren, Pflanzen und Landschaften vergleichbar? und reagiert mit intuitivem Widerspruch: Ich bin doch nicht gleichviel wert

---

5 Im Beitrag von Schaber in diesem Band wird der Eigenwert von natürlichen Dingen philosophisch mit der Leidensfähigkeit begründet.

wie das Gras auf der Weide, das von der Kuh gefressen wird. Aus der Warte des modernen westlichen Lebens widerstrebt es uns, uns der aussermenschlichen Natur gleich zu denken und zu fühlen. Als "Umwelttäter" stehen wir unserer Umwelt nicht als Partner, sondern als massgebende Nutzniesser gegenüber. Erst mit dem Tode scheint eine Gleichheit mit andern biotischen Dingen gegeben zu sein.

Fehlende Reziprozität von Rechten und Pflichten: Voraussetzung jeder Ethik ist, dass die handelnden Subjekte die Freiheit haben, ethische Grundsätze zu befolgen und sittlich Handelnde zu sein. Ansonsten wird die Rede von Ethik sinnlos. Sowohl Rechte als auch Pflichten müssen von allen Mitgliedern der ethischen Gemeinschaft in Anspruch genommen oder ausgeführt werden können. Der Natur fehlt die Freiheit, so oder anders handeln zu können. Die Möglichkeit, ihr Rechte zuzusprechen ist zwar gegeben, doch bleibt offen, wer sie einfordern soll und was man sich unter einer Pflicht der aussermenschlichen Natur vorzustellen hat.

Nichtwissen: Die Rede von ethischer Gleichwertigkeit von Mensch und Natur bedingt, dass die ethischen Daten von Mensch und Natur bekannt sind. Erforschte und erstrittene Grundwerte, Interessen, Wünsche oder Ziele müssten auch für die aussermenschliche Natur hinreichend bekannt sein. Da sich die aussermenschliche Natur nicht dazu äussern kann und auch keine von ihr legitimierte Votanten erkennbar sind, können wir nicht mehr wissen, als der Grundsatz von Albert Schweitzer besagt: Wir leben inmitten von Leben, das leben will. Wertehierarchien bleiben spekulativ.

Die Relativität der Welt: Könnte es nicht sein, dass wir die Natur gar nicht ausbeuten müssten um unseres Lebens willen? Ist es nicht unsere anthropozentrische Perspektive, die uns das Denkmuster nahelegt, dass die grossen Fische die kleinen fressen, die grossen Bäume die kleinen erstikken und sich die Menschen darum auch von Natur aus feindlich gesinnt sein müssen. Vielleicht stimmt das alles gar nicht. Ein Indiz dafür findet sich in der Wahrnehmung der Natur als geschenkte Lebensressource. Der zu den Strukturen dieser Welt gehörende expansive Anthropozentrismus muss nicht die letztmögliche Sichtweise der Welt sein.

Die vermeintliche Totalität des Anthropozentrismus: Anthropozentrismus ist ein ethischer Begriff, der allein Menschen als sittliche Personen bezeichnet. Er besagt, dass nur Menschen sittlich handeln sowie Red und Antwort stehen können und deshalb eine Sonderstellung in der Natur einnehmen. Der totalitäre Anthropozentrismus versteht diese Sonderstellung des Menschen absolut. Er verkennt sowohl die naturschädigenden

Auswirkungen des nutzensteigernden Handelns, die sich wieder negativ auf die menschlichen Lebensbedingungen auswirken, als auch die existentielle Einbindung der Menschen in die sie umgebende Natur.

Die faktische Norm des Lebens in der Natur: Die Angewiesenheit des Menschen auf seine ökologische Aussenwelt beinhaltet eine faktische Norm, die nach Respekt und pfleglichem Umgang mit der Natur verlangt. Faktisch nehmen wir dies zur Kenntnis, wenn wir über Grenzwerte oder über die Stabilität von Ökosystemen diskutieren.

Aufgrund der angestellten Überlegungen plädiere ich für einen gemässigten Anthropozentrismus, mit dem die ethische Sonderstellung des Menschen in seiner ökologischen Nische anerkannt wird. Respekt, Ehrfurcht vor der aussermenschlichen Natur oder der Grundsatz der Nachhaltigkeit bilden dann sittliche Orientierungen für ökologisch handelnde Personen, mit denen Respektlosigkeit, Übernutzung oder der Zerstörung der Natur gewehrt werden kann. Menschliche Freiheit ist gegeben durch die faktische Angewiesenheit auf natürliche Ressourcen. Die wichtigsten Argumente dazu lauten:

- Erkenntnismässig sind wir in die anthropozentrische menschliche Nische verwiesen.
- Die menschliche Nische kann transzendiert werden im Blick auf die Fremdversorgung.
- Nur menschliches Verhalten kann sinnvoll als sittlich bezeichnet werden. Im Verhältnis zur Natur fehlt die Reziprozität von Rechten und Pflichten.
- Die ethischen Grunddaten der Natur, Grundwerte, Interessen, Wünsche oder Ziele sind nicht verfügbar.
- Die Angewiesenheit der Menschen auf Natur beinhaltet eine faktische Norm des Lebens, die nach Respekt und pfleglichem Umgang mit der Natur verlangt.

Ökologisches Handeln gestaltet sich damit als verantwortungsvolles Handeln gegenüber der Natur mit grossem Handlungsspielraum.

3. Grenzen der Anwendung der Kosten-Nutzen-Analyse auf die Natur und Ausblick auf Alternativen

Mit dem Instrumentarium der Kosten-Nutzen-Analyse werden umweltpolitische Entscheidungen gefällt, indem ökologische Kosten und Nutzen eines Projektes abgewogen werden. Da für öffentliche Güter kein Markt besteht, wird ihre Bewertung über Umfragen nach der Zahlungsbereitschaft für die Nutzung eines Stücks Natur vorgenommen. Folgende Gesichtspunkte sprechen dafür, nach alternativen Entscheidungsverfahren Ausschau zu halten.[6]

Schwierigkeiten bei der Erhebung der Zahlungsbereitschaft: Die Befragung gestaltet sich hier äusserst schwierig, da die ökologische Komplexität und die Vernetzung der ökologischen Räume sämtliche Erdbewohner zu Betroffenen macht, wenn in die Natur eingegriffen wird. Das Beispiel der Regenwald- und Ozonproblematik macht die Schwierigkeiten umfassender Befragungen deutlich.

Ungewissheit über zukünftige Präferenzen: Will man intergenerationelle Gerechtigkeit walten lassen, so ist die Zahlungsbereitschaft von zukünftigen Ansprechpartnern mitzuberücksichtigen, wodurch die Kosten eines Projektes steigen und der aktuelle Nutzen abnehmen wird. Die Ungewissheit über die Präferenzen zukünftiger Generationen verunmöglicht die Erhebung ihrer Zahlungsbereitschaft und damit eine Diskontierung heutigen Nutzens.

Uneinheitliche Präferenzen: Die unterschiedlichen Lebenslagen in Nord und Süd, Ost und West aber auch innerhalb der europäischen Länder sind mit besonderen Präferenzen verbunden. Die Frage, wie die lokalen Unterschiede der Präferenzen ausgewertet und gewichtet werden sollen ist nicht gelöst.

Unterschiedliche Kaufkraft: Die unterschiedliche Kaufkraft der einzelnen Wirtschaftssubjekte bedeutet, dass die Präferenzen der reicheren Personen in einer Kosten-Nutzen-Analyse stärker gewichtet werden als diejenigen der weniger bemittelten. Es ist zudem anzunehmen, dass die ärmeren Personen ihren kurzfristigen Zielen der Existenzsicherung eine grössere Priorität geben als der langfristig intakten Natur.

Das implizite Recht auf Naturzerstörung: Mit der Wahl der Bewertungsmethode "Zahlungsbereitschaftsanalyse" wird geradezu ein Recht auf Naturzerstörung postuliert. Der akzeptable Grad der Zerstörung wird zur Frage der finanziellen Tragbarkeit.

Das Substitutionsparadigma: Mit der Kosten-Nutzen-Analyse wird unterstellt, dass sich alles ersetzen und letztlich in Geldwerten substituieren lässt. Die entscheidenden natürlichen Ressourcen, Arten, Klima usw. sind jedoch gerade nicht substituierbar, weder durch andere Ressourcen noch

6 Ergänzende Aspekte der Kritik an der ökonomischen Bewertung der Natur mit der Kosten-Nutzen-Analyse finden sich in diesem Band im Beitrag von Schaber.

durch Geldwerte. Die Bewertung nicht wieder gut zu machender Schäden und Verluste stösst an die Grenze des ökonomisch Bewertbaren und ist äusserst schwierig vorzunehmen.

Anthropozentrismus: Die Kosten-Nutzen-Analyse ist streng anthropozentrisch ausgerichtet. Sowohl Kosten als auch Nutzen werden bestimmt, indem man die Zahlungsbereitschaft von Personen ermittelt. Die Bewertung der Natur obliegt ganz dem oft kurzfristig kalkulierten finanziellen Entscheid einzelner Individuen.

Die Grenzen der Kosten-Nutzen-Analyse zeigen sich darin, dass mit der Erhebung der Zahlungsbereitschaft ethisch relevante Entscheidungen getroffen werden über die Lebenslagen von heutigen und zukünftigen Generationen, ohne dass deren Präferenzen angemessen berücksichtigt werden.

4. Demokratische Entscheidungen aufgrund ökologischer Informationen

Als Alternative zur Kosten-Nutzen-Analyse verweise ich auf demokratische Entscheidungsverfahren,[7] die sich durch folgende Merkmale auszeichnen:

- *Ökoethische Informiertheit* der Entscheidungsträger auf der Basis eines gemässigten Anthropozentrismus (vgl. Tab. 1).
- *Globalisierung des Diskurses* über lokale Entscheidungen. Die Durchsetzbarkeit von ökologischen Massnahmen hat sich in einer Demokratie als schwierig erwiesen, wenn sie international nicht mitgetragen werden.[8]
- *Vernetzte Naturschutzzonen* zur Sicherung ökologischer Minimalstandards als ordnungspolitische Rahmenbedingung: Die "Ökologisierung" des ökonomischen Umgangs mit der Natur zeigt meiner Meinung nach keine durchschlagenden Erfolge, sodass ich für Schutzzonen plädiere, die dem wirtschaftlichen Zugriff entzogen sind.

---

7 Vgl. dazu ausführlicher Ziff. 4. im Beitrag von Schaber in diesem Band.

8 Jäggi vertritt in seinem Beitrag in diesem Band die Meinung, dass der internationale Diskurs über alltagspragmatische ökologische Forderungen an die Grenzen religiöser Weltbilder stösst. Diese Grenze kann überwunden werden, wenn der Diskurs von internationalen Organisationen wie Greenpeace geführt wird. Zudem besteht immer die Möglichkeit, ökologische Massnahmen mit unterschiedlichen Weltbildern zu vertreten.

		Zu erwartende Auswirkungen auf die natürlichen Belastungsträger								
Konflikt implizierende Faktoren menschlicher Aktivitäten	*Materielle Einwirkungen* →		◆	◆	◆	◆	◆	◆	◆	◊
	Stoffemissionen →		◆	◆	◆	◆	◆	◆	◆	◊
	Mechanische Einwirkungen →	◆	◆	◊	◆	◆	◆	◆	◆	◆
	Erdbewegungen →	◆	◆		◆	◆		◆	◆	◆
	Abholzungen →	◆	◆	◆	◆	◆	◆	◆	◆	◆
	Bauten →	◆	◆	◊	◆	◊		◆	◆	◆
	Energetische Einwirkungen →		◊		◊		◆	◊	◊	
	Lärm →						◆			
	Radioaktive Strahlung →		◆		◊	◆	◆	◆	◆	
	Elektrosmog →									
	Dynamische Einwirkungen →		◊		◊	◆	◆		◆	◆
	Verkehr →				◊	◆	◆		◆	◆
	Freizeitsport →		◊		◊	◊			◆	◊
	...	↓	↓	↓	↓	↓	↓	↓	↓	↓
Natürliche Belastungsträger		Relief	Boden-ressourcen	Grund-wasser	Ober-flächen-wasser	Klima	Luft	Pflanzen	Tiere	Visuelle Räume
		↓	↓	↓	↓	↓	↓	↓	↓	↓
		Zu erwartende Auswirkungen auf die Naturnutzung durch Menschen								
Menschliche Naturnutzung	Landwirtschaft ←	◆	◆	◆	◊	◆	◆	◊	◊	
	Forstwirtschaft ←	◊	◊	◊	◊	◆	◊	◆	◆	
	Wasserschutz ←	◊	◊	◆	◆	◆	◊	◆		
	Luftreinhaltung ←		◊			◆	◆	◆		
	Landschaftsbild ←	◆	◊		◊	◆		◆	◊	◆
	Wohnen ←	◊		◊	◊	◆	◆			◆
	Erholung und Wohlsein ←	◊			◊	◆	◆	◊		◆
	Ruhe ←	◊					◆		◊	
	Atmung ←					◆	◆	◊		
	Sicht ←	◆					◆	◊		◊
	Geschmack ←			◊	◊	◆	◆	◊		
	Kulturelle und rel. Symbole ←				◊			◊	◊	◊
	Geschichtliche Erinnerung ←	◊			◊			◊	◊	◊

Tabelle 1: *Wirkungsmatrix des menschlichen Handelns*

Mit der Wirkungsmatrix können die zu erwartenden Einwirkungen des menschlichen Handelns auf die Natur und deren Rückwirkungen auf die Menschen dargestellt werden (→) (vgl. Usher, Erz 1994).

Die implizierten Konfliktpotentiale der menschlichen Aktivitäten mit den natürlichen Belastungsträgern und der menschlichen Nutzung entsprechen den zu erwartenden Auswirkungen auf Natur und Menschen (◊ zu erwartende Auswirkungen, ◆ zu erwartende erhebliche Auswirkungen). Die Position des gemässigten Anthropozentrismus heisst nun: Bei Entscheidungen über die Nutzung der Natur werden die Auswirkungen auf die natürlichen Belastungsträger mit Respekt und Ehrfurcht vor der aussermenschlichen Natur in die Entscheidung miteinbezogen.

5. Zusammenfassung und Schlussfolgerungen

Ökologische Probleme werfen nicht nur naturwissenschaftliche und ökonomische Probleme auf, sondern auch ethische. Die Werte, die den Umgang mit der Natur anleiten, sind in der Meinung vieler defizient, trügerisch oder gar falsch. Die ethische Frage nach dem Wert der Natur ist von besonderem Interesse, wo die Natur in wirtschaftliche Entscheidungsfindungsprozesse einbezogen wird. Die Frage ist brisant, da gern eine expansive Anthropozentrik - die Vormachtstellung des Menschen vor der Natur und damit verbunden ein von Unersättlichkeit geprägtes Nutzungsverhalten - für die Umweltkrise verantwortlich gemacht wird. Der Beitrag beinhaltet theologische Grundlagen für einen neuen, ethisch angemessenen Umgang mit der Natur. Im Sinnzusammenhang des theologischen Weltbildes reden wir von Schöpfung. In der ökologischen Krise sind Hinweise auf den Geschenkcharakter des Lebens, auf das Wohlsein auf dieser Erde und das Eingeständnis von Zweifeln an der Anwesenheit Gottes von Bedeutung. Sodann plädiere ich für einen gemässigten Anthropozentrismus, mit dem die Sonderstellung des Menschen in seiner ökologischen Nische anerkannt wird. Wenn die Natur nun als ein kostbares Gut betrachtet wird, stellt sich die Frage, welche Ausgaben wir tatsächlich für eine intakte Natur zu bezahlen bereit sind. Die zur Beantwortung dieser Frage entwickelte Kosten-Nutzen-Analyse kann - in ihrer anthropozentristischen Konzeption - kein für umweltpolitische Fragen angemessenes Entscheidungsverfahren liefern. Wir sind auf demokratische Willensbildungs- und Entscheidungsprozesse angewiesen, in die ökologisches Wissen Eingang finden kann.

Literatur

Auer, A. 1984: Umweltethik. Ein theologischer Beitrag zur ökologischen Diskussion. Düsseldorf: Patmos.

Hampicke, U. 1992: Ökologische Ökonomie. Darmstadt: Westdeutscher Verlag.

Moltmann, J. 1987: Gott in der Schöpfung. Ökologische Schöpfungslehre. München: Kaiser. (3. Aufl.).

Radford-Ruether, R. 1993: Gaia & God. An Ecofeminist Theology of Earth Healing. London: SCM.

Ritschl, D. 1984: Zur Logik der Theologie. München: Kaiser.

Schweitzer, A. 1963: Die Lehre der Ehrfurcht vor dem Leben. Berlin: Union-Verlag. (3. Aufl.).

Usher, M. B., Erz, W. (Hg.) 1994: Erfassen und Bewerten im Naturschutz. Heidelberg: UTB.

Weder, H. 1992: Möglichkeiten des Mangels. Neutestamentliche Zugänge zu einem ökonomischen Grundproblem. In: Ruh, H. (Hg.): Theologie und Ökonomie. Symposium zum 100. Geburtstag von Emil Brunner. Zürich: Theologischer Verlag. S. 55-79.

Weise, P. 1993: Kosten. In: Enderle, G., Homann, K., Honecker, M., Kerber, W., Steinmann, H. (Hg.): Lexikon der Wirtschaftsethik. Freiburg: Herder. S. 577-584.

3.6.

Kommunikation über Natur und Umwelt

Interreligiöse Umweltethik

Christian J. Jäggi

Umweltverantwortliches Handeln wird nicht zuletzt von den Werten und Normen bestimmt, welche Grundlage und Ausdruck von Weltanschauungen sind, denen die Akteure anhängen. Dazu gehören auch religiöse Grundhaltungen, deren Wirksamkeit in der westlich-säkularen Welt oft unterschätzt werden. Das zeigt sich in Stellungsnahmen und gesellschaftspolitischen Entscheiden von religiösen Führern, die immer wieder internationale Vereinbarungen und Beschlüsse - gerade auch zu umweltrelevanten Themen - verhindert oder zumindest verzögert haben. Deshalb stellt sich bei der Realisierung von länderüberschreitendem umweltverantwortlichem Handeln die Notwendigkeit, Strategien und Methoden zu entwickeln, um umweltverantwortliches Handeln in verschiedenen religiösen, weltanschaulichen und kulturellen Umgebungen durchzusetzen. Ein wichtiges Werkzeug dazu ist die Entwicklung von interreligiösen, also weltanschauungsüberschreitenden Umweltethiken. Das Projekt "Interreligiöse Umweltethik" hat versucht, dazu einen Beitrag zu leisten, indem es zwei mögliche Strategien untersuchte, nämlich kontextuelle und universalistische Umweltethiken.

1. Unterschiedlicher Gott-Mensch-Natur-Bezug in den Religionen

Der *religiöse* Diskurs in der gesellschaftlichen Kommunikation trägt wesentlich dazu bei, einen *weltanschaulichen Wertekonsens* zu schaffen. Dieser bezieht sich auf verschiedene Lebensbereiche, so unter anderem auf die Wahrnehmung und die Haltung gegenüber Natur und Umwelt. Wenn es zutrifft, dass Religion oder ein weltanschaulicher Wertekonsens nicht nur eine Möglichkeitsbedingung, sondern auch eine Begrenzung kooperativen Handelns ist,[1] dann ist anzunehmen, dass je umfassender und differenzierter der religiöse oder weltanschauliche Wertkonsens einer Gesellschaft oder einer Gruppe ist, desto flexibler und schneller die Gesellschaft oder die Gruppe auf Umweltprobleme reagieren kann.

Deshalb ist davon auszugehen, dass eine weltanschauungsübergreifende, interreligiöse Umweltethik die Durchsetzung von Umweltanliegen erleichtert.

---

1 Denn jede Religion erschliesst zwar eine bestimmte Weltanschauung, aber sie schliesst dadurch auch andere mögliche Naturbezüge des Menschen aus.

Das Projekt "Interreligiöse Umweltethik" befasste sich mit der Frage, wie eine interreligiös abgestützte Umweltethik aussehen müsste und welche zentralen weltanschaulichen Inhalte darin integriert sein müssten, um von Gläubigen aller transkulturellen Religionen mitgetragen zu werden. Dabei stellte sich heraus, dass eine interreligiöse Umweltethik Elemente aus fünf Typen von Gott-Mensch-Natur-Bezügen enthalten muss: Nämlich

- des Gottesgehorsamkeitsmodells - zum Beispiel im Judentum, im Christentum und im Islam -,
- des Alleinheitsmodells - z.B. im Hinduismus und im Buddhismus - und
- des Lebensgemeinschaftsmodells - in vielen Stammesreligionen oder im New Age-Denken.

Dazu kommen

- ein Harmoniemodell - z.B. in ostasiatischen Religionen - und
- das individualistisch-säkulare Denkmodell.

Diese fünf Grundmodelle des Gott-Mensch-Natur-Bezugs entsprechen fünf grundlegenden, zentralen Wertvorstellungen:[2]

Das *individualistisch-säkulare Modell* stellt *die Autonomie oder Selbstbestimmung des Menschen* in den Mittelpunkt. Das *Harmoniemodell* unterstreicht die zentrale Bedeutung *des Sich-Einfügens in eine harmonische Weltordnung.* Das *Lebensgemeinschaftsmodell* betont die *Integrität und Unverletzbarkeit der Lebensgemeinschaft.* Das *Alleinheitsmodell* sieht die *Verbundenheit des Menschen mit der Natur* im Zentrum. Und schliesslich unterordnet sich das *Gottesgehorsamkeitsmodell* dem *Respekt vor dem Gesetz oder dem Willen "Gottes"*.

2. Religionen als Vermittler und Durchsetzungsinstanzen von Werten und Normen

Im religiösen Umfeld besteht oft eine Konstellation, in welcher tradierte, althergebrachte Glaubensinhalte in einer sich verändernden gesellschaftlichen Umwelt durchgesetzt oder bewahrt werden müssen (z.B. physikalische Weltbilder der christlichen Tradition gegenüber dem modernen physikalischen Weltbild; römisch-katholische Vorstellungen in bezug auf

---

2 Diese Grundmodelle - vor allem das Lebensgemeinschaftsmodell, das Alleinheitsmodell und das Gottesgehorsamkeitsmodell - wurden von uns bereits mehrfach ausführlich dargestellt (vgl. Krieger 1993; 1994; 1995a; 1995b; Jäggi 1993; 1994 sowie Brechbühl et al. 1995).

das Sexualverhalten und aktuelle Tendenzen im Sexualbereich; Alkoholverbot im Islam in einer libertären Gesellschaft usw.). Die Religionen haben unter anderem darum eine ganze Reihe von Strategien und Methoden entwickelt, um Normen und Verhaltensweisen auch dann durchzusetzen, wenn sie dem Zeitgeist nicht oder nur wenig entsprechen. Diese Methoden reichen von subtiler Propaganda über sozialen Druck und soziale Kontrolle, die Einbindung der Gläubigen in religiöse Institutionen bis hin zu polizeilicher und gerichtlicher Repression oder gar offener Gewalt.

Wie bereits das grosse Alter vieler religiöser Institutionen zeigt, gehören religiöse Gemeinschaften und Institutionen zu den erfolgreichsten langfristigen Vermittlern von Werten, Normen und Verhaltensweisen. Deshalb liegt der Schluss nahe, dass religiöse Bewegungen und Institutionen über besonders entwickelte Strategien zur Durchsetzung von religiösen Inhalten, Werten und Normen verfügen.[3] Darum ist nicht nur zu fragen, welche *Meta-Ethik* zum Zuge kommt,[4] welche *Werte* religiösen Weltanschauungen zugrundeliegen,[5] sondern auch *wie diese Werte in den einzelnen religiösen Weltanschauungen konkretisiert, interpretiert und auch kanonisiert*[6] *werden.*

Ein entscheidender Unterschied gegenüber vielen Bemühungen, das Umweltverhalten zu beeinflussen, liegt darin, dass Religionen mehr oder weniger kohärente Weltbilder darstellen bzw. transportieren.[7] Wie die Geschichte zeigt, wurden (und werden) diese Weltbilder immer wieder auch visualisiert.[8]

---

3 Allerdings scheinen diese Methoden in der heutigen pluralistischen Weltsituation zunehmend problematisch zu werden, was sich einerseits in einem Einflussverlust von Religionen in der Gesellschaft, andererseits in fundamentalistischen Bestrebungen einzelner religiöser Exponenten zeigt, bestimmte Normen und Verhaltensweisen gewaltsam durchzusetzen.

4 Vgl. zu dieser Frage die Beiträge von Schaber und von Schmid-Holz am Beispiel der Kosten-Nutzen-Analyse in diesem Band.

5 Vgl. dazu einerseits den Beitrag von Lesch (Kap. 3.5.) in diesem Band, andererseits aber auch die in der Fn. 2 aufgeführte Literatur.

6 D.h. ein für alle Mal als "richtig" und als zentraler Glaubensinhalt festgelegt.

7 Allerdings ist dabei zu beachten, dass einzelne Religionen und religiöse Weltanschauungen vielfach verschiedene, sich konkurrierende und sogar antagonistische Weltbilder transportieren.

8 Vgl. dazu - wenn auch nicht spezifisch zu religiösen Weltbildern - den Beitrag von Thomas in diesem Band.

3. Internationale Konferenzen als Arena religiöser Opinion Leader

Wie am Beispiel internationaler Konferenzen zu Umweltthemen und umweltrelevanten Fragestellungen zu sehen ist, spielen Religionen und religiöse Weltanschauungen in bezug auf die Durchsetzung umweltethischer Normen und umweltorientierter Verhaltensweisen eine ambivalente Rolle.

Dies zeigte sich etwa an der Internationalen Bevölkerungskonferenz, ICPD, in Kairo 1994.

Die meisten Statements religiöser Exponenten machten sichtbar, dass praktisch alle Religionen umweltspezifische Anliegen (z.B. das Problem der Bevölkerungsexplosion) nicht losgelöst für sich, also konzentriert auf die einzelnen Sach-Forderungen angehen, sondern grosses Gewicht darauf legen, jede einzelne Forderung (z.B. Verhütung, Abtreibung usw.) im grösseren Rahmen ihres jeweiligen religiösen und ethischen Weltbildes anzugehen. Religiöse Grundvorstellungen und Sichtweisen bilden also bei allen konkreten - und damit auch bei umweltrelevanten - Fragen gleichsam die Orientierungsgrundlage.[9]

Damit haben einzelne, isolierte alltagspragmatische Forderungen, wie sie zum Teil im ICPD-Dokument aufgeführt sind, wenig Chancen, die Zustimmung der religiösen Autoritäten und Opinion Leader zu finden. Dies vor allem dann, wenn sie zentralen Werten und Normen der betreffenden Religion widersprechen.

Umfassendere religiöse und weltanschauliche Konzepte - wie z.B. die von Gott geoffenbarte Ordnung, Verantwortung Gott gegenüber, exemplarische Aussagen der heiligen Schriften - stehen im Zentrum. Umgekehrt besteht in vielen grundlegenden und allgemeinen Postulaten (z.B. paradigmatische Rolle der heterosexuellen Familie in bezug auf körperliche Sexualität, Erzeugung von Kindern, Erziehung von Kindern usw.) weitgehende Übereinstimmung, wobei auf dieser allgemeinen, abstrakten - und oft auch unverbindlichen - Ebene zum Teil sogar Forderungen geteilt werden - wie zum Beispiel Gleichberechtigung der Frauen in bezug auf die Entscheidung ob und wieviele Kinder gezeugt werden -, die der patriarchalischen Familienstruktur der jeweiligen religiösen Weltanschauung widersprechen.[10] Mit anderen Worten: umweltspezifische For-

9 Vgl. dazu auch den Beitrag von Gutscher et al. in diesem Band.

10 Z.B. Rolle des Mannes in der islamischen Familie, Vorstellungen über die Familie bei den Baptisten und Katholiken.

derungen müssen einerseits konkret genug sein, um Alltagsrelevanz zu bekommen und sich nicht in unverbindlichen und wohlmeinenden Formeln zu erschöpfen, andererseits müssen solche Forderungen in den verschiedenen religiösen Kontexten an jeweils unterschiedliche zentrale Konzepte angebunden werden, sofern sie allgemeine Akzeptanz finden sollen.

Dazu kommt, dass die religiösen Autoritäten und Opinion Leader je nach Land, Kultur und Ausmass der Säkularisierung mehr oder weniger wichtig in der Meinungsbildung sind. In einem säkularen Land, in welchem die Religionen vor allem privaten Charakter haben, muss anders - möglicherweise näher an wissenschaftlich-rationalen Fakten - argumentiert werden als in Ländern, die stark von einer oder mehreren Religionen geprägt sind. Von Bedeutung ist zweifellos auch, gruppenspezifische kulturelle und religiöse Besonderheiten einzubeziehen, andernfalls kann die Akzeptanz für umweltspezifische Forderungen stark sinken. Umweltkampagnen sollten also regional und gruppenspezifisch ausgerichtet werden, wobei die jeweilige Argumentation äusserst unterschiedlich sein kann.

Erstaunlich ist die verbreitete vernetzte Sichtweise einzelner, konkreter Probleme. So stellen viele religiöse Sprecherinnen und Sprecher - unabhängig von der "Orthodoxie" ihrer jeweiligen religionsinternen Position - in ihrer Stellungsnahme zum Aktionsprogramm der ICPD komplexe, ökologische Zusammenhänge ins Zentrum.[11]

Was bedeutet dies nun aber für eine interreligiöse Umweltethik?

Konkrete, verständliche Forderungen etwa im Bereich der Umweltzerstörung, des Artenschutzes, der Vermeidung von Risiken usw. sind verhältnismässig unumstritten. Problematisch wird es aber dann, wenn Tabubereiche berührt werden, wie z.B. die Geschlechterrolle, die Sexualität usw. Oder aber, wenn zentrale Wertvorstellungen oder Normen der betreffenden Religion angesprochen sind. Das bedeutet, dass im allgemeinen weniger das konkrete Anliegen oder die konkrete Forderung das Problem sind, sondern ihr Bezug zur jeweiligen gängigen religiösen Tradition. Deshalb muss vor allem eine breite und systematische religionsspezifische Erklärungs- und Begründungsarbeit geleistet werden.

---

11 So verknüpfen etwa die Muslim-Brüder, aber auch die Evangelische Kirche die Bevölkerungszunahme im Süden mit dem Überkonsum im Norden und darausfolgend der Armut im Süden.

Vor einer zu vordergründigen, einseitig alltagspragmatischen Argumentationsweise - z.B. die Begründung der Einführung einer bestimmten Getreideart mit rein wirtschaftlichen Gründen - ist eher abzuraten, weil rein wirtschaftliche oder praktische Gründe gerade im religiösen Umfeld kaum als ausreichend für eine auch weltanschaulich-religiös abgestützte Nachhaltigkeit empfunden werden.

In bezug auf Fragen des Bevölkerungswachstums und der Bevölkerungsplanung scheint es kaum eine Chance zu geben, zu einem allgemeineren Konsens der grösseren Religionen zu gelangen: So stellt etwa ein Teil der muslimischen Denker grundsätzlich in Frage, ob eine Einschränkung des Bevölkerungswachstums wünschenswert sei und nicht der göttlichen Offenbarung widerspreche. Im Hinduismus ist die Erzeugung von Kindern von öffentlichem Interesse, in einzelnen westlich-säkularen Staaten gilt die Entscheidungsfreiheit über die Zahl der Kinder als ausschliesslich private Angelegenheit.

4. Formen interreligiöser Umweltethik

Allgemein scheinen transreligiöse Konsensfindungen um ökologische Minimalforderungen vor allem dann erfolgversprechend, wenn es gelingt, auf der Ebene ethischer Grundwerte und -normen einen gemeinsamen Boden zu finden. Das kann über zentrale Brückenbegriffe geschehen, die in mehr als einem religiösen Umfeld von Bedeutung sind - z.B. Verantwortlichkeit gegenüber Gott - oder über punktuell gemeinsames Handeln, etwa im Bereich des Naturschutzes.

Umweltpolitiker, Umweltaktivisten und Nicht-Regierungs-Organisationen (NGOs) wären besser beraten, mehr Gewicht auf diese Ebene zu legen, um dann bei den konkreten Forderungen verschiedene - alternativ einsetzbare - Möglichkeiten zur Durchsetzung dieser allgemeinen Normen und Ziele vorzuschlagen. Vor allzu technischen Lösungsvorschlägen - vor allem wenn diese allgemeinverbindlich und ausschliesslich formuliert werden - ist eher zu warnen.

Äusserungen von Exponentinnen und Exponenten der Grünen Deutschlands, aber auch mehrere explorative Interviews mit engagierten und überzeugten Umweltaktivistinnen und -aktivisten in der Innerschweiz lassen vermuten, dass die meisten von ihnen einer - aber nicht notwendig der gleichen - mehr oder weniger kohärenten ökologischen Weltanschauung angehören. Ja, es scheint, dass Umweltengagement und nachhaltiges Verhalten im Alltag häufig mit einer Art ökologisch-spiritueller Weltanschauung gekoppelt sind, obwohl die Betreffenden selbst sich nicht selten ausdrücklich als a-religiös verstehen, zumindest als nicht religiös gebunden im traditionellen Sinn.

Damit kristallisieren sich zwei komplementäre Hauptstrategien für die Durchsetzung interkultureller und transreligiöser Umweltforderungen heraus, nämlich *kontextuelle* und *universalistische* Strategien:

- *Entweder* wird versucht, um ganz konkrete, praxisnahe Forderungen hinsichtlich des Alltagsverhaltens eine Art religions- und kulturübergreifenden Minimalkonsens zu erreichen. Dabei ist darauf zu achten, dass die zur Diskussion stehenden Forderungen kontextuell verortet werden, d.h. nicht mit zentralen Werten und Normen der betreffenden Religion oder Kultur im Widerspruch stehen. Um dies zu vermeiden, sind auf der konkreten, handlungspragmatischen Ebene möglichst mehrere austauschbare Verhaltensweisen anzubieten (z.B. in Bezug auf die Familienplanung verschiedene Methoden der Empfängnisverhütung). Bei der Begründung sollten die vorgeschlagenen Verhaltensweisen direkt an zentrale Werte und Normen - und wenn möglich unter aktivem Einbezug religiöser oder kultureller Opinion Leader - angebunden bzw. damit begründet werden. Vor allzu säkularen Argumentationsweisen in stark religiös oder traditionell geprägten Gesellschaften ist abzusehen. Diese *Minimal-Konsens-Strategie* hat den Nachteil, dass ihr Erfolg nur punktuell ist und ausserdem die Forderungen öfter geändert werden müssen, etwa wenn andere theologische, kulturelle oder politische Opinion Leader auftreten, wodurch die langfristige Durchsetzung neuer Verhaltensweisen gefährdet ist.
- *Oder* die Durchsetzung neuer Verhaltensweisen wird mit einem relativ umfassenden ökologischen Weltbild verknüpft, das neue - und teilweise von traditionellen Auffassungen abweichende - Grundantworten auf existentielle Fragen gibt. Wenn es gelingt, eine solche universalistische Grundhaltung zu ökologischen Fragen durchzusetzen - ähnlich wie heute zum Beispiel die Menschenrechte fast überall auf der ganzen Welt zumindest vom Anspruch her akzeptiert und vertreten werden -, dann wird die Verwirklichung umweltschonender und nachhaltiger Verhaltensweisen entscheidend erleichtert werden - und zwar unabhängig vom kulturellen oder religiösen Hintergrund. Dem Vorteil wirksamerer und längerfristiger Durchsetzung von umweltschonenden Verhaltensweisen einer solchen *kohärenten ökologisch-spirituellen Weltanschauung* stehen zwei mögliche Nachteile gegenüber: Einerseits wird nur eine (mehr oder weniger grosse) Minderheit eine solche ökologisch-spirituelle Weltanschauung expressis verbis übernehmen. Doch zeigt etwa die Geschichte der Menschenrechte oder der Demokratie, dass selbst in diesem Fall die entscheidenden Postulate

einer universalistischen Weltanschauung zum Allgemeingut der breiten Bevölkerung werden. Andererseits könnte es sein, dass einzelne traditionelle Religionen eine solche ökologisch-spirituelle Weltanschauung als Konkurrenz empfinden und ihr möglicherweise entgegenarbeiten könnten. Doch wie die Geschichte ebenfalls zeigt, haben selbst sehr traditionsbewusste Religionen immer wieder Impulse aus neuen universalistischen Weltanschauungen aufgenommen und fruchtbar gemacht.

Beide - kontextuelle und universalistische - Strategien sind komplementär und sollten auf ergänzende Art zur Anwendung kommen.

5. Zusammenfassung und Schlussfolgerungen

Es gibt grundsätzlich zwei mögliche Strategien, um tragende Werte und Normen für umweltverantwortliches Handeln über die spezifischen - und begrenzten - religiösen und weltanschaulichen Standpunkte hinaus durchzusetzen: Kontextuelle Strategien, welche die spezifischen - und unterschiedlichen - religiösen Werte und Normen ins Zentrum stellen, und universalistische Strategien, welche von mehr oder weniger kohärenten ökologisch-spirituellen Weltanschauungen als religions-übergreifenden Weltanschauungen ausgehen. Beide Strategien haben ihre Vor- und Nachteile. Kontextuelle Strategien sind in der Regel eher punktuell und langfristig weniger erfolgreich. Demgegenüber werden sich universalistische ökologische Weltanschauungen eher längerfristig durchsetzen lassen, aber nur bei einer beschränkten Anzahl von Personen.

Beide - also kontextuelle und universalistische - Strategien können - und sollten! - empirisch überprüft werden, und zwar sowohl in ihrer kurzfristigen als auch in ihrer langfristigen Wirksamkeit.

LITERATUR

Brechbühl, U., Krieger, D., Lesch, W., Rey, L., Thomas, C. 1995: Ökologie und Kulturwandel: Wort, Bild, Wert und Glaube als Vermittler zwischen Individuen und Gesellschaft. In: Fuhrer, U. (Hg.): Ökologisches Handeln als sozialer Prozess. Basel, Boston, Berlin: Birkhäuser. S. 113-132.

Jäggi, Ch. J. 1993: Der Bezug des Menschen zur Natur in Islam und Baha'itum. Arbeitspapiere zur interreligiösen Umweltethik 2. Meggen: Institut für Kommunikationsforschung/inter-edition.

Jäggi, Ch. J. 1994: Der Bezug des Menschen zur Natur in der New Age-Bewegung und in afrikanischen und indianischen Stammesreligionen. Arbeitspapiere zur interreligiösen Umweltethik 4. Meggen: Institut für Kommunikationsforschung/inter-edition.

Krieger, D. J. 1993: Methodologie. Arbeitspapiere zur interreligiösen Umweltethik 1. Meggen: Institut für Kommunikationsforschung/inter-edition.

Krieger, D. J. 1994: All-Einheit. Der Bezug des Menschen zur Natur im Hinduismus. Arbeitspapiere zur interreligiösen Umweltethik 3. Meggen: Institut für Kommunikationsforschung/inter-edition.

Krieger, D. J. 1995a: Ideen zu einer interreligiösen Umweltethik. In: Lähnemann, J. (Hg.): "Das Projekt Weltethos" in der Erziehung. Pädagogische Beiträge zur Kulturbegegnung. Bd 14. Hamburg: EB-Verlag. S. 138-144.

Krieger, D. J. 1995b: Mensch und Natur in den Religionen. In: HEKS (Hg.): Nachrichtenblatt des Hilfswerks der Evangelischen Kirchen der Schweiz. Januar/Februar 1995. S. 1-2.

Übergeordnete Naturvorstellungen in ihrer sprachlichen Vermittlung

Ursula Brechbühl, Lucienne Rey

Die allerwenigsten ökologischen Belastungen entstehen, weil Einzelpersonen oder Gruppen die Umwelt mit Bedacht schädigen wollen; vielmehr handelt es sich in den meisten Fällen um unbeabsichtigte Handlungsnebenfolgen, die in vielschichtige Lebenszusammenhänge eingebettet sind und sich kaum mittels sozialtechnischer Regulierung "direkt" lösen lassen - es sei denn um den Preis des ökodiktatorischen Zwangs: Wir sehen uns nämlich vor die Schwierigkeit gestellt, dass die Dringlichkeit der Umweltgefährdung und allfällige Lösungsansätze in der Öffentlichkeit höchst kontrovers eingeschätzt werden; selbst im kleinen, nationalen Rahmen laufen konkrete Massnahmen zur Verminderung der Umweltbelastung Gefahr, bis zur Wirkungslosigkeit verwässert oder verzögert zu werden.

Unser Beitrag ist als Absage an den (aus unserer Sicht anmassenden) Anspruch anzusehen, irgendwelche Anleitungen und Rezepte auszuarbeiten, die umweltverantwortliches Handeln gezielt herbeiführen sollen. Vielmehr möchten wir uns zunächst mit einer blossen Beschreibung der argumentativ-sprachlichen Zusammenhänge bescheiden, in welche die ökologische Problematik gestellt wird; wir erhoffen uns, damit Hinweise auf grundlegende Wertvorstellungen und -hierarchien zu erhalten, die es uns zumindest erlauben werden, die Meinungsverschiedenheiten in diesem höchst umstrittenen Thema zu ***begreifen*** *- ohne damit allerdings die Konflikte bereits entschärfen zu können.*

1. Ziel und Leitfragen der Untersuchung

Ausgangspunkt nimmt unsere Arbeit beim Cliché[1], das in Fragen des Schweizer Umweltschutzes den "Schwarzen Peter" phrasenhaft zuweist: Die Romands nähmen die ökologische Belastung auf die leichte Schulter, heisst es, und weigerten sich, den engagierten Aufrufen der Deutschschweizer nach mehr Umweltschutz zu folgen. Aus Sicht der Romandie wird eine "grüne Insel" tatsächlich abgelehnt: "le Suisse alémanique est prêt à se plier à des règlements sévères pour le bien du pays, le Suisse romand est rétif aux diktats écolos" (L'Hebdo 1993, 12). Dieses Cliché

1 Unter einem 'Cliché' verstehen wir ein soziales Stereotyp, das zwar einen realen, d.h. empirisch begründeten Hintergrund haben mag, dabei aber ein so vereinfachtes und undifferenziertes Bild entwirft, dass es dazu beitragen kann, eine unerwünschte Situation oder einen Konflikt zu verschärfen, statt zu erklären.

einer "umweltbewussten" Deutsch- und einer diesbezüglich nachlässigen lateinischen Schweiz wird in umweltrelevanten Abstimmungen und bei Umfragen regelmässig bestätigt; die im Rahmen des SPP Umwelt durchgeführten Studien (insbesondere Diekmann, Franzen in diesem Band; Bütschi et al. in diesem Band) bilden hier keine Ausnahmen.

Letztlich werden diese offensichtlichen Unterschiede meist mit "Mentalitätsunterschied" oder "kultureller Differenz" begründet, womit das Thema in einen Bereich verwiesen wird, der keine exakte wissenschaftliche Auseinandersetzung zulässt. Studien, die weiterführende Erklärungen liefern, fehlen indessen weitgehend. Die Auseinandersetzung mit der Entwicklung der Naturbetrachtung und der Entfaltung des modernen Umweltdiskurses scheint uns eine Möglichkeit zu sein, diese Kenntnislücke zu füllen: Sie kann nämlich zumindest klären, ob es sich beim "Röstigraben" in der Umweltfrage um eine historische Konstante handelt, die sich in den jeweiligen Sprach- und Kulturräumen auch für frühere Zeiten nachweisen lässt, oder ob die Differenzen zwischen deutscher und lateinischer Schweiz als neueres politisches Phänomen zu werten sind, denen mit entsprechenden politischen Massnahmen beizukommen wäre.

Wenn wir in unserer Studie die Meinungs- und Bewertungsunterschiede der verschiedenen Schweizer Sprachgemeinschaften ins Zentrum rücken, dann verstehen wir Sprache nicht als blosses Medium der Informationsübertragung; sie ist zugleich Vermittlungsinstrument kulturell tradierter Werte und System, das beim einzelnen Sprecher bestimmte Kategorien und Denkweisen unterstützt. Die Untersuchung dieses im sprachlichen Ausdruck auffindbaren "Imaginariums", die Analyse des Wandels und der Vergleich mit den anderen Sprachen soll zur Entschlüsselung der kulturellen Unterschiede beitragen. 'Kultur' setzen wir dabei (übereinstimmend mit dem Projektteam Kulturwandel: Jäggi, Krieger, Lesch und Thomas) mit Kommunikationsgemeinschaft gleich. Dabei verstehen wir Kommunikation im engeren, sprachwissenschaftlichen Sinn als Übermittlung von Information durch sprachliche Zeichen/Symbole resp. als zwischenmenschliche Verständigung dank sprachlicher Mittel. Neben der Sprache haben auch andere Symbolsysteme (bspw. solche visueller oder musikalischer Art) als Kommunikation zu gelten, sofern sie intersubjektiv entschlüsselt und übereinstimmend interpretiert werden können.

Wie Fuhrer und Wölfing in ihrem psychologisch orientierten Projekt (in diesem Band) gehen auch wir davon aus, dass die zentralen Wissens- und Wertebestände über die Natur kommunikativ erworben und weitergegeben werden. Im Unterschied zum erwähnten Projekt beschränken wir uns allerdings nicht auf die "unsichtbaren" Umweltrisiken (im Sinne

Becks 1986), bei denen die Bedeutung der Wissensvermittlung (etwa von der Wissenschaft an die Öffentlichkeit) auf der Hand liegt. Vielmehr denken wir, dass auch für die "sichtbare" Natur kollektive Bewertungs- und Wahrnehmungsmuster kulturell und somit kommunikativ vorgegeben sind und sich im sprachlichen Ausdruck wiederfinden lassen. Die Gemeinsamkeit zwischen der erwähnten psychologischen Studie und der unserigen liegt darin, dass beide den sozialen, intersubjektiven Charakter der gültigen Deutungsmuster betonen. So gesehen kann unsere Arbeit als Auseinandersetzung mit der Genese bzw. dem Wandel der Sozialen Repräsentation über Natur und Umwelt verstanden werden. Anders als Fuhrer und Wölfing beschränken wir uns indessen auf das "Soziale" und ziehen keine Rückschlüsse auf die Handlungsdispositionen des einzelnen Aktors.

2. Methodisches Vorgehen

Eine Untersuchung des sprachlichen Ausdrucks in den Bereichen "Natur" und "Gefährdung der Natur" muss auf einem Textkorpus basieren, das die Sprache einer möglichst breiten Öffentlichkeit wiedergibt und das sich historisch zurückverfolgen lässt. Unsere Wahl fiel auf Tageszeitungen; wir wählten für die deutsche, die französische und die italienische Schweiz je drei Titel aus, welche das Meinungsspektrum der wichtigsten Parteien (freisinnige, katholisch-konservative und neutrale) abdecken.

Der in unserer Analyse zu erforschende Zeithorizont erstreckt sich von der Jahrhundertwende bis in die Gegenwart. Für die Erhebung wählten wir 9 "Stichproben" in einem Abstand von ca. 10 Jahren aus. In diesen je einwöchigen Zeitschnitten erhoben wir sämtliche Meldungen, die Natur und Umwelt in irgend einer Form zur Sprache bringen. Dabei kam schliesslich ein Korpus von über 3500 Artikeln zustande.

Unsere Auswertung beruht auf einem quantitativen und einem qualitativen Verfahren, wobei wir dem qualitativ-sprachwissenschaftlichen Teil das grössere Gewicht beimessen; dieser Ansatz kann als Spielart der hermeneutischen Methode betrachtet werden, wie sie von Gutscher et al. (in diesem Band) umrissen wird. Im Unterschied zur quantitativen Betrachtung, die sich auf das gesamte Korpus bezieht, ist beim qualitativ-sprachwissenschaftlichen Vorgehen der Rückgriff auf ausgewählte Textbeispiele unabdingbar. Es war deshalb notwendig, alle erhobenen Texte auf ein Textverarbeitungssystem zu übertragen. Somit konnten mittels Suchbefehl sämtliche Textpassagen ermittelt werden, in welchen ein bestimmter Schlüsselbegriff (z.B. 'Natur') vorkommt. Anhand dieser Passagen konnten wir schliesslich die Verwendung der Begriffe analysieren.

Wir werden in Ziffer 4.2. die Vorgehensweise an einigen Resultaten beispielhaft erörtern.

3. Das öffentliche Interesse an der "Natur"

Geht man davon aus, dass eine Zeitung die ihr zur Verfügung stehende Fläche auf diejenigen Themen aufteilt, die von öffentlichem Interesse sind, dann stellt der Anteil, welcher durch "Natur"-artikel belegt wird, einen ersten Indikator für die Aufmerksamkeit dar, welche diesem Thema entgegengebracht wird.

Abbildung 1 stellt den prozentualen Anteil am redaktionellen Teil dar, welcher durch Naturartikel belegt wird.

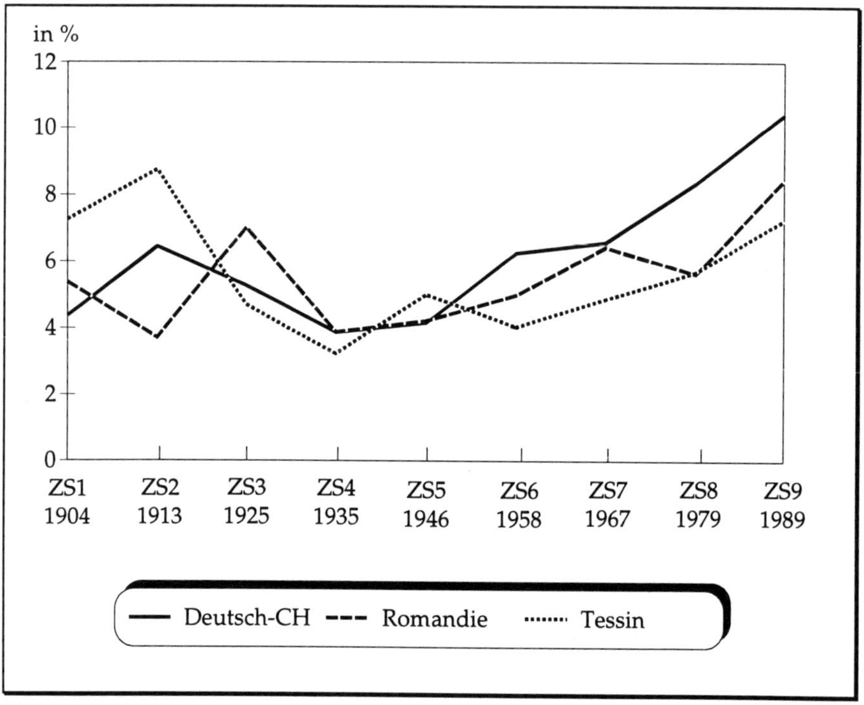

Abbildung 1: *Prozentuale Gewichtung der Naturthematik*

Es drängt sich auf, die Kurven in drei Segmente zu unterteilen, die sich durch einen je verschiedenen Naturdiskurs auszeichnen:

1. Phase: Kennzeichnend für die ersten drei Jahrzehnte unseres Jahrhunderts sind einerseits eine grosse Bereitschaft, sich mit der Natur zu befassen, andererseits die beträchtlichen Schwankungen, denen die Gewichtung der Umweltthematik unterliegt. Dies führen wir darauf zurück, dass sich zu jener Zeit die Naturbetrachtung stark auf lokale Ereignisse bezog; vor dem Zweiten Weltkrieg fiel das "Agenda setting" der verschiedenen Sprachräume deshalb uneinheitlich aus, weil die Zeitungen relativ eigenständig thematische Schwerpunkte setzten, die sich in erster Linie auf das eigene Verbreitungsgebiet bezogen.
2. Phase: In den zwanzig Jahren nach dem Zweiten Weltkrieg treten keine markanten Unterschiede zwischen den Sprachräumen auf; das dem Naturdiskurs zugestandene Gewicht stabilisiert sich auf einem tiefen Niveau, was mit der Hypothese von Beck (1986) in Einklang steht, dass in wirtschaftlich angespannten Zeiten die Sorgen um Natur und Umwelt von ökonomischen Zwängen verdrängt werden. Zudem ist diese Periode von einer technikgläubigen Geisteshaltung durchdrungen, welche traditionell-kontemplative und lokale Naturbeschreibungen zunehmend verdrängt.
3. Phase: Die späten fünfziger Jahre schliesslich leiten die heutige Debatte ein: das Bewusstsein für Umweltprobleme nimmt zu, gleichzeitig konsolidiert sich die je nach Sprachraum unterschiedliche Bewertung des Naturthemas: in der Tat gewichtet die deutsche Schweiz jetzt den Gesprächsgegenstand "Natur" durchgehend höher als die lateinischen Sprachräume, wobei diese ebenfalls einen steigenden Anteil an Naturartikeln aufweisen.

Der vielbeklagte "Röstigraben" in der Umweltfrage stellt also keine historische Konstante dar. Es handelt sich im Gegenteil um eine neue Erscheinung, die nicht weiter als in die fünfziger Jahre zurückreicht: Die Schere zwischen der lateinischen und der deutschen Schweiz öffnet sich erst zu jenem Zeitpunkt, als der problematisierte Naturbezug, die "ökologische Krise", den Diskurs zu dominieren beginnt.

Aufgrund einer für die quantitative Auswertung lückenhaften Datenbasis können nur wenige verlässliche Aussagen gewonnen werden. Die qualitative Analyse des Textmaterials ermöglicht es nun, die quantitativen Ergebnisse zu ergänzen und zu untermauern. Exemplarisch für den qualitativen Zugang werden wir im folgenden anhand der Analyse eines einzelnen Wortes ('Natur') Vorgehensweise und einzelne Ergebnisse erläutern. Auch hier gilt es aber wieder zu bedenken, dass 'Natur' nur einer von vielen Ausdrücken ist, welcher den Natur- und Umweltdiskurs prägt und dass es der Analyse anderer Schlüsselbegriffe (wie 'Umwelt', 'ökologisch', 'biologisch' etc.) bedarf, bevor allgemeine Folgerungen gezogen werden können.

4. Die Natur: Aspekte der Bedeutung

In einer Arbeit, die sich mit den "übergeordneten Naturvorstellungen in ihrer sprachlichen Vermittlung" befasst, nimmt "die Natur" zwangsläufig einen zentralen Platz ein. Was "bedeutet" nun aber 'Natur' in den verschiedenen Sprachen? Auf den ersten Blick scheint die Angelegenheit schnell lösbar: 'Natur' lässt sich nicht nur einfach mit dem französischen 'nature' oder dem italienischen 'natura' übersetzen (die drei Termini verweisen offensichtlich auf dieselbe aussersprachliche Entität), die Wörter selber gehen eindeutig auf denselben sprachlichen Vorfahren zurück: In den Herkunftswörterbüchern wird 'Natur' vom Lateinischen 'natura' abgeleitet und definiert als: "Gesamtheit des Gewachsenen, Gewordenen, (...) ahd. *natura* (9 Jh.), mhd. *nature* ist Entlehnung vom lat. *natura*, eigentl. 'Geburt, Geborensein', einer Bildung zu lat. natus 'geboren', Part. Perf. von lat. nasci 'geboren werden, entstehen, wachsen'. (...) In allen wichtigen Verwendungen folgt Natur den im Lat. vorgeprägten Bedeutungen" (Pfeifer 1989). Es würde also völlig ausreichen, in einem Bedeutungslexikon die genaue Definition dieses Wortes nachzuschlagen, um auf die für alle untersuchten Sprachen geltende Referenzbedeutung (d.h. auf das Objekt, auf welches ein entsprechender Ausdruck verweist) zu gelangen.

4.1. *Theoretische Grundlagen*

Gemäss unserer Auffassung der Sprache ist jedoch ein solcher Lösungsansatz nicht zulässig. Es geht uns nämlich nicht um den Referenzcharakter der Wortbedeutung (also um die Beziehung zwischen sprachlichem Ausdruck und dem damit bezeichneten Gegenstand der aussersprachlichen Realität), betrachten wir doch Sprache als System, das gleichzeitig Medium *und* Ort der Konstitution von Wirklichkeit ist (vgl. dazu Busse 1987, 85). Mit der Systemauffassung schliessen wir an de Saussure (1915/1985) an, bei welchem die "Bedeutung" resp. der "Wert" (valeur) der einzelnen sprachlichen Elemente einzig durch andere sprachliche Elemente abgegrenzt und definiert wird. Damit reihen wir uns in die bei von Humboldt und Wittgenstein vertretenen Theorien ein: Sehr vereinfacht ausgedrückt geht es darum, dass die einzelnen Mitglieder einer Sprachgemeinschaft beim Spracherwerb zwangsläufig gewisse Denkstrukturen und Vorstellungen übernehmen, die in dieser Sprache verbreitet sind. Die Sprache selber wird also als wirkende Kraft aufgefasst, welcher sich der einzelne nicht oder nur beschränkt entziehen kann.

Auch neuere linguistische und anthropologische Ansätze gestehen der Sprache eine prägende Wirkung auf die Art und Weise der individuellen Wirklichkeitsauffassung zu. Die Sprache selber wird hingegen nicht als oberste und unabhängige Instanz angesehen. Ihre Struktur und Funktionsweise ist unter anderem auch biologischen Faktoren unterworfen: so beeinflussen einerseits gewisse neurophysiologisch vorgegebene Mechanismen und andererseits menschliche Erfahrungswerte, kulturelle Entwicklungen und Ideengeschichte die Sprache.

In der vorliegenden Arbeit soll nun versucht werden, diesen verschiedenen Faktoren Rechnung zu tragen. Dabei stützen wir uns vor allem auf die Arbeiten von Lakoff und Johnson (1980), Lakoff (1987) und Cardona (1988), die sich auf die Schnittstelle zwischen Sprache, Erkenntnis und Erfahrung spezialisiert haben. Lakoff und Johnson vertreten dabei als wichtigstes Grundprinzip die Auffassung, dass alles menschliche Denken, von alltäglichen und einfachsten Handlungsanleitungen bis hin zur Sprache, durch Konzepte (resp. Kategorienbildung) geleitet ist und dass das konzeptuelle System seinerseits auf der Basis der Metapherbildung[2] funktioniert.

Wenn nun in der folgenden Ziffer auf die Bedeutung der Wörter 'Natur' ('nature'; 'natura') und deren Wandel eingegangen werden soll, so geschieht dies in einem streng sprachinhärenten Rahmen, basierend auf dem von uns erstellten Korpus von Zeitungsartikeln. Aufgrund dieser Datenlage konnten wir für die vorliegende Untersuchung all jene Textpassagen herausfiltern, in denen die Wörter 'Natur', 'nature' und 'natura' explizit verwendet werden.

In einem zweiten Schritt konzentrierten wir uns auf die unmittelbare Umgebung des Wortes resp. auf dessen engeren kontextuellen Zusammenhang. Dabei sind vom sprachwissenschaftlichen Standpunkt aus neben den unmittelbaren emotionalen Nebenbedeutungen (den sog. konnotativen Bezügen) auch die Bildung von Wortneuschöpfungen mit 'Natur-' von Interesse.

4.2. *Konnotative Assoziationen mit Natur-nature-natura: Ein Vergleich der drei untersuchten Sprachräume*

Solange in der ersten Hälfte unseres Jahrhunderts die Betrachtung aus einem unproblematischen Winkel erfolgt, ist die vorherrschende Auszeich-

2 Metaphern sind "sprachliche Bilder, die auf einer Ähnlichkeitsbeziehung zwischen zwei Gegenständen bzw. Begriffen beruhen, d.h. aufgrund gleicher oder ähnlicher Bedeutungsmerkmale findet eine Beziehungsübertragung statt" (Bussmann 1983, 322).

nung der (unberührten) Natur überall (d.h. in allen Sprachen) jene der *"**Schönheit**"* - ja, die Vorstellung einer hässlichen Natur scheint geradezu tabu zu sein. Nicht nur bei der Schönheitsempfindung als solcher, sondern auch bei der Qualität der Schönheit stimmt die Optik der drei Sprachkulturen grundsätzlich überein: Die natürliche Ästhetik steht fast ausschliesslich in Verbindung mit den räumlichen Dimensionen der Grösse (*grossartige Natur, la nature grandiose*), der Einzigartigkeit (*im einzigartigen Naturpark, les beautés d'une incomparable nature*), des Reichtums (*...strotzt die Natur von Überfülle, tant de richesses naturelles, il ricco patrimonio di bellezze largito dalla natura),* der Farbenvielfalt und des Lichts (*die farbensatte Natur)* und der gesellschaftlichen Dimension der hierarchischen Spitzenstellung (*die majestätische Natur, Herrlichkeiten dieser Frühlingsnatur, l'auguste majesté et beauté de la nature, una firma della potenza e bellezza della natura*). Die ästhetische Betrachtung der Natur schliesst also Dimensionen der Kleinheit oder gar der Niedlichkeit förmlich aus. Beizufügen ist jedoch, dass diese ästhetische Betrachtungsweise im Lauf des untersuchten Zeitraumes durch andere, problembelastete Zugänge und unter dem Einfluss der ikonografischen Kommunikation (Fotografien und Fernsehen) verdrängt wurde.

Deutschsprachige Eigenheiten des Naturbezugs

Zwischen lateinischer und germanischer Einstellung gegenüber der Natur lässt sich ein bedeutsamer Unterschied erkennen: Durch die Fokussierung auf die ***emotionale Ebene*** nehmen die deutschsprachigen Zeitungen eine Sonderstellung ein. Natur löst (zumindest anfangs Jahrhundert) in der Deutschschweizer (Zeitungs)Kultur explizit Gefühle aus resp. kann von den Lesenden emotional erfahren werden, während den lateinischen Kulturen ein solcher Zugang verwehrt bleibt (*mit poetisch feinsehendem Auge gefühlter Natur; die von Natur und Kunst ausgelösten Gefühle;... der Natur gegenüber; ein emotionelles Verhalten des betrachtenden Menschen; ein neues Naturgefühl*). Dass in einer Tessiner Zeitung (Il Corriere del Ticino) des Jahres 1989 eine ökologisch motivierte Theateraufführung mit der Absichtserklärung der "emotionalen Annäherung der Zuschauer an die Natur" einhergeht, mag diesen bislang fehlenden Zugang der lateinischen Kulturen unterstreichen.

Neben den emotionalen Komponenten der Naturvorstellung germanischer Prägung lassen sich noch weitere, dieser Kultur eigene Konnotationen herausarbeiten. Als erstes ist die enge ***Zusammengehörigkeit des Begriffes "Natur" mit jenem der "Freiheit"*** zu erwähnen. Es handelt sich auch hier um eine Vorstellung, die ihre Wirksamkeit bis in die heutige Zeit bewahrt hat.

> *Der Wunsch nach einem Eigenheim in der freien Natur* für Wochenende, Ferien oder gar Saison wird immer stärker (Neue Zürcher Zeitung (NZZ) 16.05.35).
>
> Denn nicht nur jeden Morgen, genau um dieselbe Zeit, sahen wir ihn in den Wald hinaufsteigen, sondern auch gegen Abend *erging er sich* (...) *in der freien Natur,* um recht lang gesund zu bleiben, wie er sagte (NZZ 06.07.46).
>
> Die Verstädterung, Technisierung, zunehmende Hetze im Alltag, haben die Leute zu einem Ausgleich aufgerufen. Dieser Ausgleich kann aber nicht mehr einfach *in der freien Natur* gefunden werden, weil diese "erschlossen" ist. Man braucht dazu einen Garten, gleich welcher Grösse und man braucht die Institution "Gartencenter" (National-Zeitung 30.03.79).
>
> Mit grosszügiger Technik wurden von ihm Landschaften (...) auf die Leinwand gezaubert, Bilder, die nicht im Atelier, sondern *draussen in der freien Natur* entstanden sind (Vaterland 11.10.89).

Dass es sich beim Zusammenhang von "Freiheit" und "Natur" ganz offensichtlich nicht um eine zufällige Verbindung, sondern um eine überindividuelle, der Semantik der deutschen Sprache zugrundeliegende Vorstellung handelt, mögen auch die in der modernen Öko-Debatte verwendeten neuen Produktebezeichnungen verdeutlichen, die aus der Fügung mit dem Ausdruck "Freiland" (Anbaufläche im Freien - im Unterschied zu Gewächshaus oder Frühbeet) entstanden sind: Man denke dabei in erster Linie an die Ausdrücke "Freilandeier" (im Duden nicht vermerkt, aber gebräuchliche Warendeklaration) oder "Freilandgemüse" (Duden: Gemüse, das im Freiland auf natürliche Weise ausgereift ist). *"Freiland"* ist nur eine unter mehreren Bezeichnungen, welche implizit die Konzepte von Freiheit und Natur verbindet: so definiert der Duden ein *Freigehege* als "grösseres, oft nicht eingezäuntes Gehege, (...) in dem bestimmte Tiere in einer ihrer Lebensweise möglichst entsprechenden Umgebung gehalten werden" oder die *Freilichtmalerei* als "das Malen von Landschaften unmittelbar in und nach der Natur". Die *Freikörperkultur* schliesslich wurde von ihren Befürwortern explizit als ein Schritt zurück zur Natur verstanden.

Ein Vergleich dieser Wortfügungen mit dem entsprechenden italienischen und französischen Pendant beweist schliesslich, wie sprachspezifisch ein solcher Vorstellungszusammenhang ist: "Freilandeier" werden z.B. im Französischen ohne Rückgriff auf Vorstellungen von "liberté" mit "oeufs de plein air" bezeichnet, während das Freilandgemüse mit "légumes de plein champ" oder "légumes de pleine terre" resp. "verdura in pieno campo" übersetzt wird.

Eine weitere typische Verbindung der deutschen Sprachgemeinschaft scheint die Konnotation von Natur mit dem ***Konzept des Unerklärlichen***

und Mysteriösen zu sein: Oft wird sie als eine geheimnisvolle Grösse, als eine undurchsichtige und verborgene Kraft dargestellt, die fast göttliche Züge trägt. Die gängige Fügung "Naturwunder" betont diese mystisch-geheimnisvolle Komponente deutschsprachiger Naturbetrachtung; im Französischen und im Italienischen dagegen lautet die Übersetzung "merveille de la nature" bzw. "meraviglia della natura" - anders als im Deutschen ("-wunder") wird hier also nicht der religiös konnotierte Ausdruck "miracle" bzw. "miracolo" verwendet.

> Es gibt Menschen, die keine Erdbeeren vertragen. Sie bekommen sofort Nesselausschlag und Fieber. (...) *Es beweist, dass die rätselhafte Natur auch die kleinsten Beeren mit geheimnisvollen Kräften ausgestattet hat* (National-Zeitung 19.05.1935).

> *So einfach gibt sich die Natur nicht zu erkennen.* Bloss an den Steinen, die sich im Boden finden, oder an seiner Farbe oder an der Grösse der Bodenteilchen lässt sich die Fruchtbarkeit nicht ablesen (National-Zeitung 23.06.1958).

> Schlüsselblumen läuten mit ihren goldenen Glocken den Frühling ein. Der Name ist sinnvoll und symbolisch, denn *diese goldenen Schlüssel erschliessen die Geheimnisse der sich entfaltenden Natur,* sie sind gleichsam der Schlüssel zum Ausstellungsraum der *Wunder Gottes.* Auch die moderne Naturwissenschaft, die in den vergangenen Jahrzehnten bisher *unbekannte Geheimnisse, Kräfte, Gesetze und Rätsel* aufgedeckt hat, sollte nichts anderes sein als ein Schlüssel zum Thronsaal des Allerhöchsten. Und man sollte *diesen "Saal der Wunder"* mit Demut und Ehrfurcht betreten (Vaterland 28.06.58).

> Im Bild "Vorfrühling" durchwirken die Weidensträucher mit ihren Zweigen die ganze Landschaft. *Es ist das geheimnisvolle Weben der Natur,* das hier zum Ausdruck kommt (Vaterland 06.11.67).

Auch dieser Zusammenhang wird - wie schon jener mit den Konzepten der Freiheit oder der Emotionaliät - durchwegs positiv verstanden, womit "die Natur" für den deutschsprachigen Menschen, - sofern sie von negativ verändernden menschlichen Eingriffen ungestört ist - eine zwar unerklärliche, doch zumeist wohlwollende Macht darzustellen scheint.

Im Unterschied zu den vorher aufgezeigten Konnotationen von Gefühl und Freiheit hält allerdings der Zusammenhang Natur-Geheimnis/Mysterium nicht bis in unsere Zeit an: Tatsächlich taucht er in unserem Korpus im Jahre 1967 das letzte Mal auf. Verschiedene Faktoren könnten zu diesem Verschwinden beigetragen haben: etwa die Veränderung der Medienlandschaft und die damit einhergehenden Einengung von Stil und behandelten Themen in den Tageszeitungen. Aber auch die objektivierende wissenschaftliche Betrachtungsweise und das Aufkommen kybernetischer und systemtheoretischer Ansätze haben sicher geholfen, die Natur ihres geheimnisumwobenen Daseins zu berauben.

Italienischsprachige Eigenheiten des Naturbezugs

Anders als im alemannischen Raum fällt bei den Tessiner Artikeln die Ausschliesslichkeit der ***ästhetisierenden Betrachtungsweise*** ins Auge: Fast jede Eigenschaft der Natur ist in irgendeiner Form an deren äusserliches Erscheinungsbild gebunden. Sogar bei Aussagen über den Naturschutz oder über die Bedrohung der Natur ist meist nicht die Natur Kernbegriff der Aussage, sondern deren Schönheit. So wird etwa die erste Naturschutzkonferenz des Jahres 1913 im Tessin mit der Umschreibung "Konferenz zum Schutz der natürlichen Schönheiten" (la conferenza per la protezione delle bellezze naturali) übersetzt, obwohl die italienische Sprache eine wortgetreue Übersetzung ohne weiteres zuliesse (etwa: "Konferenz zum Schutze der Natur": conferenza per la protezione della natura). Aus dem Blickwinkel der Linguistik betrachtet, nehmen "die Schönheiten" als Substantiv die zentrale Stellung ein und bilden das eigentliche Thema der Aussage, während "dem Natürlichen" nur die syntaktisch untergeordnete Rolle des attributiv verwendeten Adjektivs zukommt (bellezze naturali). Diese spezielle Auffassung des Naturschutzes erfährt zwar eine grundsätzliche Veränderung im Zusammenhang mit der Durchsetzung des Umweltschutzkonzeptes, doch hält sich die alte ästhetisierende Auffassung noch längere Zeit in der Bürokratiesprache, etwa in der Bezeichnung verschiedener staatlicher Ämter.

> Oggi a Berna si raduna la prima *conferenza internazionale per la protezione delle bellezze naturali* (...) Per la Svizzera la questione della *protezione delle bellezze naturali* è di somma importanza. (...) *plaghe meravigliose per la loro bellezza naturale* sono stati deturpati (...) (Corriere del Ticino 17.11.13). [Heute versammelt sich in Bern die erste internationale Konferenz zum Schutze der natürlichen Schönheiten. Für die Schweiz ist die Frage des Schutzes der natürlichen Schönheiten von grösster Bedeutung. Aufgrund ihrer natürlichen Schönheiten wunderbare Gebiete sind verwüstet worden.]

> Domenica è stata fondata a Locarno una Società degli artisti allo scopo di *combattere la distruzione delle bellezze naturali* del nostro paesaggio così seriamente *minacciate da continui deturpamenti* (...) (Il Dovere 09.06.25). [Am Sonntag wurde in Locarno eine Künstlergesellschaft mit der Absicht gegründet, die Zerstörung der natürlichen Schönheiten unserer Landschaft, die so gravierend und dauernd von Verwüstungen bedroht sind, zu bekämpfen.]

> Questa ridente cittadina in breve periodo di anni ha raggiunto una vasta celebrità nel mondo elegante d'Europa, sia *per le sue impareggiabili bellezze naturali*, sia per l'attrezzatura confortevole e modernissima de' suoi lussuosi alberghi, che spiccano anche fra il verde dei prati, con le loro belle

sobrie linee architettoniche (Il Dovere 14.05.35). [Diese heitere kleine Stadt hat in wenigen Jahren eine weite Berühmtheit in der Nobelwelt Europas erlangt, sei es wegen ihrer unvergleichlichen natürlichen Schönheiten, sei es wegen der äusserst modernen und bequemen Ausstattung ihrer Luxushotels, die auch aus dem Grün der Wiesen mit ihren schönen und klaren architektonischen Linien herausragen.]

(...) il progetto degli arch. R. e C. Tami concernente le casette popolari, è stato sottoposto alla *Commissione cantonale delle bellezze naturali* (...) (Il Corriere del Ticino 04.07.46). [Das Projekt der Architekten R. und C. Tami, welches die Sozialbauten betrifft, wurde (der Begutachtung) durch die kantonale Kommission der natürlichen Schönheiten unterzogen.]

A tale scopo, verso la fine di marzo, è pure stata convocata a Cama *la Commisione cantonale per la protezione delle bellezze naturali* (...) (Il Corriere del Ticino 04.04.79). [Zu diesem Zweck wurde gegen Ende März in Cama die kantonale Kommission zum Schutz der natürlichen Schönheiten einberufen.]

Französischsprachige Eigenheiten des Naturbezugs

Die konnotativen Beziehungen des französischen Sprachgebrauchs lassen sich im Hinblick auf den Schutz und die Schönheit der Natur mit jener der deutschen Sprache vergleichen. Eine aufschlussreiche Eigenheit kann jedoch bei der Adjektivierung von "nature" ausgemacht werden: Weder im Deutschen noch im Italienischen wird nämlich die ***Natur*** mit dieser Konstanz (auch) ***als bedrohliche, unberechenbare Kraft*** dargestellt, als eine eigene Macht, die sich dem korrigierenden menschlichen Einfluss entziehen kann und die somit als "dem Menschen gegenüberstehend" oder gar als feindlich empfunden wird.

La rude nature se fait humaine et douce; la passion brûlante est revêtu de goût. (...) chaque glacier muet qui, lentement s'écoule, chaque avalanche bruyante, qui annonce le printemps, *avez-vous songé que c'étaient eux les destructeurs*? Mais *la nature est ainsi faite que de la destruction de l'un dépend la joyeuse vie des autres* (Feuille d'avis de Lausanne 17.11.13).

Les îles de Santorin appartiennent à la Grèce, mais *les véritables maîtres de ce pays sont les forces impitoyables de la nature grandiose*: les tremblements de terre et le volcansime. *Ils règnent comme des tyrans* sur les 30 kilomètres carés de l'archipel et ses 20.000 habitants (La Liberté 03.07.46).

L'histoire du Valais est l'histoire de la lutte des hommes contre d'autres hommes, mais encore plus celle d'*une lutte contre la nature dure et capricieuse. (...) les Valaisans ont donc lutté (...) contre une nature farouche et contre les menaces des éléments* (La Liberté 04./05.11.67).

4.3. *Personifizierungen der Natur*

Anhand der konnotativen Beziehungen und der syntaktischen Einbettung des Ausdrucks 'Natur' lassen sich indes noch weitere Aspekte der Naturbetrachtung aufdecken. In allen drei untersuchten Landessprachen tritt 'Natur' als Aktor auf, als eine tätige Kraft - dies ganz im Unterschied etwa zu 'Umwelt', welche sich meistens passiv einem (schädigenden) Eingriff zu unterziehen hat. Die Natur *stattet mit geheimnisvollen Kräften aus, sie gibt sich nicht einfach zu erkennen, sie webt geheimnisvoll,* kurz: ihr Tätigkeitsfeld unterscheidet sich kaum von jenem der Menschen:[3]

> Nicht nur die Menschen lachten, sondern auch die Natur in goldenem Sonnenschein (...) (Vaterland 13.06.1925).

Die sprachlichen Bilder, welche die Natur mit den Menschen vergleichen oder gar gleichsetzen, "übersetzen" gewissermassen das abstrakte und schwer fassbare Konzept der Natur in die Alltagssprache und gliedern es in den gemeinsamen Erfahrungshorizont ein. Wenn wir nun diese Personifikationen etwas eingehender betrachten, können wir weitere grundlegende Vorstellungen über die Natur - gewissermassen die ihr zugeschriebenen "Charakterzüge" - aufdecken.

"Die Natur ist eine Frau" - Das ist in allen Sprachräumen das dominierende Bild, und die Gründe dafür liegen auf der Hand. Das grammatikalische Geschlecht lässt die Gleichsetzung der Natur mit einer männlichen Person nicht zu; hinzu kommt die Hervorhebung der natürlichen Schönheit, wobei die schwärmerische Beschreibung (die Literaturgeschichte beweist es) des blossen Anblicks traditionellerweise nur der (geliebten) Frau oder der Natur gelten kann.

Je nach hervorzuhebender Charakteristik der Natur wandelt sich der verwendete Frauentyp. Die verführerische und lächelnde oder lachende Frau steht für Schönheit und Anziehungskraft, während der mütterliche Typ Fruchtbarkeit und Freigebigkeit der Natur darstellt.

> Die Natur lächelte gleich einem frischen, jungen Mädel (...) (NZZ 14.05.1935).
>
> (...) reichen Kirschensegen, den uns die Natur (...) spendet (...) (National-Zeitung 06.07.1946).
>
> La nature est en fête, la nature a fait toilette; elle appelle; et elle chante (Feuille d'avis de Lausanne 16.05.1935).
>
> La merveilleuse variété que la nature a répandue sur ces îles (...) (La Liberté 30.08.1904).

---

3 Wegweisend für die Auseinandersetzung mit sprachlichen Bildern (Metaphern) sind für uns die Arbeiten von Cardona (1988), Lakoff (1987) und Lakoff und Johnson (1980).

(...) ces enfants de la nature (...) (Feuille d'avis de Lausanne 23.06.1958).

Oh! natura, quanto sei bella e attraente! (Il Dovere 31.08.1904). [Oh! Natur, wie bist du schön und anziehend!]

Fra le bellezze e il riso della natura (...) (Popolo e libertà 12.06.1925). [Inmitten der Schönheit und des Lächelns der Natur.]

(...) che potranno vivere nella seducente natura autunnale (Corriere del Ticino 03.11.1967). [Welche in der verführerischen Herbstnatur werden leben können.]

La spiaggia di San Remo (...) sembra creata da madre natura (...) (Corriere del Ticino 28.06.1958). [Der Strand von San Remo (...) scheint von Mutter Natur geschaffen worden zu sein.]

"Die Natur als Kapriziöse" - Obwohl überall die Personifikation der Natur ähnlich ausfällt, scheint uns im französischen Sprachraum ein weiteres sprachliches Bild überzufällig oft aufzutreten: Es handelt sich dabei um eine Natur, die für den Menschen nicht unumschränkt positive Züge trägt. Sie ist im Gegenteil kapriziös, unberechenbar, muss vom Menschen ständig im Auge behalten werden und wirkt seinen Bemühungen oft entgegen:

(...) il semble parfois bien difficile à l'homme de réagir devant les caprices de la nature (Feuille d'avis de Lausanne 26.06.1958).

(...) et si la nature ne se mêle pas trop contrecarrer les efforts de l'hommes, il sera possible de limiter la pollution (...) (Feuille d'avis de Lausanne 07.11.1967).

(...) si l'homme manque à sa besogne, la nature reprend le dessus avec ferveur jusqu'à envahissement (Feuille d'avis de Lausanne 10.10.1989).

"Die Natur ist Gott" - Die Abstraktheit des Naturbegriffs, d.h. die Spannweite der Wortbedeutung und die Ungenauigkeit der Bedeutungsgrenzen tragen dazu bei, dass die Natur sogar im weltlichen Medium Zeitung oft göttliche Züge annimmt. Da sie häufig als nicht weiter definierte, schöpferische Kraft auftritt, liegen transzendentale Interpretationen auf der Hand. Dabei können die zwei Metaphern "Die Natur ist eine mütterliche Frau" und "Die Natur ist eine göttliche Kraft" sich auch überlagern, so dass es schliesslich Sache der LeserInnen ist, die für sie bevorzugte Interpretation anzuwenden.

"Die Natur ist eine Rechtsperson" - Nirgendwo tritt die Natur so explizit zum Menschen in Opposition wie in jenen Fällen, wo sie als juristische Kontrahentin dargestellt wird. Verschiedene Varianten sind hier möglich: Der Natur wird, ähnlich einer Zivilperson, ihr Recht eingeräumt, die Natur holt sich ihr Recht zurück, der Mensch muss der Natur ihr Recht lassen, oder es ist die Natur selber, welche dem Menschen Grenzen und Gesetze auferlegt. Wenn der Mensch die ihm auferlegten Grenzen zu massiv überschreitet, muss er damit rechnen, dass die Natur sich rächt (Kriegsmetaphorik):

> Das hat die Natur, die uns die obersten Gesetze für den Verkehr schafft, einmal so gemacht (NZZ 21.11.1913).
>
> Wie es das Gesetz der Natur ihm vorschreibt (National-Zeitung 28.06.1958).
>
> Die Natur rächt sich bitter (...) (Vaterland 28.06.1958).
>
> (...) la nature sauvage, reprendra ses droits (Feuille d'avis de Lausanne 27.06.1958)?
>
> (...) car on ne peut pas laisser se développer la technique sans contrôle et hors des limites que la nature nous impose (Feuille d'avis de Lausanne 09.11.1967).
>
> Certaines lois de la nature doivent être respectés (...) (La Liberté 03.04.1979).
>
> (...) la caccia è una legge di natura (...) (Giornale del Popolo 13.10.1989). [Die Jagd entspricht einem Gesetz der Natur.]
>
> (...) diritti della natura (...) (Giornale del Popolo 13.10.1989). [Rechte der Natur.]

Hierbei fällt mindestens zweierlei auf: Sicher ist, dass die "Rechtsprechungs- und Kriegs-Bilder" zur Darstellung der Beziehung von Mensch-Natur erst nach dem "Sündenfall" der 50er Jahre wirklich zum Tragen kommen, wobei der Kanton Tessin diese Rhetorik am spätesten aufgreift. Zudem ist auffällig, dass die Romandie am häufigsten in juristischen Parabeln argumentiert, während die Ausbeute bei den Deutschschweizern eher karg ausfällt.

4.4. *Neue Wortschöpfungen im deutschen Sprachraum*

Spätestens in den 70er Jahren finden sich in unseren Artikeln zahlreiche neue Wortschöpfungen: Zumindest in den deutschen Texten nehmen Formulierungen wie "naturgemässe Anbaumethode", "naturverträgliche Lösung", "natur- und menschengerechtes Wohnen" und "naturnahe Gestaltung" bzw. "naturnahe Umgebung" drastisch zu; namentlich der Ausdruck 'naturnah' wird zum eigentlichen Schlagwort. In der Romandie und dem Tessin hingegen werden Natur und Natürlichkeit nach wie vor mit einem vergleichsweise "althergebrachten" Vokabular thematisiert.

Damit verschärfen sich die Unterschiede zwischen der alemannischen und der lateinischen Schweiz: Mit dem Entwurf neuer Ausdrücke beginnt sich der Deutschschweizer Umweltdiskurs in eine Richtung zu entwickeln, welche die Anschlussfähigkeit für die Mitglieder anderer Sprachgruppen in Frage stellt.

Ein Vergleich von amtlichen Übersetzungen verschiedener Publikationen belegt, dass selbst für den mittlerweile geläufigen Ausdruck 'naturnah' (noch) kein entsprechend verankertes französisches und italienisches Pendant gefunden wurde. Tabelle 1 (erstellt aufgrund von BUWAL 1994; Frank 1991; Müller 1988) illustriert, wie unterschiedlich 'naturnah' in der Praxis übersetzt wird.

Deutsch	*Französisch*	*Italienisch*
naturnahe Fläche / Landschaft	• surface proche de la nature • espace naturel • site à l'état naturel • milieu plus ou moins naturel • paysage proche de l'état naturel • région exploité d'une façon extensive • paysage rural	• area seminaturale • paesaggi naturali • ambiente naturale
naturnahe Produktions-methoden / Wirt-schaftsweise	• méthodes d'exploitation respectueuse de la nature • exploitation proche de la nature	• metodi di produzione rispettosi della natura • economia adattata alla natura dei luoghi
naturnah gestalten	• aménager naturellement	• coltivato nel rispetto della natura
Naturnähe	--	• integrità naturale
"Grün ist nicht automatisch naturnah!"	"Vert n'est pas synonyme de nature!"	"Il verde non ha nulla a che vedere con la natura."

Tabelle 1: *Verschiedene Übersetzungen des Ausdrucks 'naturnah' / 'Naturnähe'*

Um dieses *eine* deutsche Wort 'naturnah' übersetzen zu können, braucht es also eine ganze Palette von Möglichkeiten, die je nach Kontext angewendet werden. Auffällig ist, dass die Idee der "Nähe", der engen Anlehnung menschlichen Wirkens an die Vorgaben der Natur, im Italienischen gar nie zum Ausdruck gebracht wird. Im Französischen kann zwar der Gedanke von "Nähe" wiedergegeben werden, daneben verwendet man aber fallweise auch Umschreibungen, welche die Abweichung zum natürlichen Zustand unterschlagen (espace naturel; aménager naturellement). In beiden lateinischen Sprachen ist zudem eine Umschreibung geläufig, die von der Vorstellung des "Respektes vor der Natur" ausgeht.

Vor diesem Hintergrund befürchten wir, dass mit der sich verschärfenden Abkoppelung und Unzugänglichkeit des deutschsprachigen Umweltdiskurses die Bereitschaft der Lateiner abnimmt, sich auf diese fremde und zunehmend befremdliche Konzeption von Umwelt und Natur einzulassen. 'Naturnah' ist freilich bloss eine unter vielen Wortneuschöpfungen; die Schwierigkeiten, die sich bei der Übersetzung von deutschsprachigen Fügungen wie 'umweltgerecht', 'umweltverträglich' oder 'Umweltverantwortung' ergeben, sind indes kaum geringer.

4.5. *Zusammenfassung und Schlussfolgerungen*

Gesamthaft betrachtet, lässt die Untersuchung den Schluss zu, dass die "Gräben", welche die verschiedenen Schweizer Sprachgemeinschaften in der Umweltfrage trennen, erst mit der Politisierung des Umweltdiskurses in den späten 60er Jahren aufbrechen. Die mit der Politisierung einhergehenden Handlungsimperative, die meistens von der alemannischen Schweiz vorgegeben wurden, dürften massgeblich dazu beigetragen haben, dass sich die Sprachminderheiten gegenüber den "deutschen" Argumenten zunehmend verschlossen und darauf beharrten, ihre eigenen Handlungsprioritäten zu setzen.

Auch wenn sich aber bis Ende der 50er Jahre keine systematisch unterschiedliche Gewichtung der Umweltthematik in den untersuchten Sprachgruppen nachweisen lässt, wäre es doch verkürzt, daraus auf eine *gleichartige* Behandlung des Themas zu schliessen: Bei allen untersuchten Schlüsselwörtern unterscheiden sich die jeweiligen Verwendungs- und Argumentationszusammenhänge zwischen den Sprachgemeinschaften. Das Beispiel 'Natur' eignet sich sehr gut, um einige dieser Unterschiede zu dokumentieren: So lässt sich etwa die ästhetisierende Betrachtungsweise im Tessin auch dann herausarbeiten, wenn von anderen Schlüsselwörtern ausgegangen wird, und auch aus anderen Blickwinkeln fällt auf, dass in der Romandie die gefährlichen Seiten der Natur weniger ausgeblendet werden, als dies in der verklärenden Sicht der alemannischen Schweiz der Fall ist.

Die Analyse aller untersuchten Schlüsselwörter im Umweltdiskurs soll letztlich darauf zielen, die Widersprüchlichkeit oder Kohärenz der in den verschiedenen Sprachräumen vorherrschenden übergeordneten Naturvorstellung aufzuzeigen. Wie Jäggi (in diesem Band) denken auch wir, dass das Mass an Kohärenz eines Weltbildes eine Erklärung ist dafür, dass sich gewisse Weltbilder besser durchsetzen und als Handlungsanleitung eher befolgt werden als andere. Allerdings bezweifeln wir, dass die Gleichung *"grössere Kohärenz → bessere Strategie zur Vermittlung der Inhalte → effizienterer Transport von Weltbildern, weitere Verbreitung"* in allen Fällen aufgeht; vielmehr könnten diffuse, in sich widersprüchliche Vorstellungen insofern wirkungskräftiger sein, als damit die unterschiedlichsten gegenläufigen Konzepte und Assoziationen verbunden werden können. Daraus würde sich dann die Gleichung *"grössere Widersprüchlichkeit → zahlreichere Anknüpfungspunkte auch für gegenläufige Konzepte → vielfältigeres Reservoir an Bezugspunkten und Strategien"* ergeben, die hinsichtlich der Handlungsmotivation von Individuen unter Umständen gar zu besseren Ergebnissen führen könnte als die erstgenannte. So gesehen, würde eine in sich uneinheitliche, kontradiktorische Naturvorstellung eine Alternative darstellen zum "Projekt einer umfassenden Weltbildkonstruktion [, welche] möglicherweise bescheidenere Motivationen untergräbt" (Lesch in diesem Band, S. 384).

Unsere Analyse wird also durch die "bescheidene Motivation" eines gegenseitigen Verständnisses angespornt, das darauf verzichtet, mit missionarischem Eifer ein allumfassendes und allgemeingültiges Welt- und Naturbild zu propagieren: auch im Bemühen um den Schutz der natürlichen Umwelt müsste es unseres Erachtens darum gehen, besserwisserische und moralisierende Schuldzuweisungen zu unterlassen und durch eine engagierte Auseinandersetzung mit den Konzepten anderer, auch minoritärer, Sprach- und Kulturgruppen die Bereitschaft zur Zusammenarbeit zu stärken.

LITERATUR

Beck, U. 1986: Risikogesellschaft. Auf dem Weg in eine andere Moderne. Frankfurt a. M.: Suhrkamp.

Bundesamt für Umwelt, Wald und Landschaft (BUWAL) 1994: Natur und Landschaft. In der Landschaft .... mit der Natur. Bern: BUWAL.

Office fédéral de l'environnement, des forêts et du paysage (OFEFP) 1994: Protection de la nature et du paysage. La nature et ses paysages. Berne: OFEFP.

Ufficio federale dell'ambiente, delle foreste e del paesaggio (UFAFP) 1994: La tutela della natura e del paesaggio. Armonia tra paesaggio e natura. Berna: UFAFP.

Busse, D. 1987: Historische Semantik. Analyse eines Programms. Stuttgart: Klett-Cotta.

Bussmann, H. 1983: Lexikon der Sprachwissenschaft. Stuttgart: Kröner Verlag.

Cardona, G. R. 1988: I sei lati del mondo. Linguaggio ed esperienza. Roma: Editori Laterza.

Duden. Deutsches Universal Wörterbuch. 1983. Bibliographisches Institut. Mannheim, Wien, Zürich: Dudenverlag.

Eco, U. 1972/1991: Einführung in die Semiotik. München: Wilhelm Fink Verlag.

Frank, F. 1991: Die Alpen - eine Welt in Menschenhand. Bern: Geographisches Institut.

Frank, F. 1991: Les Alpes - un monde en main de l'homme. Bern: Geographisches Institut.

Frank, F. 1991: Le Alpi - Un mondo in mano all' uomo. Bern: Geographisches Institut.

Hébdo, le 1993: Le couple alémanique-romand. In: L'Hebdo. Le magazine suisse d'information. Nr. 38. Lausanne: Rédaction "L'Hebdo". S. 12.

Lakoff, G., Johnson, M. 1980: Metaphors We Live By. Chicago: University of Chicago Press.

Lakoff, G. 1987: Women, fire, and dangerous things. What Categories Reveal about Mind. Chicago, London: The University of Chicago Press.

Müller, W. 1988: Vernetzte Lebensräume. Auf dem Weg zum Lebensraum-Verbundsystem. Zürich: Schweizer Vogelschutz (SVS).

Müller, W. 1988: Réseaux biologiques. En route vers des biotopes interconnectés. Zurich: Association suisse pour la protection des oiseaux (ASPO).

Müller, W. 1988: Una rete di biotopi. Verso l'integrazione ecologica del paesaggio. Zurigo: Associazione svizzera per la protezione degli uccelli (ASPU).

Pfeifer, W. (Hg.) 1989: Etymologisches Wörterbuch des Deutschen. Berlin: Akademie-Verlag.

Saussure, F. de 1915/1985: Cours de linguistique générale. Paris: Payot.

Sehen und Handeln

Christian Thomas

*Der folgende Beitrag enthält einige der Resultate aus dem Forschungsprojekt **"Visuelle Kommunikation als Stimulus für ökologisches Handeln"** und er weist auf weiterführende Publikationen hin, die im Rahmen dieses Projektes erschienen sind. Die Motivation für eine ganze Gruppe von Projekten im Schwerpunktprogramm Umwelt ist die weit verbreitete und offensichtliche Diskrepanz zwischen dem ökologischen Denken (und dem sachlichen Wissen) der meisten Menschen und ihrem konkreten Handeln. Die Klage, dass wissenschaftliche Texte nicht zu ökologischem Handeln führen, ist stark mit der alten Einsicht verwandt, dass theologische Texte nicht zu christlicherem Verhalten der Menschen führen. Das hier besprochene Projekt untersucht die Rolle der Bilderwelt bei der Abkoppelung des Handelns vom Denken und will einen Beitrag leisten, um die beiden einander wieder näher zu bringen. Dabei steht nicht die Ästhetik von Bildern im Vordergrund, sondern ihre soziale Funktion und ihre kommunikative Wirkung.*

1. Das Sehen

1.1. Visuelle Kommunikation

Nicht von allem, was es zu sehen gibt, soll im folgenden die Rede sein, sondern nur von dem, was mit der Absicht, angeschaut zu werden, hergestellt oder zur Schau gestellt wird. Der Begriff der visuellen Kommunikation wurde von Otl Aicher (1992, 34) an der Hochschule für Gestaltung in Ulm in den Fünfzigerjahren eingeführt. Damals war schon klar, dass Design, Grafik und Kunst nicht mehr und immer weniger sinnvoll gegeneinander abgegrenzt werden können. So entstand der Bedarf nach einem neuen Begriff, der die neue Gemeinsamkeit ausdrückte. Gleichzeitig wurde in Ulm auch Wert darauf gelegt, in Kunst, Design und Grafik nicht mehr ausschliesslich oder vorwiegend Produkte zu sehen, sondern gesellschaftliche Prozesse, welche von den Produkten ausgelöst werden. Das Gemeinsame von Kunst, Grafik und Design ist nicht nur die viel gerühmte Kreativität, die man auch in absichtslosen Telefonzeichnungen finden kann, wenn man will, sondern eine wie auch immer geartete Absicht, dem Betrachter etwas zu kommunizieren. Die Kommunikation vom Künstler, Designer oder Grafiker über das Werk zum Betrachter oder Benützer kommt zustande, wenn eine Person diesem Gegenstand Aufmerksamkeit widmet und die Absicht hinter dem Gegenstand ungefähr wahrnimmt. Aicher sagt, dass es für die visuelle Kommunikation einen Sender und einen Empfänger, also beispielsweise einen Künstler und einen Kunstbetrachter brauche. Ein Kunstwerk in einem Tresor führt nicht zu visueller Kommunikation, weil kein Empfänger da ist. Ein beeindruckendes Gebirge führt auch nicht zu visueller Kommunikation, weil kein Sender da ist, der als Initiator eines gesellschaftlichen Prozesses verstanden werden kann.

Der Begriff 'visuelle Kommunikation' ist nicht einfach ein praktischer gemeinsamer Ausdruck für verschiedene, nur mühsam voneinander abzugrenzende Werkgruppen, sondern beruht auf einem anderen Blick auf bildnerische Werke als etwa der ästhetische. Wichtig ist nicht mehr das Werk an sich, das nur ein vermittelndes Ding, ein Medium für das Sender/Empfänger-Verhältnis ist, sondern wichtig sind der soziale Prozess und die gesellschaftliche Funktion, die mit dem Auftauchen eines Bildes oder eines anderen sichtbaren Dinges verbunden sind (Aicher 1989, 8).

Die Bilderwelt als intentionales Kommunikationsmittel zwischen einem Sender und einem Empfänger prägt auch die heutige Kunst. Damit wird es für viele Menschen so schwierig, der zeitgenössischen Kunst etwas abzugewinnen, denn sie suchen in den Kunstwerken immer noch vorwiegend das ästhetische Erlebnis, das sie in den Sammlungen der alten Meister finden. Die Unterscheidung zwischen Kunst und Gebrauchsgrafik (oder Werbung) hat einen ganz anderen Stellenwert erhalten. Betrachtet man auch die Kunst unter dem Sender-Empfänger-Aspekt sowie unter dem Blickwinkel der gesellschaftlichen Prozesse, die sie auslöst, so ist die Abgrenzung nur noch inhaltlich, nicht mehr ästhetisch zu leisten. Und so ist es folgerichtig, zu sagen: "Ob Werbung Kunst ist, hängt davon ab, wofür man wirbt" (Zitat von Joseph Beuys in einer Ausstellungswerbung des Zürcher Kunsthauses).

Zieht man, wie dies mit dem Begriff der visuellen Kommunikation geschieht, den ganzen Prozess zwischen Menschen respektive Menschengruppen in Betracht, dann muss man auch die inneren Bilder, die alle Menschen in sich tragen, beachten. So wie jede Buchstabenfolge nur dann einen Sinn ergibt, wenn wir sie in unserem inneren Dictionnaire erkennen, so ist der Eindruck, den ein Bild in uns hinterlässt, geprägt von den inneren Bildern, die wir gespeichert haben. Jaeggi et al. schreiben auf Seite 183 dieses Buches, "dass für die Auslösung menschlichen Verhaltens nicht die Welt 'wie sie ist' als vielmehr 'wie sie gesehen wird' ausschlaggebend ist". Der Unterschied liegt darin, dass die Bilder, die wir in uns tragen, mit denen, die wir wahrnehmen, nie genau korrespondieren (vgl. Abb. 1). Die inneren Bilder, das "Image", das wir von einer Sache haben, ändert sich langsamer als die "Bilderflut", die ständig an uns vorbeifliesst. In unserem Zusammenhang ist auch der Hinweis von Nelson Goodman (1990, 363) interessant, dass innere Bilder nie als solche feststellbar seien, sondern sich nur in der Fähigkeit, bestimmte Tätigkeiten auszuführen niederschlagen: "Zum Beispiel kann man von mir sagen, ich habe ein inneres Bild von einem Pferd, in dem Sinne, dass ich ein Pferd beschreiben oder zeichnen kann, Beschreibungen und Bilder von Pferden und Nicht-Pferden sortieren kann und fehlerhafte Beschreibungen und Bilder von Pferden kritisieren oder verbessern kann." Im Aufsatz "The Image and the Picture of Ecology" (Thomas 1994a) wird das Verhältnis zwischen innerem Image und äusserem Bild für die Ökologie näher beschrieben.

Wird Kultur als Gesamtheit der Kommunikation aufgefasst und visuelle Kultur nicht als ein bestimmter Bestand an Werken, sondern als aktuelle visuelle Kommunikation, so ändert sich auch das Potential der Veränderungen, die durch die aktuelle Kultur bewirkt werden können; insbesondere ändert sich der Zeitraum, in dem Veränderungen bewirkt werden können. Der frühen modernen Bewegung ist es gelungen, innert weniger Jahre das ganze Kulturgut des Historismus, das noch lange danach Salons und Stadtbilder füllte, als verschnörkelt, verkorkst, veraltet, kurz "unmodern" im negativen Sinne darzustellen. Für die visuelle Kommunikation ergibt sich daraus, dass es nicht notwendig ist, die ganze visuelle Umwelt neu zu gestalten, um einen kulturellen Wandel zu initiieren oder zu unterstützen, sondern dass es ausreicht, die Einstellung, die "Optik" gegenüber dem Hergebrachten zu verändern.

Das ökologisch motivierte Kulturgut hat bereits einen beachtlichen Umfang, gerät aber laufend auch wieder in Vergessenheit und wird in einzelnen Publikationen punktuell wieder neu betrachtet und damit belebt. Die kommerzielle und nicht-kommerzielle Werbung, die Ausstellungen, Plakate, illustrierten Reports und Sachbücher, und die 617 Filme und 745 Videos, die allein schon im Medienkursbuch Ökologie (Ökomedia 1993) aufgelistet sind - sie alle machen die visuelle Kommunikation der letzten Jahre im Öko-Bereich aus. Sie sind heute bereits zum grössten Teil überholt und können doch möglicherweise eines Tages plötzlich wieder grosses Interesse auf sich ziehen, sie können neu interpretiert werden, sie können je nach Optik eines Tages als Begleiterscheinung eines Kulturendes oder Vorläufer einer neuen Kultur gesehen werden.

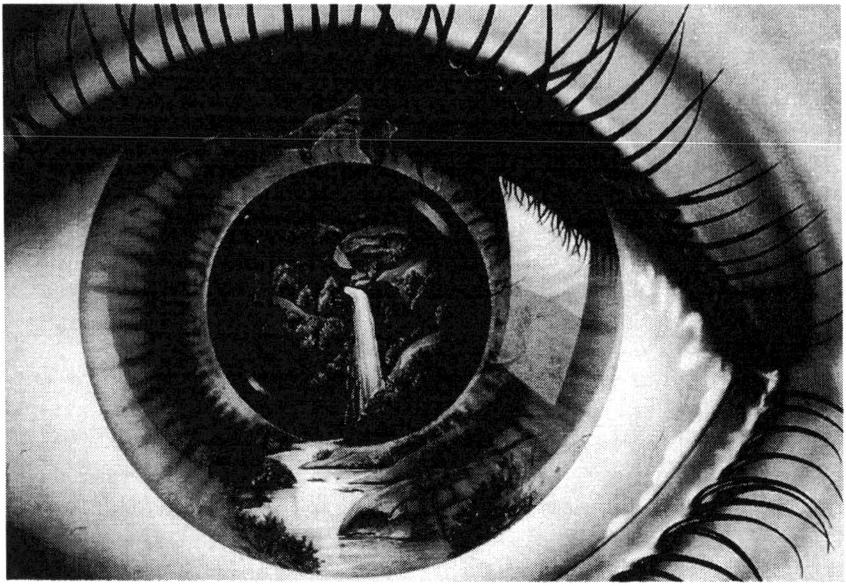

Abbildung 1: *Das Auge sieht, was es von innen aus erkennen kann (Titelblatt von Natürlich Nr. 2, 1994)*

1.2. *Bildkultur und Wortkultur*

Wort und Bild sind lange in der kulturellen Vermittlung als Antagonisten aufgefasst worden. Dies hängt wohl in erster Linie mit der klassischen Unterteilung der Geisteswissenschaften zusammen, in welcher Literaturwissenschaften und Kunstgeschichte nicht als sehr nahe empfunden werden. Auch bei der Ausführung der Kommunikation sind die Berufe meistens getrennt: Künstler und Literaten, Grafiker und Texter. Trotzdem sind Bild und Wort aus verschiedenen Gründen sehr nahe beieinander und beeinflussen sich gegenseitig, selbst wenn es sich nur um ein Bild oder nur um Worte handelt. Dies gilt sowohl auf der Ebene der Entstehung als auch auf der Ebene der Ausführung. Die Wissenschaften beachten heute diese Interaktion von Wort und Bild auch in historischen Kontexten im Rahmen interdisziplinärer Forschung vermehrt (Heusser 1993).

Auf der Ebene der Entstehung eines Gedankens sind Bild und Wort meistens noch nicht klar getrennt. Wir träumen in Bildern wie in Worten, doch oft ist nach dem Erwachen nicht mehr ganz klar, was ein Bild und was ein Wort war. Trauminterpretation, (besonders die Jung'scher Prägung) ist sehr oft Bildinterpretation, besonders wenn es um komplexe

Themen, etwa das Verhältnis zur Natur geht (vgl. dazu Jacobi 1981, 148). In unserem Kopf gibt es nicht eine saubere Ordnung von Bildern und Worten, sondern vor der Artikulation sind beide auf eigenartige Weise vermischt. So wie ein Wort nur verstanden werden kann, wenn der Sinn des Wortes in unserem inneren Dictionnaire vorhanden ist, so können wir auch Bilder nur erkennen und einordnen, wenn der Sinn der entsprechenden Formen und Farben vorgeprägt ist (Thomas 1994a). Worte werden oft in Metaphern abgefasst, verweisen also bildlich auf andere Tatbestände, und viele Bilder sind nichts anderes als illustrierte Begriffe (vgl. dazu auch den Beitrag von Brechbühl, Rey in diesem Band). Nicht nur literarische Werke, sondern auch die Wissenschaften sind oftmals unbewusst auf Metaphern aufgebaut. So ist der Begriff der Krankheit als wissenschaftlicher Begriff sehr schwierig zu definieren, doch als historisch gewachsene Metapher für ganz unterschiedliche seelische und körperliche Zustände kann das Wort im Alltag meist ohne grosse Missverständnisse verwendet werden, sogar im übertragenen Sinne, etwa: "Der Wald ist krank". Für die visuelle Kommunikation bedeutet dies, dass wir viele Bilder besser "lesen" können, wenn wir sie mit Worten kombiniert vorfinden. Die Werbung ist fast immer eine Kombination von Wort und Bild, weil sie eine präzise Mitteilung möglichst rasch und möglichst wirkungsvoll übermitteln will. Auch Begriffe der ökologischen Kommunikation, wie etwa das Wort "Natur" können stark mit Bildvorstellungen beladen sein, für verschiedene Menschen jedoch mit ganz unterschiedlichen Bildern: Die einen sehen Pflanzen, die anderen Tiere, andere Gletscher und Berggipfel, wieder andere denken an Naturgesetze und physikalische Phänomene (vgl. Thomas 1996a). Gehen wir in der Geschichte etwas zurück, so wird die Natur oft mit einer Menschenfigur dargestellt, dem 'wilden Mann' oder dem 'Green Man' (vgl. Abb. 2, Anderson 1990).

Abbildung 2: Die personifizierte Natur findet sich in vielen gotischen Kirchen und Kathedralen an prominenter Stelle als wilder Mann oder 'Green Man'. Detail aus dem 15. Jahrhundert vom Kanzelbogen von Llangwm (Anderson 1990, 19).

Auf der Ebene der Ausführung gibt jedes Handbuch für visuelle Kommunikation oder für grafische Gestaltung detaillierte Erklärungen ab, die sofort klar werden lassen, dass nicht nur mit den ägyptischen Hieroglyphen, sondern auch mit den heutigen Buchstabenschriften immer auch eine (abstrakte) bildliche Darstellung verbunden ist, deren Wirkung nicht zu unterschätzen ist (vgl. Kornatzki 1994). Bis vor kurzem steckte im Schriftbild eine Menge Information über den Werdegang des Textes, denn ob ein Satz in Stein gemeisselt, im Bleisatz mit einem für den Zweck ausgesuchten Typensatz gedruckt, mit Schreibmaschine geschrieben, in Kalligraphie gemalt oder von Hand gekritzelt war, stellte eine bildliche Aussage dar. Heute aber kann man jeden Text in einen Computer tippen und dann nach Belieben mit geeigneten Programmen eine Schrift auswählen und diese in allen alten und neuen Schriftbildern auf Papier oder allen möglichen anderen Werkstoffen ausdrucken. Man kann eine Schreibmaschinenschrift in Stein fräsen oder auf ein T-Shirt drucken, und man kann eine Steinmetzschrift auf Papier drucken. Auch Handschriften könnten bei Bedarf fast beliebig genau nachgeahmt werden. Trotzdem bleibt von den alten visuellen Gewohnheiten einiges übrig. Darauf kann hier nur so weit eingegangen werden, als das Thema für die ökologische Kommunikation relevant ist.

Was das Material betrifft, auf dem etwas geschrieben, gemalt oder gedruckt ist, war die bekannteste Kontroverse wohl die um das Umweltschutzpapier (wie es anfänglich hiess) respektive das Papier aus Altpapier. Unbestreitbar ist die Wiederverwendung von Altpapier als Ausgangsstoff, als Rohstoff für viele quantitativ wichtige Papierqualitäten ein wesentlicher Beitrag zur Schonung der Ressourcen, doch mit dem anfänglich grauen, dann chlorgebleichten und jetzt ohne Chlor gebleichten Recyclingpapier sind gerade auch in ökologisch orientierten Zeitschriften viele Seiten mit Leserbriefen und redaktionellen Stellungnahmen zur Druckqualität von Bildern gefüllt worden. Dies hat dazu geführt, dass die Papier- und Druckqualität von Recycling-Papier stetig verbessert worden ist und heute die Zusammensetzung kaum mehr erkennbar ist. Dafür gibt es jetzt Recycling-Papier mit Altpapier-Einsprengseln für Liebhaber (vgl. Abb. 16). Diese Debatten um das Papier haben gezeigt, dass auch bei Texten die visuelle Kommunikation, die mit der Präsentation stattfindet, eine grosse Rolle spielt.

zwar 2-92
10

Es geht auch anders:
zum Beispiel
Bologna
von Georg Furger*

Bologna ist weltberühmt für seine riesige Altstadt, die etwa sechsmal so gross ist wie die Innenstadt von Zürich. Mit ihrer alten Bausubstanz, den rund 35 km Bogengängen, einer ausgeklügelten Abfolge von kleinen und grossen Plätzen, den vielen Palasten und den alten Pflasterbelägen und Mosaiken ist die Innenstadt Bolognas ein städtebauliches Gesamtkunstwerk.

Davide Bianco, passionierter Radfahrer, wohnt und studiert in Bologna

GP: Man sagt den ItalienerInnen nach, dass sie gar nichts ohne ihr Auto unternehmen. Sind die Bewohner von Bologna anders?

Abbildung 3: *Unruhige Grafik soll oppositionelle Avantgarde zum Ausdruck bringen (zwar: Greenpeace Magazin Nr. 2, 1992, 10)*

Abbildung 4: *Das Schriftbild der anthroposophischen Subkultur ist auch in der Werbung für deren Produkte erkennbar (Prospekt von Weleda)*

Dass auch die Schriftart eine wichtige Aussage transportieren kann, war besonders in den Dreissigerjahren offensichtlich, als für moderne und linke Texte die lateinische Schrift verwendet wurde, während die Traditionalisten, die Deutschnationalen und Nationalsozialisten noch die deutsche Schrift schrieben. Es gibt selbstverständlich keine ökologische Schrift, keine Schrift, die ökologische Aussagen besser transportiert als eine andere. Und doch wird auch im ökologischen Zusammenhang immer wieder mit Schriftbildern versucht, Meta-Aussagen zu machen: Greenpeace hat eine Zeitlang die Mitgliederzeitung "zwar" mit einem möglichst unruhigen Schriftbild gestaltet (vgl. Abb. 3), wohl in der Absicht, Aufmüpfigkeit und Jugendrevolte zu mimen. Es versteht sich, dass sich das Schriftbild bald abnützte, ermüdend wurde und wieder abgeschafft wurde.

Anders die anthroposophische Bewegung, die unter anderem in der landwirtschaftlichen Produktionsweise selbst zu Zeiten der grössten Chemie-Erfolge immer dem biologischen Anbau treu geblieben ist: Sie verwendet seit über siebzig Jahren für Titel und Ankündigungen, auch für Werbeprospekte eine immer wieder modifizierte und doch leicht erkennbare, etwas naturförmige Schriftengruppe (vgl. Abb. 4). Diese sieht wie handgeschnitzt oder handgemalt aus, es gibt auch eine Computerversion davon. Mit diesen Schriften wird auf eine biologische Produktionsweise und bestimmte philosophische und sozio-ökonomische Grundsätze hingewiesen, ohne immer ein Markenzeichen wie Weleda oder Demeter zu verwenden (weitere Aspekte der Schriftbild-Problematik finden sich in Thomas 1995b).

1.3. *Umschichtung der kulturellen Vielfalt durch Bilder*

Die Stellung des Bildes in der Kultur ist einem steten Wandel unterworfen, und der Wandel ist oft konfliktreich (Brechbühl et al. 1995). Mit der

Erfindung des Buchdruckes und später mit der Alphabetisierung stieg die Bedeutung der Schrift gegenüber der des Bildes stark an. Der Bildersturm der Protestanten gegen die sakralen Bilder war eine Kulturrevolution, die zeigt, dass das Gleichgewicht zwischen Wort und Bild in der Kultur keine Selbstverständlichkeit ist. Heute zeigt sich, dass das Bild mit dem Fernsehen wieder stark an Bedeutung gewinnt, weil seine Aneignung müheloser möglich ist als beim geschriebenen Wort. Der funktionale Analphabetismus nimmt wieder zu, und auch in den Industrieländern sind spezielle Programme notwendig, um die Kompetenz des Lesens und Schreibens nicht verkümmern zu lassen. Es gibt in Teilen unserer Zivilisation eine Bilderfeindlichkeit, die sich hauptsächlich gegen Comic und Fernsehen wendet, weil diese beiden am meisten mit bestimmten Formen der Wortkultur konkurrieren. Die Alphabetisierung scheint in den Industrieländern ihren Kulminationspunkt jedoch überschritten zu haben. Es ist heute wieder möglich, praktisch alle zum Leben wichtigen Informationen ohne differenziertes Lesen und Schreiben zu erhalten. Werbung, Fernsehen, Video und Radio bieten eine kulturelle Umwelt an, die von vielen Leuten als ausreichend differenziert angesehen wird. Die laufenden Deregulierungen bauen strukturelle Vorteile und versteckte Subventionen für die Printmedien ab, was den Vormarsch der Bildmedien verstärken wird.

Gerade in der ökologischen Kommunikation besteht ein sehr wesentlicher Unterschied zwischen Bild und Wort darin, dass das Bild kulturelle Barrieren leichter überschreitet als das Wort. Dies trifft offensichtlich für die Sprachbarrieren zu, weil das Bild nicht der Übersetzung bedarf. Doch auch Barrieren zwischen ländlichen und städtischen, akademisch gebildeten und weniger gebildeten Subkulturen werden von Bildern leichter überschritten als von Aussagen, die in Worte gegossen sind. Ein Bild kann auch dann verstanden werden, wenn nicht sein ganzer Sinn für alle ersichtlich ist, doch der Sinn eines Textes geht allzu leicht verloren, wenn einige wichtige Wörter nicht verstanden werden. Ökologische Probleme, die sich selten an kulturelle Grenzen halten, sind deshalb prädestiniert für die Bildkommunikation. Es ist somit nicht erstaunlich, dass es für bestimmte Bilddokumente einen sehr weit verzweigten internationalen Markt gibt. So beispielsweise für Naturfilme, die oftmals mit enormem technischen Aufwand hergestellt werden, aber nachher in der ganzen Welt als Fernsehsendungen und Videofilme Absatz finden. Das technische Raffinement, das für Naturfilme eingesetzt werden kann und das die Naturwahrnehmung von immer mehr Menschen prägt, ist nur möglich, weil es besonders für Filme über seltene Tiere einen interkulturellen Markt gibt.

Greenpeace versteht es ausgezeichnet, mit Aktionen, in denen Menschen die zentrale Rolle spielen, Bilder zu inszenieren, welche interkulturell verständlich sind. Diese Bilder werden vor Ort direkt via Satellitenkommunikation in die Fernsehredaktionen und auf die Bildschirme in den Wohnstuben der verschiedensten Länder übermittelt. Der weisse Anzug ist aus der internationalsten aller Garderoben, derjenigen der Wissenschaftler entliehen und wird selbst dann angezogen, wenn Unterschriften zum Versand an Präsident Chirac vor den Fernsehkameras abgefüllt werden. Das international lesbare Bild bestimmt den Auftritt.

Bilder können aber auch die Grenzen zwischen einzelnen Sektoren der Kultur, also zwischen Wissenschaft, Politik, Kunst und Religion überschreiten (Thomas 1995c). Die Karikatur beispielsweise, die auch künstlerisch von Bedeutung sein kann, ist oft ein Mittel, um wissenschaftlich festgestellte Tatbestände in die Politik zu befördern oder religiöse Tabus zu politisieren. Die Karikatur und der Trickfilm, die oftmals paradoxe oder ausweglose Situationen erfassen, sind in ökologischen Themen besonders stark vertreten.

Diese kurz skizzierten Entwicklungen hängen auch damit zusammen, dass gegenwärtig weltweit eine Umschichtung der kulturellen Vielfalt stattfindet, welche dazu führen kann, dass die ökologische Subkultur trotz weltweiter Verbreitung plötzlich isoliert sein könnte: Während traditionelle Kulturen geographisch lokalisiert waren, finden sich heute immer mehr Kulturen, respektive Subkulturen, die als nicht genau lokalisierbare Lebensstile über grosse Teile der Welt verstreut sind. Die kulturelle Vielfalt nimmt weltweit nicht so rasant ab, wie es scheint, doch in immer grösseren Teilen der Welt hat das Individuum die Wahl, sein kulturelles Selbstverständnis selbst zu wählen. Das Ende dieser Entwicklung ist nicht abzusehen. Einen wesentlichen Beitrag zu dieser Umschichtung der kulturellen Vielfalt leisten die Bilder, insbesondere die Fernsehbilder, die seit der Einführung der Satellitenschüssel die staatlichen und kulturellen Grenzen immer weniger respektieren. Neben den regionalen Fernsehkanälen erhalten die überregionalen Fernsehkanäle immer grössere Bedeutung, weil die Produkte, für die damit geworben wird, auch immer internationaler verfügbar werden. Das gesprochene und das geschriebene Wort halten sich selbstredend viel stärker an die traditionellen Kulturräume. Eine französische oder eine deutsche Ästhetik, so wie es einst die deutsche Romantik oder den französischen Impressionismus gab, ist abgesehen von kurzlebigen Modetrends heute kaum feststellbar: An der Biennale in Venedig oder an der Dokumenta in Kassel wäre es kaum möglich, die Werke einzelnen Sprachräumen zuzuordnen, ohne die Namen der Künstlerinnen und Künstler zu kennen. Das Problem einer mangelnden Verbreitung ökologischer Information besteht nicht darin, dass sie nicht weltweit verbreitet würde, sondern darin, dass sie nur eine bestimmte Subkultur erreicht - eben die ökologisch interessierte - und dass sie in die anderen Subkulturen nicht eindringen kann, weil jede Subkultur eigene Informationsträger (Zeitschriften, Fernsehkanäle) oder "Sendegefässe" hat.

1.4. *Die verlorene Einheit der Kinderzeichnung*

Angesichts der allgemeinen Diskrepanz zwischen Denken und Handeln ist es naheliegend, die Kinderzeichnung zu thematisieren, weil besonders bei kleinen Kindern die Einheit zwischen Denken und Handeln noch intakt ist. Die Kinderzeichnung spielt deshalb gerade in der ökologischen Kommunikation eine grosse Rolle. Seit Jahren begleitet der WWF seine grossen Kampagnen mit einem Zeichenwettbewerb für Kinder, und die aus der Sicht einer Jury besten Resultate werden mit dem Panda-Signet versehen und als Kleberbogen gedruckt und verkauft. In diesen Bildern finden wir besonders von kleineren Kindern immer wieder erstaunliche Resultate dergestalt, dass auch hochproblematische Tatbestände in attraktiven, ja manchmal sogar fröhlichen Farben dargestellt werden (vgl. Abb. 5).

Abbildung 5: *Fröhliche Kinderzeichnungen zu einem ernsten Thema (Kleber der WWF-Kampagne "SOS Klima" 1993/94)*

Kindermalwettbewerbe finden sich auch sonst häufig dort, wo die Logik der Erwachsenen am Ende ist. Typische Beispiele sind die Fussgänger-Unterführungen: Sind sie aus ästhetischen Gründen kaum zumutbar, so bleibt oftmals nur die (billige) Kinderzeichnung als Lösung aus der städtebaulichen Sackgasse. Nur Kinder sind bereit, auch an einem solchen Ort noch ein positives, ganzheitliches Lebensgefühl einzubringen.

Andreas Leuenberger hat im Rahmen dieses Forschungsprojektes das Teilprojekt "Zeichnungen von Kindern und Jugendlichen zu Umwelterlebnissen und Umweltbegriffen" (1994) realisiert (vgl. Abb. 6 und 7). Es ging dabei um die Frage, wie das Image der Ökologie und das ökologisch motivierte Handeln mit der Altersentwicklung, mit der realen Umwelt (Stadt/Land) und mit dem Fernsehkonsum zusammenhängen. Es gab zwei verschiedene Fragestellungen: Der einen Gruppe von Schulklassen wurde die Aufgabe gestellt, etwas zu zeichnen, das in ihnen den Wunsch geweckt hat, etwas für die Umwelt zu tun. Anschliessend wurden sie gebeten, einen kurzen Fragebogen auszufüllen. Das Motiv und die Darstellungsweise wurden also ohne Kenntnis der weitergehenden Auswertungsabsicht gewählt. Die Teilnehmenden wurden befragt, ob sie eine konkrete Handlung angeben können, die mit dem in der Zeichnung Dargestellten in einem Zusammenhang steht. Nicht überraschend ist, dass Teilnehmende, die ein am Fernsehen gesehenes Bild dargestellt haben, viel seltener konkrete Handlungen erwähnten, während diejenigen, die ein authentisches Erlebnis darstellten, dieses häufiger mit einer eigenen Handlung in Verbindung bringen konnten oder diese Handlung gezeichnet hatten (z.B. Hilfe für einen Igel oder ein Meerschweinchen). In einer vierten Klasse (10-11 Jahre) konnten 20 von 24 Schülern eine eigene Handlung im Zusammenhang mit dem gezeichneten Erlebnis angeben. Nur 3 von 20 haben ein medienvermitteltes Erlebnis dargestellt. Diese Relation zwischen Authentizität des gezeichneten Erlebnisses und seiner Handlungswirksamkeit flacht sich bei Schülern in der Pubertät ab. Bei fortgesetzter Schulbildung (Seminarklasse) können medienvermittelte Umweltbilder ebenso handlungswirksam werden wie authentische. Nicht überraschend ist auch, dass bei schulpflichtigen Kindern noch etwa ein Fünftel ein einzelnes Tierindividuum gezeichnet hat, während bei den aus der Schulpflicht entlassenen Jugendlichen nur noch einer von 63 ein derartiges Motiv zum Thema Umwelt zeichnete. Das Interesse hat sich bereits vom Individuum zur Art, zum Netzwerk von Arten und hin zu den abiotischen Umweltfaktoren verschoben. Mit Alter und fortgesetzter Schulbildung nehmen auch die Komplexität der dargestellten Schäden, die Sensibilisierung für sinnlich nicht feststellbare Schädigungen (z.B. Radioaktivität), die Empfänglichkeit für Schadenrückwirkungen auf den Menschen und die Darstellung von katastrophalen Verhältnissen (Dürre, Verödung, Aussterben) zu. Gleichzeitig nimmt aber die Häufigkeit ab, mit der das Gezeichnete mit einer konkreten eigenen Handlung in einen Zusammenhang gesetzt wird.

Bei den Bildinhalten konnte festgestellt werden, dass die Häufigkeit der Darstellung von intakter Umwelt umgekehrt proportional zum Alter ist, dass kleinere Kinder häufiger als Jugendliche einzelne Tierindividuen zeichneten, und dass erst bei grösseren Kindern wichtig wird, wer der Täter ist, der den Schaden verursacht hat. Bei grösseren Kindern ist ein Ereignis handlungswirksamer, wenn ein Mensch konkret fassbarer Täter ist.

Unterschiede zwischen Stadt und Land konnten kaum festgestellt werden. Dies mag damit zusammenhängen, dass im Kanton Bern, (wo die Studie durchgeführt wurde) auch Kinder aus relativ städtischen Verhältnissen meist noch einen guten Zugang zur ländlichen Natur haben und in ländlichen Gegenden die gleichen Medien zur Verfügung stehen wie in der Stadt.

Abbildung 6: *Alexandra (10) zeichnet einen Spaziergang mit ihrem Meerschweinchen als Beispiel für ein Naturerlebnis (Leuenberger 1994, 23)*

Abbildung 7: *Franz (14) hat im Fernsehen Steinböcke gesehen, die wegen des Ozonlochs erblindet sind und umfallen (Leuenberger 1994, 34)*

Die Ergebnisse des Teilprojektes sind insgesamt nicht überraschend. Sie zeigen, dass es eine Korrelation zwischen den gezeichneten Motiven und der mit dem Alter zunehmenden Diskrepanz zwischen Denken und Handeln gibt, doch war die Untersuchung zu wenig detailliert, um den Mechanismus dieser Entwicklung typisch zu beschreiben. Das Teilprojekt wies für verschiedene Aspekte eine zu geringe Zahl von Teilnehmenden auf; es könnte somit als eine Vorstudie für ein umfassenderes Projekt gesehen werden, welches repräsentative und statistisch besser auswertbare Angaben zur Auflösung des Ablaufes 'Wahrnehmen - Denken - Handeln' machen könnte. Die zahlenmässige Auswertung von wenigen Schulklassen ist auch deshalb nicht unbedingt schlüssig, weil manchmal ein Thema, das von einem rasch entschlossenen Schüler gezeichnet wird, von anderen abgezeichnet wird. Die Bedeutung der Wahrnehmung der Umweltproblematik durch Kinder, auch im Zusammenhang mit Kinderzeichnungen, ist bezüglich der Ängste von Kindern untersucht worden (Grefe, Jerger-Bachmann 1992). Dabei wurde festgestellt, dass auch Kinder in den ersten Schuljahren die Probleme bereits sehr drastisch sehen. Das oben erwähnte Teilprojekt zeigte jedoch, dass Primarschulkinder sehr viel häufiger als Jugendliche der Mittel- und Oberstufe und Mädchen häufiger als Knaben von sich aus eine intakte Umwelt zeichnen. Ob solche Unterschiede auf die unterschiedliche kulturelle Umgebung (Deutschland - Schweiz) oder auf den Input des Versuchs zurückzuführen sind, ist nicht feststellbar.

2. Das ökologische Handeln

2.1. Vom Sehen und Hören zum Malen und Schreiben

Das Problem der Diskrepanz zwischen Denken und Handeln ist uralt und hängt wahrscheinlich damit zusammen, dass Menschen nicht nur sehen und hören können, das heisst aktuelle Wahrnehmungen verarbeiten können wie Tiere dies auch können, sondern auch Gedanken in der Form von Bildern und geschriebenen Worten abspeichern und später wieder abrufen können. Die Absonderung von Bildern ist der ältere Prozess, erst viel später ist im Laufe einer langen kulturellen Entwicklung aus einzelnen Bildern eine Bilderschrift und daraus eine Wort-, Silben- oder Lautschrift entstanden.

Mit dem Prozess der Alphabetisierung war der Verlust der visuellen Kommunikation von Angesicht zu Angesicht und die Einführung der Schrift als Gedankenkonserve verbunden. Die Vortragenden in Kulturen ohne Schrift hatten nicht nur eine grosse Fähigkeit, Texte auswendig zu lernen, sie hatten auch Techniken, um Textinhalte mit Körperteilen zu verbinden, so wie wir gelegentlich heute noch beim Zählen die Finger benutzen. Der Vortrag einer historischen Berichterstattung - so wurden die grossen Epen aufgefasst - war eingebettet in eine visuell vermittelte Körpersprache. In einer Kultur ohne Schrift war Wahrhaftigkeit einer Rede immer mit dem sichtbaren Auftreten einer Person verbunden. Dass der Schritt von der Handlung des Sprechens zur Konserve der Schrift die Diskrepanz zwischen Denken und Handeln ermöglicht oder zumindest fördert, ist ein Vorwurf, den es schon im Mittelalter gab. Wenzel (1995, 54) berichtet, wie im Mittelalter die Schriftkundigen (die noch aus Jesu Zeiten ein schlechtes Image haben) dafür kritisiert wurden, dass ihr Bücherwissen auf fatale Weise das Wissen vom Handeln abtrenne, und er erwähnt das "Outing" des Sängers Wolfram von Eschenbach als Analphabet als positive Tatsache.

War das sichtbare Handeln eines Vortragenden besonnen und gesellschaftlich vorbildlich, so hielt man die Rede für weise, war das sichtbare Handeln leichtfüssig, oberflächlich und vielleicht auch egoistisch, so hat man der Rede allenfalls Unterhaltungswert beigemessen. Diese Formen der sichtbaren Identifikation von Text und Figur haben auch nach der Einführung der Schrift noch eine grosse Rolle gespielt - man denke an typische Figuren wie Papageno und Sarastro - und sie spielen es heute noch, man denke an die Auftritte von Entertainern, Moderatoren und Experten am Fernsehen.

2.2. *Denken und Handeln*

Ursprüngliche Handlungen, zum Beispiel eine Landschaft betrachten oder ein wissenschaftliches Laborexperiment anstellen, können in einem Landschaftsgemälde respektive in einem wissenschaftlichen Bericht abgespeichert werden. Viel später können die ursprünglichen Handlungen wieder rekonstruiert werden, indem das Bild betrachtet respektive der wissenschaftliche Text gelesen wird. Diese Spaltung, die auch als Trennung von Imagination und Beschreibung beziehungsweise von Teilnahme und Beobachtung aufgefasst werden kann, hat Harald Atmanspacher (1995) in ihrem geistesgeschichtlichen Zusammenhang genauer dargestellt. Die Entkoppelung und Abspeicherung der Gedanken von der Handlung in der Form von Bild und Schrift ermöglicht es, auch zeitliche Distanz zwischen Handeln und Denken zu bringen. Wir können uns in der Gedankenwelt unserer Väter und Mütter bewegen und in der heutigen Zeit agieren - oft mit fatalen Folgen. Die glückliche Einheit von Denken und Handeln ist für erwachsene Menschen, die im vollen Besitz ihrer geistigen Kräfte sind und diese in einer differenzierten Kultur auch ausüben, in einer arbeitsteiligen Industriegesellschaft kaum mehr möglich.

Gerade im Zusammenhang mit der ökologischen Problematik ist es auch nicht möglich, sich auf eine neutrale, übergeordnete Rationalität zu berufen, um die Übersicht zu behalten und Handlungsmaximen zu gewinnen (Thomas 1994b). Die verheerenden ökologischen Folgen der Grundlegung unserer Kultur hat Theodor Lessing (1921) mit einer Klarheit und einer kompromisslosen Konsequenz beschrieben, die den meisten späteren Kulturkritikern fehlt (vgl. dazu Thomas 1995c, 203).

2.3. *Das individuelle und das gesellschaftliche Handeln: Drei Beispiele*

Zur Untersuchung des Zusammenhanges zwischen Bildern und dem ökologischen Handeln wurde in diesem Projekt heuristisch und nicht quantitativ vorgegangen (vgl. dazu auch das Methodenkap. von Gutscher et al. in diesem Band), denn Bilder lassen sich nur bezüglich sehr isolierter Einzelkriterien statistisch auswerten. Die drei auch zusammen mit Fachleuten dieser Spezialgebiete näher untersuchten Fallbeispiele von Kampagnen für den Artenschutz, der Werbung für das Kompostieren und die Bilder des ökologischen Bauens zeigen, dass es in jeder Sparte des ökologischen Handelns einen Fächer vom individuellen zum gesellschaftlichen Handeln gibt, der sich in jedem Einzelfall anders darstellt.

Der Artenschutz, verstanden als Verzicht auf Frevel an geschützten Pflanzen, war schon vor bald 50 Jahren Gegenstand von Plakatkampagnen. Ansprechpartner war der einzelne, aber der Appell an das Heimatgefühl diente dazu, das Anliegen in einen gesellschaftlichen Kontext einzubinden. Kompostieren ist eine individuelle Handlung par excellence, denn sie nimmt ihren Anfang in der eigenen Küche. Dem Kompostieren ein gesellschaftlich relevantes Image zu geben, ist das Ziel verschiedener Kampagnen gewesen. Dies geschieht einerseits, indem die Wartung der Quartierkomposte als gesellige Tätigkeit von der öffentlichen Hand initiiert wird oder indem die gesamtgesellschaftliche Relevanz des Recyclings aufgezeigt wird. Beim ökologischen Bauen waren beträchtliche Erfolge dort zu verzeichnen, wo mit visuell nachvollziehbaren Taten der Nachbarschaft oder den Besuchern gezeigt werden konnte, dass man eine gesellschaftlich erwünschte Tat vollbringt. Zahlreiche Sonnenkollektoren sind sichtbar auf Dächer montiert worden, doch ihre Energieeffizienz hat mancherorts zu Enttäuschungen geführt, weil das Symbol für ökologisches Energieverhalten ohne einen grossen Speicher und ohne eine raffinierte Steuerung (die von aussen nicht sichtbar sind) nur geringe Einsparungen brachte. Auch das Anlegen von Kleinstbiotopen, die in Einfamilienhaus-Quartieren ökologisch isoliert sind, hat mehr damit zu tun, auch für andere sichtbare Zeichen zu setzen, als die ökologisch dringendsten Probleme zu lösen.

3. Der visuelle Stimulus

3.1. Aktive und passive Kommunikation

Im Zusammenhang mit der Bereitschaft zum ökologischen Handeln kann zwischen zwei Arten von Kommunikation unterschieden werden: Erstens einer aktiven visuellen Kommunikation, zum Beispiel mit Hinweisschildern, Plakaten und Filmen, die darin besteht, dass aktuell eine bestimmte Aussage mitgeteilt wird; zweitens einer passiven Kommunikation, die von einem Gegenstand ausgeht, der zwar mit einer Absicht hergestellt worden ist, dann aber unabhängig von der ursprünglichen Absicht noch über längere Zeit eine relevante Aussage macht, die erst bei genauerer Betrachtung wieder explizit gemacht werden kann. Alltagsgegenstände und Gebäude werden meistens mit der Absicht entworfen, eine Aussage über die Qualität der Materialien, über die Art der Benützung, vielleicht auch über den Bezug zur Natur zu machen. Sie vermitteln also ökologisch relevante visuelle Kommunikation, auch wenn sie nicht eine plakative Aussage enthalten, sondern erst indirekt unsere Einstellung zur Wohnumgebung und zur Stadt, unser Konsum- und Mobilitätsverhalten und unsere Feizeitgestaltung beeinflussen.

Ein *Stimulus* ist somit nicht nur ein unmittelbarer Reiz, der sofort zu einer Handlung führt oder führen kann, sondern auch die Schaffung eines Umfeldes, das die Ausübung einer Handlung fördert. Die einzelne visuelle Aufforderung, etwa ein Verkehrssignal (vgl. Abb. 8 und 9), vermag auch im Verkehr nicht sehr viele Verkehrsteilnehmer zu korrektem Verhalten zu veranlassen, wenn es nicht sinnvoll plaziert ist und die Häufung von Signalen führt nur zur Verwirrung. Deshalb muss die Lösung darin bestehen, dass die Verkehrswege so ausgestaltet werden, dass das korrekte Verhalten naheliegend ist. Diesem Phänomen wird heute auch von der Wahrnehmungspsychologie her Beachtung geschenkt und als 'ökologische Wahrnehmungstheorie' bezeichnet (Kaufmann-Hayoz et al. 1996), wobei das Wort 'ökologisch' in diesem Zusammenhang 'Umweltbezogenheit' und nicht sogenannte 'Umweltfreundlichkeit' meint.

Abbildung 8: *Umweltschutz als freie Ergänzung zur Verkehrstafel: "Rette die Natur, respektiere die Umwelt, Du wirst es tun, um Dich selbst zu retten" (Ponza, Italien)*

Abbildung 9: *Verlängerung der Verkehrstafel-Ästhetik für den Pflanzenschutz (Berlin)*

Aktive und passive Kommunikation erfüllen bei der Erreichung eines Zieles unterschiedliche Funktionen. Je nachdem, ob gefordert ist, eine Impulshandlung zu unterlassen, eine Anstrengung zu machen oder eine langfristige Investition zu tätigen, sind nicht nur unterschiedliche Arten von verbalen Argumenten, sondern auch unterschiedliche Formen visueller Kommunikation notwendig oder sinnvoll. Die drei im Projekt näher untersuchten Beispiele mögen dies illustrieren. Beizufügen ist noch, dass diese Unterscheidung nichts mit der passiven und aktiven Wahrnehmungstheorie nach Gregory (1990, 311f.) zu tun hat.

3.2. *Die Bewusstseinsbildung gegen den Frevel: Artenschutz*

Noch in den Fünfzigerjahren war es üblich, dass man mit einem Blumenstrauss von einer Bergwanderung zurückkam und die zuhause Gebliebenen damit erfreute. Trollblume und Türkenbund dabei zu haben war nichts Besonderes und vorerst auch nichts Negatives. Doch mit der wachsenden Freizeit-Mobilität wurde der Touristenstrom für Pflanzen mit schönen Blüten, die nicht sehr schnell nachwachsen eine ernsthafte Bedrohung. Deshalb wurden bestimmte Pflanzenarten als geschützt erklärt, doch damit diese Pflanzen nicht einfach im Rucksack statt auf den Rucksack gebunden nach Hause getragen wurden, musste ein Bewusstsein dafür geweckt werden, dass es ein Frevel sei, bestimmte Pflanzen zu pflükken. Entsprechend dem Zeitgeist wurden sie zu "Blumen der Heimat" erklärt, und es wurde patriotische Pflicht, sie stehen zu lassen (vgl. Abb. 10). Die entsprechende Kampagne umfasste Drucksachen aller Art für die Schulen und insbesondere auch säuberlich naturalistisch gezeichnete Plakate mit seltenen Blumen für Seilbahnstationen und Bergrestaurants. Was als Aufruf und aktive Kommunikation seitens des Naturschutz-Bundes begann, wurde zum regelmässigen Begleiter der Wanderer, zum Inventar der Tourismus-Infrastruktur. Mancherorts vergilbten die gezeichneten Plakate und wurden mit der Zeit durch fotografierte Plakate ersetzt, die nicht mehr so sehr patriotische Aufrufe, als vielmehr Hintergrund-Werbung für den Bergtourismus wurden.

Ökologisch ist jedoch nicht das passiert, was sich die Botaniker in den Fünfzigerjahren vorstellten - die Männertreu sind an vielen Orten in den Alpen häufig geblieben, doch dort, wo gedüngt oder gar mit Herbiziden gespritzt wurde, sind auch die einst häufigen Wildblumen verschwunden. Das Pfeilkraut ist nicht wegen der Blumenpflücker verschwunden, sondern weil die Sümpfe im Mittelland überdüngt wurden. Ackerunkraut wie Erdrauch und Adonisröschen sieht man seltener als Männertreu und Türkenbund und letztere sind heute eher von zuvielen Rehen und Gemsen als von den Menschen bedroht.

Die Kampagnen für den Artenschutz in der Schweiz sind Opfer ihrer selbst geworden: die mächtige aktive Kommunikation in den frühen Jahren hat zusammen mit Nachkriegs-Handlungsmotivationen so nachhaltig gewirkt, dass zu spät erkannt wurde, dass Artenschutz viel mehr Biotop-Schutz vor der subventionierten Land- und Forstwirtschaft sein müsste als jahrzehntelange Aufrufe gegen individuellen Blumen-Frevel.

Abbildung 10: *"Blumen der Heimat"; Rückseite einer Schweizer Landkarte mit patriotischem Titelbild (Schweizerischer Blindenverband (Hg.) o.J.: Heimatkarte der Schweiz)*

3.3. *Trägheit überwinden für aktives Handeln: Aufruf zum Kompostieren*

Schwieriger als eine öffentlich sichtbare Handlung zu ächten ist es, zu einer Handlung aufzufordern, die im privaten Haushalt beginnen muss. Die aktive Kommunikation kann den Sinn des Kompostierens erklären, kann das Kompostieren vielleicht auch zur gesellschaftlich akzeptierten oder erwünschten Tätigkeit machen, doch damit auch über Jahre keine Müdigkeit eintritt, sind ständige Aufrufe wenig geeignet, sie stumpfen ab und machen die Leute unwirsch. Ist der Kompostplatz eine dunkle, feuchte Ecke mit einem sonderbaren Geruch, improvisiert mit Folien und Gittern, mit einer negativen passiven Kommunikation (vgl. Abb. 11), so ist mit den schönsten und fröhlichsten Plakaten kaum zu erreichen, dass dieser Ort regelmässig aufgesucht wird. Ist der Kompostplatz aber ein Teil eines Gartens oder Parkes, in welchem Pflanzen besonders üppig und schnell wachsen, eben weil Kompost da ist, so kann der Gang dorthin unbewusst als angenehm empfunden werden und die ständigen Aufrufe werden überflüssig (vgl. Abb. 12). Aktive Kommunikation ist dann nur noch für besondere Anlässe wie Aufteilung des reifen Kompostes und andere gemeinsame Aktionen nötig. Nur ein ausgewogenes Verhältnis zwischen aktiver und passiver Kommunikation kann den gewünschten Effekt langfristig erzielen und sichern. Leute, die bereits seit langem kompostieren, empfinden aufwendige Kampagnen, die aus Steuergeldern finanziert sind, überflüssig und lästig oder lächerlich.

Abbildung 11: *Gewöhnlicher Kompost-Platz: Kein Ort, den man besonders gerne besucht (Foto: Abfuhrwesen der Stadt Zürich)*

Abbildung 12: *Bewusste Gestaltung eines Kompost-Platzes: Passive Kommunikation zur Förderung des Kompostierens (Foto: René Estermann)*

3.4. *Langfristige Überlegungen fördern: Ökologische Architektur*

Nochmals anders liegen die Möglichkeiten für einen visuellen Stimulus zum ökologischen Handeln für sehr langfristig wirksame Tätigkeiten wie den Hausbau. In den meisten Fällen kann der Laie kaum abschätzen, ob ein Haus oder ein Bauteil, das ihm zur Miete oder zum Kauf angeboten wird, ökologisch sinnvoll ist oder nicht (vgl. Abb. 13). Während ein Komposthaufen, eine artenreiche Blumenwiese, eine Hecke oder ein voller Fahrradständer sichtbare Stimuli zum ökologischen Handeln sind, die vielleicht bisher unbeteiligte Leute zum Mitmachen ermuntern, ist beim Hausbau für die meisten Leute unklar, wie ein ökologisches Haus überhaupt aussehen soll. Holz hat als Baumaterial einen guten Ruf, doch die Holzkonservierungsmittel haben ihn weitgehend in Frage gestellt. Lehmbauten gelten als ideal, doch wer sich nicht genau informiert hat, wird einen Lehmverputz kaum von einem erdfarbenen konventionellen Verputz unterscheiden können. Sonnenkollektoren galten eine Zeit lang als Signal für ökologisches Bauen und Wohnen, doch dann wurde passive Sonnenenergie als ökologisch sinnvoller gepriesen und die Verunsicherung setzte auch da ein. Wintergärten könnten als Wärmepuffer ökologisch sinnvoll sein, sie sind von der blühenden Branche als solche angepriesen worden, sind zum sichtbaren Zeichen der neuen Generation von ökologischen Häusern geworden, doch sie werden häufig beheizt und gehören somit zu den übelsten Energieverschwendern. So haben sich die sichtbaren Erscheinungsformen der ökologischen Architektur immer wieder als zweischneidig erwiesen, und es hat sich keine typische Erscheinungsweise des Ökohauses etabliert.

Entsprechend dieser schwierigen Situation gibt es auch eine verwirrende Vielfalt von Begriffen wie 'ökologische', 'biologische' und 'natürliche' Architektur oder 'green design'. Hinter diesen Begriffen stehen unterschiedliche Denkrichtungen und Traditionen, die auch unterschiedlichen Einstellungen gegenüber ökologischen Problemen entsprechen (Thomas 1995a; 1996b). Die Auseinandersetzungen zwischen den verschiedenen Richtungen sind zum Teil historisch bedingt, drücken aber auch unterschiedliche Ansichten über den richtigen Weg zu einer besseren Architektur aus. Die passive Kommunikation, die besagt: "Schaut her, hier ist ein ökologisches Haus" scheint bisher jedenfalls noch nicht zu funktionieren. Dies mag auch ein wesentlicher Grund dafür sein, dass immer noch erst ein bescheidener Anteil des Bauvolumens freiwillig bedeutend ökologischer gebaut wird als dies die geltenden Baugesetze vorschreiben.

Abbildung 13: *Einem Haus ist kaum anzusehen, ob es 'ökologisch' oder 'biologisch' gebaut ist. Grosse Verglasungen können Energie-Verschwender oder wie hier integrierte Sonnenkollektoren sein (Haus aus der Öko-Siedlung "Im Stig", Adliswil, Architekt: U. Schäfer).*

3.5. *Bildanalyse*

Die Bilder, die wir in der ökologischen Kommunikation untersuchen, müssen wir funktional ebenso hinterfragen wie hinsichtlich der ästhetischen und gestalterischen Mittel (vgl. dazu auch das Methodenkap. von Gutscher et al. in diesem Band). Das heisst: wir müssen hinsichtlich verschiedener Aspekte prüfen, welche Funktion das Bild auf die Betrachtenden ausübt (vgl. Abb. 14-17).

- *Der emotionale Aspekt:* Muss ich mich vor einer Entwicklung fürchten oder kann ich mich darauf freuen?
- *Der im engeren Sinne ökologische Aspekt:* Hat der Tatbestand mit der belebten Natur zu tun oder nicht?

- *Der soziale Aspekt:* Bin ich mit meiner Sicht alleine oder sind wir viele? Ist es ein allgemeines Problem, das alle anderen genauso etwas angeht wie mich, oder bin ich ganz speziell angesprochen?
- *Der ökonomische Aspekt:* Wird der Aufwand gross sein, um zu einem konkreten Ziel zu gelangen, oder wird er klein sein?
- *Der historische Aspekt:* Hat das Problem eine Vergangenheit und eine Zukunft, oder ist es nur kurzfristig aktuell?

Kaum ein Bild wird auf alle diese Fragen zu einem ökologischen Problem klar fassbare Antworten bringen, doch verschiedene Bilder mischen diese Aspekte, gewichten einen oder mehrere stärker und weisen in eine spezifische Richtung, geben eine Orientierung. Diese Richtung kann auch falsch sein, sie kann in die Irre führen oder tendenziös sein. In der Werbung beispielsweise wird oft versucht, Produkte oder Dienstleistungen als natürlich oder naturverträglich darzustellen. Mit dem häufigen Einbezug der Natur wird selbst in der Autowerbung der Eindruck erweckt, Autos seien für die Natur kein Problem. Kaum je wird ein Auto in seiner normalen Umgebung gezeigt, etwa in einem Stau, vor einer Ampel, auf Parkplatz-Suche oder gar auf dem Schrottplatz.

Abbildungen 14 und 15: *Werbung für Kompostsilos (Prospekt von Windhager GmbH und Prospekt von OTTO GRAF GmbH)*

Abbildungen 16 und 17: *Nicht-kommerzielle Drucksachen zum Thema Kompostieren (Kompost Ratgeber und Tagungshinweis des Fördervereins der Region Olten-Gösgen-Gäu)*

Mit unterschiedlichen grafischen Mitteln wird versucht, einen Naturbezug herzustellen: Ein Plastic-Kompost-Silo wird mit einer unregelmässigen Oberfläche hergestellt, in einer grünen Umgebung fotografiert und mit Blümchen-Signet ergänzt. Ein anderer wird mit Comic-Natur umgeben. Der "Kompost-Ratgeber" hat ein Titelblatt aus Recycling-Papier mit grossen, sichtbaren Altpapier-Schnipseln und mit grün gedruckten organischen Naturformen, ein anderes begnügt sich mit einer hellgrünen Grundfarbe und einem unregelmässig gefleckten Signet "K".

Das Bild vermag gleichzeitig mit verschiedenen Mitteln und auf verschiedenen Ebenen zu kommunizieren. Eine funktionale Bildanalyse (im Gegensatz zu einer ästhetischen) versucht zu klären, auf welche der obigen Fragen das Bild Antworten oder Andeutungen gibt, das heisst, inwiefern ein Bild in der ökologischen Problematik eine Orientierungshilfe sein kann. Dabei können die folgenden Elemente und Eigenschaften eines Bildes in Betracht gezogen werden:

- Der *Inhalt* (das Motiv) des Bildes spielt eine grosse Rolle, doch er repräsentiert oft nur das, was auch mit einem Text mitgeteilt werden könnte, etwa "Tier" oder "Steinbock".
- Die *Formen* eines Bildes können organisch oder geometrisch sein, sie können mit dem Handstrich einen subjektiven Bezug vermitteln oder mit einer technisierten oder abstrahierenden Form eine Verfremdung anzeigen.
- Die *Farben* spielen bis in feine Nuancen hinein eine grosse Rolle bei der emotionalen Rezeption. Sie entscheiden zum Beispiel, ob ein Bild freundlich oder ablehnend stimmt. Die blaue Einfärbung eines Landschaftsbildes kann zum Beispiel den Eindruck von Unwirtlichkeit verstärken.
- Die reale oder auch nur dargestellte *Oberflächen-Beschaffenheit* (Textur) eines Bildes oder einer Skulptur können Natürlichkeit unterstreichen oder verfremden, etwa mit der metallenen Oberfläche einer Bronzeskulptur. Ein Pelz wirkt auch im fotografierten Ausschnitt als Naturbezug.
- Eine *Vordergrund - Hintergrund - Differenzierung* kann einem Bild eine zeitliche Tiefe geben, sie kann ein Bild dramatisieren oder sie kann es verfremden.

Aus der Kombination solcher gestalterischer Mittel resultiert eine unendliche Vielfalt von möglichen Antworten auf Orientierungsfragen, von denen einige oben aufgelistet sind. So kann das Bild neben der kognitiv verarbeitbaren Information Assoziationen mitliefern, die emotional erfasst werden (Natürlichkeit, Beständigkeit, Fülle, Vergangenheit/Zukunft usw.). Dadurch wird der subjektive Bezug erleichtert, wobei es zwischen Bildern zu unterscheiden gilt, die *Freude und Hoffnung* auslösen und solchen, die *Furcht und Schrecken* verbreiten. Beide haben ihre spezifische Funktion. Wer gefährliche Tatbestände als freundlich oder problemlose Tatbestände als gefährlich darstellt, der verwirrt, verniedlicht oder verketzert anstatt zu orientieren (Bildbeispiele s. auch Thomas 1995b).

4. Bild und Orientierung

4.1. *Komplexität*

Ein Faktor, der die Handlungsfähigkeit lähmen kann, ist die Komplexität des Gewirrs von Informationen in der ökologischen Kommunikation. Im Prinzip hätte das Bild stärker noch als der Text die Möglichkeit, Orientierung zu erleichtern, weil im Bild Informationen nicht linear aufgenommen werden müssen und weil das Bild Information "komprimiert" abgibt und auch bei hoher Komplexität des Inhaltes noch leistungsfähig ist. Hohe Komplexität birgt zwar die Gefahr der allgemeinen Verwirrung in sich, aber sie ist auch eine wesentliche Voraussetzung für eine grundsätzliche Neuorientierung. Eine genauere Begründung könnte nicht nur in der Geschichte, insbesondere in der Kunstgeschichte aufgezeigt werden, sie ergibt sich auch in neuen naturwissenschaftlich begründeten Ansätzen (Atmanspacher 1994).

4.2. *Digitalisierung*

Die Art, in der Bilder Orientierung geben können, verändert sich immer klarer. Einst waren Bilder abgespeicherte äussere oder innere Ansichten (Menschen und Gegenstände oder Götter, Engel und Teufel). Im 19. Jahrhundert wurde in der Kunst und mit der Fotografie die äussere Abbildung perfektioniert, doch das 20. Jahrhundert hat zuerst mit der abstrakten Malerei und jetzt mit der Digitalisierung den Bezug zu einer primär erlebten äusseren oder inneren Ansicht immer stärker aufgelöst. Bei handgemachten Zeichnungen oder fotografierten Sujets gibt es noch einen direkten Bezug von der Person des Zeichners oder Fotografen zum Bild, doch wenn jemand am Computer sitzt, von einer CD-ROM oder aus dem Internet Bildelemente abruft und mit der Hilfe von spezialisierter Software weiter verarbeitet, verliert der Prozess der Bildherstellung jede konkrete Qualität und Authentizität, selbst wenn gar nicht bewusst eine künstliche Umgebung oder 'virtual reality' geschaffen wird. Dass der Prozess der Digitalisierung nicht nur mit dem Siegeszug des Computers verbunden ist, sondern ein kulturelles Phänomen von grösster Breite ist, hat Aicher (1992) in vielen Details des Alltages gezeigt und er glaubte noch, mit guten Argumenten gegen die Digitalisierung ankämpfen zu können.

Nicht nur ein Jux sondern geradezu ein Symbol für diese Entwicklung ist der Grosserfolg der Magic-Eye-Bilder, bei denen das vorerst sichtbare etwas repetitive Foto nur ein Substrat ist, in welches mit einem Computerprogramm das eigentliche dreidimensional sichtbare Bild hineingearbeitet worden ist. In ähnlicher Art müssen wir uns in der täglichen Bilderflut orientieren: Nicht das, was vordergründig abgebildet ist, wird uns mitgeteilt, sondern erst mit einer kleinen Anstrengung wird hinter der Bilderflut von Werbung, Kunst und Fernsehen ein plastisches Bild unserer Zivilisation sichtbar. Das vorerst sichtbare zweidimensionale Bild stellt mit sonnigen Badestränden, Fotomodels und Konsumartikeln vor allen möglichen und unmöglichen Hintergründen etwas ganz anderes dar und ist für die eigentliche Aussage irrelevant.

Die Gründe, weshalb die allgemeine Orientierungsfähigkeit von Bildern sich von der direkten Bildaussage zu einer Aussage auf einer Metaebene verlagert, liegen also nicht nur in der Digitalisierung (Linearisierung) aller Information, die es immer mehr erschwert, den noch authentischen Gehalt in Bildern zu sehen, sondern sie liegen auch in der wachsenden Zahl der Bilder aus unterschiedlichen Kontexten ("Bilderflut").

4.3. Bild und Ethik

Versuche, mit Bildern ethisch oder moralisch begründete Mitteilungen zu machen, sind in der westlichen Welt weitgehend unüblich geworden. Dies mag darauf beruhen, dass der traditionelle Bilderschatz der früheren Jahrhunderte im wesentlichen diesem Ziel diente, und dass "den Teufel an die Wand zu malen" fast zum Inbegriff des falschen Tuns in der visuellen Kommunikation wurde. Wie weit sich dieser Trend der Entmoralisierung (zum Beispiel im Sinne der Benetton-Reklame) noch fortsetzen wird, ist nicht abzusehen, doch ist es mittlerweile leichter, sich ein Ausschlagen des Pendels in die andere Richtung vorzustellen als eine immer weiter gehende Demontage jeglicher ethischer Bildästhetik. Unklar ist auch, was ganz einfach Dummheit ist und nicht so sehr beabsichtigtes Darstellen von früher verbotenem Tun, um Aufsehen zu erwecken. Wenn beispielsweise ein grosser Sennenhund durchs dichte hohe Gras prescht, das demnächst gemäht werden soll, dann wird sich der Landwirt, der in Stadtnähe arbeitet und sich bereits über viele Hundehalter ärgert, fragen, weshalb ausgerechnet so für Milchprodukte geworben wird.

Es ist nicht anzunehmen, dass ein Fairness-Code, ein Gentlemen's Agreement oder sonst eine freiwillige Übereinkunft in der Werbebranche dazu führen wird, dass die Bildkommunikation ein ökologisch-ethisches Fundament erhält. Dies kann wohl eher im Zusammenhang mit einer stärkeren Bindung von Bildern (und Worten) an authentische Personen entstehen.

5. Zusammenfassung und Schlussfolgerungen

Handlungsbereitschaft kann nicht durch Formen von visueller Kommunikation gefördert werden, die ein für allemal festgelegt werden können. Es gibt keine ästhetischen Rezepte für ökologisches Handeln die ein für allemal verbindlich sind. Es gibt somit keine "Schluss"-Folgerungen aus einer Arbeit über visuelle Kommunikation, es gibt nur Ziele, die angestrebt und mehr oder weniger gut erreicht werden können.

Authentizität

Ein einzelnes Bild leistet nie alles Wünschbare auf dem Gebiet der Handlungsmotivation (ebensowenig wie ein Text). In vielen Fällen stehen Teilziele einander im Wege. Erkennt man die Sekretion von Gedanken und Gefühlen in Form von Bildern und Schriftstücken als wesentliche Errungenschaft menschlicher Kultur, so muss man sie gleichzeitig auch als Keimzelle für die Trennung von Denken und Handeln in Betracht ziehen. Da der kulturelle Prozess nicht rückgängig gemacht werden kann, müssen neue Formen von Authentizität gefunden werden, in welchen die Identität von Denken und Handeln erleichtert wird. Dies kann in (vorerst) kleinen Gruppen (zum Beispiel den Gruppen des Global Action Plan, GAP) geschehen oder in demonstrativ konstruierten Aktionen, die sich als Aktionskunst wie bei Beuys oder Demonstration wie bei Greenpeace "verkleiden". Kulturell kohärente Gruppen (Subkulturen) können leichter die für sie adäquate und authentische Bild- und Wort-Sprache finden und so mit der gesamtgesellschaftlichen Kultur kommunizieren.

Naturbezug

Das Bild kann rascher als der Text den Naturbezug eines Themas aufzeigen, es kann Assoziationen mit einem bestimmten Aspekt von Natürlichkeit (Farbe, Form) herstellen. Es versteht sich, dass diese Möglichkeit auch missbraucht werden kann, indem Natürlichkeit oder ein Naturbezug vorgetäuscht wird, wo dies gerade nicht der Fall ist. Dies führt dazu, dass der Naturbezug in der ökologischen Kommunikation immer schwieriger dingfest zu machen ist. Die Schwierigkeiten des Naturbezuges in der Bilderwelt werden diskutiert im Aufsatz "Die Natur im Bilderdschungel" (Thomas 1996a), der zum Schluss kommt, dass Natur immer weniger Nicht-Kultur ist, sondern dass die Verschmelzung der Natur mit ihrem Gegenteil respektive ihrem Kompliment immer enger wird (dazu auch Thomas 1995e).

Personalisierung

Die heutige Kultur der Massenmedien sucht wieder Integrationsfiguren, die wenigstens auf dem Bildschirm authentisch agieren wie wenn es die Trennung von Denken und Handeln nicht gäbe. Wenn Politiker sich nicht von sich aus für die home-story zur Verfügung stellen, dann wird diese von den Medien aufgrund einiger Brocken konstruiert. Auch die ökologische Kommunikation kann sich diesem Bedarf an ganzheitlicher Wort-Bild-Kommunikation unter Einbezug der Körpersprache nicht entziehen. Authentische Personen wie der von deutschen Fernseh-Filmen und zahlreichen Vorträgen sehr bekannte Franz Alt werden in jeder ihrer Gesten und Alltagshandlungen von den Wortjournalisten verfolgt (Scheuring 1995). Es wird nötig sein, die Brücke zu finden zwischen der visuellen Personalisierung einer Information und dem sozialen Handeln.

LITERATUR

Aicher, O. 1989: Visuelle Kommunikation - Versuch einer Abgrenzung. In: Stankowski, A., Duschek, K. (Hg.): Visuelle Kommunikation, ein Design-Handbuch. Berlin: Dietrich Reimer Verlag. S. 8 - 10.

Aicher, O. 1992: analog und digital. berlin: ernst & sohn.

Anderson, W., Hicks, C. 1990: Green Man. The Archetype of Our Oneness with the Earth. London, San Francisco: Harpercollins.

Atmanspacher, H. 1994: Brücken über den kartesischen Schnitt: Komplexität und Bedeutung. In: Frankfurter Rundschau vom 01.11.94. S. 10.

Atmanspacher, H. 1995: Objektivierung als Übergang von Innen- zu Aussenperspektive. In: Beiträge zur integralen Weltsicht. Jg X. S. 1 - 18.

Brechbühl, U., Krieger, D., Lesch, W., Rey, L., Thomas, C. 1995: Ökologie und Kulturwandel: Wort, Bild, Wert und Glaube als Vermittler zwischen Individuen und Gesellschaft. In: Fuhrer, U. (Hg.): Ökologisches Handeln als sozialer Prozess. Basel, Boston, Berlin: Birkhäuser. S. 113-132.

Goodman, N. 1990: Pictures in the Mind? In: Barlow, H., Blakemore, C., Weston-Smith, M. (Hg.): Images and Understanding. Cambridge: University Press. S. 358-364.

Grefe, C., Jerger-Bachmann, I. 1992: Das blöde Ozonloch. Kinder und Umweltängste. München: C.-H. Beck.

Gregory, R. 1990: How do we interpret Images? In: Barlow, H., Blakemore, C., Weston-Smith, M. (Hg.): Images and Understanding. Cambridge: University Press. S. 310-330.

Heusser, M. 1993: Word and Image Interactions. Universität Zürich, Basel: Wiese Verlag.

Jacobi, J. 1981: Vom Bilderreich der Seele. Olten, Freiburg i. B.: Walter. (Reprint von 1969).

Kaufmann-Hayoz, R., Häuselmann, Ch., Gessner, W. 1996: 'Eco-Design' die wahrnehmungspsychologische Erweiterung eines technischen Konzepts. In: Lesch, W. (Hg.): Naturbilder. Ökologische Kommunikation zwischen Ästhetik und Moral. Basel: Birkhäuser. (im Druck).

Kornatzki, P. von 1989: Text & Bild. In: Stankowski, A., Duschek, K. (Hg.): Visuelle Kommunikation, ein Design-Handbuch. Berlin: Dietrich Reimer Verlag. S. 179 - 208.

Lessing, Th. 1921: Die verfluchte Kultur. Gedanken über den Gegensatz von Leben und Geist. München: Matthes & Seitz. (Nachdruck 1981).

Leuenberger, A. 1994: Zeichnungen von Kindern und Jugendlichen zu Umwelterlebnissen und Umweltbegriffen. CH-3626 Hünibach. (Manuskript).

Ökomedia 1993: Medienkursbuch Ökologie. Freiburg i. B.: Ökomedia Institut.

Scheuring, C. 1995: Der Prediger. Über den Öko-Propagandisten Franz Alt und dessen rastlose Bekehrungsarbeit. In: Spiegel Special. Nr. 7. S. 88-92.

Thomas, Ch. 1994a: The Image and the Picture of Ecology. In: Atmanspacher, H., Dalenoort, G. J. (Hg.): Inside versus Outside. Endo- and Exo-Concepts of Observation and Knowledge in Physics, Philosophy and Cognitive Science. Hamburg: Springer. S. 135-149.

Thomas, Ch. 1994b: Rationalität: Ein dubioser Begriff in der Umweltdebatte. In: Zierhofer, W., Steiner, D. (Hg.): Vernunft angesichts der Umweltzerstörung. Opladen: Westdeutscher Verlag. S. 17-31.

Thomas, Ch. 1995a: Biologische und ökologische Architektur: Zwei Wege zu einem grossen Ziel. In: Biologische und ökologische Architektur. Beiträge zur Mustersiedlung in Adliswil. Zürcher Studiengesellschaft für Bau- und Verkehrsfragen (Hg.). Zürich: Schweiz. Werkbund. S. 1-8.

Thomas, Ch. 1995b: Bilder in der ökologischen Kommunikation. In: De Haan, G. (Hg.): Umweltbewusstsein und Massenmedien. Perspektiven ökologischer Kommunikation. Berlin: Akademie Verlag. S. 263-270.

Thomas, Ch. 1995c: Visual Communication as Part of Human Nature. In: Sitter, B., Sitter, B. (Hg.): Culture within Nature. SAGW/UNESCO. Basel: Wiese Verlag. S. 203-218.

Thomas, Ch. 1995d: Resonanzen als Medium der Künste. In: Gaia. Jg 4, Nr. 2. S. 69-71.

Thomas, Ch. 1995e: Panda und Blauer Planet: Zwei "Ikonen" für verschiedene Ökologie-Auffassungen. In: Thomas, Ch. (Hg.): Das Lebendige und das Tote im Image der Ökologie. Broschüre für die Tagung vom 21.10.95 in Zürich. S. 15-32.

Thomas, Ch. 1996a: Die Natur im Bilderdschungel. In: Lesch, W. (Hg.): Naturbilder. Ökologische Kommunikation zwischen Ästhetik und Moral. Basel: Birkhäuser. (im Druck).

Thomas, Ch. 1996b: Das "natürliche" Haus. In: Lesch, W. (Hg.): Naturbilder. Ökologische Kommunikation zwischen Ästhetik und Moral. Basel: Birkhäuser. (im Druck).

Wenzel, H. 1995: Hören und Sehen. Schrift und Bild. Kultur und Gedächtnis im Mittelalter. München: C.-H. Beck.

Eine Liste der im Projekt verwendeten Literatur ist beim Verfasser erhältlich. Hier ist nur die erwähnte Literatur aufgelistet.

3.7.

Umweltverantwortliche Wissenschaft

Was ist die spezifische Umweltverantwortung der Wissenschaft?

Rico Defila, Antonietta Di Giulio

Umweltverantwortliches Handeln betrifft nicht nur den Menschen in seinem alltäglichen, politischen und wirtschaftlichen Handeln. Umweltverantwortliches Handeln betrifft massgeblich auch den Menschen als wissenschaftlich tätiges Wesen: Auch die Wissenschaft muss umweltverantwortlich sein!

Vielfach ergeht diese Forderung an die Wissenschaft. Damit verbunden ist auch die Forderung, dass zukünftige Akademikerinnen und Akademiker im Hinblick auf die Bearbeitung von Umweltfragen und die Lösung von Umweltproblemen auszubilden sind. Was beinhaltet diese Forderung und wie soll und kann sie umgesetzt werden? Welches ist die spezifische Umweltverantwortung der Wissenschaft?

Die These, die hier diskutiert werden soll, lautet: Eine umweltverantwortliche Wissenschaft ist in jedem Fall eine Wissenschaft, die sich selbst kritisch hinterfragt, ihre Grundlagen und Voraussetzungen reflektiert. Eine Ausbildung, die zum Ziel hat, umweltverantwortliche Akademikerinnen und Akademiker auszubilden, ist in jedem Fall eine Ausbildung, die zu einer kritischen Reflexion der eigenen Disziplin und der wissenschaftlichen Betätigung befähigt.

1. "Verantwortung" der Wissenschaft - Was ist das?

Es gibt verschiedene Dimensionen, in denen die Frage der Verantwortung der Wissenschaft diskutiert wird:

- Berufsethos: Hier wird diskutiert, welche Regeln die Wissenschaftlerinnen und Wissenschaftler zu befolgen haben, d.h. die Frage nach den sittlichen Grundlagen wissenschaftlichen Tuns. Genannt werden bspw. Redlichkeit und Uneigennützigkeit. Diese Regeln umschreiben das Berufsethos von Wissenschaftlerinnen und Wissenschaftlern und sollen dazu dienen, zuverlässiges und unvoreingenommenes Wissen zu erlangen.[1]
- Ethik: Hier wird - in Ergänzung zur Frage nach dem Berufsethos - diskutiert, welches Handeln der Wissenschaft ethisch zulässig ist und welches nicht, d.h. die Frage nach dem guten Handeln der Wissen-

---

1 Erstmals zusammengestellt wurden solche Normen in der Mitte des 20. Jhdts. vom Wissenschaftssoziologen Robert K. Merton (Merton 1985; Mohr 1991).

schaft, oder die Frage, wer überhaupt Verantwortung trägt, ob das forschende Individuum selbst oder eine höhere Instanz wie etwa das Institut (vgl. statt vieler: Lenk 1991; 1992; vgl. zur grundsätzlichen Problematik auch Kap. 1.2. in diesem Band). Die Diskussion um das ethisch zulässige wissenschaftliche Handeln kam nach dem 2. Weltkrieg auf, als die Frage gestellt wurde, welche Verantwortung die Wissenschaftlerinnen und Wissenschaftler tragen, die an der Entwicklung der Atombombe oder an medizinischen Versuchen im Krieg beteiligt waren. Es wird bspw. gefragt, wie sich die Wissenschaft hätte verhalten sollen oder inwiefern die beteiligten Forscherinnen und Forscher auch für die Konstruktion (technische Umsetzung) und den Abwurf (gesellschaftliche Folgen) der Atombombe verantwortlich sind.

- Aufgaben für die Gesellschaft: Hier wird das Verhältnis von Wissenschaft und Gesellschaft angesprochen, es wird die Frage diskutiert, welche Aufgabe und damit Verantwortung die Wissenschaft in der Gesellschaft und für die Gesellschaft zu übernehmen hat (z.B. Beitragen zum menschlichen Fortschritt oder zur Lösung gesellschaftlicher Probleme) (auch dazu s. Lenk 1991; 1992).

2. "Umweltprobleme" - ein Thema für die Wissenschaft

Die Frage nach der Verantwortung der Wissenschaft wird in diesem Beitrag eingeschränkt auf die Frage nach der "Umweltverantwortung" der Wissenschaft: Was heisst "Umweltverantwortung" für die Wissenschaft? Gibt es eine spezifische "Umweltverantwortung" der Wissenschaft? Und wie kann diese Art der Verantwortung Eingang finden in die wissenschaftliche Praxis und Ausbildung?

Dazu gibt es verschiedene Antworten, die im folgenden kurz vorgestellt werden sollen (s. Ziff. 3.). Da Umweltverantwortung eng mit Umweltproblemen zusammenhängt, soll zuerst geklärt werden, was hier unter einem "Umweltproblem" verstanden wird (s. dazu auch Kap. 1.1. in diesem Band), d.h. auf welcher Grundlage hier Umweltverantwortung diskutiert werden wird. Dazu soll ein Vergleich zwischen "Vulkanausbruch", "Arbeitslosigkeit" und "Ozonloch" dienen, anhand dessen die Charakteristika von "Umweltproblemen" skizziert werden sollen:

Was den Vulkanausbruch, die zunehmende Arbeitslosigkeit und das Ozonloch verbindet, ist, dass alle drei Veränderungen in der Umwelt des Menschen darstellen und dass diese als schlecht, d.h. problematisch, bewertet werden. Jedoch beziehen sich diese Veränderungen auf verschiedene Umwelten: Die zunehmende Arbeitslosigkeit ist eine Veränderung der gesellschaftlichen Umwelt des Menschen, während der Vulkanausbruch und das Ozonloch sich auf seine natürliche Umwelt beziehen. Was den Vulkanausbruch und das Ozonloch voneinander unterscheidet, ist, dass der Vulkanausbruch ein vom Menschen nicht beeinflussbares Ereignis darstellt, während das Ozonloch eine durch den Menschen verursachte Veränderung ist. Als "Umweltproblem" wird in der Regel nur das Ozonloch bezeichnet.

"Umweltprobleme" werden hier also als Veränderungen in der natürlichen Umwelt des Menschen, in der (aussermenschlichen) Natur verstanden. Solche eingetretenen oder befürchteten Veränderungen werden vom Menschen bewertet und im Falle einer negativen Bewertung als "Problem" bezeichnet.[2] Als Umweltprobleme gelten aber nur diejenigen Veränderungen in der natürlichen Umwelt des Menschen, von denen man annimmt oder bei denen man sich sicher ist, dass sie durch den Einfluss des Menschen entstanden sind: der Vulkanausbruch ist eine Naturkatastrophe, kein Umweltproblem.

Umweltprobleme beinhalten immer neben der natürlichen auch die menschliche Dimension: Umweltprobleme können nur angemessen erfasst und untersucht werden, wenn 1. Informationen vorliegen über die Veränderungen in der Natur, ihre Ursachen und Erklärungen, 2. Grundlagen für deren Bewertung vorhanden sind sowie 3. Prognosen gemacht werden können über mögliche zu erwartende Veränderungen. Sollen bestehende Umweltprobleme gelöst und zukünftige vermieden werden, so braucht es aber auch Informationen über den Menschen, über die Grundlagen seines Handelns - wie etwa Wahrnehmung oder Werte - sowie über die Funktionsweise menschlichen Handelns in seiner Beziehung zur Natur. Informationen allein über die Natur reichen dazu nicht aus. Das zeigt bereits die jüngere Vergangenheit: Trotz eigentlich ausreichender Information über Ozonwerte, deren Folgen und Ursachen hat sich das Handeln des Menschen nur sehr langsam und nicht sehr stark geändert (vgl. den Beitrag von Diekmann, Franzen in diesem Band); soll das menschliche Handeln verändert werden, so sind die Bedingungen dafür zu untersuchen, wie dies in verschiedenen Beiträgen in diesem Band geschieht.

Die Frage nach der Umweltverantwortung der Wissenschaft hat diesen Aspekten der Umweltprobleme Rechnung zu tragen. Das dargelegte Verständnis von "Umweltproblemen" wird deshalb bei der weiteren Diskussion vorausgesetzt.

---

2 Der Mensch ist von Umweltproblemen auch durch Rückwirkungen, die sie auf ihn haben, betroffen - so etwa beim Ozonloch durch die erhöhte Hautkrebsgefahr. Solche Rückwirkungen stellen ein wichtiges Kriterium dar bei der Bewertung einer Veränderung als problematisch.

3. So wird Wissenschaft "umweltverantwortlich"!

Es bestehen verschiedene Vorstellungen darüber, wie Wissenschaft umweltverantwortlich werden oder sein kann. Diese Vorstellungen können zusammengefasst werden zu drei charakteristischen Positionen. Im folgenden wird nun versucht, diese drei Positionen zu skizzieren. Legt man die Gliederung gemäss Ziffer 1. zugrunde, so sind die ersten beiden Positionen (Ziff. 3.1. und 3.2.) der Dimension "Ethik" und die dritte Position (Ziff. 3.3.) der Dimension "Aufgaben für die Gesellschaft" zuzuordnen.[3]

3.1. *Die umwelt-ethische Position: Integration der Umweltethik*

"Die ethische Problematik im Hinblick auf Wissenschaften und Technik stellt sich heutzutage stärker als früher im Zusammenhang mit der ausgedehnten Verfügungsmacht des Menschen über die nichtmenschliche Umwelt, über die 'Natur' (...). Durch die Anwendung der wissenschaftlich fundierten Technik wuchsen die Eingriffs- und Wirkungsmöglichkeiten des Menschen bis in früher ungeahnte Dimensionen. Hierdurch entsteht auch für die ethische Orientierung eine neue Situation" (Lenk 1984, 87). Dieser oder ein ähnlicher Ansatz ist oft anzutreffen, wenn es um den Zusammenhang von Wissenschaft und Umweltproblematik geht. Die in der Regel daraus gezogene Konsequenz ist die Forderung einer ökologisch orientierten Wissenschaftsethik (vgl. auch den Beitrag von Lesch in Kap. 3.5. in diesem Band) und deren Integration in die Wissenschaft sowie insbesondere auch in die Ausbildung.

Die Wissenschaft ist hier aufgefordert, die Frage, wie in der Wissenschaft mit der Natur umgegangen werden darf, sowie die Frage nach dem Wert der aussermenschlichen Natur in ihren Diskurs und auch in ihre Ausbildung aufzunehmen. Zulässigkeit und Unzulässigkeit von Forschung an der und mit der Natur ist innerhalb der Wissenschaft zu debattieren (z.B. der Umgang mit Versuchstieren), ähnlich wie die Zulässigkeit von Forschung an und mit Versuchspersonen (d.h. die ethische Diskussion ist auszudehnen auf nichtmenschliche Wesen). Dass dies auch von der Öffentlichkeit zunehmend verlangt wird, zeigen z.B. die Debatten um Gentechnologie oder Tierversuche. Die Wissenschaft handelt gemäss diesem Ansatz dann umweltverantwortlich, wenn sie die Frage nach der Verantwortung der Natur gegenüber oder für die Natur in die wissenschaftliche Praxis und Ausbildung integriert.[4]

---

3 Der Bereich der wissenschaftsimmanenten Verantwortung (Berufsethos) wird nicht weiter vertieft, da dieser die Wissenschaft als Tätigkeit an sich betrifft und somit keinen direkten Bezug zur Frage der Umweltverantwortung hat.

4 Ein Beispiel neueren Datums aus der Schweiz für die Forderung nach einem ethischen Umdenken in der Wissenschaft angesichts der Umweltproblematik stellt H. Primas dar (1992).

3.2. *Die ethisch-kritische Position: Alternative Wissenschaft*

Der technologisch-wissenschaftliche Fortschritt seit der Neuzeit hat dem Menschen mehr Möglichkeiten beschert als je zuvor, in seine Umwelt gestaltend einzugreifen und seine Umwelt den menschlichen Bedürfnissen anzupassen. Der Mensch wurde damit in zunehmendem Masse von der Natur unabhängiger. Dieser Fortschritt und damit einhergehend die Industrialisierung hat aber auch zu einer Ausbeutung der natürlichen Ressourcen geführt, wie sie zuvor nicht möglich war. Neu ist zudem, dass die Folgen des menschlichen Einflusses auf die Natur sich nicht länger auf lokale oder regionale Auswirkungen beschränken lassen, sondern globale Ausmasse angenommen haben (vgl. statt vieler: Hein 1992 oder Jonas 1984).

Die Umweltproblematik wird nun oft auf den technologisch-wissenschaftlichen Fortschritt seit der Neuzeit zurückgeführt. Eine der Analysen setzt in diesem Sinne beim Natur- und Wirklichkeitsverständnis der Wissenschaft - vor allem der Naturwissenschaften - an und will (umwelt-)zerstörerische Folgen dieser wissenschaftlichen Vernunft und des sie leitenden Erkenntnisinteresses aufzeigen. Eine Folge dieser Rückführung ist eine zum Teil massive Kritik an der Wissenschaft, ein zunehmendes Misstrauen der Wissenschaft gegenüber. Die Wissenschaft, das wissenschaftliche Tun werden in Frage gestellt, die Wissenschaft hat sich - auch und gerade gegenüber einer ausserwissenschaftlichen Öffentlichkeit - neu zu legitimieren (s. dazu bspw. Striegnitz 1987 oder Jarre, Striegnitz 1987). Gefordert wird eine "andere" Wissenschaft, gefragt wird nach der "ökologischen Verträglichkeit wissenschaftlich-technischer Vernunft" und der "Naturangemessenheit wissenschaftlicher Erkenntnismethodik" (Altner 1987, 3). Gewünscht wird eine "alternative" Wissenschaft mit anderem Erkenntnisinteresse, anderem Naturverständnis und anderen (Erkenntnis-)Methoden (so z.B. Picht 1990, 80: "Die Menschheit ist heute in Gefahr, durch ihre Wissenschaft von der Natur den Bereich der Natur, in dem sie lebt und der ihrem Zugriff ausgesetzt ist, zu zerstören. Eine Erkenntnis, die sich dadurch bezeugt, dass sie das, was erkannt werden soll, vernichtet, kann nicht wahr sein. Deswegen sind wir heute gezwungen, die Wahrheit unserer Naturerkenntnis in Frage zu stellen.").

Die hier dargestellte Wissenschaftskritik und die Forderung nach einer Umorientierung der Wissenschaft stellt eine grössere Herausforderung an unsere Wissenschaft dar als die Forderung nach der Integration umweltethischer Fragen: Die Wissenschaft ist hier aufgefordert, ihre Voraussetzungen, Grundlagen und Folgen einer "Umweltverträglichkeitsprüfung" zu unterziehen und damit ihre Umweltverantwortung wahrzunehmen. Dies wiederum stellt eine fundamentalere Forderung dar als die umwelt-ethische, in der etwa Normen für den richtigen und zulässigen Umgang mit Versuchstieren diskutiert und entwickelt werden.

3.3. *Die methodologische Position: Interdisziplinarität*

Umweltprobleme sind durch ihre Charakteristika (s. Ziff. 2.) in hohem Masse komplex. Durch diese Komplexität der Umweltprobleme entstehen auch spezielle methodische Anforderungen an ihre Bearbeitung: Jede wissenschaftliche Disziplin ist reduktionistisch, d.h. jede Disziplin beschäftigt sich nur mit einem Ausschnitt der Welt, sogar nur mit bestimmten Eigenschaften ihrer Gegenstände. Jede Disziplin kann auch, mit den ihr zur Verfügung stehenden Methoden, nur bestimmte Fragestellungen untersuchen. Umweltprobleme und die Beziehung Mensch-Natur im allgemeinen umfassen aber mehr Aspekte, als mit einem disziplinären Ansatz allein bearbeitet werden können. Informationen über Umweltprobleme, deren Ursachen, Erklärungen, Grundlagen für deren Bewertung sowie Prognosen über mögliche zukünftige Veränderungen und Informationen über das menschliche Handeln, seine Grundlagen, Wirkungen, Determinanten und Veränderungsbedingungen sind von verschiedenen Disziplinen zu liefern; sie bedürfen der interdisziplinären Zusammenarbeit unter Einbezug der ausserwissenschaftlichen Praxis (vgl. dazu für Literaturhinweise Di Giulio 1993 oder auch Di Giulio in Vorbereitung).

Die Wissenschaft ist - in ihrer Verantwortung der Gesellschaft gegenüber - aufgefordert, die Umweltproblematik adäquat zu bearbeiten und Lösungsansätze zu entwickeln.[5] Nur so kann sie ihre spezifische Umweltverantwortung wahrnehmen (vgl. statt vieler: Bundesministerium für Bildung und Wissenschaft 1990 oder auch Messerli 1991). Diese Anforderung an die Wissenschaft, disziplinenübergreifend und praxisbezogen zu arbeiten, verhält sich nun aber gerade gegenläufig zu der Entwicklung unserer Wissenschaft in den letzten 300 Jahren, die zu einer zunehmenden Spezialisierung geführt hat.

Auch die Forderung, die sich aus diesem Ansatz ergibt, stellt damit eine Herausforderung an unsere Wissenschaft, an unsere wissenschaftliche Kultur dar: Es erstaunt nicht, dass sich die Integration der interdisziplinären Bearbeitung der Umweltproblematik in die akademische Ausbildung nicht problemlos gestaltet (s. dazu etwa von Weizsäcker 1992; Bundesministerium für Bildung und Wissenschaft 1990). Die Wissenschaft ist

5 Diese Frage wurde in neuerer Zeit in der Schweiz auch von B. Böhlen (1993) im Rahmen eines Symposiums zum Thema "Die Verantwortung der Wissenschaft in der Politik" am 13.09.1991 in Zürich angesprochen.

in diesem Sinne aufgefordert, die wissenschaftliche Ausbildung in der Hochschule, aber auch bereits in deren Vorfeld in der Mittelschule, umzustrukturieren hin zu vermehrter Interdisziplinarität (vgl. zur Mittelschule den Beitrag von Kyburz-Graber et al. in diesem Band). Damit ist sie aufgefordert, interdisziplinäre Studiengänge einzurichten (oder in bestehende Studiengänge fachfremde Anteile zu integrieren) und interdisziplinäre Studien zu ermöglichen.[6]

Fallstudien zu interdisziplinären Projekten (s. insbesondere Blaschke, Lukatis 1976) zeigen aber auch, dass interdisziplinäre Projekte oft an kommunikativen und methodologischen Problemen scheitern - Beispiele dazu sind:

- Kommunikationsschwierigkeiten: Es fehlt eine gemeinsame Sprache. Dieselben Begriffe werden zwar in verschiedenen Disziplinen und auch in der Alltagssprache verwendet, aber mit einer je anderen Bedeutung, was zu Missverständnissen führt (Beispiele dazu sind etwa die Begriffe "Methode" oder "Symbol").
- Verständigungsprobleme: Disziplinäres Fachwissen kann Vertreterinnen und Vertretern anderer Disziplinen oft nicht oder kaum verständlich gemacht werden, fremdes Fachwissen wird nicht oder kaum verstanden. (Disziplinäres) Fachwissen kann nicht oder kaum an eine weitere Öffentlichkeit vermittelt werden, es wird ausserhalb der Universität nicht oder kaum verstanden.
- Ziel- und Wertkonflikte: Werte, Normen und Wissenschaftlichkeitskriterien[7] der eigenen Disziplin werden absolut gesetzt und zur Beurteilung anderer Disziplinen verwendet. Der Anspruch, im alleinigen Besitz der objektiven Erkenntnis zu sein, verhindert, dass andere disziplinäre Sichtweisen akzeptiert werden. Dies verunmöglicht die Toleranz und Offenheit anderen Disziplinen gegenüber.
- Methodenprobleme: Für die interdisziplinäre Zusammenarbeit stehen keine entsprechenden Methoden zur Verfügung. Dies erschwert die Auswahl gegenstands-, problem- und zieladäquater Methoden.
- Teamprobleme: Kommunikations- und Arbeitsprozesse in einer interdisziplinären Gruppe werden nicht genügend unterstützt, Konflikte werden nicht erkannt und nicht behoben. Dies hindert die Kommunikation und die Zusammenarbeit massgeblich.

---

6 Entsprechende Vorschläge für die Hochschule wurden bspw. von der Arbeitsgruppe "Interdisziplinarität an der Universität Bern" (AG IUB) erarbeitet (Balsiger et al. 1990).

7 Kriterien, die herangezogen werden, wenn beurteilt wird, ob etwas als wissenschaftlich gelten soll oder nicht.

Die Gründe für diese Schwierigkeiten sind vielfältig. Ein wesentlicher Grund liegt jedoch darin, dass den Wissenschaftlerinnen und Wissenschaftlern die für interdisziplinäres Arbeiten notwendigen Voraussetzungen fehlen. Diese Voraussetzungen können wiederum nur sehr schwer und auf Kosten der betroffenen Projekte in der interdisziplinären Praxis erworben werden.[8] Im hier vorgestellten Projekt (s. Fn. 14) wurde davon ausgegangen, dass sie schwergewichtig in der Ausbildung erworben werden müssten (s. dazu auch die Arbeiten von Schurz 1992; 1993). Angehende Wissenschaftlerinnen und Wissenschaftler werden jedoch im Rahmen ihrer fachspezifischen Sozialisation kaum - und wenn, dann eher aus Zufall denn infolge expliziter Absicht - entsprechend ausgebildet.

Die Wissenschaft ist deshalb in diesem Sinne aufgefordert, angehende Wissenschaftlerinnen und Wissenschaftler dazu auszubilden, die Beziehung Mensch-Natur und insbesondere die Umweltprobleme adäquat - d.h. interdisziplinär - anzugehen. Damit ist sie aufgefordert, den Studierenden die Voraussetzungen interdisziplinärer Zusammenarbeit zu vermitteln (s. dazu z.B. Balsiger et al. 1993).

Die spezifische Umweltverantwortung, die die Wissenschaft wahrzunehmen hat, liegt gemäss diesem Ansatz also darin, dass Umweltprobleme und -fragen interdisziplinär und praxisbezogen angegangen werden und dass zukünftige Wissenschaftlerinnen und Wissenschaftler entsprechend ausgebildet werden. Dies bedeutet zum Einen eine vermehrt interdisziplinäre Ausbildung[9] und zum Anderen eine Ausbildung, die zur interdisziplinären Arbeit befähigt.

4. Der Stellenwert der Reflexion

Die hier diskutierten Vorschläge, dass eine umweltverantwortliche Wissenschaft

8 Auf einen Aspekt wird in diesem Beitrag nicht näher eingegangen: Interdisziplinäre Projekte vereinen Forschende aus verschiedenen wissenschaftlichen Kulturen. Dies erfordert bei der Planung und Durchführung interdisziplinärer Forschungsprogramme und Projekte besondere Vorkehrungen, um die Zusammenarbeit und den Austausch zwischen den Beteiligten zu gewährleisten und die Projekte erfolgreich durchzuführen (vgl. dazu Balsiger 1995, Krott 1994 sowie Defila, Di Giulio in diesem Band).

9 Auf das Thema interdisziplinärer Ausbildungen im Umweltbereich wird im weiteren nicht näher eingegangen - dieses Thema wurde bereits andernorts diskutiert (s. Di Giulio, Defila 1995). Zu erwähnen ist, dass sich das Angebot solcher Ausbildungen in einem ständigen Wandel befindet; einen Überblick insbesondere über die Situation in Deutschland gibt bspw. Strobl 1994.

a) eine Wissenschaft ist, die einen umwelt-ethischen Diskurs führt, die ihr Handeln der Natur gegenüber ethisch begründet und revidiert und so ihre Verantwortung der Natur gegenüber wahrnimmt (Ziff. 3.1.),
b) eine Wissenschaft ist, die ihre Voraussetzungen und Grundlagen und ihre Werthaltung der Natur gegenüber grundsätzlich hinterfragt, diskutiert und revidiert und so ihre Verantwortung der Natur gegenüber wahrnimmt (Ziff. 3.2.),
c) eine Wissenschaft ist, die die Umweltprobleme adäquat - d.h. interdisziplinär - angeht, einen Beitrag zur Lösung und Vermeidung von Umweltproblemen leistet und so ihre Umweltverantwortung wahrnimmt (Ziff. 3.3.),

setzen alle dasselbe voraus: Die kritische Reflexion der wissenschaftlichen Vorgehensweise, ihrer Werthaltung, Voraussetzungen, Möglichkeiten, Grenzen und Folgen. Darauf soll nachstehend näher eingegangen werden. Insbesondere soll gezeigt werden, inwiefern die Reflexion wissenschaftlichen Handelns und seiner Grundlagen die Voraussetzung bildet

- sowohl für das Wahrnehmen von Verantwortung überhaupt und damit auch für einen ethischen Diskurs innerhalb der und über die Wissenschaft (Ziff. 4.1.),
- als auch für eine begründete Wissenschaftskritik (Ziff. 4.2.),
- wie auch für die interdisziplinäre Bearbeitung von Umweltproblemen (Ziff. 4.3.).

4.1. Reflexion und Ethik

Verantwortung und Reflexion stehen in einem sehr engen Zusammenhang: Das Übernehmen von Verantwortung bedingt, salopp gesagt, dass jemand (ein handelndes Subjekt) gegenüber jemandem (einer Instanz) für etwas zuständig ist, für etwas Rechenschaft ablegt (s. dazu Kap. 1.2. in diesem Band). Wofür kann jemand zuständig sein? Jemand kann für übernommene Aufgaben, für Werte und Normen sowie für das eigene Handeln zuständig sein, Rechenschaft ablegen - oder zur Rechenschaft gezogen werden.

Der Begriff der Verantwortung setzt als ethischer Begriff den freien Willen, die Autonomie des handelnden Subjekts, voraus. Vorausgesetzt wird also, dass das handelnde Subjekt Entscheidungen treffen und zwischen Handlungsalternativen wählen kann. Dies bedingt aber, dass sich dieses Subjekt der übernommenen Aufgaben, der Werte und Normen sowie des eigenen Handelns bewusst ist. Für ein blosses Tun kann niemand eine Verantwortung übernehmen. Gleichwohl kann jemand aber für ein solches Tun zur Rechenschaft gezogen werden. Der Unterschied zwischen Tun und Handeln besteht darin, dass das Handeln ein grundsätzlich bewusstes Tun ist.[10] Für ein bewusstes Tun kann Verantwortung nicht nur aktiv übernommen werden, es kann auch hinterfragt und allenfalls verändert werden. Auch können Werte und Normen erst hinterfragt und verändert werden, wenn sie bewusst sind.

Wie gelangt ein Subjekt von einem blossen Tun zum Handeln? Indem es sich bewusst wird, was es tut und weshalb es dies tut. Dies aber setzt voraus, dass das eigene Tun, die eigenen Werte und Normen reflektiert werden. In dem Sinne ist der Zusammenhang von Reflexion und Verantwortung zu verstehen.

Was bedeutet dies nun für die Wissenschaft? Wissenschaft ist nicht wertfrei, d.h. sie verfolgt gewisse Ziele, verfügt über Normen und Werte, die das wissenschaftliche Handeln beeinflussen. Die Wissenschaft muss sich also ihrer Werte und Normen, ihres Handelns bewusst werden. Erst dann kann die Wissenschaft, können die Wissenschaftlerinnen und Wissenschaftler ihre Verantwortung wahrnehmen. Die Reflexion des wissenschaftlichen Tuns erlaubt, die Verantwortung für Ziele, Werte und Normen, für das wissenschaftliche Handeln, seine Folgen und Voraussetzungen sowie für das Welt-, Natur- und Menschenbild der Wissenschaft und der einzelnen Disziplinen zu übernehmen und diese gegebenenfalls zu verändern.

Die Verantwortung der Wissenschaftlerinnen und Wissenschaftler wird in der traditionellen Wissenschaftsethik oft auf eine wissenschaftsimmanente Verantwortung beschränkt - zu nennen wäre da etwa die wissenschaftliche Redlichkeit (s. Ziff. 1.). Die wissenschaftliche Verantwortung ist aber auszudehnen: Wissenschaftliches Handeln und Erkennen verändert die Welt, wissenschaftliches Handeln findet also in einem grösseren Kontext statt. Den Bezug zwischen Reflexion und Verantwortung stellt etwa von Weizsäcker in seinen vier Thesen zum "Erwachsenwerden der Wissenschaft" so dar: "A. Der Grundwert der Wissenschaft ist die reine Erkenntnis. B. Eben die Folgen der reinen Erkenntnis verändern unaufhaltsam die Welt. C. Es gehört zur Verantwortung der Wissenschaft, diesen Zusammenhang von Erkenntnis und Weltveränderung zu erkennen.

---

10 Eine "Handlung" wird hier verstanden als ein Verhalten des Menschen, mit dem er wissentlich/willentlich Ziele verfolgt (vgl. statt vieler: Höffe et al. 1980). "Tun" wiederum wird hier verstanden als ein Verhalten des Menschen, mit dem er wissentlich/willentlich keine Ziele verfolgt. Auf eine weitere Differenzierung, wie sie etwa Giddens (1992, 55ff.) vornimmt, wird hier verzichtet, da eine solche Differenzierung für die hier behandelte Frage nicht von Bedeutung ist.

D. Diese Erkenntnis würde den Begriff der Erkenntnis selbst verändern" (von Weizsäcker 1985, 428f.). Die Wissenschaft ist dann umweltverantwortlich, wenn sie sich dessen bewusst ist, wenn sie die Voraussetzungen und Konsequenzen des wissenschaftlichen Tuns auf die (aussermenschliche) Natur reflektiert und hinterfragt. Die Wissenschaft ist dann umweltverantwortlich, wenn sie die Implikationen und Folgen ihres Menschen-, Natur- und Weltbildes reflektiert und hinterfragt. Dies sind die Voraussetzungen für jegliche Änderung der wissenschaftlichen Handlungsvorgaben und auch für einen adäquaten Umgang mit den Folgen des Einflusses, den die Wissenschaft auf die Natur ausübt.

Auch die Begründung ethischer Normen (bspw. im Umgang mit Versuchstieren), d.h. die Beantwortung der Frage, was ethisch zulässig und was ethisch unzulässig ist, bedingt, dass die geltenden Normen und Werte explizit gemacht und hinterfragt werden.[11]

4.2. *Reflexion und Kritik*

Eine Kritik an der Wissenschaft bleibt wirkungslos und oberflächlich, wenn sie nicht zur reflektierten und damit begründeten Kritik der Wissenschaft wird. Die oft vorfindbare pauschale Kritik nach der "Schwarzpeter-Methode", die der Wissenschaft die Verursachung allen Übels zuschreibt, zielt an der Realität vorbei. Sie negiert einmal die zentrale Rolle, die die Wissenschaft in unserer Kultur auch im positiven Sinne innehat, und sie negiert gleichzeitig auch die gesellschaftliche Bedingtheit und damit Relativität der Wissenschaft. Zum Dritten negiert sie im speziellen die Errungenschaften, die durch die Wissenschaften auch im Umweltbereich erreicht wurden oder erreicht werden können.

Es wundert deshalb nicht, dass eine solche pauschale Kritik von der Wissenschaft als unbegründet und nicht relevant ebenso pauschal abgetan wird. Dabei wird sehr oft das Kind mit dem Bade ausgeschüttet und auch eine seriöse und fundierte Wissenschaftskritik verworfen. Eine solche Wissenschaftskritik wiederum ist jedoch durchaus angemessen: Sie zeichnet sich dadurch aus, dass sie den Gegebenheiten und Rahmenbedingungen der Wissenschaft, ihren Grenzen und Möglichkeiten Rechnung trägt, d.h., dass sie Wissenschaft, wissenschaftliches Handeln, seine Grundlagen, Werte, Voraussetzungen und Folgen kritisch reflektiert und hinterfragt. Eine solche Wissenschaftskritik will letztlich aufklärerisch wirken, sie will im Kontext der Umweltproblematik nicht eine Kritik an der, son-

---

[11] Zur Diskussion von Naturbildern, Normen, Werten und umweltethischen Positionen vgl. die Beiträge Lesch sowie die Beiträge Schaber und Schmid-Holz in diesem Band.

dern eine Kritik der Wissenschaft vorantreiben und so die Wissenschaft in ihrer Umweltverantwortung neu situieren helfen.

Reflexion spielt dementsprechend auch in den ernstzunehmenden Konzepten für eine "alternative" Wissenschaft eine zentrale Rolle. Dies zeigt sich beispielsweise bei Altner: "Der Anspruch alternativer Naturwissenschaft besteht also nicht in einer kurzschlüssigen und radikalen Verwerfung klassischer Naturwissenschaft und ihrer Erkenntnismethodik, wohl aber in einer kritischen Bestimmung ihrer Grenzen und in der Einbindung in umfassendere Erfahrungshorizonte" (Altner 1987, 170).

So verstandene Wissenschaftskritik und die Forderung nach einer Umorientierung der Wissenschaft fordert deshalb die Wissenschaft auf, ihre Voraussetzungen, Grundlagen und Folgen kritisch zu reflektieren und in diesem Sinne einer "Umweltverträglichkeitsprüfung" zu unterziehen.

4.3. *Reflexion als Voraussetzung für jede Interdisziplinarität*

Der Zusammenhang zwischen Interdisziplinarität und Reflexion ist ein wesentlicher: Die interdisziplinäre Zusammenarbeit - insbesondere zwischen Natur- und Geisteswissenschaften oder Natur- und Sozialwissenschaften - wird oft erschwert durch grosse kommunikative und methodologische Schwierigkeiten (s. Ziff. 3.3.). Dies liegt - wie bereits erwähnt - daran, dass den Forscherinnen und Forschern grundlegende Voraussetzungen für die interdisziplinäre Zusammenarbeit fehlen. Die Wissenschaftlerinnen und Wissenschaftler sind nicht dazu ausgebildet, sind nicht befähigt, interdisziplinär zusammenzuarbeiten.

Ausgehend von den erwähnten Schwierigkeiten, können die Voraussetzungen zu interdisziplinärer Zusammenarbeit abgeleitet werden (vgl. dazu z.B. auch Blaschke, Lukatis 1976 oder Parthey 1983). Diese Voraussetzungen umfassen beispielsweise,

- dass die Grenzen und Möglichkeiten der eigenen Disziplin erkannt und diskutiert werden können,
- dass die eigene Disziplin in Relation gesetzt werden kann zu anderen Disziplinen,
- dass die Zielsetzungen, Werte und Normen der eigenen Disziplin erkannt und diskutiert werden können,
- dass die Bereitschaft gegeben ist, sich unvoreingenommen auf einen Diskurs und eine Zusammenarbeit mit anderen Disziplinen und ihren Vertreterinnen und Vertretern einzulassen,

- dass eine gemeinsame Sprache mit Vertreterinnen und Vertretern anderer Disziplinen gesucht und entwickelt werden kann,
- dass ein funktionierender wissenschaftlicher Diskurs geführt werden kann und
- dass in einem (interdisziplinären) Team zusammengearbeitet werden kann.

Die Voraussetzungen interdisziplinärer Zusammenarbeit können nur durch eine kritische Reflexion der eigenen Disziplin, ihrer Erkenntnisweisen, -voraussetzungen und -interessen, ihrer Geschichte und der ihr zugrundeliegenden Werte und Normen erreicht werden. Sie basieren insgesamt wesentlich auf der Reflexion der disziplinären Sozialisation. So formuliert etwa Schneider als Bedingung für das Gelingen interdisziplinärer Arbeit u.a. "eine ausdrückliche Reflexion des disziplinär und historisch Besonderen an der speziellen wissenschaftlichen Zugriffsweise, die man sich im Studium der gewählten Disziplin aneignet" (Schneider 1988, 15).

4.4. Konsequenz

Unabhängig vom Ansatz erscheint die Reflexion der wissenschaftlichen Tätigkeit also als grundlegender Aspekt einer umweltverantwortlichen Wissenschaft, eine Integration dieser Reflexion in die Wissenschaft und in die akademische Ausbildung findet Konsens. An einzelnen Universitäten - erwähnt sei hier stellvertretend die Universität Bern[12] - finden sich bereits Ansätze, eine solche Reflexion in die Aufgaben der Universität aufzunehmen. Ungeklärt ist jedoch, wie solche Aufgaben konkret in die universitäre Praxis und Lehre umgesetzt werden sollen und können. Es stellt sich die Frage, in welcher Form und mit welchen Mitteln eine solche Integration zu geschehen hat. Ein Vorschlag sowohl für die Form als auch für Mittel und Wege ist im Rahmen des Schwerpunktprogramms Umwelt (SPPU) entwickelt worden und soll im folgenden skizziert[13] werden (Ziff. 5.).[14]

---

12 Im geltenden Berner Universitätsgesetz von 1954 wird die Reflexion unter "Organisation" aufgeführt (Art. 5 Abs. 1). Der Entwurf des Regierungsrates zum neuen Gesetz über die Universität Bern vom 20.09.95 sieht vor, die Reflexion der Wissenschaft, ihrer Voraussetzungen und Folgen in den Katalog der Kernaufgaben der Universität aufzunehmen (Art. 2 Abs. 3). Damit erfährt die Reflexion eine eindeutige Aufwertung. Auch in die Studiengänge in Allgemeiner Ökologie der Universität Bern ist eine solche Reflexion bereits heute integriert (s. dazu Di Giulio, Defila 1995).

13 Eine breitere Darstellung des Vorschlages wird demnächst erscheinen (Defila, Di Giulio in Vorbereitung).

14 Projekt "Allgemeine Wissenschaftspropädeutik als Voraussetzung für interdisziplinäres Arbeiten. Konzeption und Prüfung eines Modellehrgangs für Schweizer Universitäten" (SPPU-NF-Nr. 5001-35078).

5. Ausbildung zur Umweltverantwortung als Ausbildung zur Reflexion - ein Modell

Im erwähnten Projekt wird davon ausgegangen, dass Wissenschaft dann umweltverantwortlich ist, wenn sie interdisziplinär arbeitet und ihre Voraussetzungen und Folgen reflektiert (s. Ziff. 3.3. und 4.4.) und wenn sie entsprechende Ausbildungen anbietet. Des weiteren wird auch vorausgesetzt, dass Umweltverantwortung in diesem Sinne nicht an einzelne universitäre Institute und Abteilungen oder spezielle Studiengänge delegierbar ist (Umweltstellen und -institute, Studiengänge in Ökologie/Umweltwissenschaften etc.), sondern Aufgabe der Wissenschaft als Ganzes sein muss. Dementsprechend ist ein Modellehrgang[15] entwickelt worden (Modellehrgang in allgemeiner Wissenschaftspropädeutik), der Mittel und Wege aufzeigt, wie die Reflexion der disziplinären Sozialisation in die jeweiligen disziplinären Ausbildungen integriert werden kann. Der Modellehrgang richtet sich an Dozierende aller Fächer und soll ihnen erlauben, Veranstaltungen und Teilstudiengänge in allgemeiner Wissenschaftspropädeutik[16] zu konzipieren und durchzuführen, die die Studierenden zur Reflexion ihrer Disziplin und damit zu interdisziplinärem Zusammenarbeiten befähigen.

5.1. *Allgemeine Wissenschaftspropädeutik*

"Allgemeine Wissenschaftspropädeutik" bezeichnet den Ausbildungsteil[17], der die Studierenden befähigen soll, ihre eigene Disziplin zu reflektieren, und ihnen damit die Voraussetzungen zur interdisziplinären Zusammenarbeit vermitteln soll. Der Begriff wird in Anlehnung an von Hentig (1971) verwendet und umfasst inhaltlich die sechs Elemente Erkenntnistheorie, Wissenschaftstheorie (inkl. -geschichte und -soziologie), Methodologie, Sprachphilosophie, Ethik sowie Arbeits- und Kommunikationsmethoden (vgl. dazu Balsiger et al. 1993). Diese Elemente wurden aus Inhalten und Methoden verschiedener (Teil-)Disziplinen der Philoso-

15 Der Terminus "Modellehrgang" bezieht sich auf den Begriff "Modell", wie ihn bspw. Plöger (1992, 37ff.) dargelegt hat, und charakterisiert damit den entwickelten Lehrgang als (allgemein-)didaktisches Modell, das an die jeweiligen Fachdidaktiken angepasst werden kann und muss.

16 Mit "Teilstudiengang" ist hier gemeint, dass solche Studiengänge integrierter Teil des Fachstudiums sind und nicht ein Zusatzstudium zum (Haupt-)Fachstudium wie bspw. ein Nebenfach in einem Mehrfächerstudium.

17 "Allgemeine Wissenschaftspropädeutik": Der Terminus "allgemeine" weist den Begriff als Prinzip der Allgemeinen Didaktik aus. Der Terminus "Propädeutik" bezieht sich nicht auf eine zeitliche Situierung im Verhältnis zu einem Fachstudium, sondern bezieht sich auf den propädeutischen Charakter im Hinblick auf interdisziplinäres Arbeiten (weiteres dazu s. Defila, Di Giulio in Vorbereitung).

phie und der Arbeits- und Organisationspsychologie (s. auch Abb. 1) entwickelt. Ausgewählt wurden sie anhand der Frage, welche Inhalte und Methoden sich grundsätzlich zur Reflexion der disziplinären Sozialisation und der Arbeits- und Kommunikationsprozesse in einer Gruppe eignen. Aus den Elementen der allgemeinen Wissenschaftspropädeutik generieren sich die Inhalte des Modellehrgangs (s. Ziff. 5.3.).

5.2. *Die Lehr- und Lernziele*

Der Modellehrgang in allgemeiner Wissenschaftspropädeutik ist grundsätzlich lernzielorientiert: Lernzielorientierung heisst allgemein verständlich ausgedrückt, dass von den Lehrverantwortlichen bei der Formulierung des Ziels einer Veranstaltung/eines Studiengangs die Perspektive der Studierenden eingenommen wird (also nicht diejenige der Dozierenden) und dass eine Veranstaltung/ein Studiengang ausgehend von dieser Perspektive aufgebaut wird. Das Schwergewicht liegt nicht auf bestimmten Inhalten, die den Studierenden zu vermitteln sind. Vielmehr geht es um Kenntnisse und Fähigkeiten, die die Studierenden im Hinblick auf die Reflexion ihrer Disziplin erwerben sollen. Im Modellehrgang wird also von Lernzielen ausgegangen, die Lehrziele spielen nur eine sekundäre Rolle. Es wird also v.a. danach gefragt, was die Studierenden am Ende einer Veranstaltung und/oder eines Studiengangs können oder wissen sollen, um ihre Disziplin reflektieren zu können (z.B.: die Studierenden kennen die expliziten und impliziten Werte und Normen ihrer Disziplin und können diese diskutieren).

Bei der Entwicklung der Lernziele wurde von den Voraussetzungen ausgegangen, die für interdisziplinäres Arbeiten notwendig sind (s. Ziff. 4.3.). Diese Voraussetzungen werden aufgefasst und formuliert als notwendige Schlüsselqualifikationen für interdisziplinäres Arbeiten[18] - gegliedert in Sach-, Methoden- und Sozialkompetenz - und konkretisiert in Form eines Lernzielkataloges[19] (s. auch Abb. 1). Die Lernziele bilden einen "Pool", aus dem die Dozierenden diejenigen Lernziele auswählen und zusammenstellen können, die sich aus ihrer Sicht eignen für den jeweiligen Studiengang oder für die jeweilige Veranstaltung. Die Formulie-

[18] Die Thematik "Schlüsselqualifikationen" wird sehr umfassend dargestellt und diskutiert von Dörig (1994). "Schlüsselqualifikationen" sind ein umstrittenes Konzept, insbesondere wegen einer gewissen Beliebigkeit, die sie charakterisiert. Dem wird im Projekt Rechnung getragen durch die Fokussierung auf ein Ziel und die Konkretisierung über die Lernziele.

[19] Grundsätzlich wird unterschieden zwischen allgemeinen, mittleren und spezifischen Lehr- und Lernzielen. Im Modellehrgang finden sich die allgemeinen und die mittleren Lernziele wieder.

rung der Lernziele ist dabei so konkret wie möglich und so allgemein wie nötig gehalten: Die Lernziele sollen möglichst umsetzbar und verständlich sein und sich gleichzeitig für die Anpassung an möglichst alle Disziplinen eignen und in diesem Sinne möglichst flexibel sein. Diejenigen Lernziele, die konkret für eine Veranstaltung oder für einen Studiengang gelten sollen, sind von den Dozierenden selbst zu generieren.[20]

5.3. *Die Lehrinhalte*

Die konkreten Lehr- und Lerninhalte sind - wie die konkreten Lernziele - nicht im Modellehrgang vorgegeben. Sie sind durch die Dozierenden selbst zu entwickeln. Ähnlich wie bei den Lernzielen soll der Modellehrgang den Dozierenden aber eine Hilfestellung bieten für die Konzipierung geeigneter Inhalte. In diesem Sinne ist ein Fragekatalog zusammengestellt worden, die sogenannten "allgemein-wissenschaftspropädeutischen Fragen". Aus diesem "Pool" von Fragen können die Dozierenden diejenigen auswählen und zusammenstellen, die sich aus ihrer Sicht besonders zur Integration in die jeweilige Veranstaltung oder in den jeweiligen Studiengang eignen (vgl. bereits Ziff. 5.2.).

Als weitere Hilfestellung verweisen jeweils die Lernziele und die Fragen aufeinander, d.h. die Dozierenden können sowohl bei den Lernzielen, als auch bei den Fragen "einsteigen" (s. auch Abb. 1): Bei den Lernzielen ist jeweils angegeben, welche Fragen als besonders geeignet betrachtet werden im Hinblick auf die Erreichung eines Lernzieles. Bei den Fragen wiederum wird auf die Lernziele hingewiesen, zu deren Erreichung die jeweilige Frage besonders beiträgt.

Der Fragenkatalog ist ausgehend von den sechs Elementen der allgemeinen Wissenschaftspropädeutik generiert worden (s. Ziff. 5.1.). Er umfasst nur Fragen, die als geeignet erachtet werden, die disziplinäre Sozialisation zu reflektieren. Die Frageform wurde gewählt, um die Lernzielorientierung des Modellehrgangs zu unterstreichen: Es besteht kein Kanon von Inhalten, die vermittelt werden müssen, sondern ein "Pool" von Fragen, die - angewendet auf die eigene Disziplin - eine kritische Reflexion der eigenen Disziplin erlauben sollen.

20 Diese spezifischen Lernziele werden von den Dozierenden auf der Grundlage der allgemeinen und mittleren Lernziele entwickelt, indem sie mittlere Lernziele an die konkreten Lernvoraussetzungen etc. adaptieren.

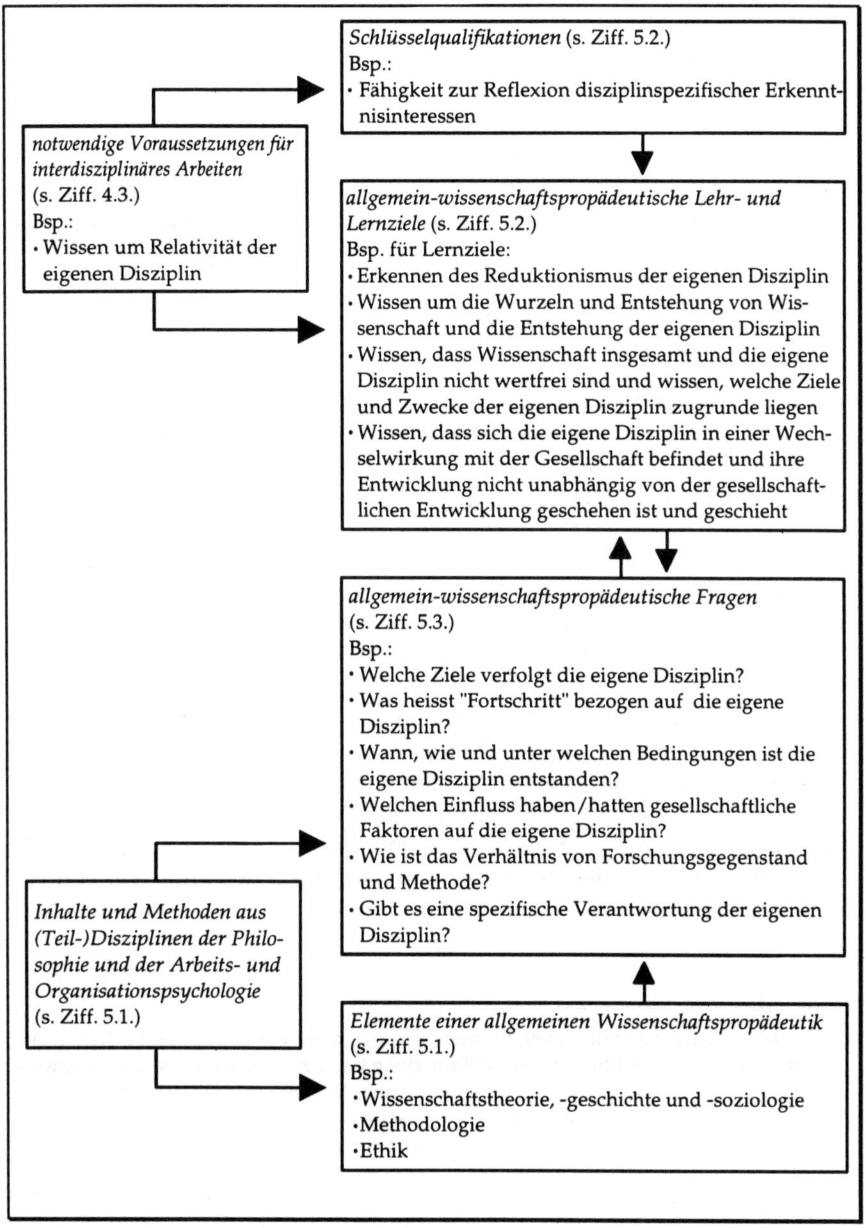

Abbildung 1: *Modellehrgang in allgemeiner Wissenschaftspropädeutik*

5.4. Entwicklung des Modellehrgangs und Erfahrungen bei der Umsetzung

Die Gefahr, die Modellen dieser Art droht, ist die, dass sie nicht umgesetzt werden oder, noch schlimmer, dass sie nicht umgesetzt werden können (weil sie zu praxisfern oder unverständlich sind). Dies liegt daran, dass oftmals Diejenigen, die diese Modelle entwickeln, keine Praxiserfahrung haben und/oder dass Diejenigen, die die Modelle umsetzen sollen, nicht über das pädagogische Vokabular verfügen, in dem die Modelle verfasst sind. In dem hier skizzierten Fall kommt grundsätzlich noch eine weitere Gefahr hinzu: Die Angst, dass zur Umsetzung dieses Modells ein philosophischer Hintergrund notwendig ist.[21]

Um diesen Gefahren möglichst zu entgehen und um die Umsetzbarkeit des Modellehrgangs zu gewährleisten und zu überprüfen, wurde von Anfang an mit Dozierenden verschiedener Disziplinen zusammengearbeitet (Informatik, Geschichte und Psychologie):[22]

Einerseits wurde die Umsetzbarkeit des Modellehrgangs durch Pilotveranstaltungen an der Universität Bern, die gemeinsam mit den Dozierenden entwickelt wurden, geprüft.[23] Dabei kamen auch verschiedene Unterrichtsformen zum Tragen: in der Informatik eine interdisziplinäre Ringvorlesung mit Übung im Team-Teaching unter Mitwirkung der Projektbeteiligten sowie externer Referentinnen und Referenten, in der Geschichte ein Seminar und in der Psychologie eine Vorlesung. Andererseits ist der Modellehrgang selbst gemeinsam mit diesen Dozierenden sowie weiteren Interessierten und ausgehend von ihren Bedürfnissen entwickelt und laufend adaptiert worden. Für die Entwicklung und Prüfung des Modellehrgangs wurde also ein partizipativer Ansatz gewählt, wie er auch im Beitrag von Gutscher et al. in diesem Band (Kap. 2.1.) diskutiert wird.

---

21 Der Modellehrgang stellt einen Versuch dar, einerseits auf pädagogische Kenntnisse und andererseits auf philosophische Kenntnisse bei den Anwenderinnen und Anwendern als Voraussetzung für das Verständnis und die Umsetzung des Modellehrgangs verzichten zu können. Insbesondere soll damit vermieden werden, dass allgemeine Wissenschaftspropädeutik nur im Team-Teaching vermittelt werden kann (in Weiterführung der Überlegungen in Balsiger et al. 1993).

22 Die Veranstaltung in der Informatik wurde von Prof. Dr. H. Mey angeboten. An der Konzipierung und Durchführung der Veranstaltung beteiligt war eine Begleitgruppe, in der die Projektbeteiligten und externe Fachpersonen vertreten waren. Die Veranstaltung in der Geschichte wurde durch PD Dr. A. Tanner und diejenige in der Psychologie von Prof. Dr. K. Foppa durchgeführt.

23 Auch die Evaluation der Pilotveranstaltungen wurde gemeinsam mit den Dozierenden konzipiert.

Eine solche interaktive Entwicklung des Modellehrgangs hat sich deshalb zwar als sehr zeitintensiv erwiesen, aber dafür auch als fruchtbar: durch den laufenden Einbezug der zukünftigen Nutzerinnen und Nutzer konnte gewährleistet werden, dass der entwickelte Modellehrgang verstanden und umgesetzt werden kann.

In der Arbeit und im Gespräch mit den beteiligten Dozierenden konnten auch mögliche weitere Schwierigkeiten bei der Umsetzung des Modellehrgangs geortet werden: Namentlich ist dies die Schwierigkeit, konkrete Lehr- und Lernziele explizit zu formulieren, wozu den Dozierenden in der Regel eine entsprechende Ausbildung und Praxis fehlt. Um dieser Schwierigkeit zu begegnen, bietet sich insbesondere an, die Fomulierung von Lehr- und Lernzielen praktisch einzuüben. Hiezu dient am ehesten eine entsprechende Weiterbildung, die als Teil der Umsetzung des Projekts 1996 erstmals angeboten wird.[24]

6. Zusammenfassung und Schlussfolgerungen

Die Wissenschaft ist ein wesentlicher Teil der menschlichen Gesellschaft und Kultur. Einerseits prägt sie die menschliche Kultur und Lebensweise massgeblich (und damit auch unseren Umgang mit der Natur), andererseits wird sie selbst von der Gesellschaft getragen und steht in deren Dienst.

Diese Aspekte sind zu beachten, will man die Frage nach einer umweltverantwortlichen Wissenschaft diskutieren.

- Einerseits ist zu fragen, inwiefern sich die Wissenschaft angesichts der Umweltproblematik in ihrem Natur- und Weltbild neu orientieren muss - die Frage nach der "Umweltverträglichkeit" der Wissenschaft;
- ebenso ist zu fragen, wie sich die Wissenschaft der Natur gegenüber verhalten soll und darf - die Frage nach der "(Un)Zulässigkeit" von Wissenschaft.
- Andererseits ist zu fragen, wie die Wissenschaft eine ihrer Aufgaben, sich mit gesellschaftlichen Problemen auseinanderzusetzen und einen Beitrag zu deren Lösung zu leisten, im Fall der Umweltproblematik erfüllen kann - die Frage nach der "Problemlösungskompetenz" der Wissenschaft.

---

24 Es handelt sich dabei um einen Weiterbildungskurs ("Interdisziplinarität lehren und lernen") im Rahmen der Weiterbildung in Allgemeiner Ökologie an der Universität Bern.

Die Wissenschaft ist aufgefordert, sich der Herausforderung durch die Umweltprobleme zu stellen; sie ist aufgefordert, umweltverantwortlich zu werden. Was heisst das? Die Antwort darauf muss jedem der genannten Aspekte Rechnung tragen. In diesem Beitrag wurde versucht, ein verbindendes Element dieser Aspekte zu finden und zu begründen. Vorgeschlagen als verbindendes Element wird die "Reflexion":

- Eine kritische Reflexion der Wissenschaft und ihrer Disziplinen kann erst die Grundlagen liefern für eine begründete Neuorientierung der Wissenschaft.
- Eine kritische Reflexion der in der Wissenschaft und ihren Disziplinen geltenden Werte und Normen kann erst die Grundlagen liefern für neue und begründete Werte und Normen im Umgang mit der Natur.
- Eine kritische Reflexion der Wissenschaft und ihrer Disziplinen kann erst die Voraussetzungen liefern für die notwendige interdisziplinäre Bearbeitung von Umweltproblemen und Umweltfragen.

Deshalb wird hier aufgezeigt, dass eine umweltverantwortliche Wissenschaft eine reflektierende Wissenschaft ist: Wissenschaft ist dann umweltverantwortlich, wenn sie die Reflexion als beständigen und integralen Teil ihrer Praxis und Lehre versteht. Für den Bereich der Lehre wurde ein Modell skizziert, das erlauben soll, eine solche Reflexion in die akademische Ausbildung zu implementieren.

Allerdings ist anzumerken, dass ein solches Modell der gegenwärtigen Entwicklung im Bereich der akademischen Lehre - Verkürzung und Straffung - zuwiderläuft. Das vorgeschlagene Modell fordert die Schaffung von Reflexionsräumen. Reflexionsräume aber stehen in einem gewissen Widerspruch zu bestimmten Effizienzkriterien, die sich an Wochenstunden, "Filterprüfungen" und Semesterzahlen orientieren. Soll und will die Wissenschaft in diesem Sinne umweltverantwortlich werden, so ist die "Pflicht zur Reflexion" als wesentliche Aufgabe wissenschaftlicher Forschung und Lehre zu verstehen. Angesprochen sind dabei nicht nur die Wissenschaftlerinnen und Wissenschaftler, sondern auch wissenschaftliche Institutionen, die Wissenschaftspolitik sowie die entsprechende Gesetzgebung. Schliesslich ist dafür zu sorgen, dass diese Aufgabe dann auch tatsächlich wahrgenommen wird und die ihr zukommende hohe Priorität einnimmt.

Literatur

Altner, G. 1987: Die Überlebenskrise in der Gegenwart. Ansätze zum Dialog mit der Natur in Naturwissenschaft und Theologie. Darmstadt: Wissenschaftliche Buchgesellschaft.

Balsiger, Ph. 1995: Oft unterschätzt: Die Planungsphase. Empfehlungen für die Planung interdisziplinärer Forschungsvorhaben. In: Pressestelle der Universität Bern (Hg.): UNI PRESS. Heft-Nr. 85. S. 31-32.

Balsiger, Ph., Defila, R., Di Giulio, A. (Hg.) in Vorbereitung: Ökologie und Interdisziplinarität - eine Beziehung mit Zukunft? Wissenschaftsforschung zur Verbesserung der fachübergreifenden Zusammenarbeit. Basel, Boston, Berlin: Birkhäuser.

Balsiger, Ph., Defila, R., Di Giulio, A., Dolanc, M., Enzfelder, E. 1990: Schlussbericht "Strukturelle Massnahmen zur Förderung interdisziplinären Arbeitens an der Universität Bern" inkl. Supplement-Band. Im Auftrag der Erziehungsdirektion des Kantons Bern und der Koordinationsstelle für Allgemeine Ökologie an der Universität Bern. (Typoskript).

Balsiger, Ph., Defila, R., Di Giulio, A., Dolanc, M., Enzfelder, M., Herrmann, E. 1993: Allgemeine Wissenschaftspropädeutik und Interdisziplinarität. In: Arber, W. (Hg.): Inter- und Transdisziplinarität: Warum? - Wie? Inter- et Transdisciplinarité: pourquoi? - comment? Bern, Stuttgart, Wien: Haupt. S. 175-192.

Blaschke, D., Lukatis, I. 1976: Probleme interdisziplinärer Forschung. Wiesbaden: Franz Steiner Verlag.

Böhlen, B. 1993: Wollen wir die Welt zu Tode forschen? In: Die Verantwortung der Wissenschaft in der Politik. Wissenschaftspolitik. Mitteilungsblatt der schweizerischen wissenschaftspolitischen Instanzen. Beiheft Nr. 58. S. 81-87.

Bundesministerium für Bildung und Wissenschaft (Hg.) 1990: Schutz der Erdatmosphäre - eine Herausforderung an die Bildung. Zur Umsetzung der Empfehlungen der Bundestags-Enquête-Kommission "Vorsorge zum Schutz der Erdatmosphäre" in das Bildungssystem. Ergebnisbericht. Stand 22.07.1990. Bonn: Economica Verlag.

Defila, R., Di Giulio, A. in Vorbereitung: Die Befähigung zu interdisziplinärem Arbeiten - eine Aufgabe für wen? In: Balsiger, Ph., Defila, R., Di Giulio, A. (Hg.): Ökologie und Interdisziplinarität - eine Beziehung mit Zukunft? Wissenschaftsforschung zur Verbesserung der fachübergreifenden Zusammenarbeit. Basel, Boston, Berlin: Birkhäuser.

Di Giulio, A. 1993: Ökologie - Komplexität - Interdisziplinarität. Wissenschaftshistorische und -theoretische Argumente für einen interdisziplinären Ansatz in der Ökologie. Diplomarbeit an der Phil.-hist. Fakultät der Universität Bern. (Typoskript).

Di Giulio, A. in Vorbereitung: Zum Verhältnis von Ökologie und Interdisziplinarität. In: Balsiger, Ph., Defila, R., Di Giulio, A. (Hg.): Ökologie und Interdisziplinarität - eine Beziehung mit Zukunft? Wissenschaftsforschung zur Verbesserung der fachübergreifenden Zusammenarbeit. Basel, Boston, Berlin: Birkhäuser.

Di Giulio, A., Defila, R. 1995: Ein übergreifendes Orientierungsangebot für alle Fächer? Die Studien in Allgemeiner Ökologie an der Universität Bern. In: Das Hochschulwesen. Forum für Hochschulforschung, -praxis und -politik. Heft-Nr. 4. S. 240-245.

Dörig, R. 1994: Das Konzept der Schlüsselqualifikationen. Ansätze, Kritik und konstruktivistische Neuorientierung auf der Basis der Erkenntnisse der Wissenspsychologie. Dissertation. Hallstadt: Rosch-Buch.

Giddens, A. 1992: Die Konstitution der Gesellschaft: Grundzüge einer Theorie der Strukturierung. Frankfurt a. M., New York: Campus Verlag. (englische Ausgabe 1984).

Hein, W. 1992: "In einem Gartenteppich wächst eine Lilie...". Umweltbedrohung und Unterentwicklung - das neue Kernproblem globaler Sicherheit? In: UNIVERSITAS. Heft-Nr. 10. S. 989-999.

Hentig, H. von 1971: Interdisziplinarität, Wissenschaftsdidaktik, Wissenschaftspropädeutik. In: Merkur. Heft-Nr. 25. S. 855-871.

Höffe, O., Forschner, M., Schöpf, A., Vossenkuhl, W. 1980: Lexikon der Ethik. München: Beck.

Jarre, J., Striegnitz, M. (Hg.) 1987: Ökologisch orientierte Forschung in Naturwissenschaft, Technik und Ökonomie. Dokumentation einer Tagung der Evangelischen Akademie Loccum vom 28. bis 30. Oktober 1983. Loccumer Protokolle 25/'83. Loccum.

Jonas, H. 1984: Warum wir heute eine Ethik der Selbstbeschränkung brauchen. In: Lenk, H., Staudinger, H., Ströker, E. (Hg.): Ethik der Wissenschaften? Philosophische Fragen. Paderborn: Wilhelm Fink Verlag, Verlag Ferdinand Schöningh. S. 75-86.

Krott, M. 1994: Management vernetzter Umweltforschung. Wissenschaftspolitisches Lehrstück Waldsterben. Wien, Köln, Graz: Böhlau Verlag.

Lenk, H. (Hg.) 1991: Wissenschaft und Ethik. Stuttgart: Reclam.

Lenk, H. 1984: Zum Verantwortungsproblem in Wissenschaft und Technik. In: Lenk, H., Staudinger, H., Ströker, E. (Hg.): Ethik der Wissenschaften? Philosophische Fragen. Paderborn: Wilhelm Fink Verlag, Verlag Ferdinand Schöningh. S. 87-116.

Lenk, H. 1992: Zwischen Wissenschaft und Ethik. Frankfurt a. M.: Suhrkamp.

Merton, R. K. 1985: Entwicklung und Wandel von Forschungsinteressen. Aufsätze zur Wissenschaftssoziologie. Frankfurt a. M.: Suhrkamp. (englische Ausgabe 1973).

Messerli, B. 1991: Oekologie - Umweltwissenschaften. Wo stehen die schweizerischen Hochschulen heute? In: Wissenschaftspolitik. Mitteilungsblatt der schweizerischen wissenschaftspolitischen Instanzen. Jg 20, Heft-Nr. 1. S. 19-27.

Mohr, H. 1991: Homo investigans und die Ethik der Wissenschaft. In: Lenk, H. (Hg.): Wissenschaft und Ethik. Stuttgart: Reclam. S. 76-94.

Parthey, H. 1983: Interdisziplinarität und interdisziplinäre Forschergruppen. In: Deutsche Zeitschrift für Philosophie. Jg 31, Bd 1. S. 31-43.

Picht, G. 1990: Der Begriff der Natur und seine Geschichte. Stuttgart: Klett-Cotta.

Plöger, W. 1992: Allgemeine Didaktik und Fachdidaktik. Modelltheoretische Untersuchungen. Frankfurt a. M., Bern, New York, Paris: Peter Lang.

Primas, H. 1992: Umdenken in der Naturwissenschaft. In: Gaia. Jg 1, Heft-Nr. 1. S. 5-15.

Schneider, H. J. 1988: Interdisziplinarität: Floskel oder Notwendigkeit? In: UNIVERSITAS. Marksteine. Sonderedition zur 500. Ausgabe. Stuttgart. S. 12-15.

Schurz, R. 1992: Die universitären Schreibstile. Studien zur Möglichkeit von Interdisziplinarität I. Darmstadt: Gebr. Meurer.

Schurz, R. 1992: Sozialisation und Einstellungen als Faktoren der universitären Diskurse. Studien zur Möglichkeit von Interdisziplinarität II. Darmstadt: Gebr. Meurer.

Schurz, R. 1993: Die universitären Denkstile. Studien zur Möglichkeit von Interdisziplinarität III. Darmstadt: Gebr. Meurer.

Striegnitz, M. (Hg.) 1987: Ökologisch orientierte Wissenschaft. Theoretische Entwürfe und praktische Erfahrungen im Bemühen um eine Wissenschaft in ökologischer Verantwortung. Dokumentation einer Tagung der Evangelischen Akademie Loccum vom 8. bis 10. Oktober 1982. Loccumer Protokolle 30/'82. Loccum.

Strobl, G. 1994: Fachübergreifendes Lehren und Lernen im Bereich Ökologie/Umwelt. In: Huber, L., Olbertz, J.-H., Rüther, B., Wildt, J. (Hg.): Über das Fachstudium hinaus. Berichte zu Stand und Entwicklung fachübergreifender Studienangebote an Universitäten. Weinheim: Deutscher Studien Verlag. S. 314-341.

Weizsäcker, C. F. von 1985: Wahrnehmung der Neuzeit. München, Wien: Deutscher Taschenbuch Verlag.

Weizsäcker, E. U. von 1992: Erdpolitik. Darmstadt: Wissenschaftliche Buchgesellschaft.

4.

SCHLUSSFOLGERUNGEN

4.1. FÖRDERUNG UMWELTVERANTWORTLICHEN HANDELNS - VERSUCH EINER SYNTHESE

Ruth Kaufmann-Hayoz

Als "Umweltprobleme" bezeichnen wir Veränderungen der natürlichen Umwelt des Menschen, die - oder deren Auswirkungen - als unerwünscht oder gar bedrohlich erscheinen, und die durch menschliches Handeln entstehen (vgl. Kap. 1.1. und in Kap. 3. die Beiträge von DEFILA und DI GIULIO[1] sowie von KYBURZ-GRABER et al.). Die Identifikation eines Umweltproblems erfordert also (1) das Feststellen des gegenwärtigen Zustandes, vergangener Veränderungen und zukünftig erwartbarer Veränderungen der natürlichen Umwelt, (2) das Bewerten solcher Veränderungen als unerwünscht oder bedrohlich und (3) das - zumindest hypothetische - Zuschreiben der Ursachen dieser Veränderungen zu menschlichen Tätigkeiten. Keiner dieser drei Schritte ist einfach, dementsprechend sind viele "Umweltprobleme" keineswegs klar definierte Probleme, für die es einen überblickbaren Raum von Lösungen gäbe.

Menschen - Individuen und Gesellschaften - scheinen zur Lösung einer Vielfalt von Problemen, auch von schwierigen und komplizierten Problemen, fähig zu sein. Individuen sind in hohem Masse lernfähig und können ihr Verhalten nahezu unbegrenzt veränderten Bedingungen anpassen; Gesellschaften sind wandlungsfähig und organisieren sich entsprechend den sich im Verlauf der Geschichte wandelnden Problemen immer wieder neu. Wir könnten also auf diese Problemlösefähigkeiten auch im Umweltbereich vertrauen. Offensichtlich hat aber das seit den späten 1960er Jahren gewachsene öffentliche Bewusstsein der Umweltproblematik und des sich daraus ergebenden Handlungsbedarfs bisher nicht genügt, um grundlegende Veränderungen herbeizuführen. Eine solche Diskrepanz zwischen der Einsicht in ein Problem und konkreten Handlungen zur Lösung des Problems ist auch in anderen Kontexten (z.B. im Bereich des Gesundheitsverhaltens) zu beobachten. Sie erfordert stets eine Analyse der Voraussetzungen, die zusätzlich zur Einsicht in das Problem gegeben sein müssen, damit eine Veränderung des Handelns möglich ist. Denn das Fehlen solcher Voraussetzungen wird sich in *Hindernissen* und *Hemmnissen* zeigen, die der Realisierung von Problemlösungen entgegenstehen oder diese verunmöglichen.

1 Mit Grossbuchstaben wird auf Beiträge in diesem Band verwiesen.

In einem der Projekte, über die in diesem Band berichtet wird,[2] ist der Versuch unternommen worden, aufgrund von bereits bekanntem Wissen verschiedener Disziplinen einen systematischen Überblick über Umsetzunghindernisse im Umweltbereich zu erarbeiten, der als Grundlage einer Heuristik (eines "Leitfadens") für Vorgehensweisen zu deren Überwindung bei konkreten Umsetzungsvorhaben dienen kann. Dabei wurde von der folgenden *These* ausgegangen:

Wesentliche Veränderungen der Handlungsgewohnheiten von Individuen zugunsten umweltverträglicherer Alternativen fallen deshalb so schwer, weil unverzichtbare Voraussetzungen dafür, dass Menschen ihr Verhalten im Sinne einer Problemlösung verändern (können), im Fall der Umweltproblematik nicht oder nur unvollständig gegeben sind.

Es ging also darum, (1) die als notwendig erachteten Voraussetzungen zu benennen, und (2) aufzuzeigen, inwiefern diese im Umweltbereich nicht oder nur unvollständig gegeben sind, so dass ihr Fehlen ein Umsetzungshindernis darstellt und damit ein *Handlungsproblem* definiert. Im Rahmen des Projektes sind bisher 12 Gruppen solcher Handlungsprobleme - die "12 Problemtypen" (PT) - beschrieben worden (für eine ausführlichere Darstellung vgl. Gessner, Kaufmann-Hayoz 1995; Häuselmann et al. 1995; Kaufmann-Hayoz 1995).

- *PT 1: Probleme der evaluativen Orientierung*
- *PT 2: Probleme der emotionalen und motivationalen Steuerung*
- *PT 3: Probleme der perzeptiven Orientierung*
- *PT 4: Probleme der kognitiven Orientierung*
- *PT 5: Probleme des Umgangs mit komplexen, dynamischen Systemen*
- *PT 6: Probleme der Handlungsregulation*
- *PT 7: Probleme der Aggregation und Kollektivität*
- *PT 8: Probleme der Wissens- und Wertvermittlung*
- *PT 9: Probleme der sozio-ökonomischen Handlungsbedingungen*
- *PT 10: Probleme der Infrastruktur des Handlungsumfeldes*
- *PT 11: Probleme der externen Handlungssteuerung durch rechtliche Normen*
- *PT 12: Probleme der politischen Planung, Strategiebildung und Entscheidung*

---

2 Projekt Nr. 5001-35276 "Interventionsmodelle zur Förderung umweltverantwortlichen Handelns" im Modul 4 des SPP Umwelt. Mitarbeiter in diesem Projekt sind Wolfgang Gessner und Christian Häuselmann; ebenfalls an der Erarbeitung der Resultate beteiligt ist Ursula Peter. Vgl. auch den Beitrag von GESSNER in diesem Band.

Die zwölf Gruppen von Handlungsproblemen umfassen einerseits eher personale, psychologische Einzelprobleme wie etwa Aspekte der Wahrnehmung, der Motivationsbildung oder der Informationsverarbeitung (v.a. PT 2 bis 5). Andererseits ergeben sich Hindernisse für umweltverantwortliches Handeln aus den sozio-ökonomischen, den infrastrukturellen, den politischen und den rechtlichen Rahmenbedingungen (v.a. PT 9 bis 12; in den PT 1 und 6 bis 8 spielen beide Aspekte eine Rolle). Der Beitrag von GESSNER in diesem Band behandelt ausführlich die Art und Weise wie strukturelle Merkmale des materiellen und sozio-ökonomischen Handlungsumfeldes, in dem sich das Handeln von Personen in den heutigen Industriegesellschaften abspielt, umweltverantwortliches Handeln erschweren oder gar das Gegenteil davon erzwingen (PT 9 und 10; vgl. dazu auch Kaufmann-Hayoz et al. 1996).

Die Liste der 12 Problemtypen soll in diesem Kapitel nun dazu dienen, eine *Synthese der Ergebnisse aus den im dritten Teil des Buches dargestellten Projekten* zu versuchen. Es stellt sich die Frage, ob die Ergebnisse einzelner Projekte die Beschreibung bestimmter Problemtypen bestätigen oder zu präzisieren erlauben, und ob sie auf Lösungsressourcen hinweisen, d.h. Möglichkeiten aufzeigen, die zur Überwindung der benannten Hindernisse beitragen könnten. In den folgenden sechs Abschnitten wird versucht, diese Fragen zu beantworten.

4.1.1. Das Problem der grundlegenden Werte

Die ***Probleme der evaluativen Orientierung (PT 1)*** lassen sich folgendermassen umschreiben:

Es ist eine allgemeine Voraussetzung zielorientierten rationalen Handelns, dass in einer Gesellschaft konsensfähige Werte bestehen, die es Individuen (Organisationen, Institutionen) ermöglichen, bestimmte Zustände, Ziele oder Verhaltensweisen eindeutig als problematisch, unerwünscht oder ungeeignet oder aber als wertvoll und erwünscht zu bewerten und im Fall von Wertkonflikten Güterabwägungen vorzunehmen. Diese Voraussetzung ist in bezug auf umweltverantwortliches Handeln nicht gegeben: Die Bezugnahme auf gültige Werte und die Konkretisierung von Zielen ist im Umweltbereich ganz besonders schwierig. Eine über verschiedene philosophische oder theologische Positionen, gesellschaftliche Gruppen oder gar unterschiedliche Religionen und Kulturen hinweg als gültig anerkannte ethische Begründung solchen Handelns scheint vorläufig nicht in Sicht.

Die Ausführungen in den Kapiteln 3.5. (LESCH; SCHMID-HOLZ; SCHABER) und 3.6. (JÄGGI) sowie auch das Kapitel 1.2. von LESCH bestätigen und präzisieren diese Problemdefinition sehr eindrücklich. Die Autoren weisen auf die vielen Schwierigkeiten und Unklarheiten hin, die das Reden von "Umweltverantwortung" und den Prozess der umweltbezogenen Wertbildung kennzeichnen.

- Es existiert keine allgemein anerkannte Werttheorie, die für die Formulierung eines "Naturvertrags" oder für moralische Abwägungsprozesse in umweltbezgogenen Dilemmasituationen herangezogen werden könnte, nicht einmal innerhalb der westlichen, rational argumentierenden philosophischen Ethik. Sowohl SCHABER als auch LESCH[3] sprechen die noch immer ungelöste Debatte um den Eigenwert der Natur an, die sich in verschieden zentrierten Ansätzen ökologischer Ethik äussert (Anthropozentrik, Pathozentrik, Biozentrik, Physiozentrik). SCHABER argumentiert für eine pathozentrische Position, und auch SCHMID-HOLZ plädiert in einer theologischen Begründung für einen gemässigten Anthropozentrismus. LESCH stellt allerdings in Frage, ob die Forschung entlang der genannten vier Grundkonzepte ökologischer Ethik mehr liefern kann als "eine Landkarte zur genaueren Orientierung in einer diffusen Wertelandschaft" (S. 378). Denn "die Frontstellungen in vielen bisherigen philosophischen und theologischen Beiträgen zur ökologischen Krise sind nur wenig dazu geeignet, konkrete Handlungsstrategien zu entwickeln" (S. 380).
- Darüberhinaus sind - wie JÄGGI zeigt - die Weltreligionen Ausdruck fundamental unterschiedlicher weltanschaulicher Grundüberzeugungen über die Natur des Menschen, die Ordnung der Welt und die höchsten Werte, die menschliches Handeln leiten. Dies führt u.a. dazu, dass die Religionen bzw. die religiösen Institutionen nicht selten eine ambivalente Rolle in bezug auf die Durchsetzung umweltethischer Normen spielen: die evaluative Orientierung ist auf das jeweilige Weltbild einer Religion beschränkt, und konkrete Forderungen werden an den tradierten Grundwerten der jeweiligen Religion gemessen. Widersprechen sie diesen, werden sie abgelehnt, selbst wenn sie alltagspragmatisch gut begründet zu sein scheinen.
- Ein weiterer Punkt, der oft für Verwirrung sorgt und im Hinblick auf eine ethische Reflexion über Umweltverantwortung klärungsbedürftig ist, ist die Frage nach dem Objektbereich ethischer Reflexionen: Sind es Individuen, ihre Werthaltungen und ihre Entscheidungsprozesse im Alltagshandeln? Sind es Unternehmungen oder andere Organisationen, ihre Leitbilder und Richtlinien für strategische und operative Entscheidungen? Sind es Staaten und ihre gesellschaftlichen Regelungen? LESCH erörtert diese Frage im Kapitel 1.2. eingehend und schlägt auch Kriterien für die Übernahme von Verantwortung vor.

---

3 Verweise auf die Beiträge von LESCH: Wenn nichts anderes vermerkt ist, beziehen sich die Verweise auf den Beitrag im Kap. 3.5.

Aber nicht nur die Ergebnisse der theologischen, philosophischen und religionswissenschaftlichen Projekte, sondern auch jene einiger mit empirischen Methoden arbeitenden sozialwissenschaftlicher Projekte bestätigen und präzisieren den Problemtyp 1. Sie geben Hinweise darauf, welche Rolle den individuellen Werthaltungen, der Wahrnehmung von Verantwortung und Verpflichtung und moralischen Grundsätzen in individuellen Handlungsentscheiden zukommt.

- Nach FUHRER und WÖLFING stellen die persönlichen Werthaltungen (neben Wissen und Handlungsintentionen) einen der drei Faktoren dar, die das individuelle Umweltbewusstsein ausmachen. Ihre Studie zeigt zudem, dass sich die Werte, die jene gesellschaftlichen Gruppierungen vertreten, an denen sich eine Person orientiert, zu einem bedeutenden Teil im individuellen Umweltbewusstsein wiederfinden. Dies trifft besonders dann zu, wenn zwischen der Person und der für sie wichtigen Bezugsgruppe eine persönliche Kommunikation über Umweltthemen stattfindet.
- JAEGGI et al. identifizierten als wichtige personale Einflussgrösse für umweltfreundliche Verhaltensweisen den Faktor der wahrgenommenen persönlichen Verpflichtung. Dieser Faktor ist bei jenen Personen ausgeprägt, die eine bestimmte Umweltveränderung (z.B. den Treibhauseffekt oder das Ozonloch) subjektiv als problematisch bewerten und zudem der Meinung sind, dass sie selber mit ihrem Verhalten etwas zur Problemlösung beitragen können (und deshalb - im Sinne von LESCH, Kap. 1.2. - auch Verantwortung übernehmen können bzw. sollen). Das Modell, das FUHRER und WÖLFING darstellen und empirisch überprüfen, zeigt ähnliche Zusammenhänge zwischen Bedrohungsanalyse und Verantwortungsfestlegung auf.
- Auch die soziologisch-politologischen Untersuchungen von BÜTSCHI et al. sowie von DIEKMANN und FRANZEN weisen darauf hin, dass allgemeine Werthaltungen bzw. die "Umweltmoral" von Personen von Bedeutung sind für umweltfreundliches Verhalten, vor allem dann, wenn nicht hohe Kosten oder situative Zwänge die Entscheidung gegen solche Handlungsoptionen begünstigen. Die Arbeit von ERNSTE zeigt, dass Personen bei der Beurteilung von politischen Massnahmen im Verkehrsbereich ethische Argumente ins Spiel bringen, und dass normative Aspekte (eigene moralische Überzeugungen und bei andern wahrgenommene moralische Erwartungen in bezug auf bestimmte Handlungen) auch bei so alltäglichen Entscheidungen wie der individuellen Verkehrsmittelwahl eine Rolle spielen.

Lösungsmöglichkeiten

Die Ergebnisse der angesprochenen Projekte bestätigen und präzisieren also die "Probleme der evaluativen Orientierung" als Problemtyp, sowohl hinsichtlich der grundsätzlichen *Voraussetzung* als auch hinsichtlich des gegenwärtigen *Fehlens* dieser Voraussetzung. Die nächste Frage, die zu stellen ist, ist die folgende: Finden sich in den Projekten auch Hinweise auf *Lösungsmöglichkeiten*, d.h. Hinweise darauf, wie die Hindernisse im Bereich der umweltbezogenen Werte überwunden werden könnten? Es seien zunächst die Aussagen darüber zusammengefasst, wie die Lösung des Werteproblems *nicht* wird erreicht werden können, obwohl entsprechende Wege grundsätzlich vielleicht denkbar wären. Es sind v.a. zwei Ergebnisse herauszuheben:

- Keine Lösungsmöglichkeit ist die "Ökodiktatur", wie v.a. LESCH klar hervorhebt. Ethik darf nicht verwechselt werden mit einer "möglichst geschlossenen Doktrin, die für klare Werte und kompromisslose Normierungen zu sorgen" und "eine bereits ausformulierte Moral nur noch zu verkünden und zu deren praktischer Umsetzung aufzurufen" hat (S. 375). Neue Werthaltungen können nicht von oben dekretiert werden. JÄGGI sieht zwar in den tradierten Grundwerten verschiedener Religionen Ressourcen für die Entwicklung umweltbezogener Werthaltungen, und SCHMID-HOLZ zeigt auf, wie dies für das Christentum aussehen könnte. JÄGGI weist auch darauf hin, dass religiöse Gemeinschaften und Institutionen zu den erfolgreichsten langfristigen Vermittlerinnen von Werten und Normen gehören und verschiedene Strategien und Methoden zu ihrer Durchsetzung - unter Umständen auch gegen abweichende Zeitgeist-Strömungen - entwickelt haben. Allerdings hält er diese Methoden - die von subtiler Propaganda über sozialen Druck und soziale Kontrolle bis hin zu Repression oder gar offener Gewalt reichen - für problematisch. Er hält zudem fest, dass sich hier angesichts des beobachteten Einflussverlusts von Religionen in der Gesellschaft einerseits, von fundamentalistischen Bestrebungen einzelner religiöser Exponenten andererseits wohl kaum ein einfacher Lösungsweg für das Werteproblem abzeichnet.
- SCHABER prüft in seinem Beitrag den Vorschlag, die ökonomische *Kosten-Nutzen-Analyse* als umweltpolitisches Entscheidungsverfahren in ökologischen Dilemmasituationen anzuwenden. Er kommt zum Schluss, dass dieses auf den ersten Blick vielleicht attraktive Verfahren einer philosophisch-ethischen Analyse nicht standhält. Auch SCHMID-HOLZ kommt aufgrund seiner theologisch-ethischen Analyse zu diesem Ergebnis. Neben ernsthaften methodischen Problemen im Zusammenhang mit dem Versuch, den Wert sämtlicher zur Diskussion stehenden Güter auf einer Geldwert-Skala abzubilden, sind Kosten-

Nutzen-Analysen von ihrer Wertebasis her grundsätzlich "anthropozentrisch verkürzt". Ausserdem sind sie nur sehr beschränkt dazu geeignet, die Präferenzen zukünftig lebender Menschen einzubeziehen. Kosten-Nutzen-Analysen können nach den Ergebnissen dieser Projekte zwar ein nützliches Analyseverfahren, nicht aber ein Entscheidungsverfahren für ökologische Dilemmasituationen darstellen.

Die Hoffnung auf eine einfache Lösung des Problems der umweltbezogenen Werte scheint sich also zu zerschlagen. Die eigentlichen Ressourcen für die Problemlösung - so legen die Projektergebnisse nahe - liegen vielmehr in der *Diskursfähigkeit und -bereitschaft* und in der *Wandlungsfähigkeit* von Individuen und Gruppen. Nach LESCH ist Umweltethik "ein 'work in progress', ein offener Prozess der moralischen Selbstreflexion in einer demokratischen Gesellschaft, in der viele, zum Teil einander widersprechende Moralkonzepte konkurrieren" (S. 376). Es gehe der Umweltethik "nicht um die Letztbegründung einer einzigen Prinzipienethik, sondern um die Konvergenz plausibler Argumente, die durchaus unterschiedlichen Moraltraditionen entstammen können." (S. 382). Auch SCHABER sowie SCHMID-HOLZ kommen zum Schluss, dass demokratische Verfahren der Kosten-Nutzen-Analyse vorzuziehen sind. Dabei ist es aus ihrer ethischen Sicht wichtig, dass "demokratischen Abstimmungen (...) öffentliche Diskurse vorangehen, in denen neben den unterschiedlichen Interessen und Idealen auch Expertenwissen eingebracht werden kann" (SCHABER, S. 396). JÄGGI sieht grundsätzlich zwei mögliche Strategien des interreligiösen umweltethischen Diskurses: "Kontextuelle Strategien, welche die spezifischen - und unterschiedlichen - religiösen Werte und Normen ins Zentrum stellen, und universalistische Strategien, welche von mehr oder weniger kohärenten ökologisch-spirituellen Weltanschauungen als religionsübergreifenden Weltanschauungen ausgehen" (S. 422).

Von LESCH wird ein konkretes Modell ökologisch-ethischer Diskurse vorgeschlagen, in dem es sowohl um angemessene sachliche Orientierung als auch um Besprechung von vorhandenen Werthaltungen und kulturellen Hintergründen im Hinblick auf konkrete Entscheidungen geht. Der Vorschlag hat Ähnlichkeiten mit den "kontextuellen Strategien", die JÄGGI vorschlägt. In den Diskursen soll der Tatsache Rechnung getragen werden, dass verschiedene religiöse und nicht-religiöse Weltbilder auf ihre je eigene Art zu umweltverantwortlichem Handeln aufrufen. Dadurch soll es möglich werden, "dass z.B. Utilitaristen, Diskursethiker und Naturrechtler trotz einander widersprechender ethischer Basistheorien eine Konvergenz in ihren Argumenten feststellen und eine für alle akzeptable Handlungsstrategie vereinbaren" (LESCH, S. 383). Auch der Vorschlag von ERNSTE, Raum für "Kovergenzargumentation und Kommunikative Rationalität" zu schaffen, zielt in diese Richtung.

4.1.2. Das Problem des Bewusstseins

Die in diesem Abschnitt zu besprechenden Ergebnisse sind für drei Problemtypen relevant.

Probleme der emotionalen und motivationalen Steuerung (PT 2):
Voraussetzung für die Veränderung von Handlungsgewohnheiten sind stabile, dominante Motivationslagen, die im Hinblick auf Handlungsentscheidungen die Herausbildung zielkonformer Intentionen ermöglichen. Diese Voraussetzung ist in bezug auf die Motivation zu umweltrelevanten Verhaltensänderungen aus folgenden Gründen nur beschränkt gegeben: (1) Auf Nebenfolgen bezogene Veränderungsmotive haben relativ geringe Chance dominierend zu werden. (2) Negative emotionale Erfahrungen aufgrund der Vorstellung von Verhaltensänderungen (z.B. Befürchtungen von Verlusten an materiellem Wohlstand, Bequemlichkeit oder sozialem Prestige) oder aus konkreten Versuchen, solche Alternativen zu realisieren (z.B. Ärger über Zeitverluste und Fahrplanabhängigkeit bei der Benutzung öffentlicher Verkehrsmittel) herrschen oft vor. (3) Sehr starke gefühlsmässige Betroffenheit kann, verbunden mit der Wahrnehmung eigener Hilflosigkeit, zu Bewältigungsstrategien wie Negierung oder Relativierung des Problems führen.

Probleme der perzeptiven Orientierung (PT 3):
Eine generelle Vorbedingung für die Identifikation einer Problemsituation, den Aufbau von Wissensstrukturen und die Organisation von Handlungen ist die Möglichkeit unbehinderter und sachangemessener Wahrnehmungen. Sind sinnliche Wahrnehmungen von Zuständen als Handlungsvoraussetzungen und von Resultaten als Handlungsfolgen nicht möglich, können sie schwerlich die Grundlage von problemadäquaten Verhaltensänderungen sein. Diese Voraussetzung ist in bezug auf die Veränderungen der Natur, die wir als Umweltprobleme bezeichnen, nur in sehr geringem Ausmass erfüllt: (1) Viele relevante Veränderungen (z.B. CO_2-Gehalt der Atmosphäre, radioaktive Strahlung, Schwermetallgehalt von Nahrungsmitteln, Rückgang der Artenvielfalt, langsame Veränderung des Klimas und der Landschaft) sind mit den menschlichen Sinnen nicht oder sehr ungenau wahrnehmbar. (2) Die Selektivität aller Wahrnehmungsvorgänge verhindert oft die Beachtung von grundsätzlich wahrnehmbaren Umweltmerkmalen. (3) Urteile aufgrund sinnlicher Wahrnehmung können über die Erkenntnis sinnlich nicht wahrnehmbarer, aber mit Hilfe besonderer Techniken feststellbarer Sachverhalte dominieren und diese in bezug auf Problembewusstsein und auf Handlungsentscheide unterlaufen.

Probleme der kognitiven Orientierung (PT 4):
Sachangemessenes und erfolgreiches Handeln bzw. dessen Veränderung setzt voraus, dass ein Individuum Kenntnis darüber hat, welche Faktoren und Prozesse durch sein Verhalten beeinflusst werden, welcher Art dieser Einfluss ist und welche Handlungsalternativen ihm zur Verfügung stehen. Faktisch ist es jedoch für Individuen ausserordentlich schwierig, adäquate Kenntnisse bezüglich der ökologischen Relevanz ihres Handelns zu erwerben: (1) Die Information ist meist schwierig zu verstehen, unvollständig und widersprüchlich. (2) Der Handlungsbedarf ist aufgrund fehlerhafter oder fehlgeleiteter Kausalattributionen schwer einzuschätzen. (3) Die Beurteilung der Problemsituation ist dadurch erschwert, dass lokale, konzentrierte Ereignisse (z.B. eine akute Gewässerverschmutzung) tendenziell überschätzt, globale, schleichende Veränderungen (z.B. der Rückgang der Artenvielfalt) unterschätzt werden.

Unter "Umweltbewusstsein" wird im allgemeinen die "Einsicht in die Gefährdung der natürlichen Lebensgrundlagen des Menschen durch diesen selbst, verbunden mit der Bereitschaft zur Abhilfe" verstanden (Eulefeld 1981, 191, zit. nach Preuss 1991, 66). Ein Ergebnis der Umweltbewusstseins-Forschung der letzten Jahre ist, dass verschiedene Faktoren zu dieser "Einsicht" und der damit verbundenen "Bereitschaft zur Abhilfe" beitragen: eine Komponente des *Wissens* um ökologische Zusammenhänge und um Handlungsmöglichkeiten, eine Komponente des *Wertens,* zu der sowohl allgemeine Werthaltungen (vgl. dazu die Ausführungen in Ziff. 4.1.1.) als auch subjektive Betroffenheit und emotionale Wertungen gehören, und eine Komponente des *Handelns,* wobei damit in der Regel nicht das tatsächliche Handeln, sondern Handlungsbereitschaften oder -absichten gemeint sind (vgl. dazu die Begriffserklärungen im Glossar).

Eine gewisse Ausprägung von Umweltbewusstsein dürfte eine notwendige Bedingung (allerdings wohl keine hinreichende, vgl. unten Ziff. 4.1.3.) für umweltverantwortliches Handeln sein. Damit dieses eine Chance hat, sich differenziert auszubilden, sind einige psychologische Voraussetzungen zu postulieren, die allerdings nur sehr beschränkt gegeben sind. In den oben formulierten drei Problemtypen wird diese Situation umschrieben.

Das Umweltbewusstsein und seine verschiedenen Komponenten sind Gegenstand mehrerer Projekte, über die in diesem Buch berichtet wird. Seine Ausprägung in der Bevölkerung, seine Entstehung und sein Zusammenhang mit demographischen Merkmalen, mit der Meinung über politische Vorlagen und mit Handlungsabsichten und tatsächlichem Handeln sind untersucht worden. Die Ergebnisse solcher Untersuchungen sind immer auch abhängig von den Theorien, die einem Forschungsprojekt zugrundeliegen und von den Methoden, die zur Messung des

Umweltbewusstseins eingesetzt werden (z.B. von der Befragungsmethode und vom genauen Wortlaut der gestellten Fragen; vgl. die Ausführungen von GUTSCHER et al. im Kap. 2.1.). Dementsprechend sind die Resultate verschiedener Projekte zum "Umweltbewusstsein" nicht vollständig vergleichbar und müssen immer mit Blick auf die verwendeten Methoden und Theorien interpretiert werden. In den nächsten Abschnitten soll trotzdem versucht werden, die wichtigsten Ergebnisse aus mehreren Projekten zusammenzufassen und dadurch eine Antwort zu geben auf die Fragen: *Welcher Art ist das Umweltbewusstsein der schweizerischen Bevölkerung? Bestätigen die Resultate die oben beschriebenen Problemtypen?*

Der Schweizer Umweltsurvey von 1994, dessen Ergebnisse im Beitrag von DIEKMANN und FRANZEN dargestellt werden, belegt deutlich, dass das Umweltbewusstsein im Sinne der subjektiven Wichtigkeit von Umweltzielen und der Wahrnehmung von Umweltgefahren in der schweizerischen Bevölkerung hoch ist. Gute zwei Drittel der Befragten stimmen der Aussage zu "Wenn wir so weiter machen wie bisher, steuern wir auf eine globale Umweltkatastrophe zu" und fänden es auch "persönlich akzeptabel, Abstriche von ihrem Lebensstandard zu machen, um die Umwelt zu schützen" (je 70% Zustimmung). Nur knapp ein Drittel stimmt dagegen Aussagen zu wie "Das Umweltproblem wird in seiner Bedeutung stark übertrieben", "Wir machen uns zu viele Sorgen über die Umwelt und zu wenig um Preise und Arbeitsplätze" oder "Die Leute machen sich zu viele Sorgen, dass der menschliche Fortschritt der Umwelt schadet". Allgemeine umweltbezogene Ziele wie "Die Umwelt soll mehr geschützt werden", "Abfälle sollen der Umwelt zuliebe vermieden werden" oder "Umweltfreundliche Verfahren zur Energiegewinnung sollten viel stärker gefördert werden" befürworten sogar rund 95% der Befragten. In der Untersuchung von JAEGGI et al. wurde eine ganz andere Methodik als im Umweltsurvey angewendet. Die untersuchten Personen mussten nicht einfach ihre Zustimmung oder Ablehnung zu vorgegebenen Aussagen angeben, sondern konnten spontane Überlegungen zu umweltbezogenen Informationen, Wahrnehmungen und Ereignissen äussern. Die Ergebnisse weisen aber in dieselbe Richtung wie jene des Umweltsurveys: Vorherrschende Reaktionen sind emotionale Belastung (Angst, Beunruhigung, Traurigkeit, Ärger, Wut) und Gefühle der Bedrohung oder gar der Gefährdung von persönlicher Gesundheit, Wohlbefinden oder Lebensqualität.

Der überwiegende Teil der Bevölkerung ist sich also der Umweltproblematik sehr wohl bewusst, fühlt sich durch sie emotional belastet, bedroht oder persönlich gefährdet und stimmt allgemeinen umweltbezogenen Zielen in hohem Masse zu. Freilich äussern auch ungefähr 30% der Bevölkerung die Ansicht, Umweltprobleme würden übertrieben (DIEKMANN, FRANZEN). Bei JAEGGI et al. finden sich jedoch Hinweise darauf, dass solche Äusserungen das Resultat von emotionsregulierenden Bewältigungsversuchen durch Negierung, Relativierung oder Verdrängung des Problems sein können, Vorgänge, die den befragten Personen zumindest teilweise bewusst sind.

In einem gewissen Widerspruch zu diesem im Durchschnitt stark ausgeprägten Problembewusstsein in der Bevölkerung scheint auf den ersten Blick das Ergebnis zu stehen, dass fast alle im Umweltsurvey Befragten mit der Umweltqualität in ihrem Wohngebiet zufrieden sind: Nur 7.2% der Befragten geben an, eher unzufrieden oder überhaupt nicht zufrieden zu sein. Wenn eine starke oder sehr starke persönliche Betroffenheit angegeben wird, dann ist sie meistens bezogen auf lokal wahrnehmbare Immissionen wie Verkehrslärm und Autoabgase (ein Viertel bis ein Drittel der Befragten) oder Abfälle und Abwässer (16%). Interessanterweise fühlen sich aber auch 20% der Befragten durch Kernkraftwerke bedroht, obwohl deren Auswirkungen nicht direkt wahrnehmbar sind. Wiederum werden diese Ergebnisse durch die Studie von JAEGGI et al. bestätigt und differenziert: Umweltprobleme wie der Treibhauseffekt, die als unfassbar, nicht wahrnehmbar, komplex sowie räumlich und zeitlich entfernt aufgefasst werden, werden als weniger belastend und bedrohlich und kaum als persönlich gefährdend eingeschätzt als eher lokale und zumindest teilweise wahrnehmbare Veränderungen wie Waldsterben oder Sommersmog.

Das "Umweltwissen", d.h. der Erkenntnisstand der Bevölkerung über ökologische Fakten und wichtige Wirkungszusammenhänge, ist gemäss Umweltsurvey teilweise erstaunlich gering: nur ein Viertel bis ein Drittel der Befragten können angeben, welches Gas hauptsächlich zum Treibhauseffekt beiträgt, und deutlich weniger als die Hälfte wissen, dass hohe Ozonwerte am Boden und nicht in der Atmosphäre eine Gefahr für Mensch und Umwelt darstellen. Dagegen wissen die Hälfte bis drei Viertel, dass FCKW die Ozonschicht der Erdatmosphäre schädigen und dass Batterien wegen ihres Gift- und Schwermetallgehalts gesondert entsorgt werden sollten. Ähnliche Hinweise auf basale Wissensdefizite finden sich auch in anderen Untersuchungen (z.B. Dürrenberger et al. 1994; Bütschi, Kriesi 1995). Bezüglich des Wissens um *Handlungsmöglichkeiten* liegen weniger Daten vor. In der Untersuchung von JAEGGI et al. liessen die Befragten erkennen, dass sie sich stärker auf der Gefühls- und Denkebene als auf der Handlungsebene mit Umweltproblemen beschäftigen. So wurden spontan nur wenige Überlegungen zu allgemeinen oder persönlichen Handlungsmöglichkeiten angesichts von Umweltproblemen geäussert, und wenn dies vorkam, dann dominierte das Feststellen der eigenen Hilflosigkeit und Ohnmacht. Gemäss Umweltsurvey wissen jedoch immerhin die Hälfte bis drei Viertel der Befragten z.B., wie man "im Winter umweltschonend lüften sollte".

Das in der Bevölkerung stark ausgeprägte "Umweltbewusstsein" scheint insgesamt eine eher diffuse Einsicht und ein hintergründiges Gefühl von Bedrohung und Belastung zu sein. Nur eine Minderheit fühlt sich in ihrem Alltag konkret betroffen, und wenn, dann hauptsächlich durch lokal auftretende und sinnlich wahrnehmbare Umweltbelastungen. Die Einsicht ist von wenig präzisem Wissen über ökologische Zusammenhänge begleitet. In bezug auf wahrgenommene Handlungsmöglichkeiten, die zur Lösung beitragen könnten, scheinen Hilflosigkeits- und Ohnmachtsgefühle zu dominieren, obwohl punktuelles Handlungswissen vorhanden ist.

Ein so geartetes Umweltbewusstsein als allgemeine Einstellung erfüllt nur ansatzweise die von uns postulierten emotional-motivationalen, perzeptiven und kognitiven Voraussetzungen für problemadäquate Verhaltensänderungen. Die empirischen Ergebnisse bestätigen damit indirekt die in den Problemtypen 2, 3 und 4 benannten Hindernisse für Verhaltensänderungen. Dass sich dieses allgemeine Umweltbewusstsein - selbst wenn es sehr stark ausgeprägt ist - nicht direkt in konkrete Handlungsabsichten und Handlungsentschlüsse umsetzen kann, legen in eindrücklicher Weise die detaillierten psychologischen Analysen von FUHRER und WÖLFING wie auch die Arbeiten von JAEGGI et al. dar. In der konkreten Situation finden in bezug auf Handlungsentscheidungen (z.B. die Verkehrsmittelwahl) komplizierte - dem Individuum aber wohl nur teilweise bewusste - Verarbeitungsprozesse statt: eine "Bedrohungs"- und "Verantwortungsanalyse" im Sinne von FUHRER und WÖLFING (grob übereinstimmend mit den Faktoren "Problembewusstsein", "Kontrollüberzeugung" und "Verpflichtungsaspekt" in der Arbeit von JAEGGI et al.), führt vorerst zu Handlungsabsichten. Ob diese Absichten dann allerdings ausgeführt werden, hängt auch vom Ausgang der "Handlungsfolgenbewertung" (bei JAEGGI et al. mit dem Faktor "subjektive Restriktionen" angesprochen) ab. Dieser kann zu einer Neueinschätzung der Bedrohungs- und Verantwortungsanalyse (z.B. zur Relativierung des Problems oder zur Leugnung der eigenen Verantwortlichkeit) führen und so den Handlungsentschluss verhindern. Dass ein solcher Ausgang innerhalb der physischen und gesellschaftlichen Strukturen unserer Lebenswelt fast zwangsläufig eintreten muss, zeigt die Analyse von GESSNER auf.

Lösungsmöglichkeiten

Die in den Problemtypen definierten emotional-motivationalen, perzeptiven und kognitiven Voraussetzungen für Verhaltensänderungen lassen sich nicht ohne weiteres herstellen. Dies liegt teilweise an kaum beeinflussbaren psycho-biologischen Eigenschaften des Menschen (z.B. der Beschaffenheit der Sinnessysteme oder den Gesetzmässigkeiten intellektueller Informationsverarbeitung und emotionaler Vorgänge), die gewissermassen zur Struktur der Umweltproblematik "nicht mehr passen".[4] Die sinnliche Wahrnehmbarkeit vieler Umweltprobleme *ist* nur sehr beschränkt gegeben; das Wissen über ökologische Wirkungszusammenhänge *ist* teilweise sehr schwierig aufzubauen und mit vielen Unsicherheiten behaftet, so dass die intellektuellen Möglichkeiten vieler Menschen überfordert sind; die Einflussmöglichkeiten des einzelnen *sind* tatsächlich beschränkt, da viele ökologisch höchst relevante Entscheidungen auf der wirtschaftlichen und der politischen Ebene getroffen werden (vgl. auch Stern 1995). Möglicherweise ist die Situation nach nunmehr 30 Jahren "Sensibilisierung" der Öffentlichkeit für Umweltprobleme sogar schwieriger geworden: technische Lösungen und rechtliche Vorschriften haben gerade im lokalen Bereich zu sinnlich wahrnehmbaren Verbesserungen geführt (Gewässerverschmutzung, Luftqualität, Energieeffizienz von Geräten u.a.). Ausserdem ist der Wald trotz der alarmierenden Berichte in den 1980er Jahren (noch) nicht gestorben, einzelne Wildtierarten breiten sich trotz der Berichte über das Artensterben wieder aus, die Lebenserwartung war noch nie so hoch wie heute, und die ökologische Katastrophe ist bisher nicht eingetreten - solche und ähnliche Argumentationsweisen kommen in Umweltdiskussionen immer wieder vor. Recht häufig werden sie beispielsweise in Leserbriefen von Zeitungen geäussert. Sie illustrieren auf sehr anschauliche Weise das, was in diesem Abschnitt als "Problem des Bewusstseins" besprochen worden ist.

4.1.3. Das Problem des Handelns

Als ***Probleme der Handlungsregulation (PT 6)*** wird die folgende Situation verstanden:

Voraussetzung für eine problemadäquate Verhaltensänderung und -anpassung ist ausreichendes Wissen über die Ziele, Vorbedingungen, Mittel und Resultate des Handlungsvollzugs. Handlungsziele, Handlungsprämissen, Handlungsmit-

[4] Da bei Umweltproblemen sehr häufig komplexe, dynamische Systeme beteiligt sind, ist auch der Problemtyp 5 - Probleme des Umgangs mit komplexen, dynamischen Systemen - relevant. Die meisten Menschen scheinen im Umgang mit solchen Systemen tendenziell überfordert zu sein (vgl. z.B. Dörner 1993; 1989). Auf diesen Problemtyp wird hier aus Platzgründen nicht weiter eingegangen.

tel und Handlungsfolgen müssen grundsätzlich aufeinander beziehbar sein. Im Umweltbereich ist das individuelle Alltagshandeln, aber auch das Handeln von Organisationen und das staatliche Handeln, gerade durch weitgehende Verletzung dieser fundamentalen Vorbedingung menschlicher Verhaltensänderung gekennzeichnet: (1) Die Rückmeldungen über die umweltrelevanten Folgen (z.B. Schadstoffemissionen) sowohl von umweltschädigendem als auch von umweltschonendem Verhalten sind in der Regel äusserst mangelhaft. (2) Die Kausalwirkungen des eigenen oder fremden Handelns sind meistens nur schwach und zeitverzögert und deshalb schwer erkennbar. (3) Es besteht oft beträchtliche Unsicherheit darüber, welche Handlungsmittel für die Erreichung bestimmter umweltrelevanter Ziele geeignet sind. (4) Es besteht eine systematische Divergenz der subjektiven Wichtigkeit der intendierten Handlungsfolgen gegenüber den ökologischen Nebenfolgen zielorientierten Handelns.

Was lässt sich aufgrund der Projektergebnisse über die umweltbezogenen Handlungsbereitschaften und das tatsächliche Handeln der Schweizer Bevölkerung sagen?

Der Umweltsurvey (DIEKMANN, FRANZEN) macht die folgenden Angaben über *Verhaltensbereitschaften*: Die befragten Personen sind bereit, durchschnittlich 1-1.5% ihres Netto-Einkommens für Umweltschutz zu bezahlen. 95% geben ihre Bereitschaft an, immer oder oft ihren Abfall zu sortieren, 84% im Haushalt Energie zu sparen, 80% umweltfreundliche Produkte zu kaufen, und immerhin gut 50% sind bereit, für den Arbeitsweg, das Einkaufen oder die Freizeit auf das Auto zu verzichten.

Nach Angabe der Befragten ist das *tatsächliche Verhalten* dort am ehesten umweltfreundlich, wo geringe zusätzliche Kosten und wenig Bequemlichkeitseinbussen entstehen und gute umweltfreundliche Alternativen zur Verfügung stehen: 75% benutzen Recycling-WC-Papier, 95% kaufen Getränke in Mehrwegflaschen, wenn sie die Wahl haben, über 75% sammeln Papier, Aluminium und Grünabfall getrennt, 62% reduzieren nachts die Heizung, und ca. 51% verwenden im Haushalt Energiesparlampen. Der Stellenwert solcher relativ punktueller Verhaltensänderungen im Gesamtzusammenhang der Energie- und Stoffflüsse von Haushalten und übergeordneten Systemen ist schwierig abzuschätzen und würde weiterführende Untersuchungen unter Beizug von Methoden der Ökobilanzierung erfordern.

Einer der Bereiche, der ohne Zweifel für verschiedenste Umweltprobleme von Bedeutung und gleichzeitig ein zentrales politisches Thema ist, ist der Strassenverkehr. Das individuelle Mobilitätsverhalten ist in mehreren Pojekten bezüglich seiner Determinanten untersucht worden. Der Umweltsurvey (DIEKMANN, FRANZEN) hat folgendes ergeben: 50% jener Personen, die sich zur Arbeit ausser Haus begeben, geben an, das Auto zu benutzen, ebenfalls 43% jener, die ihre Haushaltseinkäufe selber tätigen. Nach BÜTSCHI et al. nehmen 41% weder für den Arbeitsweg noch für ihre Einkäufe ein Auto, 36% benutzen es für beide Tätigkeiten. Nur 7% der Befragten im Umweltsurvey geben an, aus Umweltgründen kein Auto zu besitzen.

Dem Umweltsurvey ist zu entnehmen, dass sowohl das Umweltbewusstsein wie auch demographische Merkmale wie Geschlecht, Alter und Landesteil einen gewissen, jedoch schwachen Zusammenhang mit dem Verhalten haben. Das Projekt JAEGGI et al. hat darüberhinaus differenzierte Hinweise über die Zusammenhänge insbesondere von subjektiven und objektiven Faktoren der Handlungsregulation im Mobilitätsbereich ergeben. Fast trivial erscheint der Befund, dass die wichtigste "Unterlassungsbedingung" für das Autofahren ist, kein Auto zu besitzen (wozu sich, wie oben erwähnt, aber nur 7% der im Umweltsurvey befragten aus Umweltgründen entschieden haben). Jene, die ein Auto besitzen, verzichten am ehesten dann auf dessen Gebrauch, wenn sie sich in irgendeiner Weise verpflichtet fühlen, einen Beitrag zum Umweltschutz zu leisten. Ein solches Verpflichtungsgefühl stellt sich dann ein, wenn ein ausgeprägtes Problembewusstsein verknüpft ist mit der Überzeugung, durch eigenes Verhalten auf die Lösung des Problems Einfluss nehmen zu können (Kontrollüberzeugung). Zu den Faktoren, die Leute davon abhalten, ihre Einkaufs- und Arbeitswege ohne Auto zu machen, gehören insbesondere wahrgenommene Zeitvorteile und Vorteile beim Transport von Waren, während Kostenüberlegungen in diesem Zusammenhang eher unbedeutend sind, aber auch einen Einfluss haben. Laut Umweltsurvey spielen dagegen Kostenfaktoren für die Verkehrsmittelwahl neben den Zeitfaktoren eine ausschlaggebende Rolle. Vermutlich hängt diese leicht unterschiedliche Einschätzung der Wichtigkeit von Kostenüberlegungen mit Unterschieden der Befragungsmethodik in den den beiden Studien zusammen. Unter den objektiven Rahmenbedingungen ist in erster Linie das Parkplatzangebot am Zielort von Bedeutung für den Entscheid, das Auto nicht zu benutzen.

Weitere Hinweise über die Bedeutung von Rahmenbedingungen des Handelns liefern die Untersuchungen von BÜTSCHI et al. Hier wurde die Zustimmung von Personen zu verschiedenen verkehrs- und energiepolitischen Massnahmen, die den motorisierten Individualverkehr gegenüber dem öffentlichen Verkehr tendenziell unattraktiver machen würden, erhoben. Gesamtschweizerisch sprach sich eine Mehrheit für Massnahmen wie verkehrsfreie Innenstädte, Parkplatzbeschränkungen, Schwerverkehrsabgabe und CO_2-Abgabe aus, nicht aber für die Geschwindigkeitsbeschränkung auf Autobahnen auf 100km/h und für einen Benzinpreis von 2 Franken pro Liter. Auch ERNSTE fand bei einer Befragung im Kanton Zürich hohe Zustimmungsraten (60-80%) zu Massnahmen wie CO_2-Abgabe, Erhöhung von Parkgebühren, Grenzwerte für Treibstoffverbrauch und Einschränkung des Autoverkehrs; knapp über 50% stimmten auch Geschwindigkeitsbegrenzungen und Benzinpreiserhöhungen zu. In bezug auf die antizipierte Wirksamkeit der verschiedenen Massnahmen zeigten BÜTSCHI et al., dass "harte" Infrastrukturmassnahmen einen grösseren Teil der Personen zum Umsteigen auf öffentliche Verkehrsmittel bewegen würden als "weichere" Massnahmen, und dass ein beträchtlicher Teil der Befragten das Car-pooling aktiv oder passiv benützen würde. Die "weicheren" Massnahmen würden am ehesten dort zu Verhaltensänderungen führen, wo nicht äussere Zwänge dies verhindern, sowie bei Personen mit ausgeprägterem Umweltbewusstsein. Dies ist eine indirekte empirische Unterstützung der Analyse von GESSNER über die vielfältigen Restriktionen, die das Handeln von Personen mitbestimmen. Auch GESSNERS These, dass diese Restriktionen in den Rahmenbedingungen des Handelns nicht erst die Ausführung von Handlungen, sondern schon die Bildung von umweltbezogenen Einstellungen und Handlungsabsichten beeinflussen, wird durch die Untersuchungen von BÜTSCHI et al. unterstützt.

Damit sind zwei weitere wichtige Typen von Handlungsproblemen angesprochen, die Probleme der sozio-ökonomischen Handlungsbedingungen und die Probleme der Infrastruktur des Handlungsumfeldes.[5]

Die ***Probleme der sozio-ökonomischen Handlungsbedingungen (PT 9)*** lassen sich wie folgt umschreiben:

Selbst individuell stark ausgeprägte Bereitschaften zu Verhaltensänderungen können nur dann als tatsächliche Handlungen ausgeführt werden, wenn die sozio-ökonomischen Rahmenbedingungen dies zulassen. Diese Voraussetzung für umweltrelevante Verhaltensänderungen ist gegenwärtig keineswegs gegeben: (1) Es bestehen dominante, meist fremdbestimmte oder strukturbedingte Handlungszwänge, welche wohl eine umweltfreundliche Einstellung noch zulassen, die zugehörigen Handlungen aber verhindern. (2) Die Ausführung umweltfreundlichen Handelns wird zumeist negativ "belohnt" (z.B. durch erhöhte Kosten und höheren Zeitaufwand), sozial negativ sanktioniert (z.B. durch Imageverlust) oder ökonomisch durch Setzung negativer oder Fehlen positiver Anreize

5 Die Problemtypen 11 und 12 - Probleme der externen Handlungssteuerung durch rechtliche Normen und Probleme der politischen Planung, Strategiebildung und Entscheidung werden in den Beiträgen von GESSNER und ROUX angesprochen. Aus Platzgründen werden sie im Rahmen dieses Kap. nicht ausformuliert.

fehlgesteuert. (3) Der Wert der Folgen umweltverantwortlichen Handelns ist häufig nicht einschätzbar, während die Kosten solchen Handelns sehr wohl bekannt sind, d.h. die subjektive Kosteneffizienz bleibt uneinschätzbar, so dass die Vermeidung von Kosten und somit das nicht umweltverantwortliche Handeln dominiert.

Die ***Probleme der Infrastruktur des Handlungsumfeldes (PT 10)*** sind so zu verstehen:

Eine Voraussetzung für die Umsetzung von Handlungsintentionen ist die Existenz objektiver Möglichkeiten im Sinne von Handlungsgelegenheiten. Das aktuell gegebene physische Handlungsumfeld verhindert jedoch in vieler Hinsicht umweltfreundliche Handlungsalternativen und begünstigt oder erzwingt deren Gegenteil: (1) Das Vorherrschen von energie- und ressourcenineffizienten technischen Installationen ist zwangsläufig mit unerwünschten ökologischen Folgen verbunden (z.B. Verwendung von Trinkwasser für viele Funktionen, die nicht Trinkwasserqualität erfordern würden, als Folge der gegebenen Wasserleitungssysteme). (2) Produktions-, Verteilungs- und Siedlungsstrukturen erzwingen Mobilität. (3) Die Gestaltung von Verkehrsräumen benachteiligt den Langsamverkehr. (4) Umweltfreundlich hergestellte Produkte sind oft nicht erhältlich.

Die Art und Weise, wie diese Rahmenbedingungen das individuelle Handeln mitbestimmen, wird in der detaillierten Analyse von GESSNER dargelegt. Auch in anderen Beiträgen wird ihre Bedeutung hervorgehoben und teilweise empirisch bestätigt, am deutlichsten bei BÜTSCHI et al. Diese bezeichnen sie als "objektive und subjektive Einschränkungen", JAEGGI et al. als "kontextuelle Restriktionen". Bei DIEKMANN und FRANZEN spielen sie in Gestalt einiger sozialdemographischer Variablen eine Rolle (Wohnort Stadt vs. Agglomeration, Haushaltseinkommen). Im Rahmenmodell von MOSLER et al. erscheinen sie als "situationale Vorgaben und Anreize". Diese entscheidende Schnittstelle zwischen dem Menschen und den Rahmenbedingungen seines Handelns ist in seiner Bedeutung für umweltverantwortliches Handeln noch viel zu wenig untersucht worden, nicht zuletzt wohl deshalb, weil sie gleichzeitig die Gegenstandsbereiche von so unterschiedlichen Disziplinen wie Psychologie und Soziologie einerseits, Ökonomie, Ingenieurwissenschaften und Politologie andererseits berührt (einen Versuch des "Brückenschlags" unternehmen Kaufmann-Hayoz et al. 1996, auch Frey, Foppa 1986).

Lösungsmöglichkeiten

Insgesamt weisen die Ergebnisse der Projekte auf wichtige Ressourcen hin, die zur Überwindung von Problemen der Handlungsregulation genutzt werden könnten:

Den subjektiv wahrgenommenen oder antizipierten Handlungsfolgen kommt eine ausgesprochen wichtige Rolle zu: sie wirken als Verstärker (reinforcements) oder als Anreize (incentives) für Verhaltensänderungen.[6] Im Modell für umweltverantwortliches Handeln von FUHRER und WÖLFING wird dies in den Prozessen der "Handlungsfolgenbewertung" und der "Rekalibrierung" berücksichtigt. Die Ausführung von neuen, umweltfreundlichen Handlungsmustern wird - vorausgesetzt, dass sie objektiv möglich sind - durch folgende Faktoren begünstigt: (1) die handelnde Person weiss, mit welchen Handlungsalternativen sie selber zur Entschärfung der Umweltprobleme beitragen kann; (2) es ist ihr aus Erfahrung bekannt, dass diese alternativen Handlungen nicht mit dem Verzicht auf allzu viele ihr wichtige Anliegen oder Ziele verbunden sind oder hohe Kosten mit sich bringen; (3) sie kann darauf vertrauen, dass andere ihr wichtige Personen sich ebenso zu verhalten versuchen, und dass von diesen auch positiv zur Kenntnis genommen wird, dass sie selber etwas tut. Ökonomische Anreize werden insbesondere dann wirksam werden, wenn sie gleichzeitig die Erfahrung ermöglichen, dass der Ressourcenverbrauch (und damit auch die Kosten) durch entsprechendes Verhalten tatsächlich beeinflusst werden können.

Mit Bezug auf die in diesem Abschnitt besprochenen Problemtypen 6, 9 und 10 kann somit festgehalten werden, dass sie am ehesten dadurch überwunden werden können, dass (1) innerhalb von sozialen Gruppen und Netzwerken durch persönliche Kommunikation (Kommunikation "von Angesicht zu Angesicht" im Sinne von FUHRER, WÖLFING) ein Wissen über umweltgerechte Alternativen zu herkömmlichen Gewohnheiten mit all ihren konkreten Begleiterscheinungen wie Kosten, Einbussen aber auch Gewinnen weitergereicht wird, und dass (2) die Infrastrukturen und die sozio-ökonomischen Rahmenbedingungen (die "umweltrelevanten Strukturen der Lebenswelt" im Sinne von GESSNER) so gestaltet werden, dass sie die neuen Verhaltensweisen begünstigen. Es muss also - wie auch JAEGGI et al. festhalten - sowohl an der "Innenstruktur" wie an der "Aussenstruktur" gearbeitet werden, so dass objektive Handlungsspielräume entstehen, die auch als solche erkannt und genutzt werden können.

---

6 In der Psychologie werden alle Veränderungen des Verhaltens aufgrund von Erfahrung als Lernprozesse angesehen. Für das Verständnis der Wirkungsweise von Handlungsfolgen auf die Regulation des Handelns kann deshalb auf klassische Lerntheorien und auf viele empirische Befunde der Lernpsychologie rekurriert werden (für eine Übersicht vgl. z.B. Edelmann 1993; Schönpflug, Schönpflug 1995).

4.1.4. Das Problem des kollektiven Handelns

Als ***Probleme der Aggregation und Kollektivität (PT 7)*** lässt sich der folgende Sachverhalt beschreiben:

Menschen leben in sozialen Gruppen und Gesellschaften. Wesentliche Voraussetzung des konsistenten Handelns und der Veränderung des Handelns einzelner ist die unproblematische Einpassung des individuellen Handelns in soziale und kollektive Handlungen, also die Vereinbarkeit der individuellen Perspektive mit der parallelen Rolle als Akteur in einem Kollektiv. Diese Voraussetzung ist in bezug auf die umweltrelevanten Folgen von Handlungen nicht gegeben: (1) Der eigene Tatbeitrag angesichts der massenhaften Umweltschädigung durch die vielen andern erscheint unerheblich und kann zur Negierung der eigenen Mitverantwortung führen. (2) Die Überzeugung, alleine nichts bewirken zu können, machtlos zu sein, zerstört die Motivation für umweltrelevante Verhaltensänderungen; jeder will nicht allein der Dumme sein. (3) Verhalten nach dem Prinzip der Maximierung des eigenen Nutzens führt zu kollektiver Selbstschädigung durch umweltübernutzendes Handeln des Kollektivs. Es erscheint jedem einzelnen nicht "rational", sich eine zurückhaltende Nutzung aufzuerlegen, weil er dadurch neben dem Schaden durch die allgemeine Übernutzung auch noch die unmittelbaren Einbussen, die der Verzicht mit sich bringt, in Kauf nehmen muss.

Mit diesem Problem beschäftigen sich die Arbeiten von MOSLER et al. sowie von ERNSTE. Sie suchen insbesondere nach Möglichkeiten zur Überwindung der sozialen Dilemmasituationen, in denen sich die Mitglieder eines Kollektivs (nicht nur Individuen, sondern z.B. auch Unternehmen und Staatswesen) gegenseitig in ihren übernutzenden Verhaltensweisen gefangen halten.[7]

ERNSTE zeigt auf, dass Menschen nicht *nur* als "rationale Egoisten" denken und handeln, sondern in ihren Entscheidungen auch andere Kriterien als den maximalen Eigennutzen berücksichtigen. Er schliesst daraus, dass der v.a. in der neoklassischen ökonomischen Theorie geläufige Rationalitätsbegriff zu eng und in sich widersprüchlich ist und möglicherweise den Blick auf andere als polizeirechtliche und marktwirtschaftliche umweltpolitische Instrumente verstellt. Er will ihn deshalb durch moralisch-praktische und ästhetisch-expressive Momente zu einer "Kommunikativen Rationalität"erweitern. Diese Form der Rationalität würde in Dilemmasituationen Kommunikation und Kooperation als rational erscheinen lassen und dadurch einen Ausweg aus dem Dilemma weisen. Es müssten also zusätzlich zu den marktwirtschaftlichen Steuerungsmodellen auch

[7] Vgl. den Beitrag von ERNSTE für eine ausführliche Beschreibung der Dilemmasituation, die in der Spieltheorie auch unter dem Namen "Gefangenen-Dilemma" bekannt ist.

Modelle entwickelt werden, die auf Kooperation und freiwilligen Vereinbarungen aufbauen.

MOSLER et al. haben sich mit der Frage auseinandergesetzt, unter welchen Bedingungen sich in einem Kollektiv eine "grossflächig wirksame Eigendynamik entfalten" kann, "welche kollektives umweltübernutzendes Denken und Handeln in kollektives umweltverantwortliches Denken und Handeln überführt" (S. 238). Sie verwenden die Erkenntnisse verschiedener sozialpsychologischer Theorien und entsprechende empirische Befunde für die Konstruktion von computersimulierten Modellen des Verhaltens grosser Kollektive (10'000 Personen). Dadurch gewinnen sie neuartige Erkenntnisse darüber, welche Bedeutung Eigenschaften wie z.B. Status, Überzeugungskraft oder Nachgiebigkeit von "Pionieren", die neue Verhaltensweisen praktizieren, sowie deren Dichte und Verteilung in der Population für die Verbreitung der neuen Verhaltensweisen haben. Aus den Ergebnissen der im Modell simulierten Experimente ergeben sich neue Konzepte für sozialwissenschaftlich abgestützte Formen von umweltbezogenen Kampagnen z.B. in Gemeinden, die in Feldversuchen empirisch überprüft werden können.

4.1.5. Das Problem der adäquaten Bildung und Beratung

Als ***Probleme der Wissens- und Wertvermittlung (PT 8)*** lässt sich folgendes beschreiben:

Für ein einzelnes Individuum ist es unmöglich, sich das für umweltbezogene Verhaltensänderungen relevante Wissen oder entsprechende evaluative Prämissen vollständig durch eigene Erfahrung zu erarbeiten. Dies erfordert, wie jede Form der Tradierung überindividueller Information, die Vermittlung durch persönliche Kommunikation und durch Medien. Die Art dieser Vermittlung sollte sowohl der Sache angemessen wie auch für die Adressatinnen und Adressaten verstehbar und für ihre eigenen Handlungsentscheidungen relevant sein. Die Vermittlung von Wissen über Umweltprobleme und über umweltgerechtere Handlungsoptionen ist in mancher Hinsicht unangemessen oder defizitär: (1) Durch Medien vermittelte Information ist oft falsch, selektiv, unvollständig, widersprüchlich (z.B. im Expertenstreit) und in bezug auf konkreten Handlungsbedarf mehrdeutig. (2) Durch Medien vermittelte Information über Natur und Umweltprobleme bezieht sich vorzugsweise auf die naturwissenschaftlichen Aspekte der Problematik, wodurch ein Bezug zu den alltäglichen Handlungszusammenhängen der Empfängerinnen und Empfänger erschwert ist. (3) Die alltagspraktische Vermittlung von Kenntnissen der natürlichen Faktoren und Prozesse im eigenen nahen Lebensraum, das konkrete Einüben eines schonenden Umgangs mit natürlichen Ressourcen und die Tradierung entsprechender Werte haben unter den Bedingungen materiellen Wohlstandes und zunehmend urbaner Lebensweisen marginale Bedeutung.

Die Projekte, die sich mit umweltbezogener Beratung und Bildung befasst haben (KYBURZ-GRABER et al.; ROUX; FINGER et al.) bestätigen indirekt diese Problemdefinition, indem sie - anwendungsorientiert und teilweise unter Verwendung partizipativer Forschungsansätze (vgl. Kap. 2.1.) - in konkreten Kontexten einige der in obiger Problemdefinition benannten Hindernisse überwinden. Gleichzeitig bestätigen sich in diesen Arbeiten verschiedene Schlussfolgerungen aus den mehr grundlagenorientierten Projekten.

Der Umweltsurvey von DIEKMANN und FRANZEN wie auch die Arbeit von FUHRER und WÖLFING haben deutlich gezeigt, dass der Faktor "Wissen" des Umweltbewusstseins einen geringen Zusammenhang mit dem Handeln hat. Werthaltungen und v.a. Handlungsabsichten weisen einen stärkeren Zusammenhang zum Handeln auf. Unpersönliche, medienvermittelte Kommunikation ist aber in bezug auf diese Faktoren deutlich weniger wirksam als die direkte Kommunikation. Daraus folgt, dass neue Formen der Bildung und der Beratung zu finden sind. Diese dürften sich nicht auf ein "Vermitteln" von Wissen und Werten beschränken, sondern müssten in der sorgfältigen Organisation und Gestaltung von Kommunikations- und Lernprozessen bestehen. Ziel dieser Kommunikations- und Lernprozesse ist die Beantwortung der Frage, wie die Beteiligten ihren Handlungsspielraum zur Veränderung des eigenen Handelns und von dessen strukturellen Randbedingungen unter Berücksichtigung der umweltrelevanten (Neben)Folgen des Handelns wahrnehmen und nutzen können.

Lösungsmöglichkeiten

Die in den Arbeiten, die im Kapitel 3.4. vorgestellt werden, gewählten konkreten Kontexte sind sehr unterschiedlich: bei KYBURZ-GRABER et al. geht es um die Neuausrichtung der Umweltbildung an höheren Schulen, bei ROUX um die Realisierung von umweltverantwortlichem Handeln in der Landwirtschaft, bei FINGER et al. um das umweltrelevante Lernen von Organisationen.

Die Projekte von KYBURZ-GRABER et al. und von ROUX verwirklichen wesentliche Postulate, die sich auch aus anderen Projekten ergeben, insbesondere demjenigen von FUHRER und WÖLFING und demjenigen von JAEGGI et al.

- Kleingruppenarbeit mit *persönlicher Kommunikation* anstelle von unpersönlicher Medieninformation: In beiden Projekten wurde mit Personengruppen gearbeitet, die in ihrem jeweiligen Alltag miteinander in Berührung kommen; bestehende soziale Netzwerke wurden genutzt und erweitert. Im Projekt, das ROUX beschreibt, wurden für die Projektorganisation bestehende Beziehungen unter den öffentlichen und privaten Akteuren auf den Stufen Gemeinde, Region, Kanton und Bund genutzt und neue Beziehungen geknüpft, soweit dies für das Erreichen der Projektziele notwendig erschien. KYBURZ-GRABER et al. erarbeiteten die an den Schulen durchgeführten Unterrichtsprojekte zusammen mit den beteiligten Lehrkräften, und auch bei deren Durchführung spielte das Element der Partizipation eine wichtige Rolle.

- *Situationsspezifisches und alltagsnahes Vorgehen:* Bei KYBURZ-GRABER et al. sind die jeweiligen Themen der Unterrichtsprojekte nicht naturwissenschaftlich definierte Umweltprobleme, sondern ein "Handlungssystem" - z.B. eine Schule, ein Betrieb oder eine Freizeitanlage - in seinem Verhältnis zu seiner gesellschaftlichen und natürlichen Umwelt. ROUX identifiziert als einen wichtigen Grund für den Erfolg des Projekts "das Vertrauensverhältnis zwischen der Projektleitung und den Landwirten, das durch eine realistische Beurteilung der Handlungsmöglichkeiten und Interessen der Landwirte durch die Projektleitung entstehen konnte" (S. 361). Dies dürfte insbesondere deshalb wichtig sein, weil nur so das Wissen um eigene Handlungsmöglichkeiten aufgebaut wird, so dass auch die Bereitschaft zu einer persönlichen *Verpflichtung* entstehen kann. Dieser Verpflichtungsaspekt - von JAEGGI et al. als wichtiger Bestimmungsfaktor umweltverantwortlichen Handelns hervorgehoben - findet im Projekt ROUX ganz konkreten Ausdruck im Abschluss eines Bewirtschaftungsvertrags.
- Gleichzeitige Berücksichtigung von *"Innenstruktur"* (individuelles Lernen, Problembewusstsein, Handlungsbereitschaft etc.) und *"Aussenstruktur"* (ökonomische, rechtliche, politische und infrastrukturelle Rahmenbedingungen) des Handelns (vgl. JAEGGI et al.; DIEKMANN, FRANZEN; GESSNER). Das Projekt ROUX illustriert eindrücklich, wie dies praktisch geschehen kann: den Landwirten wurde nicht nur konkretes Sachwissen vermittelt ("Innenstruktur"), sondern es wurde gleichzeitig der ökonomischen Situation der Landwirtschaftsbetriebe durch entsprechende Anreize Rechnung getragen, und die Landwirte konnten durch ihre Beteiligung an den Verhandlungen über die Ziele und Formen der nachhaltigen Nutzung von Kulturlandschaften Einfluss nehmen auf die Ausgestaltung und Veränderung der politischen Rahmenbedingungen ("Aussenstruktur"). Für KYBURZ-GRABER et al. ist ein wesentliches Ziel der "sozioökologischen Umweltbildung", dass die Schülerinnen und Schüler eine "kommunikative Handlungsfähigkeit" gewinnen, die sich nicht nur auf das individuelle Handeln, sondern auch auf die "nachhaltige Entwicklung von Handlungssystemen" bezieht. Der Beitrag von ERNSTE stellt zur theoretischen Begründung

einer solchen erweiterten Zielsetzung der Umweltbildung wichtige Grundlagen bereit.

Der Beitrag von FINGER et al., der sich mit dem umweltbezogenen Lernprozess von Organisationen befasst, zeigt deutlich auf, dass es auch auf dieser Ebene wesentlich darum geht, die wichtigen Personen in einer Organisation zu befähigen, den Lernprozess zu organisieren. Diese Personen benötigen nicht in erster Linie konkretes umweltbezogenes Sachwissen, sondern "Kenntnisse und Kompetenzen im Bereich Kommunikation, Prozessbegleitung, Organisation und Konzeptualisierung" (S. 344). Er stellt in diesem Bereich einen dringenden Bedarf nach einer Neu-Ausrichtung auch der umweltbezogenen *Weiterbildung* in der von KYBURZ-GRABER et al. angezeigten Richtung fest.

4.1.6. Das Problem der kulturellen Brille[8]

Im Versuch, globale Umweltprobleme zu bewältigen, treffen lokal unterschiedliche Wertsysteme, Religionen, Sprachen, Gesellschaftsordnungen, Geschichten und Entwicklungsziele aufeinander. Die Auseinandersetzung mit Umweltproblemen erfordert deshalb, so wird immer deutlicher, Zusammenarbeit und Dialog über viele Arten von Grenzen hinweg: über nationalstaatliche, kulturelle und disziplinäre Grenzen und über die Grenzen gesellschaftlicher Systeme hinweg.

Damit wird die Frage wichtig, ob und wie solche "grenzüberschreitende" Dialoge und Zusammenarbeitsformen überhaupt möglich sind und wodurch sie allenfalls behindert werden. Ein oft verkannter behindernder Faktor liegt in der "kulturellen Brille", die alle Menschen durch ihre Sozialisation in einer Gesellschaft tragen. Die Kultur, in der sie sich bewegen, bildet einen "Filter" von Deutungsmustern, Wertvorstellungen, Kommunikationsregeln etc., mit dem sie an die Welt herangehen, und der ihre Problemsichten und ihre Lösungssuchen beeinflusst, auch die Wahrnehmung und Bewertung von Naturveränderungen als "Umweltprobleme". Freilich sind wir uns dieses "Filters" meistens nicht bewusst, zumindest solange nicht, als wir nicht aus der eigenen Kultur heraustreten. Wir neigen dazu, unsere eigene Weltsicht für die einzig mögliche und richtige zu halten, und Abweichungen davon bestenfalls als nicht ganz ernstzunehmende Kuriositäten zur Kenntnis zu nehmen.

---

8 In diesem Abschnitt wird ein Problem angesprochen, auf das hauptsächlich die kulturwissenschaftlichen Arbeiten aufmerksam machen, das aber bisher nicht als eigener Problemtyp formuliert worden ist. Es bleibt zu prüfen, ob dies sinnvoll ist.

In bezug auf Umweltfragen finden sich in der Schweiz immer wieder - sei es bei Umfragen, sei es bei Volksabstimmungen - mehr oder weniger grosse Unterschiede zwischen dem deutschsprachigen und dem italienisch- und französischsprachigen Landesteil. Die in diesem Buch beschriebenen Untersuchungen machen keine Ausnahme. So fanden DIEKMANN und FRANZEN im Umweltsurvey, dass Umweltbewusstsein und Umweltverhalten in der deutschen Schweiz stärker ausgeprägt sind als in den westlichen und südlichen Landesteilen. Fast ausnahmslos "findet sich bei den Wissens-, Einstellungs- und Verhaltensfragen des Umweltsurveys aber ein tiefer 'Umwelt-Röstigraben' zwischen den Landesteilen" (S. 142). Andererseits fühlen sich die befragten Personen im Tessin und in der Romandie im Durchschnitt durch lokale Umweltprobleme stärker persönlich betroffen als die Bevölkerung in der deutschsprachigen Schweiz. BÜTSCHI et al. bestätigen den "Röstigraben" in bezug auf die Akzeptanz verkehrspolitischer Massnahmen.[9] Nach den Ergebnissen von FUHRER und WÖLFING ist freilich der Einfluss des Sprachraums auf das Umweltbewusstsein nicht bedeutend. Es wäre zu prüfen, inwiefern diese gegensätzlichen Befunde auf Unterschiede in den verwendeten Methoden zurückzuführen sind.

Dies sind aber lediglich beschreibende Feststellungen. Die Erklärung des Phänomens steht noch aus. Einen Versuch, dieses zu verstehen, machen BRECHBÜHL und REY mit ihrer sprachwissenschaftlichen Analyse. Die Autorinnen gehen davon aus, dass Sprache nicht blosses Medium der Informationsübertragung ist, sondern "zugleich Vermittlungsinstrument kulturell tradierter Werte" und ein "System, das beim einzelnen Sprecher bestimmte Kategorien und Denkweisen unterstützt" (S. 426). Anhand der Berichterstattung über Natur, Umwelt und Umweltprobleme in den Zeitungen seit Anfang des 20. Jahrhunderts arbeiten sie heraus, welcher Stellenwert dieser Berichterstattung im Zeitverlauf in den drei Sprachregionen der Schweiz zugekommen ist, und in welche Bedeutungszusammenhänge Schlüsselbegriffe wie z.B. der Begriff "Natur" eingebettet sind. Sie stellen dabei einerseits fest, dass sich die Gewichtung der Umweltthematik erst in den späten 60er Jahren - zeitgleich mit der Politisierung des Umweltdiskurses - zwischen den Landesteilen zu unterscheiden beginnt. Andererseits war die Behandlung von Naturthemen von jeher qualitativ verschieden: es finden sich in den drei Sprachräumen unterschiedliche Verwendungs- und Argumentationszusammenhänge, die auf tief in der Bedeutungsgeschichte der Sprachen verankerte Unterschiede der vor-

9 Die entsprechenden Resultate werden im Beitrag dieses Buches nicht im Detail dargestellt, vgl. aber Bütschi und Kriesi 1995.

herrschenden übergeordneten Naturvorstellungen schliessen lassen. Unterschiede in den übergeordneten Sichten des Mensch-Gott-Naturbezugs hat JÄGGI auf der grösseren Skala der verschiedenen Weltreligionen ebenfalls herausgearbeitet.

Der Beitrag von THOMAS nimmt speziell die bildliche Darstellung als Kommunikationsmedium in den Blick und untersucht ihre Bedeutung in umweltbezogenen Kommunikationsprozessen. Mit Hilfe von Bildern kann gleichzeitig auf verschiedenen Ebenen kommuniziert werden; ein Bild vermag deshalb in Zusammenhang mit einem Umweltproblem z.B. gleichzeitig emotionale, naturbezogene, soziale, ökonomische und historische Aspekte des Problems anzusprechen. "Bilder mischen diese Aspekte, gewichten einen oder mehrere stärker und weisen in eine spezifische Richtung, geben eine Orientierung" (S. 471).

Auf eine spezielle "kulturelle Brille", die vor allem im Zusammenhang mit der wissenschaftlichen Bearbeitung von Umweltproblemen sehr wichtig ist, weist der Beitrag von DEFILA und DI GIULIO (Kap. 3.7.) hin: auf die "disziplinäre Brille", die im Verlauf der wissenschaftlichen Ausbildung und Tätigkeit erworben wird. Die für eine adäquate wissenschaftliche Bearbeitung der Umweltproblematik geforderte interdisziplinäre Zusammenarbeit kann durch verschiedene disziplinenspezifische Vorverständnisse z.B. bezüglich Wissenschaftlichkeit, Arbeitsmethoden und -stilen erheblich behindert werden.

Lösungsmöglichkeiten

Insgesamt lässt sich feststellen, dass der ganze Komplex der kulturellen Hintergründe auf unterschiedlichen Skalen in bezug auf die umweltbezogene Kommunikation erst sehr rudimentär untersucht worden ist. Die Untersuchungen weisen aber trotzdem auf ein Potential zur Lösung der sich darauf aufbauenden Hindernisse hin: die *Reflexion,* d.h. die bewusste Auseinandersetzung mit der eigenen "kulturellen Brille" und das Feststellen ihrer "Filterwirkung". BRECHBÜHL und REY sprechen dieses Potential im Zusammenhang mit dem "Umweltröstigraben" an: "Auch im Bemühen um den Schutz der natürlichen Umwelt müsste es unseres Erachtens darum gehen, besserwisserische und moralisierende Schuldzuweisungen zu unterlassen und durch eine engagierte Auseinandersetzung mit den Konzepten anderer, auch minoritärer, Sprach- und Kulturgruppen die Bereitschaft zur Zusammenarbeit zu stärken" (S. 442). Noch viel expliziter wird dieser Weg von DEFILA und DI GIULIO (Kap. 3.7.) verfolgt. Ihr Modellehrgang einer "Allgemeinen Wissenschaftspropädeutik" ist auf das Ziel hin ausgerichtet, die Reflexion der disziplinären Vorannahmen in die wissenschaftliche Ausbildung zu integrieren und so die Voraussetzungen für interdisziplinäre Zusammenarbeit zu verbessern.

4.1.7. Zusammenfassung

Es ist versucht worden, die Ergebnisse der in diesem Buch dargestellten humanwissenschaftlichen Forschungsprojekte zu einer Synthese zu verdichten. Ausgegangen wurde dabei von der These, dass Veränderungen menschlichen Handelns zugunsten umweltverträglicherer Alternativen deshalb so schwer fallen, weil unverzichtbare Voraussetzungen dafür, dass Menschen ihr Verhalten im Sinne einer Problemlösung verändern, im Falle der Umweltproblematik nicht gegeben sind. Viele Projektergebnisse unterstützen diese These sowohl in bezug auf Voraussetzungen der "Innenstruktur" (individuelles Lernen, Problembewusstsein, Handlungsbereitschaft etc.), als auch der "Aussenstruktur" (ökonomische, rechtliche, politische und infrastrukturelle Rahmenbedingungen) des Handelns. Angesichts der Vielschichtigkeit der aufgezeigten Probleme kann es nicht erstaunen, dass die Schritte vom Wissen über Umweltprobleme zum problemlösenden Handeln so schwer fallen. Die Hindernisse zu erkennen und möglichst präzis zu benennen stellt einen ersten Schritt zu ihrer Überwindung dar. Die Projektergebnisse lassen insgesamt nicht nur die Probleme genauer erkennen, sondern weisen auch auf mögliche Lösungswege hin. Schlüsselwörter dafür sind *Reflexion, Kommunikation* und *Organisation.*

Reflexion bedeutet, sich des eigenen Standorts bezüglich Kultur, Weltanschauung, Werten, Vorannahmen usw. bewusst zu werden. Reflexion dient auch dem Erkennen der je für sich begrenzten und einander ergänzenden Handlungsspielräume verschiedener Individuen und Gruppen und der unterschiedlichen Möglichkeiten verschiedener Kulturen; sie macht Kommunikation darüber und damit eine gemeinsame Neuorientierung erst möglich.

Auf verschiedensten Ebenen - so die Schlussfolgerungen aus mehreren Projekten - sind *kommunikative Prozesse* erforderlich:

- Diskurse über grundlegende Werte, die trotz unterschiedlicher Weltanschauungen und unterschiedlicher Kulturen geteilt werden können;
- Kommunikation, die Vertrauen schafft in die Verlässlichkeit der andern und damit eine wesentliche Voraussetzung darstellt für die Verpflichtung zur Nutzung der eigenen Handlungsspielräume für Veränderungen;

- Kommunikation zur Konkretisierung von Zielen hin zu einer nachhaltigen Entwicklung und zur Erarbeitung von Handlungsalternativen.

Solche Kommunikation geschieht aber nicht "einfach so"; sie besteht auch nicht bloss darin, "ein wenig miteinander zu reden". Sie muss *organisiert und gestaltet* werden, es müssen geeignete Formen und Gefässe dafür gefunden oder geschaffen werden. Hierfür ist "sozialtechnologisches" Wissen gefragt: Wissen über die Gesetzmässigkeiten individueller und kollektiver Lernprozesse; Wissen über die Wirkungsweise von sozialen und ökonomischen Anreizen und Hemmnissen für bestimmte Verhaltensänderungen; Wissen darüber, wie kulturelle Hintergründe die Kommunikation beeinflussen; Wissen darüber, wie Kommunikationsprozesse gestaltet sein müssen, damit sie konstruktiv sind und die Beteiligten zum Handeln ermutigen. Die in diesem Buch dargestellten Projekte tragen zu solchem Wissen bei. Es gilt nun - was im Rahmen einzelner Projekte bereits begonnen wurde - dieses Wissen in verschiedensten Handlungszusammenhängen zu konkretisieren, anzuwenden und die Anwendungen zu begleiten.

Der Synthese-Versuch hat ebenfalls auf Forschungslücken und Forschungsbedarf hingewiesen. Zum einen ist das Zusammenspiel zwischen "inneren" und "äusseren" Faktoren für die Ermöglichung umweltverantwortlichen Handelns erst andeutungsweise bekannt. Seine Untersuchung erfordert die Zusammenarbeit zwischen Disziplinen wie Psychologie, Soziologie, Politologie und Geschichte einerseits, Ökonomie und Ingenieurwissenschaften andererseits. Zum andern hat die Frage der kulturellen Hintergründe der Verursachung, Wahrnehmung und Lösung von Umweltproblemen noch allzu wenig Beachtung gefunden.

LITERATUR

Bütschi, D., Kriesi, H. 1995: Politique des transports et opinion publique: quelle place pour la protection de l' environnement? In: Jahrbuch der Schweizerischen Verkehrswirtschaft 1994/1995. S. 75-84.

Dörner, D. 1993: Denken und Handeln in Unbestimmtheit und Komplexität. In: Gaia. Jg 2, Nr. 2. S. 128-138.

Dörner, D. 1989: Die Logik des Misslingens. Hamburg: Rowohlt.

Dürrenberger, G., Kastenholz, H., Rudel, R. 1994: Climate risk concern in an alpine community. On the social embeddedness of risk perception. In: Beniston, C. (Hg.): Mountain Environments in Changing Climates. London: Routledge. S. 301-317.

Edelmann, W. 1993: Lernpsychologie. München: Urban und Schwarzenberg.

Eulefeld, G. 1981: Veränderung des Umweltbewusstseins - Eine Aufgabe für die Schule? In: Fietkau, H.-J., Kessel, H. (Hg.): Umweltlernen. Königstein/Ts.: Anton Hain. S. 187-220.

Frey, B. S., Foppa, K. 1986: Human Behavior: Possibilities explain action. In: Journal of Economic Psychology. Bd 7. S. 137-160.

Gessner, W., Kaufmann-Hayoz, R. 1995: Die Kluft zwischen Wollen und Können. In: Fuhrer, U. (Hg.): Ökologisches Handeln als sozialer Prozess. Basel, Boston, Berlin: Birkhäuser. S. 11-25.

Häuselmann, C., Kaufmann-Hayoz, R., Gessner, W. 1995: Der Schritt vom Wissen zum Handeln. Veränderungspotentiale und -restriktionen im individuellen Handlungsbereich. In: UNI PRESS. Nr. 85. Bern: Pressestelle der Universität Bern. S. 13-14.

Kaufmann-Hayoz, R. 1995: Schwierigkeiten der Konkretisierung und Umsetzung. In: Eidgenössisches Personalamt (Hg.): Konzeptionelle Politik auf dem Prüfstand. Schriftenreihe des Eidgenössischen Personalamtes. Bd 3. Bern. S. 143-157.

Kaufmann-Hayoz, R., Häuselmann, C., Gessner, W. 1996: 'Eco-Design' - die wahrnehmungspsychologische Erweiterung eines technischen Konzepts. In: Lesch, W. (Hg.): Naturbilder. Ökologische Kommunikation zwischen Ästhetik und Moral. Basel: Birkhäuser. (im Druck).

Preuss, S. 1991: Umweltkatastrophe Mensch: Über unsere Grenzen und Möglichkeiten, ökologisch bewusst zu handeln. Heidelberg: Asanger.

Schönpflug, W., Schönpflug, U. 1995: Psychologie. Ein Lehrbuch für das Grundstudium. München: Urban und Schwarzenberg.

Stern, P. C. 1995: Understanding and changing environmentally destructive behavior. In: Fuhrer, U. (Hg.): Ökologisches Handeln als sozialer Prozess. Basel, Boston, Berlin: Birkhäuser. S. 89-96.

4.2. BILANZ

Ruth Kaufmann-Hayoz, Antonietta Di Giulio

Wenn wir nun abschliessend versuchen, eine Bilanz aus dem bisher Dargestellten zu ziehen, so tun wir das nicht nur in bezug auf disziplinäre und interdisziplinäre *Erkenntnisse über umweltverantwortliches Handeln* und mögliche *Lösungen für Umweltprobleme* (dies wird ausführlich in Kap. 4.1. getan), sondern auch in bezug auf den *interdisziplinären Forschungsprozess* und in bezug auf die *Erwartungen an die humanwissenschaftliche Umweltforschung* (vgl. dazu Kap. 1.1. und 2.2.).

Der während dreier Jahre im SPZ "Umweltverantwortliches Handeln" und im Netzwerk "Ethische Grundlagen" realisierte Forschungsprozess hat zu fruchtbaren Kooperationen geführt. Dass dies trotz des Gegensatzes zwischen Ansprüchen und Mitteln möglich war, ist sehr positiv zu werten. Denn obwohl sehr hohe Erwartungen an die beteiligten Forschungsgruppen bezüglich Inter- und Transdisziplinarität gestellt wurden, standen über die Ressourcen der einzelnen Projekte hinaus nur wenig Mittel zur Verfügung, und strukturell-organisatorische Massnahmen zur Unterstützung der Kooperation waren nicht getroffen worden. Zu Beginn der Arbeit bestanden die "koordinierten Projekte" aus eher locker miteinander verbundenen Einzelprojekten, die sich unter dem grosszügigen "Dach" des Konzeptes "Umweltverantwortliches Handeln" eingefunden hatten. Die Mehrheit der Projekte ging von der häufig beklagten Diskrepanz zwischen vorhandenem (naturwissenschaftlichem) Wissen über Umweltprobleme und dem eher zögerlichen (gesellschaftlichen und individuellen) entsprechenden Handeln aus. Sie suchten die Ursachen dieser Diskrepanz herauszufinden und Lösungen bereitzustellen. Dieses "Handlungsproblem" (bzw. jeweils ein Aspekt davon) wurde in eine mit dem Rüstzeug der jeweiligen Disziplin (Theorie und Methoden) bearbeitbare Fragestellung übersetzt. Die Vernetzung dieser Fragestellungen untereinander, die Gemeinsamkeiten, Ergänzungen und Unterschiede sowie ihre Einbettung in ein übergeordnetes Problemfeld konnten nur zum kleinen Teil *vor* der Formulierung der Einzelprojekte herausgearbeitet werden. Im Verlaufe der Arbeit entstand ein fruchtbarer Diskurs und Austausch über die Projektgrenzen hinweg. Anlässlich mehrerer Arbeitstagungen und auch während der Vorbereitung und Verfassung dieses Buches hat bei den Beteiligten ein Stück jener Reflexion stattgefunden, die DEFILA und DI GIULIO (Kap. 3.7.) als Voraussetzung für interdisziplinäres Arbeiten identifizieren. Das Resultat dieses Prozesses ist teilweise in den Beiträgen des vorliegenden Buches sichtbar (insbesondere in den Synthese-Kapiteln), teilweise befindet es sich - vorerst unsichtbar - in den Köpfen der Beteiligten. Es ist ein Verbund von Forscherinnen und Forschern entstanden, die in der Lage sind, sich über Projekt- und Disziplinengrenzen hinweg zu verständigen.

Reichhaltig und differenziert sind die Erkenntnisse über umweltverantwortliches Handeln. Eines ist als Resultat sehr deutlich geworden: Die grosse Mehrheit der Bevölkerung in der Schweiz braucht nicht für die Ernsthaftigkeit der Umweltproblematik "sensibilisiert" zu werden. Nahezu die gesamte Bevölkerung hält für sich persönlich das allgemeine Ziel eines verantwortungsvollen Umgangs mit der Umwelt für wichtig und findet insbesondere auch, dass die Erziehung der Kinder daraufhin auszurichten ist. Ihr Vertrauen in die Problemlösungskompetenz moderner Wissenschaft und Technik und in den Problemlösungswillen der Politikerinnen und Politiker ist jedoch gering. Gefühle von Hilflosigkeit und Ohnmacht im Zusammenhang mit Umweltproblemen dominieren, das Handeln wird durch materielle und sozio-ökonomische Strukturen oft in umweltschädigende Bahnen gelenkt oder gezwungen. Es sind Strukturen, die Menschen als Einzelne nicht verändern können, und die sie durch ihr Handeln täglich reproduzieren. Den meisten Menschen ist deshalb unklar, wie sie selber einen wesentlichen Beitrag zur Lösung und Vermeidung der Umweltprobleme leisten können.

Diese Situation ist - zumindest auf den ersten Blick - nicht sehr ermutigend. Angesichts der sehr schwerwiegenden und drängenden Probleme, die durch die anthropogenen Veränderungen der natürlichen Umwelt aufgeworfen werden, sind schnelle und nachhaltig wirkende Lösungen gefragt. Nach dem oben Gesagten kann aber nicht erwartet werden, dass allein durch das Wissen um die Umweltproblematik und durch die Einsicht in die Notwendigkeit einer raschen Umorientierung menschlichen Handelns durchschlagende Veränderungen dieses Handelns eintreten werden. Bleibt also nur noch die Resignation und das fatalistische Warten auf die Katastrophe oder ein Wunder? Oder gibt es eine Strategie, mittels der menschliches Handeln umweltverantwortlich gemacht werden kann?

Die humanwissenschaftliche Umweltforschung liefert kein einfaches Rezept für eine solche Strategie. Diese Feststellung ist aber nicht das Eingeständnis eines Misserfolgs, sondern stellt vielmehr die Voraussetzung für den Erfolg dar. Der Mensch ist ein komplex organisiertes Wesen: sein Handeln ist geprägt durch Bewusstsein, Wahrnehmungen und Werthaltungen, aber auch durch sein soziales und kulturelles Umfeld und durch strukturelle Handlungsspielräume und -restriktionen. Das im einleitenden Kapitel (1.1.) gezeigte Bild des Archimedes, der mit der Fingerspitze und einem geeigneten Hebel die Welt bewegt, ist nicht zutreffend für die Situation der Humanwissenschaften angesichts der Umweltproblematik. Die Erwartung an die Gemeinschaft der Humanwissenschaftler und Humanwissenschaftlerinnen, den *einen* archimedischen Punkt, die *eine* richtige Strategie zur Lösung der Umweltproblematik zu finden, ist zurückzuweisen. Die Aufgabe für die Humanwissenschaften kann nicht darin bestehen, den archimedischen Punkt zu finden, sondern darin, aufzuzeigen, wie eine Vielzahl von kontextangepassten Methoden und Ansätzen anzuwenden ist, damit menschliches Handeln umweltverantwortlicher werden kann. Die Beiträge in Kapitel 3. und der Syntheseversuch in Kapitel 4.1. geben zahlreiche Hinweise auf solche Methoden und Ansätze. Die Aufgabe, Umweltprobleme zu lösen und zu vermeiden, ist aber nicht allein den Humanwissenschaften zuzuweisen, ebensowenig wie sie allein den Natur- und Ingenieurwissenschaften übertragen werden kann. Für eine "nachhaltige Entwicklung der Gesellschaft" ist eine gemeinsame Anstrengung aller Wissenschaften, ja aller gesellschaftlichen Kräfte notwendig.

Das Bild des Archimedes ist damit noch aus einem weiteren Grunde unpassend: Es suggeriert die Existenz eines Experten ausserhalb der menschlichen Gesellschaft, der ihre Geschicke lenken könnte. Einen solchen gibt es aber nicht. Sind wir an der langfristigen Erhaltung der natürlichen Lebensgrundlagen interessiert und halten wir gleichzeitig am Ideal einer demokratischen Gesellschaft fest, deren Mitglieder mündige, selbständig und verantwortlich denkende und handelnde Bürgerinnen und Bürger sind, dann kann umweltverantwortliches Handeln nicht diktatorisch erzwungen und im einzelnen vorgeschrieben werden. Wenn eine Vielfalt von kulturellen Entwicklungen, Weltanschauungen und individuellen Lebensentwürfen grundsätzlich respektiert werden soll, dann muss der lange, mühselige und zukunftsoffene Weg des Diskurses über gemeinsame Grundwerte, der Weg des Verhandelns über konkrete Ziele, der Weg des gemeinschaftlichen Suchens nach Handlungsalternativen gegangen werden.

Abbildung 1: *Mittelalterliche Darstellung des Baus einer Kathedrale (aus Erlande-Brandenburg, A. 1993: Quand les cathédrales étaient peintes. Paris: Gallimard. S. 128)*

Eine geeignete Metapher für das "Projekt Nachhaltige Entwicklung" ist also vielleicht die des mittelalterlichen Kathedralenbaus (Abb. 1): An dem Werk sind alle Menschen einer Gemeinschaft beteiligt. Alle leisten in Abhängigkeit ihres Standes, ihres Berufes und ihres Vermögens ihren Beitrag, über mehrere Generationen hinweg und immer wieder mit neuen Herausforderungen konfrontiert. Es gibt zwar Pläne für das Bauwerk, das grosse Ziel haben alle vor Augen. Wie die Kathedrale aber am Ende genau aussehen wird, vermag niemand vorherzusagen: die Pläne verändern sich im Verlaufe der Bauzeit in Abhängigkeit von neu auftauchenden Problemen, aber auch von neuen Erkenntnissen und Techniken. Die Kathedrale in ihrer Vollendung ist nicht für die jetzt Lebenden, sondern für kommende Generationen bestimmt.

Glossar

Humanwissenschaften

Dieser Begriff ist im deutschen Sprachraum nicht gebräuchlich. Die im Französischen mit "Sciences humaines" und im Englischen mit "Humanities" bezeichneten wissenschaftlichen Disziplinen werden im Deutschen meistens als "Geisteswissenschaften" oder "Kulturwissenschaften" angesprochen. Gemeint sind damit z.B. Philosophie, Sprach- und Literaturwissenschaften, Kunst- und Musikgeschichte, Theologie, Religionswissenschaft, manchmal auch Pädagogik, Geschichte, Ethnologie, Psychologie und Kulturgeographie. Letztere werden aber oft auch zu den "Sozialwissenschaften" gezählt, zu denen auch Disziplinen wie Soziologie, Politologie, Medienwissenschaften, Rechts- und Wirtschaftswissenschaften gehören. Um umständliche Aufzählungen zu vermeiden, wird die Bezeichnung "Humanwissenschaften" in diesem Buch für alle jene Disziplinen verwendet, die sich als Geistes-, Sozial- oder Kulturwissenschaften verstehen. Der Begriff wird hier also breiter verwendet als dies im Französischen und Englischen üblich ist, wo die Sozialwissenschaften in der Regel nicht als "Sciences humaines" oder "Humanities" angesprochen werden. *(R. Kaufmann-Hayoz)*

Interdisziplinarität - Transdisziplinarität

Für "Interdisziplinarität" und "Transdisziplinarität" gibt es viele und heterogene Definitionen, auf die hier nicht näher eingegangen wird. Eine weitgefasste Umschreibung von "Interdisziplinarität" schlägt Balsiger 1991 vor; er bezeichnet sie als "eine Form wissenschaftlicher Kooperation in Bezug auf gemeinsam zu erarbeitende Inhalte und Methoden, welche darauf ausgerichtet ist, durch Zusammenwirken geeigneter Wissenschaftler/innen unterschiedlicher fachlicher Herkunft das jeweils angemessenste Problemlösungspotential für gemeinsam bestimmte Zielsetzungen bereitzustellen. Eine Vielzahl unterschiedlicher Faktoren und deren Verhältnis zueinander legt eine solche Zusammenarbeit von Fall zu Fall fest." Umweltprobleme sind komplex, d.h. sie verlaufen nicht entlang der disziplinären Grenzen, sondern erfordern eine problemorientierte und damit interdisziplinäre Bearbeitung.

Eine entsprechende Forschung ist oft auch anwendungsorientiert, d.h. Adressat der Forschung ist nicht in erster Linie die Wissenschaft, sondern ebenso oder sogar noch mehr das wissenschaftsexterne Umfeld (Unternehmen, soziale Bewegungen, Schulen, politische Instanzen etc.). Eine solche Forschung wird deshalb oft in Zusammenarbeit mit Anwenderinnen und Anwendern entwickelt und durchgeführt. Sie überschreitet in diesem Fall auch die Grenzen des Wissenschaftssystems und kann dann "transdisziplinär" genannt werden. *(R. Defila, A. Di Giulio)*

Balsiger, Ph. 1991: Begriffsbestimmungen 'Ökologie' und 'Interdisziplinarität'. Bericht zuhanden der Kommission Ökologie/Umweltwissenschaften der Schweizerischen Hochschulkonferenz (SHK). Bern. (Typoskript).

(Für weitere Literaturhinweise s. auch Beitrag Defila, Di Giulio, Kap. 2.2. in diesem Band.)

Kommunikation

Kommunikation wurde lange Zeit als Übertragung einer Botschaft (message) von einem Sender zu einem Empfänger verstanden ("Röhrenmetapher"). Neuere Konzepte verstehen Kommunikation als Regelkreis, in welchem zwei oder mehr Interaktions-Teilnehmer ihre Verhaltensweisen koordinieren (Maturana, Varela 1987). Kommunikation ist die Synthese eines dreifachen Selektionsverhaltens, nämlich der "Einheit aus Information, Mitteilung und Verstehen" (Luhmann 1985, 203). Wenn es zwischen den Kommunikationsteilnehmern zu einer "koordinierten Selektivität" gekommen ist, kann laut Luhmann von Kommunikation gesprochen werden. Dabei ist jede Mitteilung zuerst einmal nur ein Selektionsangebot. Die Kommunikation ist dann abgeschlossen, wenn eine Reaktion auf dieses Angebot vorliegt. Aus dieser Reaktion kann erkannt werden, was als Synthese zustandegekommen ist. *(Ch. J. Jäggi)*

Luhmann, N. 1985: Soziale Systeme. Grundriss einer allgemeinen Theorie. Frankfurt a. M.: Suhrkamp. (2. Aufl.).

Maturana, H. R., Varela, F. J. 1987: Der Baum der Erkenntnis. Wie wir die Welt durch unsere Wahrnehmung erschaffen - die biologischen Wurzeln des menschlichen Erkennens. Bern, München, Wien: Scherz Verlag.

Lernprozess, individueller

In der Pädagogischen Psychologie wird Lernen als der Prozess beschrieben, durch den eine Person ihr Verhalten als Resultat von Erfahrungen ändert. Nach Gage und Berliner (1986, 261) resultiert Lernen aus denjenigen Erfahrungen mit der Umwelt, durch die das Individuum Beziehungen zwischen Reizen und Reaktionen sowie zwischen Aktionen und Wirkungen herstellt. Um beurteilen zu können, ob ein Lernprozess stattgefunden hat, wird das Verhalten - auch das Kommunikationsverhalten - zum Zeitpunkt t_1 mit dem Verhalten zum Zeitpunkt t_2 verglichen. Wenn die Veränderung als Folge eines Lernprozesses eingestuft werden soll, muss sie, wie gesagt, auf gemachte Erfahrungen mit der Umwelt beruhen. Verhaltensänderungen etwa, die auf Müdigkeit, Drogenkonsum und mechanische Kräfte zurückzuführen sind oder auf Veränderungen beruhen, die im normalen physischen Wachstums- und Entwicklungsprozess eines Menschen auftreten, werden nicht als Veränderungen betrachtet, die das Resultat von Lernprozessen sind. Wichtige Aufgaben im pädagogischen Handeln bestehen darin, Lernziele zu klären und Lernsituationen zu gestalten, in denen individuelle Lernprozesse stimuliert und verstärkt werden können. Dabei ist zu berücksichtigen, dass nicht nur die Persönlichkeit und die Situation der Lernenden verschieden sind, sondern auch die Art und Weise, wie Menschen lernen. *(M. Roux)*

Gage, N., Berliner, D. 1986: Pädagogische Psychologie. Weinheim, Basel: Beltz. (4. Aufl.).

Lernprozess, organisationaler

Der organisationale Lernprozess ist ein Prozess, durch den Organisationen ihre Strukturen und ihre Kultur verändern als Folge einer Interaktion zwischen individuellem Lernen und organisationaler Transformation.

Ein umweltbezogener organisationaler Lernprozess ist ein Prozess, der über verschiedene Phasen dazu führt, Ökologie und umweltverträgliches Handeln in die Kultur und die alltäglichen Aktivitäten einer Organisation zu integrieren. Der sichtbare Teil dieses Prozesses ist die fortlaufende Ökologisierung der Organisation. Diese Ökologisierung hängt nicht von einzelnen motivierten Individuen, die gelernt haben, ab, sondern ist in die Struktur der Organisation integriert. *(M. Finger, S. Bürgin, U. Haldimann)*

Moral - Ethik

"Moral" umfasst die Gesamtheit der Verbindlichkeiten, die für unser Handeln unter dem Aspekt der Sittlichkeit normative Bedeutung haben. Unter "Sittlichkeit" werden im Unterschied zu leicht veränderbaren Regeln, Konventionen und Bräuchen jene Verbindlichkeiten verstanden, die uneingeschränkte Gültigkeit beanspruchen und vor der Gewissensentscheidung autonom handelnder Subjekte bestehen können. Es gibt empirisch eine Vielzahl moralischer Auffassungen, die einander widersprechen.

"Ethik" ist eine Reflexionstheorie der Moral (= Moralphilosophie) und gibt über die Begründung sittlicher Urteile Aufschluss. In der Ethik werden Urteile analysiert, die etwas darüber aussagen, ob eine Handlung richtig oder falsch ist. Da es unterschiedliche Meinungen zu moralischen Fragen gibt, versucht die Ethik die Argumentationslogik der jeweiligen Urteile zu verstehen und zu einer rationalen, d.h. allgemein nachvollziehbaren Begründung für richtiges Handeln und zur gesellschaftlichen Koordination von Handlungsoptionen beizutragen. Innerhalb der Philosophie ist umstritten, ob es eine solche ethische Zentralperspektive für die Beurteilung von vielfältigen Moralkonzepten überhaupt geben kann.

Im alltagssprachlichen Gebrauch werden die Wörter "Ethik" und "Moral" oft austauschbar verwendet.

In der neueren Philosophie gibt es Bestrebungen, eine terminologische Festlegung zu erreichen, wonach "Ethik" den Bereich persönlicher Präferenzen, "Moral" hingegen Fragen der gesellschaftlichen Gerechtigkeit bezeichnen soll (Habermas). Dieser Sprachgebrauch hat sich in der Moralphilosophie aber nicht generell durchgesetzt. *(W. Lesch)*

Umwelt - Umweltprobleme

Der Begriff "Umwelt" wird oft mit "Natur" gleichgesetzt. Unter "Umwelt" kann aber grundsätzlich die Gesamtheit dessen verstanden werden, was ein Lebewesen oder eine Gemeinschaft umgibt, d.h. ausserhalb dieses Lebewesens (oder dieser Gemeinschaft) angesiedelt ist, jedoch zu ihm in einer Beziehung steht, es beeinflussen und von ihm beeinflusst werden kann. Die Beschreibung der Umwelt eines Lebewesens (resp. einer Gemeinschaft) wiederum hängt von dem sie wahrnehmenden und beschreibenden Subjekt ab. Auf den Menschen bezogen heisst dies bspw., dass mit der Umwelt des Menschen neben der natürlichen insbesondere auch seine soziale Umwelt gemeint werden kann.

Im Zusammenhang mit "Umweltproblemen" wird jedoch auch im wissenschaftlichen Kontext unter "Umwelt" die natürliche Umwelt des Menschen verstanden. Siehe dazu bspw.: "Als 'Umweltprobleme' bezeichnen wir Veränderungen der natürlichen Umwelt des Menschen, die - oder deren Auswirkungen - als unerwünscht oder bedrohlich erscheinen, und die durch menschliches Handeln entstehen" (R. Kaufmann-Hayoz in Kap. 1.1. in diesem Band). Hier bezeichnet die "natürliche Umwelt" die gesamte aussermenschliche Natur. *(A. Di Giulio)*

Umweltbewusstsein

Eulefeld (1981, 191) hat Umweltbewusstsein definiert als die "Einsicht in die Gefährdung der natürlichen Lebensgrundlagen des Menschen durch diesen selbst, verbunden mit der Bereitschaft zur Abhilfe". Es ist also ein (Umwelt-) Problembewusstsein. In der umweltpsychologischen und -soziologischen Forschung ist man sich einig darüber, dass dieses Bewusstsein aus verschiedenen Komponenten besteht, die sich durch entsprechende Fragetechniken relativ unabhängig voneinander erfassen lassen. Meistens werden folgende Komponenten unterschieden: (1) Eine Komponente des *Wissens* um ökologische Zusammenhänge und um Handlungsmöglichkeiten (vgl. die Erklärung zum Begriff "Umweltwissen"). (2) Eine Komponente des *Wertens*, zu der die allgemeinen Werthaltungen einer Person gehören, aber auch gefühlsmässige Reaktionen im Zusammenhang mit Umweltproblemen (z.B. Angst vor gesundheitlichen Gefährdungen wegen Luftschadstoffen oder Trauer über das Verschwinden von Tier- und Pflanzenarten). (3) Eine Komponente des *Handelns*, der *Handlungsbereitschaft* oder der *Handlungsabsicht*.

Die Verwendung des Begriffs "Umweltbewusstsein" ist in der Literatur nicht ganz einheitlich: manche verwenden ihn relativ eng, z.B. nur zur Bezeichnung der Komponente des Wertens, andere verwenden ihn sehr breit und schliessen nicht nur Verhaltensabsichten oder -bereitschaften, sondern auch tatsächliches Verhalten darin ein. In Untersuchungen zum Umweltbewusstsein werden meistens Befragungsmethoden verwendet, und es ist vor allem für den Vergleich der Ergebnisse verschiedener Arbeiten wichtig, sorgfältig darauf zu achten, welche Komponenten des "Umweltbewusstseins" in einer Untersuchung durch welche Fragen erfasst werden. *(R. Kaufmann-Hayoz)*

Eulefeld, G. 1981: Veränderung des Umweltbewusstseins - Eine Aufgabe für die Schule? In: Fietkau, H.-J., Kessel, H. (Hg.): Umweltlernen. Königstein/Ts.: Anton Hain. S. 187-220.

Umweltbildung

Umweltbildung ist - wie jede Bildung - Bildung der Persönlichkeit. Sie bezieht sich auf den Menschen als ein moralisches und zur Selbstbestimmung fähiges Subjekt, auf seine kognitiven Fähigkeiten und seine Handlungskompetenzen. Als Umweltbildung muss sie sich spezifisch mit dem Mensch-Natur-Verhältnis befassen, mit den kollektiven und individuellen Bedingungen sowie Zwecken menschlichen Handelns, mit seinen Auswirkungen auf die Natur und den Rückwirkungen auf Menschen und Gesellschaft. Dies erfordert die Auseinandersetzung mit sich selbst, mit der sozialen und mit der natürlichen Umwelt. Diese weite Auffassung wird als "sozio-ökologische Umweltbildung" von drei engeren Ansätzen abgegrenzt:

1. von Umwelterziehung - diese ist hauptsächlich auf die Entwicklung individuellen umweltgerechten Verhaltens ausgerichtet;

2. von naturbezogener Erziehung - sie will vor allem eine bessere Beziehung des einzelnen zur Natur aufbauen;
3. von naturwissenschaftlichem Umweltunterricht - sein Ziel ist es, ökologische Probleme aus der Perspektive der Naturwissenschaften zu analysieren und zu erklären. *(R. Kyburz-Graber, L. Rigendinger, G. Hirsch)*

Umweltmanagement

Umweltmanagement ist der Führungsbereich, der sich mit allen Umweltfragen der Organisation befasst. Zentrale Merkmale sind der mehrdimensionale Zielbezug, der funktions- und unternehmensübergreifende Charakter und die proaktive Verhaltensausrichtung. Umweltmanagement impliziert ein systematisch geplantes, ökologisch intendiertes und kontrolliertes Umweltverhalten der Organisation. Umweltmanagement erfordert ökologisch orientierte Anpassungsmassnahmen in allen Unternehmensfunktionen. *(M. Finger, S. Bürgin, U. Haldimann)*

Umweltwissen

Wissen meint das Kennen und Verstehen von Zusammenhängen in bestimmten Ausschnitten der Welt. Zwei Wissensarten, nämlich das Faktenwissen und das prozedurale Wissen lassen sich unterscheiden. Für das Umweltwissen bedeutet Faktenwissen die genaue Kenntnis über die Umweltprobleme und über Ursache und Wirkung in Umweltzusammenhängen (z.B. die Kenntnis, dass CO_2-Emissionen zum Treibhauseffekt beitragen), während das prozedurale Wissen das Wissen um Lösungswege umfasst (z.B. die Kenntnis von der Reduktionsmöglichkeit der Ozonbelastung durch eine Einschränkung der individuellen Automobilität). Leider werden in der Umweltbewusstseinsforschung die verschiedenen Arten von Wissen nur selten unterschieden. Meist wird unter Umweltwissen Faktenwissen, also die Kenntnis abstrakter Ursache-Wirkungs-Zusammenhänge verstanden. *(U. Fuhrer, S. Wölfing)*

Verantwortung

"Verantwortung" bezeichnet die Verpflichtung einer Person, einer Gruppe oder einer Institution gegenüber anderen Personen, Gruppen oder Institutionen, in einem bestimmten Handlungsbereich gemäss anerkannter normativer Kriterien für die Folgen des eigenen Tuns zuständig zu sein und darüber gegebenenfalls vor einer anerkannten Instanz Rechenschaft ablegen zu können. Verantwortung ist also eine komplexe ethische Grundkategorie, die jeweils konkretisiert werden muss hinsichtlich der genauen Bestimmung der Verantwortungsträger, der Abgrenzung des Verantwortungsbereichs, der verbindlichen Richtlinien und der Instanz, gegenüber der eine Rechenschaftspflicht besteht. *(W. Lesch)*

Verhalten - Handeln - Handlung

Mit dem Begriff *Verhalten* wird die Gesamtheit aller möglichen Aktivitäten und Unterlassungen von lebenden Organismen bezeichnet. Er wird nicht nur für die Tätigkeiten von Menschen, sondern auch für die Aktivitäten von nicht-menschlichen Organismen oder auch Teilen von Organismen (z.B. Zellen) verwendet. Meistens wird der Begriff begrenzt auf von aussen beobachtbare oder messbare Aktivität und damit abgegrenzt vom subjektiven Erleben, zuweilen werden aber auch diese nicht direkt beobachtbaren psychischen Vorgänge (wie z.B. Denken, Gefühle, Gedächtnisvorgänge) als "Verhalten" bezeichnet. Der Begriff des *Handelns* wird dagegen nur zur Bezeichnung von Tätigkeiten des Menschen verwendet. Während Verhalten auch reflexartig oder impulsiv sein kann, wird Handeln stets als zielgerichtet verstanden, es liegen ihm bewusste (oder bewusstseinsfähige) Absichten (Intentionen) zugrunde, und es ist mit einem subjektiven Sinn verbunden. Als *Handlungen* werden grössere oder kleinere, zeitlich abgrenzbare Ausschnitte aus dem Strom menschlicher Tätigkeit bezeichnet: "*Handlung* bezeichnet eine zeitlich in sich geschlossene, auf ein Ziel gerichtete sowie inhaltlich und zeitlich gegliederte Einheit der Tätigkeit, nämlich die kleinste psychologisch relevante Einheit willentlich gesteuerter Tätigkeiten von Individuen, Gruppen und Organisationen" (Asanger, Wenninger 1992, 275). In der Psychologie werden die Begriffe *Handeln* und *Verhalten* oft synonym gebraucht, und der Begriff *Handlung* wird oft nur für kompliziertere Formen menschlichen Verhaltens, die aus Teilhandlungsvollzügen zusammengesetzt sind, verwendet. *(R. Kaufmann-Hayoz)*

Asanger, R., Wenninger, G. (Hg.) 1992: Handwörterbuch der Psychologie. Weinheim: Psychologie Verlags Union.

Verzeichnis der Autorinnen und Autoren

Arnold Stephan, cand.phil., Psychologie
Hilfsassistent, Institut für Psychologie, Universität Bern
Adresse: Unitobler, Muesmattstrasse 45, CH-3000 Bern 9
Tel: +41 31 631 40 05, Fax: +41 31 631 82 12

Artho Jürg, cand.phil.I, Psychologie
Wissenschaftlicher Mitarbeiter, Abteilung Sozialpsychologie, Universität Zürich
Adresse: Plattenstrasse 14, CH-8032 Zürich
Tel: +41 1 257 21 18, Fax: +41 1 262 34 49
e-mail: artho@sozpsy.unizh.ch

Brechbühl Ursula, lic.phil.I, Romanistik/Linguistik
Geographisches Institut, Universität Bern
Adresse: Hallerstrasse 12, CH-3012 Bern
Tel: +41 31 631 88 77, Fax: +41 31 631 85 11

Bürgin Silvia, lic.rer.pol., Politologie
Wissenschaftliche Mitarbeiterin, Institut de Hautes Etudes en Administration Public IDHEAP, Université de Lausanne
Adresse: Rte de la Maladière 21, CH-1022 Chavannes-près-Renens
Tel: +41 21 691 06 75, Fax: +41 21 691 08 88
e-mail: sburgin@idheap.unil.ch

Bütschi Danielle, dipl.science politique, Politologie
Wissenschaftliche Mitarbeiterin, Département de Science politique, Université de Genève
Adresse: 102 bvd Carl-Vogt, CH-1211 Genève 4
Tel: +41 22 705 83 75, Fax: +41 22 705 83 64
e-mail: butschi@ibm.unige.ch

Defila Rico, Fürspr., Jurisprudenz
Wissenschaftlicher Mitarbeiter, Interfakultäre Koordinationsstelle für Allgemeine Ökologie (IKAÖ), Universität Bern
Adresse: Falkenplatz 16, CH-3012 Bern
Tel: +41 31 631 33 62, Fax: +41 31 631 87 33
e-mail: defila@ikaoe.unibe.ch

Diekmann Andreas, Prof.Dr., Soziologie
Direktor, Institut für Soziologie, Abteilung empirische Sozialforschung, Universität Bern
Adresse: Lerchenweg 36, CH-3012 Bern
Tel: +41 31 631 48 12, Fax: +41 31 631 48 17

Di Giulio Antonietta, lic.phil.I, Philosophie/Germanistik
Assistentin, Interfakultäre Koordinationsstelle für Allgemeine Ökologie (IKAÖ), Universität Bern
Adresse: Falkenplatz 16, CH-3012 Bern
Tel: +41 31 631 39 56, Fax: +41 31 631 87 33
e-mail: digiulio@ikaoe.unibe.ch

Ernste Huib, Dr.phil., Geographie/Wirtschafts- und Sozialgeographie
Oberassistent und Dozent, Geographisches Institut, ETH Zürich
Adresse: Winterthurerstrasse 190, CH-8057 Zürich
Tel: +41 1 257 52 11, Fax: +41 1 362 51 97
e-mail: ernste@geo.umnw.ethz.ch

Finger Matthias, Prof.Dr., Politologie/Erwachsenenbildung
Institut de Hautes Etudes en Administration Public IDHEAP, Université de Lausanne
Adresse: Rte de la Maladière 21, CH-1022 Chavannes-près-Renens
Tel: +41 21 691 06 75, Fax: +41 21 691 08 88
e-mail: mpf12@columbia.edu

Foppa Klaus, Prof.Dr., Psychologie
Institut für Psychologie, Universität Bern
Adresse: Unitobler, Muesmattstrasse 45, CH-3000 Bern 9
Tel: +41 31 631 40 05, Fax: +41 31 631 82 12

Franzen Axel, Dipl.-Soz., Soziologie
Assistent, Institut für Soziologie, Abteilung empirische Sozialforschung, Universität Bern
Adresse: Lerchenweg 36, CH-3012 Bern
Tel: +41 31 631 48 74, Fax: +41 31 631 48 17
e-mail: franzen@soz.unibe.ch

Fuhrer Urs, Prof.Dr., Psychologie
Institut für Psychologie, Otto von Guericke-Universität, Magdeburg
Adresse: Virchowstrasse 24, D-39016 Magdeburg
Tel: +49 391 67 16 555, Fax: +49 391 67 16 562
e-mail: urs.fuhrer@gse-w.uni-magdeburg.de

Gessner Wolfgang, Dipl.-Psych., Psychologie
Forschungsassistent, Interfakultäre Koordinationsstelle für Allgemeine Ökologie (IKAÖ), Universität Bern
Adresse: Falkenplatz 16, CH-3012 Bern
Tel: +41 31 631 39 40, Fax: +41 31 631 87 33
e-mail: gessner@ikaoe.unibe.ch

Gutscher Heinz, Prof.Dr., Sozial- und Umweltpsychologie
Abteilungsleiter, Abteilung Sozialpsychologie, Universität Zürich
Adresse: Plattenstrasse 14, CH-8032 Zürich
Tel: +41 1 257 21 10, Fax: +41 1 262 34 49
e-mail: gutscher@sozpsy.unizh.ch

Haldimann Ueli, lic.phil.nat., Biologie/Ökologie OeVS
Inhaber, Haldimann consulting GmbH, Umwelt- und Unternehmensberatung
Adresse: Grosser Muristalden 6/8, CH-3006 Bern
Tel: +41 31 351 84 84, Fax: +41 31 351 31 70
e-mail: 100273.1711@compuserve.com,Internet

Hirsch Gertrude, Dr.phil., Umweltphilosophie
Oberassistentin und Dozentin, Abteilung für Umweltnaturwissenschaften, ETH Zürich
Adresse: ETH-Zentrum, HED, CH-8092 Zürich
Tel: +41 1 632 58 93, Fax: +41 1 261 00 57
e-mail: hirsch@umnw.ethz.ch

Jaeggi Christian, lic.phil., Psychologie
Forschungsassistent, Institut für Psychologie, Universität Bern
Adresse: Unitobler, Muesmattstrasse 45, CH-3000 Bern 9
Tel: +41 31 631 47 93, Fax: +41 31 631 82 12
e-mail: jaeggi@psy.unibe.ch

Jäggi Christian J., Dr.phil., Ethnologie/Religionswissenschaft
Leiter, Institut für Kommunikationsforschung
Adresse: Bahnhofstrasse 8, CH-6045 Meggen
Tel: +41 41 377 39 91, Fax: +41 41 377 59 91
e-mail: David Krieger 100537.1654@compuserve.com

Kaufmann-Hayoz Ruth, Prof.Dr., Psychologie/Allgemeine Ökologie
Direktorin, Interfakultäre Koordinationsstelle für Allgemeine Ökologie (IKAÖ), Universität Bern
Adresse: Falkenplatz 16, CH-3012 Bern
Tel: +41 31 631 39 54, Fax: +41 31 631 87 33
e-mail: rkaufmann@ikaoe.unibe.ch

Kriesi Hanspeter, Prof.Dr., Politologie
Département de Science politique, Université de Genève
Adresse: 102 bvd Carl-Vogt, CH-1211 Genève 4
Tel: +41 22 705 83 81, Fax: +41 22 705 83 64
e-mail: kriesi@uni2a.unige.ch

Kyburz-Graber Regula, Dr.sc.nat., Biologie/Didaktik
Dozentin und Forschungsprojektleiterin für Umweltbildung, Abteilung für Umweltnaturwissenschaften, ETH Zürich
Adresse: ETH-Zentrum, HED, CH-8092 Zürich
Tel: +41 1 632 58 93, Fax: +41 1 261 00 57
e-mail: kyburz@umnw.ethz.ch

Lesch Walter, Dr.phil., Dipl.-Theol., Philosophie/Theologie
Koordinator, Interdisziplinäres Institut für Ethik und Menschenrechte, Universität Fribourg
Adresse: Rue St-Michel 6, CH-1700 Fribourg
Tel: +41 37 29 74 21, Fax: +41 37 29 97 07
e-mail: walter.lesch@unifr.ch

Messerli Bruno, Prof.Dr., Geographie
Erster Präsident der Expertengruppe SPPU
Leiter, Geographisches Institut, Abteilung Klimaökologie Entwicklungsländer, Universität Bern
Adresse: Hallerstrasse 12, CH-3012 Bern
Tel: +41 31 631 80 18, Fax: +41 31 631 85 11

Mosler Hans-Joachim, Dr.phil. I et dipl.zool., Biologie/Sozialpsychologie
Oberassistent, Abteilung Sozialpsychologie, Universität Zürich
Adresse: Plattenstrasse 14, CH-8032 Zürich
Tel: +41 1 257 21 18, Fax: +41 1 262 34 49
e-mail: mosler@sozpsy.unizh.ch

Rey Lucienne, Dr.phil.II, Geographie
Geographisches Institut, Universität Bern
Adresse: Hallerstrasse 12, CH-3012 Bern
Tel: +41 31 631 88 77, Fax: +41 31 631 85 11

Rigendinger Lisa, Dr.oec.publ., Ökonomie
Wissenschaftliche Mitarbeiterin, Abteilung für
Umweltnaturwissenschaften, ETH Zürich
Adresse: ETH-Zentrum, HED, CH-8092 Zürich
Tel: +41 1 632 67 79, Fax: +41 1 261 00 57
e-mail: rigendinger@umnw.ethz.ch

Roux Michel, dipl.Ing.-Agr. ETH, Agronomie
Wissenschaftlicher Mitarbeiter, Landwirtschaftliche Beratungszentrale
LBL, Gruppe Beratungsentwicklung, Lindau
Adresse: LBL Lindau, CH-8315 Lindau
Tel: +41 52 33 37 00, Fax: +41 52 33 18 58
e-mail: pperoux@cumuli.vmsmail.ethz.ch

Schaber Peter, PD Dr., Philosophie
Oberassistent, Ethik-Zentrum, Universität Zürich
Adresse: Zollikerstrasse 117, CH-8008 Zürich
Tel: +41 1 385 45 26, Fax: +41 1 385 45 08
e-mail: schaber@philos.unizh.ch

Scheiwiller Daniel, Soziologie
Adresse: Bölchenstrasse 3, CH-4172 Birsfelden
Tel: +41 61 311 54 73
e-mail: scheiwi@soziologie.unizh.ch

Schmid-Holz Daniel, Dr.theol., Theologie
Freier wissenschaftlicher Mitarbeiter, Ethik-Zentrum, Institut für
Sozialethik, Universität Zürich
Adresse: Zollikerstrasse 117, CH-8008 Zürich
Tel/Fax: +41 71 27 46 45

Tanner Carmen, Dr.phil., Psychologie
Forschungsassistentin, Institut für Psychologie, Universität Bern
Adresse: Unitobler, Muesmattstrasse 45, CH-3000 Bern 9
Tel: +41 31 631 40 28, Fax: +41 31 631 82 12
e-mail: tanner@psy.unibe.ch

Thomas Christian, Dr.sc.techn., Dipl. Arch. ETH/SWB
Inhaber, Büro für ökologische Kommunikation OeVS
Adresse: Gratstrasse 3, CH-8143 Üetliberg
Tel/Fax: +41 1 462 65 46
e-mail: chritho@ezinfo.vmsmail.ethz.ch

Werner Karin, lic.phil., Psychologie
Abteilung für Umweltnaturwissenschaften, ETH Zürich
Adresse: ETH-Zentrum, HED, CH-8092 Zürich
Tel: +41 1 632 58 93, Fax: +41 1 261 00 57

Wölfing Sybille, Dr.phil., Psychologie
Forschungsassistentin, Institut für Psychologie, Universität Bern
Adresse: Unitobler, Muesmattstrasse 45, CH-3000 Bern 9
Tel: +41 31 631 47 27, Fax: +41 31 631 82 12
e-mail: woelfing@psy.unibe.ch

Verzeichnis der Projekte

In diesem Verzeichnis sind alle Projekte aufgeführt, die in diesem Buch vorgestellt werden. Das Verzeichnis enthält deren NF-Projekt-Nr., Titel, Namen der Haupt- und Mitgesuchstellenden sowie einen Hinweis auf den Beitrag in diesem Band, in dem sie vorgestellt werden.

5001-34489 - Apprentissage organisationnel en matière d'environnement. - Prof. Dr. Matthias Finger, Prof. Dr. Andràs November, Ueli Bernhard (Université de Genève)
Beitrag: Matthias Finger, Silvia Bürgin und Ueli Haldimann

5001-34643 - Umweltbezogene landwirtschaftliche Beratung und Weiterbildung. Evaluation ausgewählter Projekte und Programme. - Michel Roux (Landwirtschaftliche Beratungszentrale, Lindau)
Beitrag: Michel Roux

5001-34714 - Das technologische Paradigma der Ökologie und seine Alternativen. - Prof. Dr. Anton Leist, Prof. Dr. Hans Ruh (Universität Zürich)
Beiträge: Peter Schaber; Daniel Schmid-Holz

5001-34734 - Der Beitrag einer Ästhetik der Natur zur ethischen Theoriebildung und zur Sensibilisierung für umweltgerechtes Handeln. - Prof. Dr. Adrian Holderegger (Universität Freiburg i. Ue.)
Beitrag: Walter Lesch (Kap. 3.5.)

5001-34737 - Interreligiöse Umweltethik. - David J. Krieger, PhD, Dr. Christian J. Jäggi (Institut für Kommunikationsforschung, Meggen)
Beitrag: Christian J. Jäggi

5001-35072 - Didaktik einer situations- und problemorientierten Umweltbildung an der Sekundarstufe II. - Dr. Regula Kyburz-Graber, Dr. Gertrude Hirsch (ETH Zürich)
Beitrag: Regula Kyburz-Graber, Lisa Rigendinger, Gertrude Hirsch und Karin Werner

5001-35078 - Allgemeine Wissenschaftspropädeutik als Voraussetzung für interdisziplinäres Arbeiten. Konzeption und Prüfung eines Modellehrgangs für Schweizer Universitäten. - Prof. Dr. med. em. Hannes G. Pauli, Prof. Dr. Ruth Kaufmann-Hayoz, Dr. Philippe W. Balsiger (Universität Bern)
Beitrag: Rico Defila und Antonietta Di Giulio (Kap. 3.7.)

5001-35094 - Visuelle Kommunikation als Stimulus für ökologisches Handeln. - Dr. Christian Thomas (Büro für ökologische Kommunikation, Zürich)
Beitrag: Christian Thomas

5001-35267 - Untersuchung des Umweltbewusstseins und Umwelthandelns mit dem Schweizer Umweltsurvey 1994. - Prof. Dr. Andreas Diekmann (Universität Bern)
Beitrag: Andreas Diekmann und Axel Franzen

5001-35270 - Subjektives Problembewusstsein und Determinanten umweltgerechten Handelns. - Prof. Dr. Klaus Foppa, Dr. Carmen Tanner (Universität Bern)
Beitrag: Christian Jaeggi, Carmen Tanner, Klaus Foppa und Stephan Arnold

5001-35273 - Bedingungsfaktoren der selbsttätigen Verbreitung umweltgerechten Handelns. - Prof. Dr. Heinz Gutscher, Dr. Hans-Joachim Mosler (Universität Zürich)
Beitrag: Hans-Joachim Mosler, Heinz Gutscher und Jürg Artho

5001-35276 - Interventionsmodelle für die Entwicklung umweltverantwortlichen Handelns. - Prof. Dr. Ruth Kaufmann-Hayoz, Prof. Dr. Judith Janoska (Universität Bern)
Beiträge: Wolfgang Gessner; Ruth Kaufmann-Hayoz (Kap.4.1.)

5001-35278 - Übergeordnete Naturbilder in ihrer sprachlichen Vermittlung. - Prof. Dr. Paul Messerli, Prof. Dr. Iwar Werlen (Universität Bern)
Beitrag: Ursula Brechbühl und Lucienne Rey

5001-35302 - Disponibilités des Suisses pour la protection de l'environnement. - Prof. Dr. Hanspeter Kriesi, Danielle Bütschi (Université de Genève)
Beitrag: Danielle Bütschi, Hanspeter Kriesi und Daniel Schweiwiller

5001-36596 - Umweltwissen und umweltgerechtes Handeln als Funktion sozialer Repräsentation. - PD Dr. Urs Fuhrer, Dr. Florian G. Kaiser (Universität Bern)
Beitrag: Urs Fuhrer und Sybille Wölfing

Nicht vom Nationalfonds finanziert - Vertrauen, kommunikative Rationalität und umweltverantwortliches Handeln. - Dr. Huib Ernste (ETH Zürich)
Beitrag: Huib Ernste

SACHWORTREGISTER

Dr. Arthur Braunschweig
Prof. Dr. Ruedi Müller-Wenk

Ökobilanzen für Unternehmungen

Eine Wegleitung für die Praxis

224 Seiten, 65 Abbildungen
gebunden Fr. 62.– / DM 69.– / öS 538.–
ISBN 3-258-04722-7

In vielen fortschrittlichen Unternehmen besteht heute das Bedürfnis, eine Bilanz der ökologischen Auswirkungen nicht nur für ein einzelnes Produkt (Life Cycle Analysis), sondern für die ganze Firma zu erstellen. Hierfür fehlt indessen bis jetzt eine klare und in der Unternehmenspraxis handhabbare Methode.
Um diese Lücke zu füllen, wirkten Vertreter von rund einem Dutzend schweizerischer Unternehmungen in einer Arbeitsgruppe mit Spezialisten für Ökobilanzen zusammen. Das gemeinsame Ziel war, eine Methode für die Ökobilanzierung weiterzuentwickeln und diese gleichzeitig in der Praxis der beteiligten Unternehmungen anzuwenden. Von der engen Verbindung zwischen Methodenentwicklung und Methodenanwendung wurde erwartet, dass praxisbezogene Lösungen entständen.
Dieses Buch stellt das erfreuliche Ergebnis dieser Arbeiten den weiteren interessierten Kreisen aus Wirtschaft und Wissenschaft zur Verfügung.
Es erläutert die zugrundeliegende Theorie, illustriert das Vorgehen an einem Schulbeispiel, informiert über praktisch realisierte Firmenanwendungen und stellt umfangreiche zahlenmässige Daten für die erleichterte Ökobilanzierung in der Unternehmung zur Verfügung.

Verlag Paul Haupt Bern · Stuttgart · Wien